U0499722

经以济世
建徳尚未

贺教育部
科文向项目

心手相从

李瑞林
甲辰春月

教育部哲学社会科学研究重大课题攻关项目

"十四五"时期国家重点出版物出版专项规划项目

农地三权分置的理论与实践研究

THEORETICAL AND PRACTICAL STUDY ON THREE RIGHTS SEPARATION OF RURAL LAND

刘守英

等著

中国财经出版传媒集团

经济科学出版社

Economic Science Press

·北京·

图书在版编目（CIP）数据

农地三权分置的理论与实践研究／刘守英等著．
北京：经济科学出版社，2024.11. —— ISBN 978 - 7
- 5218 - 6515 - 8

Ⅰ. F321.1

中国国家版本馆 CIP 数据核字第 20245MV202 号

责任编辑：孙丽丽　纪小小
责任校对：孙　晨　王京宁
责任印制：范　艳

农地三权分置的理论与实践研究

刘守英等　著

经济科学出版社出版、发行　新华书店经销

社址：北京市海淀区阜成路甲 28 号　邮编：100142

总编部电话：010 - 88191217　发行部电话：010 - 88191522

网址：www. esp. com. cn

电子邮箱：esp@ esp. com. cn

天猫网店：经济科学出版社旗舰店

网址：http://jjkxcbs. tmall. com

北京季蜂印刷有限公司印装

787 × 1092　16 开　40.25 印张　800000 字

2024 年 11 月第 1 版　2024 年 11 月第 1 次印刷

ISBN 978 - 7 - 5218 - 6515 - 8　定价：160.00 元

（图书出现印装问题，本社负责调换。电话：010 - 88191545）

（版权所有　侵权必究　打击盗版　举报热线：010 - 88191661

QQ：2242791300　营销中心电话：010 - 88191537

电子邮箱：dbts@ esp. com. cn）

课题组主要成员

首 席 专 家　刘守英

主 要 成 员　高圣平　钱忠好　郜亮亮　熊雪锋

　　　　　　　冀县卿　颜嘉楠　李友艺

总　序

哲学社会科学是人们认识世界、改造世界的重要工具，是推动历史发展和社会进步的重要力量，其发展水平反映了一个民族的思维能力、精神品格、文明素质，体现了一个国家的综合国力和国际竞争力。一个国家的发展水平，既取决于自然科学发展水平，也取决于哲学社会科学发展水平。

党和国家高度重视哲学社会科学。党的十八大提出要建设哲学社会科学创新体系，推进马克思主义中国化、时代化、大众化，坚持不懈用中国特色社会主义理论体系武装全党、教育人民。2016 年 5 月 17 日，习近平总书记亲自主持召开哲学社会科学工作座谈会并发表重要讲话。讲话从坚持和发展中国特色社会主义事业全局的高度，深刻阐释了哲学社会科学的战略地位，全面分析了哲学社会科学面临的新形势，明确了加快构建中国特色哲学社会科学的新目标，对哲学社会科学工作者提出了新期待，体现了我们党对哲学社会科学发展规律的认识达到了一个新高度，是一篇新形势下繁荣发展我国哲学社会科学事业的纲领性文献，为哲学社会科学事业提供了强大精神动力，指明了前进方向。

高校是我国哲学社会科学事业的主力军。贯彻落实习近平总书记哲学社会科学座谈会重要讲话精神，加快构建中国特色哲学社会科学，高校应发挥重要作用：要坚持和巩固马克思主义的指导地位，用中国化的马克思主义指导哲学社会科学；要实施以育人育才为中心的哲学社会科学整体发展战略，构筑学生、学术、学科一体的综合发展体系；要以人为本，从人抓起，积极实施人才工程，构建种类齐全、梯队衔接的高校哲学社会科学人才体系；要深化科研管理体制改革，发挥高校人才、智力和学科优势，提升学术原创能力，激发创新创造活力，建设中国特色新型高校智库；要加强组织领导、做好统筹规划、营造良好学术生态，形成统筹推进高校哲学社会科学发展新格局。

哲学社会科学研究重大课题攻关项目计划是教育部贯彻落实党中央决策部署的一项重大举措，是实施"高校哲学社会科学繁荣计划"的重要内容。重大攻关项目采取招投标的组织方式，按照"公平竞争，择优立项，严格管理，铸造精品"的要求进行，每年评审立项约 40 个项目。项目研究实行首席专家负责制，鼓励跨学科、跨学校、跨地区的联合研究，协同创新。重大攻关项目以解决国家现代化建设过程中重大理论和实际问题为主攻方向，以提升为党和政府咨询决策服务能力和推动哲学社会科学发展为战略目标，集合优秀研究团队和顶尖人才联合攻关。自 2003 年以来，项目开展取得了丰硕成果，形成了特色品牌。一大批标志性成果纷纷涌现，一大批科研名家脱颖而出，高校哲学社会科学整体实力和社会影响力快速提升。国务院副总理刘延东同志做出重要批示，指出重大攻关项目有效调动各方面的积极性，产生了一批重要成果，影响广泛，成效显著；要总结经验，再接再厉，紧密服务国家需求，更好地优化资源，突出重点，多出精品，多出人才，为经济社会发展做出新的贡献。

作为教育部社科研究项目中的拳头产品，我们始终秉持以管理创新服务学术创新的理念，坚持科学管理、民主管理、依法管理，切实增强服务意识，不断创新管理模式，健全管理制度，加强对重大攻关项目的选题遴选、评审立项、组织开题、中期检查到最终成果鉴定的全过程管理，逐渐探索并形成一套成熟有效、符合学术研究规律的管理办法，努力将重大攻关项目打造成学术精品工程。我们将项目最终成果汇编成"教育部哲学社会科学研究重大课题攻关项目成果文库"统一组织出版。经济科学出版社倾全社之力，精心组织编辑力量，努力铸造出版精品。国学大师季羡林先生为本文库题词："经时济世　继往开来——贺教育部重大攻关项目成果出版"；欧阳中石先生题写了"教育部哲学社会科学研究重大课题攻关项目"的书名，充分体现了他们对繁荣发展高校哲学社会科学的深切勉励和由衷期望。

　　伟大的时代呼唤伟大的理论，伟大的理论推动伟大的实践。高校哲学社会科学将不忘初心，继续前进。深入贯彻落实习近平总书记系列重要讲话精神，坚持道路自信、理论自信、制度自信、文化自信，立足中国、借鉴国外，挖掘历史、把握当代，关怀人类、面向未来，立时代之潮头、发思想之先声，为加快构建中国特色哲学社会科学，实现中华民族伟大复兴的中国梦做出新的更大贡献！

教育部社会科学司

前　言

在高速工业化、城镇化浪潮的冲击下，中国的农业生产方式正在历经意义深远的重大变迁。随着以农业边际生产率衡量的刘易斯转折点于 2010 年前后真正到来，中国由以提高土地生产率为主的精耕细作传统农业模式向以提高劳动生产率为主的现代农业发展模式转变。在农业生产方式正在发生的巨大变革面前，中国农业的生产关系呈现出日益不适应甚至滞后的尴尬。20 世纪 80 年代初农民首创包产到户改革，经由自下而上的政策推动、法律最终承认，集体所有家庭承包经营制度成为中国农业的基本经济制度，在现行法律赋予村社农户的承包经营权中，其承包权与经营权是合一的。但是，随着人口的大规模非农化，农户承包经营权事实上进一步分离为承包权与经营权。八九十年代以来，农地流转已成事实，但长期以来对经营权流转的政策和法律界定模糊，土地经营权从何而来、土地经营权流转的规则和程序如何、如何进行权能界定与保护等问题都缺乏政策明晰与法律规范。

顺应人地关系变动下的农地制度安排与农业发展方式出现的不适应，农地三权分置从自发探索变成政策，并上升为法律。2013 年 7 月，习近平总书记在湖北考察时指出："深化农村改革，完善农村基本经营制度，要好好研究土地所有权、承包权、经营权三者之间的关系。"[①] 党的十八届三中全会《中共中央关于全面深化改革若干重大问题的决定》提出，赋予农民对承包地占有、使用、收益、流转及承包

[①] 新华社：《习近平：要把握全面深化改革的重大关系》，http://jjckb.xinhuanet.com/2013－07/23/content_457246.htm。

经营权抵押、担保权能，允许农民以承包经营权入股发展农业产业化经营。2013 年中央农村工作会议指出："把农民土地承包经营权分为承包权和经营权，形成所有权、承包权、经营权三权分置并行的新型农地制度，这是我国农村改革的又一次重大制度创新。"① 党的十八届五中全会提出，要稳定农村土地承包关系，完善土地所有权、承包权、经营权分置办法，依法推进土地经营权有序流转，构建培育新型农业经营主体的政策体系。2016 年 10 月 30 日颁布的《关于完善农村土地所有权承包权经营权分置办法的意见》对农村土地三权分置的重要意义、指导思想、基本原则，以及如何逐步形成三权分置格局等作了全面的规定。2017 年中央一号文件要求落实三权分置办法，党的十九大提出"完善承包地三权分置制度""保持土地承包关系稳定并长久不变，第二轮土地承包到期后再延长三十年"。2018 年中央一号文件在要求"完善农村承包地三权分置制度"的同时强调"平等保护土地经营权"和赋予经营权融资担保、入股的权能。2018 年 12 月修订并于2019 年 1 月 1 日开始实施的《中华人民共和国农村土地承包法》正式确定了三权分置，界定了"三权"各自的权能和三权分置下农地流转方式、流转原则，对农地三权分置作出了可操作性的规定。2021 年 1月 1 日开始实施的《中华人民共和国民法典》明确了集体土地所有权的主体是"农民集体"，强调了土地承包经营权身份属性和用益物权属性，增设土地经营权制度。至此，集体所有权、农户承包权和土地经营权分置并行的农村土地制度基本构建。

农地三权分置是中国农村基本经济制度自集体所有农户承包权利安排制度改革以后的又一次重大制度创新。两权分离的农地制度安排创新了集体所有制的理论、丰富了土地产权体系内涵、创造了承包经营权的法律概念，为中国农村基本经济制度的确立打下制度基础。三权分置的农地制度安排进一步完善集体所有制的理论框架，建立人地分离下的土地权利保护体系，创新集体所有权、农户承包权与耕作者经营权权利分割的权能结构，构建中国这个以小农为基础的农民大国从乡土中国向城乡中国转变的土地权利体系，为中国的城乡融合和农

---

① 习近平：《在中央农村工作会议上的讲话》（2013 年 12 月 23 日），引自《十八大以来重要文献选编（上）》，中央文献出版社 2014 年版。

业现代化提供可持续的制度基础。

本书依托教育部哲学社会科学研究重大课题攻关项目"农地三权分置的实践研究"（项目编号：16JZD024），首席专家为刘守英，主要成员有高圣平、钱忠好、郜亮亮、陶然、宋洪远，其他成员有冀县卿、王瑞民、廖炳光、谭明智、龙婷玉、熊雪锋、王宝锦、颜嘉楠等。本书各章写作分工如下：第一章为刘守英、王一鸽，第二章为刘守英，第三章为刘守英、王宝锦，第四章为冀县卿、钱忠好，第五章为刘守英，第六章为刘守英，第七章为刘守英，第八章为刘守英、熊雪锋、龙婷玉，第九章为刘守英、高圣平、王瑞民，第十章为刘守英、颜嘉楠、冀县卿，第十一章为马翠萍、郜亮亮，第十二章为冀县卿、钱忠好，第十三章为郜亮亮，第十四章为李友艺、钱忠好，第十五章为李友艺、钱忠好，第十六章为冀县卿、钱忠好、李友艺，第十七章为钱忠好、李友艺，第十八章为来晓东、杜志雄、郜亮亮，第十九章至第二十五章为高圣平，第二十六章为刘守英、熊雪锋，第二十七章为钱忠好、牟燕，第二十八章为刘守英，第二十九章为郜亮亮，第三十章为刘守英。

同时，本书部分章节可参考课题组已发表的论文成果，包括《从乡土中国到城乡中国》（《管理世界》2018年第10期）、《城乡中国的土地问题》（《北京大学学报（哲学社会科学版）》2018年第3期）、《中国小农的特征与演变》（《社会科学战线》2020年第1期）、《中国农地产权制度改革40年——变迁分析及其启示》（《农业技术经济》2019年第1期）、《农村土地制度改革：从家庭联产承包责任制到农地三权分置》（《经济研究》2022年第2期）、《分析土地问题的角度》（《学海》2017年第3期）、《集体地权制度变迁与农业绩效》（《农业技术经济》2019年第1期）、《集体所有制下的农地权利分割与演变》（《中国人民大学学报》2019年第1期）、《农地三权分置下的土地权利体系重构》（《北京大学学报（哲学社会科学版）》2017年第5期）、《集体地权制度下农地合约选择与经营体制变迁》（《中国农村经济》2021年第2期）、《农村集体经济组织成员资格认定的理论与实践》（《中国农村观察》2019年第3期）、《如何有针对性地促进农地经营权流转？——基于苏、桂、鄂、黑四省（区）99村、896户农户调查数据的实证分析》(《管理世界》2018 年第 3 期)、《中国种植类家庭农场的土地形成及使用特征——基于全国 31 省(自治区、直辖市)2014～2018 年监测数据》(《管理世界》2020 年第 4 期)、《如何有效提高家庭农场的全要素生产率——基于上海市松江区家庭农场数据的实证分析》(《中国土地科学》2023 年第 4 期)、《放松信贷约束何以提升家庭农场的效率——基于上海市松江区家庭农场数据的实证分析》(《农业技术经济》2022 年第 11 期)、《土地经营规模扩张有助于提升水稻生产效率吗?——基于上海市松江区家庭农场的分析》(《中国农村经济》2019 年第 7 期)、《家庭农场的效率及其决定——基于上海松江 943 户家庭农场 2017 年数据的实证研究》(《管理世界》2020 年第 4 期)、《家庭农场经营模式与路径选择的比较研究——基于典型案例的调查》(《河南科技大学学报(社会科学版)》2021 年第 2 期)、《承包地三权分置的法律表达》(《中国法学》2018 年第 4 期)、《论农村土地权利结构的重构——以〈农村土地承包法〉的修改为中心》(《法学》2018 年第 2 期)、《农地三权分置改革与民法典物权编编纂——兼评〈民法典各分编(草案)〉物权编》(《华东政法大学学报》2019 年第 2 期)、《土地承包经营权制度与民法典物权编编纂——评〈民法典物权编(草案二次审议稿)〉》(《法商研究》2019 年第 6 期)、《农村土地承包法修改后的承包地法权配置》(《法学研究》2019 年第 5 期)、《论承包地流转的法律表达——以我国〈农村土地承包法〉的修改为中心》(《政治与法律》2018 年第 8 期)、《完善农村基本经营制度之下农地权利的市场化路径》(《社会科学研究》2019 年第 2 期)、《我国乡村振兴战略的实施与制度供给》(《政治经济学评论》2018 年第 4 期)、《乡村振兴与农村土地制度改革》(《农业经济问题》2020 年第 4 期)、《新一轮农村改革样本:黔省三地例证》(《改革》2017 年第 8 期)、《中国农地流转市场的现状及完善建议》(《中州学刊》2018 年第 2 期)、《建设农业强国的土地制度基础》(刘守英《中国农村经济》2022 年第 12 期)。

摘　要

农地三权分置试点与改革为研究者提供了难得的试验场，为检验中国发展路径下的制度变迁逻辑提供了机遇。本书在农户微观分析理解农民土地权利状况、案例研究掌握权利分置安排、样本调查实证解析制度创新的绩效以及对政策改革进行公共政策评估的基础上，构建集体所有制下集体所有权、农户承包权、耕作者经营权权利分割的理论体系，分析集体所有制下集体所有权、农户承包权与耕作者经营权之间的相互关系，在建构中国独特的土地权利体系的同时，通过制度试验的案例与样本实证分析，创新制度经济学和法经济学的理论假说。

本书共包括五篇、三十章，下面简述主要内容。

第一篇由第一章至第五章构成，提供农地三权分置制度变革的宏观背景，分析了中国结构转型的城乡中国特征以及在此背景下土地制度的历史演进和特征。

第一章讨论了中国从乡土中国向城乡中国的转型过程和转型特征。城乡中国是理解转型中国结构形态的一个重要范式。围绕土地与村庄两条主线，归纳出乡土中国的主要特征：以农为本、以土为生、以村而治、根植于土。通过对中国近百年结构转变带来的人地关系与乡村制度变革的考察，提出中国正在经历从乡土中国向城乡中国的历史转型，进入乡土变故土、告别过密化农业、乡村变故乡、城乡互动的城乡中国。

第二章考察从乡土中国转向城乡中国不同阶段的土地问题。提出转型中国的土地粘度概念，围绕经济活动、制度安排、治理秩序三方面考察了乡土中国对土地和乡村的依赖及其带来的束缚，分析了土地制度变革推动结构变迁的进程及其土地粘度的变化。通过代际革命、农业转型、乡村分化、城乡互动几个维度的讨论，论证了城乡中国土地功能的变化和土地问题的转化。

第三章研究了中国典型小农的基本特征。在评述三种理念化小农范式基础上，提炼出中国小农的典型特征：高度粘连于土、依附于以户为单位的家庭经济、依赖长期积累的经验从事农业经济活动、从事多样化乡村经济、依托传统村社制度发生关系。透过对农村土地制度和结构变迁的历史考察，分析了典型小农对不同制度和结构的反应以及由此发生的特征蜕变。

第四章分析了农地产权制度变迁与农业经济增长的关联。提出农地产权制度变迁与制度环境的不断耦合过程，为了支持农业增长，中国农地产权制度变革遵循土地权利为导向、农民与政府之间良性互动的政治经济学逻辑。

第五章从权利结构视角分析了中国农村土地制度从家庭联产承包责任制到三权分置的理论逻辑。提炼出家庭联产承包责任制和农地三权分置的制度结构及特征，分析了家庭联产承包责任制与三权分置权利结构的制度关联和变革内涵，总结了中国农地制度变革在经济理论创新上的一般意义。

第二篇由第六章至第十二章构成，重点分析农地三权分置的权利基础、合约安排与制度结构。

第六章提供了一个认识土地问题的角度及分析方法。提出土地问题经济分析的五个维度，即土地所有权是所有者对土地的所有可能权利，土地产权重在"权"而非"物"，权利分割是土地制度的基本安排，土地产权强度内含对责任和义务的履行，土地制度变迁是政治选择与制度费用的结果。

第七章是一个农地集体地权演变及农业绩效的文献评论。综合国内外的经典文献，总结了农业集体化失败的原因与家庭责任制改革的改革动力，归纳了集体所有家庭承包制度的特征与绩效，分析了地权稳定性对农业投资、资源配置和农户行为的影响，讨论了农地规模与土地市场发展对农地配置效率的影响。

第八章研究了集体所有制下地权分割的阶段性特征和权利内涵。提出权利分割是制度变革的基本特征。中国的集体所有制的基本特征是在约束和绩效平衡下不断的权利分割。分析了集体所有制权利分割四阶段的演化，农地三权分置是在集体所有制下的一次权利再分割。

第九章聚焦于农地三权分置制度供给的政策形成过程和权利体系构建。提出农地三权分置是对结构变革和乡村系统变化的制度回应。分析集体所有权和承包经营权分离制度与变化环境的不适应性，承包权与经营权事实上的分离特征，讨论了通过正式制度界定集体所有权、成员承包权及耕作者经营权权利、构建三权分置权利体系的重要性。

第十章研究了集体地权制度下农地合约重构问题。集体地权下农地的权利重构本质是一个合约再议定过程。以松江集体村社型家庭农场作为案例，分析了集体所有制下地方政府、农民集体组织及农户合约再议定的行动逻辑。提出"地方政府—村社集体—农户"阶梯型农地合约框架，讨论了相关利益主体围绕集体共有农地资源达成一致协定实现共同获益的过程以及绩效表现。

第十一章考察了农村集体经济组织成员资格认定问题。成员集体所有制安排以及集体地权的分割以集体成员为基础，成员权利的保障决定三权分置的实施和结果。结合地方实践，分析了首批29个农村集体资产股份权能改革试点地区有关成员资格认定的共性和差异性，探讨身份转换中成员资格认定问题。

第十二章分析了农地经营权流转问题。推进农地经营权的流转是实施农地三权分置和分离经营权的制度预期。利用江苏、广西、湖北、黑龙江4省的村庄和农户调查数据，分析了农户参与农地流转的实际状况，总结了影响农地流转的关键因素，提出了农地经营权流转在区域间存在较大差异。

第三篇由第十三章至第十八章构成，重点分析农地三权分置下的农业经营主体与农业经营模式问题。

第十三章分析种植类家庭农场的土地来源及使用状况。基于全国31省家庭农场的监测数据，对种植类家庭农场经营的土地规模、构成、流转、使用、未来打算等进行了详细分析，给出了家庭农场在土地经营规模、土地使用现状、流转特征等方面的特征事实。

第十四章讨论了家庭农场全要素生产率问题。基于上海市松江区家庭农场调查数据，计算了家庭农场的全要素生产率，分析了影响家庭农场全要素生产率的关键因素，包括农场主农业从业经历、农机使用、土地经营权合同预期等。

第十五章研究了家庭农场发展的信贷制约。家庭农场与农户自给农场的最大差别是规模发展中的金融需求。以上海市松江区家庭农场为研究对象，解析信贷约束对家庭农场效率的影响，揭示信贷约束对家庭农场效率的作用机制。提出改善信贷约束有助于家庭农场土地适度规模经营、增加资本投入、采用先进农业生产技术，促进家庭农场长期有效经营。

第十六章分析了农地经营规模与农业经营效率之间的关系。基于上海市松江区家庭农场水稻生产的调查数据，分析了土地经营规模增加对水稻生产效率的影响。发现松江家庭农场水稻生产具有较高的生产效率；土地经营规模与水稻生产技术效率之间呈倒"U"型关系，过小或过大的土地经营规模都不利于提高水稻生产效率。

第十七章分析了新型经营主体的效率问题。以上海松江家庭农场为研究对象，从农业要素投入、家庭农场主特征、家庭农场规模、环境要素四个维度分析了影响家庭农场效率的关键因素。

第十八章探讨了家庭农场的经营模式与路径选择。通过两个家庭农场典型案例的比较，总结了家庭农场经验的可推广性，提出了家庭农场经营发展过程中的制约因素，包括缺乏农业保险托底、农业经营贷款难、土地流转障碍以及临时雇工短缺等。

第四篇由第十九章至第二十五章构成，结合《民法典》物权编、2018年新修正的《农村土地承包法》等论证了农地三权分置的法理基础。

第十九章论证了承包地三权分置的法理基础。梳理了承包地三权分置相关理论和实践的演进，并在此基础上解析了承包地三权分置的法律表达。讨论了土地承包经营权规则与改革实践之间的一些争论。基于法理分析提出了土地经营权规则的构建思路。

第二十章阐释了农地三权分置下农村土地权利结构的法理认识。论证了两权分离与三权分置、土地承包权与土地承包经营权以及土地经营权与土地承包经营权之间的关系。阐释两权分离下的土地承包经营权和三权分置下的土地承包权的法理表述。提出土地经营权性质上属于债权，但在保障经营主体的稳定经营预期的政策目标之下，应赋予土地经营权以登记能力，经营主体可以依法取得土地经营权抵押融资权。

第二十一章论述了农地三权分置下土地承包经营权的法律内涵及转变。介绍了农地三权分置下承包地产权结构的调整和立法选择。阐释了《民法典各分编（草案）》物权编对土地承包经营权的重新界定。介绍了土地承包经营权的流转规则及不同流转方式产生的法律效果，提出仅有出租（转包）、入股以及类似方式才能产生土地经营权。分析了土地承包经营权和土地经营权的担保规则。

第二十二章继续讨论农地三权分置下土地承包经营权的法律表达、物权变动以及担保规则。阐释了承包地产权结构调整过程中承包农户利用承包地的法律表达，论述了土地承包经营权的物权变动，梳理了"登记"和"颁证"的不同法律意义，提出了土地承包经营权物权变动模式的选择。分析了土地承包经营权的担保规则。

第二十三章评述新修正的农村土地承包法所确立的承包地法权配置。结合 2018 年农村土地承包法对承包地产权结构的法律表达，阐释了巩固和完善农村基本经营制度的理论基础。针对农村基本经营制度下土地承包经营权的相关问题展开讨论，包括土地承包经营权身份属性的确立、土地承包经营权的权能完善以及稳定和保护土地承包经营权相关规则的修改。阐释了农村基本经营制度下的土地经营权的性质。

第二十四章论述承包地流转的法律表达。对农地三权分置下承包地流转法律表达的相关学说争议进行评述。阐释了农地三权分置下承包地流转所产生的土地经营权定性问题。针对承包地物权性流转的法律表达进行分析，包括承包地互换规则的修正、转让规则的完善、互换转让公示规则的修改以及土地承包经营权抵押规则的增设。讨论了承包地债权性流转的法律表达，包括土地经营权转包和出租设立之间的取舍、土地经营权入股设定的争议、土地经营权抵押规则的增设。

第二十五章给出了农地三权分置下农地权利市场化路径。论证了市场主体经营农村土地的法权表达为土地经营权，阐释了市场主体取得稳定经营预期的法技术路径。提出市场主体取得稳定经营预期的法技术路径均为登记。就市场主体以土地经营权担保融资的法律表达展开分析。

第五篇由第二十六章至第三十章构成，提出了乡村振兴战略下土地制度改革的实施路径。

第二十六章提出乡村振兴战略的实施与制度供给。针对农业与工业发展差距、城乡差距、城乡关系调整，分析了影响乡村振兴的制度安排与体制机制，提出制度供给必须解决乡村的从属地位、农民的城市权利被忽视、乡村发展权丧失、现行农地制度与农业发展方式不适应、宅基地制度改革滞后阻碍村庄转型几大问题。提出了乡村振兴的总体思路、目标模式、路径选择以及制度供给。

第二十七章探讨如何通过农村土地制度创新促进乡村振兴。分析了乡村振兴面临的几大约束：农村人口基数庞大、城市建设用地需求下降、乡村振兴财政支持有限等。总结了农用地、农村集体建设用地、宅基地等现行农村土地制度中阻碍乡村振兴的制度缺陷。分别就农用地制度改革、农村集体建设用地制度改革和宅基地制度改革提出政策建议。

第二十八章通过贵州省湄潭、六盘水、安顺三地的农村改革典型案例分析，提出农地制度变革的可能性。湄潭改革经验包括以农村改革深化促进农业产业化，以集体建设用地和宅基地制度改革破解城乡二元结构，以农村集体产权制度改革实现农民财产性收入。六盘水市"三变"改革旨在通过资源和资金的产权安排变革，探讨农业发展的动力机制。安顺市推出的"三权"促"三变"改革，旨在通过对农村各类资源的全面"确权、赋权、易权"，促进了"资源变资产、资金变股金、农民变股东"的实现。提出这些试验都需要实践的持续检验。

第二十九章研究了农地流转市场发展问题。利用河北等 7 省（区）数据对我国农地流转市场基本情况展开分析，描述了土地流转总体情况，分析了土地流转的特征，针对土地流转市场现状提出了完善建议。

第三十章提出了建设农业强国的土地制度基础。论证了建设农业强国是社会主义现代化的关键基础，土地制度改革是建设农业强国的突破口。分析了农业产业革命与农地制度改革的关系，土地制度是制约农业产业革命的重要因素，要以农地制度改革推动农业产业革命。探讨了乡村系统重构与农村建设用地改革的联系，乡村建设用地制度是导致乡村系统失衡的根源，提出以乡村建设用地改革推动乡村系统重构。分析了城乡融合发展与统一土地权利体系构建的关系。

Abstract

The pilot and reform of Three Rights Separation in rural land provide a valuable experimental field for researchers and an opportunity to examine the logic of institutional change in China's development path. Based on micro-analysis of farmers' land rights, case-based research on the separation of rights, empirical analysis of the performance of institutional innovation through sample surveys, and public policy assessment of reform, this book constructs a theoretical system the rights partitioning of collective ownership, household-contracted management rights, and cultivators' operational rights under collective ownership system. It also analyzes the relationships among these three rights, builds a unique land rights system for China, and innovates institutional economics and law economics theories through case studies and empirical analysis of institutional experiments.

This book consists of five parts and thirty chapters. The followings provide a brief introduction to the main content.

Part 1, covering chapter 1 to 5, provides the macro background of the reforms and analyzes the historical evolution of China's land system and the current land issues under the transition of Urban – Rural China.

Chapter 1 discusses the transformation process and characteristics of China's transition from a rural China to an Urban – Rural China. Urban – Rural China is an important paradigm for understanding the structural form of China's transformation. This chapter, focusing on land and villages, summarizes the main features of rural China: agriculture-based, land-dependent, village-governed, and rooted in land. By investigation the changes in human-land relationships and rural systems caused by China's structural transformation over the past century, this chapter analyzes the transition phase from rural China to Urban – Rural China, indicates that China has entered a stage of Urban – Rural China, marked by the evolution of rural land's socio-economic role, transition

from involutionary agricultural practices, villages transforming into homelands and systemic urban-rural interactions.

Chapter 2 investigates the land issues at different stages from rural China to Urban – Rural China. It puts forward the concept of land adhesiveness of transitioning China, analyzing its deep-rooted dependency on land and the resulting constraints through three dimensions—economic activities, institutional arrangements, and governance orders. It analyzes the process by which land system reform drives structural transformation and changes in land adhesiveness. Through discussions on generational revolution, agricultural transformation, rural differentiation, and urban-rural interaction, it argues for the changes in land functions and land issues in Urban – Rural China.

Chapter 3 studies the basic characteristics of China's typical smallholder farmers. Based on critique of three idealized peasant paradigms, it distills the features of China's typical smallholder farmers: close connection to land, dependence on household-based family economies, reliance on long-accumulated experience for agricultural economic activities, engagement in diversified rural economies, and interaction based on traditional village-community systems. By reviewing the historical changes in China's rural land system and structure, it analyzes the responses of typical smallholder farmers to different institutions and structures and their resulting feature transformations.

Chapter 4 analyzes the connection between rural land property rights system change and agricultural economic growth. It proposes that the change in China's rural land property rights system is a process of continuous coupling with the institutional environment. To support agricultural growth, it follows a political economy logic of land rights orientation and benign interaction between farmers and the government.

Chapter 5 analyzes the theoretical logic of China's rural land system reform from the household responsibility system to the Three Rights Separation. It summarizes the institutional structures and characteristics of the household contract system and the Three Rights Separation, explores their institutional connections and reform connotations, and generalizes the general significance of China's rural land system reform for economic theory innovation.

Part 2, consisting of chapter 6 to 12, focuses on the rights base, contract arrangements, and institutional structure of the Three Rights Separation in rural land.

Chapter 6 offers a perspective and analytical method for understanding land issues. It presents five dimensions for the economic analysis of land issues: land ownership is all the possible rights that the owner has over the land; land property rights focus on "rights" rather than "objects"; rights separation is the basic arrangement of the land system; the intensity of land property rights includes the fulfillment of responsibilities and obligations; and land system evolution is the result of political choice and institutional costs.

Chapter 7 is a literature review on the evolution of rural collective land rights and agricultural performance. Drawing on classic domestic and international literature, it summarizes the reasons for the failure of agricultural collectivization and the driving force behind the reform of the household responsibility system, outlines the characteristics and performance of the collective-ownership and household-contract system, analyzes the impact of land-rights stability on agricultural investment, resource allocation, and farmers' behavior, and discusses the effect of land scale and land market development on land-allocation efficiency.

Chapter 8 examines the phased characteristics and rights connotation of land-rights segmentation under collective ownership. It posits that rights segmentation is a fundamental feature of institutional reform. In China, the essential feature of collective ownership is continuous rights segmentation under constraint and performance balance. It analyzes the four-stage evolution of rights segmentation under collective ownership and posits that the Three Rights Separation in rural land constitutes a further rights segmentation under this system.

Chapter 9 focuses on the policy-making process and rights system construction of the Three Rights Separation in rural land. It argues that this system is an institutional response to structural reform and changes in the rural system. It analyzes the incompatibility between the separation of collective ownership and contract management rights and the changing environment, and the factual separation of contract and management rights, and discusses the importance of defining the rights of collective ownership, members' contract rights, and operators' management rights through formal institutions.

Chapter 10 explores the reconstruction of rural land contracts under collective ownership. Under collective land ownership, the restructuring of rural land rights is essentially a process of contract renegotiation. Using the Songjiang collective village-community family farm as a case, it analyzes the action logic of local governments, rural collective organizations, and farm households in the process of contract renegotiation under collective ownership. It proposes a stepped rural land contract framework of "local government-village community collective-farm household" and discusses how relevant stakeholders can reach consensus on collectively owned rural land resources to achieve mutual benefits and enhance institutional performance.

Chapter 11 investigates the identification of members' qualifications in rural collective economic organizations. Members' collective ownership arrangements and land-rights segmentation are based on collective members, and the protection of their rights affects the implementation and outcomes of Three Rights Separation. Combining local practices, it analyzes the commonalities and differences in the identification of members' qualifications in the first 29 pilot areas for rural collective asset share right capacity reform and explores the identification of members' qualifications for people who have changed identities.

Chapter 12 analyzes the transfer of rural land management rights. Promoting the transfer of rural land management rights is an institutional expectation for implementing Three Rights Separation and separating management rights. Using survey data from villages and farm households in four provinces, including Jiangsu, Guangxi, Hubei, and Heilongjiang, it examines the actual participation of farm households in land transfer, identifies key factors affecting land transfer, and finds that there are significant regional differences in the transfer of management rights.

Part 3, covering chapter 13 to 18, focuses on agricultural business entities and management models under Three Rights Separation in rural land.

Chapter 13 examines the land sources and usage of crop-growing family farms. Based on monitoring data from family farms across 31 provinces, it analyzes the scale, composition, transfer, use, and future plans of land operated by these farms, providing characteristic facts on their land-operation scale, land-use status, and transfer features.

Chapter 14 discusses the total factor productivity of family farms. Using survey data from family farms in Shanghai's Songjiang District, it calculates their total factor productivity and identifies key factors for improvement, including farm owners' agricultural experience, tractor use, and land-management-rights contract expectations.

Chapter 15 studies the credit constraints on family farm development. Family farms differ from self-sufficient farm households in their financial needs for scale development. Taking family farms in Shanghai's Songjiang District as the research object, it analyzes how credit constraints affect farm efficiency and reveals the mechanism behind this impact. Enhancing credit access can aid family farms in achieving moderate-scale land operation, boosting capital input, adopting advanced agricultural technologies, and ensuring long-term effective farm operation.

Chapter 16 analyzes the relationship between agricultural land-operation scale and management efficiency. Based on survey data from rice-producing family farms in Shanghai's Songjiang District, it explores how land-operation scale expansion impacts rice production efficiency. Results indicate that family farms in Songjiang have relatively high rice production efficiency, there exists an inverted "U-shaped" relationship between land-operation scale and rice production technical efficiency. Both excessively small and large land-operation scales are detrimental to improving rice production efficiency.

Chapter 17 examines the efficiency of new-type agricultural business entities. Using family farms in Shanghai's Songjiang District as the research object, it analyzes key factors influencing farm efficiency from four dimensions: agricultural input, family farm owner characteristics, family farm scale, and environmental factors.

Chapter 18 explores the management models and path choices of family farms. Through comparative case studies of two family farms, it summarizes replicable and promotable development experiences and identifies constraints in family farm development, such as the lack of agricultural insurance, difficulty in obtaining agricultural loans, land-transfer barriers, and a shortage of temporary workers.

Part 4, spanning chapters 19 to 25, combines the Civil Code's Property Rights Section, the amended Rural Land Contract Law, and other laws to argue for the legal basis of Three Rights Separation in rural land.

Chapter 19 argues for the legal basis of Three Rights Separation in contracted land. It combs the evolution of related theories and practices of this separation and parses its legal expression. It also discusses disputes between land contract management rights rules and reform practices and proposes ideas for constructing land management rights rules based on theoretical analysis.

Chapter 20 clarifies the legal understanding of the rural land rights structure under Three Rights Separation. It argues for the relationships between dual-rights separation and Three Rights Separation, between land contract rights and land contract management rights, and between land management rights and land contract management rights. It presents the legal theories of land contract management rights under the two-rights separation and land contract rights under Three Rights Separation. It explains that land management rights, though essentially creditor's rights, should be granted registration capacity to ensure stable management expectations for operators, allowing them to mortgage and finance with their legally obtained land management rights.

5

Chapter 21 discusses the legal connotation and transformation of land contract management rights under Three Rights Separation in rural land. It introduces the adjustment of the property rights structure and legislative choices for contracted land under this separation, explains the redefinition of land contract management rights in the Civil Code's Property Rights Section, details the transfer rules and legal effects of these rights, and emphasizes that only leasing, sub-contracting, equity participation, and similar methods can generate land management rights. It also analyzes the guarantee rules for land contract management rights and land management rights.

Chapter 22 continues to explore the legal expression, property rights changes, and guarantee rules of land contract management rights under Three Rights Separation in rural land. It interprets the legal expression of contractors' land use during the property rights structure adjustment of contracted land, deliberates on the property rights changes of land contract management rights, distinguishes the legal meanings of "registration" and "issuance of certificates," and proposes choices for the property rights change model of land contract management rights. It also analyzes the guarantee rules for land contract management rights.

Chapter 23 reviews the land-rights allocation established by the newly amended Rural Land Contract Law. It combines the legal expression of the property rights structure of contracted land in the 2018 Rural Land Contract Law to explain the theoretical basis for consolidating and improving the rural basic management system. It discusses issues related to land contract management rights under this system, including the establishment of their identity attributes, the improvement of their functions, and the amendment of rules for stabilizing and protecting land contract management rights. It also clarifies the nature of land management rights under the rural basic management system.

Chapter 24 discusses the legal expression of contracted land transfer. It reviews the disputes over the legal expression of contracted land transfer under Three Rights Separation. It explains the nature of land management rights generated by contracted land transfer under this separation, analyzes the legal expression of the real-rights transfer of contracted land, including the revision of exchange rules, the improvement of transfer rules, the amendment of public display rules for exchange and transfer, and the addition of mortgage rules for land contract management rights. It discusses the legal expression of the creditor's rights transfer of contracted land, analyzing three issues: the choice between sub-contracting and leasing in the establishment of land management rights, the controversy over the establishment of equity participation in land management rights, and the addition of mortgage rules for land management rights.

Chapter 25 explores the marketization path of rural land rights under Three Rights Separation. It argues that the legal expression of market entities' operation of rural land is land management rights, clarifies the legal and technical path for market entities to obtain stable management expectations. To ensure stable management expectations for operators, registration is proposed as the legal and technical path. It also analyzes the legal framework for mortgage financing using land management rights.

Part 5, consisting of chapter 26 to 30, puts forward the implementation path of land system reform under the rural revitalization strategy.

Chapter 26 proposes the implementation and institutional supply of rural revitalization strategy. It analyzes institutional arrangements and mechanisms affecting rural revitalization, such as disparities between agriculture and industry, urban-rural gaps, and adjustments in urban-rural relations. It proposes that institutional supply must address the following key issues: the subordinate status of rural areas, the neglect of farmers' urban rights, the loss of rural development rights, the incompatibility of the current land system with agricultural development, and the lag in homestead reform which hinders rural transformation. It presents the overall strategy, goal model, path choice, and institutional framework for rural revitalization.

Chapter 27 explores promoting rural revitalization through rural land system innovation. It analyzes constraints like a large rural population, reduced urban construction land demand, and limited fiscal support. It identifies defects in the current rural land system that hinder rural revitalization and proposes policy recommendations for reforming agricultural land, rural collective construction land, and homestead land systems.

Chapter 28 analyzes rural reform cases in Meitan, Liupanshui, and Anshun in Guizhou Province to explore the potential for agricultural land system reform. Meitan reform experience includes promoting agricultural industrialization through deepening rural reforms, breaking the urban-rural dual structure through collective construction land and homestead land reforms, and realizing farmers' property income through rural collective property rights reforms. The "three-change" reform in Liupanshui aims to explore the driving mechanism of agricultural development by transforming the property rights arrangements of resources and funds. The "three-rights" to "three-changes" reform in Anshun seeks to achieve turning resources into assets, funds into capital, and farmers into shareholders by comprehensively clarifying, endowing, and transferring the rights of various rural resources. It is emphasized that the success of these reform experiments requires continuous practical verification.

Chapter 29 studies China's rural land transfer market. Using data from seven provinces (regions), including Hebei, it analyzes the basic situation of China's rural land transfer market, describes the overall land transfer situation, analyzes the characteristics of land transfer in China, and proposes improvement suggestions for the current situation of the land transfer market.

Chapter 30 discusses the land system foundation for building up China's agricultural strength. It argues that building an agricultural strength is key to achieving socialist modernization, with land system reform being a breakthrough point. It analyzes the relationship between agricultural industrial revolution and rural land system reform, noting that the land system is a crucial factor restricting the agricultural industrial revolution and that promoting this revolution requires driving it with rural land reforms. It explores the link between rural construction land reform and the reconstruction of the rural system, stating that the rural construction land system is the root cause of rural system imbalance and suggests driving rural system reconstruction through rural construction land reform. It analyzes the connection between urban-rural integration and the building of a unified land rights system.

目　录

Contents

5

Contents

3

5

第一篇

城乡中国形态
与土地问题

第一章

从乡土中国到城乡中国

　　本章旨在从历史的视角分析中国进入城乡中国的进程，围绕土地与村庄两条主线，在已有社会科学研究基础上，归纳出乡土中国的主要特征；透过结构转变带来的人地关系与乡村制度变革，分析中国从乡土中国转型为城乡中国的阶段；基于当前变化和未来趋势给出城乡中国的主要特征。

　　改革开放 40 余年来，中国经济保持高增长，1979～2023 年 GDP 年均增长8.9%，被称为"中国奇迹"；1979～2012 年工业增加值年均增长率达 11.4%，成为世界制造大国；城镇化率从 1978 年的 17.92% 提高到 2023 年的 66.16%[①]，成为一个城镇化进程过半的国家。从长时段看，经过改革开放洗礼的中国真正实现了一场伟大的转型（见图 1-1），持续的经济增长与结构变迁不仅带来城市的变革，更为根本的是投射到了乡村，均质化的小农已高度分化，长期依赖过密劳动投入的土地密集型农业已转向依赖资本投入的劳动集约型农业，承载乡土社会的村庄呈现分化，维系熟人社会的制度出现锐变。乡村巨变使这个古老大国的经济和社会形态发生了根本转变。

　　从乡村变局观中国转型，两个维度是至为关键的：一个是农民与土地的关系，另一个是农民与村庄的关系。第一个维度是乡土中国的"根"，乡村的经济活动基本围绕农民与土地的关系展开；第二个维度是乡土中国的"魂"，乡村的基本秩序围绕农民与村庄的关系展开。在分析结构变革对乡村的影响时，本章重点考察农民与土地及村庄的粘度变化——任何一个阶段的

──────────

　　① 数据来源：国家统计局统计数据。

结构变化，是否真正带来农民与土地及村庄关系的松动，以及这种松动的程度——这意味着农民是否"离土"、能否"出村"构成了"乡土中国"转向"城乡中国"的关键。以此视角来看，中国已经发生的转型是历史性的，且具有不可逆性，即已由过去以农为本、以土为生、以村而治、根植于土的"乡土中国"，转变为乡土变故土、告别过密化农业、乡村变故乡、城乡互动的"城乡中国"。

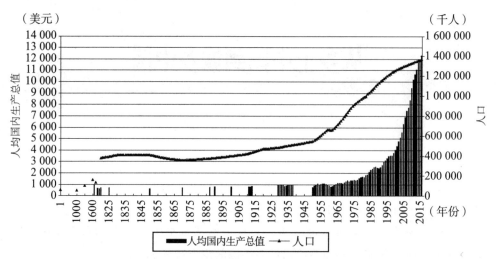

图 1-1　中国人口与人均国内生产总值增长（公元元年至 2015 年）

资料来源：Maddison Project Database, version 2018. Bolt, Jutta, Robert Inklaar, Herman de Jong and Jan Luiten van Zanden（2018），"Rebasing 'Maddison': new income comparisons and the shape of long-run economic development", Maddison Project Working paper 10.

我们期待通过这一分析，探讨"城乡中国"何以能成为理解转型中国的一个重要范式，从结构形态意义上理解中国现代化进程何以需要历经乡土中国、城乡中国、城市中国 3 个阶段，并强调"城乡中国"——而非"城市中国"——将是中国未来一个时期的基本结构特征。这一分析背后的意义是，任何基于"乡土中国"或"城市中国"的公共政策都不利于中国的发展与转型。

一、"乡土中国"的基本特征

费孝通将传统中国概念化为"乡土中国"，源于他的"从基层上看去，中国社会是乡土性的"这一观察，熟人社会、差序格局、礼治秩序、无讼政治等

4

是他对这一社会形态一般化的主要概念（费孝通，1998）。但是，他没有给出一个关于乡土中国基本特征的架构。在我们看来，乡土中国的特征可以从农民与土地、农民与村庄的关系梳理出，因为人的行为与制度规则嵌于人与土地的关系以及人与村庄的关系之中。一方面，在以农立国、结构稳态的传统中国社会，乡村的经济活动和经济制度不断强化土地产出的地权结构、以家庭为单位的小农经济、农业为主与农副业及家庭手工业为补充的农作方式等，人口和劳动力依赖于土，也被牢牢地束缚于土。另一方面，传统小规模人力农作方式、不断细碎分割的土地配置、以家户为基础的关系联结等使得村庄不仅是一个地理空间，更是一系列维系乡土社会农民与家户之间秩序的制度装置（institutional settings）。

（一）以农为本：被土地束缚的传统中国

乡土中国的根基是农本立国。农业始终在传统经济中占绝对比重。据麦迪森估算，1890 年时，农业占中国国内生产总值的 68% 以上，农业部门使用了全部劳动力的 4/5（安格斯·麦迪森，2008）。80% 左右的耕地用来种植粮食，粮食生产一项占到经济总产值的 60%（Albert Feuerwerker，1984）。[1] 随着土地资源日益短缺的约束增强，传统农业通过经验技术的累积性改进和制度演化，实现了"长期的自我维持"，伴随公元 8 ~ 13 世纪中国经济重心的南移，粗放式旱地农业转变为精耕细作水稻农业，支撑传统农业高产的诸主要因素得以奠定，包括：以作物选种、有机肥料和水利灌溉为主的"精耕细作"农业技术；依靠大量而密集劳动力投入以提高单位土地生产率；对可耕种土地资源接近于极限的开垦、利用和改造等（Ho Ping-ti，1959）。[2] 传统中国的农业不仅支撑了 15 世纪以后 400 年间的人口增长，也使得人均生活水平直到 19 世纪中叶以前都维持在稳定的水平，并接近世界平均水平（安格斯·麦迪森，2008；巴里·诺

---

[1] Feuerwerker 还估计，中国农业产量的剩余约占总量的 25%，这部分剩余支撑了中国 20% 的非农人口。

[2] 何炳棣（Ho Ping-ti）认为，尽管中国农业的土地生产力上升伴随着劳动生产率的逐渐下降，但中国农业可以实现"长期自我维持"是与接受和适应技术变化有关的。帕金斯（Perkins，1984）虽然也通过对 1368 ~ 1968 年这 600 年间中国农业产量和土地生产率的评估得到类似结论，即中国传统农业在应对巨大的人口增长的同时成功维持了生活水准，但他认为明清时期处于技术停滞期，并没有将多季作物、新品种或有机肥投入增加等农业进步看作技术变革。麦迪森对此批评认为，帕金斯对技术变革的理解是过窄的，理由是绝大多数技术变革基于的是现有知识以及对最佳实践的广泛传播，从这个意义上说，如果平均技术水平得到改进，知识也得到吸收和消化，则这种长期的技术吸收和消化过程应被视为技术进步。

顿，2010）。①

"从土里长出过光荣的历史，自然也会受到土的束缚"（费孝通，1998）。悠久的农业文明滋养和催生了如此庞大的人口，也使以农为本的国家秩序得以维系并强化。中国明清 6 个世纪间的土地生产率尽管不断提高——其间粮食产量的增长有一半归于土地单产的提高——但劳动生产率却不断下降，陷入所谓的"高水平均衡"（Perkins，1969）。由于无法通过增加单位劳动的资本投入实现劳动生产率的提高，中国的前现代增长实质上成为一种"没有发展的增长"（黄宗智，2000）。

来自土的束缚还造成一种无法从土中挣脱的结构。就城乡关系而言，传统中国社会中的城市最主要的职能是行政与军事，所要管理和预防的恰恰是广大农村社会及可能从中孕育出来的农民抗争。城市拥有的商业功能主要是基于农村一层层向上集聚而成的中心市场。传统城市的城内以及周边由居民耕种的农田与菜园包围，很多城市居民本身就是在农村地区拥有土地的城居地主，他们并没有真正离土而居，依旧处于与乡村社会类似的宗族与村落组织网络之中（施坚雅，2000）。换言之，传统中国的城市并没有发展出一套独立于农业文明的"城市文明"，依然是乡土中国的组成部分。

（二）以地为生：小农经济与土地制度支撑的前现代增长

传统中国何以养活如此巨量的人口并使国家秩序得以长期维持？在农业技术仅仅依赖经验，并未发生显著进步的情况下，农业经营制度和土地制度可能是最重要的解释变量。

1. 小农经济的超强韧性与生命力

具体而言，一是"家本位"。尽管学者对"小农经济"的界定莫衷一是，但一个共识是，小农经济以家庭为基本单位，一个小农家庭构成一个相对完整和独立的生产、投资和决策单位。"家本位"既体现于经济活动，也深植于社会结构和文化价值。作为一个"扩大的家庭"（expand family）的成员，他们占有共同财产，有共同的收支预算，通过劳动分工过着共同的生活，也在其中

---

① 麦迪森还指出，得益于发达的农业，中国在公元 15 世纪以前的若干世纪中始终保持着人均收入的世界领先："在技术水平、对自然资源的开发利用上，以及对辽阔疆域的管理能力上，中国都超过了欧洲"；而到 1820 年时，估计中国的国内生产总值占当时全世界的 1/3。

完成对新生成员的生养，以及对财物、知识及社会地位的继承等（费孝通，2002）。家庭制度的这些特性使其有效地承担起农业经济活动的生产、组织、分工与合作。

二是小农经营。随着人地关系日趋紧张，小块土地的自耕和租佃成为主导的农业经营方式。[①] 经营地主的经营范围始终被限制在较小规模内，一旦超出一定的经营规模，监督成本就会迅速上升，地主会倾向于采取土地租赁而非雇佣劳动经营方式，并由此出现"小家庭农场对大规模（资本主义）耕作的排斥"（黄宗智，2000a；2000b；2010）。

三是农工互补。在传统的乡村生活中，乡土工业一直作为农业的兼业和补充（许倬云，1998）。麦迪森估算，在整个 19 世纪，至少有 1/4 的国内生产总值（GDP）来自传统手工业、运输、贸易、建筑和房地产，其中大多数在农村地区进行（安格斯·麦迪森，2008）。剩余劳动力通过从事乡土工业与农业配合，并与其分享劳动力资源。家庭手工业使那些土地不足的农家得以靠手工业所得的额外收入生存。"农业技术、劳动力需求、人口数量、耕地面积、乡土工业、地租多少和地主权利等形成有机的配合，只要这种配合使人们过上'不饥不寒'的生活，传统的中国社会就能维持"（费孝通，2011）。

家本位与农家经济手工业化，既是对沉重的人口/土地压力的反应，也是避免生存陷阱的经济活动安排。人口/土地压力的化解一方面使农业体系内部的结构更趋单一，比如种植业因其单位土地产出能够供养更多人口，同时吸纳更多的劳动力而排挤掉了畜牧业；另一方面也形成了越来越依赖于家庭手工业来吸纳农业内部的"隐性失业"。这种不断"内卷化"的、农业和手工业紧密互赖的模式"有如两柄拐杖那样同时支撑一个农家的生计"（黄宗智，2014）。

2. 界定产权且可实施的地权结构

与小农经济相比，土地制度对传统中国农业经济的作用争议较少，但值得强调。传统农业能够支撑整个国家食物的供给和人口不断增长，是先进的小农经济经营方式与土地制度、发达的土地市场共同作用的结果。

一是土地私有产权促进了土地的有效使用与配置。中国在战国时期就已承认人民拥有私田，允许自由买卖，从而成为世界上最早出现土地私有制的国家。自秦汉经魏晋南北朝至唐代中叶，土地制度呈现土地国有和私有并存的格

---

① 通过对北宋到民国时期地权分配的基尼系数分析，赵冈发现，在可得到资料的多数年份，地权分配的基尼系数都小于 0.6，由此他认为，"中国历史上不是一个分配过度不均的国度，中国社会的大问题不是'患不均'而是严重'患寡'"（赵冈，2003）。

局。自唐代中叶经过宋元至明代中叶，土地制度进入国家限制松弛下的地主土地所有制发展时期。明代中叶至鸦片战争前的清代前期，土地制度进入地主土地所有制充分发展时期（方行，2000）。传统中国对土地制度的基础性安排有利于农业的发展。

二是国家正式制度对土地产权的保障。中国是世界上最早进行土地登记和依法保护产权的国家，在西周青铜器彝器铭文中，就有土田的数字可稽；春秋中叶以后，鲁、楚、郑三国先后进行过田赋和土地调查；唐中叶尤其是宋代以后，地籍逐渐取得与户籍平行的地位；明代中叶以后，进行全国统一的土地彻底清丈，鱼鳞图册成为征派赋役和地籍管理的主要依据（梁方仲，2008）。土地的登记与调查具有保障国家收入的目的，同时也起到了保护产权的效果。

三是耕作权为大的产权结构。在相对稀缺的土地资源和家庭作为主要农作经营单位的前提下，耕作权的保障与实施至关重要。乡土中国发达的土地市场孕育了产权交易的多种形式，比如"永佃制"以及田底—田面权基础上的"一田两主""一田三主"等。同时，在合约实施方面，这套产权结构还受到正式权力以及来自非正式规则的约束和保护。在保障私权的前提下，以"田面权"为中心的地权结构事实上奠定了小农经营稳定可预期的制度基础（傅衣凌，1961；梁治平，1996；赵冈，2005；吴涛，2004；戴建国，2011）。

（三）以村而治：维系乡土秩序的村庄制度

在乡土中国，村庄无论从其地理空间、社会关系抑或组织规则而言，都是无法忽视的基础性社会建制。村庄研究的"共同体"传统将村庄理解为"接受和认同共同价值传统和行为准则的文化共同体"（王曙光，2007）。这一视角的村庄研究认为，文化作为社会、经济活动的"深层脉络和意义结构"，决定了表层的规则和运作方式。我们将村庄作为一种制度装置来理解，视其为维系村庄秩序的各种制度、规则与关系的总和。

村庄何以作为一种聚落存在？费孝通（2011）曾指出其中两个重要的原因，即亲属的联系与互相保护的需要："……农业社区很容易遭到侵略，农民获得安全的最佳方式是将他们的家庭集中起来，在一个地方从事生产工作，这样更容易保护，周围可以围上墙。这种农户的聚居点我们称作'村'。"除此之外，村落还与"过密化"的小农经济模式相关，农业投入以人力和耕畜为主，这就造成较小的耕作—住宅半径，村庄也有利于农家之间经济活动的合作和各种关系与交往的长期平衡。

村庄在乡土中国承担着重要的功能。萧公权曾将之归纳为以下几方面：（1）宗教活动，如修建庙宇，举办各类仪式、庆典等，以解决村庄的部分宗教需求；（2）经济活动，如修建桥梁、道路、渡船、茶亭等基础设施，与水利、灌溉和防洪相关的各类事务，村民共同守望庄稼，以防盗窃或牲畜毁坏的活动，以及防止税吏敲诈勒索而在村内设置的自我保护类措施等；（3）与维护地方秩序与道德相关的活动，包括调解和仲裁地方争端，由士绅与平民共同制定并执行的"乡规"等；（4）地方防卫活动（萧公权，2014）。

村庄制度事实上奠定了乡土社会的一整套规则、价值乃至公私秩序的基础。

首先，村庄在地理空间与社会文化上的双重性，使其在清晰和稳定的地理或地域界限内形成经济活动和社会交往的封闭性和独立性，且作为独立的文化单元和社会单元而存在。富于"地域性"使村庄演化出一系列独特的个性，如"生于斯、长于斯"，基于血缘关系的家族制度和投射于地缘关系联结的身份社会成为其基底，陌生人难以进入等。同时，村庄内部又带有某种程度的"共同体"色彩，形成一套内部共享的交往规则、价值体系和文化传统等，嵌入于费孝通所谓的"熟人社会"。

其次，差序格局下的合作困境。中国的乡土社会是一种"差序格局"，己/我/我们的边界极富弹性。关系的起点是几乎拥有无限边界弹性的"私"，"家本位"使其推演延伸。村庄制度则在某种意义上承担着超越差序格局、解决公私关系与合作的功能。

费孝通、萧公权等关注了村庄合作的困境。他们注意到，村庄要达成各类活动，必须以建立"领导层"和"支配"为前提——不同类型的"村庄领袖"是形成合作规则的枢纽。对于村庄事务，他们享有实际的话事权。在"家本位"支配的乡土社会中，宗族、家族通常拥有不同程度的影响力。萧公权认为，村庄与宗族并不相同：一般情况下，村庄超越宗族的利益与控制——由几个重要宗族的族长之间协作、谘商以实现对村庄规则与秩序的控制和维护。村庄由作为"非正式的村庄领袖"的乡绅阶层与经由官方程序任命的各类"正式的村庄领袖"共同领导（萧公权，2014）。[①]

最后，礼治秩序与乡村治理。乡村里的"尊尊"与"亲亲"对应"双轨政治"中的皇权与绅权。当皇权下伸基层之时，双轨政治中的绅权会在村庄寻求直接的代理人以代表村庄社区的利益，与皇权下伸的代理人接洽。在微观层面的村庄治理中，村庄的两类领袖间存在精妙的关系，正式领袖"在自己村庄

---

① 萧公权还将杨懋春所提到的正式村庄领袖一般所担当的"社长""庄长""乡约""地方"4类职务，分别解释为"乡村地区头人""村长""收税员""警察"，并认为后两类是乡约宣讲制度和保甲制度的残留。

和地方政府之间扮演行政上的桥梁"，或充当"政府在基层行政组织的代理人"角色；非正式乡村领袖虽然处在幕后，但其地位非常重要："一般说来，非正式领袖比起地位或多或少要依靠政府支持的正式领袖，得到乡邻更多的信任，也受到地方官更礼貌的对待。从某种意义上来说，他们是村庄自己的领袖，对公共事务的影响，比经过正式程序产生的头人要来得大"（萧公权，2014）。①

（四）根植于土：历史积淀的文化伦理

在乡土中国，以农立国的理念所导致的结构松动受阻、人地关系紧张所形成和强化的家本位小农经济、以地为生的地权结构和以村而治的乡村治理，共同造就了一种"人不离土"的经济形态以及与之相对应的特定文化与价值观念。"名誉、抱负、热忱、社会上的赞扬，全都和土地联系了起来，村民根据个人是否在土地上辛勤劳动来判断他的好坏。这种激励劳动的因素比害怕挨饿还要深"（费孝通，2011）。传统小农对于家族声望和个人声誉总是"极端珍视"，历代积累的家族声望也有利于小农在乡土社会的交易和在其中更好地生存（王曙光，2017）。②

土地的功能在乡土社会非常复杂，它不仅意味着安全感与特殊情感的寄托，不能轻易断卖土地也是共识；"土地不仅在一般意义上对人们有特殊的价值，并且在一家所继承的财产中有其特殊价值"（费孝通，2009）。土地的各种非经济价值带来土地交易的复杂化，除了真正压力很大的情况，农民不轻易转让土地，惯例上的土地交易总是以本乡族、本宗族内的成员优先。由于土地利润往往低于借贷，传统农村土地买卖的市场不大。乡土社会强调

---

① 萧公权还引述杨懋春的观点，即认为"业余领袖与正式领袖之间的关系，毫无疑问是上级—下级（supraordinate-subordinate）关系。……在公共事务中，正式领袖做实际工作，而业余领袖则指导他们。……习惯上，县长或其秘书对乡绅、村塾教师和大家族族长（非正式村庄领袖）很尊敬，对正式领袖却摆出上司架子"。实际上，费孝通在《中国士绅：城乡关系论集》第四章中也对此有生动的描述，他说："如果县政府的命令下达到每个家庭，那才真正意味着县是一个基本的行政单位。但事实并非如此。县的命令并不直接到达各家各户，而是发到地方的自治团体（在云南被称为是'公家'的那一类组织）。我称这一组织为'自治团体'，因为它是由当地人民组织以管理小区公共事务，如水利、自卫、调解、互助、娱乐、宗教等。在中国，这些是地方的公务，在依旧活着的传统里，它们并非政府的事务，而是以受到过良好教育、较为富裕家庭的家长为首，由地方小区来管理。像灌溉这样的实务，可能由没有学问的人来负责，但有学问的人通常在作决定方面有更高的声望。"

② 实际上，除了上文所提到的，王曙光还指出，传统农民的行为方式也包括以亲缘关系为纽带的社会网络、基于个体分散决策的日常投资与生产方式、缺乏社会保障下的风险规避行为模式，以及以家庭为基本组织单位，并对商业化市场运作机制存在排斥性，等等。

"落脚于土"与"叶落归根"。个人生命之树枝叶繁茂与否，有赖于根。对个体来说，这根便是他从小获得生长和教养的社会。由对落脚于土的重视，又强化了"安土重迁"的观念，使乡村的人往往不轻易离开乡土或"故土"，即便离开了，也通常努力希求归来。这种因不流动而生发的精神气质，被费孝通形象地称为"土气"。"人不离土"的观念进一步生发为"由土中来、归于土中去""落叶归根"的信仰与价值观念。正如费孝通所言，"人和土地在乡土社会中有着强烈的情感联系，即一种桑梓情谊"；"正是这种人地关系的力量支撑着这历久未衰的中国文化"（费孝通，2011）。如果将费孝通的观点再向外推一层，或许也正是这种强调循环往复、落土归根的观念，某种程度上形塑了传统地方社会的政治秩序与治理形态，因为后者正是以那些由"庙堂"而归隐"故乡"的士绅阶层为核心和枢纽的。在历史的长河中，乡土中国的人与土之间紧密相连又无法从土中挣脱的特征，不仅体现在经济上，也植根于政治、社会与文化之中。

二、结构变革下的乡村转型：
从"乡土中国"到"城乡中国"

自近代以来，中国开始由传统的农业国向现代意义上的工业化国家转型（见图1-2）。百余年间，中国先后历经了近代工业化、国家工业化、乡村工业化以及参与全球化的沿海为主的工业化阶段。由于工业化与城镇化在各个阶段的推进方式不同，长期被缚于土的乡土中国农民也历经了计划国家工业化时期的"绑缚"于土、乡村工业化时期的"黏连"于土、沿海工业化初期进城又返乡的"农一代"的"依恋"于土，进而到"农二代"时期的离土、进城、不回村、"乡土"成"故土"的新阶段。由"农一代"到"农二代"的这场代际革命，标志着中国开始由延续数千年的"乡土中国"形态向现代意义的"城乡中国"形态的历史性转变。工业化与城镇化进程在不断扩展农民向城市自由流动空间的同时，也使得传统的村庄制度发生转型。随着不同代际的农民"离土""出村"，不仅村庄功能及其在国家工业化阶段所强化构建的"集体"等制度安排发生蜕变，而且传统村庄的非正式制度也在农民异质化中迈向其现代转型，进入"城乡中国"阶段的村庄开始出现大规模的分化加剧、衰而未亡与复活并存的格局。

11

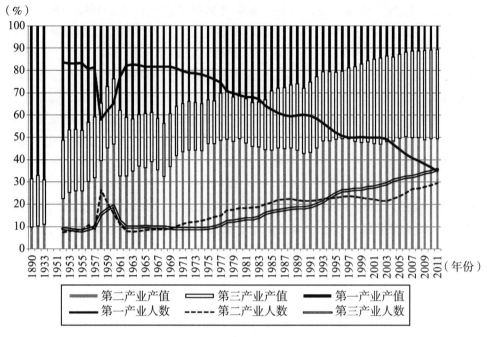

图 1 - 2　中国近代以来的结构变革进程（1890 ~ 2011 年）

资料来源：The GGDC 10 - Sector Database；Timmer, M. P., de Vries, G. J., and de Vries, K. (2015)．"Patterns of Structural Change in Developing Countries."．In J. Weiss, and M. Tribe (Eds.), *Routledge Handbook of Industry and Development*（pp. 65 - 83）．Routledge；此外，1890 年、1913 年、1933 年数据来自麦迪森（2008）：《中国经济的长期表现》，附录 C. 1（P. 167）。

（一）近代工业化：无关乡土的结构萌芽期

近代中国的工业化是在中西交冲、内忧外患的阵痛之中开启的。先后经历晚清政府主导的国家现代化阶段（1861 ~ 1890 年）和国民政府治下的工业化阶段（1927 ~ 1937 年）。以洋务运动为代表，晚清工业化的工业企业或资本均以国家主导、补充以买办官僚资本和部分外资，民营、民用与民间参与极为有限。由于整个国家政治、经济与社会各方面的准备不足加上晚清政府的国家治理能力缺乏，这场以国家资本开启现代化的尝试以失败告终（虞和平，2001）。到 1890 年时，中国的现代制造业与运输业仅占当年 GDP 的 0.5%，19 世纪末整个中国城市人口的比重与 1820 年相比亦变化不大，广大内陆地区的农民依然从事着几个世纪以来的糊口农业（安格斯·麦迪森，2008）。

近代工业化真正开端于 1890 ~ 1933 年。最明显的是国民政府治下的 1927 ~ 1937 年，政府开始为经济发展建立制度架构，根据资源清单规划国家发展计划，并尝试增加教育和农业技术推广服务等方面的投入，为经济发展打基础（巴里·诺顿，2010）。这一时期的工业发展速度加快，1912～1936 年，现代工厂以每年 8%～9% 的速度增长，到 1933 年时，现代工厂生产占到 GDP 的 2% 左右，雇用工人近百万（John K. Chang，1969）。经济结构也开始变化，以制造业、矿业、电力、运输和通讯业为主的现代产业部门从 1890 年占 GDP 的 0.7% 上升到 1933 年的 5.3%。[①]

如何评估近代工业化对传统经济与乡村地区的影响？因缺乏系统性的经验证据而难以下定论。西方学者基于近代沿海等区域农作物商品化和部分传统手工业部门的相关研究，倾向于肯定近代商业化与现代工业发展给传统部门和乡村带来了积极影响（T. G. Rawski，1989；L. Brant，1989；R. H. Myers，1991）。[②] 与之相对的中国学者则不约而同地强调，在西方冲击与本国工业化发展严重不足的情形下，商业化与工业发展导致了近代中国的乡村陷入更严重的"内卷化"陷阱，乡土社会的分化与不平等加剧，进而影响乡村治理并威胁政治社会秩序（费孝通，1993；2002；梁漱溟，2016；毛泽东，1991；薛暮桥，1985；杜赞奇，2003；折晓叶、艾云，2014）。回溯来看，由于近代中国的工业化和农业现代化程度都太过有限，小农经济基础上的乡土中国不仅没有受到撼动，反而在内外交困中陷入无序。

（二）国家工业化：农民绑缚于土的结构转变

新中国成立不久，中国共产党开启了以实现工业化为核心的现代化进程，并选择了重工业优先的发展战略。由于重工业的资本密集型特征，国家不得不施行"扭曲产品和生产要素价格的宏观政策环境，高度集中的资源计划配置制度，和毫无独立自主权的微观经营机制"为特征的三位一体模式，人为压低重工业发展的各项成本，降低重工业资本形成的门槛（林毅夫等，1995）。农业充当了为工业化提供原始积累的角色，通过提供低价农产品以保障城市的低价食品供应、低工资和低成本。

这一时期的结构转变，主要依靠三项制度的支撑，即农产品的统购统销、农业集体化与人民公社制度、城乡二元户籍制度。首先，施行统购统销使国家垄断了粮食贸易和其他绝大多数农产品，农业领域政府计划全面取代了市场和价格体

---

① 实际上，到 1952 年时，现代产业部门占 GDP 的比重已上升到 10.4%。参见麦迪森：《中国经济的长期表现：公元 960～2030 年》。

② 学者荷尼夫（Niv Horesh）曾对围绕这一时期经济增长的不同观点做了较详细的学术回顾，参见荷尼夫（2010）。

系的作用，国家实行对农产品生产、销售和流通的全面控制。1962～1978 年，粮食价格几乎维持不变，17 年间只调整过 3 次，总体提高幅度不足 20%（高小蒙、向宁，1992；黄季焜，2010）。其次，农业集体化与人民公社制度的建立，实现农村土地私有制向公有制的转变，通过集体化最大限度地动员农村劳动力投入一系列劳动密集型项目以及广泛利用各类传统技术与投入，提高农作物单产，但是也带来难以克服的生产中的监督成本、管理中的委托代理、分配上的激励不足等问题，导致农业系统的低效率或无效率（Kung，1993；Kung，1994；Lin，1992；Lin，1994；Wen，1993）。1976 年每个集体出工日的产值相比 1965 年实际下降了 20%，这一时期农业生产效率不增反降（D. H. Perkins and Yusuf，1985）。最后，1956 年以后逐步建立起限制人口流动与迁徙的城乡二元户籍制度。除了极少数例外，农民几乎不可能改变基于身份制的农业户口。户籍制及长期附着其上的十数项制度（诸如粮油供应、劳动就业、医疗保健、教育、社会福利等），限制了乡村居民的流动与迁徙自由，造就了影响深远的城乡二元隔绝体制（王海光，2003；王海光，2011）。

这一阶段的国家工业化推动了经济结构转变，建立起一个较为完整的现代工业体系。1952～1978 年，中国的 GDP 增长了两倍，工业产出年均增长率为 11.5%，工业产出占 GDP 份额由 18% 上升到 44%（巴里·诺顿，2010）。但是，农业部门的绩效却截然不同。1952～1978 年，农业劳动力占总劳动力的比例仅下降了 10% 左右，到 1978 年改革以前，这一比例仍在 70% 以上。1957～1978 年，农业劳动生产率以每年 0.2% 的速度负增长，全要素生产率（TFP）也处于下降中（安格斯·麦迪森，2008）。在制度无效的情况下，国家工业化时期的农业发展主要依靠不断提高集体土地上农民劳动的"过密化"投入，以及 20 世纪 60 年代以后农业技术进步和现代要素的投入，以维持农业为国民消费和国家工业化提供剩余的能力。乡村的人地比率以及传统农业所面临的"内卷化"在这一时期不仅未得到改善，反而进一步恶化。

农民与村庄的关系在这一时期出现"改天换地"的转变。1949 年以后，随着国家权力全面渗透乡村，通过土改、集体化等一系列政治运动，传统乡村社会的秩序和治理结构被重构，村干部取代传统的士绅阶层成为乡村领导者（Shue，1980；李康，2001；黄宗智，2003；卢晖临，2003）。土地改革以重分土地方式废除了地主所有制，也重构了乡村的治理秩序和制度规范；合作化运动使乡村土地产权由私向公转变，也使以合作名义的强制性集体组织在乡村建立；人民公社制度完成了乡村"三级所有、队为基础"的集体产权制度建构，也实现国家对乡村主导权的制度化。国家在集体化时期事实上成为经济要素第一位的决策者、支配者和受益者，依靠国家权力建构的"集体"组织承担着贯彻和执行国家意志的功能，成为一个担负基本经济职能和一定政治控制功能的地方组织。

当然，农村尽管进行了如此强大的集体化再造，但并未彻底解构传统村庄制度，乡村里的组织、管理、协调、合作等实际还依赖于此。这一时期的乡村治理本质上是一个"传统村庄+集体"的结合体。由于集体化时期的乡村社会依然是相对封闭的社会，个体在特定语境中非常介意自己的地位与处境，权力并不只是有形的、自上而下的，一些老人、能人也掌握话语力量（李怀印，2010）。集体化制度下的村庄在很大程度上依旧延续了传统社会的制度文化规范，正式权力/精英与非正式权力/精英合作等模式基本延续了传统乡土社会的规范与秩序形态。

总的来看，国家工业化时期虽然有结构转变，但整个中国并未真正摆脱费孝通意义上的"乡土中国"，它作为现代中国的第一个结构转变阶段，仍然是一个"不松动乡土的结构转变"。

（三）乡村工业化：农民的自主参与和分业

1978年改革以后，乡镇企业异军突起，中国进入乡村工业化阶段。这一时期的结构转变得益于改革对乡村经济权利的开放。一方面是以土地制度为核心的改革：在农地制度方面，由集体化时期的集体所有、集体耕种，转向集体所有、农户耕种，即所谓"双层经营体制"；产权制度与生产组织方式的变革带来制度效率的释放，使改革初到20世纪80年代中期的农业生产出现超常规增长。在非农用地方面，这一时期国家采取"三允许"政策，即允许农民在集体土地上办企业、允许农民利用自己的土地建城镇，以及允许农民的集体土地直接进入市场，为乡村工业化提供制度保障（刘守英，2018）。另一方面是鼓励农民进行农业内部结构调整、发展农村商品经济、兴办乡镇企业，增大农村发展空间，寻找农村剩余劳动力转移出路。

在乡镇企业发展的"黄金时期"（1978～1996年），乡镇工业增加值由占GDP不到6%增长到占GDP的26%，乡镇企业雇员人数从2 827万迅速增加到1996年的1.35亿，年增长率达到9%。[①] 乡镇企业发展不仅增加了农民收入，缩小了这时期的城乡差距，也通过其与国有工业企业的竞争，推动了整个经济的市场化进程。乡镇企业最重要的意义是使农民得以参与结构转变、参与工业化，不再像前一时期那样被排除在工业化进程之外。

不过，乡村工业化时期的结构转变仍存在明显的局限性。费孝通（1999）曾将乡镇企业发展概念化为"离土不离乡"，但严格来讲，"不离乡"是准确的，

---

① 资料来源：国家统计局编：《中国统计年鉴2003》，中国统计出版社2003年版。

"离土"则值得商榷。一方面，如果"土"指的是本乡或本土，那么乡镇企业几乎都是在本乡本土，不存在"离土"；另一方面，如果"离土"意味着"离农"，从相关经验数据来看，并不能充分支持乡村工业化时期农民与土地的关系已出现变革——尽管这一时期农业就业份额在逐年下降、非农就业比重有所增加，但同时期中国从事农业的劳动力绝对总量，不但没有减少，反而在增长。在乡村工业化启动 10 年之后，中国农村从事农林牧渔业的总人数从 1980 年的 2.98 亿增加到 3.24 亿。乡村的劳均耕地非但没有增加，反而减少了。[①] 换言之，"本乡本土型"的乡村工业化和农村剩余劳动力就地转移模式，并未对人地关系的紧张有实质性缓解。乡村工业化时期的农业劳动力有大约 1/3 到 1/2 处于隐性失业状态，农业依然面临"过密化"问题（黄宗智，2010）。

从根本上讲，这一时期的乡村发展，农民未能真正地"离土"，反而深刻依托于农村土地之上，乡镇企业更多地延续了传统经济中"分工""分业"的传统。乡村工业化的基本特征是"分业未离土"，即农民在本乡本土搞工业化，没有真正脱离"乡土中国"。[②] 受到乡村工业化吸纳劳动力等方面的结构性制约，这一时期的农业发展走的是"家庭式小农经营"+"现代要素投入"+"非农产业兼业"的混合模式，也不能认为是突破了传统意义上的"家庭式小农经营"。如果就农民与土地的关系成色或曰"黏度"而言，"分业（工）未离土"的乡村工业化阶段，农民与土地的关系尽管有所松动，但农民仍"粘连"/"黏连"于土地之上，这个阶段依然没有脱离费孝通意义上的"乡土中国"。

就农民与村庄的关系论，这一时期最突出的变化是家庭经营的复归和人民公社制度的解体，村一级经济功能在大多数村庄退出，代之以党支部和村委会的政权与行政功能。1987 年通过和颁布了《村民委员会组织法（试行）》，在乡村实行村民自治（于建嵘，2001）。在非正式制度方面，1978 年改革开放之后，宗族组织在全国各地快速复兴，一系列在集体化时期被禁止的活动，如祭祖、年会、

---

① 资料来源：国家统计局编：《中国统计年鉴 2004》，中国统计出版社 2004 年版。

② 一直以来，对于费孝通先生提出的"离土不离乡"，学术界和政策研究界即存在一定争论。比如学者秦晖就曾提出，"离土不离乡"的本质既不是空间地理意义上的聚落问题，也不是职业意义上的非农化或"以工补农""工农兼业"的问题，更不能纯粹化为文化意义上的生活方式问题，而应该理解为一个与城乡二元体系和户口制度紧密相连的"等级身份制问题"，正因为户口二元划分与世袭身份等级制有诸多类似之处，乡镇企业在这个意义上也可以理解为一种身份制框架与农民非农化相结合的特定产物。他还指出，"其他国家也有身居乡村聚落而从事非农业者，也有兼业农户，也有离农改业却保持了乡土文化传统的人们——但他们没有'离土不离乡'者。因为他们没有把人们分为与生俱来的'农业人口'与'非农业人口'两个准世袭的身份等级。在他们那里，'农民'只是一种职业，改了业便不再是'农民'；而在我国，'农民'不但是一种职业，而且更重要的是一种准世袭身份，因而才可能有'离'了农民职业却'不离'农民身份的问题。"至于乡镇企业，他指出，"没有身份制，无论什么'文化'也不可能孕育出个'乡镇企业'来，而且只要有身份制与农民改业这两条，任何民族都会产生'乡镇企业'现象"（秦晖，1994）。

修缮祠堂、编修族谱等开始回归乃至复兴（王沪宁，1991；庄孔韶，2000；肖唐镖，2001；冯尔康，2005；孙秀林，2011）。随着 20 世纪 90 年代以后农村地区村民自治的发展，农村基层组织与宗族组织之间出现互动（李连江、熊景明，1998；肖唐镖，2003）。在执行上级政府各项工作的村委会以及党支部的运作之外，村庄的宗族掌管着一定的公共财产，并承担了不同的宗教类、礼仪文化类、经济资产管理类以及道德规范类活动，不少村庄出现了诸如庙会、老年协会、"修桥"与"修路"委员会等大量的民间组织（郑一平，1997；张厚安等，2000；俞可平等，2002；王淑娜、姚洋，2007；Tsai，Lily，2007a；2007b）。总体而言，这一阶段的村庄制度更多表现为，在集体力量渐趋弱化与瓦解的情况下，传统村庄制度与规则续存并部分转向复兴。

（四）沿海工业化：农一代的离土出村与回村返农

20 世纪 90 年代中期以后，中国的工业化和城镇化发生历史性跃迁。乡镇企业因体制缺陷和政策环境变化陷入困境，外资企业开始在中国迅速扩张，随着沿海地区和城市权利的逐渐开放，民营经济飞速发展，形成多种所有制共同发展格局，引爆中国经济总量大幅扩增和国民经济结构深刻变革。

这一阶段工业化、城镇化的加速，土地制度安排起了重要作用。1998 年《土地管理法》出台，一方面，实行土地所有权与使用权分离及允许土地有偿使用和依法转让，各种所有制企业获得相对完整的土地使用权；另一方面，农地转非农建设用地一律实行征地，政府垄断土地一级市场，获得独家控制土地供应权力，农民集体土地上的乡村工业化道路基本被封死。地方政府在财政与税收激励下，低价甚至零成本、负成本供应土地，大规模推行园区工业化。得益于沿海开放战略、区域差异性体制环境，沿海地区率先崛起，形成以珠三角、长三角、环渤海区域为代表的出口导向工业带，中西部地区的内地工业化走向衰败，由此带来农村劳动力迁移模式的重大改变，内地农民开始大规模跨省份、跨地区流动，进入沿海地区打工（刘守英，2017）。

与前一时期的乡村工业化相比，沿海工业化阶段的农民开始真正"离土""出村"，城乡之间的大门被撞开。根据 2000 年和 2010 年两次人口普查数据，中国的流动人口总数在 2000 年前后达 1.43 亿，其中跨省份流动人口 4 242 万，从乡村流出人口 8 840 万，占总流动人口的 62%。[1] 到 2010 年前后，中国总迁移人

---

① 参见国家统计局 2000 年人口普查数据表 7-3。全国流动人口按"全国按现住地类型、户口登记地类型分的人口合计项"计算，其中按现住地在户口登记地省份外一项计算为跨省份流动人口，按现住地为本省份其他县（市）、市区以及本县（市）、市区内其他镇、街道人数合计计算为乡村流出人口总数。

口已达 26 139 万，流动人口总数超过 2.2 亿。[①] 根据农业普查以及历年农民工监测报告相关数据，1996～2010 年，跨省份流动农民工从 2 330.9 万增加到 7 717 万，占外出农民工的比重从 32.5% 提高到 50.3%。中西部地区成为支撑出口导向工业化的廉价劳动力输出基地，中部地区跨省份流动农民工所占比重高达 69.1%，西部地区跨省份流动农民工占 56.9%。[②]

但是，"农一代"的跨区域流动，不是向融入城市的市民化方向发展，而是形成了数量庞大的"两栖人口"或所谓"候鸟式迁移"，使他们季节性往返于东部地区和内地农村之间（Zhao，1999；Zhao，2000；Mullan et al.，2011；Zhao et al.，2018）。自 20 世纪 90 年代末开始迁移的"农一代"，在外经历了将近二十多年的艰苦打拼和漂泊之后，最终的命运归宿是"返乡"和"回村"。造成这一结局的主要原因是农民落脚城市的公共政策缺位与制度性歧视，进城农民工很难获取城市住房（包括租房）、子女教育、社会保障等各方面的公平对待（吴维平、王汉生，2002）。与许多发展中国家来到城市的第一代迁移者情况类似，中国的"农一代"很少有长期留在城市的期望，他们通常需要忍受更长的工作时间和相对艰苦的居住条件等，以便在尽可能短的时间积累更多的资金，攒足回家过日子的费用。很多流动人口选择居住在城中村或城乡接合部等成本低廉的城市社会边缘区域中那些条件较差、违章搭建的房屋里。第二个原因则是"农一代"与农业、土地和村庄的关联。这批出村进城的农民，原本就是务农者，具有丰富的农业经验，即便出外打工也季节性回村种地；他们对土地有割舍不掉的感情，经历过集体化土地回归家户的喜悦，深切理解土地之于自己和家庭与子孙的意义，他们不会轻易失去承包土地；村庄从来是他们的归宿，在外打工挣取的收入主要带回来盖房。

这一阶段农民与村庄的关系在正式制度安排上出现显著变化。2000 年以后，农村税费改革和取消农业税使得农民对国家的义务取消，城乡统筹政策和新农村建设的实施，公共财政覆盖乡村，支农惠农项目下乡等，国家与农民的关系由取到予。在村庄形态上，村庄合并、村改居等成为全国性态势，部分地方出现农民

[①] 参见国家统计局发布的《2010 年第六次全国人口普查主要数据公报（第 1 号）》，2011 年。原文如下："大陆 31 个省、自治区、直辖市的人口中，居住地与户口登记地所在的乡镇街道不一致且离开户口登记地半年以上的人口为 261 386 075 人，其中市辖区内人户分离的人口为 39 959 423 人，不包括市辖区内人户分离的人口为 221 426 652 人。同 2000 年第五次全国人口普查相比，居住地与户口登记地所在的乡镇街道不一致且离开户口登记地半年以上的人口增加 116 995 327 人，增长 81.03%。"

[②] 其中 1996 年数据由《中国第一次农业普查资料综合提要》（全国农业普查办公室编，中国统计出版社 1998 年版）中"1996 年中国第一次农业普查分省份农村住户从业人员的主要从业地区"的全国数据计算得出。2010 年数据来自《2010 年农民工监测报告》，引自《2011 中国发展报告》（中华人民共和国国家统计局编，中国统计出版社 2011 年版）。

上楼、集中居住（赵树凯，2012）。在村庄正式治理方面，这一时期实行了村干部工资的财政覆盖，村干部行政化，乡镇政府通过包村干部、"村官"等方式加强渗透村治以及村庄选举等重大事项，对村民自治造成一定程度的空间挤压，导致村干部身份转化和双重角色的不平衡（周飞舟，2006；吴毅，2007；王汉生、王一鸽，2009）。这一时期也在一些地方进行村治的实践，村民自治下沉到自然村或村民小组。村庄在非正式制度方面尚未出现根本性变化，"村中人情往来"支出居高不下，说明传统村庄制度规范对于农户，尤其是"农一代"仍然有着深远的影响（中国人民大学宅基地制度研究课题组报告，2017）。

概而言之，这一阶段的结构转变，尽管发生了农民的离土、出村，但是由于城乡二元体制的藩篱以及"农一代"与土地和村庄的特殊关系，高速工业化和快速城镇化实现了国民经济结构的根本变革，但没有根本改变农民"依恋于土"，"乡土中国"下农民与土地的黏性在经济上有所变化，但在制度、社会和文化上并没有发生根本变化。

三、"城乡中国"的特征

经过近百年的结构变迁，中国的城乡关系终于在 2003～2010 年出现革命性的跃迁，进入我们所称的"城乡中国"阶段。做出这一划分的依据是，农民与土地的关系以及农民与村庄的关系从此发生根本变化，而牵引这场转变的是"农二代"——这批继续他们上一代离土、出村的农民，由于其工作和居住方式上的城镇化以及他们出村之前与土地和农业的生疏关系，大多数选择不回村、不返农，由此带来人地关系、农地制度、农业经营制度、农业发展方式、村庄的演化与分化等方面的重大转变。这些新的特征不仅昭示了向费孝通意义的"乡土中国"告别，也与以前各阶段结构变革下的城乡特征发生本质的不同。更具意味的是，"农二代"的这些经济社会特征还会进一步显化和强化，其对未来相当长时期中国的转型将产生根本影响。我们在本部分将就已经呈现出的"城乡中国"的主要特征进行分析。

（一）乡土变故土："农二代"引发的代际革命

近年来，"80 后""90 后"中的"农二代"开始成为进城务工的主力军。他们在经济社会等方面的行为特征出现一系列显著的代际性变化。[1]

首先是在经济特征上明显体现出期望更好地融入城市经济的倾向。

一是较之"农一代","农二代"对工作类型与职业的重视超过单纯的现金收入。基于 2003~2012 年的农户家庭调查数据发现,"农二代"这一时期的平均月工资为 1 180 元,低于农一代平均月工资（1 202 元）,两者的职业选择呈现出差异性:"农一代"至少有 30%~40% 从事建筑业,"农二代"主要从事更为正式的制造业和服务业工种,比例均超过 40%,从事建筑业的比例仅为 10% 左右（Zhao et al.,2018）。另一份基于 2011~2015 年流动人口动态监测调查数据更完整地呈现出:"农二代"从事建筑业、农林牧渔业、生产运输等传统行业的比例低于"农一代",从事制造业、党政机关及科教文卫工作的比例高于"农一代";随着时间推移,更多"农二代"选择从事机关、专业技术岗位,越来越少选择从事劳动密集型产业（刘守英、纪竞垚,2018）。从事服务业和制造业的选择,更有利于适应城市经济体系。"农二代"中虽有近 70% 的比例为雇员或雇工,但越来越多的"农二代"开始选择自营劳动或作为雇主生产经营。这些新近的发现与早期有关新生代农民工群体迁移动机的研究一致:与第一代农民工不同,收入已不再是影响"农二代"迁移动机的唯一和最重要因素,更多的因素,诸如扩大阅历、积累经验、提高个人素质,学习专业技能,甚至期望工作本身要"有趣"等,都成为职业选择的参考因素。另外,"农二代"的职业流动性远高于"农一代",维权意识也显著增强（王春光,2001;刘传江、程建林,2008;储卉娟,2011;卢晖临、潘毅,2014;周大鸣、杨小柳,2014;蔡玉萍、罗鸣,2015）。

二是"农二代"在人力资本积累方式上也表现出与"农一代"很大的差异。"农二代"自身的人力资本水平高于"农一代",他们的平均受教育年限更高（9.515 年）,"90 后"农民工这一群体更是达到了 9.79 年,比受教育年龄平均为 8.71 年的"农一代"要高出 1 年多（Zhao et al.,2018）。"农二代"的人力资本和社会资本积累主要在城市完成,他们更多地借助社会关系等资源以及信息化手段寻找工作,更具有人力资本积累的意识,同时获得工作技能培训的比例也远高于"农一代"。[2]

三是与农业经济活动的关系疏远。据《2013 年全国农民工监测调查报告》,"农二代"初次外出务工的平均年龄为 21.7 岁,"农一代"初次外出务工的平均

---

[1] 这里简单界定一下"农一代"和"农二代":本书使用的是 2013 年国家统计局农民工监测调查报告中的定义,即"新生代农民工:指 1980 年及以后出生的农民工"。这个定义与较早研究所谓"新生代农民工"或第二代农民工等学者的界定基本一致。

[2] 参见 2010~2016 年国家统计局:《农民工监测调查报告》系列有关农民工接受培训的相关数据;以及刘俊彦等（2007）。

年龄为 35.9 岁，两者相差 14 岁；"农二代"每年平均在外时间为 9 个月，比"农一代"（7.9 个月）多出 1 个月时间；在务农经验方面，"农二代"远远少于"农一代"，《2013 年全国农民工监测调查报告》数据显示，87.3% 的新生代农民工没有从事过任何农业生产劳动；每年花费在农业活动的时间，"农一代"平均为 1.8 个月，"农二代"仅为 0.7 个月（Zhao et al.，2018）。

其次是在社会特征上体现出很强的"入城不回村"倾向。

一是在迁移模式上，"农二代"不仅如"农一代"那样，一如既往地离土出村，而且更多选择跨省份流动、前往东部地区以及大中城市务工经商。基于 2003～2012 年数据的经验研究发现，"农二代"前往东部省份务工的概率高出"农一代"10% 左右；"农二代"明显偏好在地级以上大中城市务工，比例高达 54.9%，"农一代"在地级以上城市务工的比例则仅为 26%（Zhao et al.，2018）。流入地级以上城市的农民工比重仍在持续上升，据《2015 年农民工监测调查报告》显示，流入地级以上城市的农民工占外出农民工总量的 66.3%；在跨省份流动农民工中，80% 流入地级以上大中城市；省内流动农民工则有 54.6% 流入地级以上大中城市。[①]

二是"农二代"对在城市家庭生活的重视以及对加强子女教育、增强社会流动的期望提高。"农二代"举家迁移比重上升，2010～2014 年农民工监测数据显示，举家外出农民工的数量和占比都在不断增长，2014 年，举家外出的农民工占外出农民工总量的比例达到 21.27%。[②] "农二代"发生"夫妻迁移"或"举家迁移"的概率显著高于"农一代"（陈辉、熊春文，2011；Zhao et al.，2018）。有研究表明，在长三角等地区，改善子女教育是农民工选择家庭迁移的首要动机（钱文荣、黄祖辉，2007）。

三是在城里购房与在乡下建房呈此涨彼落之势。根据《2016 年农民工监测调查报告》，进城农民工的购房比例在不断提高，当年购房者占农民工总数的 17.8%，其中购买商品房的为 16.5%。[③] "农二代"购房意愿也比本地农业户籍居民高出很多。[④]

四是更重视下一代教育以期增强代际社会流动性。无论是举家迁移还是在城里购房，主要是为了下一代教育。一些买不起房的家庭甚至在县城租房陪读。与"农一代"出外打工挣钱、孩子留守乡村的模式相比，"农二代"在通过自己的

---

① 参见国家统计局：《2015 年农民工监测调查报告》。
② 参见国家统计局：《2014 年农民工监测调查报告》。
③ 参见国家统计局：《2016 年农民工监测调查报告》。
④ 参见西南财经大学中国家庭金融调查与研究中心：《新市民住房问题研究报告》，2017 年 12 月（内部稿）。

努力减低家庭分割对孩子教育的伤害。

最后是在文化价值观方面普遍对城市价值更为认同。

通过比较农民工平均每年向家乡的汇款数额可以发现，"农一代"每年在5 000 元左右，"农二代"仅为 3 800 元左右。越年轻一代的农民工其汇款比例越低、消费开支比例越高，反映出"农二代"与城市居民的消费差距在缩小，"农二代"在食品支出等方面的比例低于"农一代"（Zhao et al. , 2018）。在社保方面，"农二代"在工作地社保享有比例显著高于"农一代"，而在户籍地社保比例则低于"农一代"（刘守英、纪竟垚，2018）。值得注意的是，相关研究表明，"农二代"对城市的融入意愿显著高于"农一代"，但同时，他们所感知到的不被城市接纳的排斥预期也显著高于"农一代"（朱妍、李煜，2013；田丰，2008；余晓敏、潘毅，2017）。[①] "农二代"生活方式的转变更加城镇化，他们在休闲娱乐方式上越来越多元化，并乐于通过商场、公园等城市公共设施进行休闲娱乐活动。与之形成鲜明对照，在过年等节庆与仪式，或者这类乡土社会的文化与社会关系汇聚的场合，"农二代"却更少"在场"，不少人在春节期间返乡也是住在县城或乡镇的酒店，再开车回到村里，并且不会选择长时间停留。作为可能是中国历史上最大规模的一批离开村庄的人群，他们的"出村不回村"，正在令乡土中国日益变为回不去的"故土"——乡村制度、传统乡土社会的人际关系，以及以"礼治秩序"为代表的传统文化价值规范都在这一场村庄转型中面临严重的冲击与挑战（韩少功，2018）。

从根本上说，"农二代"的经济和社会行为表明农民对乡土的观念正在改变。他们与土地、与乡村的关系正在发生重大变化，并将对未来的农业、村庄以及整个乡村现代化走向产生根本影响。从经济行为特征来看，"农二代"更明显地表现出留城、务工、离土、离农的趋势，这既与他们出村进城时就不熟悉农业、与土地的情感淡漠有关，也与他们的工作方式、人力资本和社会资本积累在城市完成有关；他们不再依恋土地，而是更适应和依赖城市经济，农民与土地的关系已发生从经济依赖性下降到土地观念层面的重大转变。

（二）告别过密化农业：农业转型与农作制度变迁

结构转变不仅带来人地关系变化，而且带来农业相对要素价格变化，引致农业发展模式的历史性转折——从延续千年的依靠过密化劳动力投入提高土地生产

---

① 如上述研究指出的，尽管农民工事实上认同城市主流价值观，但在实践中这套农民工期望认同的价值观却似乎多方面地边缘化和阻碍他们真正融入。

率的传统农业模式转向通过增加资本和机械化投入提高劳动生产率的现代农业模式。经过快速的结构变革，中国的第一产业在三次产业的产值和就业份额出现历史性下降。2000 年时第一产业占比降到 15%，2013 年时降至 10%，2016 年进一步降至 8.6%。农业劳动力就业份额下降的意义更大，第一产业就业占比到 2000 年时为 50%，2016 年时已降至 27.7%。① 以农业劳动边际生产率计算的"刘易斯转折点"约于 2010 年前后到来（戚成蹊，2017；Y. Zhang, T. Shao and Q. Dong, 2018）。长期困扰中国乡村的人口对土地的压力问题出现缓解可能，2004~2012 年，农户的户均耕地由 7.88 亩增加到 8.23 亩②；而 2010~2016 年，中国的劳均耕地面积由 6.54 亩增加到 9.42 亩③。中国的农业发展动能出现转折，大约在 2003 年开始农业劳动生产率开始快速提升，且增速远超过土地生产率的增长速度。2000~2012 年，农业劳动生产率年均增长 5.46%，农业人均产值年增长率高达 14.11%，同期亩均产量年增长率只有 1.73%。来自 7 万农户的微观数据也证实了类似的趋势。④ 也就是说，进入 21 世纪以后，长期依靠高劳动投入提高土地单产的中国传统农业发展模式正在衰落，提高劳动生产率的现代农业发展模式正在兴起。伴随农业的这一历史转型，农作方式、农地权利安排、农地流转市场、农业经营模式、农业功能都在发生重大变化。

第一是农作方式的变化。在农业投入结构方面，机械加速替代人力。随着快速非农化与农业用工同工业、商业等非农业用工的竞争加剧，劳动力价格逐年上涨，主要农作物的劳动力投入成本，反映在家庭用工价和雇工工价两方面都出现迅速增长：1999~2015 年，主要作物（稻谷、小麦、玉米、大豆、油料、棉花等）均出现用工成本的上升和亩均用工数的减少，雇佣劳动力从 14 元/日上涨近 8 倍，达到 112 元/日。加上 2004 年以后中央政府出台的农机补贴政策等因素，农业机械化进程加快，农户家庭基本采取了减少劳动力投入、增加机械和资本投入的策略。各类农业机械的使用量从 2000 年以后都开始迅速增长，基本保持了年均 6% 左右的稳定快速增长（Liu, Wang and Shi, 2018）。

第二是土地流转与土地租赁市场发展。土地细碎化长期被认为是影响中国农

---

① 相关数据来自中国资讯行提供的"中国主要年份国民经济和社会发展结构指标统计（1978~2016）"（数据摘编自国家统计局编：《中国统计年鉴 2017》，中国统计出版社 2017 年版）。

② 根据国家统计局 7 万农户抽样调查数据计算得出，具体参见 S. Liu, R. Wang and G. Shi. Historical Transformation of China's Agriculture：Productivity Changes and Other Key Features. *China & World Economy*, 2018, 26（1）：42–65.

③ 这里使用《中国统计年鉴 2010》和《中国统计年鉴 2017》中 2010 年和 2017 年的"全国耕地面积"与"第一产业就业人数"计算 2010 年和 2017 年的劳均耕地面积。

④ 本节相关数据引用主要参考 S. Liu, R. Wang and G. Shi. Historical Transformation of China's Agriculture：Productivity Changes and Other Key Features, 2018。

业效率和农业现代化的阻碍因素。随着更活跃的城乡迁移，土地流转成为农业经营者扩展经营规模的重要方式。20 世纪 90 年代以前，土地流转的比例非常低，1984～1992 年的农业部固定观察点数据显示，仅有 1.99% 的农户流转了部分土地。2003 年以后，土地流转规模迅速加快。2003 年时东、中、西部地区的流转率分别为 9%、11.6% 和 3.86%，到 2013 年时，三大地区农地流转率分别达到 26%、31% 和 20%。到 2015 年时，农户承包地流转率为 33.29%，流转承包地规模已达到 4.47 亿亩，是 2010 年的 2.39 倍（Liu，Wang and Shi，2018）。

从农地流转的形式看，以转包和出租为主，其他形式——股份合作、互换和转让也存在。2015 年，五种流转模式所占比例分别为 47.03%、2.79%、5.39%、34.3%、6.08%。[①] 分地区看，2013 年时，转包和出租两种形式流转农地分别占到东、中、西部地区当年流转总量的 75.69%、79.46% 和 79.93%（Liu，Wang and Shi，2018）。至于其他几种流转形式也在同时增长：2011 年以后，东部地区的股份合作形式发展很快，2013 年时已超过 10%，中、西部地区在 2013 年时股份合作分别占比达到 6.11% 和 3.81%（Liu，Wang and Shi，2018）。

第三是农户的分化。去集体化的包产到户和乡村工业化、沿海工业化的兴起，使传统乡土中国那种"以土为生"的均质化小农已发生改变，不同农户在卷入非农经济活动时出现高度分化。有研究比较了 4 类农户（纯农业户、农业兼业户、非农业兼业户和非农业户）在 2003～2012 年的变化趋势，发现纯农业户和农业兼业户的比例在这一时期都有所下降（分别下降了 2.5% 和 12.39%），非农业兼业户和非农业户比例则有所上升（分别上升了 4.25% 和 10.36%）。到 2012 年时，纯农业户占比为 18.28%，非农业户占比 15.93%，而两种兼业型农户总共占比达 65.79%（其中农业兼业户占比为 30.07%，非农业兼业户为 35.72%）。不同地区的农户分化也存在差异：在东部地区，不仅非农业户的占比（2012 年为 30.4%）远超过中、西部地区（分别为 7.12% 和 6.08%），而且非农业户的增长幅度也是最大的，达到了 17.4%，超过中、西部地区的 5.39% 和 4.86%（Liu，Wang and Shi，2018）。值得注意的是，由于投入方式发生变化，农户的资本形成也开始加快。东、中、西部不同地区农户拥有的生产性固定资产均迅速增加。

土地流转和农户分化也带来农户经营规模的差异。不同类型农户实际经营的土地规模差距在拉大。2012 年，纯农业户的经营规模平均每户为 17.59 亩，农业兼业户为 10.68 亩，非农业兼业户为 4.93 亩，非农业户为 0.81 亩。农户经营规模的分化对农业生产绩效也产生一定影响。研究者通过农户调查数据发现，无论

---

① 2009～2010 年农村土地承包经营及管理情况统计数据，参见农业部《中国农业发展报告 2012》。2011～2015 年农村土地承包经营及管理情况统计数据，参见中国农业年鉴编辑委员会编：《中国农业年鉴 2012～2016》，中国农业出版社 2012～2016 年版。

在劳动生产率还是土地生产率方面，纯农业户都高于其他 3 类农户，特别是在劳动生产率方面，纯农户是纯非农户的 3.5 倍多；而在土地生产率方面，纯农户是纯非农户的 1.74 倍（Liu，Wang and Shi，2018）。这可能说明存在因专业化带来的效率提升，也在一定程度上佐证了农业开始转向提升劳动生产率的发展模式。

第四是农业经营主体的多样化。近年来，农业经营主体除了作为主体的家庭经营外，也出现了专业合作社、企业以及其他类型的经营主体。从耕地流转数据来看，2014 年，在耕地流入一方中，农户占流入主体的比例为 58%，而流入专业合作社和企业的比例分别达到 21.8% 和 9.68%，其他主体则占到将近 10.17%（Liu，Wang and Shi，2018）。这说明，尽管农户仍是主要的经营主体，但中国的农业经营开始向多元化经营主体的方向发展。

第五是农业本身的功能与形态也发生变化。在很长时间里，中国的农业始终是"粮食农业"，强调农业的功能在于解决主粮和饥饿问题，加之特定的工业化和城镇化发展战略，导致农业的功能长期单一化和发展受限。进入城乡中国阶段以后，农业已经开始从过去功能定位单一的粮食农业拓展到健康农业、特色农业、生态农业、休闲农业等强调农业多功能性、复合型发展的模式。其一，粮食和粮食安全的观念，作为国际性问题，在西方发达国家已经从提供"能量"转向提供"营养"的含义，中国农业也开始从数量转向质量、从吃饱转向健康。其二，随着消费革命和国内市场发展，对特色农产品、功能性农产品的需求量越来越大，这类产品附加值越来越高，在特定地区和区域内开发和生产特色与功能性农产品具有很大潜力。其三，当前中国正处于农业与农村现代化的重大进程中，也面临一些与 20 世纪西方发达国家相仿的形势和问题，如农业产能过剩、粮食与食品安全以及生态伦理和环境污染等问题。随着对农业多功能性的强调，加上生物技术和机械自动化等方面的发展，农业面临改变过去缺乏环境生态可持续性的高成本工业化生产投入方式，转向绿色生态可持续农业的发展方向。其四，休闲农业和乡村旅游业的蓬勃兴起。这不仅体现于作为都市农业的一部分，比如城市周边区域所出现的蔬果种植以及观光农业、旅游农业和农家乐等，而且随着基础设施的改善、资本注入以及新技术和商业模式的引入，在很多远离城市的乡村甚至偏远地区，也出现了旅游业和新的服务产业的发展。有研究指出，休闲农业和乡村旅游业在 2010 年以后增长极其迅速，统计游客数量从 2008 年的 3 亿人次增加到 2010 年的 4 亿人次，2011 年跃升至 6 亿人次，并在 2014 年、2015 年保持持续快速增长，分别达到了 12 亿人次和 22 亿人次。乡村旅游和休闲农业在国内旅游业中的比例也迅速提高，从 2010 年不到 20% 增加到 2015 年的 55%（Gao，Yan and Du，2018）。这对于带动整个乡村地区的相关服务产业的发展，以及推动特色农产品、手工业产品的生产等也都发挥了重要作用。

农业的功能变化本质上是城乡互动加深的结果。一方面，很多乡村产业的复活和壮大是对城市需求拉动反应增强的结果；另一方面，新技术革命和商业模式发展降低了交易费用，帮助很多乡村的特色农产品包括一些手工艺制品等完成市场突破，从而为偏远地区和不发达地区开辟出一些非常有生机的产业。这些变化要求我们重新理解农业与其他产业之间的联结关系，比如不经过制造业化而使农业与服务业、与旅游业等结合，发现、拓宽和提升乡村价值；或者在未经工业化的一些后发地区，通过农业要素与技术、市场等生产要素新型组合来实现区域农业产业化和规模化等。

（三）乡村成故乡：村庄分化与治理挑战

进入城乡中国阶段，不仅农民与土地的粘度发生变化，而且农民与村庄的粘度也发生变化。一方面，在城镇化进程的不同影响下，村庄数量大幅减少，分布发生变化，村庄分化加剧，一部分村庄出现活化机遇，但多数村庄呈现"人走村衰"面貌。另一方面，村庄的治理方式与村庄作为文化规范等非正式制度的规范发生改变，村庄作为一种制度装置的内涵处于变革之中。

村庄的变革首先表现在数量和空间上。1985 年全国行政村数量为 94.1 万个，到 2016 年减少到 52.6 万个，减少了 44%；全国自然村数量从 1990 年的 377 万个降到 2016 年的 261 万个，减少了 30%[1]；村民小组数量也大为缩减，1997 年时全国村庄村民小组共 535.8 万个，到 2016 年时减少到 447.8 万个，不到 20 年的时间里，村民小组减少了 88 万个[2]。村庄数量的减少，一方面与农作方式变化带来的村落耕作半径变化有关：原来以高劳动投入为主农业形成的村落与土地之间的半径很近，随着农业投入转变为机械投入为主，劳动力投入下降，村庄与耕作土地之间的半径发生变化，村落半径有扩大需求。另一方面，村庄数量的减少与村庄劳动力外流直接相关。乡土中国阶段的核心特征是"不离土、不出村"，但这种状况在城乡中国阶段发生改变。绝大多数村庄在工业化和城镇化进程中都出现不同程度的人口外流现象。一项调查数据显示，目前仅有 6.5% 的村庄没有劳动力向外流动，外流劳动力占 1%～25% 人口的村庄在所有村庄中占比达 29.3%，外流劳动力占 26%～50% 人口的村庄占比为 40.2%，外流劳动力占 51%～75% 人口的村庄占比为 17.4%，外流劳动力超过 75% 的村庄约有 6.5%。

---

① 中华人民共和国住房和城乡建设部编：《中国城乡建设统计年鉴 2016》，中国统计出版社 2017 年版。

② 中华人民共和国民政部编：《中国民政统计年鉴 2017》，中国统计出版社 2017 年版。

人的流动也带到资本的流动。[①] 如前所述，由于出村农民的代际差异，20 世纪五六十年代乃至 70 年代出生的"农一代"，主要是寄钱回村、建房成家，村庄未见破败，但"80 后""90 后"的"农二代"，人出村后不回村，资本也留在城市，他们进城买房，家庭未来的落脚地也不会再回村。这种人走资本不回的趋势对于多数村庄所带来的可能将会是进一步的衰落。

城镇化对于不同类型村庄未来的影响方式和程度会出现很大分野。在现有的一篇综述中，社会学学者将转型中的村庄归纳为 4 类典型形态：（1）土地城镇化的"城中村"；（2）就地城镇化的"超级村"；（3）人口外流的"空心村"；（4）治理社区化的"转型村"（任强、陈佳俊，2016）。在我们看来，类似"城中村"或"超级村"这类村庄，未来基本会在城市扩张过程中"融入城市"，成为城市的一部分；还有一批村庄可能发展成为城乡之间的过渡地带，或者说"驿站"，这些地区也会成为整个城乡中国人口、资本和土地等要素最活跃的区域。多数村庄属于传统农区，这些村庄中的一些已经呈现出复兴的可能性，它们具有一些特征，例如具有很好的历史和文化记忆；能够提供独特、优质、健康的产品；拥有好的带头人；能够实现现代农业发展的乡村；等等。但是不可回避的是，很多传统农区的村落在相当长一段时期内将处于"衰而未亡"状态，面临破败和消亡的结局。

中国村庄的未来更值得关注的是其作为制度装置的功能。不少研究注意到村庄空心化带来的乡村社会原子化问题，即随着村民之间基于传统生产、生活方式的互动和联系日益减少，村民之间以及村民与村庄组织间的基本社会联结削弱，基于血缘、地缘以及人情关系的所谓"社会资本"衰减，加上劳动力大量外流而留守村庄的老弱妇孺普遍面临意识、能力、资源、禀赋等方面的欠缺，使得村民的集体意识和协作能力，以及整个村庄共同体的向心力与凝聚力等都呈现显著的衰退之势，被研究者称为乡村社会的"社会关系衰退"与"组织衰败"现象（韩鹏云、刘祖云，2012；田毅鹏，2012；2014）。也有学者提出，目前生活在乡村的多数村民还无法主动进城定居，这些村民可能会在较长时期维系目前乡村社会的再生产（陆益龙，2014）。村庄在人村关系变化后，集体合作变得更加困难，但也有研究提出，通过鼓励村庄精英成为集体合作的领导者，遵循公平原则制定可行的激励、惩罚和监督措施，村庄仍有可能通过合作完成公共品提供（黄茜等，2015）。当然，从基本态势看，尽管许多乡村的"衰"无法阻挡，但这一凝聚农民关系的基本制度装置也不会迅速"亡"，可能会延续很长时间。

[①] 数据源于陆益龙（2013）文中所引用的中国人民大学 2012 年启动的"千人百村"调查结果，具体参见陆益龙（2013）。

最后，在城乡中国格局下，乡村的公私秩序会面临重构。笔者田野调查发现，在不少村庄，不仅是人走带来的空心化，实际上"公"的部分本身也被抽空，结果带来的是一些村庄以私侵公或以公肥私等现象。另外，人口流动是否会将城市社会基于陌生人规则的人际关系模式带回乡村，或者是否会生成新的规则和公私秩序，尚不得而知，但无论如何这都可能意味着传统乡土中国那种以人情维系的"熟人社会""差序格局"和"礼治秩序"等为统合规则的乡村社会将面临不可逆的重大变化，村庄的治理结构和治理规则必将发生重大变迁。目前进行的未来村庄能否走城市社区治理模式，党支部、集体经济组织与村民自治三级之间的关系如何处置，自治、法治、德治的治理体系如何构建等，都是未来村庄治理面临的重要问题。

（四）城乡互动与融合：新型城乡关系的到来

中国的城镇化进程已经过半，长期困扰转型的城乡关系也出现改变，一些新的特征已经显现，且在城乡中国阶段越来越明显。一是城镇化模式从单向城镇化转向城乡互动。在城乡之间要素配置效率驱动和城乡二元体制的作用下，中国城镇化的基本特征是劳动力、资本和土地从乡村向城市的配置，带来城市的快速发展。近年来，生产要素在城乡之间的双向配置与互动在增强。具体表现为，资本下乡的速度和规模在增加，劳动力从完全向沿海的流动转向一定比例向内地的回流，乡村经济活动变化带来建设用地需求增加。相关实证研究也指出，在2010年以前，更多是城市带动乡村，乡村地区发展处于被动状态；但2010年以后，若干宏观数据显示随着农业现代化和乡村经济发展，乡村居民的消费和收入水平有较快发展，城乡收入差距缩减，城乡关系进入城乡加速互动的新阶段（Gao，Yan and Du，2018）。要素流动和互动活跃，人口在城乡之间对流，资本在城市寻求获利的同时资本下乡加快，土地在城乡之间的配置和资本化加快，将成为城乡中国的基本特征。城乡互动阶段的到来，为矫正中国传统发展战略导致的城乡二元结构与体制创造了机会。从城乡分割、牺牲乡村发展换取城市繁荣到城乡融合与城乡共同发展，在城乡中国阶段可望达成协调发展的关键是城乡融合，而要实现城乡融合发展，关键是消除城乡之间的体制性障碍，实现城乡要素平等交换与合理配置和基本公共服务均等化。

二是城乡分工的进一步明确与合理化。随着城乡互动的增强，大城市、城镇与乡村的分工更加明确，发展各自比较优势的时期到来。在城乡中国阶段，中国的城镇化进程将从快速的外延扩展转向内涵增长与质量提升，大城市因为其集聚、效率、创新、知识、产业、就业的优势，成为城乡人口就业和创造收入机会的场所，并形成一定规模的城市圈或城市带；乡村的分化将进一步加剧，部分乡村将在城乡互动中复活与振兴；在城乡之间，将有部分县或镇承担城市产业转移等功能，并发展成为城乡之间的驿站或过渡地带。因此，整个产业布局方面，乡村与城市有不同的业态分布，而乡村产业的发展，又是与农业功能由窄而宽、向多功能农业转变，以及农业通过与第二、三产业的融合，在消费革命的背景下实现农业现代化的方向密切相连。

三是城市文明与乡村文明的共融共生。中国在快速推进城镇化的过程中，也出现对城乡两个文明的误解，暗含着城市文明就是先进的，乡村文明就是落后的，两个文明的此长彼消就能实现中国的现代化。在城镇化过半以后，我们才发现，不平等的城乡关系不仅没有消灭乡村文明，城市文明也出现大量病兆。在"城市病"困扰城里人的经济活动和社会生活后，他们开始主动到乡下去寻找另一种文明的慰藉，农家乐、民宿、乡村旅游、对土特产需求上升等，实质上是城市文明对乡村文明的呼唤。直到现在人们才越来越意识到，城市文明与乡村文明只是两种不同的文明形态，不存在谁优谁劣，而是相互需要、互为补充的关系。在城乡中国阶段，城市文明与乡村文明的共存与呼应是基本特征，实现两种文明的共通发展不仅是为了乡村，也是为了城市。

对于分化和加速变革的乡村，一方面，要看到当前乡村如此大面积的、急速的衰败，根源于中国长期以来城乡二元化、城乡不平等的发展理念，使得乡村没有足够的发展权利，毕竟纵观整个人类社会经济政治演变，绝不是以乡村的衰败作为代价的。因此，面对大部分乡村衰而未亡的状态，应该通过基本的公共服务和社会保障，降低乡村"衰"的程度。另一方面，村庄需要适度的集聚。由于农业发展方式变化带来的耕作半径变化，使原来以自然村落为主的村庄面临公共服务成本的提高，公共服务可以通过适度拉大半径，从原来以自然村落为半径的村落，转向未来适度拉大半径的村庄的集聚。对于村落居民而言，这意味着仅仅是离开自然村落，但未离开原有村庄，也不会因此感到陌生。最后，对于在城乡互动与融合的过程中，借助于历史文化资源、地方特色产品与工艺，以及实现未来农业现代化的村庄，是可以复兴的。当然，乡村与城市的互动和融合也必然意味着乡村要对城里人适度开放。

经过近百年的转型与变迁，尤其是改革开放40余年的结构变革，中国已经从乡土中国转型为城乡中国。一方面，中国的农民高度分化，不同类型的农民与乡村的经济和社会关系发生分野。伴随农民的离土出村，他们与土地和村庄的粘度松解，尤其是当"农二代"成为迁移的主力后，他们不仅离土出村，而且不返农、不回村，在大城市、县城和乡镇就业成为其归宿，乡土成故土、乡村变故乡，农业在告别过密化的同时也在多功能化。因此，我们认为中国的结构形态已经告别费孝通意义的乡土中国。另一方面，城镇化从单向转向城乡互动，生产要素在城乡之间的配置活跃，城乡之间的分工与互联互通增强，乡村在分化的同时业态、产业、功能多样化，城乡两个文明彼此需要共生共荣，这种新型的城乡关系构成城乡中国的基本特征，与作为成熟形态的城市中国相比，呈现出独特的阶段性特征，因此，城乡中国将成为中国今后相当长时期的一个阶段。

在城乡中国阶段，首先要矫正单纯城镇化导向的公共政策。相当长时期的一个误区是，将城镇化作为实现现代化的唯一目标，以为城镇化能带来乡村问题顺其自然的解决。事实上，单向城镇化的结果不仅导致大量的"城市病"，而且导致乡村问题加剧。城乡中国阶段的公共政策必须以城乡平等发展为基础，而不是以消灭乡村为结果，只有城乡的平等发展才能实现城乡两个文明的共生、共融、共荣。将城乡中国而非城市中国作为一个阶段，将允许城市与乡村良性互动，生产要素在城乡有效配置，这样更有利于抵达城市中国。

将城乡中国作为一种范式和结构形态，不是固守和固化城乡二元分割形态。中国目前的城市繁荣与乡村破败本身是城乡二元体制的结果。由于将作为结果的城市中国作为进程中的政策安排，导致城乡规划、土地、融资、产业、公共品提供等的二元分割，造成乡村产业窄化、农民发展机会缺失，乡村成为没有希望和生机的地方，更加剧了乡村人口和劳动力的外流与生产要素的单向配置。二元体制的存在使中国在转向城市中国的过程中扭曲更大。把"城市中国"当成公共政策的唯一目标，是导致二元体制形成和长期维持的根源。越是单纯用城镇化来发展城市，就越是带来乡村歧视和城乡不平等发展。"城乡中国"这个阶段存在的意义和重要性，最关键的是以消除城乡二元体制来实现城乡融合发展。

城乡中国的提出，也是为了避免以乡土中国的公共政策惯性来处理城乡中国阶段的问题。由于中国长期处于乡土中国形态，加上在相当长时期内的结构转变更加固化了乡土中国，因此，乡土中国的治理思维和公共政策产生巨大的路径依赖，自觉或不自觉地以乡土中国时期的认识和措施来应对城乡中国阶段的问题，导致决策思维与政策应对滞后于结构变革的需求，影响城乡中国的演化与向城市中国的转变。

中国已经向乡土中国告别，中国已经处于城乡中国阶段，中国还需要经过相当长时期的努力，历经结构进一步深化和二元体制的障碍解除，实现结构现代化和伟大转型。

第二章

城乡中国的土地问题

中国经历四十年的增长奇迹与结构变革，实现了从乡土中国到城乡中国的历史转型。[①] 土地问题在乡土中国的重要性显而易见，常被提及的理由有：大多数人以地为生，土地配置关乎农民生计；土地制度是影响国家治理与秩序的重要安排，是国家危机与王朝更替之源；土地制度既造就了悠久的农耕文明，也导致了超稳态的结构。[②] 在从乡土中国向城乡中国的转型过程中，土地在经济社会的重要性到底会发生怎样的变化？又会呈现出什么样的特征？

对中国结构变迁中土地问题的认识困惑，一方面源于对结构变迁中土地配置效应缺乏分析。基于传统结构分析的发展理论，仅仅注意到劳动力部门再配置对资本形成的作用，忽视了农地向非农用地配置的效应，事实上，土地在不同用途间的转换会产生巨大的级差收益，对经济增长、结构转变与收入分配的影响巨大。另一方面源于对土地制度安排与变迁对结构转变的影响缺乏理解。事实上，从乡土社会向城市社会的转变，土地制度是变化最大同时也举足轻重的一项安排。土地制度安排与变迁方式不同，对结构转变的方式、路径与速度影响不一。[③] 除了一般理论上的缺陷外，背后更深层的原因是对中国从乡土中国抵达城市中国的认识偏误。长期以来，无论是理论还是公共政策皆将城市中国作为现代化的归宿，土地配置与制度变迁成为实现这一目标的工具。新中国成立以来的经济增长

---

① 刘守英、王一鸽：《从乡土中国到城乡中国》，载于《管理世界》2018 年第 10 期。
② 费孝通：《乡土中国》，人民出版社 2013 年版。
③ 刘守英：《土地制度变革与中国经济转型》，载于《中国土地科学》2018 年第 1 期。

与结构变革，不仅发生了土地从农业向非农用途的大规模配置，而且发生了农地制度、土地转用制度与非农用地使用制度的系列变革，土地的再配置效应与制度变迁效应成为推动经济增长、工业化与城市化的重要力量。无论是计划经济时期的集体所有制和农产品统购统销制度，还是改革后的城乡二元土地制度、强制低价的土地征收制度、地方政府独家垄断土地市场制度、土地资本化制度，都为中国的经济增长创造了巨额的资本，也是乡土中国向城乡中国转变的发动机。[①] 城乡中国这一特殊阶段由此而生，也导致这一阶段特殊的土地问题。

一、乡土中国的土地粘度

"乡土中国"是费孝通基于对传统中国的基层抵近观察后提炼出的一个广被接受的概念。[②] "土"是乡土中国的根，是建构传统政治、经济、社会与文化结构的基础，国家秩序、人地关系、人人关系、乡土秩序既高度依赖于土，又牢牢被土束缚。乡土中国的成色以其经济活动、制度安排、治理秩序与土的粘度来衡量。

（一）自我强化的农本结构

从结构特征来看，乡土中国首先表现为超稳定的农业经济形态。农业既是国家取得收入也是农民为生的主要来源。直到 19 世纪末，无论是产值、就业还是税收来源，农业都是国家的命门。[③] 所有可耕地主要用于粮食种植。人口不断增长不仅造成对土地的压力增加，也形成依靠过密劳动投入提高土地单产的农业生产方式。[④] 这种以地为生的农业文明保障了庞大人口规模的基本生计，也使以农为本的国家秩序得以维系。但是，对土的过于依赖也造成一种无法从土中挣脱的结构。在顶层，由于国家的收入和秩序主要依靠土地，传统国家政治便不断强化以农为本的结构，抑制以非农经济活动、陌生人交易和权力自治的城市文明生

① 刘守英：《中国土地制度改革：上半程与下半程》，载于《国际经济评论》2017 年第 5 期。
② 费孝通：《乡土中国生育制度》，北京大学出版社 1998 年版。
③ 安格斯·麦迪森：《中国经济的长期表现：公元 960－2030 年》，伍小鹰、马德斌译，上海人民出版社 2008 年版。
④ 安格斯·麦迪森：《中国经济的长期表现：公元 960－2030 年》，伍小鹰、马德斌译，上海人民出版社 2008 年版；巴里·诺顿：《中国经济：转型与增长》，安佳译，上海人民出版社 2010 年版。

长。① 在底层，由于农民无法在农外觅得机会，只得通过更为过密的农业劳动和农工互补的手工业来维持农家生计，导致乡村经济活动的"内卷化"和"没有发展的增长"，单位土地产出不断增长但单位劳动产出长期停滞甚至下降，无法走上通过提高劳动生产率实现农业资本化的发展道路。②

（二）产权清晰、激励有效的地权安排与经营制度

受制于可开垦耕地潜力挖尽和经验性技术进步缓慢，中国的传统农业依托有效的土地产权和经营制度支撑起人口不断增长的食物供给。一是界定清晰、权利完整的产权制度实现稀缺土地资源的有效配置。尽管中国的土地制度一直被习惯性地冠为"普天之下、莫非王土"，但是，在影响土地资源使用的制度安排上，中国的土地产权结构却十分清晰且明确。早在战国时期就承认了私田的合法性，允许土地自由买卖；自秦汉到唐代中叶，土地的私有份额不断上升，形成土地私有与土地国有并存的格局。自唐代中叶到明代中叶，国家放松私人占有土地的限制，以土地买卖和交易等经济手段取得土地成为主导，以授田、封地、赐田等政治手段取得土地减少，土地私有制得到进一步发展。从明代中叶到近代，土地买卖盛行、市场交易活跃，土地契约复杂而精细，土地私有制得到充分发展。③ 这种排他、可交易、有保障的土地产权结构，保证了乡土中国越来越稀缺土地的经济使用与有效配置。二是国家对土地权利的正式保障。为了保障以农立国下国家的收入取得与秩序维持，国家通过土地登记、确权等提供对土地产权的正式保护。出土的西周青铜器彝器铭文中，就有了土田的数字记载；春秋中叶以后的鲁、楚、郑国已开展田赋和土地调查；唐中叶尤其是宋代以后，地籍与户籍平行成为国家治理的制度；明代中叶以后开展了全国统一的土地彻底清丈，鱼鳞图册成为征派赋役和地籍管理的主要依据。④ 三是有利于保护耕作者权利的合约安排结构。在有保障的土地私有和发达的土地市场下，中国的土地权利结构演生出非常复杂的合约安排形式，如"永佃制"、田底权与田面权分离的"一田两主""一田三主"等，土地使用者和租赁者获得完整的土地产权，他们对所租赁土地不仅可以排他性使用，还可以再转租、交易、抵押、典当、继承等，这些权利既受到民间非正式合约遵守，也得到正式权利的保护。这种以耕作权为大的土地权

---

① 施坚雅：《中华帝国晚期的城市》，叶光庭等译，中华书局2000年版。
② 黄宗智：《长江三角洲小农家庭与乡村发展》，中华书局1992年版。
③ 方行：《中国封建经济发展阶段述略》，载于《中国经济史研究》2000年第4期。
④ 参见梁方仲：《中国历代户口、田地、田赋统计》，中华书局2008年版。

利安排为小农经营提供了稳定、可预期的制度基础。① 四是小农经济的超强韧性与生命力。在经营制度上，以家庭为单位的小农经济是基本的农作制度，家庭不仅进行独立的生产、投资和决策，以血缘和亲缘形成的扩大家庭的劳动分工与合作②，地权保护下自耕农和租佃者对小块土地的精细利用③，使得以家庭为单位的小农经济与地权清晰且不断分割的土地制度支撑起前现代时期的中国农业增长。

（三）承载复杂功能的土地价值伦理

不断强化的以地为本政治经济结构以及不断演化的地权制度所强化的超稳定家本位小农经济，积淀出附着于土的文化与价值观念。在乡土中国，土地不仅具有经济功能，还关乎个人的名誉、抱负、威望与社会评价④，这些非经济的考虑激励家庭成员不需要监督也会自觉在土地上辛勤劳作，激励其为家庭积累更多与土地相关的资产⑤。由于土地在乡土社会承担多重功能，每个成员也十分看重土地分配的公平性，由此助长一个家庭在分家时进行家庭成员不断细分土地的安排。土的厚重与家的归宿感，使乡土社会的人们养成"安土重迁"的观念和"故土难离"的习性，即便离开且无论在外有多大成就，最后仍然"落叶归根"与"魂归于土"。人和土地的桑梓情谊，滋养起历久未衰的乡土文化伦理⑥，那些由"庙堂"而归隐"故乡"的士绅阶层成为维持乡土社会秩序与治理的精英。在历史的长河中，乡土中国人与土之间紧密而无法挣脱的土地粘度，塑造了乡土中国的经济、政治、制度与文化。

二、土地制度变革推动的结构变迁

中国的现代化一直被理解为一个古老农业国向工业国的结构转变。自近代以

---

① 参见傅衣凌：《清代永安农村赔田约的研究》，引自《明清农村社会经济》，生活·读书·新知三联书店 1961 年版；梁治平：《清代习惯法：社会与国家》，中国政法大学出版社 1996 年版；赵冈：《永佃制研究》，中国农业出版社 2005 年版；吴涛：《清代江南的一田两主制和驻点关系的新格局》，载于《近代史研究》2004 年第 5 期；戴建国：《宋代的民田典卖与"一田两主制"》，载于《历史研究》2011 年第 6 期。

② 费孝通：《江村经济——中国农民的生活》，商务印书馆 2002 年版。

③ 参见赵冈：《历史上的土地制度与地权分配》，中国农业出版社 2003 年版。

④ 费孝通：《江村经济——中国农民的生活》，北京大学出版社 2012 年版。

⑤ 王曙光：《中国农村——北大燕京学堂课堂讲录》，北京大学出版社 2017 年版。

⑥ 费孝通：《中国士绅——城乡关系论集》，外语教学与研究出版社 2011 年版。

来的百余年间，先后历经近代国家官僚工业化、国家工业化、乡村工业化、沿海工业化，中国的结构形态发生重大跃迁。但是，如果以农民与土地的粘度变化来衡量转型的成色，结构变革的发生并不一定带来乡土中国的真正转型。结构变迁是否带来农民与土地粘度的变化，取决于国家赋予土地制度安排与变革在结构变迁中的功能，土地功能定位不同，带来工业化城市化的推进方式不同，导致结构转变中农民与土地的松动程度不同。中国过去 70 年充分利用土地制度及其变革推动了结构转变，但并未同时减低农民与土地的粘度，由此也导致中国转型的困难与复杂性。

（一）土地产品提供资本积累的国家工业化

新中国成立不久，中国共产党开启了一个农业国向工业国的转变，并选择了重工业优先的国家工业化战略。[①] 基于以农业为主的经济基础和重工业发展对资本的巨额需求，农业充当了提供资本形成与积累的角色。三项制度安排——农产品统购统销、集体化与人民公社制度、城乡分割的户籍制度提供重要支撑。统购统销制度实现国家对农产品的强制定价权和低价获得权，集体化与人民公社制度实现国家对集体土地的所有、使用与收益控制权[②]，户籍制度实现国家将农民绑缚于集体土地提供低价农产品的功能[③]。在以上制度的共同作用下，农民于 1951 ~ 1978 年以税收形式向国家提供了 978 亿元贡赋，以工农产品价格剪刀差向国家提供了 5 100 亿元资本，扣除国家对农业的投资 1 760 亿元，农民为工业化提供了 4 340 亿元的净积累，为形成比较齐全的工业体系和门类，1952 ~ 1978 年，中国的工业产出年均增长率达 11.5%，工业产出占 GDP 的份额由 18% 上升到 44%。[④]但是，国家计划工业化时期虽然启动并推动了结构转变，由于其变迁方式是将农民牢牢"绑缚"于集体所有土地，剥夺了他们的自由迁徙权和参与工业化的权利。[⑤] 其实质是一个"不松动乡土的结构转变"，也无从撼动费孝通意义上的

---

① 林毅夫、蔡昉、李周：《中国的奇迹：发展战略与经济改革》，中文大学出版社 1995 年版。

② 参见 Lin，J. Y. Rural Reforms and Agricultural Growth in China. *American Economic Review*，1992，82（1）：34 - 51. Lin，J. Y. Chinese Agriculture：Institutional Change and Performance. In T. N. Srinivasan（ed.），*Agriculture and Trade in China and India*，1994：38 - 47. Wen，J. G. Total Factor Productivity Change in China's Farming Sector：1952 - 89. *Economic Development and Cultural Change*，Oct. 1993：1 - 41.

③ 王海光：《当代中国户籍制度形成与沿革的宏观分析》，载于《中共党史研究》2003 年第 4 期；王海光：《移植与枳变：中国当代户籍制度的形成路径及其苏联因素的影响》，载于《党史研究与教学》2011 年第 6 期。

④ 巴里·诺顿：《中国经济：转型与增长》，安佳译，上海人民出版社 2010 年版。

⑤ 周一星、曹广忠：《改革开放 20 年来的中国城市化进程》，载于《城市规划》1999 年第 12 期。

"乡土中国"。

（二）开放土地权利的乡村工业化

1980 年开始，中国的农村改革改变了结构转变的推进方式。一方面，农村土地制度改革在"上交国家的，完成集体的，剩余是自己的"合约结构下，将集体所有土地分配给集体成员，农民获得承包土地的使用、收益和农地农用转让权，家庭经营成为农业基本经济制度。农地权利的重构不仅带来农民生产积极性的高涨，也使集体低效制度下的农村剩余劳动力显化，他们不得不到农业经济活动以外寻找就业机会，成为推动结构转变的原发力量。另一方面，受制于城乡隔绝以及国有体制的低效，农民参与非农经济活动只得在乡村突围，乡村工业化成为国家工业化之外的另一条道路。至关重要的是，乡镇企业的"异军突起"，得益于国家向农民开放集体土地从事工业化的权利。与计划经济时期农村集体土地只能为国家工业化提供低价粮食的功能不同，为了解决农村剩余劳动力就业问题，这一时期的国家政策允许农民在集体土地上办企业、允许农民利用自己的土地建城镇，1985～1998 年，建设用地用于农村集体建设的增量远远大于城市，整个国家的结构转变主要由乡村工业化推动。1981～1994 年，乡镇企业职工从 2 969.85 万人增加到 11 329.97 万人，到 1992 年时，乡镇企业创造的产值已占到工业增加值的 1/3。[1]

集体土地上的乡村工业化开放了农民在农村地区参与工业化的权利，农村的分工分业带来农民的就业与收入对农业的依赖性降低。[2] 但是，无论是乡村工业化还是农民自主城镇化，仍然被圈在本乡本土，并未带来农民与土地粘度的变化，他们没有"离乡"，也没有"离土"，就是那部分"自带口粮进城"者，无论从身份、公共服务分享还是基本权利的获得上，都并未改变农民的乡土成色。集体土地上的工业化、城镇化确实改变了中国结构转变的推进方式，并且在就业和收入上使农民对土地的依赖有所降低，但是，并未根本改变农民与土地的粘度，因而依然没有脱离费孝通意义上的"乡土中国"。

（三）以地谋发展的工业化城市化

1995 年，特别是 1998 年以后，中国不仅推进结构转变的方式发生重大变化，

---

[1] 《中国乡镇企业统计资料（1978—2002）》，中国农业出版社 2003 年版。
[2] 秦晖：《"离土不离乡"：中国现代化的独特模式？——也谈"乡土中国重建"问题》，载于《东方》1994 年第 1 期。

而且工业化城市化进入快车道。一是园区工业化的兴起。开发区、工业区遍布全国各个行政层级，数量激增。开发区最高峰时达 6 866 家，规划面积 3.86×10^4 平方千米，2003 年国家虽对开发区进行清理整顿，保留下来的开发区仍有 1 568 家，规划面积为 9 949 平方千米。[①] 之后，"异军突起"的乡村工业化退场，尤其是中西部地区大部分乡镇企业"熄火"。由于体制环境和开放程度差异，以沿海为主的园区工业高速增长，使中国成为世界制造工厂。二是城市化进程加速。1998～2016 年，中国的城市化率以每年 35.89% 提速，城市建成区面积从 21 380 平方千米扩增到 54 331.47 平方千米，年均增长率达到 5.32%。

工业化方式从乡村工业化向园区工业化的转变以及政府主导城市化的加快，起因于 1994 年实行的分税制根本改变了地方政府的激励结构。一方面，由于制造业 75% 的税收上交中央政府，地方政府从鼓励发展乡镇企业中可获得的税收减少、风险加大，于是将工业发展转向以园区土地的招商引资，既避开了以政府信用担保发展乡镇企业的风险，又可以通过低价征收的土地优惠招徕规模大、税收能力强的企业。另一方面，由于与城市发展相关的建筑业税、营业税及土地出让金划归地方，地方政府发展城市的积极性提高。更为根本性和持久性动力还是来自 1998 年以后土地制度的几次关键变革。一是 1998 年《土地管理法》的修改与实施，为地方政府以地谋发展提供制度保障。该法规定，农地转为建设用地必须实行征地，任何单位从事非农建设必须使用国有土地，国家对土地实行用途、规划和年度指标管制，政府获得垄断土地的权力。二是实行土地有偿使用制度，土地管理法明确规定"土地使用权可以依法转让""国家依法实行国有土地有偿使用制度"，国家以土地所有者身份，由市县级人民政府作为代表，将国有土地使用权有偿出让给土地使用者，土地使用者按照出让合同的约定向国家支付土地使用权出让金。1999 年以来又不断加大土地有偿使用制度改革，减少划拨用地比重，增加有偿使用比重。三是 2003 年开始实行经营性用地的招拍挂制度，土地资本化进程大大加快。由于商业、住宅、旅游、娱乐等经营性用地一律实行招拍挂，地方政府成为土地级差收入的主要获得者，2003～2008 年，地方政府招拍挂土地占出让土地比重从 27.78% 增加到 81.91%，土地出让收入从 5 421.31 亿元增加到 10 259.8 亿元，增长 1.89 倍。四是 2008 年之后为了应对国际金融危机，允许地方政府成立融资平台，以地抵押，实现土地的金融化。到 2017 年 6 月 30 日，各地成立的各级政府投融资平台达 11 740 家。地方政府从以地生财阶段的以土地出让收入为依托、以新还旧的举债，转向土地抵押和质押为主的举债。2008～2015 年，84 个城市土地抵押面积从 249 万亩增加到 7 360 万亩，增加

---

① 数据来源：笔者收集统计。

1. 95 倍，土地抵押金额从 13 300 亿元增加到 113 000 亿元。[①] 土地成为融资工具，地方政府的融资行为与土地出让收入脱钩，而主要取决于土地是否能融到资金，地方政府对土地的依赖变成对土地融资的依赖。地方政府无论是举债还是偿债都高度依赖于土地抵押。

在园区工业化和以地生财、以地融资城市化的助力下，农民实现了真正的"离土""出村"。中国的流动人口总数在 2000 年前后达 1. 43 亿人，其中跨省流动人口 4 242 万人，从乡村流出人口 8 840 万人，占总流动人口的 62%。[②] 到 2010 年前后，中国总迁移人口已达 26 139 万人，流动人口总数超过 2. 2 亿人。[③] 根据农业普查以及历年农民工监测调查报告相关数据，1996～2010 年，跨省流动农民工从 2 330. 9 万人增加到 7 717 万人，占外出农民工的比重从 32. 5% 提高到 50. 3%。中西部地区成为支撑出口导向工业化的廉价劳动力输出基地，中部地区跨省流动农民工所占比重高达 69. 1%，西部地区跨省流动农民工占 56. 9%。[④] 但是，"农一代"的跨区域流动，不是向融入城市的市民化方向发展，而是形成了数量庞大的"两栖人口"或所谓"候鸟式迁移"，他们季节性往返于东部地区和内地农村之间。[⑤] 自 1990 年代末开始迁移的"农一代"，在外经历了将近二十多年的艰苦打拼和漂泊之后，最终的归宿是"返乡"和"回村"。造成这一结局的主要原因是农民落脚城市的公共政策缺失与制度性歧视，在"以地谋发展"的经济增长模式和城市治理方式变革缓慢的共同影响下，农民工群体既无法享受与城市居民同等的公共服务，也难以落脚城市。进城农民工很难获取城市住房（包括租房）、子女教育、社会保障等各方面的公平对待。[⑥] "农一代"很少有长期留在城市的期望，他们通常需要忍受更长的工作时间和相对艰苦的居住条件等，以便在尽可能短的时间积累更多的资金，攒足回家过日子的费用。很多流动人口选择

---

① 数据源于历年《中国国土资源公报》，http：//www. mlr. gov. cn/sjpd/gtzygb/。

② 参见国家统计局 2000 年人口普查数据表 7 - 3。

③ 参见国家统计局发布的《2010 年第六次全国人口普查主要数据公报（第 1 号）》。

④ 其中 1996 年数据参见全国农业普查办公室编：《中国第一次农业普查资料综合提要》，中国统计出版社 1998 年版。2010 年数据来自《2010 年农民工监测报告》，引自中华人民共和国国家统计局编：《2011 中国发展报告》，中国统计出版社 2011 年版。

⑤ 参见 Zhao Y. Labor Migration and Earnings Differences：The Case of Rural China. *Economic Development and Cultural Change*，1999，47（4）：767 - 782；Zhao Y. "Rural - to - Urban Labor Migration in China：The Past and the Present," In *Rural Labor Flows in China*，edited by L. West and Y. Zhao，2000：15 - 33. Berkeley，CA：University of California Press；Mullan K. ，Grosjean P. and Kontoleon A. Land Tenure Arrangements and Rural - Urban Migration in China. *World Development*，2011，39（1）：123 - 133；Zhao L. ，Liu S. and Zhang W. New Trends in Internal Migration in China：Profiles of the New-generation Migrants. *China & World Economy*，2018（1）：18 - 41.

⑥ 吴维平、王汉生：《寄居大都市：京沪两地流动人口住房现状分析》，载于《社会学研究》2002 年第 3 期。

居住在城中村或城乡接合部等成本低廉的城市社会边缘区域条件较差、违章搭建的房屋里。城乡居民的权利差距持续拉大。中国独特的土地制度与变迁方式推动了快速的结构转变，但是，由于进城农民城市权利的缺失，他们又重归家乡，从就业和收入看，农民与土地的关系本已发生根本松动，但是，由于进城农民的城市权利缺失，他们只是充当了城市的过客，最后往往重归乡土。

三、城乡中国的土地问题

2010年代前后，中国的城乡关系发生革命性跃迁。随着"80后"及"90后"成为劳动力迁移主力军，他们沿袭着上一代农民的离土、出村，但是，大多数人却选择了不回村、不返农，即便回村的农民所从事的经济活动也发生重大变化。"农二代"的经济和社会行为变化，正在引发乡村经历一场历史转型，农民与土地的粘度发生变化，乡村的人地关系、农地权利、农业经营制度、农业发展方式、村庄演化、城乡关系等方方面面呈现新的特征，标志着一个与"乡土中国"不同的"城乡中国"的到来，这一阶段的土地问题也呈现出新的表征。城乡中国的土地问题既不能用乡土中国的土地观来看待和处理，也不能沿袭单向城市化阶段的土地观来对待，需要在城乡中国架构下来审视。

（一）城乡关系的历史性变迁

1. 代际革命

在城乡人口迁移中，"80后""90后"已经成为主力军。他们在经济社会等方面的行为特征呈现显著的代际分别，甚至具有不可逆性，成为引领中国城乡关系变革的重要力量。他们保留着农民身份，但已不再务农。"农二代"差不多进入劳动年龄就开始离开家乡，他们的初次外出务工平均年龄为21.7岁，与农业和土地的关系疏离，每年平均在外时间达9个月，不像他们的上一辈那样农忙时回家打理农事，他们之中87.3%没有从事过任何农业生产劳动，平均每年花费在农业活动的时间仅0.7个月。[1] 他们在城市的就业正在将擅长的建筑业抛弃，仅

---

[1] Zhao L., Liu S. and Zhang W. New Trends in Internal Migration in China: Profiles of the New-generation Migrants. *China & World Economy*, 2018（1）.

有 10% 左右还从事这一行当，而是主要从事更为正式的制造业和服务业，两者占比各超过 40%①，在机关单位就职、从事专业技术岗位的比例也在增加②，还有部分开始选择自营劳动或作为雇主生产经营。他们的受教育程度更高，平均受教育年限达到 9.515 年，"90 后"更高达 9.79 年，他们在城里也获得了比"农一代"更多的工作技能培训③，人力资本的提高更有利于他们在城市工作和生活④。他们迁移的距离离家乡更远，跨省流动、前往东部地区以及大中城市务工经商是他们的主要选择。⑤ 他们既看重在外挣钱，也在乎家庭团聚和孩子教育，2003 年以来，举家外出农民工的数量和占比不断增长，2014 年达到 21.27%。⑥ 很大比例的家庭将孩子带在身边，在流入地接受教育到初中程度，高中期间由父母一方回县城陪读，直到孩子完成高考。他们的生活方式基本城市化，"农二代"在城市的消费方式已经与城市同龄人趋同，乐于通过商场、公园等城市公共设施从事休闲娱乐活动，在外面挣得的收入 70% 在城市消费。⑦ 他们不像"农一代"有钱就在农村盖房，而是选择用积累的资本在本地的县城和城镇买房，显示出将未来"落叶归根"于城而非村的倾向，2016 年农民工购房占农民工总数的 17.8%，其中购买商品房的为 16.5%。⑧ "农二代"购房意愿比本地农业户籍居民高出很多。⑨ 他们融入城市的意愿很强，在工作地社保享有比例显著高于"农一代"⑩，但是由于城乡之间的那堵墙的隔离，他们对不被城市接纳的感受更强⑪。他们与乡村的情感联结渐行渐远，不少人在春节返乡时住在县城或乡镇的酒店，再开车回到村里，经过短暂停留后又回城。"农二代"的"出村不回村"，正在令乡土变"故土"，传统乡土社会的人际关系、礼治秩序、非正式规则等正面临严重冲击与挑战。⑫

---

①④⑤⑦　Zhao L., Liu S. and Zhang W. New Trends in Internal Migration in China: Profiles of the New-generation Migrants. *China & World Economy*, 2018 (1).

②⑩　刘守英、纪竞垚:《农二代与结构革命》，2018 年（内部稿未发表）。

③　参见 2010～2016 年国家统计局《农民工监测调查报告》系列有关农民工接受培训的相关数据；以及刘俊彦等:《新生代:当代中国青年农民工研究报告》，中国青年出版社 2007 年版。

⑥　参见国家统计局《2014 年农民工监测调查报告》。

⑧　参见国家统计局《2016 年农民工监测调查报告》。

⑨　参见西南财经大学中国家庭金融调查与研究中心:《新市民住房问题研究报告》，2017 年 12 月（内部稿）。

⑪　朱妍、李煜:《"双重脱嵌":农民工代际分化的政治经济学分析》，载于《社会科学》2013 年第 11 期。余晓敏、潘毅:《消费社会与"新生代打工妹"主体性再造》，载于《社会学研究》2008 年第 3 期；田丰:《逆成长:农民工社会经济地位的十年变化（2006—2015）》，载于《社会学研究》2017 年第 3 期。如上述研究指出的，尽管农民工事实上认同城市主流价值观，但在实践中这套农民工期望认同的价值观却似乎多方面地边缘化和阻碍他们真正融入。

⑫　韩少功:《观察中国乡村的两个坐标》，载于《天涯》2018 年第 1 期。

2. 农业发展方式的历史转型

由于人口迁移，尤其是代际变化，农业劳动机会成本上升，农业发展模式发生历史性转折。一是传统均质小农异质化。到 2012 年时，纯农业户占 18.28%，非农业户占 15.93%，农业兼业户占 30.07%，非农兼业户占 35.72%。二是在农业投入上机械替代劳动。农业同非农业用工竞争加剧，劳动力价格上涨，农作物劳动投入成本上升，1999～2015 年，主要作物用工成本上升、亩均用工减少，农民采取减少劳动力投入、增加机械和资本投入的策略，带来各类农业机械使用量每年 6% 左右的快速增长。① 三是农地经营制度变迁。土地流转加快，2003 年东、中、西部地区土地流转率分别为 9%、11.6% 和 3.86%，到 2013 年时分别达到 26%、31% 和 20%，2015 年时的农户承包地流转率达到 33.29%，流转承包地规模 4.47 亿亩，是 2010 年的 2.39 倍。② 土地经营规模有所扩大，农户户均耕地在 2004～2012 年由 7.88 亩增加到 8.23 亩③；劳均耕地面积 2010～2016 年由 6.54 亩增加到 9.42 亩④。农地流转在转包和出租为主基础上出现股份合作、转让等形式，2015 年，转包、转让、互换、出租、股份合作五种流转模式所占比例分别为 47.03%、2.79%、5.39%、34.3%、6.08%。⑤ 2013 年时东部地区的股份合作形式占比已超过 10%。⑥ 在土地流入主体中，2014 年流入专业合作社和企业的比例分别达到 21.8% 和 9.68%，其他主体占到近 10.17%。⑦ 四是农业发展动能发生变化，2003 年以来农业劳动生产率快速提升，其增速远远超过土地生产率。2000～2012 年，农业劳动生产率年均增长 5.46%，农业人均产值年增长率高达 14.11%，同期亩均产量年增长率只有 1.73%。⑧ 长期依靠高劳动投入提高土地单产的传统农业发展模式正在转向提高劳动生产率的现代农业发展模式。五是农业功能与形态发生变化，休闲农业和乡村旅游业在 2010 年以后增长极其迅速，游客数量从 2008 年 3 亿人次增加到 2010 年的 4 亿人次，2011 年跃升至 6 亿人次，

---

① ② S. Liu，R. Wang and G. Shi. Historical Transformation of China's Agriculture：Productivity Changes and Other Key Features. *China & World Economy*，2018，26（1）：42－65.

③ 根据国家统计局七万农户抽样调查数据计算得出，具体参见 S. Liu，R. Wang and G. Shi. Historical Transformation of China's Agriculture：Productivity Changes and Other Key Features. *China & World Economy*，2018，26（1）：42－65.

④ 这里使用《中国统计年鉴 2010》和《中国统计年鉴 2017》中 2010 年和 2017 年的"全国耕地面积"与"一产就业人数"计算 2010 年和 2017 年的劳均耕地面积。

⑤⑥⑦ 2009～2010 年农村土地承包经营及管理情况统计数据，参见农业部《中国农业发展报告 2012》。2011～2015 年农村土地承包经营及管理情况统计数据，参见中国农业年鉴编辑委员会编：《中国农业年鉴 2012—2016》，中国农业出版社 2012～2016 年版。

⑧ 本节相关数据引用主要参考 S. Liu，R. Wang and G. Shi. Historical Transformation of China's Agriculture：Productivity Changes and Other Key Features. *China & World Economy*，2018，26（1）.

并在 2014 年、2015 年继续保持快速增长，分别达到了 12 亿人次和 22 亿人次。[①]

3. 乡村分化成不可逆之势

伴随城市化进程，中国的村庄缩减势成必然。1985 年时全国行政村数量为 94.1 万个，到 2016 年时减少到 52.6 万个；全国自然村数量从 1990 年的 377 万个降到 2016 年的 261 万个[②]；1997 年时全国村民小组共 535.8 万个，到 2016 年时减少到 447.8 万个。[③] 未来的村庄数量还会进一步减少，一方面是因为农作方式变化带来村落与耕作半径的扩大；另一方面是因为村落人口减少后公共服务的供给需要适度规模。与此同时发生的是村庄的分化加剧，村落的活化与衰落并存。相当部分村庄由于"农二代"的归宿去村化趋向以及"农三代"的完全城市化进一步衰落。还有一类村庄会在新的城乡关系中复活甚至兴旺，其中部分村庄会随着城市扩展直接融入城市，有一批村庄可能成为连接城乡的"驿站"，还有一些村庄则因为自身具有的独特性加上人力资本与企业家的努力而活化，这些村庄或者具有独特的历史和文化记忆，或者能够提供地方性、独特性、安全性的产品，或者有好的带头人，或者找到了可持续发展现代农业的路子等。此外，还存在着乡村制度与治理的大变局。随着乡村经济活动与社会关系的变化，维系乡村社会的血缘、地缘以及人情关系发生变味、趋于淡漠，村民的集体意识减弱，村庄共同体的向心力与凝聚力降低。[④] 代际革命使村里人成为陌生人，礼治秩序让位于经济权力的主宰，村庄治理结构、规则与秩序正在进一步演化与变迁。

4. 城乡互动与两种文明的共生共存

中国在经历急速的城市化以后，城市与乡村之间的关系正在重塑。单向的城市化正在转向城乡互动。在城乡巨大差距、城乡二元体制和政府主导发展权的共同作用下，上一轮的城市化进程中劳动力、资本和土地从乡村向城市单向配置。近年来，生产要素在城乡之间的双向配置与互动增强，资本下乡的速度和规模增加，劳动力流动出现一定比例从沿海向内地的回流，乡村经济活动变化带来建设用地需求增加。城乡互动是中国经济从数量增长转向质量发展、人们消费需求变

---

① 数据来源：中国文化和旅游部、中国农业农村部相关数据。

② 中华人民共和国住房和城乡建设部编：《中国城乡建设统计年鉴 2016》，中国统计出版社 2017 年版。

③ 中华人民共和国民政部编：《中国民政统计年鉴 2017》，中国统计出版社 2017 年版。

④ 韩鹏云、刘祖云：《农村社区公共品供给：困境、根源及机制创新》，载于《农村经济》2012 年第 3 期；田毅鹏：《"村落终结"与农民的再组织化》，载于《人文杂志》2012 年第 1 期；田毅鹏：《村落过疏化与乡土公共性的重建》，载于《社会科学战线》2014 年第 6 期。

化的结果，具有阶段转换与趋势变化的性质，将成为城乡中国的一个基本特征。与此同时，城、镇、村的功能分工更加明确。随着城乡互动的增强，市场和经济力量在城乡之间生产要素的配置主导性增强，更有利于大城市、城镇与乡村发展各自比较优势。大城市发挥其集聚、效率、创新、知识、产业、就业的优势，成为城乡人口就业和创造收入机会的场所；活化的村庄在满足城里人新的消费需求的同时，成长出一批体现乡村特色、个性化、有地方风格的产业；在大城市和活化的乡村之间，部分乡镇成为连接城乡的驿站，承担城市部分产业转移等功能，也成为城乡人口互动的过渡地带。更为根本的是城市文明与乡村文明共融共生。我们在城市化过半以后才发现，不平等的城乡关系不仅没有消灭乡村文明，城市文明也出现大量病兆。在"城市病"困扰城里人的经济活动和生活后，他们开始主动到乡下去寻找另一种文明的慰藉。城市文明与乡村文明的共存与呼应是城乡中国阶段的基本特征。

（二）城乡中国的主要土地问题

中国现行的城乡二元、政府垄断、土地资本化的土地制度是一套适应和助推高速经济增长与快速工业化城市化的体制安排，对中国成为世界制造工厂、矫正城市化滞后于工业化、实现乡土中国向城乡中国转型起到重要作用。但是，进入城乡中国阶段以后，经济发展阶段转换使得以地谋发展模式弊端凸显，产业转型升级与城市发展模式变化使得土地的"发动机"功能减退，保障单向城市化的土地制度安排已经不适应城乡互动后的城乡中国新格局。由于城乡中国阶段农民与土地、农民与村庄的关系正在发生历史性改变，乡村现行的两大制度——农地制度与宅基地制度缺陷也显出不适应性。

1. 发展阶段转换与土地功能变化

从土地与增长的关系来看，2010 年以后，中国的经济增速出现趋势性回落，即从过去 30 多年 10% 的高增长转向 6%～7% 的中高速增长，增长的动力更多依靠全要素生产率提高和创新驱动，发展导向从数量扩增转向发展质量提升。[①] 随着经济发展阶段转换，土地的"发动机"功能减弱，继续加大土地供应也难以拉升 GDP 增长。为了应对 2008 年的全球金融危机，中国政府采取增加财政投入、宽松货币供应、加大土地供给的方式来保增长。令人遗憾的是，尽管土地宽供应

---

① 德怀特·珀金斯：《东亚发展：基础和战略》，颜超凡译，中信出版社 2015 年版；刘世锦：《中国经济增长十年展望 2015—2024》，中信出版社 2015 年版。

一直持续到 2013 年，但经济增长率从 2009 年的 9.4% 一直下滑到 2013 年的 7.8%。① 到 2013 年以后，由于经济继续下行，对土地的实际需求下降，建设用地的供应减少，土地供应与经济增长的关系从过去的供应创造需求转向需求引致供应。这表明，经济增长平台转换后，继续依靠土地宽供应促增长的方式已一去不复返。从土地与结构转变的关系来看，成就中国成为世界制造工厂的园区以地招商模式于 2004 年以后发生变化，东部地区的制造企业转向主要依赖转型升级和质量阶梯爬升，对土地低成本和土地抵押融资贷款的依赖减低，引致工业用地占比下降。差不多在同一时期，中西部地区开始模仿东部地区的园区以地招商引资及靠土地信贷提供基础设施模式，但是，由于内外部条件变化等因素的作用，这些地区不仅园区招商引资绩效不佳，相反以地招商引资造成政府债务高企、对土地抵押和银行贷款依赖增加。随着要素相对价格变化与制度成本上升，中国不可能继续依靠制度扭曲带来的土地低成本保住世界制造工厂地位。另外，许多城市随着用地从新增为主转向存量为主，土地上的附着物补偿不再是纯耕地的原用途补偿，加上农民权利意识的提高，征地拆迁的成本大幅上升，2008 年以来，政府土地出让成本大幅上升，很多地方占到一半以上，中国的城市化已告别低成本时代。城乡中国阶段不仅无法再依赖以地谋发展模式，还要处理这一模式发动高增长阶段产生的大量问题，尤其是必须应对和解决以地谋发展和以地融资带来的政府债务和银行金融风险。2010 年到 2015 年期间，地方政府承诺用土地出让收入偿还债务的平均占比达到 40%。2008 年全国各类城市成立平台公司以后，城市扩张资金来源主要转向以地抵押，在土地成本上升、土地净收益下降情况下，城市政府继续加大基础设施投资力度，一些地区的新城、新区建设不断扩张，土地抵押融资是政府建设资金的主要来源，2008 年以来，土地抵押面积和金额从 16.6 万公顷和 18 107 亿元上升到 2016 年的 49.08 万公顷和 113 300 亿元。许多城市的土地抵押价值在土地高价时评估，经济下行后土地需求下降，土地实际价值与评估价值的差拉大，一些城市的土地杠杆率过高。着力解决土地抵押融资还贷风险是迈向新发展阶段的关键。

在城乡中国阶段，提高土地配置效率对经济增长质量的意义要远远大于增加土地数量拉动经济增长。土地供应与配置方式如何因应这一经济增长阶段变化需求，是下一程土地与国民经济关系的重大问题。另外，以地招商引资和加大工业用地搞园区工业化的模式业已过时，建设用地结构的优化、工业用地的再配置、园区转型以及供地方式与结构变化，将是下一程要面对的重大土地政策问题。

---

① 数据来源：国家统计局统计数据。

2. 城乡格局变化与土地配置制度困境

现行土地配置制度——农地转用一律实行征收、建设用地只能使用国有土地，土地用途、规划、年度计划指标和所有制管制，城市政府独家供应土地——是一套高效保证和促进土地向城市转换的组合，它将乡村用地权力关闭，形成城市用地一个通道。土地使用的城市偏向又加剧了劳动力和资本往城市的单向配置。从近年来的新变化和未来趋势看，城乡格局从单向转向城乡互动，人口和劳动力从乡村到城乡的单向流动转向城乡之间的对流，城里人对乡村的需求上升带来乡村产业的复活与发展，乡村机会的增加又引致资本下乡。人口和资本配置变化带来的乡村经济活动的变革，凸显土地制度的不适应。当下乡村的衰败与农业产业的竞争力缺乏，与这套制度有很大关系，在现行土地制度安排下，农民不能利用集体土地从事非农建设，导致大多数乡村地区非农经济活动萎缩，农村产业的单一，农民在乡村地区的发展机会受限，造成乡村的凋敝和城乡差距的拉大。现行土地制度是阻碍城乡中国阶段城乡融合与平等发展的最大障碍。如果乡村不能获得平等的建设用地权利，乡村空间就无法实现与城市空间平等的发展权，乡村产业发展受阻，人口和劳动力就不可能持久地向乡村流动，资本下乡因没有获利前景而可能昙花一现，乡村振兴战略就找不到有效的实施路径。

3. 农业历史转型考验农地制度选择与变迁方向

在乡土中国阶段、计划经济时期、农村改革时期，农地制度的选择与变迁都是引起全社会关注的议题。随着集体所有、家庭承包制度被确立为农村基本经济制度，中国在快速城市化时期的城市土地问题更加突出，农地制度的改革被搁置一边。在城乡中国阶段，由于农业发展方式转型与农民高度分化，变革农地制度和经营制度的现实需求与呼声会使农地问题重新成为热点。这一阶段的农地问题既有遗留下来的悬而未决难题，也有农业转型出现的新问题：

第一，集体所有制的政治与制度选择。中国共产党选择了生产资料社会主义公有制，集体所有制就是这一制度在乡村的基础制度安排。集体所有制的实现有不同的选择：集体化时期采取的是国家控制下集体组织代理行使土地权利的安排，农村改革时期采取的是集体所有下的成员权利安排，两种安排的制度绩效已有大量实证检验。在城乡中国阶段，改革时期做出的成员权集体所有制安排面临现实提出的挑战，比如，既然集体所有是成员所有，新出生人口作为集体成员如何享有成员土地权利？减少人口是否应该交出集体成员权？当集体成员不再从事土地经营以后，集体所有者是否有权主张将发包给集体成员的承包经营权收回？集体存在的大量未界定到农户的资源产权属于谁？这些资源在投入使用与再组合以后的利益属于谁？在城乡中国阶段，集体所有制如何安排是一个政治选择问题，且会对农地制度的稳定性与权利结构产生根本影响，进而影响农户行为和资源配置。

第二，农民成员权利的保障与处置方式。对农民土地权利的安排与保障是农地制度的基础。集体化时期的教训是农民缺乏土地权利，造成国家和农民利益双损；改革时期的经验是在集体地权下赋权于集体成员并对其权利予以政策和法律保障，给农民吃的"定心丸"也换来国家在乡村的稳定。在城乡中国阶段会不断出现变革农地制度的呼声，在求变时最容易针对的就是赋予到农民头上的土地权利，列举的理由如，集体成员只是享有集体土地的承包经营权，一旦他不再依赖土地为生，土地权利应该回归到集体所有者；小农持有土地不利于规模经营和农业现代化；土地不再是农民的命根子，过强保护农民土地权利会使中国农业失去变革的机会；等等。这些意识和倾向如果变成公共政策和制度推动，对政治经济和社会稳定性的危害无法估量。

但是，随着农民出村与非农经济活动增加，尤其是"农二代"对土地和农民的观念发生重大变化以后，农地制度安排与农业经营制度之间的匹配已经出现了不一致。尽管法律明确承包权是农民的财产权，但是它同时也是一个用益物权，农民承包土地与集体之间是承包发包关系，在人地分离趋势下，承包权与经营权分离成不可逆之势，承包权的权利内涵会发生哪些变化？制度选择的方向是朝向更强更完整的承包权保障，还是在设置底线下朝向有利于强化经营权的方向？由于结构变迁及农民与土地关系变化，仅仅以"不许动"应对意识形态和偏激做法，又会延误实际变革需求的制度供给。

第三，经营权的权利地位与经营制度的演化。从农地制度与农业经营的关系来看，耕作权是影响最为直接的一项权利。随着人地的分离与农民的分化，城乡中国阶段的农业效率取决于经营者对土地利用的权利安排。从发展趋势来看，中国的农业经营制度必然朝着适度规模和经营主体多元化的方向演化，但是如何抵达这一目标？经营权如何从千万小农的承包权中分离出来？如何使经营权成为一种有保障的权利？赋予经营权的权利有多大？赋权强度的火候如何把握？都是目前已经遇到、未来会更加显化的亟待解决的问题。

第四，乡村分化与宅基地制度滞后。在有关中国农村的几项土地安排中，宅基地制度是较落后的一项制度安排。在现行宅基地制度下，农民对宅基地享有依成员资格无偿取得的分配权、占有权和房屋所有权，但宅基地的财产权利残缺，没有收益权、出租权、抵押权和转让权。宅基地制度安排的强成员权弱财产权倾向，进一步强化农民以成员身份获得与占有宅基地的倾向，弱化了农户之间以财产权交易和市场方式配置宅基地的可能路径。被集体制度强化了的农民对宅基地的占有观念，使农民不会轻易放弃他们手中的宅基地，因为一旦放弃，其基本权利就失去了。既然无法通过交易获得宅基地财产权益，农户的理性选择当然是占着，哪怕宅基地的使用价值降低了。

结构变革事实上带来改革现有宅基地制度的可能性。一是一定比例的农户已经在城市（镇）购房，可以预期未来这一比例还会进一步上升。这意味着，农户随着经济活动的变化和收入水平的提高，他们的居住方式在逐步离开本土，宅基地的居住功能和安身立命之所的重要性在降低；二是以"80后"为主的"农二代"，其离土、出村、不回村的倾向明显，他们与农业和土地的粘度降低，其生活方式、就业特征与后代的教育选择都在城市，无偿分配和占有宅基地的效用减低，宅基地及其上的房屋已成故土，占有和居住的功能弱化；三是宅基地功能唯一不变的就是离土、出村、回村、返农的"农一代"，他们对农业和土地有着特殊的情感，宅基地就是祖业，祖屋就是他们的归宿，他们更看重宅基地的占有、居住、生活和福利配置。总体来看，如果宅基地制度有合理的安排，在"农二代"直至"农三代"身上有可能找寻到宅基地改革的突破口。未来一个时期农民与宅基地关系取决于改革设计和分寸把握。代际不同，宅基地的功能不同，对农民宅基地权利保障与实现也应不同。"农一代"决定宅基地改革的循序渐进，"农二代"决定改革的节奏和速度。

从历史变迁的角度来审视，改革开放四十余年的最伟大成就，是使中国从乡土中国转型为城乡中国。一方面，中国的农民高度分化，不同类型的农民与乡村的经济和社会关系发生分野。伴随农民的离土出村，他们与土地和村庄的粘度松解，尤其是"农二代"不仅离土出村，而且不返农、不回村，就业在大城市、县城和镇成为归宿，乡土成故土、乡村变故乡，农业在告别过密化的同时也在多功能化。中国的结构形态已经告别费孝通意义的乡土中国。另一方面，城市化从单向转向城乡互动，生产要素在城乡之间的配置活跃，城乡之间的分工与互联互通增强，乡村在分化的同时业态、产业、功能多样化，城乡两个文明彼此需要共生共荣，这种新型的城乡关系与作为成熟形态的城市中国呈现独特的阶段性特征，城乡中国成为中国今后相当长时期的一个阶段。

城乡中国阶段的土地问题也呈现出阶段性特征，一方面，它既不同于乡土中国，土地不再是国家收入和农民生计的主要来源，农地的经济重要性下降，"农二代"与土地和农业的情感疏离，且不再以地为生、以农为业，到了从出生就已经城市化的"农三代"，他们更是与土地和农业的关系脱离，思考和处理城乡中国的土地问题必须摒弃乡土中国的土地观。另一方面，由于城乡中国阶段的经济增长模式和发展动能转换，产业转型升级和城市转向内生发展，城乡关系出现历史性转折，土地与国民经济和结构变革的关系改变，土地"发动机"功能衰竭，以地谋发展模式的成本收益结构变化，风险加大，因此，城乡中国的土地问题不能继续以快速城市化时期的土地公共政策来应对。中国下一程的重要使命是完成从城乡中国到城市中国的现代化转型，解决好城乡中国的土地问题是关键。

4. 明确城乡中国阶段的土地功能定位

中国利用土地的"发动机"功能创造了堪称奇迹的经济高增长和快速的工业化城市化。土地在城乡中国阶段将扮演怎样的角色，取决于在客观把握这一阶段趋势性特征基础上对土地功能的正确定位。一是必须痛下决心告别以地谋发展模式。土地的"发动机"功能已经完成其快速推进工业化城市化的历史使命，继续依赖土地发动增长的效力减退，风险加大，制度成本上升，收益下降。但是，由于体制和利益惯性，只要各类主体还可以依赖土地谋发展，中国经济就不会主动转向创新驱动的质量发展模式。中央政府在这方面应当主动作为，因为支撑这套模式的中枢——地方政府增长导向、土地指标控制与调控、货币与土币联动——都控制在中央政府手上，转变土地功能有利于中央政府实现从数量增长转向质量发展的目标。实际上，中央政府主动切断以地谋发展通道的收益是大于成本的，因为这套模式产生的风险（包括金融和社会风险）主要由中央政府承担，以地谋出的增长很大程度上是数量型增长，切断以地谋发展机制，短期面临阵痛，但长期是受益的，由此可以换来更优的质量增长，解决国民经济长期存在的结构问题。二是土地从供给主导转为需求引致。土地"发动机"功能因土地供应由政府独家供给主导而生。由于土地供应由政府主导、独家供给的地方政府以土地投放拉增长，以土地低价供应招商引资，以土地出让和抵押融资推动基础设施和城市建设。在城乡中国阶段，经济发展阶段转换，工业化方式转变，土地供应转向需求引致，不仅不会损伤经济增长，相反能提高土地供给的质量，矫正扭曲的土地结构，使土地供应满足真实的土地需求，促进经济发展阶段转换与转型。三是从政府主导的配置转向规划与市场主导的配置。在快速城市化阶段，为了保护耕地和约束地方政府转地行为，中央政府对土地使用总量、结构与变化动态进行规划、审批和年度指标管制。在地方政府以地谋发展激励和规划约束力失效的现实下，这套管制安排对于实现中央政府耕地保护目标起到一定作用。在城乡中国阶段，经济发展不再依赖地方政府以地谋发展推动，所出台的中央机构改革方案将国土空间规划、城市规划、土地利用规划整合到新成立的自然资源部，为实现有效的规划管理创造了条件。中国未来的土地管理真正能够实现在规划和用途管制下，发挥市场在土地资源配置中的作用，促进土地集约节约利用，提高土地配置效率。

5. 城乡互动的土地配置制度改革

进入城乡中国阶段后，城乡互动的特征已经显现，人流和资本流已经在城乡之间对流，促进土地从乡村向城市单向配置的土地制度必须改革。城乡中国阶段的土地配置改革一方面要促进城市用地的高效配置助力城市转型升级，另一方面要通过土地配置制度改革实现乡村平等发展权。一是征地制度改革。中国的土地城市化阶段已经过去，城市框架已经搭建，没有必要继续沿袭低价征地城市化模式，这既是因为不需要继续通过大面积征地为城市扩张提供大量新增建设用地，也是因为存量建设用地继续沿用征地方式成本高昂。因此，城乡中国阶段有条件也有必要按照国际通行规则——公共目的、市场价补偿、程序公开透明——改革现行征地制度，这不仅不会给经济增长造成损伤，还有利于社会稳定与公平正义。二是城市土地结构改革。以地谋发展造成的土地结构扭曲是国民经济结构失衡的根源。在城乡中国阶段，通过优化土地结构解决结构失衡大有可为，重点是城市用地从增量为主转向存量为主，减少政府以地招商引资、降低工业用地比例，减低政府依靠增加基础设施用地保固定资产投资，严格控制新城、新区建设，控制地方政府新增办公用地比例，盘活政府存量公共用地，减少保障房等供地，增加和多渠道保障住房用地供应。三是城中村改造与城市更新中的土地制度创新。城乡中国阶段必须解决二元土地制度形成的双轨城市化，包括改变单一征地模式造成的城市化成本抬升，借鉴市地重划经验，利用土地价值增值捕获解决城市更新中的资本平衡、土地所有权利益以及土地增值收益的合理分配。允许城中村农民集体利用集体土地提供租赁房，解决进城农民在城市的体面落脚和居住问题。四是城乡建设用地的权利平等。在符合规划和用途管制前提下，农民集体建设用地与国有建设用地享有同等的权利，集体经济组织和农民可以利用集体建设用地从事非农建设，享有出租、转让、抵押建设用地的权利。

6. 适应农业转型的农地权利和经营体系重构

城乡中国阶段的农业发展迎来契机，农民对农地经济依赖性下降使农业告别生存农业，消费需求变化使农业告别吃饭农业，农业投入结构和发展方式变化使农业告别过密化农业。农业的内涵、功能、要素组合、经营和服务规模、可盈利性等都呈现出与乡土中国和快速城市化阶段的巨大变化。为此，农村土地制度和经营制度的变迁是势不可当的，在很大程度上，农地制度安排的选择与变迁方向决定农业转型的成败。一是集体所有制改革。农村最重大的改革是对集体化的集体所有制进行改革，并在法律上明确为"农民集体"，在新型集体所有制下，集体资源和资产是农民成员集体的集合，集体组织是这个集合委托的代理人。只有在产权清晰、归属明确、治理有效的前提下，集体经济才能壮大。因此，集体所有制改革首先在方向上必须明确不是重回集体化，不能搞归大堆，不能侵犯农民土地权利。界定集体所有资源产权，重点是上一轮未到户的集体资源产权的界定，以免以权侵公及以私侵公。产权界定清晰以后，允许集体资源资产集体经营、委托经营、合作经营，集体资源资产经营收益由成员按份共有。二是承包经营权的分割与合约保障。农村改革最重要的成果是赋予集体成员承包经营权，承认农民对土地的财产权利。农民拥有土地财产权并不妨碍农业转型、要素组合与其他经营主体使用土地，不能以任何理由动摇和损害已经赋予农民的土地财产权利。在城乡中国阶段，农民的离土出村和"农二代""农三代"对土地观念的变化，使农地承包权与经营权的分离成为大势所趋，是农业生产要素组合的重要部分。农地承包权与经营权的分割是集体成员承包经营权的自然权利，承包农户是决定权利是否分割和如何分割的决策者，集体组织不得以集体所有者名义介入和行使。从承包经营权分割出的经营权内涵依承包者与经营者合约议定，双方都必须遵守，合约受法律保护。农地三权分置之所以还要由顶层政策和法律宣示，是因为集体所有制下承包权与经营权的权利分割合约容易受到权力侵犯，正式制度和法律保障更有利于界分三权的内涵与关系，更好地保障所有者、承包者与经营者各自的权利，对权利分割的正式安排不是为集体所有权削弱承包权、做大经营权提供方便。三是农业经营体系改革。农业经营体系是一个被严重窄化和误解的领域，长期在生产主体上打转转，理论讨论和公共政策的焦点就陷入是个体经营还是集体经营、是家庭经营还是合作或公司经营的两个极端。实际上，农业经营体系是围绕农业经营从田头到餐桌的产业、生产、组织、服务的完整体系。农业经营体系的改革既要提高农业经营者的效率，又要实现农业生产要素的有效组合和农业规模报酬，包括农业的多功能化和农产品价值链延伸，农产品增长从数量向质量转变；经营者在农业各个领域的进入，农民的改造与改变；农业经营制度变化，包括家庭经营的专业化、合作的演化、法人农业发展；以农业服务规模化和区域种植规模化、市场化实现农业规模经济。

7. 乡村振兴与宅基地制度改革

城乡中国阶段，乡村的分化还会加剧，部分乡村的复兴和大部分乡村的衰败总体来看是趋势使然。乡村振兴的公共政策是如何让有条件复兴的乡村能活得更好，让一些衰败的乡村相对体面，需要在乡村振兴战略背景下思考宅基地制度改革的内容和路径。一是改革宅基地的无偿分配制度。宅基地的无偿分配导致村庄成员大量超占村庄用地甚至耕地，村庄无序扩张，可以考虑时点划断办法，对原占用宅基地的农户沿用无偿使用办法，针对时点以后享有成员资格的集体成员，可以有偿获得集体所有宅基地使用权。二是赋予农民宅基地财产权。目前的制度安排下，农民对宅基地只有占有权、使用权、居住权，没有出租权、收益权、转让权、抵押权和继承权。农民不能有偿退出，宁愿占着让其废弃、闲置也不可能还回集体，大量农村房屋破败与村庄空心化与此有关；农民不能出租、收益、处置，他进城就少了一块可变现的资本，农民不能抵押、转让，宅基地就无法资本化，乡村投资资金无从解决。因此，必须赋予宅基地财产权，农民宅基地可以有偿退出、可出让、转让、交易，从事乡村相关产业。三是对外村人和外来资本的有序开放。没有外来人和外部资本进入就无法"活"村。四是宅基地权利与集体建设用地权利的同权。目前的土地权利中，尽管宅基地也属于集体建设用地，但是在权利内涵上，宅基地只能建设用于农民居住的房屋，没有出租、转让和抵押权，随着集体建设改革到位以后，两者的权利差异会更大。因此，在实行集体建设用地与国有土地同地同权的同时，也要实行农村宅基地与集体建设用地的同地同权。五是乡村规划、管制和集体组织的权力。我国现行的宅基地管理在法理上是政府严格管制，但是面对如此多的乡村主体和农户，管理成本极其高昂，实施效力很差。城乡中国阶段的宅基地管制应该将村庄纳入国土空间规划范围，在村庄规划中，控制和锁定村庄宅基地总量，有关部门的宅基地管理就是总量和规划管制，村内宅基地如何使用和农户之间的宅基地处置交由村集体组织。

第三章

中国小农的特征与演变

在中国，农民是最大的群体，也是受土地制度影响最大的群体。中国共产党依靠农民取得政权，又依靠对农民的改造推动国家工业化进程。体制改革回归到农民主体地位和向农民开放权利，既为农业增长提供制度基础，也使农民参与到史诗般的工业化、城市化浪潮中，不仅改变了农民的命运，也推动了中国不可逆转的经济和社会转型。中国的城市化率已经过半，农民的行为特征已发生革命性变化，但是，理论和政策仍然固守着对农民的传统定义和思维，农民的他者地位没有改变。长期以来，中国关于小农的认识与政策取向受两种观念主导：一种是马克思主义农民观，即小农因与大生产格格不入，是阻碍生产力发展和被改造的对象，这一观念不仅贯穿于整个合作化和集体化时期，而且存在于包产到户后对小农特征的各种批评中和未来农业制度变革的想象中。另一种是朴素的小农观和将小农等同于与完全市场中的企业人完全对立，前者对小农的优势不吝溢美之词，小农长存，后者理想化地以为小农在不完善市场和不平等权力结构下能顽强突围。小农的命运也因这三种认识的潮起潮落而颠沛。本章在对理念化的小农范式进行评论的基础上，试图还原中国典型小农的基本特征，呈现小农对他们影响最大的两项变革——制度和结构的反应。

一、小农范式批判

理论界为了分析的方便，将小农简化为两个极端：一个极端是所谓"恰亚诺夫小农", 另一个极端是所谓"舒尔茨小农"。恰亚诺夫范式将农民家庭经济看作一个独立的经济系统, 遵循着与企业主不同的行为逻辑与动机。家庭农场既是一个生产单位也是一个消费单位。农民家庭是农场经济活动的基础, 具有一定数量的劳动力、土地, 自己拥有生产资料, "家庭通过全年的劳动获得单一的劳动收入"①。农民生产的主要目的是满足家庭自身对实物形式农产品的需求, 但其消费需求是根据农民家庭中人口结构的变化而变化的。不同于资本主义农场中由资本量决定经济活动量, "农民农场中的经济活动对象与劳动量主要由家庭规模和家庭消费需求的满足与劳动的艰辛程度之间达到的均衡水平决定"②。他们可以自行安排劳动的时间与强度, 决定经济活动的规模, 其经济活动规模的下限需要满足由农民家庭中消费者决定的最低生存需求, 上限不仅受到家庭中能够从事生产的劳动力数量的制约, 同时还受到加大劳动强度时农民劳动辛苦程度的制约。农民生产中土地、劳动与资本要素的投入和使用方式明显有别于资本主义农场。农民对土地的利用表现出极大的灵活性, 由地块距离远近决定耕作集约程度, 只有"较近的地块采取恰当的、较为精细的耕作方式"③, 并非对每块土地都做到"物尽其用"。农户劳动的实际强度由于农业生产的季节性, 以及农户劳动满足自身需求之后便不再投入更多劳动工作导致未实现最佳利用。但为了尽可能增加全年收入, 农民农场通常通过增加单位面积的劳动强度, 不惜降低单位劳动报酬和会计账面上的收益水平, 与资本主义生产中追求利润最大化的原则有明显不同。家庭农场中资本的使用与劳动强度及生活消费存在密切联系, 其劳动强度、生活需求的满足等对资本量的投入存在一定程度的替代, 农民生活消费的下降与劳动强度的提高可以补偿资本数量的不足, 并不像企业般以最优的资本集约度进行生产。

沿着将小农类型化的分析传统, 斯科特提出小农经济行为受制于"生存伦理"、表现出以"安全第一"为准则的特征。④ 小农劳动的主要目的是满足家庭不可缩减的生存消费需求, 而非追逐收入最大化。农民往往采用最稳定可靠的方式进行农业生产安排以实现"养家糊口"的目的。农民虽然不富裕, 但是不喜欢通过冒险行为去追求大富大贵。为保障生存安全, 农民的经济行为表现出极端的风险规避, 不仅采取保守的方式经营, 甚至为了"保护伞"而选择接受不公的待遇。比如农民选择种植维持生存的农作物而不是专供销售的农作物, 采用最为稳定的传统农业技术而非高风险、高利润的技术, 宁愿当生存艰难的佃农也不做挣工资但会受市场波动影响的工人, 更多选择工作辛苦但是具有劳动契约的工作,

---

①②③ 恰亚诺夫:《农民经济组织》, 萧正洪译, 中央编译出版社 1996 年版。
④ 斯科特:《农民的道义经济学: 东南亚的反叛与生存》, 程立显等译, 译林出版社 2001 年版。

等等。① 在生存手段减少、生存受到严重威胁与剥削时，农民会被迫走出自我消费性生产，同时更加依赖于地主及家族，甚至会做出反抗性行为，但是农民反抗仅仅是为了保护其生存道德和社会公正。

与"恰亚诺夫小农"范式相对，诺贝尔奖获得者舒尔茨将小农完全等同于资本主义企业家一样的"理性人"。在他那里，农民虽然贫穷，但是并不愚昧，农民不仅对价格、市场、利润十分关注与敏感，而且会努力对生产技术进行改进。他们对生产要素的配置是极其有效的，小农不仅在进行市场购买时会比较不同市场的价格，而且根据其价值最大化原则进行劳动力的安排。每代小农都尽力从技术与实践上对古老的农业生产经验知识进行发展与改进。农民的劳动对生产都是有贡献的，并不存在农业劳动力的边际生产率为零的情况，农业劳动力的增减直接影响农业产量的升降，即便是小孩子参与农业劳动也会对农业生产作出有价值的贡献。但是，在传统农业中，农民保持传统的生产方式，长期使用世代相传、并无明显变革的传统生产要素，技术方面也未经历重大变动，"典型的情况是传统农业中的农民并不寻求这些现代生产要素"②。

波普金对小农"理性"进行了更为细致的描述。农民是一个理性的问题解决者，既要考虑自己的利益，又会与他人讨价还价，以达到双方都能接受的结果。③农民也会根据自己的偏好和价值观来评估与自己选择相关的可能结果，最后做出使他们预期效用最大化的选择。④ 农民最关心的是自己和家庭的福利及安全，通常会以利己的态度行事。⑤ 只有在预期收益大于成本时，农民才有可能参与集体行动并作出贡献，甚至会为了自身利益而做出损害集体福利的行为。虽然农民极度厌恶风险，但是并不能因此而否认农民投资行为的存在。"农民不仅进行长期投资，而且进行短期投资，既会进行安全的投资，也会进行高风险的投资。农民在整个作物周期和生命周期中进行计划与投资，并将老年投资放在优先地位"⑥。

一直以来，中国主流理论对小农经济的认识与改造主要基于马克思、恩格斯的小农经济学说。"马恩小农"对小农经济作用的评价是消极的，是一个被改造的对象。在他们那里，小农是落后生产力的代表，因为他们生产规模狭小，生产资料匮乏，依靠落后的生产工具进行重复简单再生产，拒绝进行劳动分工与科学

① 斯科特：《农民的道义经济学：东南亚的反叛与生存》，程立显等译，译林出版社2001年版。

② 舒尔茨：《改造传统农业》，梁小民译，商务印书馆2003年版。

③ Popkin, Samuel. *The Rational Peasant: The Political Economy of Rural Society in Vietnam*. Berkeley: University of California Press, 1979, P. ix.

④⑤ Popkin, Samuel. *The Rational Peasant: The Political Economy of Rural Society in Vietnam*. Berkeley: University of California Press, 1979, P. 31.

⑥ Popkin, Samuel. *The Rational Peasant: The Political Economy of Rural Society in Vietnam*. Berkeley: University of California Press, 1979, pp. 18 – 19.

的应用，因此生产能力十分有限且极不稳定，且无力应对任何风险。小农生产以土地及其他生产资料的分散为前提，无法走向社会化大生产。以家庭为单位进行生产与消费的小农生产具有封闭性，小农之间处于孤立、分散的状态，没有丰富的社会关系，无法与社会化大生产相容。小农作为被剥削的阶级，无法保护自己的阶级利益，最终会被资本主义的生产方式所取代。小农落后的小生产根本无法与具有先进生产力的资本主义大生产抗衡，小农生产在其面前不堪一击，并且小农作为一个个独立分散的个体，无法有意识地组织起来保护自己的利益。因此，小农只是农业生产中一个阶段性且最终被取代的群体，小农走向灭亡是必然趋势。

黄宗智努力避免走极端，采用他所说的"集大成"方式对中国的小农进行了归类。他认识到"小农既是一个追求利润者，又是维持生计的生产者，更是受剥削的耕作者，三种不同面貌，各自反映了这个统一体的一个侧面"①。他在分别对经营式农场主、富农、中农和贫农四个不同阶层的小农进行分析后描绘富农或经管式农场主更符合"舒尔茨小农"，生存遭遇威胁与严重剥削的佃农、雇农更符合"马克思小农"，为自家消费而生产的自耕农则接近于"恰亚诺夫小农"。②尽管黄宗智一再批判极端范式，但是，他本身就在以自己的范式进行分析和给出政策含义。他对改革开放以来中国小农分析的一系列观察不无见地，正视小农在劳动力成本、劳动激励、地租等方面拥有资本主义大农场所不具备的优势③；小农保持农业与副业相结合的经营体系，又形成农业生产与非农打工相结合的半工半耕的工农兼业经营④；小农对资本和投资的态度也与资本主义生产单位不同，小农的投资决策多会受到其扩大家庭多种因素的影响，关乎长远的家庭代际关系，其中包含对城市打工的不稳定性的保险、赡养双亲、自己的老年，甚至包括家庭世系的未来等考虑⑤；对规模农场的否定⑥；等等，旨在以此对抗他所反对的资本主义发展道路。黄宗智提出他所建议的发展模式：坚持小农农场经营，发展小规模的资本—劳动双密集型农场⑦，扶持小农生产的纵向一体化（生产—加工—销售一体化）服务，尤其是新农业中的小农⑧，由龙头企业、"社会化"的合作组织、政府组织的专业批发市场带动小农进行纵向一体化，也是在以他的范式改造小农以及影响政策⑨。

总之，小农的认识范式化，忽视了小农的复杂性，导致对真实世界小农的特

---

①② 黄宗智：《华北的小农经济与社会变迁》，中华书局 1986 年版。
③④⑥⑧ 黄宗智：《中国新时代小农经济的实际与理论》，载于《开放时代》2018 年第 3 期。
⑤ 黄宗智：《中国的现代家庭：来自经济史和法律史的视角》，载于《开放时代》2011 年第 5 期。
⑦⑨ 黄宗智：《中国新时代的小农场及其纵向一体化：龙头企业还是合作组织?》，载于《中国乡村研究》2010 年第 2 期。

征认识不足，更严重的是导致在小农主体性缺位和丧失下对其进行的改造。各种小农范式将分析的对象简化成他们"想象中的小农"。小农范式化导致对小农认识的极端化。"恰亚诺夫小农"突出贫困状态下小农对实现稳定生计的看重，但是忽略了农民对市场的反应、对新技术及新要素的采纳、对结构变化机会的反应，小农被消极地视为一个反市场的，或者说不对市场作反应、不思进取、与现代世界的鸿沟难以逾越的群体。"舒尔茨小农"极致地展示了小农的理性，但是，小农与市场中的企业家是没有任何差别的单位吗？"马恩小农"对小农的消极认识直接导致消灭小农的革命化处理，沿着"马恩小农"范式，对小农进行改造势在必行，马克思提出以生产资料的集中、大规模的有组织的劳动对小农进行改造，恩格斯提出通过合作社对小农进行改造。不仅如此，对小农分析因坚持小农某一方面的特征而绝对化、相互排斥，导出完全对立的发展路径。"恰亚诺夫小农"范式考虑到农民农场具有顽强的生命力与稳定性，其政策含义是以农民农场为基础，将农民与市场、与国家联系起来，提高生产各个环节的工业化、专业化、规模化程度，通过合作制方式引导农民走纵向一体化的发展道路。舒尔茨范式下的小农被看作一个受制约的理性个体，只要通过对小农进行人力资本的投资，使小农掌握必要的技能与知识，接受现代农业生产要素，便可以实现对传统农业的改造。

二、典型中国小农的基本特征

尽管关于小农经济源于何时存在学术争议，一些研究认为其起源最早可追溯到原始社会末期[1]，较多研究认为在春秋战国时期[2][3][4]，最晚也在南宋时期出现[5]。不可否认的是，中国小农作为一个主体存在具有悠久的历史。小农在形成与演变的长河中成为一个丰富的群体。

1. 小农高度黏连于土

土是农民的命根，种地是其最普通的谋生办法。曾几何时，农民世代定居在

---

① 李根蟠：《中国小农经济的起源及其早期形态》，载于《中国经济史研究》1998 年第 1 期。
② 马开樑：《论小农经济的产生及其长期存在的原因》，载于《思想战线》1987 年第 3 期。
③ 程念祺：《中国历史上的小农经济——生产与生活》，载于《史林》2004 年第 3 期。
④ 赵冈：《重新评价中国历史上的小农经济》，载于《中国经济史研究》1994 年第 1 期。
⑤ 姚洋：《小农经济未过时，不该背"恶名"》，载于《财经界》2017 年第 3 期。

农村，鲜少流动。① 随着人口增长，人口对土地压力增加，据吴承明先生估算，自汉唐直到清朝早期，中国人均耕地面积波动在 10 亩上下，19 世纪前半期，人均耕地只有 2.1 亩②，以土为生的小农只能在小块土地上密集劳作以求满足家庭生存需求。他们采取连种、套种、复种等多种种植方式相结合的精耕细作以提高土地的利用强度③，也通过劳动力的过度投入增进对土地的开发与利用，通过扩大耕种面积和提高单位面积产量实现粮食产量的增长，从 1400 到 1770 年，单产量大约提高了 46%，在随后的短短 80 年中，又提高了 17%④。与欧洲庄园制度相比，中国家庭农场的效率高出许多，产量也遥遥领先欧洲。⑤

2. 小农依附于以户为单位的家庭经济

农民以家庭为基本单位占有和使用生产资料从事以农业为主的经济活动。典型的家庭包括丈夫和妻子、一两个子女和老人组成的扩大家庭。⑥ 成员享有共同的财产，有共同的收支预算，通过劳动的分工过着共同的生活，并完成儿童们的生养，及其对财物、知识及社会地位的继承。⑦ 在乡土环境中的农民靠种地谋生成为普遍选择，男性家长是家庭生产与劳动力安排的组织者、决策者。一户中并不是全体成员都参加农业劳动，家庭劳动力在劳动过程中基本不存在监督问题，家庭成员为了家庭利益自我激励、辛勤操作。⑧⑨农民生产的主要目的是满足农户家庭的生计需求，除了缴纳赋税之外，生产出来的农产品主要用于自己消费以实现家庭的维继与再生产。农民也进行部分农产品的交易，会拿出部分农产品到市场上出售，购买自家不能生产的铁农具、食盐等生产、生活资料。⑩ 总体而言，小农主要依托家庭进行生产活动，各家户根据其农作物生长周期进行劳作安排，基本能够实现自给自足，表现出独立性与分散性。

---

① 费孝通：《乡土中国》，人民出版社 2008 年版。

② 崔晓黎：《中国的传统农业社会与小农经济》，载于《发现》1994 年第 4 期。

③ 李萍、靳乐山：《中国传统农业生产力水平变迁的技术分析》，载于《中国农业大学学报》（社会科学版）2003 年第 1 期。

④ 德·希·珀金斯：《中国农业的发展》，宋海文等译，上海译文出版社 1984 年版。

⑤⑧ 赵冈：《重新评价中国历史上的小农经济》，载于《中国经济史研究》1994 年第 1 期。

⑥ 马若孟：《中国农民经济：河北和山东的农业发展，1890—1949》，史建云译，江苏人民出版社 1999 年版。

⑦ 费孝通：《江村经济》，北京大学出版社 2016 年版。

⑨ 黄宗智：《中国过去和现在的基本经济单位：家庭还是个人？》，载于《人民论坛·学术前沿》2012 年 1 月。

⑩ 郑林：《试论中国传统农业的基本特征》，载于《古今农业》2002 年第 4 期。

57

3. 小农依赖长期积累的经验从事农业经济活动

尽管有悠久灿烂的农业文明，但中国农业技术变迁十分缓慢。传统技术在许多世纪之中有点滴的改良，但基本处于停滞和保持不变[①]，一代一代的小农以几乎相同的生产要素与方式进行农业生产。小农在春秋战国时期便开始使用铁制农具，在历史进程中农用工具数量有所增加，但是其质量或品种没有发生重大改变[②]，农户使用的种子基本上仍是当地多年传下来的种子，所用的肥料依旧是农家肥[③]。小农以人力、畜力为生产动力，且畜力的使用并不普遍。[④] 基于经济与效率的考量，农户只会在急用时才选择花费较大的新工具。[⑤] 由于农民购买能力有限，农业生产的动力系统并无革命性变化，直到 19 世纪后期，国外新式农业机械才开始引入并运用于农业生产[⑥]，传统小农主要靠家庭成员或集体力量以及手工农具、畜力农具进行农业劳动。传统经验是农民生产过程中最为可靠的指南，它们是一代一代试验与积累出来的一套帮助人们生活的方法[⑦]，这些经验经过不断地调整与检验存续，经验的使用变得十分"灵验"，对于保障生计是有效的，他们对这种沿袭的经验也表现出信任与敬畏[⑧]。但是，经验积累通常是缓慢的，农民基本上年复一年耕种同样类型的土地，播种同样的谷物，使用同样的生产技术。[⑨]

4. 小农从事的是多样化的乡村经济

小农经济并不等同于农业经济，农业经济也不等同于种粮经济，小农经济具有丰富的内容与形式，在进行自给性生产的同时，也不同程度地发展了商品生产。农户基本遵循"以谷物生产为主结合其他生产项目"的原则[⑩]，有的农牧结合，有的耕桑结合。清朝中期以后的长江三角洲部分地区和珠江三角洲地区甚至出现了以经济作物为主、粮食生产为辅的经济结构。[⑪] 农家经营并不只是依赖土地，还从事养蚕、养羊和经商[⑫]，农业与手工业的结合成为农家经济的一大特征[⑬]，

---

①②④ 德·希·珀金斯：《中国农业的发展》，宋海文等译，上海译文出版社 1984 年版。

③⑥ 刘建中：《近代中国农业生产力的综合考察》，载于《历史教学》1992 年第 11 期。

⑤⑫ 费孝通：《江村经济》，北京大学出版社 2016 年版。

⑦⑧ 费孝通：《乡土中国》，人民出版社 2008 年版。

⑨ 林毅夫、沈明高：《我国农业技术变迁的一般经验和政策含义》，载于《经济社会体制比较》1990 年第 2 期。

⑩ 郑林：《试论中国传统农业的基本特征》，载于《古今农业》2002 年第 4 期。

⑪ 崔晓黎：《中国的传统农业社会与小农经济》，载于《发现》1994 年第 4 期。

⑬ 叶茂、兰鸥、柯文武：《封建地主制下的小农经济——传统农业与小农经济研究述评（下）》，载于《中国经济史研究》1993 年第 3 期。

直到 20 世纪中叶，农业与手工业仍然是紧密结合的①。家庭内部也存在一定的分工，农业主要是男人的职业，"男耕女织"是家庭经济活动劳动分工的典型，在一些较为复杂的环节存在家庭成员之间的合作劳动②，小农对外界既没有对市场完全排斥与抵触，也没有像企业家一样逐利，小农在很大程度上依赖于当地市场③。按照马孟若的描述，一类农户以生产自家消费的作物为主，少数土地生产现金作物；另一类农户以种植一种现金作物为主，资金与种子由农户自己提供；还有一类农户由商人提供种子和资金进行单一现金作物的专业化种植。④ 小农生产主要是为了实现自给自足、保障生计，其生产的结构与销售数量不完全以市场需求为导向。⑤

5. 小农依托传统村社制度发生关系

对于小农而言，村社的意义首先是以血缘、地缘为基础而形成的赖以生存的聚居村落。由于村庄之间具有较为清晰的地域界限而相互隔绝，小农的经济活动与社会关系都是在各自的村庄之内发生与实现的。⑥ 并且小农以村庄的形式与界限也保护了其土地、财产等，使其不易被其他村落划分。⑦ 在村社之内，小农在经济及其他方面存在共同利益，并依赖村社实现共同利益，完成农民共同体的公共活动⑧，比如宗教活动、经济活动、与维护地方秩序与道德相关的活动、地方防卫等⑨。小农还依赖于以非正式制度为主导的村庄制度来规范人们之间的相互关系，维护秩序。⑩乡土社会是一个生于斯、长于斯并死于斯的"熟人社会"⑪，任何村民的行为都受到熟人的相互制约，村民根据是否"合于礼"对其进行评判⑫。违背村社的礼治秩序不仅会受到谴责，而且有损家庭、家族的信誉。在乡村治理中，"非官方领袖"由村民在日常生活中非正式承认，农民更加信任他们，在公共事务方面也更加依赖于他们⑬，有些乡绅与精英充当国家与小农之间的

---

① 黄宗智：《中国过去和现在的基本经济单位：家庭还是个人?》，载于《人民论坛·学术前沿》2012 年第 1 期。

②⑤⑧ 费孝通：《江村经济》，北京大学出版社 2016 年版。

③ 明恩溥：《中国的乡村生活》，陈午晴、唐军译，电子工业出版社 2012 年版。

④ 马若孟：《中国农民经济：河北和山东的农业发展，1890—1949》，史建云译，江苏人民出版社 1999 年版。

⑥ 王曙光：《村庄信任、关系共同体与农村民间金融演进——兼评胡必亮等著〈农村金融与村庄发展〉》，载于《中国农村观察》2007 年第 4 期。

⑦⑩ 刘守英、熊雪锋：《中国乡村治理的制度与秩序演变——一个国家治理视角的回顾与评论》，载于《农业经济问题》2018 年第 9 期。

⑨⑬ 萧公权：《中国乡村——论 19 世纪的帝国控制》，张皓、张升译，九州出版社 2018 年版。

⑪⑫ 费孝通：《乡土中国》，人民出版社 2008 年版。

"保护型经纪"角色，一些弱小之户常常寻求地方豪绅的庇护①。

三、制度变革与农民行为

在中国共产党领导下，小农先后经历了集体化人民公社制度和家庭联产承包责任制两次重大制度变革。前者是国家按照"马恩小农"逻辑推行集体化人民公社制度，通过对其进行"脱胎换骨"的改造。后者是通过自下而上的家庭联产承包责任制改革恢复了小农经济，小农在国家、集体、农户三方合约下获得了土地产权。两次制度变革影响了农民的福利，农民对制度的回应也影响了农业绩效和国家发展。

1. 集体化人民公社制度与改造后的小农行为和农业绩效

（1）集体化与小农改造。

新中国成立之后百废待兴，为发展国民经济、改变工业落后面貌，国家开启大规模工业化进程。基于小农生产分散、落后、脆弱，难以满足国家工业化建设需要的认识，按照马克思小农与社会化大生产不相容理论，参照苏联农业集体化体制模式，中国在农村实行了对小农的"集体化"社会主义改造，建立起三大制度——统购统销制度、户籍制度及集体化人民公社制度。

通过统购统销制度剥夺农民产品权利。国家通过对粮食、油料、棉花等主要农产品实行统购统销，保障了城市居民的农产品供给，通过政府规定的低价收购以"剪刀差"的方式为工业化提供原始的资本积累。②③④ 在这场国家主导的改造中，农民只能按照种植计划进行粮食生产，造成农民经济活动单一化⑤⑥。

通过户籍制度剥夺农民迁徙权。为了推动国家工业化进程，对农村人口自由迁徙进行逐步控制。⑦ 1958 年，户籍制度的出台以行政手段构建起城乡分割的藩

---

① 杜赞奇：《文化、权力与国家：1900～1942 年的华北农村》，王福明译，江苏人民出版社 2010年版。

②⑤ 辛逸：《试论人民公社的历史地位》，载于《当代中国史研究》2001 年第 3 期。

③ 崔晓黎：《统购统销与工业积累》，载于《中国经济史研究》1988 年第 4 期。

④ 陈国庆：《统购统销政策的产生及其影响》，载于《学习与探索》2006 年第 2 期。

⑥ 宋延君、高立群：《我国农业单一生产结构形成的原因》，载于《长白学刊》1986 年第 4 期。

⑦ 王海光：《当代中国户籍制度形成与沿革的宏观分析》，载于《中共党史研究》2003 年第 4 期。

篱，严格限制农业人口外流，禁止城市单位私自从农村中招工。[1] 通过这一制度，阻隔了农业劳动力向非农部门的转移，户籍制度成为农民从农村流动到城市的一道无法翻越的墙。[2][3]

通过集体化人民公社制度剥夺农民地权。从 1953 年开始，土地改革后的农民先后经历了互助合作、初级社、高级社、集体化、"三级所有、队为基础"人民公社的一系列制度变革。农业集体化完成了对中国乡村的改造，家庭经济制度被集体经济制度取代，农民私有制被集体公有制代替，乡村自治被国家管制取代。农户家庭经营变为以生产队为基础的集体生产。公社以共产主义的名义消解了传统的家庭，打破了以家庭为单位进行生产与消费的界限[4]，在集体化大生产组织之下，农民失去对自身劳动力的自由支配权与经营自主权[5]。人民公社作为一个政社合一组织，国家政权行使行政职能，直接指导和管理大队和生产队生产、分配及交换活动并监督完成计划，同时负责完成国家规定的粮食和农副产品征购任务。[6] 集体制实现了包括土地在内的生产资料公有制[7]。

（2）集体制下的农民反应与农业绩效。

不同于传统社会家庭自行安排成员的劳动力的使用与分工，集体制下的所有家庭成员变成集体组织中的劳动力。[8] 农民在集体生产中的劳动通过"记工分"的方式进行衡量，他们的劳动成果也由公社决定如何处置与销售。虽然公社采用计时制工分、计件制工分对农民的劳动进行监督与约束，但是由于人民公社制度对小农的劳动激励不足[9]，农民采用出工不出力、只讲数量不讲质量的策略予以应对[10]。这些行为最终导致集体经济下劳动生产率下降，人均收入水平长期停滞。[11] 尽管在 20 世纪 60 年代和 70 年代，农业产出每年增长 2.3%，但人口也增

① 王海光：《移植与枳变：中国当代户籍制度的形成路径及其苏联因素的影响》，载于《党史研究与教学》2011 年第 6 期。

② 蔡昉、都阳、王美艳：《户籍制度与劳动力市场保护》，载于《经济研究》2001 年第 12 期。

③ 陆益龙：《1949 年后的中国户籍制度：结构与变迁》，载于《北京大学学报》（哲学社会科学版）2002 年第 2 期。

④⑤ 张乐天：《告别理想：人民公社制度研究》，上海人民出版社 2005 年版。

⑥ 陈剑波：《人民公社的产权制度——对排它性受到严格限制的产权体系所进行的制度分析》，载于《经济研究》1994 年第 7 期。

⑦ 许庆：《家庭联产承包责任制的变迁、特点及改革方向》，载于《世界经济文汇》2008 年第 1 期。

⑧ 李怀印、张向东、刘家峰：《制度、环境与劳动积极性：重新认识集体制时期的中国农民》，载于《开放时代》2016 年第 6 期。

⑨ 林毅夫：《中国人过去是怎样养活自己的？——中国粮食生产回顾与前瞻（上）》，载于《中国经贸导刊》1998 年第 14 期。

⑩ 李怀印：《乡村中国纪事：集体化和改革的微观历程》，法律出版社 2010 年版。

⑪ 周其仁：《中国农村改革：国家和所有权关系的变化（上）——一个经济制度变迁史的回顾》，载于《管理世界》1995 年第 3 期。

加了 2.0%，农业人均产出几乎没有增加，农民收入也基本没有增加。[①] 这一时期虽然农户劳动力投入数量增加，全部劳动力的出勤率提高和全年在社的工作日增加[②]，但集体经济收益不仅没有增加，反而处于停滞甚至收益递减[③]。

集体化农业促进了农民对农业技术的采用与推广。传统农民为规避风险，在一定程度上表现出对新技术的排斥。在集体化时期，政府对现代农业生产要素实行价格优惠政策[④]，公社集中的权力、有效的组织系统、较大的经营规模为技术的引入与应用提供保障[⑤]，促使集体制下的农民由过去的"凭老经验种田"转变为"科学种田"[⑥]。这一时期，农业生产中采用现代生产要素加快，包括引进高产作物、改变耕作制度，推广新的农耕技术，使用杀虫剂、化肥、电力和机械设备[⑦]。1957～1979 年，农用化肥使用量从 37.3 万吨增加到 1 086.3 万吨[⑧]，适合施肥的现代高产作物——新的短株稻和小麦于 20 世纪 70 年代晚期基本取代所有传统品种[⑨]，农业机械总动力从 121.4 万千瓦增加到 13 379.5 万千瓦[⑩]。由于公社中劳动人口压力的存在，农民对替代劳动力的机械兴趣不大，在引入和推广技术时也以能更多使用劳动力增加单位面积产出的过密型技术为主。[⑪]

农民的乡村经济活动单一化。在集体化时期，乡村经济受到计划体制的严格控制，农民失去经营自由，只能在计划之内按照规定从事经济活动，导致传统农业社会农民自发形成的多样化农业经济活动在集体化时期消失。

在农产品生产与销售方面，农民只能按照行政指令生产，他们也失去了对剩余产品的处置权。农民出售农产品的行为在公社被高度管制，他们出售的品种、数量、价格、交易对象与方式都由政府规定。[⑫] 公社通过对劳动与生产资料的控制，直接限制了农民发展家庭副业与兼业。在集体制下，农民只能听从公社的安排与支配，形成农业即种植业、种植业等于粮食的局面。[⑬] 在集体生产之外，20世纪 50 年代末 60 年代初才逐渐恢复农民家庭自留地和副业生产。[⑭] 虽然农民在

① 黄宗智：《中国的隐性农业革命（1980—2010）——一个历史和比较的视野》，载于《开放时代》2016 年第 2 期。

② 常明明：《农业合作社中劳动力利用问题研究》，载于《中国经济史研究》2018 年第 1 期。

③ 张江华：《工分制下的劳动激励与集体行动的效率》，载于《社会学研究》2007 年第 5 期。

④ 陈剑波：《人民公社的产权制度——对排它性受到严格限制的产权体系所进行的制度分析》，载于《经济研究》1994 年第 7 期。

⑤⑪ 张乐天：《告别理想：人民公社制度研究》，上海人民出版社 2005 年版。

⑥⑦ 李怀印：《乡村中国纪事：集体化和改革的微观历程》，法律出版社 2010 年版。

⑧ 国家统计局农村社会经济调查司：《改革开放三十年农业统计资料汇编》，中国统计出版社 2009年版。

⑨ 林毅夫：《制度、技术与中国农业发展》，格致出版社 2014 年版。

⑩ 中华人民共和国农业部：《新中国农业 60 年统计资料》，中国农业出版社 2009 年版。

⑫⑬ 王贵宸编著：《中国农村合作经济》，山西经济出版社 2006 年版。

⑭ 辛逸：《试论人民公社的历史地位》，载于《当代中国史研究》2001 年第 3 期。

自留地上的种植和副业经营比在集体经济中有更大自主权，但是，其自由度十分有限。集体制下农民的劳动分工也消失，虽然在公社内部曾尝试过对农村劳动进行专业化分工，但是因无效与混乱又退回去。① 同时，家庭内部的劳动分工也伴随经济活动的单一而消失，每个具备劳动能力的人一律成为公社内参与劳动的"农业工人"。

集体制下的农民从事土地更密集型农业。由于耕地面积有限，农业劳动数量充足，面对不断上升的粮食需求，公社一方面努力扩大粮食种植面积，另一方面提高单位面积土地的产出。集体农业用高产新作物品种替换传统作物，对传统种植制度进行调整，提高复种指数、采用作物密集种植。② 耕作制度的调整反向促使农民加大了在土地上的劳动力投入，集体化组织人们（包括妇女）每年工作更多天，在每一茬上投入更多的劳动力。③ 此外，农民还在土地上施用化肥与农药进行生产，以求获得更多的产出。在集体化时期，农药和化肥的施用量总体呈上升趋势，开展大规模的农田水利建设，平整土地，修筑机耕路和排灌水渠，改善了粮食作物的生产条件，进一步强化了土地密集型农业的劳动投入强度，强化了"过密化"的农业发展道路④，土地单产提高但是劳动效率低下。

对农民的管制由村社治理转向国家控制。小农赖以生存的传统村庄功能被生产队集体行动取代。生产队不仅是人民公社的基层组织单位，对农民进行管理与调控，而且是一个共同生产、独立核算的组织⑤，队内小农的生活状况与生产队的经营情况紧密相关。农民长期形成的行为规范和非正式规则被国家正式制度取代⑥，而且以集体为导向确定农民行为规范，要求农民根据集体的利益和发展集体经济的需要调整自己的行为和人际关系⑦。

2. 家庭联产承包责任制改革与小农特征回归

（1）农地改革与农户权利。

集体化人民公社制度的失败，不仅影响农业绩效，也影响农民生计。农民"用脚投票"选择了家庭联产承包责任制，国家顺应农民的需求承认了这一制度的合法性。通过废除生产队统一组织生产、统一收益分配的经营制度，以家庭替代生产队成为农业生产、经济决策与收益所得的单位，农户成为农业经营主体。⑧

①②⑤⑥⑦　张乐天：《告别理想：人民公社制度研究》，上海人民出版社 2005 年版。

③　黄宗智：《中国的隐性农业革命（1980—2010）——一个历史和比较的视野》，载于《开放时代》2016 年第 2 期。

④　谢冬水、黄少安：《国家行为、组织性质与经济绩效：中国农业集体化的政治经济学》，载于《财经研究》2013 年第 1 期。

⑧　刘守英：《中国土地制度改革：上半程及下半程》，载于《国际经济评论》2017 年第 5 期。

坚持农地所有权归集体所有，即每个生长在这个集体地域的成员都有权分享对土地的使用权利，每个集体差不多根据按人（或劳）均分的原则对土地使用权进行分配。[①] 最终产品按照"上交国家的，留够集体的，剩余是自己的"合约结构在国家、集体与农户之间进行分配。[②] 除了农地改革外，国家对农民也开放了非农用地的使用权利，允许农民在集体土地上办企业，允许农民利用自己的土地建城镇，允许农民的集体土地直接进入市场。[③] 在农村集体土地制度改革之下，农民获得了利用集体土地从事工业化生产的权利。[④]

（2）家庭联产承包责任制下小农的行为反应。

小农对制度正负向激励的反应极其灵敏。家庭联产承包责任制实行初期，农民拥有了农地的使用权、经营权以及剩余支配权，他们的努力与最终报酬直接挂钩，农地产权变革与强化极大地激发了农民进行农业生产的积极性，有效地促进农业的增收增产。[⑤⑥] 1978～1984 年，粮食单产提高了 42.8%，总产量增加了 33.6%，农业增加值实际增长了 52.6%。[⑦] 1978～1992 年，农业总产值年均增长速度达到了 5.9%，增长速度最低也达到了 4.1%，均超过了对应时期人口的增长率。[⑧] 家庭联产承包之后，农民土地负担加重，税收、"三提五统"、农民义务工及"三乱"使农民不堪负荷。[⑨] 农民负担由集体范围内的扣除转变为农户家庭直接缴纳，由隐性负担转变为显性负担。[⑩⑪] 1988～1992 年，农民人均三项负担支出年均递增 16.9%，而农民人均纯收入递增速度只有 9.5%，1994～1996 年虽有反弹，但也只有 1996 年负担率低于人均纯收入的增长率。[⑫] 负担的沉重降低了农民土地承包合约的剩余，农民的应对是大力发展非农产业、将承包土地无偿流

---

① 刘守英：《中国农地制度的合约结构与产权残缺》，载于《中国农村经济》1993 年第 2 期。
② 陆子修：《家庭联产承包责任制与中国农业现代化》，载于《求是》1998 年第 4 期。
③ 刘守英：《土地制度变革与经济结构转型——对中国 40 年发展经验的一个经济解释》，载于《中国土地科学》2018 年第 1 期。
④ 刘守英：《城乡中国的土地问题》，载于《北京大学学报》（哲学社会科学版）2018 年第 3 期。
⑤ 周诚：《论包产到户》，载于《经济理论与经济管理》1981 年第 2 期。
⑥ 冀县卿、钱忠好：《农地产权结构变迁与中国农业增长：一个经济解释》，载于《管理世界》2009 年第 1 期。
⑦ 杨涛、蔡昉：《论我国农户兼业行为与农业劳动力转移》，载于《中国农村经济》1991 年第 11 期。
⑧ 林毅夫：《90 年代中国农村改革的主要问题与展望》，载于《管理世界》1994 年第 3 期。
⑨ 杨军：《农民负担问题的深层思考》，载于《中央财经大学学报》1999 年第 5 期。
⑩ 管清友、邵鹏：《由财政压力引发的农民超负担：一个解释》，载于《上海经济研究》2002 年第 7 期。
⑪ 周飞舟：《从汲取型政权到"悬浮型"政权——税费改革对国家与农民关系之影响》，载于《社会学研究》2006 年第 3 期。
⑫ 邓大才：《农村家庭承包土地的权利和义务研究》，载于《财经问题研究》2000 年第 9 期。

转出去甚至接受流转方承担负担[①]，农民被迫离土出村。

农户以市场为导向调整农业经营。家庭农作的恢复和农产品市场自由度的增加，促使农民按利润边际来调整他们的生产活动，不仅表现为谷物面积下降，经济作物面积进一步增加，而且动物饲养、养鱼和副业生产也以更快的速度增加。[②]在种植业方面，农民增加高附加值经济作物，减少粮食作物的耕种面积。粮食播种面积占总耕地面积的比重由1978年的80.3%下降到1996年的73.8%，同期蔬菜和水果的种植面积从2.5%增长到7.7%。[③]从农业内部结构来看，农户对传统种植业的比例进行缩减。1978~2007年，种植业产值在整个农业产值中的比例从80%下降到50%，畜牧业从15%上升到了33%，水产品从2%跃升至9%。[④]

农民对土地密集型和劳动节约型技术的采用提高了农业产出。包产到户以后，农民对盈利的反应敏感，对采用能增加收入的新技术积极性提高。[⑤]加上连接家家户户的有线广播可以有效地指导村民防治害虫、使用新的农耕技术[⑥]，自实行家庭联产承包制以来，农业生产上的许多新技术，如良种培育技术、化肥和农药使用技术、地膜覆盖和大棚利用技术，以及畜禽养殖技术等得到广泛推广和应用[⑦]。几乎所有农户都应用种子、化肥、农药、农膜等生物技术，这些技术的应用不因经营规模小造成额外的成本，并给小农户带来可观的效益。[⑧]新技术的引入，包括水稻移栽技术、农药除草技术、联合收割机收割技术减少了农民的劳动投入。[⑨]1978~1997年，我国农业劳动力机会成本增长了近14倍，与此同时，化肥、机械和其他农业生产资料的价格增长了仅2~3倍，因此水稻、小麦和玉米三种土地相对密集型作物的劳动投入分别减少了40%~53%，机械投入分别增加了3~6倍。[⑩]

农民受制于正式自治制度与非正式规则治理。在正式制度方面，伴随人民公

---

① 袁震：《农业税、"三提五统"的性质及其对农地物权运行影响之反思》，载于《政法论丛》2010年第4期。

②⑤ 林毅夫：《制度、技术与中国农业发展》，格致出版社2014年版。

③ 林毅夫：《中国将来怎样养活自己——中国粮食生产回顾与前瞻（下）》，载于《中国经贸导刊》1998年第15期。

④ 黄季焜：《六十年中国农业的发展和三十年改革奇迹——制度创新、技术进步和市场改革》，载于《农业技术经济》2010年第1期。

⑥ 李怀印：《乡村中国纪事：集体化和改革的微观历程》，法律出版社2010年版。

⑦ 张舫：《社会主义初级阶段和我国农村家庭联产承包责任制》，载于《吉林大学社会科学学报》1989年第1期。

⑧ 郭庆海：《小农户：属性、类型、经营状态及其与现代农业衔接》，载于《农业经济问题》2018年第6期。

⑨ 李怀印：《乡村中国纪事：集体化和改革的微观历程》，法律出版社2010年版。

⑩ 胡瑞法、黄季焜：《农业生产投入要素结构变化与农业技术发展方向》，载于《中国农村观察》2001年第6期。

社的结束，国家从农村基层的制度建设领域逐步退出[1]，不仅将公社改建成乡镇，大队和生产队改成村和组，乡镇一级成为国家政权的最基层组织，而且在乡镇以下设立村民委员会，在村组内实行村民自治[2][3]。农民可以通过民主选举、民主决策、民主管理与民主监督的方式参与村级事务。[4] 伴随家庭制度的重新确立，家族、宗族、村社公私关系以及一系列非正式制度回归[5]，国家基层组织与传统习俗共同主导农民的公私生活[6]。

四、结构变迁与小农特征演变

对小农形成历史性冲击的是结构变迁。乡土中国创造了灿烂的农业文明，也形成了农民对土地的高度依附。新中国的国家工业化开启了结构变革进程，但农民却被制度化地绑缚于土而失去改变的权利，改革开放以来递进发生的乡村工业化、园区工业化和快速城市化，农民不仅是积极的参与者，也在这一进程中改变了自己，中国农民的特征已经和正在发生具有脱胎换骨性质的历史变化。

1. 乡土工业化与农民的分工分业

20世纪80年代，农村土地制度改革显化的剩余劳动力需要寻找非农就业出路，国家开放农民在集体土地上从事非农产业的权利，农民的参与推动了乡村工业化进程。[7] 1984～1988年，农村剩余劳动力主要流向当地的乡镇企业，从业人员达到9 545万人[8]，同期乡镇企业数量由606.5万个迅速增加到1 888.2万个，年均增加69.6%，职工人数由5 208.1万人增加到9 545.5万人，年均增长24.2%；企业总产值由1 709.9亿元增加到6 495.7亿元，年均增加44.9%[9]。到1987年，乡镇企业中二、三产业产值合计增加到4 854亿元，相当于农业总产值

① 许庆：《家庭联产承包责任制的变迁、特点及改革方向》，载于《世界经济文汇》2008年第1期。
② 张乐天：《告别理想：人民公社制度研究》，上海人民出版社2005年版。
③ 徐勇：《县政、乡派、村治：乡村治理的结构性转换》，载于《江苏社会科学》2002年第2期。
④ 胡永佳：《村民自治、农村民主与中国政治发展》，载于《政治学研究》2000年2期。
⑤ 刘守英、熊雪锋：《中国乡村治理的制度与秩序演变——一个国家治理视角的回顾与评论》，载于《农业经济问题》2018年第9期。
⑥ 陆益龙：《制度、市场与中国农村发展》，中国人民大学出版社2013年版。
⑦ 魏后凯：《对中国乡村工业化问题的探讨》，载于《经济学家》1994年第5期。
⑧ 陈锡文编著：《读懂中国农业农村农民》，外文出版社2018年版。
⑨ 宋洪远主编：《中国农村改革三十年》，中国农业出版社2008年版。

的 104%，首次超过了农业。[①]

（1）农民分工分业谋发展。

在农村改革与市场经济的推动下，农户不再满足于"小富即安"，强烈的"逐利"意识显化，农民对经济机会的灵敏反应促进农民分化。农民在人民公社制度下的同质化和包产到户后的均质化特征开始被打破，村内的主体已经不再是清一色的农业生产者，家庭经济不再是简单的农业经济。虽然他们仍冠以"农民"称号，但实际上已分化为不同的阶层、不同的职业[②③]，大批农民变成了乡镇企业的职工和管理人员，有些农民成为个体工商户、私营企业主[④]。从 1978 年到 2005 年，非农就业占农村劳动力比重由 5.4% 上升到 40.5%。[⑤]

（2）农民未离土但与土地的关系松解。

在乡镇企业蓬勃发展及市场机制牵引下，农民不再只以土为生，开始走进乡镇企业，进行就地本土化的非农转移。从 1978 年到 1992 年，中国农村劳动力从事非农业的人数从 3 150 万人增加到 9 765 万人，增加 6 615 万人，加上因招工、招生和由征地及落实政策而"农转非"的 3 000 万人，农村劳动力转移到非农产业的人数共 9 615 万人，平均每年转移 700 万人左右。[⑥] 1978～2006 年，乡镇企业工资性收入占农民人均纯收入的比重由 8.2% 提高到 46.4%，乡镇企业已成为支持农民收入增长的主要力量。[⑦]农民在保障家庭自给性消费的前提下，进行兼业化的经营方式。[⑧] 伴随非农产业就业机会增多，农民兼业的预期收益水平也大大提高，农户兼业行为增长幅度很大。[⑨] 但是，在乡村工业化阶段，农民虽然在就业与收入方面降低了对于土地的依赖，农民与土地的关系有所松动，但是由于农民并未离开乡土，农业劳动力的绝对量不降反增，因而农民与土地的粘度并未发生根本改变。[⑩]

（3）农村经济恢复多样性与生机。

农民推动结构转变的同时带动乡村农业发展，不仅改变了农村长期形成的以种植业为主，尤其是"以粮为纲"的单一产业结构，延长了农产品深加工的产业链条，推动了农业产业化和农村经济的全面发展，而且使整个国民经济长期形成

① 陈锡文编著：《读懂中国农业农村农民》，外文出版社 2018 年版。

② 陆益龙：《制度、市场与中国农村发展》，中国人民大学出版社 2013 年版。

③ 高帆：《中国乡村振兴战略视域下的农民分化及其引申含义》，载于《复旦学报》（社会科学版）2018 年第 5 期。

④ 陆学艺：《当代中国社会阶层的分化与流动》，载于《江苏社会科学》2003 年第 4 期。

⑤⑦ 宋洪远主编：《中国农村改革三十年》，中国农业出版社 2008 年版。

⑥ 魏后凯：《对中国乡村工业化问题的探讨》，载于《经济学家》1994 年第 5 期。

⑧ 卢迈、戴小京：《现阶段农户经济行为浅析》，载于《经济研究》1987 年第 7 期。

⑨ 杨涛、蔡昉：《论我国农户兼业行为与农业劳动力转移》，载于《中国农村经济》1991 年第 11 期。

⑩ 刘守英：《城乡中国的土地问题》，载于《北京大学学报》（哲学社会科学版）2018 年第 3 期。

67

的畸形产业结构得到了矫正。[①] 主要表现为农村中第二产业发展迅速，第三产业产值稳步提高，第一、二、三次产业增加值的比例在 1978 年约为 1：0.17：0.02，到 1995 年改进为 1：1.01：0.19。[②]

（4）农户与村庄的关系。

首先，农民在不同程度地参与村庄自治。伴随国家行政指令对村庄控制的退出，在农村地区建立起自治体系，农民不仅可以参与村庄公共事务的管理，而且需要接受村级基层自治组织的管理。实际上主要由具有较强民主意识和政治参与能力的农村"精英"参与自治运动，对村庄公共权力的运作产生较大影响。[③] 当村干部无视村民利益、滥用权力时，农民与村干部的关系就会出现紧张与冲突。其次，在乡镇企业发展的带动下，部分经济发达地区的村特别是邻近城镇和工业园区的村，村集体经济实力强大[④]，农民对集体经济的依赖增强。不仅表现在农民依赖于村级集体经济组织投资农村基础设施建设、文教卫生与社会保障，还表现在农民依赖村级集体经济组织提高收入，为其提供就业机会、从集体资产中获得经营收益分红。[⑤] 最后，村庄的功能得以恢复，但乡镇企业的改制降低了农民之间和农民与村集体之间的关联度，削弱了村集体对村庄的整合力。企业主在村庄中的地位日益显赫，改变了村庄的权力结构，村组织的部分功能亦因此丧失，如在扶贫救济、减轻农民负担、修路造桥等公益事业方面，在调解纠纷、维护治安方面村集体的功能被削弱。[⑥]

2. 沿海工业化与农民跨区域流动

20 世纪 90 年代，农民通过跨区域流动参与工业化与城市化的进程。一方面，城乡二元体制对劳动力的制约松动促使农村劳动力大规模非农转移。20 世纪 80 年代末和 90 年代，以户籍制度、劳动就业制度、城市粮食购销制、城市企业招工体制等为主要内容的城市改革，使农民的活动空间扩大，为其提供就业机会，

---

① 于秋华：《改革开放三十年中国乡村工业发展的经验与启示》，载于《经济纵横》2009 年第 4 期。

② 宋洪远主编：《中国农村改革三十年》，中国农业出版社 2008 年版。

③ 卢福营：《论村民自治运作中的公共参与》，载于《政治学研究》2004 年第 1 期。

④ 张忠根、李华敏：《村级集体经济的发展现状与思考——基于浙江省 138 个村的调查》，载于《中国农村经济》2007 年第 8 期。

⑤ 张忠根、李华敏：《农村村级集体经济发展：作用、问题与思考——基于浙江省 138 个村的调查》，载于《农业经济问题》2007 年第 11 期。

⑥ 董磊明：《传统与嬗变——集体企业改制后的苏南农村村级治理》，载于《社会学研究》2002 年第 1 期。

城市住房租赁市场的开放也为农民在城市居住提供了条件。[①②③] 另一方面，农村中劳动总量不断增加，乡镇企业整顿及其对劳动力的吸纳有限，劳动力就地转移难度大，同期东部沿海地区的工业化和城市发展产生巨量劳动力需求，为市场意识增强的农民提供了异地致富的机会。[④⑤] 因此，农村劳动力，尤其是中西部地区的农民，走出农村流向经济发达地区和城市，寻找新的就业门路，形成了大规模的跨区域流动。[⑥] 根据 1996 年农业普查数据，出县就业 4 487 万人，2000 年约为 5 200 万～5 500 万人，占农村劳动力的 11% 左右，1999 年全国外出务工人数相当于 90 年代初的 7 倍。[⑦] 到 2004 年，农村劳动力跨省区就业时间超过半年的人数已达 4 770 万人，占农村劳动力外出数量的 51%。[⑧]

（1）农民家庭分工增强。

在传统家庭经济中，"男耕女织"是家庭劳动分工的典型特征，结构变化后农村劳动力实现更优配置，农民家庭实行农业和非农经济活动的分工，留守本土和出外闯荡的分别，形成以代际关系、夫妻关系为基础的"半工半耕"劳动分工结构。[⑨⑩] 此外，在传统农户家庭中，家庭成员以共同生活为基础，跨村流动后出现农户家庭成员长期分居、分离的状态。[⑪] 农民家分两地，长期奔波往返于城乡之间，形成在播种、收割等农忙时节返乡务农，在农闲时节进城务工的"候鸟式"农民家庭。[⑫⑬⑭]

（2）农民与土地关系变化。

20 世纪 90 年代，大量农业劳动力的跨区域转移后，农民开始脱离土地，农民与土地之间的粘度减弱。农民不再把生计寄托于土地之上，大量农民从中西部地区跨省涌入发达城市参与工业化进程从事非农工作。[⑮] 外出就业农民工数量从 20 世纪 90 年代初期的 6 000 万人左右发展到 20 世纪末的 1 亿人左右，农民工跨

① 黄宏伟：《20 世纪 90 年代中国农民跨区域流动的成因分析》，载于《农村经济》2005 年第 1 期。
②④ 王郁昭：《关于农民跨区域流动问题》，载于《中国农村经济》1994 年第 12 期。
③⑧ 宋洪远主编：《中国农村改革三十年》，中国农业出版社 2008 年版。
⑤ 艾云航：《关于农村劳动力跨区域流动问题的探讨》，载于《开发研究》1996 年第 1 期。
⑥ 王慧敏：《农村劳动力流动问题研究综述》，载于《经济学动态》1996 年第 3 期。
⑦ 中国农业年鉴委员会：《中国农业年鉴：2001》，中国农业出版社 2001 年版。
⑨ 张建雷：《家庭伦理、家庭分工与农民家庭的现代化进程》，载于《伦理学研究》2017 年第 6 期。
⑩ 杨华：《中国农村的"半工半耕"结构》，载于《农业经济问题》2015 年第 9 期。
⑪ 李强：《关于"农民工"家庭模式问题的研究》，载于《浙江学刊》1996 年第 1 期。
⑫ 韩俊、崔传义、金三林：《现阶段我国农民工流动和就业的主要特点》，载于《发展研究》2009 年第 4 期。
⑬ 国务院发展研究中心课题组、侯云春、韩俊、蒋省三、何宇鹏、金三林：《农民工市民化进程的总体态势与战略取向》，载于《改革》2011 年第 5 期。
⑭⑮ 王子成、赵忠：《农民工迁移模式的动态选择：外出、回流还是再迁移》，载于《管理世界》2013 年第 1 期。

省流动比重大幅上升，1993 年全国跨省流动的农民工约为 2 200 万人，跨省流动的比重达到 35.5%。① 通过分析农户家庭经营收入结构也可看出，农业收入份额呈明显下降趋势。相对 1995 年，1999 年下降了近 10%，相对 1998 年，农业收入份额下降了 3.43%。② 在结构变革过程中，农民与土地之间的经济关系发生松动，努力在土地之外谋求新的营生，土地从经济功能为主变为安全保障为主。

（3）农民劳动力过密投入改变，且对农业投入减少。

虽然农村大量劳动力进行跨区域外出迁移就业，但是他们中的多数没有放弃承包土地的权利，主要采用季节性返乡务农、家庭辅助劳动力务农的方式进行农业生产，只有少数农户因缺少劳力而将土地转包或让人代种。③ 农民兼业化、季节性务农行为与农业劳动力老弱化趋势对农地利用、农业生产投资、农业技术采纳、农业生产率均产生影响。在农地利用方面，农民改精耕细作为粗放经营，不仅复种指数明显下降，而且撂荒现象较为普遍，土地利用率有所降低。④⑤ 在农业生产投资方面，农民虽然收入有所提高，但是主要用于改善居住与生活条件，对农业生产性投入减少。⑥ 在农业技术采纳方面，青壮年农业劳动力外出导致务农劳动力人力资本下降，剩余的妇女、老人只能从事力所能及的生产⑦，影响了科学知识的普及、良种的推广与新技术的采用⑧。在农业生产率方面，农业剩余劳动力的外流有效减少了农业生产的过密投入，提高了农业劳动生产率。

（4）农民与村庄关系的变化。

异地工业化城镇化吸引农民跨地区外流走出村庄。1996 年以后，农村常住人口逐年减少，到 2007 年，农村常住人口为 72 750 万人，平均每年减少 1 200 万人。⑨ 特别是党的十六大以后，国家取消了城市对外来农民工、农业人口设限的多种票证制度和收费制度，农村劳力进城务工环境更加宽松。⑩ 尽管不断进步，农民的大规模跨区域流动也只是一种体制外的、暂时的流动，他们的户口仍然在

① 国务院发展研究中心课题组、侯云春、韩俊、蒋省三、何宇鹏、金三林：《农民工市民化进程的总体态势与战略取向》，载于《改革》2011 年第 5 期。

② 史清华、马述忠、武志刚：《中国农户经济收入增长、结构变迁及根源》，载于《河北学刊》2001 年第 5 期。

③ 崔传义：《28 个县（市）农村劳动力跨区域流动的调查研究》，载于《中国农村经济》1995 年第 4 期。

④ 王跃梅、姚先国、周明海：《农村劳动力外流、区域差异与粮食生产》，载于《管理世界》2013 年第 11 期。

⑤⑦ 张永丽、王宝文：《农村劳动力流动对农业发展的影响——基于超越对数生产函数》，载于《经济与管理》2012 年第 4 期。

⑥⑧ 刘晏玲：《当前我国农业劳动力流动中的社会问题及其对策》，载于《社会学研究》1994 年第 2 期。

⑨⑩ 陆学艺：《中国社会阶级阶层结构变迁 60 年》，载于《中国人口·资源与环境》2010 年第 7 期。

农村，就业仍然受到很多限制，以户籍制度、就业制度和社会保障制度为主要内容的城乡分割体制并没有发生根本性改变。[①] 因此，农民无法在城市扎根，加之深植于农民血液之中对于传统乡土文化的认同，叶落终究要归根，最后农民依旧是要返乡回村，最终成为城市的"过客"。[②③④]

农民流动使得传统的乡村秩序发生微妙变化。伴随家庭制度的重新确立，家族、宗族、村社公私关系以及一系列非正式制度回归。[⑤] 但是，当农村流动人口脱离乡土时，也就脱离了传统乡村的规则网络。[⑥] 因此，农村之中接触过城市文化的农民返乡回村为农村注入新的血液，不仅使农村风俗习惯、价值观念发生改变，而且影响着村庄中年轻一代的思想观念、生活方式等方面[⑦]，使得农民对于村落文化的认同也发生相应变化，在家本位的价值观念中个人意识萌发、传统的人伦秩序逐渐被年轻人漠视、人情关系发挥重要功能、传统信仰复归，但是这些并没有使村落文化的基本特质发生根本变化[⑧]。

农民的出村与回村行为双向作用于村庄经济。由于大量青壮年农民进城务工，农民经济活动离农化，导致乡村中劳动人口数量锐减，老龄化趋势加重，原有的社会关系被破坏，经济活动萧条，传统农村经济结构并未发生改变，加之外出家庭在农村中余下房产的破败，乡村呈现衰败之态[⑨⑩⑪]，一些自然村落被兼并甚至已不复存在[⑫]。但是，农民工给家乡的大量汇款，对经济落后的农村起到了促进经济发展的作用[⑬]，少数农民工在有了一些经济积累后返回家乡开商店、办小企业、跑运输，有效帮助家乡改变面貌[⑭]。因此，外出农民的回流为农村带来

---

① 宋洪远主编：《中国农村改革三十年》，中国农业出版社 2008 年版，第 450 页。

②⑥⑪ 徐勇：《挣脱土地束缚之后的乡村困境及应对——农村人口流动与乡村治理的一项相关性分析》，载于《华中师范大学学报》（人文社会科学版）2000 年第 2 期。

③ 陆益龙：《向往城市还是留恋乡村？——农民城镇化意愿的实证研究》，载于《人文杂志》2014 年第 12 期。

④ 朱妍、李煜：《"双重脱嵌"：农民工代际分化的政治经济学分析》，载于《社会科学》2013 年第 11 期。

⑤ 刘守英、熊雪锋：《中国乡村治理的制度与秩序演变——一个国家治理视角的回顾与评论》，载于《农业经济问题》2018 年第 9 期。

⑦⑬ 李强：《农民工与中国社会分层》，社会科学文献出版社 2004 年版。

⑧ 张乐天：《告别理想：人民公社制度研究》，上海人民出版社 2005 年版。

⑨ 田毅鹏：《"村落终结"与农民的再组织化》，载于《人文杂志》2012 年第 1 期。

⑩ 田毅鹏：《村落过疏化与乡土公共性的重建》，载于《社会科学战线》2014 年第 6 期。

⑫ 秦庆武：《村庄兼并：现代化中的农村社会变迁——山东村庄兼并现象考察》，载于《战略与管理》1996 年第 5 期。

⑭ 朱宇、杨云彦、王桂新、段成荣、桂世勋、李若建、刘传江：《农民工：一个跨越城乡的新兴群体》，载于《人口研究》2005 年第 4 期。

了技术和资本，为发展本地非农产业提供了有利条件。[①]

3. 城乡中国阶段农民特征蜕变

伴随代际更迭，"80 后"的"农二代"替代"农一代"成为入城迁移的主力军并带动从"乡土中国"到"城乡中国"的历史性结构转变。2003 年，国家出台《关于做好农民进城务工就业管理和服务工作的通知》，针对农民进城务工就业的不合理限制、拖欠和克扣农民工工资问题、农民工的生产生活条件、农民工培训、农民工子女就学等问题做出具体要求，为"农二代"的出村、进城与留城提供政策保障。在这一阶段中，农户代际特征变化明显，无论是与土地、村庄、农业生产的关系，还是在农民个人特征方面，"农二代"与"农一代"表现出巨大差异。

（1）农民的分化与代际革命。

在乡土工业化阶段，农民就已经分化发展，结构变迁的过程加速了农民异质化发展，如今农民群体呈现高度分化。根据家庭收入结构，可以将农户主要分为纯农业户、以农为主兼业户、非农为主兼业户、非农业户四大类，1993 ~ 2002 年全国农户分化的变动性相对稳定，纯农户比重保持在 0.4 ~ 0.5；2003 ~ 2009 年非农户及非农兼业户数量开始迅速上升，纯农户及农业兼业户的比重迅速下降。[②]根据 1998 年全国农业普查办公室的调查资料，纯农户占 59.26%，农业兼业户和非农兼业户仅占 18.27% 和 12.79%。[③]伴随农户分化趋势的加强，到 2012 年，纯农户仅为 18.3%，纯非农户为 15.9%，农业兼业户和非农兼业户分别大幅升至 30.1% 和 35.7%。[④]不同地区之间农户分户程度有所不同。2012 年，东部地区非农业户比例远高于中部和西部地区，三区域的非农业户的比例分别为 30.4%、7.12% 和 6.08%。[⑤]

因不同的就业取向造成农民收入分化。农民收入结构差异明显，2005 ~ 2014 年农民非农收入占家庭总收入的比重最大为 0.76，最小仅为 0.08。[⑥]不同地区之

---

① 张广婷、江静、陈勇：《中国劳动力转移与经济增长的实证研究》，载于《中国工业经济》2010 年第 10 期。

② 李宪宝、高强：《行为逻辑、分化结果与发展前景——对 1978 年以来我国农户分化行为的考察》，载于《农业经济问题》2013 年第 2 期。

③ 温思美、赵德余：《我国农户经营的非专业化倾向及其根源》，载于《学术研究》2002 年第 10 期。

④ 刘守英、高圣平、王瑞民：《农地三权分置下的土地权利体系重构》，载于《北京大学学报》（哲学社会科学版）2017 年第 5 期。

⑤ S. Liu, R. Wang and G. Shi. Historical Transformation of China's Agriculture：Productivity Changes and Other Key Features. *China & World Economy*, 2018, 26 (1)：42 - 65.

⑥ 赵丹丹、郑继媛：《农民分化与中国乡村振兴：基于全国 31 省的动态面板证据》，载于《世界农业》2019 年第 7 期。

间农民兼业程度不同也导致区域间农民收入结构差异明显，东部地区农民的劳动报酬与经营收入几乎同等重要，但是中西部地区农民则是家庭经营收入为主。[1]同时，农民收入差距拉大。按照收入高低划分，2000～2013年高收入户和低收入户之间的人均纯收入差距从6.47倍持续扩大至8.24倍，中高收入户和中低收入户之间的人均纯收入差距也从1.92倍持续扩大至2.06倍。[2]

农户分化又直接关系到土地经营情况。不同类型农户经营土地规模差异明显，2012年，所有类型农户的平均土地规模为8.23亩/户，纯农户的土地规模较大，平均为17.95亩/户，农业兼业户和非农兼业户的土地经营规模分别为10.68亩/户、4.93亩/户。但大多数农户土地规模仍是较小，截至2013年底，耕地面积在10亩以上的农户数量只有14.04%。在土地经营绩效方面，纯农户因专业化程度高，其农业劳动生产率及其土地生产率均明显高于兼业农户与非农户。[3]

在受教育程度方面，"农二代"的教育条件改善，其接受教育时间更长，文化程度普遍高于"农一代"。[4][5] 根据《第二次全国农业普查主要数据公报（第五号）》，在2006年外出从业劳动力中，文盲占1.2%，小学文化程度占18.7%，初中文化程度占70.1%，高中文化程度占8.7%，大专及以上文化程度占1.3%。而根据《2008年农民工监测调查报告》，在外出农民工中，初中文化程度降至64.8%，高中文化程度的比例提高至占13.1%。并且更多年轻"农二代""农三代"接受更高水平的教育，使得16～20岁年龄段的农民工所占份额持续下降。[6]

在从事工作与职业方面，"农二代"的城市就业更加稳定，并且就业领域开始由繁重的体力劳动岗位向其他领域扩展。[7] 根据国家统计局2006年对城市农民工的调查，固定岗位就业的农民工占81.16%，流动就业的农民工占18.84%。[8]农民工的就业分布跨越制造业、建筑业、服务业等各行各业，成为各类服务员、生产工人、技术工人、建筑工人、专业技术人员等，并且农民工在建筑业中的就

---

① 张车伟、王德文：《农民收入问题性质的根本转变——分地区对农民收入结构和增长变化的考察》，载于《中国农村观察》2004年第1期。

② 高帆：《中国乡村振兴战略视域下的农民分化及其引申含义》，载于《复旦学报》（社会科学版）2018年第5期。

③ S. Liu, R. Wang and G. Shi. Historical Transformation of China's Agriculture: Productivity Changes and Other Key Features. *China & World Economy*, 2018, 26（1）: 42-65.

④ 梁宏：《生命历程视角下的"流动"与"留守"——第二代农民工特征的对比分析》，载于《人口研究》2011年第4期。

⑤ 刘传江：《新生代农民工的特点、挑战与市民化》，载于《人口研究》2010年第2期。

⑥ 李周：《农民流动：70年历史变迁与未来30年展望》，载于《中国农村观察》2019年第5期。

⑦ 刘俊彦、胡献忠：《新一代农民工发展状况研究报告》，载于《中国青年研究》2009年第1期。

⑧ 国家统计局课题组：《城市农民工生活质量状况调查报告》，载于《调研世界》2007年第1期。

业比重有所下降，在外向型制造业和城市服务业的就业比重逐步上升。[1][2] 根据《2018 年农民工监测调查报告》，目前在第三产业就业的农民工比重过半。整体而言，"农二代"与"农三代"的城市就业除了以体力劳动为主的职业外，越来越多的农民也通过技术培训等多种渠道进入较高的分工层级。[3]

在迁移模式方面，与"农一代"时"候鸟式"家庭成员的单独迁移不同，"农二代"迁移模式多样化，既有个人单独迁移，也有多个家庭成员迁移、举家迁移[4]，其中举家迁移模式越来越普遍，已经并将继续构成人口流动的主流模式特征[5]。从国务院发展研究中心课题组 2017 年的调查结果看，举家外出、完全脱离农业生产和农村生活环境的农民工已经占到一定比例，全国举家外出的劳动力占全部农村劳动力的平均比重为 5.29%，东部地区为 4.71%，中部地区为 4.99%，西部地区为 6.61%。[6]根据《2014 年全国农民工监测调查报告》，举家外出的农民工占外出农民工的比重从 2010 年的 20.03% 提高到 2014 年的 21.27%。因此，"农二代"流动人口开始以家庭的形式在城市中较为稳定的居住，成为事实上的常住人口。[7]

对城市的认同感方面，"农二代"趋向于习惯现代化的城市生活方式、价值观念，对于城市的认同感较高，反而对农村的生活习惯及传统表现出不认同，甚至持批判的态度。[8][9] 因此，"农二代"在迁移的过程中融入城市的意愿更加强烈，以城市为归宿和以市民化为潜在目标，希望能够在城市立足从而彻底摆脱"面朝黄土背朝天"的生活。[10][11]他们通过参与当地的集体活动，与当地人建立经常性联系，融入当地的社会生活和环境。[12]同时，长期外出的"农二代"也难以适应乡村生活。[13]

在迁移动机方面，与农一代受经济利益驱动的迁移不同，"农二代"外出迁

①⑥　韩俊、崔传义、金三林：《现阶段我国农民工流动和就业的主要特点》，载于《发展研究》2009 年第 4 期。

②　国家统计局课题组：《城市农民工生活质量状况调查报告》，载于《调研世界》2007 年第 1 期。

③　黄振华：《农户分工模式：从传统到现代》，载于《华南农业大学学报》（社会科学版）2009 年第 1 期。

④⑦　盛亦男：《中国流动人口家庭化迁居》，载于《人口研究》2013 年第 4 期。

⑤　杨菊华、陈传波：《流动人口家庭化的现状与特点：流动过程特征分析》，载于《人口与发展》2013 年第 3 期。

⑧⑫⑬　王春光：《新生代农村流动人口的社会认同与城乡融合的关系》，载于《社会学研究》2001 年第 3 期。

⑨　陆益龙：《向往城市还是留恋乡村？——农民城镇化意愿的实证研究》，载于《人文杂志》2014 年第 12 期。

⑩　熊景维、钟涨宝：《农民工家庭化迁移中的社会理性》，载于《中国农村观察》2016 年第 4 期。

⑪　吴红宇、谢国强：《新生代农民工的特征、利益诉求及角色变迁——基于东莞塘厦镇的调查分析》，载于《南方人口》2006 年第 2 期。

移所考量的因素更加多元，除了传统的经济利益外，还包括个人发展与自由、生活方式、文化规范、亲情联结等非经济因素，相对而言经济的动机有所减弱。[1][2][3] 同时，他们比第一代农民工更加具有维权意识，他们渴望获得同等的"国民待遇"。[4][5][6][7]因此，"农二代"会为了其平等的政治权利、就业权利、公共服务权利、教育与发展权利等而努力争取，这些行为推进了国家制定旨在保障农民工各种正当权益的法律法规的进程。[8]

（2）"农二代"与土地的关系变化。

"农一代"打破了劳动力被束缚在土地上的局面，开启了非农就业的道路。伴随代际变化，"农二代"的非农化特征更为明显，其与土地的黏度进一步降低，乡土变故土。"农二代"中很多人早已脱离土地与农业生产，既不会也不愿意从事田间耕作，不像"农一代"具有浓厚的"乡土情结"，"农二代"对土地的依赖大大降低。[9][10][11] 在城乡互动格局下，"农二代"几乎全部流动到城市部门。[12]即便在家乡务农收入与外出务工经商的收入差不多的情况下，大多数"农二代"仍然是选择外出务工经商。[13] 因此，一些农民在非农化劳动力流动的过程中，主动放弃农村土地的承包权[14]或者将土地撂荒[15]。1978～2006年，农业劳动力占全社会就业比例从70.5%下降到42.6%。[16] 从农民收入结构中也可以看出，农民主要依赖于工资性收入而非务农收入。2001～2006年，农民纯收入中工资性收入比

---

① 熊景维、钟涨宝：《农民工家庭化迁移中的社会理性》，载于《中国农村观察》2016年第4期。

②④ 卢晖临、潘毅：《当代中国第二代农民工的身份认同、情感与集体行动》，载于《社会》2014年第4期。

③⑤ 陆益龙：《向往城市还是留恋乡村？——农民城镇化意愿的实证研究》，载于《人文杂志》2014年第12期。

⑥ 刘传江、程建林：《第二代农民工市民化：现状分析与进程测度》，载于《人口研究》2008年第5期。

⑦ 刘传江：《新生代农民工的特点、挑战与市民化》，载于《人口研究》2010年第2期。

⑧ 李周：《农民流动：70年历史变迁与未来30年展望》，载于《中国农村观察》2019年第5期。

⑨ 吴红宇、谢国强：《新生代农民工的特征、利益诉求及角色变迁——基于东莞塘厦镇的调查分析》，载于《南方人口》2006年第2期。

⑩ 朱妍、李煜：《"双重脱嵌"：农民工代际分化的政治经济学分析》，载于《社会科学》2013年第11期。

⑪ 梁宏：《生命历程视角下的"流动"与"留守"——第二代农民工特征的对比分析》，载于《人口研究》2011年第4期。

⑫ 蔡昉：《改革时期农业劳动力转移与重新配置》，载于《中国农村经济》2017年第10期。

⑬ 王春光：《新生代农村流动人口的社会认同与城乡融合的关系》，载于《社会学研究》2001年第3期。

⑭ 高帆：《中国乡村振兴战略视域下的农民分化及其引申含义》，载于《复旦学报》（社会科学版）2018年第5期。

⑮ 陆益龙：《制度、市场与中国农村发展》，中国人民大学出版社2013年版。

⑯ 宋洪远主编：《中国农村改革三十年》，中国农业出版社2008年版。

重由 32.6% 上升到 38.3%，家庭经营纯收入比重由 61.7% 下降到 53.8%，转移性和财产性收入比重由 6.4% 上升到近 8%。[①] 与 1991～1997 年相比，2010～2013 年工资性收入对农村居民家庭人均纯收入增长的贡献率由 26.8% 提高到 52.5%，而家庭经营收入的贡献率则由 67.9% 下降到 33.8%。[②] 如今在农业经济活动中，中年妇女、老人逐渐成为主要劳动力[③][④]，这是因为一些中老年人愿意或因禀赋较低被返农村从事耕作，"农二代"与"农三代"因具有较强市场竞争力在外从事非农劳动[⑤][⑥]。

（3）农民所从事的农业发生变化。

农业生产模式发生转变，摆脱土地密集投入，转向提高劳动生产率的农业发展模式。伴随农村劳动力大规模流入二、三产业，劳动力机会成本增大，活劳动价格高于物化劳动价格，根据要素价格的相对变化，机械化等节约劳动力型技术已转变为经济选择。[⑦] 改革以来，我国农业的生化和机械化程度均在不断提高。具体表现为：在生化资料投入方面，农民购买化肥、农药等生产资料的数量增加。2005 年全国化肥施用量是 1998 年施用量的 11.38 倍，农药使用量由 1997 年的 90 万吨大幅升至 2005 年的 1 430 吨。[⑧] 在机械使用方面，1978～2006 年机械化程度增长了 5.88 倍[⑨]，其中大中型拖拉机拥有量提高了 2.5 倍，小型拖拉机拥有量提高了 11.1 倍，联合收割机拥有量提高了 25.3 倍[⑩]。小农所拥有的农用机械一般以小型机械最为常见[⑪]，传统的农用工具正在逐步退出历史舞台，传统农具与畜力的使用变得罕见[⑫]。因此，农村劳动力的外出再配置促进农业摆脱土地过密投入的生产模式，转向提高劳动生产率与土地生产率的发展路径。[⑬] 1978～2006 年我国农业土地生产率和劳动生产率均在提升，土地生产率增长了 1.87 倍，

---

① ⑧ ⑩　宋洪远主编：《中国农村改革三十年》，中国农业出版社 2008 年版。

②　魏后凯：《新常态下中国城乡一体化格局及推进战略》，载于《中国农村经济》2016 年第 1 期。

③　黄宗智：《中国过去和现在的基本经济单位：家庭还是个人?》，载于《人民论坛·学术前沿》2012 年第 1 期。

④　朱妍、李煜：《"双重脱嵌"：农民工代际分化的政治经济学分析》，载于《社会科学》2013 年第 11 期。

⑤　杨华：《中国农村的"半工半耕"结构》，载于《农业经济问题》2015 年第 9 期。

⑥　张建雷：《家庭伦理、家庭分工与农民家庭的现代化进程》，载于《伦理学研究》2017 年第 6 期。

⑦　郑有贵：《1978 年以来农业技术政策的演变及其对农业生产发展的影响》，载于《中国农史》2000 年第 1 期。

⑨　高帆：《中国农业生产率提高的优先序及政策选择》，载于《经济理论与经济管理》2008 年第 8 期。

⑪　李昱姣：《理论分析与再识小农》，载于《社会主义研究》2008 年第 1 期。

⑫　郭庆海：《小农户：属性、类型、经营状态及其与现代农业衔接》，载于《农业经济问题》2018 年第 6 期。

⑬　张广婷、江静、陈勇：《中国劳动力转移与经济增长的实证研究》，载于《中国工业经济》2010 年第 10 期。

劳动生产率则增长了 1.56 倍。[①] 到 2014 年，虽然农业劳动力比重下降到 19.1%，但是农业比较劳动生产率提高到 0.48，按照实际务农人数平均计算，劳均粮食产量比 1978 年增加了 2.8 倍。[②]

农民土地流转促进了农业规模化生产。农民大规模外出务工与农地流转政策的放开，促使"农二代"将自家农地流转给他人经营，因而"农二代"流转土地的整体水平略高于"农一代"[③]，进而这一时期土地流转数量与规模得到发展[④]。1996 年，全国仅有 2.6% 的耕地发生流转，到 2004 年，流转比例快速增加到 10.5%，2010 年流转比例为 14.7%，2014 年流转比例为 30.4%，到 2016 年底，发生流转耕地面积占比为 35.0%，意味着全国超过 1/3 的耕地发生了流转。[⑤] 农民土地流转方式多样化。据农业部统计，截至 2009 年底，全国农村家庭承包耕地转出面积为 1.52 亿亩，其中，转包占 52.89%，出租占 25.69%，转让占 4.54%，互换占 4.39%，股份合作占 5.42%，其他占 7.07%。[⑥]

农业经营主体多样化。在现在的农村中，除了普通的农户家庭作为农业经营的主体外，出现了各种新的农业经营主体。伴随农村土地流转的发展，在农村也出现了一批专业大户，比如果蔬专业户、养殖专业户、种粮专业户以及各种经营、服务性农户等。[⑦] 截至 2012 年 6 月底，全国家庭承包经营耕地流转面积约为 2.6 亿亩，其中约 68% 流向大户。[⑧] 此外，还出现了专业合作社以及农业企业等经营主体。[⑨] 截至 2012 年底，全国农民专业合作社达到 68.9 万余家，实有入社农户达到 5 300 多万户，约占全国农户总数的 20%；截至 2012 年 6 月底，家庭承包耕地流向企业的有 2 300 多万亩。[⑩]

（4）"农二代"与村庄关系的变化。

"农二代"与村庄粘度降低，乡村变故乡。不同于"农一代"出村后最终又返村，"农二代"与村庄的关系更加疏离，出村不返村成为"农二代"的普遍选择。虽然基于与农村中亲人的情感维系，"农二代"与村庄保持一定的联系，但

① 高帆：《中国农业生产率提高的优先序及政策选择》，载于《经济理论与经济管理》2008 年第 8 期。

② 蔡昉、王美艳：《从穷人经济到规模经济——发展阶段变化对中国农业提出的挑战》，载于《经济研究》2016 年第 5 期。

③ 何军、李庆：《代际差异视角下的农民工土地流转行为研究》，载于《农业技术经济》2014 年第 1 期。

④ 冒佩华、徐骥：《农地制度、土地经营权流转与农民收入增长》，载于《管理世界》2015 年第 5 期。

⑤⑨ 郜亮亮：《中国农地流转市场的现状及完善建议》，载于《中州学刊》2018 年第 2 期。

⑥ 黄延信、张海阳、李伟毅、刘强：《农村土地流转状况调查与思考》，载于《农业经济问题》2011 年第 5 期。

⑦ 陈春生：《中国农户的演化逻辑与分类》，载于《农业经济问题》2007 年第 11 期。

⑧⑩ 钱克明、彭廷军：《关于现代农业经营主体的调研报告》，载于《农业经济问题》2013 年第 6 期。

是他们对于村庄的认同感在降低，对家乡的感情逐渐淡漠。①"农二代"在城市发展的稳定性提高，融入城市的意愿加强，长期在城市居住的倾向增加，因此回乡发展的概率并不高，其流动方式也由"候鸟式"流动转变为迁徙式流动②③，最终选择在城镇而非农村落脚④。《2018年农民工监测调查报告》显示，在进城农民工户中，购买住房的占19%，其中，购买商品房的占17.4%。

伴随"农二代"的出村不返村，传统的村庄出现大规模的分化，村庄的兴活与衰落并存。农民的大量外流与城市扩建直接导致村庄数量减少。近年来，通过大规模撤村、并村、村改居以及整村拆迁的方式调整村庄结构，使得村庄数量大幅减少。⑤⑥《2017年城乡建设统计年鉴》显示，1990～2017年，村庄数量从377.3万个减少至244.9万个，村庄户籍人口从7.92亿人减少至7.56亿人。村庄中居住人口从1990年的7.84亿人减少至2006年的7.14亿人。1990～2017年，乡的数量也相应减少，从4.02万个减少至1.03万个。村庄分化明显。在大部分村庄中，留守乡村的是那些受教育较少、年龄较长和不外出的农民⑦，"农二代"与"农三代"出村不返村的行为不仅使这些村庄失去大量年轻劳动力，并且其投资、消费也均离开乡村，造成农村村庄聚落的荒废⑧，村庄失去活力。而部分村庄实现活化，这是因为在城乡互动格局之下，一些村庄不仅吸引精英返乡、入乡，而且通过与外界社会的联系，实现了资金、技术等要素流入农村，从而促进在农村出现新产业、新业态，实现乡村复兴。

农民的出村不返村行为影响着农村制度。在正式制度方面，农民的外流以及国家的干预导致以村民自治为基础的村庄治理制度弱化。一方面，乡村大量青壮年劳动力长年的异地化生活不仅使其对村庄事务、村庄治理漠不关心，而且农民与乡土社会的关联度大大降低，导致农村社会中人际关系疏离与村庄社区非亲密

---

① 王春光：《新生代农村流动人口的社会认同与城乡融合的关系》，载于《社会学研究》2001年第3期。

② 王子成、赵忠：《农民工迁移模式的动态选择：外出、回流还是再迁移》，载于《管理世界》2013年第1期。

③ 韩俊、崔传义、金三林：《现阶段我国农民工流动和就业的主要特点》，载于《发展研究》2009年第4期。

④ 吴红宇、谢国强：《新生代农民工的特征、利益诉求及角色变迁——基于东莞塘厦镇的调查分析》，载于《南方人口》2006年第2期。

⑤ 邓燕华：《村庄合并、村委会选举与农村集体行动》，载于《管理世界》2012年第7期。

⑥ 王春光：《城市化中的"撤并村庄"与行政社会的实践逻辑》，载于《社会学研究》2013年第3期。

⑦ 陆益龙：《向往城市还是留恋乡村？——农民城镇化意愿的实证研究》，载于《人文杂志》2014年第12期。

⑧ 田毅鹏：《村落过疏化与乡土公共性的重建》，载于《社会科学战线》2014年第6期。

化，公共权威开始失效。①②③ 另一方面，国家直接面向农民、农村的政策，包括税费改革、财政转移支农补贴政策以及财权、行政权的上收等，在一定程度上直接削弱了乡级组织和乡镇政权，压缩了村委会的自治空间，导致村庄的治理能力下降，消解了村民自治制度实践的村庄基础④⑤，乡镇政府成为"悬浮型"政权⑥。在非正式制度方面，在城乡格局之下，"农二代"的出村与不返村行为冲击着村庄之中传统的人际关系、礼治秩序。虽然"农一代"还在不同程度地沿袭着传统的村庄规则与秩序，但是在工业化与城市化的推进之下，乡村人口的长期外流，"农二代"对传统乡村秩序的认同感降低。"农二代"已经鲜有"公"或"集体"的意识，其行为逻辑日渐带有功利性、随意性、即时性的特征。⑦ 因此，非正式的习惯规则不再是乡村日常生产生活的隐性规矩，也不再是村民内在行为倾向系统的组成部分。⑧ 这使得村庄之中原有的基于血缘、地缘构建的社会关系愈加疏离⑨，村民的认同和行动单位内缩至核心家庭，超出家庭层面的认同不断式微和弱化⑩⑪，村庄共同体的向心力与凝聚力降低，村庄和村民的集体意识减退，协作意识和能力下降⑫。

　　本章试图还原典型中国小农特征的复杂性和丰富性，也呈现了他们对制度变革与结构变迁的反应，小农不仅对制度的反应极其灵敏，在改造与剥削小农的政策之下，小农以"反行为"进行对抗，最终以经营的低效率迫使制度作出调整。在恢复农民农业经营主体地位与开放农民权利之后，小农不仅生产积极性提高，而且对市场的反应、对技术的采纳都呈现出逐利特征。不仅如此，小农对结构变迁的机会反应更加积极，传统阶段高度粘于土的同质小农经历从分工分业不离土，到跨区域流动降低与土地粘度，到如今出村不返村、乡土变故土的变迁过

────────────

　　①② 董磊明、陈柏峰、聂良波：《结构混乱与迎法下乡——河南宋村法律实践的解读》，载于《中国社会科学》2008 年第 5 期。

　　③ 吴重庆：《无主体熟人社会》，载于《开放时代》2002 年第 1 期。

　　④ 赵晓峰：《"行政消解自治"：理解税改前后乡村治理性危机的一个视角》，载于《长白学刊》2011 年第 1 期。

　　⑤ 杜鹏：《村民自治的转型动力与治理机制——以成都"村民议事会"为例》，载于《中州学刊》2016 年第 2 期。

　　⑥ 周飞舟：《从汲取型政权到"悬浮型"政权——税费改革对国家与农民关系之影响》，载于《社会学研究》2006 年第 3 期。

　　⑦ 吴理财：《中国农民行为逻辑的变迁及其论争》，载于《中国农业大学学报》（社会科学版）2013 年第 3 期。

　　⑧⑩ 韩庆龄：《规则混乱、共识消解与村庄治理的困境研究》，载于《南京农业大学学报》（社会科学版）2016 年第 3 期。

　　⑨ 朱妍、李煜：《"双重脱嵌"：农民工代际分化的政治经济学分析》，载于《社会科学》2013 年第 11 期。

　　⑪ 董磊明：《村庄公共空间的萎缩与拓展》，载于《江苏行政学院学报》2010 年第 5 期。

　　⑫ 田毅鹏：《"村落终结"与农民的再组织化》，载于《人文杂志》2012 年第 1 期。

程，不仅农民群体发生高度分化、代际差异显著，而且在此过程中，农民对土地的依赖、进行农业生产的方式、对乡村与传统秩序的认同也发生了改变。一定要形成一个基本共识，即现如今的小农早已不同于传统社会中的小农，对于小农的认知与发展政策必须作出重大改变。

2018 年中央一号文件与党的十九大报告明确提出"小农户和现代农业发展有机衔接"。学术界热衷于寻找两者的衔接方式。[①] 但是，在没有对小农真实特征有客观把握的情况下，依旧将小农置于他者地位，按照想象的小农与标签化的"现代化农业"标准进行衔接，是否会陷入新一轮的一厢情愿呢？本章的分析表明，城乡中国阶段农民的特征已发生历史性变化，"农二代"的代际革命已带来农民的"出村不回村、农业经历要素重组的变化、乡土变故土"。在制度变革与结构变迁的过程中，小农以不同的行为对其进行反应，并改变了自己。要真正提高农民的生活水平，就必须真正坚持农民主体性，改变约束农民的制度环境，进一步向农民开放权利，使农户享受到本属于他们的权利，促进农民、乡村与国家的历史转型。

---

① 姜长云：《促进小农户和现代农业发展有机衔接是篇大文章》，载于《中国发展观察》2018 年第 1 期；马晓河：《大国小农条件下的农业现代化》，载于《中国发展观察》2019 年第 2 期；张红宇：《大国小农：迈向现代化的历史抉择》，载于《求索》2019 年第 1 期；阮文彪：《小农户和现代农业发展有机衔接——经验证据、突出矛盾与路径选择》，载于《中国农村观察》2019 年第 1 期；叶敬忠、豆书龙、张明皓：《小农户和现代农业发展：如何有机衔接？》，载于《中国农村经济》2018 年第 11 期；孔祥智、穆娜娜：《实现小农户与现代农业发展的有机衔接》，载于《农村经济》2018 年第 2 期。

第四章

中国的农地产权制度变革的逻辑

观察中国乡村变迁的主线，除了小农的变化，另一个主线是农地制度的变迁及其在中国经济增长中的独特作用。

1978 年后的中国农业增长可粗略分为四个阶段：1978～1984 年为第一阶段，粮食总产量由 1978 年的 30 477 万吨增长到 1984 年的 40 731 万吨，农业总产值由 1978 年的 1 397 亿元增长到 1984 年的 3 214 亿元；1985～1998 年为第二阶段，粮食总产量由 1985 年的 37 911 万吨增长到 1998 年的 51 230 万吨，农业总产值由 1985 年的 3 619 亿元增长到 1998 年的 24 542 亿元；1999～2012 年为第三阶段，粮食总产量由 1999 年的 50 839 万吨增长到 2012 年的 58 958 万吨，农业总产值由 1999 年的 24 519 亿元增长到 2012 年的 86 342 亿元；2013 年至今为第四阶段，粮食总产量由 2013 年的 60 194 万吨增长到 2023 年的 69 541 万吨，农业总产值由 2013 年的 93 173 亿元增长到 2023 年的 158 507 亿元。[①]

农业增长的四个阶段与农地产权制度变迁的阶段基本吻合。改革开放以来，中国农地产权制度历经从人民公社制度下农地集体所有权与农地使用权两权合一（1978 年之前）到家庭经营制度下农地集体所有权与农地承包经营权两权分离（1978～2012 年）再到新时代农地集体所有权、承包权、经营权三权分置（2013 年至今）的历史变迁。在两权分离阶段，又可大致分为农地产权制度确立阶段（1978～1983 年）、第一轮土地承包阶段（1983～1998 年）、第二轮土地承包阶段（1999～2012 年）三个阶段。众多研究发现，中国农地产权制度的持续创新

---

① 数据来源：国家统计局统计数据。

显著提高了农业生产效率（林毅夫，1994；黄季焜等，2012），是中国农业取得世人瞩目成就的重要原因（冀县卿等，2010；乔榛等，2006）。

近年来，为进一步促进中国农业发展，推进农业农村现代化进程，中国政府适时推进农地集体所有权、农户承包权和农地经营权的三权分置。各地积极探索三权分置的实现路径和实现机制（韩立达等，2017；蔡立东等，2017），并形成有所差别的三权分置的实践模式（Wang et al.，2017），但对于如何在三权分置的制度框架下构建农村集体、承包农户、土地经营者三者之间的新型权利关系，人们的看法不尽相同（肖卫东等，2016；管洪彦等，2017；张红宇，2017）。由于"人们过去做出的选择决定了他们现在可能的选择"（诺思，1994），因此，对过去四十余年中国农地产权制度的历史变迁进行系统考察，分析中国农地产权制度何以发生由两权合一向两权分离再到三权分置的变迁，进而得出三权分置制度框架下如何进一步细化农地产权安排的有益启示，无疑具有极为重要的现实意义。

一、农地产权制度何以变迁

农地产权制度安排是当事人对制度环境的有效回应。在特定的制度环境下，人们为节省交易费用会制定出规范人类行为的规则，即制度。制度一经形成就会对经济当事人之间的权利、义务、责任进行界定（黑公博，2005），形成特定的产权安排，约束当事人的战略互动（青木昌彦，2003）。尽管人们对于产权的理解不尽相同，但普遍认为，产权界定了人们对于某些特定财产的权利（Libecap，1986），具有可分割性，通常由使用权、交易权与收益权等权利束组成（埃格特森，2004；Cheung，1970；巴泽尔，1997）。当制度界定的产权涵盖全部的权利束，且使用权、交易权以及收益权得到充分的界定和保护时，产权安排最有效率（冀县卿，2012）。

由于产权作为一种社会工具，"产权的所有者拥有他的同事同意他以特定的方式行事的权利"（德姆塞茨，2002），不同的产权安排具有不同的激励和约束功能，从而导致资源配置效率的差异（Coase，1937）。一般而言，产权越明晰，产权残缺程度越低，对当事人的激励和约束就越充分，越利于在当事人的努力与报酬之间实现一致，生产效率就会越高（刘守英，1993；Furubotn et al.，1972）。因此，要促进经济增长，提升经济绩效，就必须尽可能地明晰产权，最大限度地减少产权残缺可能带来的效率损失（钱忠好，2005）。

值得注意的是，制度环境并非一成不变。当制度环境发生变化后，就会产生在现存产权制度安排下经济当事人无法获取由于规模经济、交易费用的降低或转移、风险的克服与分散、外部性内部化所带来的外部利润（Davis，1974；刘芳等，2006）。为获取外部利润，制度变迁涉及的经济当事人就会进行博弈，并基于制度变迁成本—收益的考量决定是否参与到制度创新的活动中。当且仅当制度创新的收益大于制度创新的成本时，经济当事人才会具有经济动力进行制度创新。因此，能否最大化制度创新的收益或最小化制度创新的成本对能否完成制度创新至关重要。一旦制度创新得以完成，就会形成新的产权安排，完成制度变迁。故此，德姆塞茨（Demsetz，1967）认为，"新的产权的形成是相互作用的人们对新的收益—成本的渴望进行调整的回应"。从长期看，制度变迁实质上是对制度内含的产权安排所作的调整（诺思，2008）。

就农地产权制度而言，通常认为农地产权包括农地使用权、农地交易权和农地收益权。农地产权越明晰，农民获得的土地权利越充分，激励和约束就越有效，农业生产效率越高。从农地产权制度变迁的角度分析，当农业发展的内外部环境如社会经济发展水平、税费制度、社会保障制度、户籍制度、农业发展水平、贸易条件等发生变化时，就会产生在旧的农地产权制度安排下无法获得的外部利润，当事人如政府和农民就会产生农地产权制度创新的需求和激励。政府和农民在对制度环境的变化进行回应时会基于收益和成本的考量决定是否进行农地产权制度创新。当农地产权制度创新实现后，就会完成农地产权制度变迁，外部利润就会被内部化。这是一个周而复始的过程。

二、改革四十多年中国农地产权制度变迁的系统考察

（一）中国农地产权制度变迁：与制度环境的适时耦合

改革四十多年来，中国农地产权制度在坚持农业家庭经营为主的制度框架下，不断变革农地产权制度，历经两权分离到三权分置的制度变迁，这一变迁的过程是农地产权制度与制度环境不断耦合的过程。

人民公社时期，农地集体所有、集中经营，农地集体所有权与农地使用权"两权合一"，这样的农地产权制度尽管便于中国政府获得工业化、城市化发展需要的资金，但由于缺乏有效的监督和激励，农业生产效率极为低下（钱忠好，1999）。1977年与1958年相比，中国人均粮食产量、人均棉花产量、人均油料产量全部出

83

现负增长，1958 年人均粮食产量、人均棉花产量、人均油料产量分别为 299.50 公斤、2.98 公斤、7.23 公斤，1977 年人均粮食产量、人均棉花产量、人均油料产量分别为 297.69 公斤、2.16 公斤、4.23 公斤，年均增长速度分别为 -0.03%、-1.68% 和 -2.78%。如何解决 8 亿多中国人的温饱问题成为中国政府的首要任务。为此，1978 年始，中国政府渐次开启以家庭联产承包责任制为主要内容的农村经济体制改革。农地产权制度改革的核心内容是在保留农地集体所有制的框架下，实现农地集体所有权与承包经营权的两权分离。1979 年实行包产到户、包干到户的生产队仅有 1.1%，随后三年分别增加到 14.4%、45% 和 89.7%，到 1983 年，实行农业家庭经营制度的生产队高达 97% 以上（杜润生，2002）。

进入新世纪后，随着中国工业化、城市化进程的快速推进，农地产权制度面临的制度环境发生了显著的变化，突出表现在：中国工业化、城市化水平快速提升，农村劳动力大量向非农产业和城市转移，农业在国民经济中所占的比重不断下降，农业生产方式发生了根本性的改变。1978 年城市化率为 17.92%，2011 年城市化率首次突破 50%，2012 年城市化率上升到 52.57%；2010 年农业总产值占当年 GDP 的比重首次降到 10% 以下，2012 年农业总产值占当年 GDP 的比重仅为 9.7%；2010 年前后我国农业生产方式发生了重大转变，以农业边际生产率衡量的刘易斯拐点真正到来（刘守英等，2014），2012 年 18 个省（区、市）的农作物耕种收综合机械化水平超过 50%（孔祥智等，2015）。与中国工业化、城市化进程相伴随，一方面，我国大量农村劳动力不断转移到非农产业以及城市，农村人口急骤减少；另一方面，农村土地流转水平并没有随着农业劳动力转移速度的加快而提高（钱忠好，2008）。如何破解中国小农困境、促进适度规模经营，为现代农业发展创造条件成为现阶段中国政府需要重点解决的问题。由于农户流转土地意愿不强、农地流转规模不大、农地流转市场化程度不高与两权分离农地产权制度下所有权、承包权、经营权产权关系不清和农地产权有效保护不足有关，因此，中国政府适时根据制度环境的变化进行农地产权制度创新，将农地产权进一步细分为所有权、承包权和经营权，通过落实农地集体所有权、稳定农户承包权、放活土地经营权，激发农户的农地流转意愿，提高农地流转市场化水平，有效地解决了现阶段分散的农户土地小规模经营与现代化的农业生产方式不匹配的问题，实现了农地产权制度与制度环境的适时耦合。

（二）中国农地产权制度变迁的方向：明晰农地产权且农民获得越来越充分的土地权利

利贝卡普（2001）、诺思等（North et al.，1977）指出，明晰且充分的产权通过指定谁从财产的使用和交易中获得收益或承担成本，对当事人产生有效的激励，进而影响经济绩效。改革开放后中国农地产权制度沿着明晰农地产权且使农民获得越来越充分的土地权利的方向演进，农地集体所有者、农户承包者、农地经营者之间的土地权利关系日趋明晰，农民拥有的土地产权越来越充分。

在两权分离农地产权制度确立初期，尽管中央文件对包产到户采用了"可以……可以……也可以"的模糊表述，即"在集体经济比较稳定的地方，不搞包产到户，但已经实行包产到户的，允许继续实行；在边远山区和贫困落后地区，既可以包产到户，也可以包干到户"，但是与"两权合一"的农地产权制度安排相比，两权分离的农地产权制度设计不仅土地权利关系明晰程度有所提升，而且农民部分程度上拥有农地使用权和收益权，从而极大地促进了中国农业的增长。林毅夫（1994）认为，家庭联产承包责任制对 1978~1984 年中国农业增长的贡献达到 46.89%，大约相当于投入增加的总效应。

另外，两权分离农地产权制度确立之初，农民基于承包合同获得的土地权利极为有限，突出表现为：第一，农地使用权排他性较弱。土地承包期大多为 1~3 年，土地调整频繁、农民缺乏生产经营自主权。第二，农地交易权受到严格限制。1982 年《中华人民共和国宪法》明确规定承包地不准买卖、不准出租或者以其他形式非法转让。第三，农地收益权极为有限。"上交国家的，留够集体的，剩余是自己的"合约安排使农民获得的农业剩余极为有限，仅仅解决了部分农民的温饱问题。为此，中国政府通过延长土地承包期、强化农民土地经营权、注重土地产权的确权与保护等不断强化农地使用权排他性；通过逐渐放开农地农用市场、有条件放松对农地非农化交易的限制等使农民获得的农地交易权强度不断提升；通过开放农产品市场、显化农地财产性收益的价值、增加农地转移性收益等扩充农地收益权的内涵。第一，关于农地使用权。1984 年中央一号文件规定土地承包期为 15 年，1993 年《关于当前农业和农村经济发展的若干政策措施》中规定，耕地承包期到期之后再延长 30 年；1985 年中央一号文件取消农业生产的指令性计划，赋予农民自由种植权。2002 年《中华人民共和国农村土地承包法》规定，任何单位和个人不得干涉农民正常的生产经营活动，农民有权自主组织生产经营和处置土地产品。第一轮土地承包期内主要借助于承包合同管理保护农民的土地权利，第二轮土地承包期不仅要求做好土地承包合同管理工作，而且要求通过土地承包经营权证书的颁发，实现承包地块、面积、合同、证书"四到户"。第二，关于农地交易权。农民不仅逐渐获得较充分的农地农用交易权，而且国家逐渐放松了农地非农化的交易限制。1984 年中央一号文件开始放松对农地农用交易的限制，鼓励土地向种田能手集中，1995 年农业部《关于稳定和完善土地承包关系的意见》中明确规定，土地转包、转让、互换、入股等受法律保护。

1998 年《中华人民共和国土地管理法》第六十条规定，农村集体经济组织如果以土地使用权入股、联营等形式与其他单位、个人共同举办企业，可以在符合土地利用规划，通过行政审批的条件下，合法将农地转为非农建设用地。第三，关于农地收益权。20 世纪 80 年代中期起，政府逐渐开放农产品交易市场，农户获得农产品自由处置权；2004 年国家全面建立农业直接补贴制度；2006 年国家取消了农业税等。政府通过开放农产品市场、农村税费改革、建立农业补贴制度等有效增加了农民收入。

进入新世纪后，中央政府适时推出三权分置的农地产权制度，农地产权得到进一步明晰，农民拥有的农地产权得以进一步强化和拓展。第一，通过明确土地承包权和经营权归属、拓展使用权权能等进一步强化农地使用权。2016 年《关于完善农村土地所有权承包权经营权分置办法的意见》规定，土地承包权归属于农民家庭，土地经营权在合同期内归经营主体，合同期外承包期内归承包农户，并赋予经营权抵押、担保权能。第二，通过保护农地经营权交易、建立城乡统一的建设用地市场使农民拥有更加充分的农地交易权。2016 年《关于完善农村土地所有权承包权经营权分置办法的意见》明确农地经营权可以入股流转，并赋予经营主体优先续租及再流转的权利；2013 年《中共中央关于全面深化改革若干重大问题的决定》明确提出，要建立城乡统一的建设用地市场，使农村集体建设用地与国有土地同等入市、同权同价。第三，农地收益权界定更加清晰、规范。如 2016 年《关于完善农村土地所有权承包权经营权分置办法的意见》明确界定了承包农户和经营主体的各自收益。合同期内农地收益权归经营主体、合同期外归承包农户；承包农户有权有偿退出承包地。

显然，与改革之初相比，当下农地集体所有者、承包者、经营者之间的土地产权关系更加明晰，并且通过增强农地使用权排他性、放松农地交易权限制、扩充农地收益权，农民拥有的土地权利更加充分（冀县卿等，2010）。

（三）中国农地产权制度变迁的路径：制度边际上的持续调整

改革开放四十余年来，中国农地产权制度选择了渐进式的改革方式，通过制度边际上的持续调整，既最大限度地降低了农地产权制度变迁的阻力，又实现了农地产权制度的创新，农地产权制度变迁呈现出路径依赖特性。

人民公社时期，农业生产采取集体所有、集中经营的办法，农地集体所有权与农地使用权"两权合一"。家庭联产承包责任制时期，农业生产采取统分结合、双层经营的办法，将农地产权细分为所有权和承包经营权，实现农地集体所有权与农地承包经营权的两权分离。在这一变迁过程中，在最大限度地维护社会稳定的基础上，在坚持农地集体所有制的框架下，通过国家相关政策持续的边际调整，逐步确立起两权分离的农地产权制度，实现了农地集体所有权与农地承包经营权的分离，农地产权制度由"两权合一"变革为"两权分离"。进入新时代后，将农地产权细分为所有权、承包权和经营权，通过落实农地集体所有权、稳定农户承包权、放活土地经营权，保持了两权分离制度的合理内核，并在两权分离的制度基础上，进一步细分了农地产权。

具体到农地使用权、农地交易权和农地收益权的制度设计，同样采取边际调整的渐进改革方式。例如，关于土地承包期，改革之初，土地承包期仅有 1～3年，1984 年将承包期延长到 15 年，第二轮土地承包将承包期延长为 30 年，新一轮土地承包将承包期再延长 30 年。关于土地行政性调整，第一轮土地承包采取"大稳定小调整"的办法，第二轮土地承包先是提倡"增人不增地、减人不减地"，然后则明令禁止土地大调整，并将个别农户间有限的小调整限于特殊情况。关于农地交易权，初期明确禁止农户承包地买卖、出租、转让，1984 年中央一号文件开始放松对农地农用交易的限制，鼓励土地逐步向种田能手集中，1995年《关于稳定和完善土地承包关系的意见》强调依法、自愿、有偿流转土地，"转包、转让、互换、入股"等农地交易方式受法律保护，土地承包经营权可以继承。进入新时代后，强调经营主体拥有优先续租及再流转的权利，在转包、转让、互换、入股等权能基础上增加抵押、担保的权能；在恪守征地是我国农地非农化唯一合法途径的前提下通过政策例外的设定、建立城乡统一的建设用地市场等逐渐放松农地非农化的交易限制，为当事人制度边际上的创新提供了可能性。关于土地收益权，初期，"交够国家的，留足集体的，剩下是自己的"，农民拥有的土地收益权极为有限；后来，适时取消统购统销制度、开放农产品市场、改革粮食流通体制、减轻农民负担等，不断增加农民农地经营性收益；不仅如此，通过允许依法自愿有偿流转农地、提高征地补偿标准、允许农民分享农地非农化增值收益，日益凸显土地财产性功能，增加了农民土地财产性收益。

中国农地产权制度在制度边际上的持续调整，使经济当事人的各种选择定型化（诺思，2008），农地产权制度变迁具有典型的路径依赖特性。

（四）中国农地产权制度变迁：农民与政府的良性互动

由于不同的农地产权制度对当事人农地权利、义务界定存在差异，这不仅会对当事人形成有所差别的激励和约束，而且会形成不同的利益分配格局，因此，农地产权制度创新能否最大限度地实现一致同意对激发当事人的积极性和创造性至关重要。中国农地产权制度涉及农民和政府两个主要的当事人。由于农业生产过程中自然再生产和经济再生产交织在一起，这一特性决定了农民家庭经营是农业生产经营最有效的组织形式，农民是农业生产经营的主体。如果农地产权制度安排不能赋予农民充分而有保障的农地权利，就难以激发农民生产经营的积极性，这是人民公社制度失败的原因，也是农村改革取得成功的原因。因此，农地产权制度的任何变革都必须也应该得到农民的响应和拥护。另外，尽管中国农村土地实行集体所有制，但是，在当下的中国，任何制度创新如果得不到政府的同意，无疑将难以为继。因此，农地产权制度创新无论是由农民发起还是由政府推动，要想取得成功，都需要实现农民和政府之间的良性互动。

农村改革之初，尽管家庭联产承包责任制由农民自主发起，但最终之所以能在全国范围内实施则与政府的积极推动不无关系。1979 年中共中央《关于加快农业发展若干问题的决定》解禁了包产到户，1982～1983 年的中央一号文件不仅赋予了家庭经营制度的应有地位，而且进一步肯定了家庭联产承包责任制的积极作用。又如，当农民农业生产经营预期不足、农地产权不时受到侵害时，中央政府适时出台相关的法律法规，向农户颁发土地承包经营权证书、进行土地确权登记等以保护农民的土地权益。2002 年《中华人民共和国农村土地承包法》以法律的形式明确承包合同的具体条款，要求向农民颁发土地承包合同和土地承包经营权证书，2013 年中央一号文件进一步细化要求用 5 年时间基本完成农村土地确权登记颁证工作。又如，现阶段征地是我国农地非农化的唯一合法途径，任何单位或组织需要使用建设用地，只能依法申请使用国有土地。征地制度的设计一方面最大限度地保证国家获得农地非农化的土地增值收益，另一方面，也一定程度上侵犯了农民的土地权益，农民难以分享土地增值收益，个别地方甚至引发社会冲突。20 世纪 90 年代，广东南海的农民创造性地采取了土地股份合作制的方式，实现了农民、企业、地方政府三方的"共赢"（蒋省三等，2003）。2005 年广东省地方政府积极响应农民土地产权制度创新的行动，出台《广东省集体建设用地使用权流转管理办法》，规定农村集体建设用地"具有出让、出租、转让、转租和抵押等权利"，可以利用集体建设用地兴办各类工商企业。中央政府顺应民意，积极响应，一方面通过缩小征地范围、不断提高征地补偿标准等改革和完善征地制度，提高农民土地增值收益的获得比例；另一方面通过建立城乡统一的建设用地市场等使农民能够直接分享土地增值收益。2013 年《中共中央关于全面深化改革若干重大问题的决定》要求，"在符合规划和用途管制前提下，允许农村集体经营性建设用地出让、租赁、入股，实行与国有土地同等入市、同权同价。完善土地租赁、转让、抵押二级市场"。

改革四十余年来中国农地产权制度变迁的过程是中国农民与政府之间良性互

动的过程，农民和政府对诸多农地产权制度创新设计大多达成了一致同意，符合帕累托最优原则，这是中国农地产权制度变迁取得成功的关键所在。

中国农地产权制度的持续创新极大地激发了土地、资本、技术等农业生产要素的活力，提高了土地产出率和劳动生产率，促进了中国农业的增长和农村的繁荣，呈现出巨大的制度绩效，有助于破解中国小农困境。根据《中国农村政策与改革统计年报（2022年）》，截止到2022年，全国承包地流转总面积为5.76亿亩，占全部家庭承包耕地面积的36.73%，流转出承包耕地的农户数约为承包农户总数的34.8%，已达7 681.47万户。[①] 根据第三次农业普查数据显示，截至2016年，全国规模农业经营户已达398万户，农业从业人员为1 289万人。[②]

中国四十多年农地产权制度变迁的过程是农地产权制度与制度环境不断耦合的过程，它以不断提升农地产权明晰程度且农民获得越来越充分的土地权利为导向，在制度边际上沿着既定路径持续进行着农地产权制度创新，并实现了农民与政府之间的良性互动，这是中国农地产权制度变迁取得成功的关键所在，也是改革四十多年来中国农业持续快速增长的源泉。

随着中国社会经济的发展，未来农地产权制度环境必然会发生深刻的变化，这就要求根据制度环境的变化适时进行农地产权制度创新。不仅如此，未来中国农地产权制度的改革要按照"落实土地集体所有权、稳定农户承包权、放活土地经营权"的要求，妥善处理三权分置后农村集体、承包农户、土地经营者之间的关系，要让农民拥有更多更充分的土地权利；要进一步明晰农地集体所有权、农户承包权、经营者经营权的土地权利内容，农民集体和承包农户、经营主体各自的土地权利边界；要在依法保护集体土地所有权和农户承包权前提下，平等保护土地经营权，要赋予有经营意愿和经营能力的经营主体有保障的土地经营权。改革的切入点应该是努力获取制度环境变化后形成的外部利润，改革的方向应该是不断明晰土地产权且让农民获得越来越充分的土地权利，改革的路径选择应该侧重于制度边际上调整、实行渐进式的农地产权制度变迁，改革方案的选择应该努力达成农民和政府的一致同意。

[①] 农业农村部政策与改革司编：《中国农村政策与改革统计年报（2022年）》，中国农业出版社2023年版。

[②] 国家统计局：《第三次全国农业普查主要数据公报（第五号）》，https://www.stats.gov.cn/sj/tjgb/nypcgb/qgnypcgb/202302/t20230206_1902105.html。

第五章

从家庭联产承包责任制到农地三权分置

改革四十多年来，中国政府在坚持农业家庭经营为主的制度框架下，不断变革农地产权制度。农地产权制度历经了农地集体所有权与农地承包经营权两权分离到新时代农村土地集体所有权、农户承包权、土地经营权三权分置的历史变迁。农地制度如何从集体制改革为家庭联产承包责任制，又何以进行三权的权利分割与进一步变迁？家庭承包制和农地三权分置是中国重要的理论创新。本章将在理论上阐述中国农地制度的权利结构和变迁逻辑。

一、从传统集体制到家庭联产承包责任制

中国共产党在取得政权后，开启了一个古老农业国向工业国的结构转型，确立了"把我国建设成为社会主义的现代化强国"的奋斗目标。中国共产党通过土地改革实现地主土地所有制向农民土地所有制的转变，接着通过互助组、初级社、高级社，于1956年完成农业社会主义改造，并迅即通过建立"一大二公"的人民公社将合作化运动推向顶点。面对1959～1961年的乡村危机，中央不得不将农村的制度安排退回到"三级所有，队为基础"的农村土地集体所有制。集体化体制的内在缺陷带来绩效困境。一方面，国家利用集体化体制最大限度地获取农业剩余将之转化为工业积累；另一方面，集体农业生产监督的困难及分配上的平均主义，带来农民努力与报酬不一致导致的激励低下，造成农业生产率下

降、农产品供给短缺。

面对农业生产停滞和农民生活困难，农民、基层和地方政府一直试图通过底层变革来改造传统的集体制度。从 20 世纪 50 年代合作化后期直到 1978 年拉开改革大幕的 20 多年间，他们试图在社会主义合作经济中引入家庭经营，但各地自发进行的包产到户都受到"左"的思想路线的严厉指责、批判、打击和压制（周其仁，1985）。1956 年起，四川、安徽、浙江、广西、广东、江苏、湖北、河南等省均出现包产到户"变法"，1957 年的"反右"大潮将包产到户划入禁区。"大跃进"以后包产到户再度以"小队所有、小私有、小自由"等形式出现，被认定为要"从集体退回到单干"，庐山会议上对之加以严厉批判后遭制止。但是，集体化生产在一些生产力遭到严重破坏的地区实在不具吸引力，1961 年初在一些地方出现"按劳分田""包产到户""分口粮田"等，增产效果显著，但这些变通在省一级就遭到遏制。这一时期在全国各地陆续发生的不同形式的"单干"约占 20% 或 30%，均没有得到中央政策的认可（杜润生，2005）。

20 世纪 70 年代末，国家开始恢复一系列激发农村活力的政策，包括尊重生产队自主权、减轻农民负担、提高农产品收购价格、提倡家庭副业和多种经营、恢复并适当扩大自留地等。1978 年底召开的党的十一届三中全会尽管在农村制度上仍强调维持"三级所有"体制，明文规定"不许包产到户，不许分田单干"[①]，但"解放思想、实事求是"的提出改变了"左"的思潮。随着政策环境的放宽，安徽、四川、广东等地率先实行包产到户，在中央层面引发大讨论。1979 年 9 月，中央解除"不许包产到户"的禁令，但强调"除某些副业生产的特殊需要和边远地区、交通不便的单家独户外，也不要包产到户"[②]。一些地方政府与基层的互动推动着包产到户的前行，安徽省地方基层自发创造"包产到户""包干到户"模式并在 1980 年 5 月得到邓小平的认可。在许多长期贫困的地区，休养生息与权宜之计已无法满足农民意愿，基层自发的政策创新逐渐上升为中央政策表达。中共中央于 1980 年 9 月提出，允许"有多种经营形式、多种劳动组织、多种计酬办法"的存在，肯定了"专业承包联产计酬责任制"的形式。[③] 即在边远山区和贫困落后地区"可以包产到户，也可以包干到户，并在一个较长的时间内保持稳定"；对于集体经济比较稳定、生产有所发展的地区，"已经实行包产到户的，如果群众不要求改变，就应允许继续实行"。到 1981 年底，包产到户或包干到户向中间地区和富裕地区扩展。1982 年 1 月 1 日，中共中央一号文件肯定了"包产到户""包干到户"都是社会主义集体经济的生产责任制，不

---

① 参见中共十一届三中全会通过的《中共中央关于加快农业发展若干问题的决定（草案）》。
② 参见中共十一届四中全会通过的《中共中央关于加快农业发展若干问题的决定》。
③ 参见《中共中央关于印发进一步加强和完善农业生产责任制的几个问题的通知》。

同于合作化以前小私有的个体经济，并强调要继续放宽农村政策。1983 年的中央一号文件论证了包产到户的理论基础，明确提出联产承包责任制是"在党的领导下我国农民的伟大创造，是马克思主义农业合作化理论在我国实践中的新发展"。

1983 年，实行承包到户的比例已扩大到 95% 以上，农民迫切要求稳定承包制。1984 年的中央一号文件将重点放在稳定和完善生产责任制、帮助农民提高生产力水平与发展农村商品生产上，第一次以中央文件的形式规定"土地承包制一般应在15 年以上"。1985 年，国家不再向农民下达农产品统派购任务，农民成为相对独立的商品生产经营者。至此，农村体制基本上突破了原来的"三级所有、队为基础"体制，创造出了中国特色的"家庭联产承包、土地集体所有"模式（黄道霞，1999）。后续政策以稳定与完善家庭承包制为主，将家庭承包制写入宪法、土地管理法与土地承包法，以法律形式制度化，不断将农民的承包经营权物权化，扩大承包经营权权能范围，并于 1993 年提出"在原定的耕地承包期到期之后，再延长三十年不变"[①]，于 2017 年提出"第二轮土地承包到期后再延长三十年"[②]。

二、家庭联产承包责任制的制度特征与理论创新

（一）制度特征

一是集体所有制下的两权分离。坚持集体所有制是家庭联产承包责任制改革的前提。承包农户与集体组织的权利与责任都建立在土地集体所有基础上，是"社会主义劳动群众集体所有制经济"的实现形式。在不改变土地集体所有的前提下，家庭联产承包责任制通过土地权利结构的重构，实现了土地所有权与使用权的分离。[③] 国家政策和法律明确规定，依法由农民集体所有的农村土地，由农村集体经济组织、村民委员会或者村民小组发包，且不得改变村内各集体经济组织农民集体所有的土地所有权。集体经济组织或村民自治组织作为农民集体所有

---

① 参见 1993 年 11 月 5 日中共中央、国务院颁布的《关于当前农业和农村经济发展的若干政策措施》。

② 参见习近平：《决胜全面建成小康社会 夺取新时代中国特色社会主义伟大胜利——在中国共产党第十九次全国代表大会上的报告》，中国政府网，http：//www. gov. cn/zhuanti/2017 - 10/27/content_5234876. htm。

③ 参见中共十五届三中全会通过的《中共中央关于农业和农村工作若干重大问题的决定》。

权的代理者，拥有调整、监督、收回集体土地等权力。集体经济组织成员有权依法承包集体土地，拥有长期而有保障的承包经营权。

二是国家、集体与农户之间的合约议定。家庭联产承包责任制改革是一场国家与集体组织和集体成员三者之间的合约议定，合约内含的利益关系经过三方博弈进行重构，形成"交足国家的，留够集体的，剩余是自己的"合约结构。农户作为相对独立的农业生产经营者，承包经营集体的土地，生产经营收入按合同规定缴纳国家任务与扣除集体义务外，剩余部分归于农户。集体土地所有权对承包经营权权能施加约束，集体土地所有权主体不得变更，土地始终为集体经济组织成员共同所有；实施家庭承包制之初，每个承包农户仍需承担国家粮食征购任务的分摊（刘守英，1993）。随着农村改革的深化，农户、各类新兴产权代理人以及农村社区精英不断通过讨价还价达成互利的合约，农户获得对土地使用与收益剩余权的更强支配力（周其仁，1995）。

三是农地产权权能的明确与强化。家庭联产承包责任制明确承包农户对土地的产权，是改革后农业绩效改善的关键。改革后的集体所有制与传统集体所有制由国家和集体组织控制的集体所有权具有根本区别，它由每个集体组织的合法成员天然平等享有集体所有土地的各项权利（周其仁、刘守英，1989）。每个分到土地的承包农户合法享有在规定用途内对承包地进行使用、收益和承包经营权流转的权利。农户获得的土地产权强度不断提升。农户土地使用权由服从集体统一计划安排，到不向农民下达指令性生产计划以及尊重农户生产经营自主权、农户享有承包地土地权能并且自主组织生产经营和处置产品（刘守英等，2019）。农户收益权因取消统购统销制度、遏制对农民的不合理摊派、废除农业税制度不断朝向完整。土地流转权得到法律明确，家庭承包取得的土地承包经营权可以依法采取转包、出租、互换、转让或者其他方式流转。通过确权颁证，对农民土地使用权予以登记保护。通过产权期限的不断延长稳定承包农民对土地的预期，承包期限从 15 年到 45 年再到 75 年，农民对土地的预期更加稳定。

四是家庭经营制度的确立。国家建立"以家庭承包经营为基础、统分结合的双层经营体制"，确立和保护农户的家庭经营。农户成为土地的主要承包单位，家庭随之成为农业微观经营主体，生产、交换、积累和消费以家庭为单位进行。在家庭经营主体地位基础上，保留了合作经济层面的统一经营，由"以土地公有为基础的地区性合作经济组织"负责，进行"技术服务、经营服务和必要的管理工作"。[①] 农村集体经济组织承担提供社会化服务与土地承包管理的职能，负责集体财产管理、利益关系协调、集体资源开发、农业基础设施建设等单个家庭无

---

① 参见 1986 年中央一号文件《中共中央、国务院关于一九八六年农村工作的部署》。

法完成的环节①，成为农户之间有机联合的组织。

（二）理论创新

一是新型集体所有制理论。传统的集体所有制研究范式重在比较单一所有制之间的优劣。集体化的支持者认为农民的小土地所有制不符合生产力发展的要求，土地国有化或集体化是土地所有制发展的方向（黄道霞，1984）。并且，为了向社会主义转变，必须在集体经济内铲除家庭经营，才能巩固和发展集体经济。家庭联产承包责任制改革在坚持集体所有制的前提下在实践上实现了制度的自我突破，是理论上的重大创造。第一，提出土地所有权与承包经营权两权分离的集体所有制实现形式（杜润生，2005）。在不改变土地所有权归属的前提下，将集体土地的使用与收益剩余权利赋予农户，提高农户作为生产经营主体的积极性。第二，将集体农地产权作为可分割的权利束，不同的产权配置方式适应着不同的现实需求（刘守英，1993）。农民土地产权不断强化，包括界定清晰的排他性使用权、收益权与部分转让权的获得，帮助农民获得更为合理的产权预期，极大地调动了农民的生产经营积极性，从而提高农业绩效（刘守英，1993；冀县卿、钱忠好，2009）。第三，将集体农地权利制度进行国家、集体与农户三方可实施的合约重构，实现农地权利的再配置，改善各方利益（刘守英，1993；周其仁，1995）。第四，提出"成员权集体所有制"概念。家庭联产承包责任制下的土地集体所有制是每个集体地域的成员对土地的平等权利（周其仁、刘守英，1989；刘守英，1993；Liu et al.，1998）。

二是中国特色的农地制度变迁理论。长期以来，中国的土地制度变迁方式被自上而下的强制性制度变迁方式主导，典型的是 20 世纪 50 年代末期的农业集体化制度由政府在农村强制性推行（Lin，1992）。70 年代末的家庭联产承包责任制变革先是来自农民自发创造的诱致性制度供给，后在政府政策与法律认可下取得合法地位（王小映，2000）。总体上，家庭联产承包责任制变革的诱致性大于强制性，但个人的激励变化往往难以撼动自上而下的强管控体制。家庭联产承包责任制改革的成功更多是制度环境变化下各种力量的共同作用和相互呼应，以及审时度势决策的推动。这些重要的力量包括，70 年代后期国家上层政治的巨变和国际环境趋于和缓带来的契机；得到地方官员背后支持的底层率先变革的现身说法（王郁昭，1981）；一批学者对家庭联产承包责任制实现增产、解决温饱与完成国家和集体义务的地方案例的一手调查加上理论分析，为改革者提供的强有力支持（中国农村发展问题研究组，1984），形成中国特色的制度变迁方式。中

---

① 参见党的十三届八中全会通过的《中共中央关于进一步加强农业和农村工作的决定》。

国的土地制度变迁是权利不断开放的过程。在体制秩序社会，国家借助集体化体制自上而下统合农村社会。当集体化体制效率下降，对社会秩序的维系产生不利影响，国家以放开农地权利为保证明确提出"解放思想、实事求是"，国家粮食安全、维持农村社会稳定的制度收益变得越来越高，扬弃人民公社体制的机会成本越来越低，社会向改革体制转型的收益加大，形成逐渐放开权利的环境和利益推动。大变革的必要条件是政治改革与规则变迁，进一步的推动力则来自体制顶层与底层（包括政府、农户与理论家等主体）的互动中的逐渐调适，在意识形态以及集体所有制作为社会主义基本制度的制度约束下，中国的家庭联产承包责任制是一场在坚持集体所有制不变下向农民赋权而非土地私有化的变迁。

三、从家庭联产承包责任制到农地三权分置

伴随四十多年经济结构的深刻变革，中国正在历经"以农为本、以土为生、根植于土"的乡土中国向"乡土变故土、告别过密化农业、乡村变故乡"的城乡中国的伟大转型（刘守英、王一鸽，2018）。农民的离土出村和代际革命是推动这场历史转型的根本力量（周其仁，2014；刘守英等，2017）。农民的分化程度加深，以"80后"作为迁移主力的"农二代"出村入城倾向未改但与乡土的粘度已变，农民的离土出村不回村和代际革命带来人地关系松动以及农民与村庄的连结渐行渐远（朱冬亮，2020）。随着以农业边际生产率衡量的刘易斯转折点于2010年前后真正到来，中国农业以提高土地生产率的精耕细作传统农业模式向以提高劳动生产率为主的现代农业发展模式转变。

面对人地村关系的粘度变化和农业发展方式的重大转型，呈现出已有制度安排与农业发展方式不适应，妨碍农业现代化（廖洪乐，2012；李宁等，2017）等问题。在农村人口和劳动力持续且代际迁移浪潮下，农户的承包经营权事实上进一步分离为承包权与经营权，但是农户承包经营权的法律赋权是承包权与经营权的合一。不仅如此，既有集体所有农户承包经营权制度安排存在的一些内在缺陷，在结构变革的冲击下不断显化：第一，集体所有权的权能、性质和实现形式不明带来集体组织与农户之间的土地权利关系混乱。第二，承包权和经营权分离的规则、权能安排不明确。第三，农户承包权权能残缺、保护不严格。第四，经营权权能界定和保护不清晰。20世纪八九十年代以来，农地流转已成事实，但长期以来对于经营权流转的政策和法律界定模糊，土地经营权从何而来、土地经营权流转的规则和程序如何、如何进行权能界定与保护等都没有提上议事日程。

95

　　顺应人地关系变动下的农地制度安排与农业发展方式出现的不适应，农地三权分置从自发探索变成政策，并上升为法律。党的十八届三中全会《中共中央关于进一步加强农业和农村工作的决定》（以下简称《决定》）提出要赋予承包农户的承包权占有、使用、收益和流转权，赋予流入土地的经营者抵押权和担保权。2013 年 7 月 23 日，习近平同志在湖北考察时强调："完善农村基本经营制度，要好好研究农地所有权、承包权、经营权三者之间的关系。"① 2013 年中央农村工作会议指出："把农民土地承包经营权分为承包权和经营权，形成所有权、承包权、经营权三权分置并行的新型农地制度，这是我国农村改革的又一次重大制度创新。"② 至此，三权分置改革作为一项制度安排得到正式确立。2014 年中央一号文件再次明确要坚持实行农村土地三权分置改革，并对三权分置改革的基本内涵予以了说明。2014 年中共中央办公厅发布的《关于引导农村土地经营权有序流转发展农业适度规模经营的意见》中，关于农地三权分置改革的基本思路更加清晰，要求"抓紧研究探索集体所有权、农户承包权、土地经营权在土地流转中的相互权利关系和具体实现形式"。2015 年中央一号文件要求尽快从法律上对农村土地三权分置改革的内容进行明确表达。2015 年 10 月，党的十八届五中全会部署"完善土地所有权、承包权、经营权分置办法"。2015 年 11 月颁布的《深化农村改革综合性实施方案》，对农地三权分置改革的具体内涵、经营权流转和适度规模经营原则、进城农民财产权利保障做了更加系统规定。2016 年中央一号文件在坚持"三权分置改革"基本方向的同时要求"完善'三权分置'办法""明确农村土地承包关系长久不变的具体规定""推进土地经营权有序流转，鼓励和引导农户自愿互换承包地块实现连片耕种"。2016 年 4 月 25 日，习近平总书记在小岗村阐述了三权分置的意义，"把农民土地承包经营权分为承包权和经营权，实现承包权和经营权分置并行，这是我国农村改革的又一次重大创新"③。2016 年 10 月 30 日颁布的《关于完善农村土地所有权承包权经营权分置办法的意见》对农村土地三权分置的重要意义、指导思想、基本原则，以及如何逐步形成三权分置格局等作了全面的规定。2017 年中央一号文件要求落实三权分置办法，党的十九大提出"完善承包地'三权'分置制度""保持土地承包关系稳定并长久不变，第二轮土地承包到期后再延长三十年"。2018 年中央一号文件要求"完善农村承包地'三权分置'制度"的同时强调"平等保护土地经营权"和赋予

---

　　① 新华社：《习近平：要把握全面深化改革的重大关系》，http://jjckb.xinhuanet.com/2013-07/23/content_457246.htm。

　　② 习近平：《在中央农村工作会议上的讲话》（2013 年 12 月 23 日），引自《十八大以来重要文献选编（上）》，中央文献出版社 2014 年版。

　　③ 新华社：《习近平在小岗村主持召开农村改革座谈会》，https://news.cnr.cn/native/gd/20160428/t20160428_522016371_1.shtml。

经营权融资担保、入股的权能。2019 年中央一号文件进一步要求完善落实集体所有权、稳定农户承包权、放活土地经营权的法律法规和政策体系；2018 年 12 月修订并于 2019 年 1 月 1 日开始实施的《中华人民共和国农村土地承包法》正式确定了三权分置，界定了"三权"各自的权能和三权分置下农地流转方式、流转原则，对农地三权分置做出了可操作性的规定。2021 年 1 月 1 日开始实施的《中华人民共和国民法典》明确了集体土地所有权的主体是"农民集体"，强调了土地承包经营权身份属性和用益物权属性，增设土地经营权制度。至此，集体所有权、农户承包权和土地经营权分置并行的农村土地制度基本构建。

四、农地三权分置的制度特征与理论创新

（一）制度特征

第一，落实集体所有权。集体所有权的权利内涵是对"集体所有的不动产和动产"拥有所有权，《民法典》规定："农民集体所有的不动产和动产，属于本集体成员集体所有"，落实集体所有权就是依据农民集体成员权，确定集体土地的产权主体。集体所有权权利主体是农民集体，而非集体经济组织，集体经济组织只是集体所有权的行使代表（高圣平，2020）。集体所有权具有以下权能：一是土地集体所有权人对集体土地依法享有占有、使用、收益和处分的权利；二是集体所有权人拥有对集体土地发包、调整、监督、收回等权利；三是土地集体所有权人对土地补偿费用的分配、使用以及集体出资企业的所有权变动拥有决定权；四是土地集体所有权代理者有权对土地经营权流转和再流转进行备案。国家通过以下规定进行集体所有权的保护与实施：一是集体所有的财产受法律保护，国家保护集体土地所有者的合法权益；二是强调集体所有权的成员性，《民法典》规定"农村集体经济组织、村民委员会或者其负责人作出的决定侵害集体成员合法权益的，受侵害的集体成员可以请求人民法院予以撤销"。

第二，稳定集体成员农户承包经营权。土地承包经营权的权利内涵是作为集体经济组织成员的农户依法公平地获得集体土地的承包经营权，土地承包经营权被界定为用益物权。稳定农户承包权，就是要充分维护承包农户使用、流转、抵押、退出承包地等各项权能。依据 2018 年 12 月修订的《土地承包法》和《民法典》，农户承包权具有以下权能：一是土地承包经营权人依法对承包地享有占有、

使用和收益的权利，有权自主开展农业生产经营并取得收益；二是土地承包经营权人有权互换、转让土地承包经营权，有权通过出租（转包）、入股或其他方式在保留土地承包权的情况下将土地经营权流转给他人并获得收益；三是土地承包经营权人享有承包土地被征收获得补偿，以及自愿交回或者发包方收回承包地时获得补偿的权利；四是土地承包权人应得的承包收益，可以按照规定继承；五是承包农户有权依法依规就承包土地经营权设定抵押、自愿有偿退出承包地，具备条件的可以因保护承包地获得相关补贴。农户承包权受国家法律保护：一是国家保护承包方的土地承包经营权，登记机构向承包方颁发土地承包经营权证并登记造册加以确认，任何组织和个人不得侵犯；二是承包期内发包人不得调整和收回承包地，尤其规定因结婚、离婚或丧偶仍在原居住地生活或在新居住地为取得承包地的妇女，发包方不得收回其原承包地；三是国家保护进城农户的土地承包经营权，强调不得以退出土地承包经营权作为农户进城落户的条件；四是国家保护承包方依法、自愿、有偿流转土地经营权。

第三，放活土地经营权。土地经营权的权利内涵是对流转土地依法享有在一定期限内占有、使用并获得收益的权利。法律强调在保护集体所有权、农户承包权的基础上，平等保护经营主体依流转合同取得的土地经营权，保障其有稳定的经营预期。土地经营权可以按照三种方式获得：第一种是土地承包经营权本身内含了土地经营权，第二种是"依法采取出租（转包）、入股或者其他方式流转"从土地承包经营权分离出来，第三种是通过流转取得土地经营权的受让方将土地经营权进行再次流转。依据2018年12月修订的《土地承包法》，土地经营权具有以下权能：一是抵押融资权。承包方和流入承包地的受让方均可使用土地经营权向金融机构提出融资担保。二是使用权。经营主体不仅有权在承包期内占有流转土地自主从事农业生产经营并获得相应收益，还有权在流转合同到期后按照同等条件优先续租承包土地，也有权在承包农户同意的情况下依法依规改良土壤、提升地力，建设农业生产、附属、配套设施并按照合同约定获得合理补偿。三是再流转权。受让方经承包方书面同意并向农民集体备案后可以再流转土地经营权。四是获得征收补偿权。流转土地被征收时，可以按照合同约定获得相应地上附着物及青苗补偿费。土地经营权的实施与保护：一是承包农户流转出土地经营权的，不应妨碍经营主体行使合法权利；二是受让方如无擅自改变土地农业用途、连续抛荒两年以上以及破坏土地生态等行为，承包方不得单方面解除流转合同。

第四，农地集体所有权、承包权与经营权三者关系。在农地三权分置权利架构下，集体所有权、农户承包权与耕作者经营权三权之间是"层层派生的关系"。一是集体所有权与土地承包经营权的关系。家庭联产承包责任制下，农民承包经营权派生于集体所有权，是集体所有权的具体实现形式。农地的占有权、使用权、收益权甚至处置权逐渐与集体所有权相分离，这些权利作为一个权利束形成农户的土地承包经营权，土地承包经营权的获得依赖于集体成员权，集体成员权利的集合构成农地集体所有权。二是土地承包经营权和土地经营权的关系。土地流转不改变发包方和承包方关系，土地经营权从农民承包经营权中分离出来，农户承包经营权派生出农户承包权和土地经营权。农户承包经营权是土地经营权的基础，土地经营权是农户承包经营权的派生。三是集体所有权和土地经营权的关系。尽管土地经营权派生于农户承包经营权，但是，在集体所有制下，按照相关法律规定，转入方行使经营权从事生产经营活动时，需要征得土地承包经营权主体——承包方的书面同意，以及接受集体所有权主体——集体经济组织从用途、土地利用方式等各方面的监督。

（二）理论创新

一是土地承包经营权的权利再分割。农地权利不断分割与合约再议定是集体所有制建立与演变的基本特征（刘守英等，2019）。中国改革开放初期，在集体所有制下进行了集体所有权与承包经营权的权利分割，明晰了集体所有权的权利主体和内涵，创设承包经营权，是对集体所有制的第一次创新。新时代在集体所有制下，通过承包权与经营权的再分割，既保障了集体成员承包权，又实现了经营权的设权赋权，为农业转型和发展方式转变提供制度基础，是集体所有制权利改革的又一次制度创新。这一制度创新进一步明确界定了农地所有权、承包权、经营权的权能，在制度上保障了集体所有权、农户承包权和土地经营权的实施，解决了集体所有权的归属和行使问题（高圣平，2020），明晰了农民土地承包经营权的权利内涵和地位，创设了土地经营权并予以赋权、实施和保护，使集体地权权利结构从"两权分置"的双层权利架构发展为三权分置的三层权利架构，是一次重大的集体制理论创新。

二是土地经营权的权利设定与依法保障。第一，在三权分置制度确立之前，土地承包经营权分离为土地承包权和土地经营权缺乏法理支撑（高圣平，2014）。在理论上存在两种不同理解：其一是将土地承包经营权分离为承包权和经营权，从而形成"所有权、承包权和经营权"分置；其二是在土地承包经营权之外另设具有物权效力的土地经营权，以此实现"集体土地所有权、土地承包经营权和土地经营权"的分置（孙宪忠，2016）。第二，承包权的权利内涵和性质。就承包权的权利属性，一部分学者认为承包是从本身作为用益物权的承包经营权中分离出来的，应为单独物权性质的财产权。另一部分学者认为承包权就是资格权或者成员权，是一种身份性质的权利，但尚不是一种实实在在的财产权。农户承包权是用益物权，是在占有、使用权等权能上受到限制的土地承包经营权。第三，经营权的权利内涵和性质。关于经营权定性问题的讨论十分广泛，主要有物权和债权两种观点。部分学者以租赁原理肯定经营权的债权属性，认为土地经营权是土地流转情况下独立于农户承包权的一种债权（赵鲲，2016）。还有部分学者则以政策要求经营权具有抵押、流转权能，认为土地经营权是包含占有、使用、收益权利的用益物权或者权利用益物权（孙宪忠，2016）。除此之外，还有学者认为由转让、互换产生土地承包权利让渡下的经营权具有物权性质，而转包、出租不产生土地承包权利的让渡时具有债权性质（蔡立东、姜楠，2015；宋志红，2018）。农村土地三权分置制度通过法律正式赋予了集体和农户之外的第三方的经营权，2018 年 12 月修订的《土地承包法》明确了土地经营权的合法地位，并从土地经营权流转、登记和融资担保等方面扩充了其权能。从设权来看，土地流转是土地承包权和土地经营权分置的前提，未流转之前土地经营权和土地承包权统一于土地承包经营权。流转之后，土地经营权设权继受于土地承包权，其权利性质和权利期限应农户意愿和承包合同而设立。从赋权和保护来看，土地经营权包含对农地的占有、使用、收益等较为完整的权能，赋予土地经营权人"获得对抗第三人的效力"（蔡立东、姜楠，2017），增强了第三方作为实际经营人对农地的掌控能力（朱冬亮，2020），有利于土地规模化、集约化经营和农业现代化。

五、农村土地制度改革的意义与未来方向

（一）意义

在人类历史上，社会主义国家几乎都出现了大规模的农业集体化运动。在传统集体化制度试验失败后，苏东国家又选择通过实行私有化，使农村经济体制走向另一个极端。在中国，家庭联产承包责任制改革实现了对集体所有制的自我完善和发展，探索了社会主义集体所有制在农村新的实现形式。改革既坚持了集体所有制，又通过土地所有权与使用权的两权分离，使农地集体所有制的产权结构发生变化。随着土地承包关系的进一步稳定和完善，农民已部分地享有了承包土地的使用权、剩余索取权及转让权。将家庭承包引入集体经济，能够激发承包农户的生产积极性，弥补传统集体所有制激励机制上的不足，有利于发挥家庭经营的优势。国家也能够通过集体经济组织的监督管理职能，确保农民生产经营的自

主选择不危及国家粮食安全。家庭经营为主的农业基本经营制度的确立推动了中国农业现代化的进程，是适应于社会主义初级阶段农村生产发展水平的经营制度。

继家庭联产承包责任制后，三权分置形成的集体所有、农户承包、经营主体经营的制度架构，是我国农村基本经营制度的又一次制度创新，奠定了实现农业农村现代化和乡村振兴的土地制度基础。农地三权分置通过更明晰的土地承包权解除了"土"对农民的束缚、通过经营权的设权赋权打破了"村"对非集体成员的阻隔，化解了农村土地承包经营权的社会保障属性与财产权属性之间的矛盾，开启了以"人"的流动为核心的城乡要素重组和对流。农业现代化是乡村振兴的内核，依赖于各种要素进行适当的组合与匹配，核心是农业生产要素重新组合及其持续升级。农地三权分置通过土地经营权设权和赋权重构了集体土地地权体系，在不触动集体所有制前提下使土地流转规模、范围、速度得到大幅提升，通过土地经营权在更大范围内优化配置和农业经营主体发展实现了以土地为核心的农业要素重组，有利于提高土地利用效率和农业劳动生产率。农地三权分置作为继集体所有、家庭联产承包责任制改革后对中国农地权利结构的顶层制度设计，一方面在不改变集体所有制性质下实现承包权与经营权分离的法定，在集体地权向农户开放的基础上进一步实现了集体地权向集体成员之外的耕作者开放，形成了更加开放的集体地权权利体系构造；另一方面对承包权与经营权实行依法平等保护，进一步构建了促进中国这个以小农为基础的农民大国从乡土中国向城乡中国转变的土地权利体系，为农业农村和农民现代化提供了制度基础

（二）未来的理论研究和政策方向

一是进一步探索集体所有制的实现形式。农地的集体所有权、成员承包权和经营者耕作权的权利内涵、权利保护与实施以及三者权利关系的界定，是下一阶段集体所有制实现形式研究的重点。其一是集体权利的实现。尽管目前的农地三权分置明确了集体所有权的权利主体是农民集体，并且强调了集体经济组织是集体所有权的行使代表。但是，城乡人口流动和户籍制度松动造成集体经济组织和农民集体出现不一，导致集体所有权的集合发生变化。同时，集体所有权与农民承包权和土地经营权的关系模糊，集体所有权的权利内涵和权利边界不明晰导致集体所有权产权残缺。其二是人口城市化带来的成员权变化。现行农地制度的本质是以成员权为核心的集体所有制，农民依据集体成员身份获得土地承包经营权，成员权具体化为拥有使用权、收益权、流转权甚至占有权和支配权的财产权。人口城市化造成了人地关系的实质性松动，农地对农民的经济重要性下降，成员权逐渐从侧重于占有和使用等权能的财产权变成侧重于流转和收益等权能的身份性财

产权。其三是新主体的进入。随着土地流转范围的扩大，越来越多的新主体通过流转实现了对农地的实际占有和使用。集体产权制度改革也使得非本集体的成员，甚至城镇居民或工商资本，也可以通过出资等方式申请加入集体经济组织。新主体的进入，不仅造成集体经济组织变动而影响集体所有权行使，还对耕作者经营权的设权、赋权和保护提出了新要求。未来的理论研究和制度改革需要进一步明确农地权利体系，公平保障"三权"主体的权能和地位，保持乡村稳定的土地权利秩序。

二是统一的农村土地权利体系建构。中国现行农村土地权利体系性安排缺失。其一是对不同类型的土地设置不同的功能和不同的权利安排。农地、宅基地和集体建设用地不仅功能不一，各自的所有权、使用权、收益权和转让权安排也差异极大，整个土地权利设置缺乏成体系的安排，导致各类土地的权利设置割裂，造成市场上各类土地权利之间矛盾重生。其二是不同类型土地的权能安排程度不一。以所有权为例，集体经济组织对农地拥有的是集体成员委托其行使的权利，而对宅基地的分配和管制以及对集体建设用地转让、收益等方面行使了更强的所有权。土地权能安排程度差异造成不同土地之间的功能转化困难，导致农村在统筹利用土地上的困难，进而导致整个社会管理成本高昂、权利保障缺乏统一规范。统一的土地权利是形成高标准土地市场体系的基础，几种不同类型的土地基于功能而非基于权利进入市场，导致土地市场化扭曲，市场配置效率低。因此，矫正土地权利的体系性安排缺失，形成统一的土地权利体系是下一步理论研究和制度改革的重点。

三是农户承包权和土地经营权的未来。农业经营体制的核心是耕作者的积极性问题。中国历史上的田面权与田底权的土地权利结构，对田底权者和田面权者的权利实行同等保护，耕作者的权利具有所有权的特质。20 世纪 80 年代以后的集体所有权与承包经营权分离的改革，也是以向耕作者设权、赋权，调动了几亿农民自耕者的积极性。农地三权分置下农户承包权和土地经营权的分离，仍然是遵循做实耕作权的逻辑。在制定农地三权分置法律以后，要解决各项权利保护的实施问题。一方面在通过承包权和经营权分离从而实现承包权身份性与土地经营权非身份性的区隔的同时，注重对农户承包权权益的严格保护。另一方面则应当进一步探索农民自愿、有偿退出承包权的机制。经营权的权利走向则侧重于以完善的产权权能和严格的产权保护，为耕作者提供稳定的农地使用和投资预期，进一步研究和解决以下问题：第一，土地经营权人想要流转土地必须经过农户书面同意和集体备案，这表明土地经营权可以转移但不具备充分的处分权。第二，土地经营权流转服务平台和市场不健全，土地经营权流转被限定在有限区域和有限主体之间，交易成本和信息成本过高。第三，土地经营权质押存在估值难、市场估值定价基础缺乏等问题，造成经营主体拿到土地经营权之后的融资难困境；等等。

第二篇

农地权利分割
与三权分置

第六章

分析土地问题的角度

在中国，讨论产权问题所面对的主要困难是：长期的传统是将所有权等同于所有制，以及对产权作用的忽视和意识形态化。实际上所有制与所有权并不画等号，前者是社会生产关系的总和（马克思，1995），后者是一种财产权利，产权则是对物的使用所采取的权利安排。与一般意义的产权讨论相比，由于其在政治、经济与社会中的特殊性和基础性，土地所有制问题更是掺杂复杂的因素，土地产权经常被作为土地问题的末端。

在中国，土地问题研究的固有传统，已妨碍我们对活生生的产权问题的客观分析，影响对实际发生的产权问题的解决。本章将提供一个认识土地问题的角度及分析方法。

一、一般物的产权与土地产权

现有的土地言论中，一种倾向是对土地产权重要性的有意忽视。一些与土地利益不直接相关的人认为，产权问题没有那么重要，是人为造出来的，农民并不关心他有多大产权。对待这类言论，笔者只想提出两点：其一，农民心里怎么想的，实际上不需要谁去代言，让农民自己说出来就是了。研究者能做的，不过是把农民怎么说的和他们在制度下的行为反应原封不动地记录下来即可，能耐再大一点儿的，也就是分析一下农民为什么如此说、如此想、如此行为而已。其二，对于主观性议题的调查，怎么问也很关键，何况一些人本身就是带着观点去做的"学问"。比如，明明知道所有制是锁定的，一些问卷还在对农民明知故问："你是希望土地国有、集体所有，还是私有？"还有的问农民："要不要调地？""要不要长久不变？"增加人口的家庭当然回答："要调整！"怎么能期待这些农民高风亮节地回答："要长久不变！"

事实上，无论在什么政治制度下，稳定的产权制度都是一个社会最基本的制度之一。道理无须赘言。产权制度不解决好，一个社会就难以构建有序的政治秩序，难以形成稳定的行为预期，难以营造有规则的社会环境（刘守英和路乾，2017）。因此，阿尔钦指出："财产权的界定、配置和保护是任何社会都必须解决的最复杂和最困难的问题之一，必须以某种方式解决它。"（Alchian，1965）。产权起作用的方式非常实在。作为一种制度装置，它具有预期和激励的功能（Demsetz，1967）。一旦产权安排造成经济主体预期不稳，它所产生的激励就是负向的；产权安排如果是生产性的，就会将人们的行为引向提供有利于社会财富增长的努力；产权安排如果是分配性的，就会将人们的行为引向非生产性努力（North，1981）。作为一个社会最基础的制度，土地产权安排的影响至关重要。

在讨论土地产权时，有一种说法——土地产权不同于一般物的产权，讨论一般物的产权原则不适于土地产权。就像每一种物都有其自己的特性一样，土地也是如此。但是，如果以此提出土地产权不遵循一般物的权利规则，则是一种误解甚至谬误。

从法律安排来看，欧洲大陆一些国家，规制土地的法律是从规制一般物的权利的法律派生出来的。它们有关于财产的一般法律，土地的法律是其中的一部分。在一些英语国家，土地权利在习惯法中考虑，必要的时候由法院实施。英格兰有关于土地财产的分别法律，独立后的美国也曾将土地与其他类型的财产采取分别对待，后来许多州采用了民法典，关于产权保护的宪法规则适用于所有物，土地当然在其列。在中国，土地法律的安排有主要针对土地的，如规制农村土地的《农村土地承包法》以及规制耕地保护和土地转用的《土地管理法》，但这些法律亦得与一般性的《物权法》相一致。

从定义上讲，产权是社会强制实施的、对经济物品的多种用途进行选择的权利（Alchian，1987）。产权以其强度、深度和广度对人的行为和资源配置产生影响。土地产权无非是将"某物"具体到了一块土地，是一个社会所强制实施的如何使用土地的权利安排（Barrie Needham，2006）。

一般意义的产权制度要求在赋予人与其物的关系时，应该具有明晰性、确定性和稳定性。土地产权制度安排也不例外，必须要有关于土地如何使用、收益与转让等的明确的、可实施的规则，从而给予使用它的人以明晰性、确定性和稳定性，否则，土地使用与配置造成的后果无论对利益相关者还是社会的影响都很大。

土地权利的稳定性包括三层含义。一是不仅让使用者具有关于土地如何使用的稳定性，而且要有关于土地价值如何实现的稳定性。土地权利只有受到保护，可以交易，土地使用才会成为财富的来源。二是不仅给予土地使用者以稳定性，而且还要给予其他相关者以稳定性。其他人未拥有该块土地，但土地所有者如何使用会对他们产生影响。三是为社会秩序提供稳定的、可持续的规范。当土地财产的权利是稳定的时候，社会关于土地利益的关系就是有规则可循的，土地的使用才是可持续性的。如果说土地制度安排有何特殊性的话，那就是，关于土地权利的决定不仅会影响今天的我们，也会影响我们孩子的明天，甚至我们孩子的孩子的未来。

二、土地所有权是所有者对土地的所有可能权利

中国法律和政策有重视所有制和所有权的传统，这既与政治制度和意识形态的特殊性有关，也与改革后的法律建构以借鉴大陆法系为主有关。农村包产到户实行土地所有权与使用权的两权分离改革，在保留集体所有权的同时，不断做实、做强使用权。但是，在法律规定和政策实施中，对于所有权的主体、权利内容以及所有权与使用权之间的关系等重大问题并没有予以清晰说明。这一缺陷不仅造成现实中两种权利主体的尴尬，而且影响改革的深化与走向。

西方的大陆法传统是从物的"完整所有权"开始的。所有权不是对该物的具体权利的有限列举，而是所有可能的权利。拥有完整所有权的人也被赋予了分离具体权利的权能，分离出的这些权利可以由其他人实施，但这些其他人并不拥有这些权利，仅仅是得到了所有者让他们实施这些权利的授权。

罗马法用"所有权"（dominium）来描述一物的所有可能权利由一个（法律上的）人拥有，意即所有者能够使用某物，享用它并处置它。所有权的完整形式包括：（1）使用权（usus）；（2）收获权（fructus）；（3）占有权（abusus）。所有者可以分离出前两种权利，仍然保持对占有权的控制。拿破仑法典和德国法传统都是使用完整所有权的概念。

霍侬诺提出，完整所有权是"对一物的最大可能利益"。他对产权的权利束进行了列举，将其加总后构成"完整所有权"，分别为：（1）占有权，即对所拥有物的排他性物质控制权。占有权可以被理解为排除其他人使用或排除其他人从物中获益的权利。（2）使用权，即由个人享有和使用。（3）管理权，即决定如

何使用该物，以及谁应该使用该物。（4）收入权，即由物的个人使用及允许他人使用时派生的收益。（5）资本得益权，即让渡一物等的权利。（6）稳定权，即免于被征收。（7）可遗传性权，即无限期遗赠某物的权利。（8）有期限的权利，即所有权的期限不确定。（9）禁止损害性使用，即有责任克制自己使用物时不伤害他人。（10）履行债务，即可以将物拿去还债。（11）剩余权特性，即一些对失效的所有权进行修改的规则（Honoré，1961）。

对英国和美国产权思想产生重大影响的布莱克斯通（Blackstone，1776）也使用了"所有权"概念："对财产的权利是唯一的、独占的所有权。"在习惯法传统中，"各种权利的加总就是所有权"（Denman，1978）。英格兰法律中称为业主永久持有权，或对土地利益的绝对占有权（Sparkes，1999），尽管这一权利从未绝对过，因为英国的土地由女王最终所有。在美国法律中使用的词跟英国一样——业主持有的权利是绝对的。

在私权体制下，无论是大陆法还是英美法传统，以上关于所有权的定义及权利内涵都不会造成困扰，因为所有者就是土地所有权利的持有者和处置者。中国土地权利结构的实际状况是所有权与使用权的分离，法律在保持集体所有权前提下，赋予使用权具有实际经济含义的权利，即将农地使用权、收益权、转让权赋予了农户。对于这套制度安排，一直存在一种指责，认为它导致集体权力弱化甚至虚置，影响集体经济做强做大，其背后的理论基础是将集体所有权等同于集体组织支配集体土地和资产的权力。事实上，我国集体所有权的来源是农民私产的组合和农民合作以后形成的资产，是一个集体内农民土地等财产的集合，集体组织只是集体内的农民集合委托使用、管理与经营集体资产的代理人。20 世纪 80年代的农村改革实质上是将集体所有土地回归集体成员，确立以成员权为基础的农民集体所有制度。这一制度安排得到《农村土地承包法》的法律承认，分别在第二条和第十二条得到法律明确表述，农民集体所有土地按归属分别由村集体经济组织或者村民委员会、村民小组发包，农村集体经济组织成员有权依法承包由本集体经济组织发包的农村土地。《物权法》对农民集体所有的内涵表述得更为明确，"农民集体所有的不动产和动产，属于本集体成员集体所有"，并且规定，土地承包方案以及将土地发包给本集体以外的单位或者个人承包、个别土地承包经营权人之间承包地的调整、土地补偿费等费用的使用、分配办法等须经本集体成员决定。

2016 年中共中央办公厅、国务院办公厅出台的《关于完善农村土地所有权承包权经营权分置办法的意见》[①]，秉承集体所有土地农户承包的传统和法律规

---

① 中共中央办公厅 国务院办公厅：《关于完善农村土地所有权承包权经营权分置办法的意见》，http://www.gov.cn/xinwen/2016 – 10/30/content_5126200.htms。

农地三权分置的理论与实践研究

定，坚持集体土地所有权为农村土地农民集体所有，农民集体是土地集体所有权的权利主体，农户享有的承包经营权是集体所有的具体实现形式，土地集体所有权人对集体土地依法享有占有、使用、收益和处分的权利。在继续重申《土地承包法》中农民集体对承包地发包、调整、监督、收回、征收补偿等各项法定权能的同时，进一步明确承包农户的土地承包权转让要经农民集体同意且只能在本集体经济组织内进行，经营权的流转须向农民集体书面备案，为了防止少数人侵害农民权利，确保农民集体有效行使集体土地所有权，要求以集体经济组织民主议事机制保障集体成员的知情权、决策权、监督权。因此，中国农地的集体所有权实质是，农民集体的集合是集体所有权的主体，农民集体享有集体土地及其上的资产的全部权利，包括使用权、收益权、转让权，权利的赋权、持有和实施重心在农民集体，而非集体组织。农民集体作为所有者对集体土地所产生的所有利益有权主张。农村土地制度深化改革的一个重要内容是，必须要在法律上进一步明确农民集体所有权的主体、内涵及委托代理关系，建立"农民集体完整所有权"概念。

三、土地产权重在"权"而非"物"

在中国土地问题的讨论中，有一种长期的倾向是，重"物"不重"权"，也就是，关心土地属于谁，重视农民对土地的持有，但忽略了农民所持有土地的权利。

安格鲁—撒克逊法律传统明确宣示：一个人所拥有的不是资源，而是该资源的权利，这些权利就是财产。门泽尔指出，产权不是土地持有者与土地之间的关系，而是土地持有者对土地的权利关系，以及土地权利持有者与所有其他人之间的关系（Munzer，1990）。阿尔钦和德姆塞茨（Alchian and Demsetz，1973）提醒："土地权利不是自然赋予的，而是由社会创造的，如果没有对权利的保护，权利就不存在。"布罗姆利（Bromley，1998）更明确表示："某物受保护使得其有这一权利，而不是某物受保护因为它有这一权利"。

承认土地是一种权利，土地权利的合约议定与保护就是实现土地权利的基础。土地权利的形成、组合、交易一般经合约议定，并由非正式规则约束。在历史上，土地契约是最重要的制度安排，受土地相关人的遵守。皇权不下乡，村庄权利规则既尊重每个村民的私权，又遵守村规民约对公共部分的制约。改革开放之初，农民认可的农地产权规则是"上交国家的、留够集体的、剩余是自己的"合约规则，政府的认可则滞后3年，国家法律的承认更是晚至2002年；直到今天，除了行政仲裁，大量有关农民土地权利的纠纷案例仍然通过非正式规则解决，法庭则很少介入。

从国家层面，必须提供保护土地权利的基础制度规则，使用土地的方式作为一种权利，必须得到法律的承认与保护。如果没有对权利的保护与规制，有价的资源就有可能被滥用。如果土地权利没有得到有效保护，尽管他以高价购得这块土地，土地权利的市场也无法建立。由于土地权利变异很大，土地权利安排非常复杂，土地利益会发生变化，国家对土地权利采取界定、承认与保护就至关重要。

对土地权利的承认与保护一般包括以下几类：（1）以某种特定方式使用一块土地的权利；（2）排他性使用一块土地的部分权利；（3）排他性使用一块土地的全部权利；（4）将部分权利分离出去的权利；（5）将部分或全部权利让渡给其他人、实现土地资本化的权利。

国家对农民土地产权的保障和保护是其基本的职能。尽管土地权利涉及复杂的政治、经济和社会等多个方面，但农民作为最大的群体，且提供一个社会最基本的产品，顶层制度必须对在经济上有效、社会可接受的土地使用方式予以法律认定。

四、权利分割是土地制度的基本安排

土地权利的分离是中国农村改革的重大突破。20 世纪 80 年代的农村改革，实行集体所有权与使用权分离，不仅坚守了基本制度不变，而且调动了土地使用者——农民的积极性。近年来，随着市场交易活动增加和要素市场发展，土地权利的进一步分割与转让已成事实。随着农村人口和劳动力的不断转移，土地承包权与经营权事实上的分离已成普遍之势。承包权与经营权的进一步分离，是政策对现实的正确回应。事实上，关于三权分离的试验早在 80 年代末 90 年代初就在温州的乐清县展开，那期间关于"坚持集体所有权、完善使用权、搞活经营权"的主张比较流行。党的十八届三中全会将三权分置上升到了顶层制度。

总体而言，现有法律在土地权利的分割、转让及分项权利的赋权等方面，还存在大量悬而未决的问题。要在这方面有所深化，首先必须摆脱长期存在的"重所有权、轻具体权利"的分析传统，然后在此基础上构建权利分割的理论基础。

这一倾向在西方也同样存在。正如布罗姆利（Bromley，2004）所批评的：

"关于产权的讨论常常限于许多可能权利中的一种，即所有权。这一简化常常造成讨论土地产权实际应用时的简化"。在许多社会里，可以发现存在很多种类的权利，产权的变化很大，实践意义也很复杂和微妙。因此，他强调："控制权是当代财产问题和冲突中最有兴趣的方面！"

在安格鲁—撒克逊法律传统中，更加重视"权利束"的经济意义。他们认为，一份财产就是一种可以由法律界定与保护的土地利益。只有君主是最终的、绝对的财产所有者，没有其他人拥有土地，但是他们可以持有土地的利益。这一传统使英国法律更重视土地权利分割的合约规则以及由此产生的利益规则。

美国沿袭了英国看待土地权利的方式，尽管绝对的财产所有者变成了土地的永久持有者。雅各布斯（Jacobs，1998）描述了美国的情形："一项法院记录表明，我是一块土地的记录的所有者。当拥有土地时，我出售矿权给一家跨国矿业公司，将长成林的林木卖给一家纸业公司，将开发权赠送给地方土地保护组织，我是该记录的所有者。……我拥有土壤，保护围栏，支付税收，但其他人拥有其中的一些关键权利，它们甚至比我保留的权利束中的部分更有价值。"

从重所有权转向重权利束，为分析权利合约及权利分割提供了便利。假设我与业主签订了一份对一幢建筑的租约，租约就是财产。这份租约表明我拥有了按合约使用它的权利，我甚至可以卖掉这份租约。

对土地分项权利的规定与实施会影响土地的使用方式与效果。租赁权在英国是可以交易的，但在荷兰不行。由此出现一个很有意思的现象：英国的商业使用者一般采取长租方式，因为即便他们不需要使用这一空间了，也可以通过租约租给其他需用者。而荷兰的商业使用者要么采取短租方式，以免因为长租的不灵活导致他无法将空间租给其他人造成损失，要么为了寻求使用的稳定性以及获得资本增值，将办公空间的不动产买下来。其长远的影响是，荷兰比英国更多的商业空间是以不动产持有，形成较小的建筑单位，缺乏整体管理的商业园区。

在土地权利的分割中，土地财产的权利包括附着在该块土地之上、其下及其间的各种物。对地上及地下空间使用的权利程度由法律决定。另外，对于地上可移动物的权利由法律对该可移动物的权利规制，而非由该块土地的权利规制，因为可移动物并不"附着"在土地上。

使用土地财产的特殊方式与权利分割形成的权利结构，只有在得到正式制度（法律或顶层政策）承认时，它才成为一种权利。大陆法系的办法是对受到法律承认和保护的那些权利进行列举。一项权利实践一旦得到法律承认，就创造出了一项新的权利。通过列举和对新权利的承认，土地权利体系越来越清晰。但在习惯法传统中，采取这一办法会比较困难，因为双方可能签订一项合约，如果法院实施这一合约，它就变成了一项其他人也可以使用的权利。原权利所有者一旦发觉新的权利对他不利，就会创造一项补充性权利来保护自己。因此，这一权利在任何时候都可以通过法律书写，但是，它也可能第二天就发生变化，从而导致非常复杂的权利变化。

中国 40 多年农村土地制度改革的特征是，先由底层合约议定，再经过地方的试验，然后是中央政府的总结、政策文件肯定与推广，最后上升到法律表达。农地三权分置也是先在各地经过多年的试验，也有一些地方制定过相关规定，党的十八大以来得到中央顶层认可与政策表达，正式明确农地三权分置作为中国农村改革的重要制度安排。2013 年 7 月，习近平总书记在湖北考察时指出，深化农村改革，完善农村基本经营制度，要好好研究土地所有权、承包权、经营权三者之间的关系。党的十八届三中全会《决定》指出，坚持农村土地集体所有权，依法维护农民土地承包经营权。赋予农民对承包地占有、使用、收益、流转及承包经营权抵押、担保权能，允许农民以承包经营权入股发展农业产业化经营。2013 年底召开的中央农村工作会议明确要顺应农民保留土地承包权、流转土地经营权的意愿，把农民土地承包经营权分为承包权和经营权，实现承包权和经营权分置并行；2014 年中央一号文件承诺，赋予农民对承包地占有、使用、收益、流转及承包经营权抵押、担保权能，在落实农村土地集体所有权的基础上，稳定农户承包权、放活土地经营权，允许承包土地的经营权向金融机构抵押融资。2014 年 9 月 29 日，习近平总书记在中央全面深化改革领导小组第五次会议上指出，在坚持农村土地集体所有的前提下，促使承包权和经营权分离，形成所有权、承包权、经营权三权分置，经营权流转的格局。党的十八届五中全会提出，要稳定农村土地承包关系，完善土地所有权、承包权、经营权分置办法，依法推进土地经营权有序流转，构建培育新型农业经营主体的政策体系。2016 年 4 月 25 日，习近平总书记在中国农村改革发源地小岗村论述了从两权分离到三权分置的重大意义，他指出，改革前，农村集体土地是所有权和经营权合一；搞家庭联产承包制，把土地所有权和承包经营权分开，这是我国农村改革的重大创新；现在，把农民土地承包经营权分为承包权和经营权，实现承包权和经营权分置并行，这是我国农村改革的又一次重大创新。

农地三权分置是土地权利分割的具体实践。目前进入推进、完善和进一步的法律表达阶段。如何在集体所有权下实现三权分离，亟待政策实施和法律完善的进一步细化。农民土地承包权在进行权利的分割与转让时，到底是否受土地所有权制约？土地经营权是一项从承包权中派生的权利，是否作为一项独立的权利？土地经营权的具体权利由承包者与经营者之间自主议定，法律规定如何表达？土地经营权是一项合约议定期限内的地上权，还是一项完整的财产权？

五、土地产权强度内涵对责任和义务的履行

产权界定是市场交易的先决条件，如果产权没有得到清楚的界定和保护，市场参与者将面临高昂的缔约成本等交易费用，难以通过交换实现资源的有效配置（Coase，1960）。产权的强度、深度和广度受合约的议定与再议定以及正式规则的保护等约束，进而对人的行为和资源配置产生影响。谁拥有使用资源的权利，权利有多大，权利受保障的程度有多大，会极大地影响相关市场主体的行为，会使资源使用的效果产生极大差异。在一个知识分散的社会，人们只有对生产资源拥有可靠的、可以让渡的产权，并在可信赖的合约谈判中、在一个共同商议的价格和较低的交易成本下交换产品，才能提高对那些更有价值物品的可得性，并降低生产成本。

土地产权的强度也受权利拥有者对合约责任与义务履行的制约。与有意忽略产权或政府强权侵犯产权相对的是，把持有产权等同于想干什么就敢干什么，不顾及在通过产权获益的同时，还需要承担相应的责任与义务。一类表现是，在土地（包括承包地、宅基地和集体建设用地）上从事各类经济活动，不顾法律和规划管制的约束；利用集体建设用地获取租金收益，但不提供相应的公共品；个人只追求产权利益的最大化，造成其他人或主体的利益受损；等等。这些现象出现的背后反映的是一种不受约束的绝对自由的产权观。另一类表现是，对个人享有的权利缺乏尊重，无论是个人还是组织都缺乏对别人应该享有权利的保护，造成侵权成为司空见惯的现象。

一项权利是社会的创造，或者说是"社会对行为所承认的权利"。在一个没有其他人的孤岛上，权利的观念是无关紧要的。一项权利是人与组织（更准确说是法人）之间的相互关系。因此，当一个人享有一项权利时，就有另一个人具有连带的责任（Hohfeld，1917）。如果我拥有以某种方式占有一幢建筑的权利，所有其他人就具有允许我这样做的责任。权利与责任之间的相互关系必须受到规制，否则，权利就会没有任何重要性。这一相互关系有些是以不成文契约的方式，在现代社会则更经常是以明确的成文方式写下来，并以法律的强制力加以保护。后一种方式的功能是，使得权利所有者有义务让所有其他人执行他们的责任，以让他享有他的权利。

一个人享受权利的前提是，他必须承担相应的责任。比如，荷兰法律规定，没有邻居的许可，在一块土地的地界的 2 米内禁止种树。因此，地界另一边的土

地所有者有权不让我在他地界两米内种树。如果我没得到他的许可就种下了树，就等于我没有完成对我邻居的责任。他可能不会因我的树造成麻烦，在此情形下，他可能不会坚持主张我要执行我对他的责任。但是，如果他因此而受到困扰，他可以要求我将其移除。如果我拒绝这样做，他可能将我告到法庭，法庭让我执行移除它的义务。

责任可能会以不同的方式影响不同的人。例如，假定我在一幢办公建筑里租了一个办公间，该空间的其他可能使用者就有搬出去的责任，楼主则有责任让我进，前提是我遵守租约条款。责任常常按照容斥原理（inclusion and exclusion）来表述。权利的规定会让一些人融入（他们可以享有它），而将其他所有人排除出去（他们不能享有它）。

土地权利的责任履行中有一项是特殊的，那就是规划管制的实施。由于要执行土地使用规划，就产生了对土地许多权利的排他性使用，因而影响土地所有者的权利和利益。地方政府一旦批准了土地使用规划，就表明对土地某一具体地块的使用方式有了法律约束力。如果所有者不想按照这一规定的使用方式去利用土地，他可能会采取排斥其他人去实现土地法定利用的方式。为了保证土地使用规划的实施，政府可能会采取对所有权进行征收的办法，来保证土地得到按规定的方式使用。

在一个长期不重视产权的社会，关于土地权利的责任与义务的履行可能是最难也是最漫长的。在未来的路上，不仅要不断形成对政府（行政权）和各种公权对私权的尊重与责任，而且要培养每个人对自己实现权利时的义务意识，以及对他人实施权利时的责任意识。

六、土地制度变迁是政治选择与制度费用的结果

在人类历史上，出现过不同的土地产权制度，如国有、共有、集体、敞开进入（open access）、私有等多种形式。这几类土地制度安排的内涵依土地使用、收益与转让权的不同安排而不同，不需多述，这里讨论的是制度形成与演进的两种力量。

在不受强力干预下，产权演化是朝着交易费用最小化的方向。德姆塞茨（Demsetz，1967）指出，"所有社会的产权安排，都会回应于技术、需求以及其他经济条件的变化而有效率的演进"。埃里克森（2005）在对土地所有权安排的经验研究中得出，"一个交织紧密的群体倾向于通过习惯或法律创造一个成本最

小化并且足以应对风险、技术、需求以及其他一些经济条件变化的土地制度"。由于产权制度演化受交易费用影响，一个社会的产权制度并非唯一的安排即有效。土地的私人所有能够降低集体决策费用和监督费用，土地的集体管理则可以利用规模经济及分散风险。但是，仅当利益相同并且（或者）存在一个明确的控制权威时，土地的集体所有在长期才是有效的。

但是，土地制度的选择与变迁往往受政治力量的左右。一个最明显的例子是，许多国家在现代化之前或迈向独立国家之前进行的土地改革。改革的主要理由是传统土地制度的不合理性和不正当性，改革的方式主要是重构乡村政治结构，进行土地的重新分配。由于政治制度的不同和政治力量内含的利益结构，一个有效的土地产权制度不一定会被选择，且土地产权制度变迁也不一定朝着制度费用低的方向，土地制度的演进有赖相关力量的成长与各种力量的博弈和平衡。认识到这一点，就能理解中国土地制度改革的艰巨性、反复性和长期性。

第七章

集体地权制度变迁与农业绩效

　　改革开放 40 多年间，中国的农地改革一直是最受关注的领域，农地制度研究也是产出量、持续度和国际化程度最高的主题之一。本章以 20 世纪 80 年代至今国内外主要经济类期刊的发表文献[①]为线索，围绕集体地权制度变迁的特征与走向，就集体化失败原因与家庭联产承包责任制改革、集体所有家庭承包制度特征与绩效、地权稳定性及其影响、农地规模与土地市场发展、现行地权制度的问题与改革路径展开综述性评论。

一、集体化失败的原因与家庭联产承包责任制改革

（一）集体化为什么失败

　　中国农地制度的选择与变迁，是在集体所有基础制度框架下的变革与演化，

---

　　① 《经济研究》《管理世界》《中国农村经济》《农业经济问题》《改革》《中国土地科学》《中国经济学前沿》《制度经济学研究》等；*American Economic Review*，*Journal of Political Economy*，*Journal of Comparative Economics*，*Journal of Development Economics*，*Economic Development & Cultural Change*，*World Development*，*Land Economics* 等。

从理论上对集体化失败的原因进行反思是改革后中国土地制度研究的起点。

从经济角度来衡量，集体化农业的绩效不佳是不争的事实。整个集体化时期的农业总要素生产率（TFP）一直处于下降，1983 年家庭承包制普遍化时的农业生产率水平甚至比 1952 年合作农业开始时还低（Wen，1989）。集体化这么一场雄心勃勃的制度改造为什么以失败告终？一种认识将其归结于决策者过分相信自身的能力、对预期净利益期望过高、掌握的信息扭曲，对制度安排的成本以及社会提供的知识积累和公众态度被高估，因而做出了强制性制度安排选择与变迁（骆友生、张红宇，1995）。

经典的分析源于对生产队中劳动者偷懒行为的观察，强调农业生产是一种高度依赖于天气和劳动者个体特征的行业，集体生产队对其成员的劳动监督的不充分和计量的不完全，导致集体化农业下社员努力的激励不足（陆学艺和王小强，1980；杜润生，1985；中国农村发展问题研究组，1983），林毅夫利用现代经济学方法构建一个队生产模型，对生产队体制下的监督和计量成本和社员的努力状况进行了理论分析（Lin，1988）。但是，进一步的研究发现，光关注生产队的努力激励还不够，生产队作为一种经济组织，它不同于个体农业之处在于出现了监管，问题随之而来：生产队的管理者为何不提供有效的监管（周其仁，1995a）？这一追问将视角引向集体制度的产权特征。理论上，一个经济组织的有效监管取决于监管者的剩余权激励（Alchian and Demsetz，1972），中国的集体生产队因种植决策指令等导致使用权丧失、农产品统购统销导致收益权侵蚀，强委托代理形成的残缺产权结构造成剩余权激励不足。剩余权被剥夺导致的生产者和监管者激励低下是一个比生产队内对社员监督成本导致的激励问题更为重要的原因（陈剑波，1994；周其仁，1995a）。

这是否意味农业经济活动中的合作制度安排一定无效？有学者注意到，农业集体化时期前期（1952～1957 年）的农业生产率经历过上升，转折点出在 1958 年，接着遭遇了 1959～1961 年的三年困难时期，自那以后就一直处于下降（Lin，1990）。他抓住 1958 年作为两个时段转换的关键转折点，以退出权假说来解释集体化农业的成败，即合作农业成功的条件是合作组织成员在其他成员不遵守协议时有权退出，合作化初期生产率的上升是因为社员拥有退社权，1958 年退社权被禁止导致了合作社的效率突然下降及自那以后的长期停滞（Lin，1993）。林的观点引出数位该领域经济学家的应战，以至于《比较经济学杂志》（*Journal of Comparative Economics*）出专辑予以讨论。还有学者认为，林的假说无论是理论还是经验都无法证明，从理论上看，当退出权被限制后，更容易维持有效的努力水平；从经验上，集体化时期生产率的损失更有可能由其他政策失误所致（Dong and Dow，1993）。龚启圣认为退出权解释缺乏证据支持，中国集体化农业的监督是否是个问题需要检验（Kung，1993）。刘明权认为林的解释有问题，他的生产率估计也不确定，并没有为集体化农业劳动激励的推断提供有力证据（Liu，1993）。

熟悉中国集体化农业体制运行真实状况的人更清楚，集体化制度的失败不仅仅是因为农民没有退社权，而是假如他们能退出又能将退回来的土地和耕畜安放何处？他们只好别无选择地留在生产队内毫无他法（周其仁、邱继成，1987；周其仁，1995a）。正如周其仁所指出的，对中国的集体化研究不能简单套用现代经济学意义的"共有产权"、"队生产组织"基于合约的产权理论范式，它是一种"体系性"失败（周其仁，2017）。集体化经济实质上是国家控制农村经济权利的一种形式，国家侵入并控制着农村要素的所有权，是事实上的配置经济要素的第一位决策者、支配者和受益者（发展研究所综合课题组，1988），集体仅仅是国家意志的贯彻者和执行者，政社合一的集体化公有制，构造了截然不同于传统中国农村的制度和组织基础（周其仁，1995a）。

（二）家庭联产承包责任制改革与制度选择

参与中国农村政策制定的专家们往往将家庭联产承包责任制变革的诱因归结于人民公社制度导致的生存危机（王西玉，1998；郭书田，1997），包产到户变法也被人们津津乐道地讲述成由底层发动并一举成功的故事（陆子修，1998；崔传义、侯长明，1983）。这种认识过于简单化。事实上，过去40多年间关于农村土地所有制（是私有、国有、集体所有）的争论贯穿始终，初期的争论反映了对这一制度忠诚者与改革者的拉锯（黄道霞，1984），后来每到农业绩效不佳时关于土地所有制的极端化争论就会不时出现（廖洪乐，1998），背后实质上是关于中国农地制度到底应该采取集体制还是家庭制的分歧。

从体制比较来看，中国的农地改革不同于苏联东欧国家的顶层设计和立法先行（刘守英，1993），而是制度环境变化下各种力量共同作用、相互呼应、审时度势决策推动的结果（杜润生，2005；周其仁，1994）。农村变革的共识是当时普遍的贫困和温饱困局以及集体制度运行成本与收益结构的变化（周其仁，1995b），但最初的决策并不是改革而是政策调整（杜润生，2005），正是多种因素的聚合促成了开放土地权利的改革（刘守英，2018）。这些重要的力量包括20世纪70年代后期国家上层政治的巨变和国际环境趋于和缓带来的契机（邓小平，1985），得到地方官员背后支持的底层率先变革的现身说法（王郁昭，1981；陆子修，1986；王光宇，2008），一批学者对实现了增产并解决了温饱，还完成了国家和集体义务的地方案例的一手调查为改革者提供的强有力支持（陈锡文、孙方明，1983；1984；陆学艺，1992；中国农村发展问题研究组编，1981），对家庭联产承包责任制的理论分析与合理化解释（中国农村发展问题研究组，1984；林子力，1983）。

不能回避的一个问题是对 20 世纪 80 年代农村改革的评价也并非一边倒，40 多年间一直存在对这场改革的质疑。一种质疑是认为当初的改革过于妥协而没有实行彻底的私有化（文贯中，1988）；另一种质疑是认为其强调了"分"（即权利下放到农户）但忽视了"统"（即集体经济没有同步壮大）（张路雄，1988；仝志辉，2016），以至于最近有研究者提出疑问：当初家庭联产承包责任制为何会如此迅速地成为唯一的制度？农地经营形式的多样性是如何失去的？

关于中国农村改革为什么没有选择私有化，最简单的回答是意识形态制约（在集体所有制维护者反对下，为推进改革所采取的权宜之计），以及集体所有制作为社会主义基本制度的制度锁定（刘守英，2017），这两点当然重要，且用于分析由顶层发动的苏联东欧制度变革情境不会出现偏差。但是，对中国这种由多种力量合力推动的农地制度变迁来讲，底层农民初始作出的制度安排非常重要。在顶层不允许的制度环境下，他们根据自己的制度变迁成本收益结构选择了按人均或劳均分配土地的成员权集体制度，体现了制度变迁的路径依赖特性（North，1981），底层选择的制度安排不仅对初期的制度变革也对继之的制度变迁路径产生了重大影响。

对农业经营制度安排为何采取了单一家庭制的质疑，实质上暗含 20 世纪 80 年代农地改革也是一种强制性制度变革的假定。事实上，从变革方式来看，80 年代的农地改革不是完全自上而下的强制推动，各省领导人的资历以及与中央领导的关系对省级决策的快慢确实会产生重大影响，但是，各地在将本地经验写进中央政策时存在的激烈竞争，也有利于形成多种模式并存的解决思路（周其仁，1995b），因此，总体而言，家庭承包制改革的诱致性特性强于强制性。从制度变迁进程来看，中央政策经历了下放生产队自主权→允许包产到户以外的多种生产责任制→只允许穷困地区实行包产到户→政策上承认包产到户→最终实现包产到户的普遍化和合法化（杜润生，2005），而不是相反。因此，选择家庭承包制根本是农民的自主抉择，不同地区的资源禀赋和经济发展水平差异会影响采取包产到户制度的快慢，只要强制不允许选择包产到户制度的顶层决策和地方环境变得宽松，强制性规定的各种制度安排就会被农民自主选择的制度安排取代。

二、集体所有家庭承包制度的特征与绩效

（一）集体所有家庭承包制度的特征

伴随家庭联产承包责任制在中国乡村的普遍化，经济学家对这一制度的特征与绩效进行了卓有成效的研究。制度经济学方法引入土地制度的研究，不仅提升了中国土地经济学的研究水平，而且促进了中国经济研究进入主流和前沿经济学阵地。

作为与传统集体所有制至上论和意识形态化传统的告别，一代中青年经济学者提出从"经济体制运行"角度分析包产到户制度的特征与取得经济绩效的内在机制（中国农村发展问题研究组，1984），这些基于真实世界的研究包括对家庭经营的特性和其在农业生产上的优势的论述（王小强、白南风，1986；陈锡文，1988），对家庭联产承包责任制相对于集体队生产带来的监督费用降低的理论证明（Lin，1988），分析家庭联产承包责任制不同于私有单干的社会主义公有制特性（黄道霞，1984；林子力，1983；杜润生，1985），发现集体所有权与使用权分离的制度创新价值（杜润生，1985）。到1980年代末和90年代初，随着产权与制度经济学研究方法的引入（刘守英等，1992），农地制度研究从土地所有制范式转向产权范式，所发表的一批文献利用制度经济方法分析集体农地制度的特征，以及将农地制度看作一系列可分割的权利束，分析产权束的强度对农业绩效的影响。一是确立以产权为核心的研究角度，提出土地制度包括土地所有制度和土地产权制度，土地所有权与使用权可分离，土地使用是否经济主要取决于产权制度（高尚全，1991）。二是提出"成员权集体所有制"概念（周其仁与刘守英，1988；Kung and Liu，1997；Liu，Carter and Yao，1998；刘守英，1993）。三是提出"剩余权"概念，农地改革的本质是农民获得对最终产品的剩余索取权（陈剑波，1994）。四是将集体农地权利制度看成一个三方可实施的合约结构，即"交够国家的，留够集体的，剩余是自己的"（周其仁与刘守英，1988；刘守英，1993；周其仁，1995b）。集体所有家庭承包制度被提炼成具有以下特征：第一，在集体继续保留法律上的土地所有者的前提下，通过土地产权束的再分割，农民获得了对土地的使用权和剩余索取权；第二，通过"上交国家的，留够集体的，剩余是自己的"合约结构，重构了国家、集体和农户之间的利益关系；第三，在

一个社区内部，每个属于社区内的合法成员平等享有集体土地成员权（刘守英，1993）。

随着产权与制度经济方法的引入，出现了一些利用制度变迁方法分析农地制度权利分割、合约选择与制度变迁的研究。如基于所有权与经营权的分离状态将农地制度结构分为同一、分离与半分离的三种形态，农地制度变迁是平均地权与所有权和经营权的消长变化（蒋亚平，1991）。土地使用权可以独立于其他土地权利（如所有权）形成，土地是私有还是公有差别不大（Zhang and Makeham，1992）。从合约角度讨论合作经济或集体经济被选择是因为其能满足产权多重属性下生产经营过程所需的"统一经营"安排（邓宏图、崔宝敏，2008）。从制度供求与诱因分析集体地权制度从人民公社、联产承包和包干到户、集体经营、两田制、双层经营等一系列的制度变迁（孔泾源，1993）。农村土地集体所有制实现形式呈现社区合作、专业合作、企业进入等多元化的所有制格局，成为以集体经济为主体、各种经济成分相结合的混合型经济（张晓山、国鲁来，1998）。从制度变迁潜在收益与成本分析土地集体经营制度向土地承包制的变迁以及进一步的制度演变，认为这一制度变迁主要由传统制度中的潜在收益引致的制度变迁需求所推动，由于土地承包制并没有完全克服外部性，实践中出现的土地制度创新说明现行土地承包制中存在制度改进的收益来源和获利机会（王小映，2000）。从不同区域的资源禀赋和结构变化状况分析不同地区土地产权权利束的变化，揭示出集体所有包产到户制度结构下地权演化的多样化特性（刘守英，1993；Liu，Carter and Yao，1998；Kung and Liu，1997）。

（二）家庭联产承包责任制改革的绩效

中国的农地改革推进有关制度性质的分析的同时，也促进了一些检验制度改革与农业绩效关系的研究。林毅夫的《中国的农村改革与农业增长》一文，利用计量模型得出 1978～1984 年家庭联产承包责任制改革对农业增长的贡献为 46.89%（Lin，1992）。麦克米兰等（Mcmillan，1989）将同时期进行的几项改革及政策调整进行分解，得出家庭联产承包责任制对农业增长的贡献为 78%。黄季琨等（Huang et al.，1996）对家庭联产承包责任制改革的贡献程度提出质疑，因为同时期还有农业技术进步和农产品价格改革带来的激励，他们的计量分析得出，家庭联产承包责任制改革的贡献为 30%～50%。冀县卿、钱忠好（2009）分析了农地产权结构变迁对中国农业增长的影响，发现家庭联产承包责任制改革对农业增长起作用的是农地产权的强度，他们认为农地产权结构朝向产权完整性和完全性不断增强的变迁，是农业持续增长的制度之源。洪明勇（2007）基于贵州 1949~2004 年的实证分析表明，贵州省半个世纪的农业经济增长受制度变迁的影响显著，土地产权制度是农村制度安排的核心基础，当土地制度能够激发农民生产积极性时，农业经济增长明显加快；当土地产权制度不合理时，农业经济增长速度就会大幅下降。

三、地权稳定性及其影响

（一）成员权集体所有制的稳定性含义

地权稳定性对农户行为、农业投资与资源配置的影响至关重要（Feder et al.，1988）。中国农地地权的稳定性因其集体所有特性备受关注，争议也很大。关于改革后农地地权稳定性的认识存在两个不同的层面：一个是关注集体所有家庭承包制度的稳定性，另一个是集体成员与承包地块的关系稳定性（张红宇、李伟毅，2011）。对于前者，正式制度供给的方式就是不断延长土地承包期，从 1984 年的 15 年，到第一轮到期时延长到 30 年，2008 年党的十七届三中全会提出长久不变，党的十九大在坚持长久不变的同时提出第二轮承包到期后再延长30 年（陈锡文，2017），一个 75 年承包期限且得以兑现的土地承包制度，建立了农民对土地承包制度不变的预期，农民对基本制度的稳定性基本不担心了（刘守英，2018）。当然，正式法律制度在农民土地权利稳定性上的作用也要客观分析，农村土地权属法律界定的模糊化与实践操作的国家意志化也造成农民对权属归属认同的"明知故犯"结果（史清华、卓建伟，2009）。对于后者，与一个所有者具有排他性权利的私有地权制度比较，中国改革建立的农地制度被称为集体所有农户承包制度，即集体所有土地以发包方式由村社成员承包（陈锡文，1998）。这种类型的土地制度具有内在的不稳定性，一是集体组织可能对村社土地进行行政性调整；二是随着人口增减变化，集体成员要求调整土地，以实行公平的土地成员权。成员权集体所有制导致的土地调整不仅导致土地更加细碎，而且造成农民对土地的预期不稳定（周其仁、刘守英，1988）。因此，改革成员权集体所有制的尝试从 1988 年在贵州湄潭开始试验，旨在通过"增人不增地、减人不减地"实现农民与承包土地的长期稳定性，这一新制度安排不仅在湄潭实行了 40 多年坚持了下来，而且转化成国家政策和法律（高圣平，2009）。从湄潭试验的跟踪研究来看，这一制度切断了以成员不断调整土地的机制，有利于稳定农民与土地的关系，尽管形成了一定数量的不再分人口，但是，通过非耕地的开发和家庭内部的代际传递，减少了无地人口产生的社会冲击，有无地人口户和少地户的家庭总收入和非农收入均高于无无地人口户的事实证明"增人不增地、减人不减地"制度也促进了农民的非农化进程（邵夏珍，2014）。不能回避的问题是，尽管"增人不增地、减人不减地"的制度已经在全国实施并得到《土地承包法》的保障，关于是否不再调整的争论一直是一个敏感的公共政策议题，主要理由有：集体所有制就应该赋予增加人口土地，以体现集体所有制的实际含义；不调整会加大农户之间因人口增减导致的土地占有不均和不公平；不调地产生的无地人口会带来社会不稳定。

土地调整的经济社会影响需要大量基于一手的调查和数据检验。全国和区域调查数据反映，集体所有成员权制度的调地机制总体在减弱。中国人民大学与美国华盛顿大学组织的一项对全国 17 个省的连续跟踪调查表明，1994 年时"多数村经历过某种形式的根据人口变化的土地调整"，1999 年时被调查农户中有79.9%自实行家庭承包经营制度以来村里进行过至少一次土地调整，2008 年和2010 年时进行过土地调整的村比例分别为 37.5% 和 40.1%（丰雷等，2013）。其他几个机构的样本调查也证实了这一趋势，1988 年笔者等组织的 8 县 800 户调查表明，土地调整频率为 20%（公主岭）和 50%（乐清），到 2008 年，中国科学院农村研究中心对 6 省 119 村 2 200 多户的调查表明，1998 年二轮承包后小调整、大调整和大小调整两者都有的村庄分别占到 37.82%、3.36% 和 0.84%（陶然等，2009）。一些针对部分地方的样本调查也反映了土地调整的状况，如杨学成等（2008）对 1995～2008 年山东省 94 个县（市、区）的 437 个农户调查结果显示，第二轮土地承包以来，有近一半的村做过土地调整。

对于"增人不增地、减人不减地"制度的效果和公平性一直存在质疑。有学者利用湄潭试验区的农场调查数据检验了土地产权变化对生育行为的影响，发现湄潭的不调地制度设计对生育行为的预期效果不那么有效，但极大地刺激了土地租赁市场的发展，使得劳动力不足的家庭能够获得他们在定期无权享有的租金收入，从长远来看土地租赁市场的稳定可能反过来促进土地私有财产权的发展，并可能对生育行为产生影响（Kung，2006）。洪名勇（2009）通过对贵州省 4 个县的调查研究发现，"增人不增地，减人不减地"的农地制度安排促进了农地流转，在实行这一制度的地区农地流转行为发生的时间较早，活跃的农地市场能够帮助那些土地较少的家庭获得土地。至于集体地权内生的土地调整造成的地权不稳定，有研究表明，重新分配总体上不常见，只有一小部分地区会重新分配，后者被发现可以提高农民未来耕种这些地块的可能性，某些特定的村庄特征，尤其是土地禀赋和农业收入机会有利于最大限度地降低土地分配的交易成本（Kung，2000）。

（二）地权稳定性的影响

一种观点认为，土地调整使各家庭人均土地量接近于村庄整体的人均土地量，弥补了由于土地市场不完善所造成的土地配置效率的损失，不过土地行政调整并不能够达到与完善的土地市场完全一样的结果；对土地调整的预期打击了农户对他们的土地进行投资的积极性，因此存在动态的效率损失。由于土地边际产出递减，而土地投资是对土地的替代，因此，地权稳定性损失随着村庄土地禀赋的增加而减小。不过，当村庄土地资源较少时，地权稳定性损失比交易收益更大，当村庄土地量变大时，情况刚好相反，即使交易收益随着村庄土地量的增加而降低，土地调整的价值也随着土地禀赋的增加而增加（Yao，2004）。李果等利用中国东北地区的农户数据考察了村级土地重新分配制度引发的投资与土地产权不确定性之间的联系，通过测度有机肥料的使用发现土地产权稳定对土壤质量有长期的益处（Jacoby，Li and Rozelle，2002）。德尼格和金（Deininger and Jin，2003）利用三个省的数据分析表明，土地权利的稳定性，尤其是流转土地的权利稳定性，将提高农业投资的稳定性，也不会降低农户抵御外部冲击的能力，农户的保障程度因得以获取其他保障渠道而增强了，农户因此要求重新分配土地的需求也下降了。俞海、黄季焜（2003）的研究认为，保持农地使用权的稳定可以促进诸如土壤有机质之类的农地长期肥力的改善。土地交易权不完整情况下，农户之间的土地流转容易造成耕地长期肥力的退化，不利于保持土壤的可持续生产能力，对农业土壤长期肥力有明显的负外部效应。尽管农村劳动力机会成本提高吸引了更多农村劳动力向非农部门转移，但是并没有影响土壤肥力的变化。许庆、章元（2005）采用吉林、山东、江西、四川四个省份的面板数据发现，土地调整未必一定导致土地产权的安全性降低，即使土地调整带来了土地产权的不稳定性，也未必会改变农民的预期，如果农民的预期不发生改变，其长期投资决策就可能不变，所以，土地调整未必会影响农民的长期投资积极性。刘晓宇、张林秀（2008）的研究表明，稳定的农村土地产权制度可以有效地保持和推进农村劳动力非农转移，农村地区道路交通投资促进了农村劳动力非农转移。孙琳琳等（2020）则认为有利于提高地权稳定性的土地确权能够促进中等农户的资本投资。有学者（Ren et al.，2020）发现农村家庭对地权稳定性的感知会影响其对土地再分配的预期，较高的地权稳定性会促进家庭迁移。还有学者（Li et al.，2021）利用中国苹果种植农户的调查数据研究发现，土地产权稳定能够鼓励农户积极参与租赁市场，从而提高农业生产力。

四、农地规模与土地市场发展

（一）农地规模与农业现代化

在中国这样一个人地关系历史性紧张的国家，依靠小农在狭小土地规模上的过密化投入支撑了农业发展和人口繁衍（Huang，1985）。但是，除了实行家庭承包制初期以外，无论是集体化农业时期还是改革后时期，一直存在一种小规模农业妨碍农业现代化的观点，扩大农业规模被视为解决这一问题的路径。首先要澄清的是一个关于小农经济的误区。全世界范围内的农业存在一个土地规模与农业生产率的反向关系，即小农的单位面积产出高于大农场（Besley，1995）。目前中国不能抛弃小农经济有现实原因，中国的国情是人多地少，农业在中国是极其昂贵的行业（姚洋，2017）。以家庭为基本经营单位的小农经济结构是否已构成农业经济增长的障碍？扩大农地经营规模能否成为促进中国农业经济发展的一种现实选择？这取决于对不同农地规模的农户行为与绩效分析。大规模农户使用雇佣劳动，单位产出的劳动成本随着投劳规模扩大而增加，这会显著抑制劳动投入规模，因此。规模较大的农户倾向于吸纳资本、排斥劳动，规模较小的农户倾向于吸纳劳动、排斥资本。在土地资源稀缺和经济发展水平低的前提下，小农结构比大农结构的成本较低和土地产品余量较大（王诚德，1989）。不可否认，家庭联产承包责任制所导致的土地细碎化带来规模不经济、增加农业生产成本、降低农业产出水平，但是，实证分析表明，土地细碎化与农民人均收入成正比，现有的土地细碎化可以提高农民的收入水平，公有私营、"按人分配"的农地制度起到了公平分配生产资料并缩小了收入不平等的积极作用（许庆、田士超、徐志刚、邵挺，2008）。

哪些因素制约了土地的规模化？农业生产规模扩大主要经过两种途径来实现：农业经营者的离土以及农村劳动力被较优越的工作岗位所吸引，农业土地经营的集中以离乡为主的离土转业为条件（李建德，1986）。制约土地集中的因素有非农就业的拉力没有弱化农民占有土地的欲望，土地承包期的延长强化了农民占有土地的心理，社区经济的发展使占有土地成为一种现实利益（裴长洪，1987）。从中国土地资源禀赋占优的东北农业土地规模经营研究表明，土地规模经营受制于土地流转速度与集中程度以及农村劳动力转移的速度和程度，要实现土地的规模化经营，需要广泛推进劳动力向其他非种植业转移。农业机械替代劳动力的界限依赖于农业机械与农业劳动力的相对价格变化或相对成本变化，节约土地和劳动力的生化技术农业与节约劳动力的机械化农业是相容的，大规模土地经营与小规模家庭农户相比并没有显示出可察觉到的全要素节约优势和单位产量优势，单纯从粮食产量考虑推进大规模土地经营的政策不足取（刘凤芹，2006）。近来的研究将农业规模报酬的研究从生产规模化延伸到服务规模化，提出两种形式的规模化实现的要素组合效率提高是中国农业实现规模报酬的重要途径（刘守英等，2016；罗必良，2018），个人务农年收入和农业生产流动资本投入是激励农民扩大土地意愿经营规模的两个重要因素（钱文荣、张忠明，2007）。

（二）土地市场的特征与效果

中国的农地市场发展一直被寄予厚望，一是期待通过土地流转扩大农地经营规模，二是以此提高土地利用效率。人地关系变化是土地市场的前提，农业劳动力与土地分离的实质是劳动者对土地的依附关系的解脱，一部分变成工人或商业劳动者、小私有者或小商品生产者类型的劳动者，另一部分先富起来的农民可能成为靠股息生活的非劳动者（张循理，1986）。土地流转的机制非常关键，计划机制会产生一系列严重后果，市场机制有助于真正落实农民的经济自主权，使农业生产力要素实现动态的优化组合，使人们解除对土地投资特别是长期投资的顾虑，市场机制的有偿性和竞争性有利于农地的合理流动与适当集中，将土地调整的决策权分散在广大生产经营者手中，从制度上减少少数干部以地谋私的机会，使农地利用和农业经济发展更多地按经济规律办事（杨学成等，1994）。以户为单位、均分土地源于人们对土地的占有欲，土地的无偿使用又进一步强化了这一要求，按人口或人劳比例均分土地、土地经营零碎、难以产生规模效益、农业生产缺乏后劲等，现行农地政策的调整和完善应保持家庭联产承包责任制的合理内核即以家庭为单位、权责利相结合，又要摒弃其缺陷如土地划分零碎、过于分散、无偿使用等，通过土地的市场配置，实现土地的合理有效流转（钱忠好，1993）。改革以来，中国传统农区的土地流转市场不断发展，地权稳定促进了农地流转；满足家庭基本生活需求和增加收入是农户承租农地的主要原因，而劳动力不足是不少农户将农地出租的重要原因；农地租赁主要是在行政村内完成的，农地租赁市场主要是一个行政村内的市场；租赁农地的租金形式以固定租金为主、以分成租金为辅，以实物租金（产品租金）为主、以货币租金为辅；村、组等农村基层组织在农地租赁市场发育过程中虽然起到了一定的作用，但农户之间进行农地租赁时较少征求村、组等基层组织的意见，农地租赁是承租农户和出租农户双方之间的自我行为；农地租赁契约以口头契约为主，而且这种口头契约能够得到较好的实施或者履行（洪名勇，2009）。发达地区的研究表明，农地市场发育程度与土地使用权分配有非常显著的相关关系，发育程度越高使用权配置越不平等，农户间的自发交易对土地使用权配置平等程度的影响并不大，由于集体是农地市场的主要供给来源，对土地使用权配置平等程度的影响较大。劳动力非农化是农户出租农地的主要原因，提高经营收入是农户租入土地的主要目的，农地市场导致的土地使用权集中提高了资源配置效率（田传浩、贾生华，2003）。来自地块级别的分析表明，家庭中有额外的土地相对更有生产力，非农就业也不会显著影响水稻产量，在农场当地工作的人往往会从绿肥种植转向在水稻地上使用有机肥，持续增长的农业就业会对中国粮食自给自足目标产生负面影响的担忧无关紧要（Feng，2008）。有学者注意到，家庭联产承包责任制下的中国农户具有土地使用权，但不具有处置权。如果永久性地离开农业，他们必须归还土地所有权，从而放弃未来的土地收益，他分析了这种土地安排对劳动力流动的威慑作用（Yang，2004）。查理等（Chari et al.，2021）研究发现，《农村土地承包法》的实施增加了土地流转并带来了农业产出8%的增长。

五、未完成的改革与路径争论

中国的集体地权制度是世界上非常独特的农地制度安排，它的建立与改革也具有非常明显的中国特色，经历四十多年变迁的农地制度还存在一些继续变革的缺陷，现实和理论都在不断提出进一步改革的需求。最根本的问题是集体所有到底是什么？村委会究竟是什么，究竟代表谁，它是"集体所有"的所有者还是代理人？如果是代理人，委托人是谁——应由法律强制规定还是应经一定法定程序由构成集体的所有成员来予以委托？作为财产所有者的村庄成员能否制约村委会对财产或利益的侵犯？法律赋予了何种手段或哪些程序来保障村民已有的财产权利？法律对其界定的角色与其实际的角色一致吗？集体经济组织是什么（陈剑波，2006）？现实运行中暴露出的问题也非常明显，现行土地制度所有权虚设，行政权侵犯产权时有发生，各个"上级"以所有者名义侵蚀农民对土地的使用权和收益权（刘守英，2017）；在现实中，大多数没有书面的土地合同；多数农民不清楚土地所有权归属（李平，1995）；农民对自己土地使用权范围的理解各不相同，对其权利范围并不清晰（叶剑平等，2005）；土地集体所有导致的"均田制",农地均分掩盖了农户之间的人力资本差异,福利保险机制下的农地粗放经营,耕地资源使用的短期行为使农业技术变迁过程被严重扭曲(郑凤田,1995)。

关于农地深化改革的方向与路径,从改革开始至今,一直存在重大分歧,第一种是在现有制度上着眼于所有权和产权的完善,第二种是直接上收到国有权,第三种是更彻底的农民私权。

1. 关于集体所有权改革

明确和完善农村土地所有权,特别是土地集体所有权(刘书楷,1989)。重点解决两个问题:一是谁委托的问题,应进一步让集体所有的所有者成员真正拥有选择自己财产代理人的完整权利。二是在委托谁的问题上,法律和相关的政策规定通过确立公平、公开、竞争性的程序及相关的监督检查机制,确保农村基本经营制度的进一步完善和推进村庄治理的根本改善(陈剑波,2006)。有研究者提出了分区域完善土地租赁制的设想,即在西部和中部部分不发达地区实行分成租佃制,在东部发达地区实行定额租佃制(金祥荣,1989)。但是,在集体所有农民权利设置上,有观点提出,由于土地属于农民集体所有,单个成员所占有的土地不可能享有土地所有权的完整权能,农户并不享有其占有的集体土地的处分权,处分权是所有权四项权能的核心,它通常只属于所有者。农户如果享有了对其占有土地的处分权那就成了事实上的土地所有者,相对应的则是农村土地集体所有的制度也就不复存在了(陈锡文,2014)。

2. 集体土地产权制度改革

中国农地产权问题的核心是土地使用权问题,而使用权问题的核心,是树立农户对土地使用的预期信念和土地资源合理配置问题,应当坚持完善家庭承包责任制基础制度,赋予农户更为宽泛的土地承包权限和有足够长的土地使用期限,强化和稳定农户的土地承包关系,进一步明晰农地使用权的产权界定,建立有效的土地使用权流转市场(张红宇,1998)。稳定土地集体所有家庭承包经营土地制度,明确规定农户的土地承包经营权,搞活农村土地使用权(刘书楷,1989)。避免过度行政主导可能带来的农民权利遭受剥夺、土地非农化失控、农民内部阶层分化加剧、土地股份合作组织监管的风险(郭晓鸣,2011)。同时应正视和妥善处理国家规制与农民习惯的冲突,土地规模经营并非解决中国农业问题的灵丹妙药,对土地流转提倡"水到渠成",反对"拔苗助长"(杨学成、赵瑞莹、岳书铭,2008)。

3. 集体土地国有化设计

早在 20 世纪 80 年代就有学者论证土地国有基础上实行土地租赁制的积极作用，并构想了经由准备阶段、土地国有阶段、发展成熟的国有土地租赁制阶段的推进策略（阮士峰、汪伊举，1988）。也有学者从土地资产经营角度进行分阶段过渡的设计：第一阶段实现土地联产承包责任制向土地资产经营责任制转换，第二阶段实现土地资产经营向土地资产股份所有、土地使用租赁经营转换，第三阶段实现土地资产国有社会化、土地使用商品化（张琦，1990）。还有一种设想是建立土地国有化、国有土地出租下的个人承租的现代农场制度，即在国有化基础上实行"口粮田"与"商品田"分设，进行"赎买性"补偿，以实现耕者有其田与善耕者有其田的双重目标。建立国有土地出租公司，代表国家行使土地管理和出租职能。农场制度的建立分若干轮土地出租，第一轮土地出租建立家庭农场，第二轮土地出租提高出租面积的起点、扩大承租人范围，推动乡村工商企业发展，第三轮出租鼓励城市闲散资金和劳力下乡开办农场，促进农村各业的适当集中，建设现代农业（龚益鸣、胡昌荣、康波，1993）。

4. 赋予农民完全土地产权的设计

基本的路向是实现农民完整产权，但具体程度有差别。第一种是弱化集体所有权，搞活农民永久使用权，加强国家宏观调控权，实行单嗣继承制下的家庭农场制（郑风田，1995）。第二种是承认家庭承包制下农民获得的就是完整的土地产权，包括了狭义的所有权。实行股份合作制，让农户留下所有权，将经营权委托给股份合作组织（黄少安，1995）。第三种是保留土地公有的同时让土地使用权永远归农户，永久且可转让的使用权作为抵押或信贷的担保，明确、全面地界定"农村土地使用权"包含的具体权利，强化土地使用权的继承权（叶剑平、罗伊·普罗斯特曼等，2000；2006）。第四种是主张"建立社会主义公有制与私有制相混合的多元土地制度"（党国英，2013）。最后是主张进行以私有化为方向的土地制度改革（文贯中，2014）。

对文献的梳理是一件十分费心力的事情，尽管笔者力求将主要文献和重要观点呈现，但是很难做到，只能沿着集体地权这一主线展开文献整理和评论。即便从有限目标来看，中国四十多年农地制度研究的成果也是值得称道的。最值得肯定的是其研究传统，坚持问题导向，紧扣制度变革现实，不同观点在争论中共存，质性讨论与实证检验结合，理论研究与政策转化呼应。这种兼容并包的风格是要坚守的。

中国的农地制度研究仍然是下一程的主题，因为农地制度的变迁还在路上。

这一领域的主线还是集体地权制度向何处去，一些重大的问题已经无法回避，如国家对其建制的集体所有制变迁的选择、成员权集体所有制的演变路径、集体地权的权利分割的特殊性与普遍性、经营主体变化与农地制度安排变迁的互动与影响、地权制度在不同区域的分化，以及地权制度与结构现代化的关系等。中国农地制度变革为经济学者提供了最丰富的养分，理论对真实世界的研究一定会结出更耀眼的硕果，我们充满期待。

第八章

集体所有制下的农地权利分割与演变

党的十八大以来，深化农村改革进程加快，实行农村土地所有权、承包权和经营权的三权分置被明确为下一程农地改革的基本方向。[①] 实施农地三权分置的关键在于正确认识集体所有制下土地权利分割与演化的规律，理清集体所有权、承包权与经营权的权利内涵与相互关系，处理好集体所有者、集体成员承包者、农地经营者的各自角色，明确经营权的权利来源和集体成员的权利归宿。本章分析了中国集体所有制下地权分割的阶段性特征，给出了三权分置改革顶层设计的权利结构与分置原则，重点分析了四个地方案例地权再分割的特征。

一、集体所有制下农地权利分割的阶段与特征

新中国成立以来，经过土地改革—互助组—初级社—高级社—人民公社的强制性制度改造形成的集体所有制被确立为社会主义公有制在中国乡村的实现形式。从这一制度建立至今，集体所有制下的地权结构与权利安排并非一成不变，而是经历了"一大二公、一平二调"体制—"三级所有、队为基础"体制—"集体所有、农户承包经营"体制—"成员集体所有、农户承包经营权自发分

[①] 中共中央办公厅 国务院办公厅：《关于完善农村土地所有权承包权经营权分置办法的意见》，http://www.gov.cn/xinwen/2016-10/30/content_5126200.htm。

离"体制四个阶段,每一阶段的变迁实质上是一次集体所有农地权利的分割与合约再议定。

(一)第一次权利分割:从"一大二公、人民公社"体制到"三级所有、队为基础"体制

中国的集体地权制度是通过国家权力在乡村进行的递进式权利重构与统合形成的,土改建立农民土地所有制之后,又通过互助组、初级社、高级社、人民公社等一连串制度安排进行权利的整合与调整,直至人民公社制度通过并社以及上收土地所有权,通过政社合一体制弱化土地产权功能,通过公社进行统一经营,实现了"一大二公"的集体土地所有权、使用权与经营权的高度统一。"一大二公"人民公社体制下所有权权能的不完整、产权激励功能的丧失、高昂的监督成本、平均分配导致对"社员"努力激励低下,酿成1959~1961年中国的困难时期。[1]

"一大二公"集体化运动的失败,促成集体所有制建立后的第一次权利分割。1959年、1960年恢复了社员自留地制度,在高度集中的集体土地中辟出一小块土地由农民自主使用与经营。更重要的是于1962年将"一大二公"人民公社体制退回到"三级所有,队为基础"体制。[2] 权利分割的具体表现为:一是集体所有制形态变化,所有制结构由人民公社所有变为主要以生产队为主;二是集体所有权权能改变,政社体制的干预减低,生产队行使土地权利的自主性加大;三是产权权能变大,生产队在完成国家任务和上级义务后获得一定程度的剩余权,对土地使用与收益分配的处置权有所加大;四是集体经营权下放到以生产队为核心的统一经营,生产队安排种植、劳动分工、收益分配的权力增大。"三级所有、队为基础"体制安排也存在对生产队决策者激励低下、生产队所有权被侵犯、产权残缺导致的行为扭曲、生产队统一经营下的监督困难和社员努力激励不足,这些制度弊端导致农业生产效率低下、农业生产率下降、农民收入增长停滞和普遍的贫困[3],体制内存在进一步变革的要求。

---

① 周其仁:《中国农村改革:国家和所有权关系的变化(上)——一个经济制度变迁史的回顾》,载于《管理世界》1995年第3期。
② 中共中央:《农村人民公社工作条例修正草案》,1962年9月,http://jiuban.moa.gov.cn/zwllm/zcfg/flfg/200601/t20060120_539366.htm。
③ 刘守英:《集体地权制度变迁与农业绩效——中国改革40年农地制度研究的一个综述性评论》,未刊发。

（二）第二次权利分割：从"三级所有、队为基础"体制到"集体所有、家庭承包"体制

与集体制建立时自上而下的推动不同，对"三级所有、队为基础"制度的改革具有明显的被动性。最初的部署只是增进生产队自主权的政策调整，当小岗村等地的农民自发私下分田到户时，政策的应对是实行"小段包工，定额计酬"和"包工包产，联产计酬"的责任制但不允许包产到户；进一步的退却是在贫困山区及对集体经济丧失信心的地区开包干到户和包产到户的口子；最后是实行包产到户的地区丰产丰收的证据进到决策层时，包产到户才成为可接受的制度安排在全国推行与普遍化①，农户向村集体承包获得集体土地的承包经营权，两权分离体制取代"三级所有，队为基础"体制，"集体所有、农户承包、家庭经营"的农村地权制度正式确立。

"集体所有、农户承包"体制开启集体所有制农地权利的第二次分割。具体体现为：一是在所有制上将生产队为核心的集体所有制变为成员为核心的集体所有制，集体成员平等地拥有集体所有的土地权利。② 二是在所有权上集体成员享有集体土地等份占有、使用、收益、转让权。三是在产权上每个分到土地的农户享有完成国家任务和集体义务后的剩余权。承包农户获得使用、收益、流转和自主生产并处置产品和获取收益的权利。四是在农业经营上家庭替代生产队成为农业经营的主要形式。

集体所有、农户承包体制通过集体地权的权利分割，在坚持集体所有制和保证国家和集体利益的前提下，实现了集体成员土地权利和家庭经营的回归，带来农民从事农业积极性的高涨和农产品产量的增长。③ 但是，作为被动应对改革而形成的制度安排，也存在以下弊端：一是地权预期不稳，农民担心家庭联产承包责任制只是一种权宜之计，出现农业经济活动中的短期行为；二是农民土地权利残缺，农户土地权利受到上级政府以土地所有者名义的侵蚀④，集体产权和集体成员权利模糊、权利主体不明⑤，影响农民生产经营的积极性；三是人地关系调

---

① 杜润生：《杜润生自述：中国农村体制变革重大决策纪实》，人民出版社2005年版。

② 周其仁、刘守英：《湄潭：一个传统农区的土地制度变迁》，引自周其仁编：《农村变革与中国发展》，香港牛津大学出版社1994年版。

③ 林毅夫：《制度、技术与中国农业发展》，上海三联书店1991年版。

④ 刘守英：《中国农地制度的合约结构与产权残缺》，载于《中国农村经济》1993年第2期。

⑤ Hare, Denise, Yang Li, and Daniel Englander. Land Management in Rural China and its Gender Implications. *Feminist Economics*，2007，13（3-4）：35-61；陈剑波：《农地制度：所有权问题还是委托—代理问题》，载于《经济研究》2006年第7期。

整影响地权稳定。这一制度从建立之日起就面临理论和现实的挑战。

（三）第三次权利分割：后包产到户时期农户承包权与经营权自发分离

集体所有、包产保护制度确立后，农地权利的分割并没有停止。一方面是在正式制度上进行制度性规制。具体表现为：第一，在所有权上，以法律明确所有权主体为"农民集体"，排除将集体经济组织作为集体所有主体的误区；实行"增人不增地、减人不减地"的制度，从限制调整到"生不增，死不减"，将不断调整的成员权变为时点固化的集体所有权[①]；对集体土地所有权实行确权颁证依法保护。第二，不断延长土地承包期，稳定承包农户的土地使用预期。土地承包期从最初的接续式延包，到法律明确 30 年的期限，并宣布第一轮承包和第二轮承包到期后各延长 30 年。[②] 实行确权登记颁证，登记农民土地使用权并予以保护。第三，不断强化农户土地承包经营权的物权权能。农户土地使用权由服从"集体统一计划安排"，到不向农民下达指令性生产计划以及尊重农户生产经营自主权、农户享有承包地土地权能并且自主组织生产经营和处置产品。不断改革直至取消统购统销制度、遏制对农民的不合理摊派、废除农业税制度，使农民获得完整的土地收益权。[③] 另一方面，随着工业化、城市化的推进，农民进入非农产业和进城务工，发生农户土地承包权与经营权事实上的自主分离。随着土地流转的发生，国家对于土地流转或交易的政策逐渐发生变化，农民的土地交易权从禁止到允许在集体经济组织内部进行，再到可以转让、"转包、互换、入股"而不断扩张，但被限制在农业用途上。[④]

20 世纪 80 年代中期自发发生并一直持续至今的土地流转和规模经营，实际上自下而上地开启了农地产权的第三次分割，且在 2000 年后加速。2017 年土地流转规模达 5.12 亿亩[⑤]，土地流转率达到 37%。流入主体发生重大变化，2016

---

① 参见 1984 年中央一号文件；1993 年 11 月中共中央、国务院《关于当前农业和农村经济发展的若干政策措施》；2002 年 8 月公布的《中华人民共和国农村土地承包法》。

② 习近平：《决胜全面建成小康社会　夺取新时代中国特色社会主义伟大胜利》（2018 年 10 月 18 日），http://www.xinhuanet.com/2017-10/27/c_1121867529.htm。

③ 冀县卿、钱忠好：《改革 30 年中国农地产权结构变迁：产权视角的分析》，载于《南京社会科学》2010 年第 10 期。

④ 参见 1998 年《中华人民共和国土地管理法》、2002 年《中华人民共和国农村土地承包法》、2007 年《中华人民共和国物权法》。

⑤ 农村经济体制与经营管理司：《关于政协十三届全国委员会第一次会议第 3282 号（农业水利类 281 号）提案答复的函》，http://www.moa.gov.cn/govpublic/NCJJTZ/201810/t20181023_6161286.htm。

年大户、专业合作社、企业和其他主体流入土地分别占当年土地流转面积的58.38%、21.58%、9.68%和10.36%。[①]

综上，农村土地集体所有制下的地权安排自形成至今从来就不是一成不变的。集体化运动失败以来，集体所有制下的地权安排发生了三次权利分割：第一次是在赋予生产队集体土地所有权的同时，加大了生产队土地权利行使的自主性、强化了农产品剩余的控制权，通过强化生产队土地使用与收益分配的处置权使生产队成为农业经营的基本单位；第二次是变生产队集体所有权为成员集体所有权，实现了所有权和承包经营权的分离，赋予集体成员使用权、收益权、转让权和剩余享益权，家庭成为农业经营的微观基础；第三次是后包产到户时期的农户承包权、经营权自发分离，实际发生的经营权逐渐得到法律上的承认、界定和保护。

二、农地三权分置的顶层设计和权利结构

（一）农地三权分置是一次顶层制度设计

农地三权分置是一项顶层制度设计，经历了提出初步构想、细化为方案、上升到国家法律三个阶段。

一是酝酿阶段。2013年7月，习近平总书记在湖北视察时提出"研究农地所有权、承包权、经营权三者之间的关系"[②]，首次在国家层面提出农地所有权、承包权、经营权三者关系的构想。2013年中央农村工作会议和2014年中央一号文件将这一构想明确为"落实集体所有权、稳定农户承包权、放活土地经营权"。2014年颁布的《关于引导农村土地经营权有序流转发展农业适度规模经营的意见》要求在"实现所有权、承包权、经营权三权分置"基础上，"引导土地经营权有序流转，实现适度规模经营"。2015年中央一号文件要求健全法律制度以"界定农村土地集体所有权、农户承包权、土地经营权之间的权利关系"。

二是方案形成阶段。2015年11月颁布的《深化农村改革综合性实施方案》将"落实集体所有权，稳定农户承包权，放活土地经营权，实现'三权分置'"作为"深化农村土地制度改革的基本方向"，首次对"落实集体所有权""稳定

[①] 屈冬玉：《中国农业统计资料2016》，中国农业出版社2016年版。
[②] 《习近平：深化改革开放　脚踏实地推动经济社会发展》，https：//www.audit.gov.cn/n4/n18/c4068/content.html，2013年7月24日。

农户承包权""放活土地经营权"作了说明。2016 年中央一号文件进一步要求"完善'三权分置'办法，制定'长久不变'的具体规定"。2016 年 11 月公布实施的《关于完善农村土地所有权承包权经营权分置办法的意见》全面阐述三权分置的作用和意义，对集体所有权、农户承包权和土地经营权的内涵、权能以及三权关系做了说明。至此，农地三权分置的顶层设计方案基本形成。

三是落实和法制化阶段。2017 年中央一号文件要求"落实农村土地集体所有权、农户承包权、土地经营权'三权分置'办法"，党的十九大要求"完善承包地'三权'分置制度"。2017 年 11 月《中华人民共和国农村土地承包法修正案（草案）》将农地三权分置改革的方案和制度设计上升到法律层面，将农地经营权写入法律，赋予土地经营权再流转权、融资抵押权和入股的权利，农地三权分置顶层设计进入法制化轨道。

（二）正式规制的权利结构与内涵

农地三权分置改革是在坚持农村土地农民集体所有制、坚持家庭经营基础性地位和坚持稳定土地承包关系基础上，对农村基本经营制度——集体所有制之下的以家庭经营为主体的、统分结合的双层经营体制的完善和修正，基本方向是"落实集体所有权、稳定农户承包权、放活土地经营权"，在保留农户承包权的同时推动经营权有序流转，旨在实现土地资源配置的优化，促进实现多种形式适度规模经营和新型农业经营体系的构建，实现农业现代化。

1. 落实集体所有权

三权分置下的集体所有权是农民集体成员权，它是集体土地的产权主体。[1]集体所有权具有的权能为享有占有、使用、收益和处分的权利；具有发包、调整、监督、收回等权能；构建集体所有权权能实现机制，确保农民集体有效行使集体土地所有权。[2]

2. 稳定农户承包权

保证每个集体经济组织成员都能够依法公平地获得集体土地的承包经营权[3]，维护承包农户使用、流转、抵押、退出承包地等各项权能，包括农户有占

---

[1][3] 中共中央、国务院：《深化农村改革综合性实施方案》，http：//www.gov.cn/zhengce/2015－11/02/content_5003540.htm。
[2] 中共中央办公厅 国务院办公厅：《关于完善农村土地所有权承包权经营权分置办法的意见》，http：//www.gov.cn/xinwen/2016－10/30/content_5126200.htm。

有和使用承包地的权利；有权决定通过转让、互换、出租（转包）、入股或其他方式流转承包地并获得收益；承包土地被征收的农户有权依法获得相应补偿和社会保障费用等；有权就土地经营权设定抵押、自愿有偿退出承包地；承包地不得随意调整，不得以退出土地承包权作为农民进城落户的条件。[①]

3. 放活土地经营权

旨在赋权承包农户将土地经营权依法自愿配置给有经营意愿和经营能力的主体，发展多种形式的适度规模经营。[②] 土地经营权人对流转土地依法享有在一定期限内占有、耕作，并取得相应收益的权利，保障其有稳定的经营预期。[③] 按照依法自愿有偿原则，引导农民以多种方式流转承包土地的经营权，以及通过土地经营权入股、托管等方式，发展多种形式的适度规模经营。土地经营权的权能包括抵押融资权；使用权，包括农业生产经营、优先续租、改良土壤、提升地力，建设农业生产设施等；再流转权，经营主体可以向农民集体备案后再流转土地经营权或依法依规设定抵押；征收补偿权，流转土地被征收时可以按照合同约定获得相应地上附着物及青苗补偿费。[④]

4. 三权关系

土地承包经营权的获得依赖于集体成员权，农民承包经营权派生于集体所有权，是集体所有权的具体实现形式；流转发生之后，发包方和承包方的关系没有发生变化，土地经营权从农民承包经营权中分离出来，农户承包经营权是土地经营权的基础，土地经营权是农户承包经营权派生的。土地经营权派生自集体所有权分离出来的农户承包经营权，与集体所有权没有直接的关系。但是，按照相关法律规定转入方行使经营权从事生产经营活动时，需要接受集体所有权主体——集体经济组织从用途、土地利用方式等各方面的监督。

（三）当前的一些争论

尽管正式制度已做出明确安排，但理论界关于三权分置的内涵、承包权和经

---

① 中共中央办公厅　国务院办公厅：《关于完善农村土地所有权承包权经营权分置办法的意见》，http：//www.gov.cn/xinwen/2016–10/30/content_5126200.htm。

② 中共中央、国务院：《深化农村改革综合性实施方案》，http：//www.gov.cn/zhengce/2015–11/02/content_5003540.htm。

③ 张红宇：《准确把握农地"三权分置"办法的深刻内涵》，载于《农村经济》，2017年第8期。

④ 全国人民代表大会常务委员会法制工作委员会：《农村土地承包法（修正案草案二次审议稿）征求意见》，http：//www.pkulaw.cn/fulltext_form.aspx？Db=protocol&Gid=7cd77278d9ed8aabb051615cf40dbbd0bdfb&keyword=%e6%89%bf%e5%8c%85%e6%b3%95&EncodingName=&Search_Mode=accurate&Search_IsTitle=0。

营权的权利属性仍有争论。

一是三权分置的内涵。对三权分置的内涵有两种不同理解：（1）将土地承包经营权分离为承包权和经营权，从而形成"所有权、承包权和所有权"分置[1]；（2）在土地承包经营权之外另设具有物权效力的土地经营权，以此实现"集体土地所有权、土地承包经营权和土地经营权"的分置[2]。

二是承包权的内涵。就承包权的权利属性，一部分学者认为承包是从本身作为用益物权的承包经营权中分离出来的，应当单独作为物权性质的财产权。[3] 另一部分学者认为承包权是资格权或者成员权，是一种身份性质的权利，尚不是一种实实在在的财产权。[4]

三是经营权的性质。主要有物权和债权两种观点。部分学者以租赁原理肯定经营权的债权属性，认为土地经营权是土地流转下独立于农户承包权的一种债权。[5] 还有部分学者以政策要求经营权具有抵押、流转权能，认为土地经营权是包含占有、使用、收益权利的用益物权或者权利用益物权。[6]

三、基于地方案例的地权分割分析

（一）成都崇州的土地股份合作社所有权与职业农民经营权试验

崇州市是成都市的一个农业大县和全国商品粮生产基地县。随着工业化和城镇化的推进，农村劳动力快速向城市流动，乡村出现农业从业者锐减、农业务农者高龄化、"无人种田""种不好田"问题。为了摆脱农业经营困境，崇州市经

---

① 叶兴庆：《从"两权分离"到"三权分离"——我国农地产权制度的过去与未来》，载于《中国党政干部论坛》2014年第6期，第7~12页；陈胜祥：《农地"三权"分置的路径选择》，载于《中国土地科学》2017年第2期，第22~28页。

② 孙宪忠：《推进农村土地"三权分置"需要解决的法律认识问题》，载于《行政管理改革》2016年第2期，第21~25页。

③ 张力、郑志峰：《推进农村土地承包权与经营权再分离的法制构造研究》，载于《农业经济问题》2015年第1期，第79~92页。

④ 朱广新：《土地承包权与经营权分离的政策意蕴与法制完善》，载于《法学》2015年第11期。

⑤ 李伟伟、张云华：《土地经营权流转的根本属性与权能演变》，载于《改革》2015年第7期。

⑥ 蔡立东、姜楠：《承包权与经营权分置的法构造》，载于《法学研究》2015年第3期。

历过鼓励种粮大户流转农地集中经营、引入农业龙头企业尝试"企业＋基地＋农户"模式、试行农业生产合作社和劳务合作社的失败，到 2008 年以后确立"土地股份合作社＋职业经理人＋农业社会化服务"三位一体农业经营模式。①

崇州市农业新体制的特点如下：一是以土地股份合作社集合农户成员所有权。按照农户入社自愿、退社自由、利益共享、风险共担原则，将农户土地承包经营权折资折股，组建土地股份合作社，组建后的土地股份合作社实行社员、理事会和监事会治理结构。截至 2022 年 9 月，崇州市已组建土地股份合作社 246 个，入社土地面积 31.6 万亩，占全市耕地面积的 54.48%。② 二是以农业职业经理人专业化耕作实现所有权与经营权的分离。土地股份社集中土地以后，由理事会聘任职业经理人从事专业化经营，职业经理人与土地股份社按照理事会议定的生产计划、预算方案、产量指标议定合约。双方每年按大小春进行收益分配，实行扣除成本后分成、佣金加超产分成和保底二次分红三种方式分配。三是多方参与提供规模化社会化服务。通过政府引导、市场参与、多元合作，构建农业生产、科技、品牌和金融四大服务体系，为农业经营者提供社会化服务。

崇州市的新型农业体制形成新的农地权利结构。一是集体所有权的实体化。土地股份社作为集体所有权的权利实施主体，具有以下权能：（1）搭建组织。集体经济组织发起成立土地股份合作社并组织农民入股，当然入股土地的所有权仍然属于农民集体。（2）调整土地。集体经济组织对入股土地进行整合、对不愿意入股农民的土地进行调换，实现集中连片。（3）以土地股份社的土地获得抵押融资。（4）获取所有权收益。集体组织从土地股份合作社利润中提取公积金、风险金和工作经费。二是农户承包经营权转化为股权。加入土地股份合作社的农户不再经营土地，承包权转化为股权后，享有以下权利：（1）股份收益权。土地股份合作社以优先股保证农民的承包权收益。（2）决策权。集体成员享有选举权和被选举权，有权在土地股份合作社中担当重要角色，也有权选择理事会与监事会领导者。三是"共同"经营权。（1）决策权。社员大会是土地股份合作社的最高权力机构，对于股权方案、生产经营计划、种植结构以及职业经理人选用和分配方案拥有决策权。（2）合约权。理事会是土地股份合作社的执行机构和常务机构，由其与农业职业经理人签订合约，确定年度农业生产经营的产量指标、生产费用、奖赔规定等具体实施细则。（3）职业经理人实际经营权。农业职业经理人

---

① 《四川崇州：以构建"农业共营制"推进新型农业经营体系建设》，https://www.moa.gov.cn/ztzl/ncggsyq/ggal/201705/t20170505_5595282.htm，2017 年 5 月 5 日。

② 《以"农业共营制"助力打造高水平"天府粮仓"》，https://cdagri.chengdu.gov.cn/nyxx/c109513/2022-09/17/content_d5e9a18f25f54cba8f9c1dd47adcaffc.shtml，2022 年 9 月 17 日。

按照合作社的授权和监督行使农地的实际经营权。农业职业经理人可以其证书获得信用贷款。

崇州的新型农业体制，一是解决了土地细碎、经营分散问题。截至 2024 年 8 月，新型农业经营主体经营耕地面积 29.4 万亩、惠及农户 14.2 万户，占全市耕地面积、总农户的 93%、95%。二是形成职业化农业经营者。截至 2024 年 8 月，共培育新型职业农民 11 567 人，其中农业职业经理人 3 184 人。三是提高了农业经营效率。2023 年，全市职业经理人实现粮食播面、粮食产量分别为 43.97 万亩、21.2 万吨，占全市的 92%、93.5%，水稻单产 550 千克，高于成都市 8.8 千克、四川省 19.8 千克。相关各方的利益得到平衡，2024 年，在岗职业经理人人均年收入 10 万元以上，农户入社后户均增收约 2 200 元/年。[①]

（二）上海松江的村社型家庭农场

松江是典型的大城市郊区类型。伴随城市化进程和农业劳动力主体非农化，2000 年时松江纯农户只有 9.3%，谁来种地、怎样种地问题尤为突出。对土地依赖下降的承包户将承包地流转给种粮大户，到 1998 年第二轮承包时，松江全县延包土地不到应延包的 50%，多余土地只能由村集体集中转包。自 2007 年开始松江通过将农户土地委托给村集体经济组织统一流转，探索粮食家庭农场和种养结合家庭农场。

松江村社型家庭农场的主要制度安排为：一是实行土地承包经营权统一流转。由村委会将承包农户土地承包经营权回收到集体手中，全区以每年每亩 500 斤稻谷实物折价支付农户租金，政府还对全部流转给家庭农场的男 60 岁、女 55 岁以上农民在上海市新农保标准基础上追加每月 150 元的补贴。二是选择本村成员成为家庭农场主。家庭农场是土地经营权的权利主体，以其集体经济组织成员的身份、通过流转的方式从集体经济组织处获得适度规模土地的一定期限的经营权。家庭农场主以集体成员权为基础准入，在本村长期务农、具有农业生产相关技术和经验的农户提出申请，经村主要领导、村民议事会、民主投票等获得通过后公示签约，才可成为家庭农场主。集体经济组织对家庭农场分别按种植作物茬口安排、农田外围沟清理、秸秆还田、夏熟作物生产管理、水稻生产管理、向区国有粮库交售稻谷等方面进行考核，考核结果作为发放补贴和退出的依据。经营期满后，符合拥有生产经营专业证书、考核合格水平以上和开展"种养结合"

---

① 《崇州探索农业职业经理人改革 助力新时代更高水平"天府粮仓"建设》，https://news.qq.com/rain/a/20240730A04TAS00，2024 年 7 月 30 日。

"机农结合"三个条件之一的，在新一轮家庭农场经营者选用时，可优先获得经营延包权。

松江村社型家庭农场实现了集体地权下的权利重构。一是强化了集体所有权。实施家庭农场后的集体经济组织具有以下集体所有权权利：（1）统一流转和转包权。农户承包土地合约到集体组织后，由其统一流转和转包。（2）选择土地承租者权。土地经营者的准入、退出和续包受集体经济组织全面控制。（3）土地用途规制权。集体经济组织制定本村发展规划，确定土地用途和经营规模。（4）监督考核权。集体经济组织有权对家庭农场的生产经营绩效进行考核、监督和规范。二是承包农户的承包权和收益权保障。在村社型家庭农场实施中，农户承包经营权变成专门的承包权，通过保留集体成员资格得到体现，且以流转租金获得收益权，退出承包经营权农户可获得与小城镇社会养老待遇相当的养老保险。三是部分获得准入资格的村社成员家庭农场经营权。这些被选中的家庭农场主获得家庭农场的土地经营权，并享有以下权利：家庭农场主在规定用途和规模内从事生产经营活动，对种植类型、投入、生产经营活动的安排具有自主决策权；他们除了享有生产经营所获得的收益外，还获得来自中央、市政府和区政府三级财政的货币和实物、金融保险补贴等；为了保持家庭农场经营权的稳定性，松江起先规定家庭农场经营期不少于 3 年，后来又将经营有方、考核优异的家庭农场经营期延长至 5 年甚至 10 年。

松江经过 17 年的试验，家庭农场成为新的农业经营形式，截至 2024 年 8 月，全区家庭农场发展至 784 户，经营面积 13.3 万亩，占粮食生产面积的 87%，户均经营面积 169 亩。[①] 农业绩效也得到提高，松江区 2020 年创新提出和发展"优质稻米产业化联合体"，以"龙头企业（合作社）+家庭农场"的方式形成农业经营组织联盟，实现优势互补，截至 2023 年底，全区优质稻米产业化联合体扩增至 13 家，共带动家庭农场 402 户，签约水稻种植面积 5.7 万亩[②]，联合体内家庭农场每亩增收约 330 元，户均增收 4.7 万元左右，农民种田收益显著提升，共享农业现代化发展成果[③]。2023 年底，全区水稻亩产 550 千克[④]，截至 2024 年

---

① 《松江区农业农村委主任访谈 奋力谱写松江农业农村高质量发展新篇章》，https：//www.songjiang.gov.cn/govxxgk/SHSJ3/2024－08－13/b8fb51d8－8e6d－4293－9cad－3db7c125db56.html，2024 年 8 月 13 日。

② 《云间春风满——上海松江农业农村现代化纪实》，https：//mp.weixin.qq.com/s/gW－ytRn81UmmkihWO8dLCQ，2023 年 12 月 27 日。

③ 《【乡村振兴工作亮点】松江区农业农村委主任访谈》，https：//www.songjiang.gov.cn/govxxgk/SHSJ3/2024－08－13/eb96af9c－0526－4ef3－b3eb－63db708ea0d8.html，2024 年 8 月 13 日。

④ 《上海市松江区农业农村委员会 2023 年度部门决算公开》，https：//www.songjiang.gov.cn/zwgk/009002/009002001/009002001002/009002001002005/009002001002005001/20240823/2b44055b－e46f－4b04－8975－329ac11b1510.html，2024 年 8 月 23 日。

9月，全区水稻实种面积15.31万亩，粮食平均亩产连续五年位列全市第一，粮食总产突破9万吨①。成长出一批新型职业化农民，家庭农场主的平均年龄从2012年的51岁降到2023年的49岁，农场主对土地保育的积极性提高，且呈现出一批农场型企业家。②

（三）贵州湄潭的农地承包经营权有偿退出

湄潭县因农村改革而闻名全国。在"增人不增地、减人不减地"、农地经营权流转和农村集体产权改革等一系列持续改革的共同作用下，越来越多的种粮大户、农业专业合作社和龙头企业参与湄潭农地流转，也出现"农民怕业主跑路，业主怕农民难缠，政府怕无限兜底"的制度难题。湄潭从2016年10月起在该县的8个村③，尝试农村土地承包经营权有偿退出试验。

承包经营权退出是承包农户切断与土地关系的制度安排，制度试验也非常谨慎。湄潭规定只有有稳定收入、有安全居所、有养老医疗保障的农户才能申请退地；除土地外没有其他收入来源、对外有债务无力偿还、农村土地承包经营权已抵押贷款、成年家庭成员对全部退出意见不一致的农户不允许退地。村股份经济合作社审核申请退地农户的条件和退出土地的地块、面积、照片等证件资料，根据村民组长签署的同意退出意见，对确认无误的，召开董事会研究决定，报镇人民政府（街道办事处）审核同意。村集体经济组织与申请农户按照现行国家征地补偿标准和地类分类标准评估申请退出的土地价值。红坪村张国晓按照协商评估的31 800元/亩退出补偿标准，一次性获得退出补偿金32.4360万元，农户还可以凭借村经济股份合作社股东的身份分享退出的土地变成集体资产后产生的收益。农户户主与村集体经济组织经协商一致后，签订《农村土地承包经营权有偿退出收储补偿协议书》。按协议兑付补偿费后，双方签订土地交接确认书，由县级主管部门负责收回相应权证，进行注销或变更登记。农户将土地承包经营权退还给集体后，由

---

① 《【美丽乡村经验分享】打造宜居宜业和美乡村，松江绘就乡村振兴崭新图景》，https://www.songjiang.gov.cn/govxxgk/SHSJ3/2024 - 09 - 19/4804adce - 9a45 - 42cf - a034 - d20d59766fec.html，2024年9月19日。

② 《上海松江持续发展家庭农场情况调研》，https://baijiahao.baidu.com/s？id = 1778416778055 858824，2023年9月30日。

③ 陶通艾、李轻云：《湄潭试验区"土地承包经营权有偿退出试点"全县推开试验》，多彩贵州网，2018年6月11日，http://gzmt.gog.cn/system/2018/06/11/016633476.shtml，主要试点地区有湄江街道核桃坝村、兴隆镇红坪村、永兴镇永兴桥村、马义村、复兴镇复兴村、两路口村、鱼泉街道新石村、湄江街道新街居。

村股份经济合作社造册登记统一管理，农户不得干预村股份经济合作社对土地的经营和使用，村股份经济合作社可以采取自营、转让、招租等多种方式管理土地。

农户承包经营权退出带来集体所有制下土地权利的再组合与分割。一是农户退出土地承包经营权。农户退地后，停止与发包方的承包关系，丧失对原有地块的承包经营权，依附于退出土地的农业补贴等也一并退出。同时，也不得另行申请土地承包经营权，也不得在本集体经济经济组织内流转土地。不过，退地农户的成员权仍得以保留，享有本股份经济合作社股东资格，依法享有本社收益分配权。二是村股份合作社行使退出土地的所有权。村股份经济合作社享有退出承包地的重新发包权；依法享有退出承包地的统一组织生产经营权；有权按照股份经济合作社章程和其他相关规定流转土地；涉及土地征用时享有所给付的土地及地上附着物的补偿。① 三是经营主体排他性独立经营权。村股份经济合作社通过出租、转租和入股的形式将土地经营权流转给其他农业经营主体。经营主体取得。有权使用、经营流入土地、获取相应收益；可以利用《湄潭县农村土地流转经营权证》从事土地经营权抵押融资；流转合同到期后，享有同等条件下的优先续租权。②

经过近两年的小心探索，湄潭县共退出承包地 377.7344 亩，补偿金额 12 471 877 元，平均每亩地补偿 33 017 元。③ 退出承包经营权的农户获得约 3 万元/亩的补偿款，土地退出补偿金也为农户进城提供了一笔启动资金。退出土地的经营权对经营者来讲更为完整，有利于土地抵押与产业经营，红坪村将农户退出的 72 亩土地集中，转让给农业公司建立黄腊平精品水果园，新石居通过集中退出土地 100 多亩，转让给金泽地公司建立精品水果示范园。

（四）贵州六盘水的"三变"改革

贵州六盘水市属滇黔桂石漠化集中连片特困地区，2013 年农村居民人均纯收入 5 933.99 元。就是在这样一个自然条件恶劣的低发展地区，于 2014 年启动

---

① 《贵州首例农民退出土地承包经营权！》，多彩贵州网，2017 年 7 月 28 日，http：//news. gog. cn/system/2017/07/28/015939222. shtml。

② 湄潭县农村改革试验区办公室：《〈湄潭县贯彻落实《中共中央办公厅、国务院办公厅关于完善农村土地所有权承包权经营权分置办法的意见》的实施意见〉解读》，载于《湄潭农村改革》2017 年第 3 期，第 6~8 页。

③ 2018 年 8 月中国人民大学湄潭调研，湄潭农村改革试验区汇报材料。

了"资源变资产、资金变股金、农民变股东"的改革。①

"三变"改革的制度安排为：一是资源变资产。（1）集体资源入股。村集体以自然资源性资产和可经营性资产的使用权入股经营主体，享有股份权利。（2）农民承包经营权入股，如该市水城县农户以 8 700 多亩土地入股猕猴桃产业园。二是资金变股金。各级涉农财政资金，包括扶贫专项资金，在不改变资金使用性质和用途的前提下，入股经营主体，享有股份权利。三是农民变股东。农民自愿以自有耕地、林地的承包经营权、宅基地的使用权，以及资金（物）、技术等，投资入股经营主体，享有股份权利。四是配套制度安排，包括农村产权制度改革、特色农业工程、培育农业经营主体、整合涉农财政资金和创新金融信贷支持等。

六盘水的"三变"改革也是一次农村集体所有权、农户承包权与经营权的重构。一是集体所有权。"三变"改革将集体资源资产的所有权确权到农村集体经济组织成员集体，由其代表集体成员行使所有权。集体经济组织可以集中开发或者通过公开招投标等方式发展现代农业项目；可以利用资源发展休闲农业和乡村旅游；可以探索利用闲置资源发展相应产业。二是农户承包权。农户以承包地的承包经营权入股经营主体，获得股权，但不改变原承包关系；土地流转收益归原承包方所有，任何组织和个人不得以任何形式侵占、截留、扣缴。农民作为集体成员享有本集体资产的所有权、管理经营表决权和收益分配权；对集体资产股份享有占有、收益、有偿退出及抵押、担保、继承权等权能。三是经营者的独立经营权。经营者有权使用入股资源和资金自主从事生产经营并获得收益，可以利用土地经营权开展土地经营权的抵押融资。四是经营方式变革。村集体和农户与经营主体进行股份合作，采取"经营主体 + 村集体 + 基地""经营主体 + 农户 + 基地"或者"经营主体 + 村集体 + 农户 + 基地"等模式经营农业资源。

经过"三变"以后的农业经营方式和农业形态发生重大变化。村集体和农户积极将土地、技术、资金等入股经营主体。截至 2022 年底，全市承包地入股200.53 万亩，水域入股 4 244.69 万平方米，集体土地入股 41.76 万亩，林地入股 14.94 万亩，集体草地入股 2.66 万亩。现代农业经营体系不断壮大。2022 年，六盘水市已建成国家级现代农业产业园 1 个、省级农业园区 32 个，形成万亩以

---

① 本部分分析涉及的文件主要有：（1）《中共六盘水市委办公室、中共六盘水市人民政府关于资源变资产、资金变股金、农民变股东的指导意见》，六盘水市人民政府门户网，2016 年 9 月 28 日，http：//www. gzlps. gov. cn/rdzt/zybzczjbgjnmbgd/sbzc/201609/t20160928_943473. html；（2）中共六盘水市委办公室：《中共六盘水市委办公室六盘水市人民政府办公室关于印发〈六盘水市稳步推进农村集体产权制度改革实施方案〉的通知》，六盘水市农村产权交易网，2018 年 3 月 2 日，http：//www. yxgolf. net/zhxx/001001/moreinfo. html；（3）六盘水市农业委员会：《六盘水市农村土地承包经营权流转实施办法（试行）（征求意见稿）》，六盘水市人民政府，2015 年 6 月 15 日，http：//www. gzlps. gov. cn/zw/jcxxgk/zcwj/wjcazj_41353/201610/t20161010_1122733. html。

上产业基地 15 个、千亩以上 282 个，已发展以"凉都三宝"为主导的特色产业近 400 万亩[1]；累计培育国家级农业龙头企业 2 家、省级农业龙头企业 100 家、市级以上农业龙头企业 168 家，国家级农民合作社示范社 23 个、省级示范社 114 个，培育省级示范家庭农场 159 家。[2] 农民收入水平不断提高。2023 年，全市村居民人均可支配收入达到 15 397 元。[3]

从以上四个地方案例的分析可以看出，在人地关系、农业内涵与制度环境变化的情况下，集体所有权、成员承包权、农业经营者经营权的权利重组与分割遵循着自身实施的逻辑。一是集体所有权普遍得到实体化。与集体所有、农户承包体制下集体所有权成员权化不同，四个案例的集体所有权在权利重构中都强化了，崇州市以土地股份合作社集合农户成员所有权，松江的村组织享有统一流转和转包权、选择土地承租者权、土地用途规制权和监督考核权，湄潭村集体获得农户退出的土地的完整所有权，六盘水市的集体土地股份社享集体资源的全部所有权。二是农户承包权内涵变化。与原有体制下农户以承包经营权享有承包土地的产权不同，崇州和六盘水的农户承包经营权转变为股权，松江和湄潭的农户退出了承包经营权，但前者继续获得土地租金，后者获得相当于征地的补偿后彻底切断。三是经营者被赋予独立的经营权。崇州的职业经理人和松江的家庭农场个主在遵守合约下从事专业化经营，湄潭的经营主体获得流转土地的完整经营权，六盘水的经营主体以股份合作形式获得土地经营权。四是经营权的来源由集体所有权派生，而非农户承包经营权派生。

四、政　策　含　义

中国农地制度变迁的核心特征是集体所有制下地权权利的不断分割与合约再议定，并不存在一个理想中的一成不变的体制结构。地权分割主要在集体所有权、产权与经营权的重组与合约中发生主体与内涵的变化，且对利益结构与农业绩效产生重要影响。集体所有制的正式制度规制对集体地权的演化也具有约束性，它框定了地权权利变迁的可选择性和不同主体之间的权利配置，也影响农地

---

[1] 《深入学习贯彻党的二十大精神 | 变中求变 振兴乡村——我市"三变"改革综述》，https：// www.gzlps.gov.cn/ywdt/jrld/202303/t20230330_78811685.html，2023 年 3 月 20 日。

[2] 《六盘水：奋进抒壮志 跃马赴新途》，https：//www.guizhou.gov.cn/ztzl/sdnyxdh/zxdt/202303/ t20230307_78382064.html，2023 年 3 月 7 日。

[3] 《沃野田畴绽生机——2023 年六盘水农业农村经济发展回眸》，https：//baijiahao.baidu.com/s？id = 1788960086143353617，2024 年 1 月 24 日。

使用的产权完整性。

与包产到户以后农地权利的分割与演化相比，党的十八大以来的农地三权分置是继建立集体制度、包产到户制度以后的又一次顶层制度设计。此次制度设计的初衷，是坚持集体所有制下，承包经营权再分置为农户承包权和经营主体经营权，是在集体所有权不变下的承包经营权的分割，经营权由承包经营权派生，并通过法律对新形成的经营权赋权。但是，如果制度安排即是如此，制度演化与权利结构就与后包产到户阶段的农户承包经营权的自发分离没有本质区别，只是追加了对经营权的依法认定与权利保护。

更值得关注的是，我们分析的四个案例并不遵循承包经营权派生与分置的逻辑，而是发生了集体所有权、成员承包权与经营主体经营权的权利重组与合约再议定，当然制度变迁的长期效果需要进一步观察。不管怎样，顶层设计的农地三权分置对中国未来农民土地权利、农业转型和城乡关系都将产生重大影响，集体所有制集体所有权、农户承包权、经营主体经营权的权利组合与合约变化是需要进一步关注的重大议题。

第九章

农地三权分置下的土地权利体系重构

农地三权分置被提到"我国农村改革的又一次重大创新"的高度。农地三权分置作为一项重要的制度安排，将对中国未来的农地制度、农业经营方式和乡村转型产生重大影响。关于农地三权分置的研究需要在一些基本理论上达成共识，尤其是要回答是否要进行三权分置、土地承包经营权与土地经营权的关系、土地经营权的设权依据与权利性质、土地经营权担保抵押的制度基础设施与风险防范等问题。[①] 本章分析了农地三权分置的政策形成与诱因，对两权分离安排下的农地权利安排的特征与问题进行了提炼，在简要评论农地三权分置已有研究的基础上，给出了我们关于农地三权分置下各项权利内涵的考虑。

一、农地权利分割的内在需求与制度供给

（一）农地承包经营权分离的内在需求

在高速工业化、城镇化浪潮的冲击下，中国的农业生产方式正在历经意义深

---

① 孙宪忠：《推进农地三权分置经营模式的立法研究》，载于《中国社会科学》2016 年第 7 期。

远的重大变迁。到 2015 年，中国农业产值和就业份额已分别仅占 9.2% 和 30.5%①；农民的分化程度加深，根据国家统计局 6 万农村住户抽样数据，到 2012 年，纯农户仅有 18.3%，纯非农户为 15.9%，一兼户和二兼户分别为 30.1% 和 35.7%②；随着农民外出从事非农就业成为常态，农户非农收入份额上升，农家内部分工分业深化，农地的经济重要性下降，青壮年劳动力外出务工挣取非农收入，老人和妇女留守村庄，他们在看守家庭所承包土地的同时，也产出保证家庭生计所需的食物；以农业边际生产率衡量的刘易斯转折点于 2010 年前后真正到来③，农业劳动力成本上升，农业与非农业争夺劳动力的竞争劣势凸显。在农业要素相对价格发生巨大变化的背景下，长期依靠高劳动投入提高土地单产的中国农民开始改变投入方式，大幅减少作物劳动投入，增加机械和资本投入；农业发展方式发生历史性转变，以 2003 年为转折点，中国农业以提高土地生产率的精耕细作传统农业模式向以提高劳动生产率为主的现代农业发展模式转变。④

在农业生产方式正在发生的巨大变革面前，中国农业的生产关系呈现出日益不适应甚至滞后的尴尬。20 世纪 80 年代初由农民首创的包产到户制度，经由自下而上的政策推动、法律最终承认，多方努力结晶而成集体所有家庭承包经营制度，最终被确定为中国农业的基本经济制度。这一制度经由集体所有权与农户承包经营权分离而成，在法律赋予村社农户的承包经营权中，承包权与经营权是合一的。但是，随着人口的大规模非农化，农户承包经营权事实上进一步分离为承包权与经营权，到 2023 年时，外出进城务工 6 个月以上的农民人数超过了 2.98 亿⑤，这些离土出村的农民在持有着农地承包权的同时，将其附着的经营权直接或间接转给了其他农业经营者。问题也由此而生：

在集体所有权上，尽管法律明确要坚持集体所有权，《土地承包法》和《物权法》对集体所有权的内涵、权利与责任都做过界定，但是关于集体所有的理解并未达成共识，关于集体所有权利的强度、集体组织与集体成员的关系、集体所有权与集体组织行使的职能、集体成员权的界定、集体所有权与村社制度的关系等，皆因立场、价值观和对农村制度历史认知的不同而差异极大，这些分歧不仅影响农村制度的走向，而且影响农民权利的保护。⑥

---

① 详见国家统计局网站，http://www.stats.gov.cn/tjsj/。
② 国务院发展研究中心城乡统筹基础领域课题组 2014 年年度报告。
③ 刘守英、章元：《"刘易斯转折点"的区域测度与战略选择：国家统计局 7 万户抽样农户证据》，载于《改革》2014 年第 5 期。
④ 刘守英：《中国的农业转型与政策选择》，载于《行政管理改革》2013 年第 12 期。
⑤ 国家统计局：《2023 年农民工监测调查报告》，2024 年 5 月 1 日，https://www.gov.cn/lianbo/bumen/202405/content_6948813.htm。
⑥ 国务院发展研究中心农村部：《集体所有制下的产权重构》，中国发展出版社 2015 年版。

在农户承包权上，尽管《土地承包法》和《物权法》强调农民土地承包经营权为承包农户的财产，依法实行物权保护①，但是，行政权侵犯农民承包地财产权的情形大量发生，承包权的权能仍然存在残缺②；党的十七届三中全会和党的十八届三中全会明确农民与承包土地的关系长久不变，但是就长久不变的内涵、期限等一直未进行明确的政策和法律界定，影响承包农户对土地权利的预期与长期稳定性；在农户分化和收入来源呈多元格局后，承包权的农地经济重要性下降，承包农户持有土地的观念（安全性）越来越强于其收入功能，小农对承包地的利用行为发生变化，也影响稀缺土地的有效使用。

在经营权上，尽管各类农业经营主体从承包农户手中接包的土地规模越来越大，到 2023 年时，土地流转率已达 36%③，经营主体对经营土地上的投资额也不断增加。但是，他们的经营权从何而来？经营权通过什么样的规则和方式获得？如何保护经营者的土地经营权、收益权和投资回报权？经营权的权能有哪些及如何设置？从案例调查发现，新经营主体流入的土地规模一般较大，所从事的作物附加值较高，耕作和经营市场风险较大，投资额一般较大，关于经营权权利的政策不明确和法律界定与保护的不明朗，不利于土地流转的规范，不利于适度规模经营，更不利于现代农业发展。

在权利关系上，当承包权和经营权进一步分置以后，两权分离下的承包经营权与三权分置后的承包权、经营权之间到底是一种什么样的关系？经营权到底是从哪一种权利中分离出来的？它与母权利的权利关系如何？以成员权为基础的承包权与作为农业耕作者的经营权两种权利到底如何才能得到更有效的保护？各自的权能如何安排与设定？承包权与经营权的分离程序与规则如何议定？以上种种都缺乏明晰的政策安排与法律规范。

（二）农地三权分置的制度供给

在党的十八届三中全会召开前夕，习近平总书记到湖北调研农村产权交易所，首次释放农村改革要研究土地所有权、承包权、经营权三者关系的信号。④党的十八届三中全会《决定》在完善农村基本经济制度的政策表述上不同以往，

---

① 柳随年：《关于〈中华人民共和国农村土地承包法（草案）〉的说明——2001 年 6 月 26 日在第九届全国人民代表大会常务委员会第二十二次会议上的发言》，载于《中华人民共和国全国人民代表大会常务委员会公报》2002 年第 5 期。

② 刘守英：《中国农地制度的合约结构与产权残缺》，载于《中国农村经济》1993 年第 2 期。

③ 《国务院政策例行吹风会》，https://www.gov.cn/xinwen/2024zccfh/18/index.htm，2024 年 5 月 31 日。

④ 叶兴庆：《集体所有制下农用地的产权重构》，载于《毛泽东邓小平理论研究》2015 年第 2 期。

对农地产权权能进一步拓展，提出要"赋予农民对承包地占有、使用、收益、流转及承包经营权抵押、担保权能"，农民可以用承包经营权入股发展农业产业。2013 年底召开的中央农村工作会议第一次提出承包权和经营权的分置并行。2014 年 9 月 29 日召开的中央全面深化改革领导小组第五次会议上，习近平总书记对农地三权分置作出明确、完整的表述，即"在坚持农村土地集体所有的前提下，促使承包权和经营权分离，形成所有权、承包权、经营权三权分置，经营权流转的格局"。党的十八届五中全会部署"完善土地所有权、承包权、经营权分置办法"①。2016 年 4 月 25 日，习近平总书记在中国农村改革发源地小岗村详细论述农地三权分置的重大意义："把农民土地承包经营权分为承包权和经营权，实现承包权和经营权分置并行，这是我国农村改革的又一次重大创新"②，农地三权分置成为深化农村改革的顶层制度安排。

在顶层安排明确以后，接下来是政策推进与实施。中共中央办公厅于 2014 年发布《关于引导农村土地经营权有序流转发展农业适度规模经营的意见》，国务院办公厅也于同年出台《关于引导农村产权流转交易市场健康发展的意见》，分别就三权分置实施中两项重要政策——土地流转交易及如何推进适度规模经营作出规定。接着中共中央办公厅、国务院办公厅于 2015 年 11 月联合印发《深化农村改革综合性实施方案》，就农地三权分置的方向和内涵进行完整表达。按照这份文件的表述，所谓落实集体所有权，是指将法律规定的农民集体所有的不动产和动产，落实到"本集体成员集体所有"，具体路径包括两个方面，一是明确界定农民集体成员权；二是明晰集体土地产权归属，以达成集体产权主体清晰之目的。所谓稳定农户承包权，就是不改变集体组织成员对所承包土地的已有权利，在落实三权分置中，确保本集体组织的每个农户享有集体土地的承包经营权。所谓放活土地经营权，在文件中表述得非常清楚，就是由承包农户将自己享有的土地经营权在依法自愿的原则下配置给有经营意愿和经营能力的经营主体。在中央对新制度的内涵有明确定义后，相关部门的实施就是政策和技术层面的了。其中有两份重要的政策规定比较重要，一个是 2016 年 7 月农业部印发的关于《农村土地经营权流转交易市场运行规范（试行）》的通知，旨在对农村土地经营权流转交易市场进行规范。另一份是关于经营权担保抵押的政策，分别为国务院印发的《关于开展农村承包土地的经营权和农民住房财产权抵押贷款试点的指导意见》，以及中国人民银行会同相关部门联合印发的《农村承包土地的经营

---

① 《习近平主持召开中央全面深化改革领导小组第五次会议》，http：//cpc. people. com. cn/n/2014/0930/c64094 - 25763751. html，2014 年 9 月 30 日。

② 《习近平：农村土地集体所有制不能改垮了》，https：//news. cnr. cn/native/gd/20160429/t20160429_522018106. shtml，2016 年 4 月 29 日。

权抵押贷款试点暂行办法》，从贷款对象、贷款管理、风险补偿、配套支持措施、试点监测评估等多方面，对金融机构、试点地区和相关部门推进落实"两权"抵押贷款试点明确了政策要求。更具深远意义的是，《关于完善农村土地所有权承包权经营权分置办法的意见》于 2016 年 11 月审议通过，对三权分置的原则予以了明确框定，即"农村土地农民集体所有必须牢牢坚持"；"严格保护农户承包权，任何组织和个人都不能取代农民家庭的土地承包地位，都不能非法剥夺和限制农户的土地承包权"；"放活土地经营权，在依法保护集体所有权和农户承包权的前提下，平等保护经营主体依流转合同取得的土地经营权，保障其有稳定的经营预期"，这是一份如何实施农地三权分置的指引性文件，为未来的农业发展谋篇布局打下了制度基础。

二、集体所有农户使用地权制度的特征与问题

中国农地权利制度及其绩效的研究，一直是国内国际中国问题研究的热点之一。这些研究有助于认识集体所有农户使用农地权利制度的特征、效果与问题。

（一）集体所有制下的所有权与使用权分离

中国现行农地制度安排与特征的归纳，很大程度要归功于 20 世纪 80 年代一批改革理论家的总结与提炼。80 年代初，随着基层包产到户创新越来越难以阻挡，支持改革的决策者和理论家开始寻找农村家庭联产承包责任制改革的合理化依据，形成一些重要表述：一是提出两个长期不变，即土地等生产资料的公有制长期不变，责任制也长期不变；二是论证包产到户不是搞私有制，包干到户经营方式是建立在土地公有基础上的；农户和集体保持着承包关系，不同于合作化以前的小私有个体经济；论证公有制下家庭经营与合作经济的关系，得出家庭经营仍然是合作经济的一个层次，与历史上私有基础上的家庭经济有别的结论。① 在当时的历史大背景下，包产到户改革与新中国成立后通过土改及合作化运动将土地私有制转为集体所有制不同，它将集体土地分包给村里农户时，保留着法律意义上的集体土地所有权，农户获得了行为层面的承包经营权，保住政治底线是社会主义制度下谋求改革的基本前提。另外，通过所有权与承包经营权的分离，大

---

① 中国农村发展问题研究组：《农村经济变革的系统考察》，中国社会科学出版社 1984 年版。

大降低了当时政治环境下"一大二公"意识形态的阻挠，也保证了旨在调动农民积极性的改革的顺利推进。[1] 随着农村改革的共识达成与绩效显现，农业政策界与学术界对农村研究的大门也打开了。在与国际学术界的交流中，中国农经界较早吸收现代产权理论，对农地产权特性及其变迁的认识更加深化，如认识到土地权利随经济发展，内涵也不断丰富；所有权与所有制含义不同，不能将两者完全等同，以禁锢意识形态；更有意义的是，理解了所有权可分解出使用权、经营权、租让权、抵押权、处置权、收益权等，成为一束权利。[2] 尽管在理论上还打着很强的当时历史背景下的烙印，但是，这些观点和政策努力对于推动包产到户改革从点到面及形成共识起到了关键作用，基于实践提出的权利分割思想，也为中国土地集体所有制下的两权分离理论打下基础。

（二）农地产权、合约与农户行为

在意识形态的影响减低以后，中国农地制度改革朝着明晰产权和稳定农户承包权预期的方向演进，学术的研究也致力于分析农地产权的特征及其对农户行为的影响。按照诺斯"制度是为人们相互发生关系而设定的一系列规则"[3] 的定义，经济学家较早将制度经济方法引入农地制度研究，认识到农地制度的绩效取决于其内含规则对农民与集体的激励程度和激励导向：如果农地制度安排使得农民的付出与收益相一致，激励程度就强；如果农地制度安排能使得农民的物质与人力资本更多地配置于生产性活动，农地制度的经济绩效就更好。[4] 在制度安排中，产权是"一个社会强制实施的对一种经济物品如何使用的权利"[5]，一个社会的产权安排有效性，对行为的影响举足轻重[6]。产权通过使用权的排他性、收益权的独享性和转让权的自由程度影响资源配置。中国农村土地制度对农民行为和农业产出的影响，就是通过不断增强土地产权的强度和广度来稳定农民的预期，通过合约结构的完善不断增大农民对剩余的控制权来实现的。刘守英、迈克尔·卡特、姚洋以及刘守英和龚启圣利用全国 8 县 800 农户样本数据，对农地改

---

① 张红宇：《农业结构调整与国民经济发展》，载于《管理世界》2000 年第 5 期。

② 杜润生：《杜润生自述》，人民出版社 2005 年版。

③ 道格拉斯·C. 诺斯：《制度、制度变迁与经济绩效》，杭行译，上海三联书店 1994 年版。

④ 刘守英：《中国农地制度的合约结构与产权残缺》，载于《中国农村经济》1993 年第 2 期；钱忠好：《农村土地制度变革农户心态的实证分析及其政府启示：对江苏无锡、泰兴、连云港三市（县）部分农户有关土地制度问题的问卷调查》，载于《中国农村经济》1997 年第 4 期。

⑤ 参见 R. 科斯、A. 阿尔钦、D. 诺斯：《财产权利与制度变迁：产权学派与新制度学派译文集》，刘守英等译，上海三联书店 2004 年版。

⑥ Demsetz H. Toward a Theory of Property Rights. *American Economic Review*, 1967, 57 (2): 347 – 359.

农地三权分置的理论与实践研究

革后的农地产权进行度量，分析影响不同地区产权安排多样性的因素，发现同样在集体所有制下，由于经济发展程度不同，资源禀赋差异和产权安排（使用权、收益权、转让权）的强度不一，农民对农地产权的意愿也产生很大差异。[①] 这一将产权与制度方法引入土地制度研究的努力，也在一定程度上淡化了中国农经界长期存在的土地制度问题上意识形态化的传统，将一直热衷的所有制研究转向关注影响农民行为的产权安排的研究。

（三）成员权集体所有制困境

中国农村第一轮改革将集体组织所有与控制的传统集体所有制转变为集体所有、成员权共有的现行集体所有制[②]。现行农地制度的本质是将原来集体控制的集体所有制改革为以成员权为核心的集体所有制，这个集体所有制的本质是每个集体组织的合法成员天然平等享有集体所有土地的各项权利[③]，家庭联产承包责任制下按人口均分土地而非家庭均分即是上述制度的具体体现。依此，集体内家庭之间的成员变化（出生死亡、婚入婚出、因进城户籍离村等），就必然要调整成员权和实行土地再分配。虽然中央政府一再强调稳定农民土地预期，将承包期从 15 年延长到 30 年，《土地承包法》将"增人不增地、减人不减地"写入法律，党的十七届三中全会和党的十八届三中全会更进一步提出实行长久不变，但村庄内部由于人口增减变化调整土地的压力始终存在。几个时点的农户调查也佐证了这一困境。到 1998 年时，许多地方第一轮土地承包即将到期，为了稳定土地承包关系，中央政府决定开展土地延包，实行将土地承包期延长到 30 年的政策，一份以 8 县 800 农户为基础的数据分析表明，62% 的被调查农户并不赞成实行 30 年内不调整土地的安排，这种情况越是在传统农区其比例越高；更令人悲观的是，高达 81% 的被调查农户根本不接受"新增人口不再分地"[④]。到 2003 年时，为了对农民承包土地实行法律保护，国家施行《农村土地承包法》，一份农户调查报告显示，与第二轮延包相比，尽管农户中赞成延长承包期的比例提高到了 62.9%，但是，仍然有 20.6% 的农户提出要将承包期缩短。另外，尽管赞成承包

---

① Liu S., Carter M. R., Yao Y. Dimensions and diversity of property rights in rural China: Dilemmas on the road to further reform. *World Development*, 1998, 26（10）：1789–1806；龚启圣、刘守英：《农民对土地产权的意愿及其对新政策的反应》，载于《中国农村观察》1998 年第 2 期。

② 刘守英：《中国农地制度的合约结构与产权残缺》，载于《中国农村经济》1993 年第 2 期。

③ 周其仁、刘守英：《湄潭：一个传统农区的土地制度变迁》，原国务院农村发展研究中心发展所内部报告。

④ 龚启圣、刘守英：《农民对土地产权的意愿及其对新政策的反应》，载于《中国农村观察》1998 年第 2 期。

期内不再调地的比例也上升了，达到51.1%，但是，仍然有36.8%的农户主张承包期内调地。在这以后，也有一些对农民土地权利要求的大样本调查，其中一份调查反映，到2008年时，认为"30年内不调地的政策不合理"的农户高达62.79%。认为增人不增地、减人不减地不合理的比例分别高达61.98%和59.95%。[①] 另一份是一个连续5次对17省的调查，数据反映，2001年到2010年，赞成"增人不增地、减人不减地"的农户比例从42.0%下降到38.2%，反对该项政策的农户从42%下降到28.6%。[②] 在增人户与减人户就是否调地形成拉锯局面时，理论界对于成员权集体所有制的认识也产生很大分歧，我们认为，尽管锁定人地关系的集体所有制改革会造成一部分农民无地，但是，与人口增减就要动地造成的农民预期不稳和投资负面影响相比，长期稳定的利要大于弊，事实上，随着工业化、城镇化进程的加快，农地对农民的经济重要性下降，稳定人地关系还有利于农民非农化。[③]

（四）地权稳定性与农业投资

地权稳定性及其效应检验是国际农业经济学界长久的实证研究主题。20世纪90年代初，林毅夫与菲德等（Feder et al.，1992）对中国东北的实证研究发现，地权稳定性对农民在农机方面的投资没有影响。[④] 姚洋对浙江和江西两省抽样农户的分析得出，地权稳定性对绿肥种植的影响显著为正，对产量的影响不显著。[⑤] 李果等的研究也得出同样的结果。[⑥] 许庆、章元的研究进一步细化，将农户的长期投资分为两类：一类是与特定地块不相连的长期投资[⑦]，另一类是与特定地块相连的长期投资，他们的研究结果表明，减人减地政策导致农户第一类长期投资下降，增人增地对农户第一类长期投资没有影响。王等（Wang et al.，

---

① 陶然、童菊儿、汪晖等：《二轮承包后的中国农村土地行政性调整》，载于《中国农村经济》2009年第10期。

② 丰雷、蒋妍、叶剑平：《诱致性制度变迁还是强制性制度变迁？——中国农村土地调整的制度演进及地区差异研究》，载于《经济研究》2013年第6期。

③ 邵夏珍：《"增人不增地、减人不减地"试验与农村转型：黔省500农户样本》，载于《改革》2014年第12期。

④ Feder G.，Lau L. J.，Lin J. Y.，et al. The determinants of farm investment and residential construction in post-reform China. *Economic Development and Cultural Change*，1992，41（1）：1-26.

⑤ 姚洋：《农地制度与农业绩效的实证研究》，载于《中国农村观察》1998年第6期。

⑥ Li G.，Rozelle S.，Brandt L. Tenure，land rights，and farmer investment incentives in China. *Agricultural Economics*，1998，19（1）：63-71.

⑦ 许庆、章元：《土地调整、地权稳定性与农民长期投资激励》，载于《经济研究》2005年第10期。

2015）利用中国数据[1]，付江涛等基于江苏省 3 县数据[2]，刘玥汐、许恒周利用天津蓟县周边 15 村数据[3]，都发现确权刺激了当地土地市场的发展。有些研究认为确权对土地生产率具有显著影响。[4] 还有研究发现，农户土地承包权和经营权的分离，可能会带来农业相关补贴发放对象、方式的改变，进而影响土地租金和流转。这些研究讨论了政府补贴是如何在土地承包者和经营者之间进行分配的、补贴对土地租金形成了怎样的影响等。[5]

（五）土地流转的效应与决定

土地规模过小、细碎化程度高，一直被认为是妨碍中国农业现代化的突出问题。[6] 土地流转可能产生两种效应，即边际产出拉平效应和交易收益效应。[7] 随着中国农村劳动力的大量转移，农地流转成为耕作农户扩大经营规模的重要途径。[8] 大量文献探讨了土地流转的决定因素，以下几点被广为提及。一是劳动力

---

[1] Wang H., Deininger J., Jin S. Land Documents, Tenure Security and Land Rental Development: Panel Evidence from China. *China Economic Review*, 2015（36）：220 – 235.

[2] 付江涛、纪月清、胡浩：《新一轮承包地确权登记颁证是否促进了农户的土地流转——来自江苏省 3 县（市、区）的经验证据》，载于《南京农业大学学报》2016 年第 1 期。

[3] 刘玥汐、许恒周：《农地确权对农村土地流转的影响研究——基于农民分化的视角》，载于《干旱区资源与环境》2016 年第 5 期。

[4] Jacoby H., Minten B. Is Land Titling in Sub – Saharan Africa Cost – Effective? Evidence from Madagascar. *World Bank Economic Review*, 2007, 21（3）：461 –485; Holden S., Deininger K., Ghebru H. Impacts of Low – Cost Land Certification on Investment and Productivity. *American Journal of Agricultural Economics*, 2009, 91（2）：359 – 373; Melesse M., Bulte E. Does land registration and certification boost farm productivity? Evidence from Ethiopia. *Agricultural Economics*, 2015, 46（6）：757 – 768; Ghebru H., Holden S. Technical Efficiency and Productivity Differential Effects of Land Right Certification: A Quasi – Experimental Evidence. *Quarterly Journal of International Agriculture*, 2015, 54（1）：1 – 31.

[5] Roberts, M. J., Kirwan, B., and Hopkins, J. The incidence of government program payments on agricultural land rents: the challenges of identification. *American Journal of Agricultural Economics*, 2003, 85（3），762 –769; Breustedt, G., and Habermann, H. The Incidence of EU Per – Hectare Payments on Farmland Rental Rates: A Spatial Econometric Analysis of German Farm—Level Data. *Journal of Agricultural Economics*, 2011, 62（1），225 – 243; Ciaian, P., and Kancs, D. A. The capitalization of area payments into farmland rents: micro evidence from the new EU member states. *Canadian Journal of Agricultural Economics /Revue canadienne d' agroeconomie*, 2012, 60（4），517 –540; Van Herck, K., and Vranken, L. Direct payments and land rents: evidence from new member states. *Centre for European Policy Studies Factor Markets Working Paper*, 2013（62）.

[6] 刘守英、李青、王瑞民：《中国农村土地流转和规模经营的特征与变化趋势》，载于国务院发展研究中心：《调查研究报告》2015 年第 172 号。

[7] 姚洋：《中国农地制度：一个分析框架》，载于《中国社会科学》2000 年第 2 期。

[8] 邸亮亮、黄季焜、Rozelle Scott 等：《中国农地流转市场的发展及其对农户投资的影响》，载于《经济学》（季刊）2011 年第 4 期。

市场（或者非农就业）发展状况。[1] 随着农户劳动力非农就业机会的增加，农民外出就业将获得更多收入，用来耕作土地的劳动力的机会成本将越来越大，这种由经济发展带来的对劳动力流动的需求将刺激农地流转市场的发展。二是农地产权稳定性。强调清晰的产权是土地流转交易的前提，土地承包经营权的稳定性成为决定土地流转的重要因素。田传浩、贾生华认为，农户对地权稳定性的预期越高，租入土地的可能性越大。在中国农村地区，行政性土地调整大量存在是影响农地使用权稳定性的重要因素。[2] 刘克春、林坚分析了中国行政性土地调整与农地流转市场之间的替代关系[3]；赵阳通过计量模型分析发现，打破小组界限的土地调整对农地流转市场发展有显著负的影响[4]。三是农户特征。涉及农户特征变量——户主性别、年龄、受教育水平、能力，家庭人口、劳动力数量、财产等。四是交易成本。农地流转本质上是农地使用权的交易，在交易过程中交易双方必然面临信息搜寻、合约谈判以及执行等方面的交易成本。过高的交易成本使得农地流转得不偿失，最终流转不起来。[5]

三、农地三权分置下的权利体系重构

从两权分离到三权分置，既是工业化、城镇化、农业现代化进程中农地制度演化的必然，也是集体所有制下农地制度安排的又一次重大制度选择。与两权分离调动农民积极性、解决中国农业增长的微观制度相比，农地三权分置制度的目

---

① 姚洋：《非农就业结构与土地租赁市场的发育》，载于《中国农村观察》1999 年第 2 期；Yang Y. The development of the land lease market in rural China. *Land Economics*，2000，76（2）：252 - 266；Kung K. S. Off - Farm Labor Markets and the Emergence of Land Rental Markets in Rural China. *Journal of Comparative Economics*，2002，30（2）：395 - 414；Deininger K.，Jin S. The potential of land rental markets in the process of economic development：Evidence from China. *Journal of Development Economics*，2005，78（1）：241 - 270；钱忠好：《非农就业是否必然导致农地流转——基于家庭内部分工的理论分析及其对中国农户兼业化的解释》，载于《中国农村经济》2008 年第 10 期。

② 田传浩、贾生华：《农地制度、地权稳定性与农地使用权市场发育：理论与来自苏浙鲁的经验》，载于《经济研究》2004 年第 1 期。

③ 刘克春、林坚：《农地承包经营权市场流转与行政性调整：理论与实证分析——基于农户层面和江西省实证研究》，载于《数量经济技术经济研究》2005 年第 11 期。

④ 赵阳：《共有与私用：中国农地产权制度的经济学分析》，生活·读书·新知三联书店 2007 年版。

⑤ 钱忠好：《农地承包经营权市场流转：理论与实证分析——基于农户层面的经济分析》，载于《经济研究》2003 年第 2 期；邓大才：《农地流转的交易成本与价格研究——农地流转价格的决定因素分析》，载于《财经问题研究》2007 年第 9 期；郜亮亮、黄季焜、冀县卿：《村级流转管制对农地流转的影响及其变迁》，载于《中国农村经济》2014 年第 12 期。

标应当是建立一套有利于从乡土中国向城乡中国转变的土地权利体系，为中国的城乡融合和农业现代化提供制度基础。

（一）围绕农地三权分置的争议

在顶层决策明确农地三权分置作为中国深化农村改革的制度安排以后，有些学者对这一制度的优势进行了阐释。比如，三权分置的制度设计是很精巧的，它不需要触动集体所有制，还能实现土地流转在规模、范围和速度上的提升。[①] 承包权与经营权分离使新制度具有开放性和可交易性，突破了承包经营权流转的身份固化性。[②] 在农户持有承包权的前提下，任何法人、组织及自然人都能成为土地经营者，促进了土地市场化。[③] 土地承包权与经营权分开后，农民可以安心进城务工经商而无须担心失去土地。[④]

也有一些观点表达了对三权分置实施中要注意的问题的关注。比如，怎样保障农户作为土地承包者的权利以及怎样通过流转土地经营权使农业在现代化道路上更快发展，是实行三权分置时要权衡的问题。农地抵押担保权的实现需要认真研究。需要细化三权分置的相关政策和制度安排。[⑤]

法学界起初就三权分置的政策术语如何在法律上得以表达存在疑问。有学者即认为，对于同一块土地，如果设置过多的权利，会导致权利体系的混乱和权利内容间的龃龉[⑥]；依英美财产法和产权经济学的权利分解理论将其分置为"土地承包权"和"土地经营权"，不合我国他物权设立的基本法理，难以在法律上得以表达[⑦]。有意义的是，作为一项重大的制度选择，法学界围绕三权分置农地产权结构的讨论走向深入。

第一种观点，按照产权经济学的权利束观念，将农地三权分置的权利结构表

---

① 郭晓鸣：《习近平定调农村土改：所有权承包权经营权分置》，http：//news. sina. com. cn/c/2014 - 09 - 30/030730935629. shtml，2014 年 9 月 30 日。

② 潘俊：《农村土地"三权分置"：权利内容与风险防范》，载于《中州学刊》2014 年第 11 期。

③ 黄静：《"三权分置"下农村土地承包经营权流转规范问题研究》，载于《河南财经政法大学学报》2015 年第 4 期。

④ 谢鸿飞：《农村土地可以释放更多红利》，载于《人民日报》2016 年 1 月 28 日第 7 版。

⑤ 叶兴庆：《农用地的产权重构》，载于《农村经营管理》2015 年第 6 期。

⑥ 陈小君：《全面深化改革与不动产法律制度的完善：我国农村土地法律制度变革的思路与框架——十八届三中全会〈决定〉相关内容解读》，载于《法学研究》2014 年第 4 期。

⑦ 高圣平：《新型农业经营体系下农地产权结构的法律逻辑》，载于《法学研究》2014 年第 4 期。

述为"土地所有权 + 土地承包权 + 土地经营权"三种权利。[①] 不过他们在土地承包权、土地经营权的权利性质上仍存在较大争议。一者认为承包权是成员权，经营权是债权。[②] 二者认为承包权是一种物权，经营权是一种债权，两者权利的效力差异明显。[③] 三者认为承包权和经营权均为物权。经营权也是一种用益物权，主要体现为对所经营土地的占有、经营、收益和处分权。承包权理所当然是一项独立的物权，性质也为用益物权。[④] 四者认为承包权是物权，对经营权没有表述。

第二种观点认为三权分置应表述为"土地所有权 + 土地承包经营权 + 土地承包权"。他们认为，就权利主体、内容、性质、侵权形态、救济和责任方式等而言，土地承包经营权和承包权均存在较大差异。在土地承包法设置土地承包经营权时，将其中包含土地承包权，这种做法不仅导致理论上的含混不清，在法律上造成土地承包经营权承载过多的功能，在现实中更是妨碍对承包人的土地权益实行有效保护，形成土地流转的制度障碍。因此，这次实行三权分置时，应当将土地承包经营权与土地承包权进行分离。[⑤]

第三种观点认为三权分置应表述为"土地所有权 + 土地承包经营权 + 土地经营权"。[⑥] 该派认为，土地经营权是以土地承包经营权为标的的用益物权，尽管土地承包经营权也是一种用益物权，但它与后者处于不同层次的客体，因此，这两种用益物权是可以同时存在的，不会相互冲突，将土地承包经营权与土地经营权分置的制度设计完全可以纳入用益物权体系构建内。土地经营权与土地承包经营权的分置设定也有利于农地使用权流转、融资与继承等结构性变动。[⑦]

（二）农地三权分置权利体系构建

在我们看来，集体所有权、承包权和经营权各自的权利界定与内涵明确以及三者之间的关系，是创新和实施农地三权分置制度的关键。基于目前的认识，我们就三权分置架构下集体所有权、成员承包权与耕作者经营权的内涵做如下

① 孙中华：《关于农村土地"三权分置"有关政策法律性问题的思考》，载于《农业部管理干部学院学报》2015 年第 1 期；韦鸿、王琦玮：《农村集体土地"三权分置"的内涵、利益分割及其思考》，载于《农村经济》2016 年第 3 期。

② 申惠文：《法学视角中的农村土地三权分离改革》，载于《中国土地科学》2015 年第 3 期。

③ 陶钟太朗、杨遂全：《农村土地经营权认知与物权塑造——从既有法制到未来立法》，载于《南京农业大学学报》（社会科学版）2015 年第 2 期。

④ 张力、郑志峰：《推进农村土地承包权与经营权再分离的法制构造研究》，载于《农业经济问题》2015 年第 1 期。

⑤ 丁文：《论土地承包权与土地承包经营权的分离》，载于《中国法学》2015 年第 3 期。

⑥ 高圣平：《农地三权分置视野下的土地承包权》，载于《法学家》2017 年第 5 期。

⑦ 蔡立东、姜楠：《承包权与经营权分置的法构造》，载于《法学研究》2015 年第 3 期。

界定。

第一，集体所有权是农民集体的所有权。中国农村家庭联产承包责任制改革实现了集体所有制下集体所有权和农户使用权的分离，在保持集体所有制前提下，将集体所有权实体化为成员所有权，将农地产权（使用权、收益权、转让权）赋予了农户。对于这套制度安排，一直存在批评意见，认为它导致集体权力弱化甚至虚置，影响集体经济做强做大，这一责难背后的理论意涵是将集体所有权等同于集体组织支配集体土地和资产的权力。从源头来看，集体所有的财产主要源于两部分：一是土改分给农民的私产及合作社时期积累的农民私产；二是集体化以后经过集体成员利用集体资源和劳动积累所形成的资产，由此，集体所有实质上是一个集体边界内以成员为核心的各类财产的集合。明确了集体所有的含义以后，我们就不会将集体所有等同于集体组织所有了，在集体所有的框架下，集体组织的存在是必要的，但它绝不是集体财产的所有者、控制者和支配者，充其量也就是由集体成员将资产委托其使用、管理与经营集体资产的代理人，它的权力与行为必须受到委托人的监督。20 世纪 80 年代的农村改革实质上是将集体所有土地回归集体成员，确立以成员权为基础的农民集体所有制度。这一制度安排得到《农村土地承包法》的法律承认，分别在第二条和第十二条得到法律明确表述。《物权法》对农民集体所有的法律表述更为明确，一是与其他物权界定对应，将农民所有的物归为不动产和动产两类；二是明确这些财产的归属为本集体成员；三是规定土地相关权利的处置由集体成员决定。"集体"，分属"村农民集体""村内农民集体"和"乡（镇）农民集体"三个层次，"村集体经济组织"或"村民委员会""村民小组""乡（镇）农村集体经济组织"只是代表集体行使土地所有权。

关于集体所有权的内涵，《三权分置意见》对之予以了界定和进一步的细化：（1）依法发包集体土地，任何组织和个人不得非法干预。（2）因自然灾害严重毁损等特殊情形依法调整承包地。（3）对承包农户和经营主体使用承包地进行监督，并采取措施防止和纠正长期抛荒、毁损土地、非法改变土地用途等行为。"特别是在承包权人转移进城而流转经营权的情况下，更要强化农民集体对土地使用的监督权，保护农地资源用于农业，维护集体土地权益。"[①]（4）依法对土地经营权的流转进行监督。承包农户转让土地承包权的，应在本集体经济组织内进行，并经农民集体同意；流转土地经营权的，须向农民集体书面备案。（5）集体土地被征收的，农民集体有权就征地补偿安置方案等提出意见并依法获得

[①] 韩长赋：《土地"三权分置"是中国农村改革的又一次重大创新》，载于《光明日报》2016 年 1 月 26 日第 1 版。

补偿。

第二，土地承包权是赋予集体成员的财产权。农户取得农地的承包经营权是我国农村改革的最主要成果，是中国共产党历史上第二次给农民土地赋权，第一次以耕者有其田的土地改革取得政权，第二次是以还权于农民的家庭承包制改革开启中国改革开放的历程。如何对待和处置农民的土地承包经营权是三权分置改革带有方向性的问题。

在农地三权分置的理论探讨中，法学界在承包农户土地权利的表达方面存在分歧，一种是建议继续沿用土地承包法中的土地承包经营权概念，另一种建议以此次改革为契机，直接用土地承包权表达承包农户的土地权利。在我们看来，在三权分置权利框架下，应该将集体成员的土地权利明确表达为土地承包权。其理由如下：其一，《农村土地承包法》中使用的"承包经营权"概念，是为了在法律上明确集体与成员之间对集体土地的发包与承包关系，这与改革初期的法律和经济权利关系实事是一致的。但是，随着国家和集体各种义务的解除与改革，土地承包期的延长，"增人不增地，减人不减地"的实施，使农民与土地的关系越来越稳定，尽管农民的土地是承包来的，但是，农民土地承包权的物权化越来越强化，不仅包括所承包土地的使用权、收益权、流转权，对土地的占有和支配权也越来越大，在很大程度上，土地承包权已经成为农民的财产权。因此，对土地承包经营权这一在一定历史条件下创设，但权利内涵已经发生重大变化的名称进行修改，适逢其时。其二，无论是改革初期还是法律的认定，土地承包经营权的设定都是以农民作为自耕者（承包者就是经营者）为前提的，但是，随着工业化、城镇化的进程，农民代际差异加大，承包者与经营者的分离已成事实，不宜继续用承包经营权代表现在事实上的土地权利状态。其三，农民的土地承包经营权基于集体成员身份获得。在经济结构和土地权利演化中，将土地承包权与土地经营权进行分设，有利于进行土地承包权身份性与土地经营权非身份性的区隔，便于对两者的权利进行分别保护，而不造成对其中任何一方权利的伤害。

《三权分置意见》将土地承包权界定为"土地承包权人对承包土地依法享有占有、使用和收益的权利"[1]。这里所谓"土地承包权人"，是指拥有集体成员身份的（承包）农户。如此，土地承包权带有很明显的身份属性[2]，蕴含着或者说承载着"耕者有其田"的成员权功能[3]，只有本集体成员才享有土地承包权，无

---

[1] 《三权分置意见》"三、逐步形成'三权分置'格局"之"（二）严格保护农户承包权"。

[2] 参见马俊驹、丁晓强：《农村集体土地所有权的分解与保留——论农地'三权分置'的法律构造》，载于《法律科学》（西北政法大学学报）2017年第3期。

[3] 参见焦富民：《"三权分置"视域下承包土地的经营权抵押制度之构建》，载于《政法论坛》2016年第5期。

论土地经营权如何流转，农户的土地承包权均不丧失①。此种意义上的土地承包权与《农村土地承包法》和《物权法》中所规定的以家庭承包方式设立的土地承包经营权大致相当，指承包农户依法对其承包经营的耕地、林地、草地等享有的从事种植业、林业、畜牧业等农业生产的用益物权。这里，主体是承包农户，限定为本集体成员；客体是其承包经营的耕地、林地、草地等农村土地；内容是从事种植业、林业、畜牧业等农业生产；性质上属于用益物权。

关于土地承包经营权的内涵，根据《三权分置意见》的表述，承包农户的土地承包经营权包括以下内容：（1）占有、使用承包地，其中包括建设必要的农业生产、附属、配套设施，自主组织生产经营和处置产品并获得收益；（2）通过转让、互换、出租（转包）、入股或其他方式流转承包地并获得收益；（3）就承包土地经营权设定抵押；（4）自愿有偿退出承包地；（5）具备条件的可以因保护承包地获得相关补贴；（6）承包土地被征收的，承包农户有权依法获得相应补偿，符合条件的有权获得社会保障费用等。与《农村土地承包法》和《物权法》中规定的以家庭承包方式设立的土地承包经营权的内容相比，《三权分置意见》做了以下几个方面的明确或改变：其一，明确了土地经营权的入股流转方式，为新型农业经营体系的构建提供了另一条可供选择的路径；其二，改变了现行法上禁止耕地等土地承包经营权抵押的规定，明确承包农户可就其土地承包权设定抵押；其三，在转让之外，明确指出承包农户可以放弃其土地承包权，但以"自愿有偿"为前提；其四，明确了承包农户因保护承包地获得相关补贴的权利；其五，明确了承包土地被征收的承包农户，符合条件时有权获得社会保障费用。

第三，土地经营权是各类农业经营主体享有的耕作权。农业经营体制的核心是耕作者的积极性问题。中国历史上的田面权与田底权的土地权利结构，对田底权者和田面权者的权利实行同等保护，耕作者的权利具有所有权的特质。20世纪80年代以后的集体所有权与承包经营权分离的改革，也是以向耕作者设权、赋权，调动了几亿农民自耕者的积极性，为改革以来的农业增长和农村稳定提供制度基础。此次推行的农地三权分置改革，仍然是要解决农村人地分离格局下的农业经营制度问题。与自耕农时代不同，这一轮经营权利的设置与保护非常复杂，这些主体既有兼业小农，也有适度规模农；既有本村农，也有外村农；既有家庭农场，也有合作社农场、公司农场，新的权利设置既要顾及已经分得土地的几亿小农，也要调动各类新型经营主体的积极性，这是一次非同寻常的权利分置试验。但是，面对农业经济活动和农业经营者行为的变化，土地经营权改革关乎

_____

① 《三权分置意见》指出："农村集体土地由作为本集体经济组织成员的农民家庭承包，不论经营权如何流转，集体土地承包权都属于农民家庭。"

中国农业生死存亡和乡村现代化，必须找到可行的制度安排。

关于土地经营权的设权，我们认为，土地经营权的宗旨是为耕作者提供稳定的土地使用和投资预期，法律上的表达不要妨碍这一目的的实现。具体而言，其一，完善农村基本经营制度的关键是"赋予经营主体更有保障的土地经营权"，"保障其（土地经营权人）有稳定的经营预期"，要"加强对土地经营权的保护，引导土地经营权流向种田能手和新型经营主体。支持新型经营主体提升地力、改善农业生产条件、依法依规开展土地经营权抵押融资"。[①] 土地利用关系的法律表达一直存在物权、债权二元化构造[②]，土地利用关系既可以反映为用益物权，也可以表现为债权性土地利用权，两者均可增进物尽其用。土地经营权的定性是一个政策选择问题，定性为物权性土地利用权（用益物权）或债权性土地利用权均无不可。物权和债权的区分并非绝对，其间并不存在不可逾越的鸿沟。正如苏永钦先生所言，物权的本质，就是把一个原来属于甲与乙之间的关系（相对关系），通过登记公示，然后就被绝对化了。[③] 这表明，将一项权利塑造为物权还是债权，有人为处理的因素。虽然用益物权可以使土地利用关系物权化，巩固当事人之间的法律关系，并可以对抗第三人[④]，而债权性土地利用权的效力仅发生于当事人之间，在契约自由包括解约自由的观念之下，土地利用合同可因任一当事人的单方意思表示得以解除，当事人之间的土地利用关系不若用益物权那样稳定，但将债权性土地利用权物权化，经由登记使之明确化，并借此周知其他利害关系人，对土地经营权人的债权性土地利用权给予类似物权的保护，与将土地经营权定性为物权的作用机理相若，同样可以使经营主体产生稳定的经营预期。其二，引入登记对抗是保护土地经营权的有效手段。通过登记对抗的引入，在不损害原承包农户利益的前提下，赋予土地经营权人对抗承包农户的权利，强化对土地经营权人的权利保护，有利于充分发挥土地经营权的使用价值和交换价值，也有利于新型农业经营主体的培育和发展。[⑤] 目前，农地三权分置的实践探索呈现出多样化的趋势，除了传统的出租、转包等之外，土地股份合作、土地托管、代耕代种等形式不断涌现。一则《三权分置意见》明确："鼓励采用土地股份合作、土地托管、代耕代种等多种经营方式，探索更多放活土地经营权的有效途径""提倡通过流转合同鉴证、交易鉴证等多种方式对土地经营权予以确认，促进土地经营权功能更好实现"。由此，短期的"土地托管、代耕代种"所形成的

---

① 《三权分置意见》"三、逐步形成'三权分置'格局"之"（三）加快放活土地经营权"。

②④　王泽鉴：《民法物权》，北京大学出版社 2010 年版。

③　苏永钦：《中国需要什么样的民法典》，载于《私法》2013 年第 1 期。

⑤　孙中华：《关于农村土地"三权分置"有关政策法律性问题的思考》，载于《农业部管理干部学院学报》2015 年第 2 期。

土地经营权不宜定性为物权，只有长期的、稳定的土地经营权才应定性为物权；二则，土地经营权的确认方式是"合同鉴证、交易鉴证"，而不是登记这一通行的不动产物权公示方法。"放活土地经营权"的本意就在于不就土地经营权的设立方式、权利内容等作出不合理的限制，以使当事人之间自主自愿地达成土地经营合同。在契约自由的观念之下，经营权的设立和内容均可由当事人自主约定，给予经登记的土地经营权类似于物权的保护，同时采取登记对抗主义，让当事人参酌具体情况自行选择是否办理登记。对于短期的土地经营权，当事人可以选择不予登记，金融机构基于风险控制的考量，亦不会基于此发放商业贷款。当然，目前应鼓励当事人签订长期流转合同①，使经营主体有更为稳定的经营预期，调动其用地养地、增加农田基础设施建设等长期投入的积极性。②

至于土地经营权的内容，《三权分置意见》规定：（1）"自主从事农业生产经营并获得相应收益。"（2）"经承包农户同意，可依法依规改良土壤、提升地力，建设农业生产、附属、配套设施，并依照流转合同约定获得合理补偿""在流转合同到期后按照同等条件优先续租承包土地"。（3）"经承包农户或其委托代理人书面同意""再流转土地经营权或依法依规设定抵押"。（4）"流转土地被征收的，地上附着物及青苗补偿费应按照流转合同约定确定其归属。"

本章是对农地三权分置制度政策形成与研究的评论。从制度供求来看，农地三权分置制度的出台，是对中国现行农地制度安排更好地适应农村发展现实的一种政策回应，是对中国集体所有农户承包地权制度的发展，由此构建的农地集体所有、成员承包、耕作者经营的农地权利体系，将成为中国下一阶段农村社会的基础性制度，对农民土地权利和农业经营产生重大影响。但是，农地三权分置制度的问世，带有很强的"急就章"特征，实践需求和政策设计走在了理论的前面。好在一项制度的法律化，需要一段时间的检验和完善，地方实践和政策实施将为我们提供进行农地三权分置理论和政策研究的难得机会。由于地方经济发展阶段的差异、农民异质化的程度不一、农业功能和形态的多样化、城乡互动下的要素组合变化，农地三权分置如何制度化、法律化是值得深化研究的主题。在城乡中国背景下，农地的集体所有权、成员承包权以及经营者耕作权的权利内涵、权利保护与实施、三者权利关系的界定是下一阶段理论研究的重点，中国农地制度创新实践为建立集体所有制下的土地权利理论提供了机遇。

---

① 《土地经营权流转意见》"三、规范引导农村土地经营权有序流转"之"（五）鼓励创新土地流转形式"。

② 参见叶兴庆：《集体所有制下农用地的产权重构》，载于《毛泽东邓小平理论研究》2015年第2期。

第十章

集体地权制度下农地合约选择
与经营体制变迁

中国农地集体所有制自建立以来，农地权利经历了不断分割与合约再议定，直至农地所有权、承包权和经营权的三权分置被确立为下一阶段农地改革的基本方向。前面我们分析了集体地权的权利分割和三权分置的理论内涵。需要进一步分析的是，在集体地权制度下，农地的合约应如何重构？

主流经济理论认为，在完全市场条件下，土地要素会从土地净收益率低的农业经营主体流向土地净收益率高的农业经营主体，直到不同主体的土地净收益率相等时，土地资源配置达到最优。此时，农业经营主体内部土地经营的边际成本等于预期的贴现边际收益，投资收益达到最大（杨小东，2009）。随着经济结构变迁，农业劳动力逐渐转移至非农部门，由此产生的个人间、部门间的收入不平等问题可以通过高度灵活、有效的要素市场，特别是土地要素市场来解决（Deininger and Jin，2005）。姚洋（2000）、德尼格（Deininger，2003）的分析表明，当其他要素市场完全时，运行良好的土地租赁市场相较于行政性土地调整更能实现资源配置的优化，从而提高农业生产效率和社会公平性。中国自20世纪80年代初实行农地改革以来，一直在按照农地市场化逻辑推进农地制度变迁，其背后的理论依据是，明晰产权、放松管制、鼓励土地承包经营权流转将有利于实现农地资源的优化配置与提高农地制度的绩效。

但是，市场化交易实现经济绩效的提高需以有效产权论为前提，土地市场配置的效率取决于土地产权的明晰性、完整性和可转让性。若不具备相应的产权条件，农业经营主体将因制度成本过高而降低预期收益，最终减少农业投资（刘守英，1993）。中国农村土地集体所有制条件下，特殊的农地产权结构制约加上其他政策安排的障碍导致农户层面的土地市场效率无法实现。农民集体组织、承包农户以及新型农业经营主体围绕农地资源进行合约议定的成本过高，影响农业经济活动安排和要素投入水平，导致土地经营细碎化、农户普遍兼业化和农业生产要素有效组合难以实现（钱忠好，2008；Ji et al.，2016）。如果制度改革不能解决共有土地上的集体行动困境，无论是提高产权个人化程度的改革，还是依赖政府强干预为导向来提高农业绩效的努力，都将事与愿违。

中国集体地权制度下相关利益方能否通过合约形成集体农地资源配置的合理制度安排和合意的农业经营体制，是实现农业绩效的关键。伴随改革开放进程，中国已实现从乡土中国向城乡中国的转型（周其仁，2017；刘守英、王一鸽，2018）。随着工业化、城市化的推进，农民与土地及乡村的黏度下降，政府从强制者向合约者的角色转变使农地制度变迁与合约安排出现多样化选择。在中国不同类型地区，已经出现地方政府通过制度供给，改革集体地权结构和农业经营体制，从而提高农业绩效的努力。

本章分析的上海松江区，就是政府利用农地的集体共有属性进行制度供给，通过集体内部的权利再安排与合约再议定，形成适度规模经营的家庭农场，以此促进农业转型和农业绩效提高的典型案例。松江创设的家庭农场，其经营权主体不同于土地市场化流转后形成的家庭农场经营者，他们仍然作为集体经济组织成员，其农地资源的利用资格、农业规模经营策略和接受的社会化服务均与"集体"密切相关。但是，这个"集体"已经是一个集体制度与村社制度的混合体，前者依赖法定代理权力承担行政和经济功能，后者利用非正式规则约束集体成员行为。因此，本章将之界定为"集体村社[①]型家庭农场"制度。本章从合约视角分析特定体制框架下地方政府、农民集体组织及农户合约背后的行动逻辑，以及这一合约结构对农业绩效的影响。这一案例也提供了农地三权分置与合约结构重构的可能选择。

---

① 村社制是以村社集体为本位的组织形态，"村社"既是生产组织和社会组织，更是农民的精神共同体。参见徐勇（2013）。在中国，村社是农户之间发生经济和社会关系的载体。集体化时期，村社制度的非正式约束减低，政府自上而下的强制力增强，但村社从形态和约束力方面来说都依然存在。农村人民公社制度废除及土地承包到户后，集体行政功能减弱，乡村自治性提高，村级治理成为村民委员会、集体经济组织与村社非正式制度共同作用的集合，本章把这种治理形态称为"集体村社型"。依照这一界定，本章"集体村社型"中的集体指承担行政和经济功能的集体制度安排，包含法定代理行使农村土地所有权的各级村民自治组织与各级集体经济组织，村社指约束与规范集体成员行为的村庄制度安排。

一、集体地权制下的农地合约选择

（一）文献回顾

产权经济理论被广泛运用于农地制度研究中。在一个体制中，产权是经济交易的基础，帮助经济主体形成与他人交易时的合理预期（Demsetz，1967）。提高产权个人化程度的制度通过将外部性内在化，实现对经济主体的激励，从而对经济绩效产生正的影响（Demsetz，1967；Cheung，1970；Alchian and Demsetz，1973）。在具备相应经济条件的情况下，个人化程度越高的农地产权结构具有越强的产权稳定性，有利于提升信贷需求水平、增加土地市场交易、减少土地纠纷与改善农业投资（Feder et al.，1988）。但是，一些基于实例的研究指出，产权理论的上述应用可能存在简单化的情形。首先，农地产权制度实施效果取决于经济先决条件的满足程度。如果现实中存在对产权的强约束，如人地关系、市场准入、信贷供给等条件不成熟，对经营者赋权就难以产生预期的激励效果，政府通过土地确权改变经营者行为的效果有限。基于非洲多国的调查显示，以确权替代习俗土地制度并未获得显著的农业投资增长（Barrows and Roth，1989；Bruce et al.，1994）。再有，当共有产权有明确的进入与退出规则，能够排除集体成员以外的潜在资源使用者（Ciriacy-Wantrup and Bishop，1975；Agrawal，2001），并且提供风险共担机制（Bromley and Chavas，1989；Wilson and Thompson，1993）、规模经济（Quiggin，1993）、收益分配公平性（Quiggin，1993）、降低资源所有者执行规则相关的交易成本（Bromley，1989）等保障时，共有产权可以产生合意的经济绩效。如果共有产权下权利配置的合约使各主体能够应对"搭便车"、解决承诺问题、安排新的制度、督促遵守规则，它也可能带来良好的经济产出（Ostrom，1990）。这意味着，当理论上的最优条件无法达成时，非个人化的农地产权框架下存在各主体以合约方式改进经济绩效的可能性。

中国农地集体所有制经历了农地权利的不断分割与再配置过程，通过合约结构的完善来影响农户行为与改善农业绩效。改进集体所有制绩效的合约与国家的乡村治理制度密切相关，作为合约议定方的地方政府、农民集体组织与集体农户之间的关系既由集体地权配置决定，又进一步影响地权合约的议定方式。

人民公社体制时期，国家对乡村的目标在传统税赋的基础之上额外施加了为社会主义工业化提供资本形成的功能（Bai and Kung，2014）。国家透过政社合一的集体组织对农村要素所有权进行完全控制，以攫取乡村剩余，农户家庭作为乡村经济活动基本单位的地位被集体组织取代（徐勇，2013）。在"三级所有、队为基础"体制下，乡村被正式制度主导，行政化的公社、大队与小队等各层级集体组织代表国家权力进入乡村，全面制约乡村的非正式制度（刘守英、熊雪锋，2018）。这一时期，乡村是国家行政指令的被动接受者，农民只是国家控制的集体组织的成员，不存在非强制合约议定的条件，导致农业经营低效、农民贫困日益凸显（周其仁，1995）。

自20世纪80年代起，农地制度从"三级所有、队为基础"体制变迁到"集体所有、家庭承包"体制，国家将生产队集体所有权变为成员集体所有权；集体成员平等地拥有集体土地等份占有、使用、收益、转让权；每个分到土地的农户享有完成国家任务和集体义务后的剩余索取权；家庭代替生产队成为农业经营的微观基础（刘守英等，2019）。国家通过农地承包合约以更低成本获得农产品的需求直接动摇了政社合一体制。为此，国家变革控制乡村的行政组织，原有的人民公社、生产大队与生产队分别被乡（镇）、行政村与村民小组的行政单位取代（何·皮特，2014）。乡镇政府成为乡村治理的主体，职能行使与资金来源高度依赖于集体组织；作为村级自治组织的村民委员会虽然剥离了基层政权性质，但仍然作为国家权力的代理人完成行政任务（刘守英、熊雪锋，2018）。

2003年起，城乡关系进入"以工补农、以城带乡"的城乡统筹阶段，乡村治理体系进一步转型。一是国家逐步取消对农村收取的各类税费，减轻农村居民负担，加大对农村的财政投入和基本公共服务供给（孔祥智、何安华，2011）；二是税费改革使得乡镇政府在乡村治理中的地位被不断削弱（周飞舟，2006），正式制度越发强调村级自治的作用（党国英，2008）；三是非正式制度对乡村秩序的影响复归（刘守英、熊雪锋，2018）。与乡村治理制度变革和结构变革相伴随的是农地权利的再分割与再配置，农地承包权与经营权发生自发分离，经营权流入大户、专业合作社和企业等多种主体，自下而上地对国家与集体之间农地资源配置的新合约提出新需求。顺应农地承包权与经营权的自发分割，党的十八届三中全会将农地三权分置作为一项顶层制度设计，从正式制度层面明确农地所有权、保障农户承包权与放活土地经营权，旨在为中国的城乡融合和农业现代化提供基础性农地权利体系（刘守英等，2017）。

政府是中国农地制度变迁中不可或缺的行动者。乡村治理体系变革后，地方政府在农地制度变革中的目的、功能和方式也发生了重大变化。地方政府和集体组织既是农村土地集体所有制下的第二行动集团，又是次生农地使用制度安排的创新者（张红宇，2002）。地方政府会为了改善制度的成本—收益结构参与合约议定，影响集体地权制度变迁合约。为了降低制度运行成本，政府会选择能够降低合约议定前、中、后期交易费用的制度（汪丁丁，1992）。为了获取更高的制度租金，政府会供给对经营者产生更大激励的制度（黄少安，2000）。一旦地方政府明确了三权分置的预期成本—收益结构，就会成为推动农地制度变迁和制度绩效实现的关键行动者。

综上所述，已有文献对农地合约选择的分析基本遵循张（Cheung，1969）的合约理论逻辑，即在市场化条件的交易费用约束下，所有权主体的合约选择将基于交易费用和风险分散实现利益最大化。但是，在中国当前的情形下，乡村治理体系已经发生正式制度与非正式制度的融合，地权分割受到集体制度的制约，农地合约结构和经营体制安排出现多样化选择。

（二）集体地权制度下的农地合约选择理论

产权制度本质上是一种约束性安排，对相关经济主体在资源使用中的竞争进行限制（Alchian，1965）。产权在各主体间的分割通过合约来实现，由此形成多样化的合约结构。对产权使用与转让的各种限制，对权利主体从资源中获益的各类约束，都会影响产权分割的合约安排。中国的农地产权分割合约选择首先受到农地集体所有制的约束，即农地使用权的分离必须在集体所有权与农户承包经营权的限制下进行，并且正式制度的变革要求政府与集体组织参与合约议定。

此外，包含乡规民约的村社制度作为非正式的竞争约束机制也会影响合约的议定与实施。在不完全市场和非完整产权条件下，政府与集体组织、集体成员及家庭农场经营者通过合约安排实现如下目标：①集体成员得到合意的权利置换；②农业经营组织的选择有利于促进农业规模化经营与提高农业生产活动复杂度；③合约内含的激励机制使经营主体的付出与收益相一致、物质与人力资本更多地配置于生产性活动，从而降低产权界定不清带来的租值耗散；④集体内延续家户传统、规模适度的家庭农场的经营者成为合约议定方，其经营权受到合约条款的保护。

在集体地权制度下，地方政府发现集体村社型家庭农场体制有利于打破现行制度与农业发展的均衡，于是作为制度供给者推动了农地合约的再议定。合约相关方包括地方政府、集体组织、农民集体成员、转出土地农户与家庭农场经营者。不同主体及主体以不同身份参与的合约结构形塑了合约各方的权利和义务，构成集体农地三权分置下的产权结构与利益实现形式，由此影响农业绩效。

1. "地方政府—村社集体—农户" 阶梯型合约结构

地方政府作为集体村社型家庭农场制度的供给者，通过集体组织与农户进行合约议定，在政府、村社集体与农户三个层级之间达成阶梯型合约。在乡村治理体系已经发生转变后，虽然政府仍然利用行政力量影响村庄制度安排，但政府并非传统意义上的"利维坦"，而更像一个为了达成制度变革的"协调者"（Wallis，2015），为了改变现行制度的成本—收益结构，将所选定和意欲实施的制度提供给集体组织。集体组织作为地方政府制度变革的代理者，在村社集体层面与农民集体成员，以及在村庄内部与集体里的两类农户（承包农户以及家庭农场经营者）达成合约。

　　在阶梯型合约当中，首先，集体村社型家庭农场合约依赖于地方政府与集体组织达成的基础性合约（见图10-1中的合约①），地方政府是主要的制度设计、供给与服务主体，服从于既有农地产权结构与特定政策目标。合约①制定了改变集体村社型家庭农场合约的规则，也就是说合约②、合约③与合约④的议定原则，包括参与议定的主体、议定程序等，必须以合约①的规则为基础。其次，在村社集体层面，形成农民集体成员与集体组织的"委托—代理"合约（合约②），明确农地所有权主体与其代理人之间的合约，成为新合约结构建构的前提。最后，集体组织与承包农户达成实现承包权权益、完成农地利用重组的协定（合约③），以及与集体内所选择农户达成家庭农场规模经营合约（合约④）。在初始合约建立后，根据经济条件变化与合约实施情况，各合约相关方将不断进行合约再议定，促进农业绩效的改进。

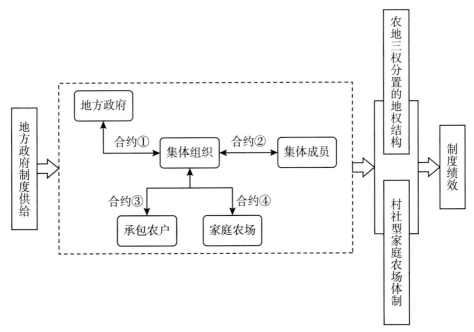

图 10-1　集体村社型家庭农场合约结构理论分析框架

（1）地方政府与集体组织的合约（合约①）。地方政府为了进行制度供给，依靠其在村庄一级的代理人（通常是村民委员会与村党支部，简称"村'两委'"）与农民集体成员达成合约。在法律上，集体经济组织或村民自治组织作为农民集体所有权的代理者，拥有发包、管理集体土地等权力。① 据此，地方政府利用集体组织落实农民集体成员在集体经济组织的成员权利，通过可信承诺使集体成员将集体农地资源的管理委托给村"两委"，利用村"两委"作为中介达成政府与村庄之间的合约议定。在制度供给中，地方政府也通过村"两委"对农地流转与利用合约施加影响。在要素市场不完全的约束下，地方政府为了达成制度变迁目标，可能会进行如下制度供给：一是限制农地流转范围，以降低农地市场化配置的外部性；二是限定新经营主体的选择来源；三是提供相关的政府服务，包括可承受的财政支持和农业服务等。政府与集体组织达成的合约为集体内部的合约议定提供了基础。

（2）村社集体层面的合约（合约②），即农民集体成员与集体组织之间的"委托—代理"合约。土地集体所有制的本质是农民集体作为集体所有权人对集体土地依法享有占有、使用、收益和处分的权利。由于农民集体缺乏人格化的所有者，集体组织充当了这一角色（陈剑波，2006）。但是，集体组织并不是集体资源的拥有、控制和支配者，只是接受集体成员委托作为农地管理与处置的代理人，其权力与行为必须受到委托人的监督。集体经济组织作为集体所有权的代理人，与农民集体成员达成"委托—代理"合约。集体经济组织与农民集体成员之间的合约包括界定农民集体成员权的内涵、明晰集体土地产权归属、确保集体成员享有平等的土地权利和资产收益、减少集体名义下少数人的机会主义行为、防止个人侵犯集体财产或利益。当然，由于村"两委"在乡村的领导地位，它会通过民主议事机制保障集体成员的知情权、决策权、监督权，以使村社集体层面的合约得到实施。

（3）集体组织与转出土地农户的合约（合约③）。随着经济结构变迁，集体成员的就业和收入来源发生变化，影响集体成员的土地权利观念与处置方式。在集体所有制情形下，集体成员有权将承包经营的土地转出，集体组织也可以通过

---

① 参见：①《中华人民共和国农村土地承包法》（第十三届全国人大常委会第七次会议修订）第一节第十三条："国家所有依法由农民集体使用的农村土地，由使用该土地的农村集体经济组织、村民委员会或者村民小组发包。"中国人大网，http：//www.npc.gov.cn/npc/c30834/201901/cd063e4c0f19465e9d41946001fe839c.shtml。②《中华人民共和国土地管理法》（第十三届全国人大常委会第十二次会议修订）第二章第十一条："农民集体所有的土地依法属于村农民集体所有的，由村集体经济组织或者村民委员会经营、管理；已经分别属于村内两个以上农村集体经济组织的农民集体所有的，由村内各该农村集体经济组织或者村民小组经营、管理；已经属于乡（镇）农民集体所有的，由乡（镇）农村集体经济组织经营、管理。"中国人大网，http：//www.npc.gov.cn/npc/c30834/201909/d1e6c1a1eec345eba23796c6e8473347.shtml。

合约安排将愿意流转经营权的农户的土地转入。对于转出土地的农户而言，只要转出土地的承包权权益得到保障，这些农户也会愿意将土地转给集体组织处置。集体组织与转出土地农户的合约选择有两类：一类是与愿意保留承包权但同意转出经营权的农户的合约。在村"两委"的指导下，承包农户流转出土地的经营权交由集体组织管理，并以集体成员的身份从集体经济组织处获取承包权收益，它既可能表现为货币形式的地租，也可能表现为股份合作经济下的股权收益。这一合约中承包农户的承包权并没有丧失，只是改变了承包权益的实现形式（洪银兴、王荣，2019）。另一类是与退出承包经营权的农户的合约。这类合约可能通过权益置换方式来保障农民的土地利益。在工业化、城镇化进程中，部分进城实现非农就业的农民已长期脱离农业生产，他们有将土地承包经营权有偿退出的意愿，只要合约条件得到满足，这类合约议定即可达成（李荣耀、叶兴庆，2019）。

（4）集体组织与家庭农场经营者（图10-1中简称为"家庭农场"）的合约（合约④）。集体地权下农地合约再议定的宗旨是，在保护利益相关者权益的前提下提高农业资源配置效率。为了达成此目的，作为政府委托者的集体组织一方面会寻求更有效的农业经营主体，另一方面将建构使经营主体有效利用资源的合约。为了保证农业经营者选择有效，集体组织可能采取如下行动：一是将小农户经营单位变为家庭农场，既保住家庭经营在农业中的有效性，又克服小农户在经济活动中存在的不足。二是利用村社制度的优势从集体内部选取专业的务农经营者，因为村社制度包含的熟人规则会对村内的农业经营者施加更有效的约束，使之更重视土地的可持续利用，减少农业经营中的短期行为。

为了保证农业经营者的经营效率，集体组织一方面赋予家庭农场经营者对特定规模地块一定期限内的占有、耕作并取得相应收益的权利，另一方面与家庭农场经营者达成相关合约安排。与纯土地市场化流转情形下的农业经营合约不同，集体组织与家庭农场经营者的合约安排包含对主要农业生产要素初始配置和后续使用的具体内容。第一，为防止经营者能力与耕种土地不匹配造成规模不经济，采取框定家庭农场土地经营规模的制度安排。集体组织会综合考虑地区资源禀赋状况与经济社会发展水平，特别是考虑农户经营能力以及非农产业收入水平与农业专业经营收入的对比，以确定适度的土地经营规模。第二，集体组织作为地方政府与家庭农场的中介，向家庭农场提供资金及其他农业支持。包括：①通过适度补贴调动家庭农场经营者专业化从事农业经营的积极性。一定量的补贴旨在提高农业经营主体的边际收益（McCloud and Kumbhakar，2008），促使其从事专业化的农业经营而非靠兼业来弥补农业经营收入的不足，从而提高农业生产绩效，并逐步降低经营主体对补贴的依赖度。②进行村庄范围内的农业基础设施投资。

171

适度规模经营要求土地的连片成方和田、水、路、林的综合整理，单个经营主体无力实施（刘守英，2015）。在集体土地权利重构后，政府与集体组织有可能对土地进行集中连片的整理和"区域专业化"生产布局，从而避免地块过于分散情况下机械不可分性带来的不经济和要素作业转移成本产生的效率耗散（罗必良，2017）。③提供农业配套服务。小农户经营向家庭农场的转变，有利于农业服务的规模化，提高农业服务者和农业经营者的规模报酬。

2. 集体村社型家庭农场合约结构与制度绩效

在不突破既有制度约束的条件下，地方政府通过集体村社型家庭农场体制建构，形成满足地方政府、集体组织与农户各方目标的合约结构。在集体内部，集体组织作为农民集体所有权的代理人，分别与承包权主体（转出土地农户）和经营权主体（家庭农场经营者）签订可置信的正式合约，保证了集体经济组织成员的成员权和土地财产权，并确保了转出土地农户的承包权权益的实现，在此基础上利用政府正式制度与村社非正式制度界定和保护分离出的经营权。政府由此也达成制度供给的目标，形成有利于地方农业现代化的制度结构。合约的制度绩效主要表现在如下两方面：

（1）农业经营组织重构，促进规模经营与产业分工。家庭农场作为独立的市场主体，从事规模化、专业化的生产（高强等，2013），化解了小农户经营中整体收益低下的问题。同时，保留家庭经营的组织形式有利于解决组织内部对农业生产的监督与计量难题（刘守英，1993），实现剩余控制权和剩余索取权的对称配置（韩朝华，2017），相较于雇工企业具有更明显的成本优势（江元、田军华，2018）。更重要的是，在地方政府所提供服务的基础上，家庭农场以各种中介组织为依托形成农业产前、产中、产后的社会化联结机制，能进一步促进农业产业分工（蔡海龙，2013），提高农业经济组织的多样性和农业经济活动的复杂度，进而提高农业生产效率和农民收入。

（2）经营权稳定性提升与农业生产要素组合优化。对作为规模经营主体的家庭农场而言，经营权内含的权利是经过合约议定形成的可预期的制度安排，其农业经营目标函数与其他集体成员是可分的，他们可以独立做出最大化自身收益的决策，将显著增强家庭农场的长期投资意愿，进一步优化农业资源配置。在土地适度规模的基础上，农业生产要素的配比优化与协调一致将有助于消除资源禀赋的制约，改善资源组合（刘凤芹，2006）。特别是组织联结有助于实现服务规模化，降低生产和组织成本，提高农业生产效率（刘守英、王瑞民，2019）。

由此，这一合约结构直接改变了农业经营基本单位的特征，引发农业经济组织的系统改变，有助于实现农业规模经营与社会化合作。在合约期内，规模经营主体获得稳定的经营预期，有利于促进土地、劳动、机械与服务等要素组合的优化升级，形成高回报农业与吸引新主体进入的良性循环。集体村社型家庭农场合约结构不仅实现了地权重构和土地整合，改变了一家一户小规模的经营方式，而且有利于激励家庭农场采用增加人力资本投入、以机械和技术替代劳动等方式配置农业生产要素，进行培肥地力等长期投资，农业生产要素组合方式的不断升级促进了农业工业化[①]进程。利用家庭农场的优势、通过合约再议定实现农业生产要素组合的优化，有助于增进农业经营绩效、提高农业生产效率和增加农民收入，使农业成为有竞争力和高回报的产业，吸引专业化、年轻化的经营者进入，进一步促进农业产业升级。

二、上海松江案例研究

（一）松江集体村社型家庭农场形成背景

松江区位于长江三角洲内上海市西南部，拥有优越的自然条件和丰富的农业资源，是上海市重要的"米袋子"和"菜篮子"。自改革开放以来，随着松江区工业化、城市化进程加快，大量农业劳动力进入非农产业，农业在国民经济中的份额大幅下降，到 2007 年，松江区第一产业增加值份额就已下降至 1.11%，第一产业就业份额下降至 7.60%，趋近于发达国家水平，但农业绩效仍与发达国家有明显差距（见表 10 - 1）。2007 年松江区农民收入构成中，工资性收入已占 73.94%，财产性收入和转移性收入分别占 10.44% 和 9.83%，经营性收入仅占 5.79%（见表 10 - 2），已经出现"无人种地"状况。在国民经济结构不断变化的背景下，松江区作为上海市粮食主产区，负担保障粮食安全的任务未减。为此，松江区不得不在农业劳动力大量转移的情况下通过地权体制、经营模式的变革，优化农业生产要素配置，实现农业绩效的提高。

---

① 张培刚指出，工业化不仅包括工业本身的机械化和现代化，也包括农业的机械化和现代化。农业工业化的本质在于人口、资源或物力、社会制度、生产技术、企业家的创新管理才能等各种生产要素的有效组合，以及生产要素组合方式连续发生由低级到高级的突破性变化，由此带来农业生产效率提高，实现规模报酬递增。参见张培刚（2014）。

表 10 - 1 松江区第一产业增加值份额、就业份额
与劳均增加值的国际比较

年份	松江区（第一产业）[a]			美国（农业）[b]			日本（农业）[c]		
	增加值份额（%）	就业份额（%）	劳均增加值（美元/人）	增加值份额（%）	就业份额（%）	劳均增加值（美元/人）	增加值份额（%）	就业份额（%）	劳均增加值（美元/人）
1978	47.68	81.06	493.22	2.25	3.50	13 778.14	4.20	11.70	12 314.55
1998	8.47	25.99	2 254.31	1.10	2.60	26 217.93	1.63	5.30	20 212.57
2007	1.11	7.60	5 234.62	0.98	1.30	61 206.58	1.06	4.20	22 156.15

注：表中价值量以 2005 年不变价计算。

资料来源：a 松江区第一产业增加值与农村劳动力就业数据源于松江区统计局与松江区农业委员会，汇率指标与平减指数源于联合国粮食及农业组织（http://www.fao.org/faostat/en/#data）；就业份额与劳均增加值由笔者计算得出（计算公式：农村劳动力第一产业就业份额 = 农村劳动力第一产业就业人数 ÷ 农村劳动力就业人数；劳均增加值 = 第一产业增加值 ÷ 农村劳动力第一产业就业人数）。b、c 数据源于联合国粮食及农业组织。

表 10 - 2 松江区农村居民家庭人均可支配收入构成 单位：元

年份	总收入	工资性收入	经营性收入	财产性收入	转移性收入
1998	5 790	4 196	1 374	63	157
2003	6 790	5 412.6	680.9	408.3	288.2
2007	10 367	7 665.4	599.6	1 082.6	1 019.4

资料来源：松江区统计局与松江区农业委员会。

改革以来，面对人地关系的变动，松江区的农业经营体制历经了三次主要变迁。第一次是自 20 世纪 80 年代末至 21 世纪初，外来经营主体租赁松江农户承包土地进行农业经营。短期、非正式的租约加上村庄封闭性造成外来经营主体的机会主义行为，经营中出现过量施肥破坏土壤结构、改种高收益经济作物等行为，对粮食安全造成冲击。第二次是自 20 世纪 90 年代至 21 世纪初，村集体经济组织利用农民退包土地发展集体农场，由集体安排当地农民从事粮食生产。集体农场体制的缺陷加上农业对农民的吸引力本来已经下降，集体农场的农业生产效率不高。为了保障粮食安全，提高农业生产要素配置效率，松江区政府逐步停止外来农民续租本地农户的承包土地，规范土地流转，并于 2007 年起，利用承包户流转至集体组织的土地（包括但不限于原外来农民租种的土地）与原集体农场用地发展集体村社型家庭农场，开启了第三次农业经营体制变革。

（二）松江集体村社型家庭农场制度安排

2007 年，松江区开始探索 100～150 亩适度规模经营的粮食家庭农场。2008 年，松江区粮食家庭农场达到 708 户，经营面积达 11.5 万亩，占该区粮田总面积的比例为 70%。起初，家庭农场经营者多为村干部或原农机服务队的农机手。随着制度试验的推进，经营家庭农场对其余农户的吸引力增大，家庭农场经营者的制度服务需求提高，促使松江区持续优化土地流转机制与改善农业服务水平，并在粮食家庭农场的基础上发展种养结合型家庭农场、机农一体型家庭农场与"三位一体"型家庭农场①，不断扩充与完善相关制度。截止到 2019 年，松江的家庭农场已发展至 906 户，经营面积达到 13.78 万亩。② 松江区基本形成了稳定的集体村社型家庭农场体制。

1. 农地权利再配置

（1）土地转出。通过农户自愿与村委会签订《土地流转委托书》，村委会获得统一流转或转包的权利。土地流转费以 250 公斤稻谷为基数，按当年粮食收购价格结算，允许镇或街道自行适当调整。此外，对老年农民实行退地养老保障政策。自愿选择"退养"并退出承包土地的老年农民，其退养补助金提高至当年度上海市小城镇社会养老待遇水平，其家人的土地流转收入不受影响。（2）土地转入。村集体经济组织成员拥有土地流转后优先成为家庭农场经营者的权利。村委会与家庭农场签订统一的《上海市农村土地承包经营权流转合同》与《家庭农场承包经营协议》，家庭农场须向原承包农户或集体经济组织交付土地流转费。流转完成后，家庭农场没有土地处置权利，不能将土地再转包、转租给第三方经营。

2. 经营者再选择

（1）准入机制与申报程序。家庭农场经营者原则上是集体内部的农户家庭，

---

① 种养结合型家庭农场为同时从事种植与生猪养殖的家庭农场的简称；机农一体型家庭农场为同时从事种植与农机服务的家庭农场的简称；"三位一体"型家庭农场为同时从事种植、生猪养殖与农机服务的家庭农场的简称。

② 参见《2019 年上海市松江区国民经济和社会发展统计公报》，http：//www. songjiang. gov. cn/Big-FileUpLoadStorage/temp/2020－03－25/b98f5f2c－f25c－4703－8968－a5c9661197cf/2019%E5%B9%B4%E4%B8%8A%E6%B5%B7%E5%B8%82%E6%9D%BE%E6%B1%9F%E5%8C%BA%E5%9B%BD%E6%B0%91%E7%BB%8F%E6%B5%8E%E5%92%8C%E7%A4%BE%E4%BC%9A%E5%8F%91%E5%B1%95%E7%BB%9F%E8%AE%A1%E5%85%AC%E6%8A%A5. pdf。

常年务农人员在 2 人及以上，主要依靠家庭成员来完成农田的耕、种、管、收等主要农业生产活动，除季节性、临时性聘用短期用工外，不得常年雇用家庭以外的劳动力从事家庭农场生产经营活动；家庭农场经营者须是适龄人员（男性 25 ~ 60 周岁、女性 25 ~ 55 周岁），家庭务农人员不足时，经村民代表大会讨论决定可适当放宽条件；具备相应的生产经营能力和一定的农业生产经验，掌握必要的农业生产技术，能熟练使用农用机具。松江区政府以当地农户的种粮收入高于当地农户务工收入为前提，测算出经营规模以 100 ~ 150 亩为宜。村委会根据本村、本镇粮食播种面积，制定本村的农业发展规划，决定家庭农场的数量、户均规模、经营年限等条件。村集体内部满足条件的农户根据村委会制定的标准提出申请，由村委会审核、村内民主择优确定，经公示无异议后成为家庭农场经营者。（2）续约或退出机制。新进家庭农场经营者有 1 年试用期，年度考核合格才可转为正式经营者。优先续约的家庭农场需要满足的条件是经营管理好、生产水平高、考核结果优秀，或积极探索并开展"种养结合""机农一体"和"三位一体"，或获得农民培训资格证书与农机驾驶证。在规模经营基础上，续约家庭农场的经营期限至少为 3 年，种养结合型、机农一体型与"三位一体"型家庭农场的经营期限可延长至 5 年及以上。违反村集体关于家庭农场规定的主体将被取消资格。

3. 政府政策性服务再供给

（1）补贴与优惠。家庭农场获得的补贴包括各级政府的种粮补贴及奖励性的浮动补贴。松江区最初实行土地流转费补贴，旨在解决土地流转费过高导致的农户种粮积极性不高问题。随着家庭农场效益的改善，地方性补贴被改为生产经营考核奖励型补贴，以考核结果为依据，最高标准为每亩 200 元，考核不合格者不予补贴。机农一体型与"三位一体"型家庭农场还享受农机具购置补贴。此外，松江区给予家庭农场农业贷款与农业保险的政策优惠，包括给予粮食生产家庭农场贴息贷款扶持，提高农业保险保费补贴，提高出险后的理赔额，减少农民因受自然灾害而产生的损失。（2）基础设施建设。政府主导建设高标准农田，完善粮田沟、路、渠等设施配套，以及其他生产辅助设施，加强农田设施的日常维护和管理。（3）社会化服务体系。由政府提供部分综合服务，包含农资服务、技术服务、农机服务、信息服务、产品销售服务与其他服务，降低家庭农场的服务购买成本。政府还对农机服务提出最高限价，防止家庭农场的机械使用成本过高；通过设置"种养结合""机农一体"与"三位一体"的家庭农场推动集体内部的服务合作，包括推动种养结合型家庭农场参与当地养殖专业合作社的产中环节，由合作社提供产前（仔猪培育、饲料购买和技术指导）与产后（加工和销售）服务；机农一体型和"三位一体"型家庭农场参与服务提供环节，获取额外收入。

（三）松江集体村社型家庭农场合约结构

1. 松江区政府与集体组织的合约保障新体制的实施

作为集体村社型家庭农场体制的制度设计者和供给者，松江区政府需要利用既有制度框架为新型农业经营主体的产生创造条件。一方面利用农地集体所有制的基础性地位发挥集体组织的作用，另一方面利用集体地权的可分割性实现新经营者的农地经营权。自 2007 年起，制度变迁的目标与实施体现在松江区政府与松江各集体组织达成的合约之中。合约的达成为集体内部实现地权重构与改变农业经营体制提供了前提。

其一，为了促成粮食种植土地的适度规模，松江区政府鼓励农户委托村委会转让土地经营权，再由村委会将整理好的土地流转给村内民主选择的家庭农场经营者。自 2008 年起，松江区推进集体产权制度改革，明确集体成员的所有权主体地位，村集体经济组织成为集体成员实现土地财产权的代理人，代为接收土地流转费并交付给转出土地的集体成员。其二，为了保证农业经营主体选择的合理性，松江区政府设计了一套家庭农场经营者的准入、退出和续约机制，由村委会负责与家庭农场经营者就农业生产、经营活动进行合约议定，并由村委会负责合约执行与履约监督，充分发挥村规民约的治理作用。其三，形成对家庭农场的资金与农业服务安排，以确保家庭农场经营者获得稳定收益、愿意长期种粮，最终实现合意的农业生产绩效。松江区政府给予的补贴、贷款和保险优惠与各项基础设施和服务，与家庭农场的要素投入水平、生产经营水平激励相容，为松江区政府推行集体村社型家庭农场制度减少了阻力。

2. 集体组织与两类农户的合约既保障了转出土地农户的权益，也稳定了家庭农场经营者的经营预期

（1）集体组织与承包农户的合约。松江区农地权利的分割与经营体制变革并非简单的行政过程，而是通过集体组织与集体成员的合约，在保障集体成员基本权利的基础上，从成员的土地流转意愿入手，由部分集体成员释放土地承包经营权，进行农地权利再配置。村委会通过与转出土地农户签订合约，在保障农户土地承包权的前提下，获得土地处置权，以便于统筹规划家庭农场土地；村集体经济组织则通过与转出或退出土地农户达成合约，保证农户获得土地承包权流转的货币化收益或土地承包权退出的保障性补偿，实现有条件转出土地农民的经营权

对价。随着结构变革带来的农民—土地关系和利益结构的变化，松江拥有退出承包权需求的农民不断增加，合约给予这类农民合理的土地利益补偿，特别是建立权益保障机制，使之成为农地承包权价值实现的有效形式。

（2）集体组织与家庭农场经营者的合约。对集体土地资源进行整合与合理配置，以此提高农业生产绩效，是松江区集体村社型家庭农场制度安排的核心内容，需要村委会统筹承包户转出的土地，完成土地整理，与家庭农场经营者达成土地流转与土地经营的合约。通过准入机制，村委会保证家庭农场经营者的基本资质；申报成功的家庭农场转入适度规模的地块，在村委会的引导下将土地流转费用交予集体经济组织；以正式规定与村社规范为基础的续约与退出机制推动集体内部现有与潜在家庭农场经营者的竞争，激励经营者不断提高人力资本水平、增强生产经营能力。虽然村委会规定了土地用途、经营规模和经营年限，但家庭农场经营者仍拥有土地用途和规模限定下的生产经营权、收益权和较稳定的预期。家庭农场经营者的收益包括利用土地进行生产经营或服务活动所获得的收益以及各种补贴。家庭农场经营者不仅面临村委会绩效考核的外部激励，还有追求利润的内部动力，对生产经营活动的安排具有独立的决策权。

（四）松江集体村社型家庭农场的制度绩效

经过多年的实践探索，松江区政府与集体组织以及集体内部达成合约，探索出农地三权分置的有效实现形式，既保证了集体所有权的进一步明晰、承包权的权益置换与经营权的稳定性，又改善了农业经营模式与服务供给效果，为提高农业绩效提供了制度保障。

为了分析松江集体村社型家庭农场的农业绩效，中国人民大学、南京审计大学等高校相关课题组于 2017 年 4 月至 2018 年 3 月期间对上海市松江区家庭农场经营者进行了面对面问卷调查。调查覆盖松江区 2017 年 4 月在册的全部家庭农场，共 945 户。问卷内容涉及家庭农场 2007～2017 年的基本信息，包括家庭农场经营者的基本情况，家庭农场土地经营面积及粮食（水稻和二麦[①]）种植面积，家庭农场粮食生产过程中农药、化肥、农业机械、劳动力等要素投入以及粮食产出，种养结合型家庭农场生猪养殖情况，机农一体型与"三位一体"型家庭农场农机服务提供情况，家庭农场获得的各种政府补贴，家庭农场的收入，等等。问卷调查数据中缺失了两户家庭农场 2017 年的部分数据，为保证调查样本数据的完整性，本章分析时保留了这两户家庭农场 2007～2016 年的数据。

---

① 指小麦与大麦。

1. 以家庭农场为核心的农业经济组织得以形成

首先,松江的家庭农场分为四种类型,即纯粮食型、种养结合型、机农一体型与"三位一体"型。由调查数据可知(见表 10-3),纯粮食型家庭农场 2007年为 81 户,占全部家庭农场的 86.17%,2017 年为 723 户,占比下降到76.67%;相应地,其他类型家庭农场占比从 2007 年的 13.83% 上升到 2017 年的23.33%。可见,松江家庭农场产业类型多样化程度得到提高。其次,2007 ~ 2017 年家庭农场的平均土地经营规模已经超过联合国粮农组织划定的 2 公顷(约合 30 亩)小规模经营的阈值,实现了规模化经营。2007 年,全部家庭农场的平均经营面积为 115.73 亩,2011 年下降至 109.26 亩,2017 年又上升至143.75 亩。其中,纯粮食型家庭农场和种养结合型家庭农场的平均经营面积基本呈现先下降后上升的变化趋势,机农一体型家庭农场的平均经营面积近年来也呈现上升趋势。总体看来,机农一体型家庭农场与"三位一体"型家庭农场的平均经营面积明显大于纯粮食型家庭农场与种养结合型家庭农场。

表 10-3 　　　　　　　　　松江家庭农场土地经营规模

年份	全部样本		纯粮食型		种养结合型		机农一体型		"三位一体"型	
	户数(户)	经营面积(亩)	户数(户)	经营面积(亩)	户数(户)	经营面积(亩)	户数(户)	经营面积(亩)	户数(户)	经营面积(亩)
2007	94	115.73	81	112.35	—	—	13	136.77	—	—
2008	137	117.76	120	115.73	—	—	17	132.12	—	—
2009	190	116.45	165	112.35	4	124.25	21	147.14	—	—
2010	282	110.00	248	105.54	6	108.50	28	149.89	—	—
2011	351	109.26	311	106.16	7	89.86	32	140.81	1	200.00
2012	429	110.58	377	107.50	11	99.64	39	139.62	2	184.50
2013	516	111.42	436	107.54	15	107.73	62	137.39	3	156.33
2014	656	114.67	529	109.77	23	107.52	100	140.17	4	166.75
2015	789	121.09	619	115.66	31	106.45	133	148.88	6	141.83
2016	871	129.26	669	123.03	36	108.58	158	159.66	8	142.38
2017	943	143.75	723	137.12	43	121.67	165	176.37	12	173.33

2. 家庭农场经营权得到制度保障

松江集体村社型家庭农场制度下，85.26%的家庭农场主①认为所经营土地属于村集体经济组织（见表10-4）。村集体经济组织与家庭农场的合约对经营权的界定清晰，大部分家庭农场主具有投资意愿，且对经营权稳定性与生产经营权利基本达成共识。就经营权稳定性而言，70.41%的家庭农场主认为家庭农场经营权到期可以续期或经营期长久不变，可见大部分家庭农场主对家庭农场经营权稳定性的预期较强；就投资意愿而言，87.70%的家庭农场主愿意在经营期内对家庭农场投资，可见家庭农场主整体投资意愿较强；就生产经营自主权而言，85.90%的家庭农场主认为在家庭农场中应主要从事农业生产活动，仅有14.10%的家庭农场主认为除了家庭农场正在从事的农业生产外，还可以进入一二三产融合的行业。可见，家庭农场主就经营权合约与村集体经济组织基本达成一致同意。

表10-4　　松江家庭农场主对合约结构的认知与经营意愿

合约内容		认知	人数（人）	占比（%）
所有权	归属	认为土地是村集体经济组织的	804	85.26
		认为土地是自己的或承包农户的	139	14.74
经营权	稳定性	认为家庭农场经营期满之前都归经营者使用	279	29.59
		认为经营权到期可以续期或长久不变	664	70.41
	投资意愿	愿意投资	827	87.70
		会担心经营权没有保障而不敢投资	116	12.30
	经营内容	家庭农场只能从事农业生产	810	85.90
		家庭农场除了农业生产还能做一二三产融合的行业	133	14.10

3. 现代农业生产要素投入与要素组合实现升级

第一，松江区建有完备的"引、繁、供"良种繁育体系，由政府负责引进、繁育，并于每年4月底前免费供给家庭农场，良种覆盖率达100%。第二，松江区家庭农场采用先进适用的生产技术。各乡镇农技中心与农机服务中心不断强化对家庭农场的技术服务。比如，向家庭农场推介高产、优质水稻新品种，介绍品

---

① 松江区以"家庭农场主"指代家庭农场的主要负责人。

种特性及其栽培方式；向家庭农场提供病虫草害情报，并指导防治；向家庭农场推广更先进的栽培技术及其农机农艺配套技术。第三，松江家庭农场农业机械投入水平提升。同时，松江家庭农场粮食生产实现全程机械化，农业生产的物质技术装备改善。表 10-5 数据显示，样本中的松江家庭农场 2007 年直播机、拖拉机、收割机和筑埂机的拥有量分别为 2 台、10 台、12 台和 0 台，2017 年这四种主要农业机械拥有量分别达到 102 台、245 台、156 台和 35 台。第四，随着经营收入提高、经营权稳定和经营者专业化，家庭农场逐渐重视培肥地力及环境保护，这有利于土地资源的可持续利用及粮食生产效率的提高。由表 10-5 可知，松江家庭农场水稻种植的亩均有机肥用量 2017 年已达到 667.88 公斤。有机肥的使用不仅解决了养殖面源污染问题，而且有效地改善了土壤结构，土壤的蓄水蓄肥能力得到提高。表 10-5 还报告了家庭农场的土地深翻和绿肥种植情况。2007年，进行土地深翻的家庭农场为 68 户，深翻土地平均面积为 57.59 亩，而 2017年家庭农场深翻土地平均面积则高达 120.11 亩。土地深翻亩均成本 2007 年为 38.31 元，而 2017 年则下降至 29.05 元。2007 年，种植绿肥的家庭农场为 57 户，绿肥种植平均面积为 51.89 亩，2017 年绿肥种植平均面积则高达 70.73 亩。绿肥种植亩均成本 2007 年为 49.99 元，2017 年下降至 38.27 元。绿肥种植和土地深翻，不但减少了种植二麦所用的农药和化肥，而且通过春季早上水、早耕翻、早除草和杀死虫卵，减少杂草和虫卵基数，从而减少水稻种植中化肥和农药使用量，在农产品质量提高的同时，减少了农业面源污染，也改善了农田生态环境。

表 10-5　　　　　　松江家庭农场现代生产要素投入情况

| 年份 | 户数 | 主要农业机械拥有量（台） | | | | 水稻生产有机肥使用 | | 土地深翻 | | | 绿肥种植 | | |
		直播机	拖拉机	收割机	筑埂机	户数（户）	（公斤/亩）	户数（户）	面积（亩）	成本（元/亩）	户数（户）	面积（亩）	成本（元/亩）
2007	94	2	10	12	0	6	186.67	68	57.59	38.31	57	51.89	49.99
2008	137	2	17	16	0	9	131.39	104	58.44	36.13	88	51.65	47.59
2009	190	2	21	21	0	12	173.71	149	56.84	36.92	137	50.70	45.40
2010	282	3	31	29	0	18	264.83	239	54.09	36.58	209	52.15	44.99
2011	351	3	49	36	0	28	329.71	291	52.78	34.71	271	49.70	43.72
2012	429	5	64	38	0	42	324.69	365	56.45	34.08	333	50.14	43.86
2013	516	17	88	54	0	47	303.06	465	57.70	33.25	398	49.85	44.19
2014	656	49	122	74	1	61	258.29	596	63.71	32.59	485	51.60	44.71
2015	789	78	162	102	17	79	272.57	719	70.24	31.90	564	55.30	42.97

续表

年份	户数	主要农业机械拥有量（台）				水稻生产有机肥使用		土地深翻			绿肥种植		
		直播机	拖拉机	收割机	筑埂机	户数（户）	（公斤/亩）	户数（户）	面积（亩）	成本（元/亩）	户数（户）	面积（亩）	成本（元/亩）
2016	871	94	212	135	31	86	291.84	780	82.75	31.02	575	61.74	41.94
2017	943	102	245	156	35	26	667.88	895	120.11	29.05	401	70.73	38.27

注：价值量以 2007 年不变价计算。

4. 家庭农场农业经营者发生蜕变

一批年轻、有文化、懂技术、会经营的劳动者不断加入家庭农场的经营。从性别结构来看，2017 年，全部家庭农场劳动者中男性占 57.69%，女性占 42.31%（见表 10-6）；从职业背景来看，39.22% 的家庭农场劳动者以前从事非农行业，这意味着其余 60.78% 的家庭农场劳动者具有务农经验；从文化程度来看，全部家庭农场劳动者的平均受教育年限为 7.88 年。值得注意的是，家庭农场经营后继乏人的问题已有所改善，有 12.73% 的家庭农场主的父亲也经营家庭农场，而在 30 岁以下的家庭农场主中，有 52.17% 的家庭农场主的父亲也经营家庭农场；在 30 岁以下和 30~35 岁的家庭农场劳动者中，分别有 72.94%、77.94% 的人是从非农行业转向农业的；45 岁以下家庭农场劳动者的平均受教育年限都超过 9 年，30 岁以下家庭农场劳动者的平均受教育年限达到 12.95 年。此外，松江家庭农场劳动者通过"干中学"，人力资本水平得到不断提升，有利于家庭农场取得良好的农业绩效。松江区政府非常重视对家庭农场劳动者的培训，积极做好家庭农场分级资格培训、职业技能培训并开展现场培训指导，不断强化家庭农场劳动者生产管理知识和解决实际问题的技能，提升家庭农场劳动者整体经营能力。例如，针对水稻种植，松江区农技部门每年统一对松江家庭农场劳动者进行种植制度、品种搭配、土壤肥料、植物保护等方面的实用技术培训。

表 10-6　　　　　2017 年松江家庭农场劳动者基本特征

年龄（岁）	家庭农场主				全部家庭农场劳动者						
	人数	占比（%）	子承父业		人数	占比（%）	性别		非农职业背景		平均受教育年限（年）
			人数	占比（%）			男（%）	女（%）	人数	占比（%）	
≤30	23	2.44	12	52.17	85	4.38	57.65	42.35	62	72.94	12.95

年龄（岁）	家庭农场主				全部家庭农场劳动者						
	人数	占比（%）	子承父业		人数	占比（%）	性别		非农职业背景		平均受教育年限（年）
			人数	占比（%）			男（%）	女（%）	人数	占比（%）	
(30, 35]	30	3.18	13	43.33	68	3.50	54.41	45.59	53	77.94	11.10
(35, 40]	108	11.45	35	32.41	172	8.85	59.88	40.12	110	63.95	9.92
(40, 45]	132	14.00	30	22.73	210	10.81	60.48	39.52	110	52.38	9.30
(45, 50]	160	16.97	11	6.88	269	13.84	56.88	43.12	126	46.84	8.07
(50, 55]	304	32.24	15	4.93	554	28.51	53.61	46.39	179	32.31	7.70
(55, 60]	186	19.72	4	2.15	335	17.24	64.48	35.52	95	28.36	6.94
>60	—	—	—	—	250	12.87	55.60	44.40	27	10.80	4.12
总体	943	100.00	120	12.73	1 943	100.00	57.69	42.31	762	39.22	7.88

注：全部家庭农场劳动者代表包括家庭农场主在内的家庭农场主要劳动力。

5. 家庭农场农业绩效得到有效提升

（1）松江区家庭农场稳定了粮食生产。由调查数据可知，第一，松江家庭农场水稻单产水平有所提高。松江家庭农场水稻亩产量 2007 年为 557.50 公斤，2017 年为 516.76 公斤，2016 年为最高值，达到 588.90 公斤，比 2007 年增加 31.40 公斤（见表 10 - 7）。2007～2017 年松江家庭农场的水稻亩产量大部分已达到 550 公斤（含）以上，且大多数年份 80% 以上的家庭农场保持在这个水平；2007～2017 年有一部分家庭农场水稻亩产量已达 600 公斤（含）以上，2016 年这一比例高达 59.24%。第二，松江家庭农场二麦亩产量明显增加。由表 10 - 8 可知，松江家庭农场二麦亩产量 2007 年为 302.20 公斤，2017 年为 305.09 公斤，2009 年为最高值，达到 312.97 公斤，比 2007 年增产 10.77 公斤。2007～2017 年松江家庭农场二麦亩产量大部分在 300 公斤（含）以上，且大多数年份 70% 以上的家庭农场保持在这个水平。2007～2017 年有一部分家庭农场二麦亩产量已达 350 公斤（含）以上，2009 年这一比例达到 37.23%。第三，综合水稻和二麦的生产情况，以不变价表示的粮食亩产值有所提升。由表 10 - 9 可知，全部家庭农场的平均粮食亩产值 2007 年为 1 309.58 元，2017 年为 1 308.38 元，2014 年为最高值，达到 1 607.26 元。纯粮食型家庭农场的平均粮食亩产值 2007 年为 1 309.08 元，2017 年为 1 283.09 元，2011 年为最高值，达到 1 590.39 元。种养结合型家庭农场的平均粮食亩产值 2009 年为 1 228.45 元，2017 年为 1 265.39

元，2014 年为最高值，达到 1 638.14 元。机农一体型家庭农场的平均粮食亩产值 2007 年为 1 312.68 元，2017 年为 1 431.60 元，2013 年为最高值，达到 1 826.05 元。"三位一体"型家庭农场的平均粮食亩产值 2011 年为 1 747.05 元，2017 年为 1 292.05 元。并且，机农一体型家庭农场的平均粮食亩产值明显高于其余三类家庭农场。

表 10 – 7 松江家庭农场水稻亩产量

年份	户数	全部样本（公斤）	500 公斤以下		500（含）~550 公斤		550（含）~600 公斤		600 公斤（含）以上	
			户数（户）	占比（%）	户数（户）	占比（%）	户数（户）	占比（%）	户数（户）	占比（%）
2007	94	557.50	3	3.19	15	15.96	57	60.64	19	20.21
2008	137	561.16	4	2.92	17	12.41	86	62.77	30	21.90
2009	190	568.62	2	1.05	20	10.53	111	58.42	57	30.00
2010	282	572.62	2	0.71	27	9.58	146	51.77	107	37.94
2011	351	577.50	2	0.57	27	7.69	175	49.86	147	41.88
2012	429	579.15	3	0.70	33	7.69	209	48.72	184	42.89
2013	516	581.31	3	0.58	33	6.40	243	47.09	237	45.93
2014	656	583.79	2	0.31	37	5.64	279	42.53	338	51.52
2015	789	586.57	2	0.25	40	5.07	300	38.02	447	56.66
2016	871	588.90	4	0.46	36	4.13	315	36.17	516	59.24
2017	943	516.76	206	21.84	486	51.54	218	23.12	33	3.50

表 10 – 8 松江家庭农场二麦亩产量

年份	户数（户）	全部样本（公斤）	300 公斤以下		300（含）~350 公斤		350（含）~400 公斤		400 公斤（含）以上	
			户数（户）	占比（%）	户数（户）	占比（%）	户数（户）	占比（%）	户数（户）	占比（%）
2007	50	302.20	15	30.00	22	44.00	10	20.00	3	6.00
2008	77	305.57	24	31.17	30	38.96	18	23.38	5	6.49
2009	94	312.97	23	24.47	36	38.30	28	29.79	7	7.44
2010	123	312.86	31	25.20	51	41.47	34	27.64	7	5.69
2011	178	307.97	47	26.40	83	46.63	42	23.60	6	3.37

续表

年份	户数（户）	全部样本（公斤）	300 公斤以下		300（含）~350 公斤		350（含）~400 公斤		400 公斤（含）以上	
			户数（户）	占比（%）	户数（户）	占比（%）	户数（户）	占比（%）	户数（户）	占比（%）
2012	209	307.13	54	25.84	100	47.84	48	22.97	7	3.35
2013	236	309.70	64	27.12	100	42.37	64	27.12	8	3.39
2014	283	306.72	74	26.15	133	47.00	66	23.32	10	3.53
2015	284	301.82	91	32.04	133	46.83	52	18.31	8	2.82
2016	120	292.11	49	40.83	44	36.67	25	20.83	2	1.67
2017	53	305.09	15	28.30	23	43.40	15	28.30	0	0.00

表 10 – 9　　　　　　　　　　松江家庭农场粮食亩产值

年份	全部样本		纯粮食型		种养结合型		机农一体型		"三位一体"型	
	户数（户）	粮食亩产值（元）	户数（户）	粮食亩产值（元）	户数（户）	粮食亩产值（元）	户数（户）	粮食亩产值（元）	户数（户）	粮食亩产值（元）
2007	94	1 309.58	81	1 309.08	—	—	13	1 312.68	—	—
2008	137	1 170.55	120	1 163.32	—	—	17	1 221.55	—	—
2009	190	1 273.98	165	1 246.95	4	1 228.45	21	1 495.07	—	—
2010	282	1 512.28	248	1 489.43	6	1 420.04	28	1 734.41	—	—
2011	351	1 605.75	311	1 590.39	7	1 569.55	32	1 758.49	1	1 747.05
2012	429	1 567.38	377	1 550.56	11	1 585.01	39	1 726.00	2	1 547.66
2013	516	1 598.28	436	1 566.65	15	1 582.76	62	1 826.05	3	1 566.55
2014	656	1 607.26	529	1 588.27	23	1 638.14	100	1 702.29	1	1 563.92
2015	789	1 564.93	619	1 546.55	31	1 580.66	133	1 650.63	6	1 479.89
2016	871	1 466.45	669	1 442.83	36	1 526.33	158	1 555.18	8	1 420.66
2017	943	1 308.38	723	1 283.09	43	1 265.39	165	1 431.60	12	1 292.05

注：价值量以 2007 年不变价计算。

（2）松江区家庭农场收入明显提高。2007 ~ 2017 年，松江家庭农场户均收入（包含补贴①）明显提升，说明松江家庭农场经营者生活有望得到改善。

---

① 补贴包含土地流转费补贴（2013 年起改为考核奖励性补贴）、国家三项补贴（良种补贴、粮食直补和农资综合补贴）与农机具购置补贴（仅对机农一体型与"三位一体"型家庭农场）。

表10-10 和表 10-11 中的数据显示，全部家庭农场户均收入 2007 年为 20.55 万元，2017 年上升至 28.92 万元；纯粮食型家庭农场户均收入 2007 年为 16.56 万元，2017 年上升至 22.53 万元；种养结合型家庭农场户均收入 2009 年为 24.51 万元，2017 年为 28.91 万元，2016 年为最高值，达到 29.86 万元；机农一体型家庭农场户均收入 2007 年为 45.45 万元，2017 年上升至 55.07 万元；"三位一体"型家庭农场户均收入 2011 年为 59.12 万元，2017 年为 54.22 万元，2014 年为最高值，达到 62.97 万元。值得强调的是，家庭农场收入的增加中来自补贴的份额呈下降趋势。纯粮食型家庭农场补贴收入占总收入的份额从 2008 年的 27.40% 降至 2013 年的 17.57%，2017 年为 22.55%；种养结合型家庭农场补贴收入占总收入的份额从 2009 年的 21.21% 降至 2013 年的 12.60%，2017 年为 15.43%。除机农一体型家庭农场补贴收入占总收入的比重变化趋势不明显外，"三位一体"型家庭农场补贴收入占总收入的比重近年来也呈现下降趋势。机农一体型家庭农场与"三位一体"型家庭农场补贴收入较高主要源于农机补贴额较大，而农机具购置补贴已成为覆盖全国农牧业县的普惠政策（曹光乔等，2010）。特别是机农一体型家庭农场，农机具购置补贴占总补贴的比重为 53.79% ~ 63.20%。

表 10 – 10　　　　　　　松江家庭农场补贴与收入（一）

年份	全部样本		纯粮食型				种养结合型			
	户数（户）	总收入（万元）	户数（户）	总收入（万元）	补贴收入（万元）	补贴收入占比（%）	户数（户）	总收入（万元）	补贴收入（万元）	补贴收入占比（%）
2007	94	20.55	81	16.56	2.81	17.46	—	—	—	—
2008	137	21.68	120	18.51	4.93	27.40	—	—	—	—
2009	190	23.04	165	19.04	4.80	25.85	4	24.51	5.29	21.21
2010	282	24.36	248	20.28	4.36	22.00	6	28.20	4.43	15.47
2011	351	24.85	311	21.26	4.21	20.19	7	25.14	3.55	14.31
2012	429	24.76	377	21.01	4.29	20.74	11	27.88	3.95	14.22
2013	516	25.06	436	20.44	3.55	17.57	15	28.91	3.62	12.60
2014	656	26.63	529	21.40	3.85	18.27	23	29.53	3.74	13.08
2015	789	28.12	619	22.12	4.06	18.63	31	28.95	3.77	13.15
2016	871	29.00	669	22.37	4.46	20.28	36	29.86	4.04	13.66
2017	943	28.92	723	22.53	4.97	22.55	43	28.91	4.43	15.43

注：价值量以 2007 年不变价计算。总收入为包含补贴的收入。

表 10 – 11　　　　　　　松江家庭农场补贴与收入（二）

年份	机农一体型					"三位一体"型				
	户数（户）	总收入（万元）	补贴收入（万元）	补贴收入占比（%）	农机补贴占补贴比重（%）	户数（户）	总收入（万元）	补贴收入（万元）	补贴收入占比（%）	农机补贴占补贴比重（%）
2007	13	45.45	14.48	31.21	60.64	—	—	—	—	—
2008	17	44.03	16.96	38.09	57.75	—	—	—	—	—
2009	21	54.26	16.46	33.94	53.79	—	—	—	—	—
2010	28	59.63	15.15	31.13	56.11	—	—	—	—	—
2011	32	58.61	15.12	29.10	58.01	1	59.12	10.42	17.62	22.69
2012	39	58.61	17.33	31.13	59.26	2	55.77	14.62	29.22	53.14
2013	62	55.28	16.06	29.80	62.24	3	52.73	13.63	27.71	61.94
2014	100	52.22	16.64	32.92	63.20	4	62.97	15.23	24.40	59.14
2015	133	54.53	18.34	34.12	63.15	6	56.42	16.59	30.12	65.34
2016	158	55.42	19.14	34.58	60.70	8	57.38	16.51	28.20	60.90
2017	165	55.07	19.14	34.55	56.80	12	54.22	15.42	26.81	49.75

注：价值量以 2007 年不变价计算。总收入为包含补贴的收入。

布罗姆利（Bromley，1982）曾指出，比较不同制度下资源配置方式优劣的科学依据并不存在，地区性方案的可行性比地区间政策的一致性更重要。集体所有制与地方性制度障碍对集体地权的演化存在约束，深刻影响着地权变迁的可选择性和不同主体之间的权利配置。中国已经进入农地制度改革与农业现代化的关键阶段，当新古典意义上的农地使用权最优配置路径无法实现时，如何通过非经典的路径设计达成帕累托改进的效果，是地方实践需要关注的重点，也是本章研究的意义所在。

本章研究发现，改革以来，在国家乡村治理制度发生全面转型的背景下，由地方政府和集体组织参与合约议定的集体村社型家庭农场合约作为集体地权分割合约的特殊实现形式，为提高农业经营绩效提供了可选择的制度安排和路径。合约议定方不仅围绕各自目标形成了合意的合约结构，降低了制度运行成本，保障了承包农户的权益，还形成了经营者稳定的预期。基于松江案例的研究发现，当依赖于农地市场化流转的农业发展路径与地方经济发展目标相悖时，地方政府可能作为合约的发起者参与合约议定，并达成各方合意的农地流转与农业经营合约，进而改善农地制度绩效。在集体村社型家庭农场体制下，农地权利结构呈现出集体所有权和代理权更加明晰、农户承包权实现利益置换和经营权有效性提高的特征，不仅使农地流转顺利发生，而且增强了对家庭农场进行规模化、专业化自主生产的激励，实现了农业组织和农业生产要素组合的基础性变革，从而提高了农业生产效率和农民收入水平。松江案例也表明，在农地承包权与经营权分离的背景下，地方政府与村庄的合约还处于建构的过程之中，且各地存在与地方特征相适应的多样化农业发展可能性。未来的研究重点应当是继续对不同发展程度的地区在农地合约方面进行比较，从而归纳出更合意和多元化的制度变迁路径。

松江集体村社型家庭农场制度试验具有丰富的政策含义：一是以坚持农地三权分置的产权结构为前提，尊重地方经济社会发展条件与约束，实现农地各权利主体之间有效的合约议定，是农地制度改革的基本方向。松江的实践表明，要实现农业适度规模经营，首先需要保障原土地承包农户的利益，完善土地承包权与经营权分离的政策。同时，需要通过保障土地经营者权利，有效稳定经营者预期，促使适度规模经营主体主动进行长期投资。

二是坚持家庭农场在推进农业现代化中的主体地位。在城乡中国背景下，适度规模家庭农场既保留了家庭经营的内核，又实现了规模化经营，成为有利于维持乡村秩序与实现农业现代化的经营组织形式。松江区集体村社型家庭农场有别于均分制下的小规模农户，其经营行为和生产函数均已发生本质变化。家庭农场经营者以利润最大化为目标，能够在土地适度规模的基础上主动利用农业机械等现代要素、提高人力资本水平、寻求合作，进行要素组合的优化升级，农业现代化的主要特征已经呈现。

三是完善农业支持与社会化服务政策。适度规模的家庭农场对土地、机械、劳动与服务等要素在质与量方面的要求均已显著提高，但单个主体往往无力承担所有成本，国家应当给予扶持。首先，保证农村基础设施投入，进行高标准农田、水利、公路等项目建设，为农业规模经营提供条件；其次，通过改善财政补贴机制，激励家庭农场购置农机设备，促进专业化生产经营；再次，提供农业技术服务，以农研机构与农资服务站为依托，针对种子、农技、防疫、生产资料供应等方面提供全程高效服务；最后，推动形成社会化服务体系，促进家庭农场之间或家庭农场与其他市场主体之间的合作。

第十一章

农村集体经济组织成员资格认定

集体所有制安排以及集体地权的分割以集体成员为基础，成员权利的权利保障决定三权分置的实施和结果。2018年中央一号文件明确提出，要"全面开展农村集体资产清产核资、集体成员身份确认，加快推进集体经营性资产股份合作制改革"。2019年中央一号文件进一步强调，指导农村集体经济组织[①]在民主协商的基础上，做好成员身份确认，要"注重保护外嫁女等特殊人群的合法权利"。统计数据显示，全国96%的耕地、约70%的养殖水面、60%以上的林地和1/3以上的草原属农民集体所有（关锐捷等，2011）。根据全国农村经营管理统计资料，截至2015年底，全国农村集体经济组织账面资产（不包括资源性资产）总额2.86万亿元。[②] 清晰界定农村集体经济组织成员资格（以下简称"成员资格"）是农村集体资产股份权能改革的基础，也是实施农地三权分置的前提。

一、关于集体经济组织成员资格的讨论

学界一直尝试对农村集体经济组织成员身份界定问题进行研究。农村集体经

[①] 农村集体经济组织是经农业合作化运动和社会主义公有制改造，在数个相邻自然院落范围内，由农民自愿互助合作，投入各自所有土地、大中型农具、耕畜等生产资料，经过改革发展形成的以土地集体所有为本质特征的区域性经济共同体。

[②] 乔金亮：《资源变资产农民变股东》，载于《经济日报》2016年11月26日第004版。

济组织成员资格是判定农民具备成员权的身份要素，是收益权获得的前提条件（江晓华，2017；张广辉，2013），确认农民集体成员资格是为了确定集体资产的归属（方志权，2014；李宴，2009），是明晰农民集体所有权主体的首要和核心所在（代辉、蔡元臻，2016）。

围绕成员资格认定产生的争议，一方面囿于事实层面成员资格界定的困难。在现有法律体系框架下，"农民集体"都是以自然村落划定的，"集体成员"以自然居住为基础、以出生和婚姻等因素加以确定，而现实中的"农民集体"已经无法用自然村落划定，集体之中的成员资格已经"固化"或者"相对固化"。① 如何将法律体系框架下的集体成员匹配到乡土人情中固化的集体成员是对成员资格认定提出的一个挑战。同时，农村集体经济组织成员是一个动态的集合体，生老病死、人口流动等因素的存在，意味着成员资格很难有稳定的边界。此外，在农村政治经济体制变革过程中，象征成员身份的权利和义务特征由于村民、农经成员、农业人口、社员等身份的交叉变得模糊，这都造成了对成员资格界定的困难（吴兴国，2006；刘嫣姝，2008）。另一方面争议源于法律层面的缺失。江晓华（2017）整理了全国372份有关成员资格的民事裁判文书后发现，集体成员权益纠纷尤其是土地权益纠纷的矛盾焦点大多涉及集体成员资格问题。② 但中国现行成文法中，无论是《宪法》《民法通则》还是《土地管理法》都没有关于农村集体经济组织成员界定的法律条文（余梦秋、陈家泽，2011；韩俊，2016）。虽然《农村土地承包法》使用了"农村集体经济组织成员"这一概念，但并没有对"农村集体经济组织成员"的资格作出具体规定（郑鹏程，2010）。《民法总则（草案）》三审稿中，虽然将农村集体经济组织作为特别法人进行了规定，但并未解决成员资格界定问题。2008年《民事案件案由规定》中增设了"侵害集体经济组织成员权益纠纷"作为三级案由，其中当事人成员资格是处理集体成员权益纠纷的关键环节。虽然涉及农地、农民的单行法、特别法不断完善，但大量经常性、事务性的制度仍由国家政策调整（李剑，1999）。目前有关成员资格的规定多散见于立法宗旨各异的法律法规或部门规章中，有些省、市及高级法院各自出台了有关农村集体成员资格认定标准的行政法规、司法解释（陈小君，2017）。③ 在一些发生的纠纷案例中，地方法院往往通过法律原则结合各地出台的法律法规，对因集体成员资格产生的纠纷进行独立的司法价值判断。

---

① 孙宪忠：《固化农民成员权促经营权物权化》，载于《经济参考报》2017年1月17日，第008版。

② 372份文书显示，很少以确认集体成员资格为诉讼请求的，但当事人是否具备集体成员资格是案件审理的前置问题。

③ 有些规定需要通过文义解释或反面解释才能间接推定。

已有研究显示，中国农村集体经济组织成员资格的认定多数还是处于乡村自我管理的状态，受当地乡规民约、传统观念和历史习惯等因素影响较大，乡土色彩较浓（方志权，2014）。从司法案例裁定来看，法院对成员资格的司法认定一般考虑户口登记状况、生产生活关系以及基本生活来源等事实因素组成的复合裁判标准，成员资格认定的出发点更多是村庄农户的实际认知系统以及生计和道义标准（张佩国，2002）。与以往研究相比，本章的研究贡献如下：一是已有文献往往是将成员资格认定作为农村集体经济产权改革研究中的一个必然环节。但实际上，农村集体经济组织成员资格认定是农村集体资产股份权能改革的基础和关键，具有重要的理论和实践研究意义，有必要专门对成员资格这个基础性和关键性问题进行清晰界定。本章尝试从理论和实践两个层面剖析农村集体经济组织成员资格认定问题，以期为农村集体经济组织成员权和农村集体产权制度改革研究奠定基础。二是梳理已有研究文献可以发现，现有研究多数采用个案的研究方法阐述成员资格相关问题，对全国层面成员资格认定的指导借鉴意义有限。事实上，2015 年农业农村部（原农业部）在全国东中西部地区选择了 29 个县（市、区）[①] 开展首批农村集体资产股份权能改革试点工作，截至目前，试点地区均开展了成员资格认定的相关工作并出台了指导意见，这为成员资格认定研究提供了宝贵的机会，为本章的研究提供了丰富的研究素材。本章从 29 个试点地区实际操作层面着手，总结和归纳了试点地区成员资格认定的途径、标准，深入分析了试点地区在成员资格界定上的一致性和差异性。

二、农村集体经济组织成员资格认定的理论

本章认为农村集体经济组织成员资格认定从表面看是"身份认同"（identity）问题，深层次来看揭示的是成员的产权诉求问题，而公共池塘资源治理理论为成员资格界定提供了一种思路。

---

① 首批 29 个试点地区分别为：东部 10 个试点地区（北京市大兴区、福建省闽侯县、广东省南海区、河北省双滦区、江苏省吴中区、辽宁省海城市、山东省昌乐县、上海市闵行区、天津市宝坻区、浙江省德清县）、西部 12 个试点地区（甘肃省定西市、广西壮族自治区长洲区、贵州省湄潭县、内蒙古自治区阿荣旗、宁夏回族自治区金凤区、青海省湟中县、陕西省高陵区、四川省温江区、西藏自治区曲水县、新疆维吾尔自治区沙湾县、云南省大理市、重庆市梁平县）、中部 7 个试点地区（安徽省天长市、河南省济源市、黑龙江省方正县、湖北省京山县、湖南省资兴市、江西省余江县、山西省潞城市）。

（一）社会身份认同理论分析

身份认同理论是一种微观社会学理论。身份和身份现象是社会普遍存在的社会现象，在社会结构分析中具有重要地位（波普诺，1999）。社会认同最初源于群体成员身份，泰弗尔（Tajfel，1978）将社会身份认同定义为"个人对他或她从属于特定社会群体的认知，并且群体成员资格对他或她具有情感和价值意义"。往往成员的生存资源主要依据身份及身份之间的关系而配置（郭玉锦，2002）。

中国农村集体经济形成于 20 世纪 50 年代，高级社的建立使得原本社员私有的土地、耕畜、大型农具等主要生产资料通过加入生产合作社转化为集体所有（韩俊，1998）。在一个高度组织化的社会中，个人进入国家所控制的活动空间并获得国家配置资源，必须完成两个步骤：第一步是要获得户口，以明确自己的身份，并由此确定接近国家控制的资源和活动空间的具体形式；第二步是在获得户口和相应的身份后，要成为总体性体制中的成员，在农村就是成为人民公社的一个社员（孙立平，1993）。只有当上述两个条件齐备的时候，一个人才被纳入这种总体性的体制，成为一个名副其实的社会成员。

1958 年户籍制度的建立完全固定了城乡二元社会，公民被严格固化为农业人口与非农业人口两种身份。这时期，集体经济组织成员身份纯粹以户籍来辨识，农村集体经济组织社员的权利是人人有份的，义务是人人有责的。到了 20 世纪 70 年代，人民公社开始瓦解，家庭联产承包责任制逐步确立，这时期的集体经济组织成员身份往往是以获得本集体承包土地来识别，集体经济组织成员资格的边界也是比较清晰的。进入 80 年代后，中国开始户籍制度改革，以户籍固化职业身份、固定空间的方式随之松动，经济体制改革和一系列的政策调整使农民不仅拥有了"自由流动资源"，也获得了"自由流动空间"。在城乡流动中，农村集体经济组织成员原有的身份与新职业及新居住地的矛盾凸显，涌现了诸多"一种身份两种职业"或"一种职业两种身份"的社会现象，农村集体成员身份边界开始模糊。之后范围更广、程度更深的农村经济社会变革，更加模糊了农村集体经济组织成员的身份概念。

（二）产权理论分析

根据产权理论，产权要素包括产权主体、产权客体以及主体对客体享有的权利束。其中产权的基础和关键是产权主体，也就是说每份财产分配都要有明确的所有者（Demsetz，1967），产权主体在制度安排下依法拥有财产（包括有形财产和无形财产），具有民事行为能力和民事权利能力（李春洪，1995）。明晰的产权能够激励人们将收益效应或受损效应内部化，从而促进资源在市场机制调节下达到最优配置（刘守英，1992），因此清晰的产权和有效的经济组织被认为是经济增长的关键（North，1973）。

党的十八届三中全会提出"完善产权保护制度""赋予农民对集体资产股份占有、收益、有偿退出及抵押、担保、继承权"。农村集体经济组织成员资格界定是农村集体资产产权明晰的基础和关键。中国《物权法》规定，只有集体经济组织成员才有权享有集体所有的土地承包经营权、宅基地使用权和集体收益分配权。成员资格的界定关乎着农村集体经济权利主体对集体经济客体所享有的财产权利，影响着产权安排和资源配置效率。

（三）公共池塘资源治理理论分析

公共池塘资源的特征是很弱的排他性和很强的竞争性，人们能够共同使用整个资源系统但分别享用资源单位[1]。资源系统是共同使用的，但资源单位是相互竞争的。[2] 奥斯特罗姆（2000）认为，在可利用的资源规模较小时，人们由于能够经常沟通，就容易建立彼此之间的信任和依赖，通过建立可以改善共同结果的公认规则与策略，设置自己的实际运行规则，即使在面对"搭便车"、规避责任或其他机会主义行为形态的情况下，也会取得持久的共同收益，克服"公地悲剧"或者"集体行动困境"。农村集体资产是以村为单位的、集体成员共同拥有，但成员拥有的资源单位是相互竞争的。中国农村社会是典型的熟人社会，根据奥斯特罗姆的理论，人们之间由于能够经常沟通，比较容易建立信任感，通过对成员资格认定规则的改进和调整，能够规避机会主义，组织成员也会取得持久的共同收益。

池塘资源情境涉及提取与提供两类，提取的关键和核心问题是分配[3]，但前提是要清晰界定"谁"有资格从公共资源中获取或提取资源单位，即要给提取者贴上提取资格的身份标签。这是因为资源是稀缺的，当提取者对资源单位的需求量相对较小，不足以使他们寻求产生次优结果的策略时，就不存在所谓的困境问题，但是当提取者对资源单位的需求增加或者提取成本减少时，他们就有可能陷

---

① 资源单位是个人从资源系统占用或使用的量，农村集体经济适用于股份单位。

② 公共池塘资源的两个重要属性：很困难的排他性和很强的竞争性。排他性，指一种物品具有可以阻止其他人使用该物品的特性；竞争性，即一人消费该物品，会使能同时享用该物品的其他人的收益减损。

③ 本章暂不关注资源单位的异质性分配问题。

入困境。特别是无止境的人被允许占用资源，必然会导致资源单位提取的效率损失（奥斯特罗姆，2011）。在这种逻辑下，集体资产是公共池塘资源，如果不把成员身份界定清楚，资源的提取可能会陷入困境，特别是成员身份转换时，如何保障其财产权利就是一个现实问题。

三、成员资格认定的地方实践

根据公共池塘资源治理理论，如果就提取活动的组织问题，探索各种（以时间、地点、提取者类型及其他因素为基础的）能够提供明确行为规范的当地规则从而解决分配问题，冲突就会被消除或减少。2015 年 5 月，经中共中央全面深化改革领导小组、中国国务院同意，全国 29 个省（自治区、直辖市）各选择一个县（市、区）作为试点[①]，开展了农村集体资产股份权能改革工作。试点地区覆盖西部地区 12 个省（自治区、直辖市），东部地区 10 个省市和中部地区 7 个省。[②] 截至目前，29 个试点县（市、区）均开展了确认成员身份工作并出台了集体经济组织成员身份界定的相关指导意见，本章就试点地区实践来探讨成员资格认定的问题。

（一）成员资格认定的现状

韦伯（1994）认为身份是由主观社会评价决定的，但客观生活方式、职业、出身等是身份识别的基础。从试点地区实践来看，成员资格取得一般有三种途径，一是原始取得。主要针对农村集体经济组织的"老户"或者"坐地户"，他们是在 20 世纪 50 年代集体经济形成初期对村集体经济原始积累作出贡献的群体，对于这类群体资格的认定，一般在时间上可以追溯到第一轮土地承包期或第二轮展包期内。这种由"老户"或者"坐地户"及其家庭成员衍生的（婚生和非婚生、计划生育和非计划生育）新生农业人口，自出生后便自动取得该集体经济组织成员资格，且取得的成员资格可以一直延续，农村地区一般遵循随父原则。二是法定取得。基于婚姻关系、收养关系、政策性迁入[③]等途径获得的成员

---

① 由于试点在 29 个省份均是唯一的，所以为了不赘述，下文我们对每个试点县市只简称所属省（自治区、直辖市）。

② 根据国家统计局标准划分东部、中部、西部地区。

③ 例如异地安置的复员士官按婚迁待遇入户的，属本集体经济组织成员。

资格，表现为一种强制性制度安排。三是申请取得。对于非婚姻关系、收养关系、血缘关系、户籍政策等原因要求加入本集体经济组织的农村居民，一般须向本集体经济组织提出书面申请，按民主议事程序协商取得成员资格。绝大部分试点地区规定需要经本集体经济组织成员或户代表大会 2/3 以上表决通过并签字确认，方可成为本集体经济组织成员，部分试点地区要求通过申请取得成员资格的新成员按本集体经济组织《章程》缴纳一定数额的公共积累资金。

事实上，绝大多数农民作为集体经济组织成员的资格是由其祖辈的原始取得及嗣后的继受取得而获得的（林苇，2008）。由出生、婚姻、收养事实取得的成员资格，体现了家庭关系对集体成员供给渠道的基础性（戴威，2016），而以申请人自愿和村社集体同意的契约关系而取得农村集体经济组织成员资格，则体现了一种"私法自治"原则，在合法范围内，村规民约是首要的正当性基础（代辉、蔡元臻，2016）。

从实践操作层面来看，地方一般将农村集体经济组织成员资格认定标准分为户籍标准、事实标准和复合标准（吴兴国，2008；程曙明、沈旸，2008）。

1. 户籍标准

最常用的是采用户籍所在地作为成员资格认定标准，该标准有特定的历史原因和独特的优势（代辉等，2016）。中国户籍制度建立之初并不限制城乡人口的自由迁移，但在 1957 年政策发生了转变，开始实行严格的户籍管制制度，严禁城乡人口的迁移和身份的转换。城乡长久浸润在这种社会环境中，形成了个体强烈的身份价值取向和身份情结（郭玉锦，2002）。由于户口的迁入和迁出是一种有章可循、有据可查的行政行为，非常容易证明，在实际操作时具有较高的群众认同度，被认为最大可能地保证了成员资格认定的公正性和合理性（孟勤国，2006）。29 个试点地区的统计数据也显示，90% 以上的试点地区都明确规定，通过原始取得、法定取得的成员资格都要拥有本集体组织户籍，户籍是成员资格获得的一个基础条件，是集体经济组织的进入门槛。事实上，户籍标准更严格地作为成员资格丧失的条件。像青海、贵州、四川、黑龙江、山东、广东、河北等试点地区均明确规定，户口迁出本集体经济组织，且不符合保留成员身份规定的[①]，成员资格随即丧失。但山西试点地区的该条规定并不适用于拥有本集体土地承包权的群体[②]。

---

① 但不适用以下三类成员资格保留群体，一是原籍在本集体经济组织的现役士兵，二是原籍在本集体经济组织的大中专院校在校学生，三是原籍在本集体经济组织的服刑人员。
② 即"户口迁出本集体经济组织且没有承包土地的"人员，成员资格丧失。

事实上，在家庭联产承包责任制实施之前，泾渭分明的城乡户籍制度，非此即彼，如果取得了城市户口，则不可能享有农村集体经济组织成员资格（王利明，2012；任丹丽，2008；余练，2017）。特别是对"老户"的规定，对这部分群体的成员资格取得可以追溯到纯粹的集体经济时期，在当时背景下，只要户籍未发生城乡转变即识别为成员资格，至于有关"义务"的规定已经没有太多实质意义了（王永祥，2018）。但随着农村制度的改革，特别是户籍制度的改革，"自由流动资源"和"自由活动空间"的出现，农村人口开始在城市与农村、农村与农村间自由流动，居住地与户口登记地不一致情况成为常态，统计口径指标反映为常住人口和户籍人口的差异。2010年第六次人口普查数据表明，与2000年第五次全国人口普查相比，离开户口登记地半年以上的人口增长了81.03%（李慧英，2016）。农村人口的流动使得一些村民因为户口迁移，在迁出地和迁入地都不能取得集体成员资格（陈标金，2011），导致了成员资格的"两头空"。郭继（2012）基于全国12省36县的实地调查结果显示：成员资格的户籍认定标准已与社会现实之间存在着一定程度的张力，农村集体经济组织成员资格的认定已经不适宜采用常住户口的判定依据[1]，且从长远来看，户籍标准前瞻性不够，不符合我国现有的政策导向（郑鹏程，2010）。

2. 事实标准

主张以是否在农村实际生活、履行村民义务、拥有承包地等事实依据判定是否具有成员资格。事实标准主要针对的是通过婚姻关系、收养关系、政策移民等法定途径取得成员资格的外来群体，户籍并不是获得成员资格的必要条件。福建试点地区是典型主张事实标准的代表，对继承途径获得成员资格的群体附加了生活实质的要求，"本村集体经济组织成员繁衍的、在基准日之前仍在本村集体经济组织所在地生产生活并依法登记有常住户口的后代"。同时，福建对婚姻途径获得成员资格也做出了要求，"在2000年12月31日之前与本村集体经济组织男性成员结婚、之后一直在本村集体经济组织生产生活、但尚未迁入户口的外省的农村集体经济组织的女性"，确认为本村集体经济组织成员，但限定是外省的农村集体经济组织女性。内蒙古、甘肃等试点地区对婚姻途径取得的成员资格更注重事实标准，其指导意见规定，婚姻关系发生在不同农村集体经济组织，即使户口未迁入，但已存在生产生活事实，就可认定为本集体经济组织成员。青海试点地区对与本集体经济组织成员结婚的外省市人员作出规定，户口不能迁入的，以其结婚证为依据即可确认集体经济组织成员身份。

---

[1] 王禹：《外嫁女集体经济组织成员资格的认定》，载于《江苏经济报》2010年9月22日第B02版。

"熟人社会"是费孝通（1988）对中国乡村社会特征的一种描述。能否成为"村子里的人"往往是一些村庄发包集体土地的先决条件（张佩国，2011）。因此，拥有本村土地更容易被归属为"本村子里的人"，对户籍的要求更加弱化。河南、内蒙古、青海、宁夏、江西、陕西等试点地区是典型代表。河南试点地区规定"二轮土地承包时，取得土地承包经营权的"人员应当确认为本集体经济组织成员，不需要任何其他附加条件。青海试点地区规定，"土地承包时，已经取得本集体经济组织土地承包经营权的农户及其衍生的农业人口"以及"未将承包土地交回户口迁出村（原村）集体经济组织的农户"都认定为农村集体经济组织成员身份，更进一步放宽条件，对原农转非人员（仍有承包地的）[①] 也承认其集体经济组织成员身份。江西试点地区规定，原集体经济组织成员，如果因外出经商、务工等原因，即使脱离集体经济组织所在地生产、生活，但未曾弃荒土地，仍具有成员资格。宁夏试点地区也是典型的以获得土地承包权界定成员资格，其中平伏桥村以第一轮土地承包时获得土地承包权的村民为主，兼顾二轮土地承包以及历次小调整中获得土地承包权的村民，确定村集体经济组织成员资格，保伏桥村以第一轮土地承包后截至 2002 年拥有土地的村民为主，同时考虑了第一轮土地承包时受婚迁、出生时间等因素影响未分得土地及中途土地调整的情况，确定本村集体经济组织成员资格。

3．"户籍 +"的复合标准

这是各地结合实际情况认定成员资格的一种折中办法。"户籍 +"认定标准考量了熟人社会中的生存权和传统文化中的公平权。户籍是农村集体经济组织成员资格的基础条件，在"户籍"基础上，还兼顾考虑了比如生存保障、对集体所尽的义务、生产生活关系、土地承包等因素，从而形成权重有别的复合标准。《广东省农村集体经济组织管理规定》提出"对集体尽到义务是认定集体成员的标准"，但也应尊重集体长期形成的习惯。安徽、山西、内蒙古、云南等试点地区对法定取得成员资格的群体均附加了不同条件限制，自户口迁入时起，未在户口所在地生产、生活，未与农村集体经济组织形成权利义务关系、不以该集体经济组织所有的土地为基本生活保障的人员，认定成员资格丧失。青海试点地区对搬迁人员[②]进行了规定，如果"已将承包土地交回户口迁出村（原村）

---

① 但与长期生产生活在本村的成员要区别对待，体现在股权配置上。此外，原农转非人员（仍有承包地的）进一步限定为户口不能迁出本县。内蒙古试点进一步限定"农转非"群体居住范围为"搬到小城镇居住"，仍可认定为集体成员。

② 这里的搬迁人员不包括因地质灾害威胁、生存条件恶劣、新型农村社区建设等按照省市县有关政策进行易地搬迁的人员，主要是指外来户群体。

集体经济组织的，按现户口所在地集体经济组织的规定履行了相应的义务，取得现集体经济组织成员身份；未将承包土地交回户口迁出村（原村）集体经济组织的，按原集体经济组织的规定履行了相应的义务，取得原集体经济组织成员身份"。

当然，试点地区并不是单一使用其中某项成员资格界定标准。例如黑龙江试点地区在成员资格认定指导意见中就明确提出，具体确认本集体经济组织成员资格，不宜采取单一的户籍标准，应当综合考虑户籍、承包土地资格并以其作为基本生活保障以及是否在本集体经济组织生产、生活等多个方面。内蒙古试点地区也指出，农村集体经济组织成员一般指依法取得本集体经济组织所在地常住户口，在本集体经济组织内生产、生活的人；不符合或不完全符合上述条件的，但确以本集体经济组织的土地为基本生活保障的人，也应认定具有集体经济组织成员资格。《天津市高级人民法院关于农村集体经济组织成员资格确认问题的意见》指出，户籍、生产生活事实是成员资格的主要表现形式，"是否以本集体经济组织土地为基本生活保障"是成员资格的本质特征，当表现形式不统一或者不具备主要表现形式时，应当从本质特征出发进行判断。

比较来看，三种资格认定标准各有不同程度的欠缺，单一户籍标准简单且可操作性强，但现阶段常住人口和户籍人口的脱钩，极易导致部分群体成员资格"两头空"；事实标准的成员资格认定方式，强调尊重事实，但如何判定"是否形成了较为固定的生产生活关系"，具有很强的主观性，极易产生争议，具体执行起来可操作性相对户籍标准较差；"户籍＋"复合标准通过对各因素的区别权重设置，看似兼顾了更多因素的考量，但涉及了不仅一个要素且又要分配各要素的权重，容易引发内部争议，导致这种看似因地制宜的成员资格界定标准，因为要兼顾的考量因素多，很容易出现地区差异，在国有立法缺失情况下，增加了跨区域司法裁定难度。

三种成员资格认定的地方实践都切实体现了成员准入的谨慎性，兼顾了尊重历史、照顾现实、程序规范、群众认可的原则。从试点地区实践来看，通过原始、法定途径取得的成员资格基本覆盖了绝大部分村民。试点地区对农村集体经济组织成员资格认定都设置了资格取得、资格保留和资格丧失三种情形，但这三种情形并不是独立存在的（见表11－1）。村民符合条件取得本村集体经济组织成员资格，一旦满足资格丧失条件中的任何一条，成员资格随即丧失。成员资格的保留是针对具有身份标签的群体，如现役士兵、大中专院校在校学生、服刑人员等，在特定时间段内暂时保留成员资格，一旦身份标签失效，按照相应条件，要么获得成员资格，要么丧失成员资格。

表 11 - 1   **试点地区成员资格认定的一致性分析**

成员资格认定的三种情形	符合情形	特点
资格取得	（1）原始取得：出生取得（包括婚生和非婚生，计划生育和非计划生育的人员）； （2）法定取得：收养取得、移民搬迁	原始取得、法定取得基本覆盖绝大部分村民
资格保留	（1）原籍在本集体经济组织的现役士兵； （2）原籍在本集体经济组织的大中专院校在校学生； （3）原籍在本集体经济组织的服刑人员； （4）因推进新型城镇化综合改革，户籍关系从本村迁入城镇的原本村集体经济组织成员及因被征地而参加社会基本养老保险的原被征地农民	对具有时效性特征的身份标签群体或特定时期下的群体，暂时保留成员资格
资格丧失	（1）死亡； （2）取得其他集体经济组织成员资格的； （3）"空挂户""挂靠户"； （4）纳入进入国家公务员序列、事业单位编制或者取得城镇企业职工社会保障体系的； （5）本集体经济组织依法解散的； （6）自愿放弃	符合其中任何一种情形，成员资格随即丧失

注：在29个试点地区中只有内蒙古试点地区将个别转为公务员和事业编制，但还在原村任职的村书记，界定为集体经济组织成员并参与股权配置。

（二）特殊群体的成员资格认定

29个试点地区成员资格认定的实践显示，成员资格主要围绕户籍、生产生活关系、生存保障三个方面进行识别，区别在于成员资格身份识别过程中赋予的权重大小，本章已在成员资格认定标准部分进行了详细的分析。在试点地区成员身份识别实践中，最具争议性的是对"外嫁女""外来户""嫁城女""农转非""入赘婿"等特殊群体的成员资格识别。2019年中央一号文件明确提出，"做好成员身份确认，注重保护外嫁女等特殊人群的合法权利"。

1. 户籍识别

各地区政策差异性主要体现在"外嫁女""嫁城女""回迁户""农转非"

等特殊身份群体识别时与户籍绑定的松紧程度。青海、四川、陕西、河北等试点地区对"外嫁女"成员资格实施严格的户籍识别标准,"外嫁女"户籍留在本村集体经济组织的,保留其成员资格。黑龙江、河北试点地区对"嫁入女"成员资格识别严格绑定户籍,只要户口未迁入本村,都不能认定为本集体经济组织成员。

通过婚姻途径取得的成员资格,在成员婚姻关系发生变动时,绝大部分试点地区不论作为迁入地还是迁出地,都采用户籍识别标准。陕西、湖南、云南、天津、甘肃、重庆、河北、黑龙江、广东等试点地区明确规定,因离婚或丧偶将户籍迁回原村的"外嫁女"及其依法判决的随同子女,仍保留其成员身份。与本村集体经济组织成员离婚,户籍关系未迁出的人员及其依法判决随同子女,均界定为户籍所在地的集体经济组织成员。四川试点地区将"再婚满三年且户籍迁入本集体经济组织的配偶",确认为本集体经济组织成员。

现实中,"回迁户"群体的成员资格界定争议也较大,像广东试点地区就规定,"自转农"户口迁回原村的人员(含其合法生育、收养的子女)具有农村集体经济组织成员资格。但在多数试点地区村民看来,无论何种原因的户籍回迁,形式的"离开"也就是对身份的主动放弃,既然选择了放弃,就不应该在利益分享时恢复集体成员身份,户口的回迁,更大程度地被认为是一种投机主义。农民在集体经济中的机会主义行为被认为是集体经济低效率的基本原因(党国英,1994)。

2. 生产生活关系识别

《天津市高级人民法院关于农村集体经济组织成员资格确认问题的意见》指出,某集体经济组织女性成员与其他集体经济组织男性成员结婚,并已到男方所在集体经济组织生产、生活,但由于种种原因户口没有迁入男方所在集体经济组织。在这种情况下,女方实际上已经脱离了原集体经济组织的生产生活,即生活基础已经不在原集体经济组织,应当认定其具有男方所在集体经济组织的成员资格。实践中,重庆试点地区规定,"外嫁女"已在男方地区形成较为固定生产、生活的,无论其户口是否迁出,承包地是否被收回,均认定丧失原集体经济组织成员资格。与之相呼应,福建[①]和天津试点地区对"嫁入女"规定,在基准日之前与本村集体经济组织男性成员结婚,之后一直在本村集体经济组织生产生活,即使户口尚未迁入的农村集体经济组织的女性,仍被认定为本集体经济组织成员。青海试点地区规定,"外嫁女"离婚以后继续生产生活在本村的农业户籍人

---

① 但福建仅针对外省嫁入女,省内女性嫁入的需同时迁入户口方可认定其成员资格。

员仍属于本集体经济组织成员。

3. 生存保障识别

生存保障一般指土地和社会保障体系。绝大部分试点地区将生存保障因素作为判定特殊群体是否丧失成员资格的重要依据。比较典型的群体是"嫁城女"成员资格的认定。由于户籍限制，"嫁城女"不能享有城镇居民享有的医疗、就业、养老等社会保障，其最终生活保障仍然是农村土地，对于此类情形，内蒙古、河北、甘肃等试点地区规定：婚姻关系发生在农业户口和非农业户口之间，持有农业户口的仍认定成员资格。黑龙江试点地区在户籍识别基础上，对"嫁城女"又附加了"保留原集体经济组织承包地"的限制条件。重庆试点地区更加注重"嫁城女"的生存保障，"嫁城女"无论户口是否迁入男方，无论其在娘家生产、生活，还是在城镇生活，只要未纳入国家公务员序列或者事业单位编制，应认定其具有原集体经济组织成员资格。江西试点地区对"入赘婿"规定，即使户口未迁入，但已丧失原集体经济组织成员资格，并已成为新的家庭成员应认定为取得新的集体经济组织成员资格。

试点地区对"农转非"群体的成员资格识别主要围绕是否获得社会保障。特别是对那些虽已取得小城镇户口或形式上实现了"农转非"，但并未纳入城市居民或城镇企业职工社会保障体系的人员，多数试点地区确认这类群体具有原集体经济组织成员资格。内蒙古试点地区规定，"农转非"后将本村承包地及住房转让给他人，自己搬到小城镇居住的人，仍具有本集体经济组织成员资格。陕西、四川、天津等试点地区将"农转非"群体以及农村居民购买"蓝皮户口"人员认定为本集体经济组织成员。安徽试点地区对"农转非"群体规定，只有其纳入城镇企业职工、居民社会保障体系的，方才认定丧失成员资格。

农村集体经济组织成员身份认定要以人民群众的利益作为根本的出发点和落脚点。总体来看，试点地区在遵循依法依规、尊重历史、照顾现实、程序规范、群众认可的原则下，成员资格认定工作结合户籍、土地承包、居住状况以及义务履行等情况开展，基本兼顾了各类成员群体的利益。本章的研究显示：

第一，29 个试点地区成员资格主要归并为三个认定标准，但各有欠缺。户籍标准可操作性强，但很可能会导致利益驱动下的富裕集体经济组织的人口膨胀；事实标准虽然兼顾了乡土人情，但有很强的主观性，争议比较大；复合标准"户籍＋"在地方实践中比较普遍，但无论是"户籍＋生产生活关系"还是"户籍＋权利义务"，如果赋予地方过多因地制宜的条件设置，将会导致成员资格认定的更大争议，同时增加司法裁定的难度。

第二，从试点地区实践来看，东、中、西部试点地区对原始取得、法定取得的成员资格认定基本一致，对身份标签群体（主要是在校学生、在役军人、在服刑人员）的成员资格保留规定高度一致。90%以上的试点地区对原始取得、法定取得的成员资格认定都绑定户籍。从成员资格丧失角度来看，在取消成员资格因素考量时，试点地区基本围绕户籍是否迁出、是否存在实质生产生活关系、是否有生存保障加以判定。其中1/3的试点地区（例如青海、贵州、四川、黑龙江、山东、广东、河北等试点地区）严格执行"户籍迁出成员资格随即丧失"① 的规定，但中、西部试点地区往往会设置保障生存的附加条款（往往结合是否以本村集体经济组织所有的土地为基本生活保障、是否成为国家公职人员等因素综合判定），体现了对取消成员资格的谨慎性。生产生活关系条款一般仅针对外来户群体，以规避"空挂户""挂靠户"的投机现象。

第三，目前成员资格认定争议更多地集中在身份转换人群，例如"外嫁女""回迁户""嫁城女""农转非"等。原则上讲，农村集体经济组织成员资格认定不能"两头占"，也不能"两头空"，但在实际操作中，前者更容易执行。例如试点地区对待"外嫁女"群体，多依据约定俗成的规则，即使其户籍并未迁出，也认定其丧失本集体经济组织成员资格，并不考虑"外嫁女"是否被嫁入地农村集体经济组织接受，因此，"外嫁女"群体"两头空"的现象屡见不鲜。究其原因，迄今为止，对农村集体经济组织成员概念，还没有一个权威、规范的法律解释，国家层面指导意见的缺失导致难以有效衔接这些群体在转入地和转出地的身份转换，架空了身份转换群体的利益，最终导致围绕成员资格认定的法律纠纷。

第四，几乎所有试点地区都对成员资格认定规定了"遇到特殊情形，应由2/3的以上的村民会议或村民代表会议表决通过认定"这个可回旋的余地。

基于以上分析及结论，本章对农村集体经济组织成员资格认定提出几点政策启示：

首先，应加快出台国家层面的《农村集体经济组织法》或相关条例，以保证成员资格的取得、保留、丧失，有法可依。应确立成员资格的唯一性原则，避免出现"两头空"或"两头占"现象。

其次，越是经济发展程度高的地区对成员资格认定越迫切，其改革应相对越彻底。成员资格认定工作的推进难点在集体经济发展好的地区，成员身份明晰的界定就显得尤为重要。因此，本章认为东部地区更应实施严格的户籍迁出一票否决制② ，从而避免富裕地区集体经济组织人口的膨胀。西部农村地区经济发展滞

---

① 保留成员资格的除外。

② 但丧失成员资格并不意味着没有股权，可以通过买断股权的方式让这部分群体放心市民化。当然这也是笔者后续要研究的内容。

后，同时是务工人员净流出地区，成员资格认定应更注重成员的生存保障，应充分考虑成员是否以土地为基本生活来源、是否取得城镇职工社会保障等因素。在农村集体经济组织成员未获得生存保障条件下，一般不宜认定农村集体经济组织成员资格丧失。在中部地区，成员资格取得应更注重生产生活关系的事实，弱化户籍标准。对那些虽已取得小城镇户口或形式上实现了"农转非"，但并未纳入城市居民或城镇企业职工社会保障体系的人员，仍应确认其具有原集体经济组织成员资格。

第十二章

农地经营权流转的区域特征与影响因素

集体地权分置和成员权界定,旨在促进稀缺土地的有效配置。如何推进农地经营权的流转是重要的政策安排。多年来,中国政府不断进行着现代农业发展道路的探索。1978 年开始的以土地均包经营为主要特征的农业基本经营制度改革,实现了农村土地集体所有权和土地承包经营权的分离,极大地促进了中国农业增长(McMillan et al., 1989)。但是,农户家庭的土地超小规模经营严重制约了我国现代农业的发展(何秀荣,2009)。有研究发现,与专业化的农业生产经营主体相比,小规模农户采用先进农业生产技术的动力不足,不利于农业机械效率及农业政策效应的发挥,制约了农业生产效率的提高(Thapa and Gaiha,2011;Jones and Kimura,2013;翁贞林等,2015)。另有研究发现,小规模农户易在农业生产中超量使用化肥和农药,对土壤及其生态环境造成负面影响(Huang et al., 2008;Masters et al., 2013)。

为改变中国农业农地小规模经营模式,切实提高农业生产效率,中央政府试图通过农地经营权流转(以下简称"农地流转")政策的实施以构建新型农业经营体系(张良悦,2016;胡震等,2017),实现国家工业化、信息化、城镇化和农业现代化同步发展(陈锡文,2014)。较近期的土地政策重点是将土地承包经营权分离为土地承包权与土地经营权,通过明晰所有权、稳定承包权、放活经营权,发展土地适度规模经营。2014 年中央一号文件规定,"在落实农村土地集体所有权的基础上,稳定农户承包权、放活土地经营权"。2014 年 11 月颁发的《关于引导农村土地经营权有序流转发展农业适度规模经营的意见》中指出,应"坚持农村土地集体所有,实现所有权、承包权、经营权三权分置,引导土地经营权有序流转，坚持家庭经营的基础性地位，积极培育新型经营主体，发展多种形式的适度规模经营"。

在中央政府的强力推动下，中国农地流转得到了长足的发展，农户农地流转参与率稳步提升。叶剑平等（2010）的调查结果显示，截止到2008年，有15%的农户转包（转让）过土地，16.5%的农户转租（转入）过土地。黄季焜等（2012）基于全国6省随机抽样农户调查数据的研究指出，1996年全国平均农地流转率只有2.6%，2000年增加到9.0%，2008年这一比率增加到17.1%。何欣等（2016）基于2013~2015年29省份农户调查数据的分析表明，参与农地流转的农户比例从2013年的24.1%上升到2015年的31.4%。但我国农地流转仍然存在规模不大、结构不协调、市场化程度不高等问题（罗必良等，2014；郜亮亮，2014），农地分散化的经营格局并没有发生根本改观。有学者（Ji et al.，2016）基于全国5省随机抽样的农户调查数据表明，截至2013年，高达94.69%的农户平均经营的耕地面积小于2公顷。刘守英（2014）的研究表明，截止到2014年，经营耕地面积在50亩以下的农户仍高达26 210.5万户，占98.71%。张红宇（2015）指出，目前我国农户数量超过2.66亿户，户均经营耕地面积不到7亩。

为更有效地促进农地流转、实现农地的适度规模经营，理论界展开了深入的讨论。马贤磊等（2015）认为，农地产权安全性能够形成生产性效应、交易价格效应和交易成本效应，并影响农户农地流转行为。不安全的农地产权限制了农村劳动力向城市迁移，阻碍了农户参与农地流转市场（Feng，2006；Maëlys et al.，2009；Ma et al.，2016）。冯锋等（2009）、杨国强等（2014）的研究表明，现行农业补贴政策不能有效地提升农户参与农地流转意愿。冀县卿等（2015a）的研究发现，现行补贴政策将农业补贴发放给原承包户，降低了农户参与农地流转的概率。罗必良等（2012）的分析发现，政府增加务农收入的农业扶持政策与促进农地流转的政策目标存在冲突，抑制了农地流转。郜亮亮等（2014）、金和德宁格（2009）认为，村级农地调整规则以及村级流转管制显著抑制了农户参与农地流转市场。钱忠好（2008）、冯和赫林克（2008）认为，非农就业并不必然导致农户参与农地流转，农户选择兼业化经营能最大化家庭收益。卡特和姚（2002）认为，农村劳动力市场不完善、农村信用市场不健全等制约了农地流转市场的发展。钟文晶等（2013）、冀县卿等（2015b）、侯建昀等（2016）认为，农地流转市场中存在的交易成本、农户普遍存在的人格依赖性、生存依赖性等抑制了农地有序流转。

从逻辑上分析，中国政府促进农地流转的努力未能达到预期目标的原因可能在于：尽管现行政策明确了农地流转的发展方向，对农地流转进行了原则性规定，但相关措施却缺乏针对性。不仅如此，中国是一个幅员辽阔的国度，各地社会经济发展极不平衡，资源禀赋差异巨大，各地在推动农地流转时需要充分考虑到地区间的异质性，但一些地区在维护中央农地流转政策的统一性和权威性的同时却未能因地制宜地执行中央政策。事实上，我国各地情况极其复杂、千差万别，农地流转存在较大的差异。钱忠好和冀县卿（2016）的研究发现，江苏省转入户组平均农地流转率比黑龙江省高 37.94%，江苏省转出户组农地流转率平均比湖北省高 27.08%。由此可见，要加快推进农地流转健康有序地发展，必须正确处理农地流转政策的普适性和特殊性的关系。既要在全国层面上离析出影响农地流转的关键影响因素，据以制定有普适意义的农地流转政策；又要在遵循国家农地流转方针、政策的前提下，认真分析各地影响农地流转的关键因素所在，采取契合当地实际的促进农地流转的举措，使中央农地流转政策"落地生根"。基于以上考虑，2014 年 1~2 月，扬州大学中国土地政策研究中心联合广西大学、华中农业大学和东北农业大学，组织 4 所高校的学生在江苏、广西、湖北和黑龙江 4 省（区）进行了实地调查。本章主要是基于此次调查数据所做的分析。

一、江苏、广西、湖北、黑龙江省调查数据

（一）数据来源

研究者选择江苏、广西、湖北和黑龙江 4 省（区）作为研究区域，主要是基于以下考虑：江苏、广西、湖北和黑龙江 4 省（区）地理位置、经济社会发展水平以及农地资源禀赋存在一定的差异，作为研究区域，在全国范围内具有一定的代表性。其中江苏省处于东部沿海经济发达地区，非农就业市场和农地流转市场发育较好；广西壮族自治区处于华南地区，人均农地资源禀赋小，且农地质量受到地形地貌影响明显；湖北省处于中部地区，人均农地资源禀赋接近全国平均水平，是中部地区重要的农业生产地区；黑龙江省处于东北地区，人均农地资源禀赋大，且农地流转和农业规模经营发育良好。

为保证调查质量，本章采取了以下措施：其一，在各省份内，将所辖县依据 2012 年人均 GDP 水平分成高、中、低 3 组，在每组内随机抽样并选择对应生源地的学生作为调查员，从而使调查样本具有代表性；其二，在正式调查开始之前，对调查员进行了统一的调查培训，对调查问卷涉及的相关内容进行了详细解释，明确相关问题的内涵；其三，调查员利用 2014 年寒假回乡调查，不仅保证

调查工作顺利进行，而且由于调查员对家乡情况较为了解，可以最大限度地保证调查内容的真实可靠性。

（二）样本描述

调查问卷分村庄调查问卷和农户调查问卷。研究中，将2006～2013年发生过一次及一次以上农地转入行为的农户界定为转入户，发生过一次及一次以上农地转出行为的农户界定为转出户。本次调查共获得99个有效样本村、896户有效样本农户的调查数据。样本村及样本农户分布见表12－1。

表12－1 样本村及样本农户分布

地区	样本村		样本农户	
	样本数	比例（%）	样本数	比例（%）
江苏	35	35.36	254	28.35
广西	22	22.22	174	19.42
湖北	21	21.21	274	30.58
黑龙江	21	21.21	194	21.65
合计	99	100	896	100

资料来源：实地调研。除特别说明外，本章所使用数据皆为本次实地调研所得。

（三）农地流转现状：村庄层面与农户层面

村庄层面农地流转现状分析见表12－2。由调查数据可知，99个样本村耕地资源禀赋及村庄农地流转率存在较大的差异。

表12－2 2006～2013年样本村人均耕地面积及农地流转率分析

项目		2006年	2007年	2008年	2009年	2010年	2011年	2012年	2013年	平均值
样本均值	人均耕地面积（亩）	1.92	1.92	1.92	1.92	1.94	1.95	1.92	1.92	1.92
	农地流转率（%）	10.02	10.99	11.17	12.60	13.14	16.00	16.94	21.89	14.11
江苏	人均耕地面积（亩）	0.94	0.93	0.92	0.91	0.98	1.00	0.95	0.97	0.95
	农地流转率（%）	12.65	14.94	14.97	18.65	20.37	23.80	27.46	33.49	20.91
广西	人均耕地面积（亩）	0.92	0.91	0.90	0.89	0.89	0.88	0.87	0.87	0.89
	农地流转率（%）	6.85	7.18	7.46	8.59	10.16	15.49	15.78	16.85	11.04

续表

项目		2006年	2007年	2008年	2009年	2010年	2011年	2012年	2013年	平均值
湖北	人均耕地面积（亩）	1.27	1.27	1.27	1.27	1.27	1.27	1.27	1.28	1.27
	农地流转率（％）	0.65	0.26	0.26	2.14	3.71	4.28	5.86	8.68	3.24
黑龙江	人均耕地面积（亩）	7.47	7.51	7.55	7.54	7.56	7.54	7.52	7.44	7.52
	农地流转率（％）	12.78	13.86	14.13	14.71	14.12	17.08	17.05	22.90	15.84

2006~2013 年，样本村人均耕地面积为 1.92 亩，年际间变化不大，但 4 省（区）样本村人均耕地面积存在较大差异，黑龙江人均耕地面积为 7.52 亩，广西人均耕地面积只有 0.89 亩，两者之间相差 6.63 亩。江苏、广西、湖北人均耕地面积分别低于样本均值 0.97 亩、1.03 亩、0.65 亩，黑龙江人均耕地面积高于样本均值 5.6 亩。

村庄农地流转率是指村庄农地流转面积占村庄农地总面积的比例。4 省（区）样本村农地流转渐趋活跃，但总体水平不高。农地流转率从 2006 年的 10.02% 上升到 2013 年的 21.89%，上升了 11.87%，但 8 年平均值仅为 14.11%。另外，4 省（区）农地流转率存在较大差距。江苏、广西、湖北、黑龙江村庄农地流转率均值分别为 20.91%、11.04%、3.24% 和 15.84%，江苏和黑龙江村庄农地流转率分别高于样本平均值 6.8% 和 1.73%，广西和湖北村庄农地流转率分别低于样本平均值 3.07% 和 10.87%。

农户层面农地流转现状分析见表 12-3。由表 12-3 可知，2006~2013 年间，农户农地流转参与率日趋上升，且区域间存在较大的差异。农户农地流转参与率是指参与农地流转的农户占样本农户的比例。其中，转入户农地流转参与率是指当年转入农地的农户占转入户的比例，转出户农地流转参与率是指当年转出农地的农户占转出户的比例。

表 12-3 2006~2013 年样本农户农地流转参与率分析 单位：%

项目		2006年	2007年	2008年	2009年	2010年	2011年	2012年	2013年	平均值
样本均值	农户参与率	20.87	24.55	30.36	37.61	50.00	61.50	72.43	85.49	47.85
	转入户参与率	19.63	23.29	28.08	34.70	46.80	58.90	70.32	79.91	45.21
	转出户参与率	22.05	25.76	32.53	40.39	53.06	63.97	74.45	90.83	50.38
江苏	农户参与率	16.54	20.87	27.95	35.83	49.61	62.60	75.20	94.49	47.88
	转入户参与率	12.10	15.32	20.16	28.23	48.39	62.10	77.42	95.16	44.86
	转出户参与率	20.77	26.15	35.38	43.08	50.77	63.08	73.08	93.85	50.77

项目		2006年	2007年	2008年	2009年	2010年	2011年	2012年	2013年	平均值
广西	农户参与率	22.41	29.89	39.08	45.98	65.52	74.14	78.16	74.71	53.74
	转入户参与率	15.29	24.71	31.76	37.65	52.94	65.88	68.24	61.18	44.71
	转出户参与率	29.21	34.83	46.07	53.93	77.53	82.02	87.64	87.64	62.36
湖北	农户参与率	15.69	18.25	22.99	33.21	46.72	52.19	66.79	78.83	41.83
	转入户参与率	18.46	20.77	25.38	36.15	46.15	50.00	65.38	68.46	41.35
	转出户参与率	13.19	15.97	20.83	30.56	47.22	54.17	68.06	88.19	42.27
黑龙江	农户参与率	32.47	33.51	36.08	38.66	41.24	61.86	71.65	92.78	51.03
	转入户参与率	34.34	35.35	38.38	38.38	40.40	60.61	69.70	91.92	51.14
	转出户参与率	30.53	31.58	33.68	38.95	42.11	63.16	73.68	93.68	50.92

就全国层面而言，农户农地流转参与率稳步上升。2006年农户农地流转参与率为20.87%，2013年为85.49%，8年间上升了64.62%。其中，转入户农地流转参与率8年间上升了60.28%，转出户农地流转参与率上升了68.78%。不仅如此，4省（区）农户农地流转参与率存在较大的差异。江苏样本农户农地流转参与率年均增速为28.27%，黑龙江为16.18%；转入户农地流转参与率年均增长速度最高者是江苏，最低者是黑龙江，两者相差19.17%；转出户农地流转参与率年均增长速度最高者是湖北，最低者是广西，两者相差14.19%。

二、影响土地流转的因素

（一）模型设定与变量定义

本章设定下式，从全国层面及区域层面离析出影响农地流转的关键因素：

$$L_{it} = \alpha + \sum_{h=1}^{8} \beta_h H_{it}^h + \sum_{l=1}^{4} \delta_l L_{it}^l + \eta K_{it} + \rho C_{it} + \sum_{e=1}^{12} \delta_e E_{it}^e + \gamma T + \epsilon_{it} \quad (12.1)$$

式中，t 表示 2006～2013 年。L_{it} 为代表第 i 个农户第 t 年是否参与农地流转的虚拟变量（$L=1$ 代表农户参与农地流转，$L=0$ 代表农户不参与农地流转）。H^h 表示一组衡量农户劳动力特征的变量，依次为户主性别、户主年龄、户主受教育程度、户主是否是村组干部、户主是否外出打工、家庭人口数、家庭成员中是否有人接受过农业培训以及家庭非农就业劳动力数量。L_{it}^l代表一组反映第 i 个农户第 t 年拥有的土地资源特征的变量，依次为家庭承包土地面积、家庭承包土地面积的平方、家庭承包地地块数以及农户参与流转的土地是否与承包地相邻。K 代表家庭拥有的农用固定资产价值。C 代表农户家庭承包地是否有土地承包合同和证书。

式中，E^e 代表村庄变量，用以反映影响农户是否参与农地流转决策的村庄环境特征变量。格兰诺维特（Granovetter，1985）认为，经济当事人的行为始终嵌入于具体的、当下的社会结构和社会关系中，是基于特定环境所做出的决策和选择。E^e 依次为村人均耕地面积、村人均集体预留地面积、村距中心集镇距离、村集体经济发展情况、村农机服务情况、村农业技术服务情况、村农民负担、村土地大调整次数、村土地小调整次数、村是否进行过农地流转、村农地流转率、政府对农地流转有无鼓励政策。T 是年份虚拟变量。ε_{it} 是模型的随机误差项。相关变量的定义及统计描述见表 12-4。

表 12-4　　　　　　　变量定义及描述性统计

变量名称	含义及单位	平均值	标准差
被解释变量			
农户是否参与农地流转	是=1，否=0	0.48	0.50
解释变量			
农户层面			
户主性别	男=1，女=0	0.94	0.24
户主年龄	岁	50.21	10.35
户主受教育程度	0=文盲，1=小学，2=初中，3=高中，4=大学（中专及以上）	1.83	0.81
户主是否是村组干部	是=1，否=0	0.08	0.27
户主是否外出务工	是=1，否=0	0.68	0.47
家庭人口数	人	4.24	1.53
家庭成员中是否有人接受过农业培训	是=1，否=0	0.15	0.36
家庭非农就业劳动力	标准化非农就业人数[b]	1.08	1.19
家庭承包土地面积	亩	12.49	31.28

续表

变量名称	含义及单位	平均值	标准差
家庭承包土地面积的平方	亩	11.35	140.20
家庭承包地地块数	块	4.17	3.90
流转的土地是否与承包地相邻	是 = 1，否 = 0	0.16	0.37
家庭农用固定资产价值	家庭拥有的农用拖拉机、收割机等农用固定资产价值（ln）	4.90	14.61
家庭承包地是否有土地承包合同和证书	是 = 1，否 = 0	0.69	0.46
村庄层面			
村人均耕地面积	亩	1.92	4.14
村人均集体预留地面积	亩	0.19	3.32
村距中心集镇距离	公里	6.37	5.68
村集体经济发展情况	好 = 1，差 = 0	0.87	0.34
村农机服务情况	好 = 1，差 = 0	0.86	0.35
村农业技术服务情况	好 = 1，差 = 0	0.81	0.39
村农民负担	重 = 1，轻 = 0	0.13	0.34
村土地大调整次数	次	0.19	0.65
村土地小调整次数	次	1.16	2.83
村是否进行过农地流转	是 = 1，否 = 0	0.51	0.50
村农地流转率	%	14.11	26.11
政府对农地流转有无鼓励政策	是 = 1，否 = 0	0.13	0.33

注：a 样本观测值为 7 168。b 家庭非农就业劳动力折算为标准劳动力的折算系数：非农就业 9～12 个月系数为 1，6～9 个月系数为 0.75，4～6 个月系数为 0.5，小于 3 个月系数为 0.25。

　　根据数据特征，本研究采用 Probit 模型对方程（12.1）进行估计。在进行估计时，所有模型都采用极大似然估计方法（Wooldridge，2002）。首先，采用 Probit 模型对全部样本进行估计。在估计时，模型 3 和模型 4 分别在模型 1 和模型 2 的基础上加入村庄变量，模型 2 和模型 4 是 Probit 模型标准化的边际效应（见表 12－5）。其次，用分省（区）的数据对方程（12.1）进行 Probit 估计（见表 12－6）。在估计时，所有模型都加入年份虚拟变量，以控制随着时间推移农户农地流转行为发生的变化。

表 12 – 5　　全部样本农地流转影响因素的 Probit 模型估计结果

项目	模型 1	模型 2[b]	模型 3	模型 4[b]
户主性别	– 0.014 (0.075)[c]	– 0.004 (0.020)	0.047 (0.077)	0.012 (0.019)
户主年龄	0.015*** (0.002)	0.004*** (0.001)	0.013*** (0.002)	0.003*** (0.001)
户主受教育程度	0.081*** (0.024)	0.022*** (0.006)	0.062** (0.025)	0.015** (0.006)
户主是否是村组干部	– 0.287*** (0.067)	– 0.076*** (0.018)	– 0.263*** (0.070)	– 0.064*** (0.017)
户主是否外出务工	0.110** (0.047)	0.029** (0.012)	0.085* (0.049)	0.021* (0.012)
家庭人口数	0.031** (0.014)	0.008** (0.004)	0.006 (0.015)	0.002 (0.004)
家庭成员中是否有人接受 过农业培训	– 0.428*** (0.050)	– 0.114*** (0.013)	– 0.458*** (0.055)	– 0.112*** (0.013)
家庭非农就业劳动力	0.042** (0.020)	0.011** (0.005)	0.124*** (0.021)	0.030*** (0.005)
家庭承包土地面积	0.007*** (0.001)	0.002*** (0.001)	0.001 (0.002)	0.001 (0.001)
家庭承包土地面积的平方	– 0.002*** (0.001)	– 0.001*** (0.001)	– 0.001 (0.001)	– 0.001 (0.001)
家庭承包地地块数	0.008 (0.005)	0.002 (0.001)	0.013** (0.005)	0.003** (0.001)
流转的土地是否与承包地 相邻	0.251*** (0.111)	0.666*** (0.027)	0.256*** (0.112)	0.626*** (0.024)
家庭农用固定资产价值	0.001 (0.001)	0.001 (0.001)	– 0.001 (0.001)	– 0.001 (0.001)
家庭承包地是否有土地承 包合同和证书	0.528*** (0.040)	0.140*** (0.010)	0.463*** (0.044)	0.113*** (0.011)
村人均耕地面积			0.065*** (0.007)	0.016*** (0.002)
村人均集体预留地面积			0.008*** (0.002)	0.002*** (0.001)

农地三权分置的理论与实践研究

续表

项目	模型 1	模型 2[b]	模型 3	模型 4[b]
村距中心集镇距离			-0.029 ***	-0.007 ***
			(0.004)	(0.001)
村集体经济发展情况			0.368 ***	0.090 ***
			(0.060)	(0.015)
村农机服务情况			-0.202 ***	-0.049 ***
			(0.075)	(0.018)
村农业技术服务情况			-0.073	-0.018
			(0.068)	(0.017)
村农民负担			-0.390 ***	-0.095 ***
			(0.058)	(0.014)
村土地大调整次数			-0.323 ***	-0.079 ***
			(0.032)	(0.008)
村土地小调整次数			-0.030 ***	-0.007 ***
			(0.007)	(0.002)
村是否进行过农地流转			0.278 ***	0.068 ***
			(0.049)	(0.012)
村农地流转率			0.204 **	0.050 **
			(0.095)	(0.023)
政府对农地流转有无鼓励政策			0.591 ***	0.145 ***
			(0.061)	(0.015)
年份虚拟变量	已控制	已控制	已控制	已控制
Wald chi2	1 592.79		1 925.82	
Pseudo R²	0.319		0.372	

注：a 所有模型 Prob > chi2 都为 0.00；观测值为 7 168。b 模型中的参数为标准化的边际效应。c 小括号中的数值是稳健标准误，*** 、** 和 * 分别表示在 1% 、5% 和 10% 的水平上显著。为节省空间，略去年份虚拟变量。

表 12 – 6   4 省（区）农地流转影响因素的 Probit 模型估计结果

项目	江苏		广西		湖北		黑龙江	
	模型 1	模型 2	模型 3	模型 4	模型 5	模型 6	模型 7	模型 8
户主性别	-0.086 **	-0.009	-0.056 *	0.005	0.055 *	0.060 **	0.108	0.083
	(0.041)[b]	(0.039)	(0.032)	(0.029)	(0.031)	(0.029)	(0.084)	(0.066)

续表

项目	江苏		广西		湖北		黑龙江	
	模型 1	模型 2	模型 3	模型 4	模型 5	模型 6	模型 7	模型 8
户主年龄	0.003 *** (0.001)	0.003 *** (0.001)	0.001 (0.001)	−0.001 (0.001)	0.005 *** (0.001)	0.005 *** (0.001)	0.005 *** (0.001)	0.002 ** (0.001)
户主受教育程度	0.024 * (0.014)	0.010 (0.012)	0.018 (0.013)	0.033 ** (0.013)	0.018 (0.012)	−0.003 (0.011)	0.002 (0.015)	−0.004 (0.014)
户主是否是村组干部	−0.135 *** (0.033)	−0.047 (0.028)	−0.013 (0.039)	−0.048 (0.034)	−0.018 (0.037)	−0.085 *** (0.031)	−0.131 *** (0.048)	−0.105 ** (0.041)
户主是否外出务工	−0.050 * (0.027)	−0.112 *** (0.024)	−0.022 (0.026)	0.013 (0.026)	0.131 *** (0.021)	0.057 *** (0.021)	−0.064 ** (0.030)	−0.046 (0.032)
家庭人口数	0.044 *** (0.008)	0.023 *** (0.007)	0.013 * (0.008)	−0.001 (0.007)	0.016 ** (0.008)	−0.040 *** (0.007)	0.026 *** (0.008)	0.033 *** (0.007)
家庭成员中是否有人接受过农业培训	0.092 *** (0.026)	0.029 (0.025)	0.042 (0.038)	−0.002 (0.036)	−0.336 *** (0.024)	−0.159 *** (0.026)	−0.035 (0.040)	0.026 (0.034)
家庭非农就业劳动力	−0.018 * (0.011)	−0.005 (0.011)	0.009 (0.010)	0.030 *** (0.010)	0.061 *** (0.010)	0.044 *** (0.010)	−0.031 ** (0.014)	0.007 (0.014)
家庭承包土地面积	0.020 *** (0.006)	0.020 *** (0.005)	−0.034 * (0.017)	−0.018 (0.016)	0.006 (0.006)	0.008 (0.005)	−0.001 * (0.001)	−0.002 ** (0.001)
家庭承包土地面积的平方	−0.083 *** (0.017)	−0.055 *** (0.013)	0.137 (0.185)	0.011 (0.175)	−0.008 (0.017)	−0.011 (0.014)	0.001 (0.001)	0.001 *** (0.001)
家庭承包地地块数	0.029 *** (0.005)	0.008 * (0.004)	0.008 *** (0.002)	0.007 *** (0.002)	−0.027 *** (0.006)	−0.016 *** (0.005)	0.044 *** (0.006)	0.016 *** (0.005)
流转的土地是否与承包地相邻	0.001 (0.001)	0.001 (0.001)	0.794 *** (0.080)	0.826 *** (0.086)	0.001 (0.001)	0.001 (0.001)	0.364 *** (0.037)	0.341 *** (0.033)
家庭农用固定资产价值	−0.001 ** (0.001)	−0.001 (0.001)	−0.001 (0.001)	0.002 * (0.001)	0.016 *** (0.002)	0.016 *** (0.002)	−0.005 *** (0.001)	−0.004 ** (0.002)
家庭承包地是否有土地承包合同和证书	0.160 *** (0.019)	0.128 *** (0.021)	0.010 (0.022)	0.015 (0.025)	0.501 *** (0.091)	0.424 *** (0.081)	0.298 *** (0.017)	0.207 *** (0.022)
村人均耕地面积		0.030 (0.020)		−0.081 *** (0.015)		−0.003 (0.024)		0.013 *** (0.002)
村人均集体预留地面积		0.007 *** (0.002)		0.051 *** (0.018)		0.161 *** (0.166)		−0.001 (0.001)

续表

项目	江苏		广西		湖北		黑龙江	
	模型1	模型2	模型3	模型4	模型5	模型6	模型7	模型8
村距中心集镇距离		− 0.001 (0.003)		− 0.021 *** (0.002)		0.042 *** (0.006)		− 0.008 *** (0.002)
村集体经济发展情况		− 0.091 *** (0.032)		0.303 *** (0.042)		− 0.079 ** (0.035)		0.090 *** (0.028)
村农机服务情况		− 0.794 *** (0.073)		− 0.049 (0.042)		0.323 *** (0.071)		− 0.008 (0.045)
村农业技术服务情况		0.772 *** (0.062)		− 0.074 * (0.040)		− 0.230 *** (0.054)		− 0.226 *** (0.027)
村农民负担		0.001 (0.001)		− 0.096 *** (0.026)		0.022 (0.032)		− 0.198 *** (0.032)
村土地大调整次数		− 0.058 *** (0.009)		− 0.227 *** (0.073)		− 0.963 *** (9.980)		0.027 (0.027)
村土地小调整次数		− 0.004 (0.005)		− 0.044 *** (0.006)		− 0.051 *** (0.005)		0.187 *** (0.049)
村是否进行过农地流转		0.093 *** (0.023)		0.239 *** (0.041)		0.049 * (0.029)		0.155 *** (0.031)
村农地流转率		0.101 ** (0.040)		− 0.213 *** (0.064)		0.312 (0.212)		− 0.002 (0.052)
政府对农地流转有无鼓励政策		0.239 *** (0.019)		0.032 (0.034)		− 0.019 (0.064)		0.001 (0.001)
年份虚拟变量	已控制	已控制	已控制	已控制	已控制	已控制	已控制	已控制
Wald chi2	514.24	1 284.25	283.33	327.59	522.46	597.84	479.38	491.70
Pseudo R^2	0.310	0.465	0.385	0.476	0.316	0.417	0.370	0.488
观测值	2 032	2 032	1 392	1 392	2 192	2 192	1 552	1 552

注：a 所有模型 Prob > chi2 都为 0.00；Probit 模型中的参数为标准化的边际效应。b 小括号中的数值是稳健标准误，*** 、** 和 * 分别表示在 1% 、5% 和 10% 的水平上显著。为节省空间，略去年份虚拟变量。

(二) 全国层面农地流转影响因素的计量结果

全国层面农地流转影响因素的估计结果见表 12 – 5。所有模型 Wald chi2 检验和 log likelihood 值都表明回归模型拟合度良好且有较强的解释力。

215

1. 农户劳动力特征

估计结果表明，控制了农户土地特征等农户特征和村庄特征变量后，户主年龄、户主受教育程度、户主是否是村组干部以及户主是否外出务工对农户参与农地流转有重要影响，且分别通过了1%、5%、1%和10%水平的显著性检验（见表12-5，第4列第2~5行）。户主年龄变量的系数为正，表明在其他条件不变的情况下，户主年龄越大，越倾向于参与农地流转。样本户户主年龄平均值为50岁，这表明户主年龄趋于老龄化。随着户主年龄的增长、农业从业时间的增加，户主农业生产经验日益累积，非农就业机会日趋减少，年龄越大的户主往往越愿意经营农地。户主受教育程度变量系数为正，表明户主受教育程度越高，越倾向于参与农地流转。这主要是因为受教育程度高的户主往往更容易接受和使用现代农业技术，更容易把握获利机会，更有可能实现非农就业，从而更有积极性参与农地流转。户主是否为村组干部变量系数为负，表明在其他条件不变的情况下，户主如果为村组干部，则参与农地流转的概率降低。其可能的原因在于，户主作为村组干部需要花费一定的时间参与村庄治理，通常兼业从事农业生产。户主是否外出打工变量系数为正，说明具有外出打工经历的户主，既有可能获得更多的非农就业机会，也有可能利用非农就业获取的资金等从事农业生产，从而参与农地流转的概率增加。此外，家庭成员中是否有人接受过农业培训变量在1%的水平上负向影响农户参与农地流转的可能性（见表12-5，第4列第7行），说明家庭成员中有人接受过农业方面的培训，农户参与农地流转的概率降低。究其原因，农业培训在提高农民农业经营能力、促进农地转入的同时，作为一种"沉没成本"，可能对农户转出土地产生阻碍作用（王兴稳、钱忠好，2015）。家庭非农就业劳动力变量在1%水平上显著为正（见表12-5，第4列第8行），表明家庭非农劳动力数量越多，农户越倾向于参与农地流转。

2. 农户土地特征

全部样本Probit模型的估计结果表明，控制了农户劳动力特征等农户特征变量和村庄特征变量后，家庭承包地地块数、流转的土地是否与承包地相邻分别在5%和1%的水平上通过显著性检验，且这两个变量系数为正（见表12-5，第4列第11~12行），说明农户承包地的地块数越多、流转的土地与承包地相邻，则农户参与农地流转的概率越高。一般来说，相同面积下农户承包地地块数越多，土地细碎化程度就会越高，土地耕作效率就会降低，农户越倾向于农地流转以实现土地集中连片。同理，流转与承包地相邻的土地，也利于土地的连片种植，便于农业机械等提高耕作效率。家庭承包土地面积变量对农户参与农地流转的影响不显著，可能的原因在于：农户家庭基于既定的家庭承包土地面积合理配置劳动、资本等生产要素，实现了家庭收益最大化（钱忠好，2008）。

3. 农户资本特征

全部样本 Probit 模型的估计结果表明，控制了农户劳动力特征等农户特征变量和村庄特征变量后，家庭农用固定资产价值变量对农户参与农地流转没有显著影响（见表 12 - 5，第 4 列第 13 行）。这一结果并不说明农用固定资产投入对农业生产经营和农地流转不重要。产生这一结果的可能原因是：第一，拥有较多农用固定资产的农户尽管不能转入与家庭农用固定资产相匹配的土地，但可以通过农业机械租赁和服务外包等形式提高农用固定资产的利用效率；同理，拥有较少农用固定资产的农户可以通过购买农业机械作业等服务以减少农用固定资产的限制，从而不参与农地流转。第二，农户家庭拥有的农用固定资产对转入户和转出户的影响不同，需进一步区分农地流转农户类型进行实证研究。拉曼（Rahman，2010）、马贤磊等（2015）的研究表明，受到资产专用性的影响，家庭拥有的农用固定资产价值正向影响转入户转入农地的可能性，负向影响转出户转出农地的可能性。

4. 农户土地确权特征

全部样本 Probit 模型的估计结果表明，控制了农户劳动力特征等农户特征变量和村庄特征变量后，家庭承包地是否有土地承包合同和证书变量显著影响农户参与农地流转，通过了 1% 水平上的显著性检验且系数为正（见表 12 - 5，第 4 列第 14 行）。这表明，拥有土地承包合同和证书的农户比不拥有土地承包合同和证书的农户参与农地流转的概率要高。程令国等（2016）的研究也发现，农地确权使得农户参与农地流转的可能性显著上升约 4.9%。农户拥有土地承包合同和证书在提高了农户农地产权安全性的同时，降低了农地流转的交易成本，提高了土地资源的内在价值，有助于激励农户参与农地流转（Kung，2002；Deininger et al.，2011；马贤磊等，2015）。

5. 村庄特征

全部样本 Probit 模型的回归结果表明，村庄特征对农户参与农地流转有重要影响（见表 12 - 5，第 4 列第 15 ~ 26 行）。第一，村人均耕地面积、村人均集体预留地面积两个变量都在 1% 的水平上正向影响农户参与农地流转的可能性。这表明，村耕地资源禀赋越丰富，农户参与农地流转的概率越高。第二，村距中心集镇的距离越远，农户参与农地流转的概率越低。这可能与村距离中心集镇距离越近，农户家庭成员非农就业机会越多有关。农户家庭成员非农就业率的提升有助于增加农户参与农地流转的可能性。第三，村集体经济发展状况对农户参与农地流转有显著正向影响。村集体经济发展水平越高，农民对土地的依赖程度就会越低，越倾向于参与农地流转。第四，村农机服务情况变量显著影响农户是否参与农地流转。与农机服务状况差的村相比，农机服务状况好的村农户参与农地流转的概率低。村庄有效的农机社会服务等能在很大程度上弥补农户家庭农用固定资产投入及劳动投入的不足，提高农业生产效率，进而降低农户参与农地流转的概率。第五，村农民负担方面，村农民负担变量在1%的水平上负向影响农户参与农地流转的可能性。这表明，农民负担小的村庄，相当于增加了农户家庭收入，刺激农户家庭从事农业生产的积极性，因而农户参与农地流转更为活跃（Lohmar，2000）。第六，村土地大调整次数、村土地小调整次数的系数都在1%水平上显著负向影响农地流转。土地的行政性调整减弱了农户的土地产权稳定性预期，阻碍了农地流转。第七，村是否进行过农地流转、村农地流转率变量分别在1%和5%的水平上通过了显著性检验，且与农户参与农地流转正相关。这表明，村庄农地流转水平越高，农户参与农地流转的预期越稳定，越有可能参与农地流转。第八，政府对农地流转有无鼓励政策在1%的水平上显著正向影响农户参与农地流转。这一结果表明，在现阶段农业比较利益偏低的情况下，适当的农地流转激励政策有助于促进农户参与农地流转。

（三）区域层面农地流转影响因素的计量结果

区域层面农地流转影响因素的估计结果见表12-6。所有模型 Wald chi2 检验和 log likelihood 值表明估算结果有效，模型整体运行良好。分析表12-6以及将表12-6和表12-5进行对照，可以发现，不仅各省（区）农地流转的关键影响因素有所不同，而且各省（区）变量对农户参与农地流转影响的显著性水平及作用方向与全国层面的计量结果存在很大区别。

1. 农户劳动力特征

第一，关于户主性别对农户农地流转参与的影响。表12-5中，户主性别对农户农地流转参与的影响作用不显著；表12-6中，尽管江苏、广西、黑龙江户主性别对农户农地流转参与的影响作用不显著，但湖北户主性别变量却在5%的水平上正向影响农户参与农地流转的可能性（见表12-6，第1行第6列），这表明，湖北样本农户中，与女性户主农户相比，男性户主农户参与农地流转的概率较高。这一结果的可能解释是：湖北是中部地区重要的农业产区，又是我国农村剩余劳动力重要的输出大省，男性户主既可能通过转入土地而扩大种植面积，又可能因外出非农就业而转出土地。

第二，关于户主年龄对农户农地流转参与的影响。表 12－5 中，户主年龄变量的系数为正且显著；表 12－6 中，江苏、湖北、黑龙江户主年龄变量的系数为正且显著，但广西户主年龄变量对农户参与农地流转的影响并不显著。

第三，关于户主受教育程度对农户农地流转参与的影响。表 12－5 中，户主受教育程度变量正向影响农户参与农地流转的可能性；表 12－6 中，除广西外，其他三省（区）户主受教育程度变量对农户参与农地流转可能性的影响都不显著。这表明，在广西提升户主受教育程度，更有利于促进农户参与农地流转。

第四，关于户主是否是村组干部对农户农地流转参与的影响。表 12－5 中，户主为村组干部的农户参与农地流转的概率降低；表 12－6 中，湖北和黑龙江两省中该变量负向显著影响农户参与农地流转，但江苏、广西两省（区）该变量的系数却不显著。这一计量结果提醒政策制定者，在湖北和黑龙江这样的农业大省，如何既发挥村组干部参与村庄公共治理的作用，又发挥村组干部在农地流转、农业现代化建设中的带头示范作用，是一个需要深入研究的课题。

第五，关于户主是否外出打工对农户农地流转参与的影响。表 12－5 中，具有外出打工经历的户主参与农地流转的概率更高；表 12－6 中，广西和黑龙江两省（区）这一变量的影响并不显著，而江苏在 1% 的水平上负向影响、湖北在 1% 的水平上正向影响农户参与农地流转的概率。对这一结果可能的解释是：江苏和湖北农民外出务工的方式存在差异，江苏农民通常在本地务工，湖北农民通常是异地务工，前者降低了农户参与农地流转的概率，后者则增加了农户参与农地流转的概率。

第六，关于家庭人口数量对农户农地流转参与的影响。表 12－5 中，家庭人口数变量对农户参与农地流转的影响并不显著；表 12－6 中，广西这一变量的影响不显著，但江苏、黑龙江在 1% 的水平上正向影响、湖北在 1% 的水平上负向影响农户参与农地流转的可能性。这一结果可能与江苏、黑龙江农户对土地依赖程度较低而湖北农户对土地依赖程度较高有关。江苏、黑龙江农户土地依赖程度较低的原因又各不相同：江苏农户土地依赖程度较低与江苏非农产业较为发达、农户非农收入较高有关，而黑龙江农户土地依赖程度较低与黑龙江人均耕地资源拥有量较多有关。湖北农户土地依赖程度较高则与湖北非农产业不发达、人均耕地资源较少有关。

第七，关于家庭成员接受过农业培训对农户农地流转参与的影响。表 12－5 中，家庭成员中有人接受过农业方面的培训，农户参与农地流转的概率则降低；

表 12 - 6 中，湖北这一变量在 1% 水平上负向影响农户参与农地流转的可能性，江苏、广西、黑龙江三省（区）这一变量的影响不显著。这一计量结果提醒政策制定者和执行者，在湖北对农户家庭成员进行农业培训时需要慎重，以尽可能减弱农业培训所带来的"沉没成本"对农地流转的抑制作用。

第八，关于家庭非农就业劳动力数量对农户农地流转参与的影响。表 12 - 5 中，家庭非农就业劳动力变量在 1% 水平上显著为正；表 12 - 6 中，广西、湖北两省（区）这一变量在 1% 的水平上显著为正，但江苏、黑龙江这一变量并不显著。江苏、黑龙江家庭成员非农就业对农地流转影响不显著的原因可能存在一定的差异：江苏人均耕地数量较少，人地关系较为紧张，农户大多采用农业兼业化的生产方式，家庭成员的非农就业对农户农地流转的影响不大；黑龙江尽管人均耕地资源较多，但农业机械化水平较高，同样，家庭成员的非农就业对农户农地流转参与的影响也不大。

2. 农户土地特征

第一，关于家庭承包土地面积对农户农地流转参与的影响。表 12 - 5 中，家庭承包土地面积对农户农地流转参与的影响不显著；表 12 - 6 中，广西和湖北两省（区）这一变量的影响不显著，但江苏和黑龙江两省在 1% 的水平上显著。江苏家庭承包土地面积变量与农户参与农地流转的关系为倒"U"型（见表 12 - 6，第 2 列第 9 ~ 10 行），黑龙江则表现为"U"型（见表 12 - 6，第 8 列第 9 ~ 10 行），这一结果表明，江苏省随着家庭承包土地面积的逐渐增加，一开始农户积极参与农地流转，到达某一个拐点后，农户参与农地流转的可能性降低；而黑龙江省则随着家庭承包土地面积的逐渐增加，一开始农户参与农地流转的可能性下降，到达某一个拐点后，随着家庭承包土地面积的增加，农户参与农地流转的可能性增加。

第二，关于家庭承包地地块数对农户农地流转参与的影响。表 12 - 5 中，农户承包地的地块数越多，则农户参与农地流转的概率越高；表 12 - 6 中，江苏、广西、黑龙江三省（区）该变量的计量结果与全国层面相同，但湖北家庭承包地地块数变量却在 1% 的水平上负向影响农户参与农地流转的可能性，这表明湖北土地细碎化程度越高，越不利于湖北农户参与农地流转。

第三，关于流转的土地是否与家庭承包土地相邻对农户农地流转参与的影响。表 12 - 5 中，流转的土地与承包地相邻有利于促进农地流转；表 12 - 6 中，江苏与湖北这一变量并不显著，但广西、黑龙江这一变量却在 1% 的水平上显著为正。

3. 农户资本特征

表 12 - 5 中，家庭农用固定资产价值变量对农户参与农地流转没有显著影响；表 12 - 6 中，广西、湖北家庭农用固定资产价值变量分别在 10% 和 1% 的水平上正向影响农户参与农地流转的可能性，黑龙江这一变量则在 5% 水平上负向影响农户参与农地流转的可能性。

4. 农户土地确权特征

表 12 - 5 中，家庭承包地是否有土地承包合同和证书变量显著正向影响农户参与农地流转；表 12 - 6 中，江苏、湖北、黑龙江三省的计量结果与全国层面相同，但广西这一变量却没有通过显著性检验。这可能与本研究调查截止时间与广西农村土地承包经营权确权登记颁证工作实施开始时间之间相隔较短有关。本研究问卷调查的截止时间是 2013 年底，而广西于 2012 年才开始开展农村土地承包经营权确权登记颁证试点工作。

5. 村庄特征

第一，村土地资源禀赋方面，表 12 - 5 中，村人均耕地面积、村人均集体预留地面积两个变量都在 1% 的水平上正向影响农户参与农地流转的可能性。表 12 - 6 中，广西村人均耕地面积每增加 1 亩，农户参与农地流转的概率下降 8.1%；黑龙江村人均耕地面积每增加 1 亩，农户参与农地流转的概率却增加 1.3%；江苏和湖北村人均耕地面积对农户参与农地流转没有显著影响。关于村人均集体预留地面积对农户参与农地流转的影响，江苏、广西、湖北三省（区）的计量结果与全国层面相同，但黑龙江省这一变量却没有通过显著性检验。

第二，村地理区位方面，表 12 - 5 中，村距中心集镇的距离越远，农户参与农地流转的概率越低；表 12 - 6 中，除江苏该变量在统计上不显著外，广西和黑龙江的计量结果与全国层面相同，但湖北这一变量却在 1% 的水平上正向影响农户参与农地流转的可能性，即湖北的村距中心集镇距离越近，农户参与农地流转的概率反而越低。

第三，村集体经济发展水平方面，表 12 - 5 中，村集体经济发展状况对农户参与农地流转显著正向影响。表 12 - 6 中，广西和黑龙江这一变量的计量结果与全国层面相同，但江苏和湖北这一变量却分别在 1% 和 5% 的水平上负向影响农户参与农地流转的概率。江苏和湖北出现如此结果可能是因为村庄集体经济发展越好，越利于农户农业兼业化，这会降低农户参与农地流转的概率（胡霞等，2015），也可能是因为江苏、湖北社会经济发展水平相对较高，土地增值性收益预期明显，这会降低农户参与农地流转的可能性。

第四，村农机服务方面，表12-5中，村农机服务情况变量显著负向影响农户是否参与农地流转。表12-6中，江苏该变量显著负向影响农户是否参与农地流转，湖北村农机服务情况变量在1%的水平上正向影响农户参与农地流转的概率；广西、黑龙江该变量对农户参与农地流转没有显著影响。

第五，村农业技术服务方面，表12-5中，村农业技术服务情况变量对农户参与农地流转的影响不显著；表12-6中，江苏该变量显著正向影响农户参与农地流转，广西、湖北、黑龙江这一变量却显著负向影响农户参与农地流转的可能性。

第六，村农民负担方面，表12-5中，村农民负担变量在1%的水平上负向影响农户参与农地流转。表12-6中，广西、黑龙江该变量在1%的水平上负向影响农户参与农地流转，江苏、湖北该变量对农户参与农地流转的可能性没有显著影响，这表明，广西、黑龙江农民负担在一定程度上阻碍了农户参与农地流转的可能性。

第七，村土地大、小调整次数方面，表12-5中，村土地大调整次数、村土地小调整次数的系数都在1%的水平上显著负向影响农地流转。表12-6中，就土地大调整次数而言，黑龙江该变量对农户参与农地流转的可能性没有显著影响，江苏、广西、湖北三省（区）的计量结果与全国层面相同；就土地小调整次数而言，江苏该变量没有通过显著性检验，广西、湖北村土地小调整次数的系数都在1%水平上显著负向影响农地流转，黑龙江省却是村土地小调整的次数越多，农户参与农地流转的概率越大。

第八，村是否有农地流转经历方面，表12-5中，村是否进行过农地流转、村农地流转率变量分别在1%和5%的水平上显著正向影响农户参与农地流转。表12-6中，村是否进行过农地流转这一变量的计量结果与全国层面相同，这表明，村庄农地流转对农户农地流转参与有极强的示范效应；关于村农地流转率这一变量，湖北、黑龙江没有通过显著性检验，江苏村农地流转率正向显著影响农户农地流转参与，但广西却是村农地流转率越高，农户参与农地流转的概率越低。

第九，政府农地流转奖励方面，表12-5中，政府农地流转鼓励有助于提高农户农地流转参与；表12-6中，该变量只有江苏在1%的水平上正向影响农户参与农地流转的可能性。这可能与江苏省早在2008年就通过设立"农村土地流转扶持资金"专项用于扶持农村土地合法有序流转有关。

本章基于江苏、广西、湖北、黑龙江四省（区）99 个样本村、896 户农户的入户调查数据，刻画农户参与农地流转的时空变动规律，并实证分析影响农地流转的关键因素。研究结果表明，2006～2013 年，农户农地流转参与率日趋上升，且区域间存在较大的差异。

全国层面计量模型的估计结果表明，农户家庭劳动力特征、土地特征、资本特征、土地确权特征以及村庄环境特征中均有变量对农地流转存在显著影响。其中，户主年龄、户主受教育程度、户主是否外出务工、家庭非农就业劳动力、家庭承包地地块数、流转的土地是否与承包地相邻、家庭承包地是否有土地承包合同和证书、村人均耕地面积、村人均集体预留地面积、村集体经济发展情况、村是否进行过农地流转、村农地流转率、政府对农地流转有无鼓励政策等变量正向影响农户参与农地流转的可能性，户主是否为村组干部、家庭成员中是否有人接受过农业培训、村距中心集镇距离、村农机服务情况、村农民负担、村土地大小调整次数等变量负向影响农户参与农地流转的可能性。

分省（区）模型的估计结果表明，全国层面影响农地流转的因素中有些因素尽管仍在省（区）层面上影响着农地流转，但其作用程度和作用方向发生了变化，有些在全国层面对农地流转影响并不显著的因素却在省（区）层面影响着农地流转，并且不同省（区）影响农地流转的因素不尽相同。各省（区）社会经济发展水平、土地等资源禀赋、农地政策的执行状况等存在的差异都会对农地流转产生影响，且不同省（区）影响农地流转的关键因素存在差异，具有明显的空间异质性。例如，经济发达的江苏户主年龄、户主是否外出务工、家庭人口数、家庭承包地地块数、家庭承包地是否有土地承包合同和证书、村人均集体预留地面积、村农业技术服务情况、村是否进行过农地流转、村农地流转率、政府对农地流转有无鼓励政策等变量正向影响农户参与农地流转的可能性，村集体经济发展情况、村农机服务情况、村土地大调整次数负向影响农户参与农地流转的可能性，家庭承包土地面积与农户是否参与农地流转之间呈现倒"U"型关系；经济相对落后的广西正向影响农户是否参与农地流转的变量主要是户主受教育程度、家庭非农就业劳动力、家庭承包地地块数、流转的土地是否与承包地相邻、家庭农用固定资产价值、村集体经济发展情况、村是否进行过农地流转、村人均集体预留地面积，负向影响农户是否参与农地流转的变量主要是村人均耕地面积、村距中心集镇距离、村农业技术服务情况、村农民负担、村土地大调整和小调整的次数、村农地流转率等。

本章研究成果为政策制定者和执行者提供了一个有益的启示：要促进农地流转健康有序的发展，必须正确处理农地流转政策的普适性和特殊性的关系。一方面，要围绕发展适度规模经营的目标，在明晰农地集体所有权、稳定农地承包权、放活农地经营权的基础上，在全国层面上离析出影响农地流转的关键影响因素，据以制定有普适意义的农地流转政策；另一方面，又要在遵循国家农地流转方针、政策的前提下，认真分析各地影响农地流转的关键因素所在，采取契合当地实际的促进农地流转的举措，使中央农地流转政策"落地生根"。斯如此，农地流转政策方能起到"事半功倍"之成效。

第三篇

农业经营主体
与经营模式

第十三章

中国种植类家庭农场的
土地形成及使用特征

农地三权分置后，选取什么样的经营主体以及以什么样的农地经营模式是农业现代化的关键。

一、家庭农场发展需求

习近平总书记在党的二十大报告《高举中国特色社会主义伟大旗帜为全面建设社会主义现代化国家而团结奋斗》中明确要求，要以中国式现代化全面推进中华民族伟大复兴，要坚持农业农村优先发展，实现农业现代化和农业强国，全方位夯实粮食安全根基，坚持城乡融合发展，扎实推动乡村产业、人才、文化、生态、组织振兴。但是我国农业生产普遍存在土地经营规模过小、组织化程度不高、生产经营方式粗放等缺陷，制约着农业现代化的实现。习近平总书记在2023年第6期《求是》杂志上发表的重要文章《加快建设农业强国，推进农业农村现代化》中明确指出，发展适度规模经营是现代农业的方向，要支持有条件的小农户成长为家庭农场。[①] 为实现中国农业的第二次飞跃，党和政府高度重视发展

---

① 《加快建设农业强国，推进农业农村现代化》，http：//www.qstheory.cn/dukan/qs/2023 - 03/15/c_1129432282. htm。

家庭农场，先后出台了《关于促进家庭农场发展的指导意见》①、《关于实施家庭农场培育计划的指导意见》②、《新型农业经营主体和服务主体高质量发展规划（2020—2022）》③等一系列文件，力图通过农业组织形式的创新为土地经营规模扩张和现代农业技术的采用创造条件，促进农业提质增效。农业农村部的调查数据显示，2014 年全国只有 13.9 万户家庭农场，2015 年激增到 34.3 万户④，截至2021 年底，全国家庭农场数量已达到 390 万户⑤。

20 世纪 70 年代，为从根本上改变中国农业落后的面貌，调动亿万农民农业生产经营的积极性，我国在农村推行以家庭经营制度为主要内容的农村经济体制改革，在保留农地集体所有制的前提下，变集体所有集中经营为集体所有家庭经营。农业家庭经营制度的确立极大地促进了中国农业的增长。1978 年我国粮食总产量为 0.6 万亿斤，2021 年增加到 1.3 万亿斤以上，年平均增长速度为 1.98%，特别地，我国粮食产量已连续多年保持在 1.3 万亿斤以上；按 1978 年不变价格计算，第一产业产值由 1978 年的 1 018.46 亿元增加到 2021 年的 6 443.82 亿元，年平均增长速度为 4.38%。⑥但是，随着中国工业化、城市化进程的快速推进，特别是进入新世纪后，我国农业发展的内外部条件发生了显著的变化。突出表现在：中国工业化、城市化水平快速提升，大量的农村劳动力向非农产业和城市转移，农业在国民经济中所占的比重不断下降，农业生产方式发生了根本性的改变。1978 年城市化率为 17.92%，2011 年城市化率首次突破 50%，2012 年城市化率上升到 52.57%；2010 年农业总产值占当年 GDP 的比重首次降到 10% 以下，2012 年农业总产值占当年 GDP 的比重仅为 9.7%；⑦2010 年前后我国农业生产方式发生了重大转变，以农业边际生产率衡量的刘易斯拐点真正到来（刘守英等，2014）。

农业经营条件的变化迫切要求我国农业从根本上克服现阶段农户家庭土地经营规模过小、组织化程度不高、生产经营方式粗放等缺陷，并通过有效的组织和

---

①《关于促进家庭农场发展的指导意见》，http：//www. moa. gov. cn/gk/zcfg/nybgz/201403/t20140311_3809883. htm。

②《关于实施家庭农场培育计划的指导意见》，http：//www. moa. gov. cn/nybgb/2019/201909/202001/t20200109_6334653. htm。

③《新型农业经营主体和服务主体高质量发展规划（2020—2022 年）》，http：//www. moa. gov. cn/nybgb/2020/202003/202004/t20200423_6342187. htm。

④《我国家庭农场发展的现状、问题及培育建议——基于农业部专项调查 34.3 万个样本数据》，https：//kns. cnki. net/kcms2/article/abstract？ v = 3uoqIhG8C46NmWw7YpEsKMypi3qVj28LntHptynnzpiPCHBHXhEuVS70GBQ1VssO – bUgzKR039 – scjKUIyCgfn5XRgRNtnUq&uniplatform = NZKPT。

⑤中华人民共和国农业农村部：《对十三届全国人大四次会议第 7309 号建议的答复》，http：//www. moa. gov. cn/govpublic/zcggs/202108/t20210823_6374695. htm。

⑥⑦资料来源：笔者根据中华人民共和国国家统计局公布的各年统计数据计算所得。

制度创新，吸引足够多的现代生产要素投入到农业中，通过优化土地、资本、劳动等生产要素的组合，适度扩大土地经营规模，实现农业的规模化、专业化与现代化，提高土地生产率和劳动生产率，增强农业竞争力（刘守英，2022）。家庭农场以家庭经营为内核，以适度经营规模为特征，既继承了家庭联产承包责任制下家庭经营的优点，又通过适度扩大土地经营面积，扬弃了土地小规模家庭经营的缺陷，适应了我国国情，实现了农业生产特点与家庭特点的高度契合（朱启臻等，2014）。

其一，家庭农场是有效的农业组织形式。家庭农场强化了家庭经营的主体功能，既符合农业生产的特点，又符合家庭的社会经济属性（黄迈等，2014）。家庭农场的生产经营方式具有技术、制度和组织路径的便利性，其经营规模与家庭劳动力相匹配，既能充分发挥全部家庭成员的积极性和潜力，又能有效避免雇工过多导致的劳动生产率下降（何秀荣，2016；Darnhofer，2010），是一种有效的组织形式。

其二，家庭农场有利于推进农业适度规模经营。我国人均耕地经营规模太小，造成农业劳动生产率低下（郭熙保，2013），实现中国农业现代化需要扩大土地经营规模，但"大而粗"的农业模式并不适合我国的国情（黄宗智，2014）。与其他经营主体相比，家庭农场最大的优势就在于适度规模经营（黄新建等，2013）。沙维斯（Chavas，2001）指出，农场规模的扩大会带来规模经济，显著降低成本。许庆等（2011）的研究证实，扩大土地经营规模能显著降低我国粮食单位产量的生产成本，促进农民增加收入。家庭农场适度的土地经营规模有利于改变微观农业生产经营主体在市场谈判中的弱势地位，提高抵御自然和市场风险的能力（伍开群，2013）。

其三，家庭农场有利于提高农业生产效率。世界各国农业发展的经验业已验证，家庭农场是农业生产中最有效率的组织形式（郭熙保等，2015）。作为超经济利益共同体组织的家庭更易形成共同的目标并达到行为一致性（王新志等，2020），家庭农场以家庭成员为主要劳动力，与雇工相比，更有工作激励（黄延廷，2013），更具技术效率和规模效率（Mugera et al.，2011）。

其四，家庭农场有利于增加农民收入。家庭农场有利于农民积累和传递生产经验、提高农业技能、创新经营管理理念，吸引更多有知识、专业化、年轻化的人成为新型职业农民，有助于二、三产业融合，提高农业附加值，使农民获得较高的收入回报（刘守英，2013）。

其五，家庭农场有利于保障粮食安全。我国农业现代化的目标之一是保障粮食安全。家庭农场有助于强化农民从事粮食生产的意愿（朱启臻，2013；祝华军等，2016），推动农业生产方式转变，促进农业技术进步，藏粮于地、藏粮于技，有利于保障我国粮食安全。

　　家庭农场的一切生产经营行为都以土地为基础。那么，家庭农场的土地经营规模现状如何？他们经营的土地中多少是转入地，多少转出户能支撑一个家庭农场，经营的土地是否跨村跨镇？他们是如何进行土地流转的，流转的合约形式和期限如何，租金如何变化？他们是否对转入土地进行整理，又是如何使用土地的等问题亟待回答。

二、数据来源及数据结构特征

（一）数据来源

　　本章所用数据来自农业农村部政策与改革司（简称"政改司"）[①] 委托中国社会科学院农村发展研究所开展的全国家庭农场监测研究。本监测工作于 2014 年启动，每年对 31 个省（港澳台除外）进行监测，截至目前已获得 2014～2018 年 5 年的监测数据。监测工作的抽样情况如下：（1）为了把握全国家庭农场整体发展情况，在省层面进行普查，由于经济社会因素，其中西藏、新疆和北京的监测样本相对较少。（2）样本省内采取"分层随机抽样"方法进行抽样。各省按照经济发展水平把所有县分成高中低三层，每层随机抽取 1 个县为样本。每省抽 3 个样本县，必要时根据"空间就近、经济水平接近"原则选择替补的样本县。每个县根据登记的家庭农场名单等距随机抽取 33 家农场进行监测。每个省大概获得 100 家监测样本，全国每年约 3 000 家监测样本。（3）结合家庭农场发展使命和监测工作目的，农业农村部对进入监测的家庭农场样本类型做了原则性约定。一是每个监测县（区市）在确定监测家庭农场时，充分借助当地各类家庭农场的比例结构等先验信息进行随机抽样。2014 年是根据各县登记的家庭农场名录进行随机抽样，之后，特别是 2018 年起主要依据全国家庭农场名录系统进行抽样。二是由于本研究是把家庭农场放到粮食安全层面进行研究，因此原则上种植类家庭农场占比不多于 80%，种植类中粮食类家庭农场占比不少于 50%。三是样本农场原则上是生产经营情况比较稳定、经营规模符合当地县级以上农业部

---

　　① 本项工作最初是 2014 年农业农村部农村经济体制与经营管理司（简称"经管司"）委托中国社科院农村发展研究所开展的，2018 年后由政改司委托。

门确定的规模标准范围内的家庭农场。

为了保证数据质量，课题组采取 3 种方式对问卷填写质量进行监督检查和保障。一是，课题组具有网络填报系统的最高管理员权限，随时对每一份问卷的前后逻辑、异常值、缺失值等问题进行查看，将发现的问题及时与样本县和样本农场沟通，核实相关数据。二是，课题组安排专职的硕士/博士以"电话随机访谈"方式对问卷的质量进行监管，及时保证填写质量。三是，课题组安排专职的硕士/博士到样本家庭农场进行入户调研，目的是核实和完善网络问卷填报相关信息，同时通过深入访谈以获取研究的灵感、思路和逻辑。

本章分析所用样本是连续 5 年的监测数据，重点是其中的种植类农场，特别是种植类农场中的粮食类农场（见表 13 -1）。（1）所有农场样本方面，2014 ~ 2018 年有效监测样本分别是 2 823、2 903、2 998、2 947 和 2 952 家。按照国家统计局的分类方法，我们将全国分成华北（北京、天津、河北、山西、内蒙古）、东北（辽宁、吉林、黑龙江）、华东（上海、江苏、浙江、安徽、福建、江西、山东）、华中（河南、湖北、湖南、广东、广西、海南）、西南（重庆、四川、贵州、云南）和西北（陕西、甘肃、青海、宁夏、新疆）6 个区域。（2）2014 ~ 2018 年，种植类农场样本个数见表 13 -1 第 2 列，其中种植玉米、小麦和水稻的农场定义为粮食类农场，样本个数见表 13 -1 第 3 列。例如，2014 年种植类农场样本 1 847 家，其中粮食类 918 家。（3）总体而言，监测样本中东北和华东地区样本个数较多。2018 年 2 952 个样本农场中，东北和华东地区样本分别为 524 和 677 家。

表 13 -1　　　　　　　全国家庭农场监测样本情况　　　　　　　　单位：家

年份	按类别分			按地区分					
	全部农场	种植类	粮食类	华北	东北	华东	华中	西南	西北
2014	2 823	1 847	918	360	571	562	470	464	396
2015	2 903	1 972	1 188	355	604	600	417	500	427
2016	2 998	1 964	1 145	375	511	658	518	510	426
2017	2 947	1 870	1 081	342	541	663	567	409	425
2018	2 952	1 849	1 058	350	524	677	552	412	437

（二）数据结构特征

本章所用监测数据是一个 5 年期的混合横截面数据集（Pooled Cross - Sectional Data），由一个 5 年期的面板数据集（Panel Data）和一个 5 年期的每年独有数据集混合构成，总共三类数据。（1）5 年面板数据集（以下简称"面板数据"）。从 2014 年开始，在实际监测中，按计划每年追踪 60% ~ 80% 的样本，剔除无效样本（某农场因为很多关键变量缺失或无效；或者该农场在某一年退出经营等），2014 ~ 2017 年都被追踪到的样本农场大约有 1 600 家，而 5 年都被追踪到的农场则降为 1 350 家，最终形成一个样本个数为 6 750 的 5 年期面板数据（见表 13 - 2 第 2 列）。（2）5 年每年独有数据集（以下简称"每年独有"）。家庭农场作为一个整体，每年都会有所发展，为了捕捉整体发展的新动向，每年在追踪监测样本（老样本）之外，再随机选取部分当年新成立的家庭农场为当年新增监测样本（新样本）。这些新增样本是上一年和下一年都没有监测的样本，是当年独有的样本，含有刻画当年家庭农场这个事物总体发展的信息，这些信息是被连续追踪的"老样本"无法包括的。剔除无效样本后，2015 年独有样本 569 家，2018 年独有样本 387 家。从信息"全新"这个角度讲，监测初年（2014 年）的所有样本都是独有样本，这 2 823 家样本农场代表了当年家庭农场的发展情况；如果进一步剔除当年被追踪的农场样本等，剩下另外一个 2014 年独有数据（255 家）；在后面利用独有数据进行分析时，将基于 2014 年 2 823 这个独有样本（当年最大信息集合）进行分析。最后，每年被随机抽取的独有样本混合起来形成一个样本数为 4 587 的 5 年期每年独有数据集，这个数据集是典型的混合横截面数据集（见表 13 - 2 第 3 列）。（3）5 年混合全部样本集（以下简称"全部样本"）。每年所有监测样本混合起来形成一个样本量为 14 623 的 5 年期混合横截面数据集。这个数据集的信息含量最大，本章将主要依此进行分析。

表 13 - 2 **数据结构特征表** 单位：家

年份	全部样本	面板数据	每年独有
2014	2 823	1 350	2 823（255）[a]
2015	2 903	1 350	569
2016	2 998	1 350	311
2017	2 947	1 350	497
2018	2 952	1 350	387
总计	14 623	6 750	4 587

注：a 括号中的 255 是 2014 年另外一个独有样本数。

本章将从农场类别、时间、地区和数据集四个维度对家庭农场的相关情况进行综合的全面和系统分析。（1）农场类别维度。将主要分析种植类，特别是其中的粮食类农场的相关情况。（2）时间维度。将考察家庭农场相关特征随时间（2014 ~ 2018 年）的变动情况。（3）地区维度。将比较不同地区家庭农场某个特征的差异。（4）数据集维度。将主要利用"全部样本"数据集对家庭农场经营土地的所有特征进行分析，适当时候利用"面板"数据集分析同一家庭农场的相关特征是如何发生动态变迁的，适当时候利用"每年独有"数据集对作为整体的家庭农场的某些特征的基本情况和变迁进行分析。例如，针对家庭农场的土地整理行为，用面板数据进行分析得到的是该农场的土地整理行为是如何随时间发生变化的，面板数据集中的农场对整体具有相当代表性，但无法包含每年新发展的家庭农场的相关信息；用每年独有数据进行分析得到的是作为整体的家庭农场的土地整理行为是如何随时间发生变化的，独有数据集中的家庭农场都是每年新发展出来的，这个集合很大程度上刻画了当年家庭农场这个事物整体的土地整理行为的基本情况；用全部样本进行分析得到的是上述两个结果的综合。再如，刻画作为整体的家庭农场的流转租金情况，就不能只利用面板数据进行分析，更要充分利用每年独有数据所含有的新信息，毕竟每年独有样本是当年新进入流转市场的家庭农场，它们支付的租金最能反映当年的租金情况。

此外，对于本章所采用数据的使用做以下 5 点说明：（1）除非特别标明数据类型，所有表格的结果是基于全部样本数据进行计算；（2）除非特别标明地区，所有表格中的数据是指全国总体情况；（3）除非特别说明变量或指标含义，表格中所有数据是相关变量及其相关样本组的平均数；（4）尽管有 5 年的数据，但描述现状时以 2018 年为准；（5）表格中的"—"表示此处数据缺失或没有相应数据。

三、经营土地的规模

规模经营是农业走向现代化的关键途径。家庭农场是中国目前比较有代表性的规模经营主体，它经营土地的规模有如下特征：家庭农场的平均经营规模约为400 亩左右，粮食类农场规模大于种植类，种植类高于全部农场平均水平；且经营规模从 2014 年到 2018 年呈小幅增长趋势（见表 13 - 3）；不同区域的经营规模不同，呈"北方大、西南小"特征（见表 13 - 4 和表 13 - 5）。

表 13 - 3　　　　　　　各类家庭农场的土地经营规模　　　　　　单位：亩

年份	全部农场		种植类		粮食类	
	平均值	中位数	平均值	中位数	平均值	中位数
2014	334	156	368	200	384	219.5

233

年份	全部农场		种植类		粮食类	
	平均值	中位数	平均值	中位数	平均值	中位数
2015	374	172	429	200	471	260
2016	364	180	395	200	421	250
2017	398	200	432	207	438	248
2018	424	200	403	230	432	300

表 13 – 4　　　　　　　　　种植类家庭农场的土地经营规模　　　　　单位：亩

年份	全国	华北	东北	华东	华中	西南	西北
2014	368	258	599	342	241	143	398
2015	429	378	672	346	268	144	552
2016	395	416	547	352	317	158	519
2017	432	547	606	400	260	149	500
2018	403	608	527	330	236	158	503

表 13 – 5　　　　　　　　　粮食类家庭农场的土地经营规模　　　　　单位：亩

年份	每年独有	面板数据	全部样本						
	全国	全国	全国	华北	东北	华东	华中	西南	西北
2014	384	350	384	223	513	352	261	210	455
2015	667	402	471	304	586	392	323	220	704
2016	475	396	421	365	455	406	305	303	684
2017	483	400	438	412	473	417	320	271	681
2018	538	383	432	575	415	397	288	268	678

1. 种植类农场平均经营规模为 400 亩，经营规模的中位数为 200 亩；粮食类则分别为 430 亩和 300 亩，且都随时间呈增长趋势

（1）种植类农场平均来看，2014 年的经营规模为 368 亩，2015 年快速增加到 429 亩，经 2016 年小幅下降后，2017 年增加到 432 亩，2018 年又回落至 403 亩。总体而言，经营规模呈增加趋势。如果减弱大规模农场样本对平均数的影响，从中位数来看，经营规模则基本稳定在 200 亩左右，并由 2014 年的 200 亩增加到 2017 年的 207 亩，再增至 2018 年的 230 亩。（2）粮食类农场的平均经营规模约在 380~430 亩，中位数则处在 220~300 亩。从全部样本数据来看，2014 年粮食类农场平均经营规模为 384 亩，2015 年快速增加到 471 亩，增加近 90 亩，2016 年快速下降到 421 亩，随后小幅增至 2017 年的 438 亩，并稳定在 2018 年的 432 亩；如果弱化大规模农场等极值样本的影响，中位数刻画的经营规模约为 260 亩，从 2014 年的 219.5 亩快速增至 2015 年的 260 亩，然后经过 2016 年和 2017 年小幅下降后，于 2018 年增至 300 亩（见表 13-3）。根据粮食类农场全部样本数据，2018 年时，80% 的农场的规模在 100~800 亩，70 亩以下农场占比 5%，1000 亩以上农场占比 7%，50% 的农场没超过 300 亩，70% 没超过 400 亩，80% 没超过 500 亩，90% 没超过 800 亩。每年独有数据所显示的每年新成立的家庭农场的经营规模普遍偏大，2015 年为 667 亩，大于同期全部样本的 471 亩；2018 年的 538 亩大于同期的 432 亩，而同期的面板数据农场经营规模最小，分别为 402 亩和 383 亩。而连续 5 年被追踪的粮食类农场的经营规模基本在 350~402 亩波动，波幅不超过 50 亩；而每年独有样本的农场 5 年间规模变化波幅高达 283 亩（见表 13-5）。这表明家庭农场新入者对规模情有独钟、冲劲十足，而经过时间洗礼后，可以预期它们也将如那些被追踪 5 年的农场一样，经营规模逐渐稳定，并在谨慎和理性中扩张和收缩，不断优化经营规模。（3）平均来看粮食类农场比种植类农场规模大 20 亩左右。2014 年和 2018 年前者的规模分别为 384 亩和 432 亩，都大于同期后者的 368 亩和 403 亩。即使减弱大规模农场的影响，2014 年粮食类农场经营规模的中位数为 219.5 亩，并快速增加到 2015 年的 260 亩，随后小幅下滑至 2017 年的 248 亩，2018 年又增至 300 亩，都大于同期种植类农场的相应水平。这是因为，种植类农场也种植豆类等粮食作物和蔬菜等经济作物，对土地规模的要求低于种植小麦、玉米和水稻的粮食类农场，而全部农场样本中包括的养殖类农场对土地规模的要求更小，进一步拉低了经营规模的平均水平。（4）家庭农场由于其内在的家庭经营优势，一直是中央鼓励发展的经营主体，以 2014 年 2 月农业农村部印发的《关于促进家庭农场发展的指导意见》为标志，家庭农场才真正进入快速发展阶段。因此，我们在表 13-3 和表 13-5 中看到，2015 年相比 2014 年农场经营规模都有一个较大幅度的扩张。随后，2015 年 9 月国家发展和改革委员会同国家粮食局等部门宣布下调 2015 年东北玉米临时收购价格，以及 2016 年启动的玉米收储制度改革可能是造成 2016 年农场经营规模出现明显下降的原因。随后，家庭农场经营规模变化较为理性。

2. 农场规模存在明显的地区差异，呈现"北方大、西南小"特征

（1）种植类农场的经营规模存在明显地区差异。2018 年华北种植类农场的经营规模最大（608 亩），其次是东北（527 亩），西北也达到 503 亩，最小的是

西南（158 亩），华东为 330 亩，华中为 236 亩（见表 13 - 4）。2014～2017 年，"北方大、西南小"的特征基本保持不变。（2）粮食类农场的经营规模也基本上呈"北方大、西南小"特征，只是西北的粮食类农场规模最大，其次是东北、华北，西南依然最小。（3）除了东北粮食类农场的经营规模总体呈下降趋势外（除了 2015 年一个大幅度增加），其他地区的经营规模基本都呈现增加趋势（见表 13 - 5），毕竟 2016 年的玉米收储制度改革正是从东三省和内蒙古开始实施的。这表明，家庭农场是能够较快对政策作出反应的经营主体。

与理论预期一致，家庭农场经营的土地规模及其变化特征随着农场类别、所在地区、是否新老农场和年份的不同而不同。这个结论至少表明两点：一是当前阶段家庭农场进行规模经营是可行的，即规模经营的目标基本可以实现。二是最适宜的那个规模是一个受各种因素影响的变量。比如粮食类农场为了获得"体面的生活"就要比其他经济作物的种植类农场经营更大的面积，等等。如前面看到的，只要条件允许，农场主会根据自身条件和外在条件及时调整规模，以努力达到他希望的那个规模。我们要做的并不是对这些千变万化的规模调整策略进行研究，而是要为各类农场可以"自由地调整规模"创造便利条件，扫清家庭农场通过调整土地规模来实现效率提升和收入增加的障碍。

四、经营土地的构成

与其说家庭农场是一个农业生产主体，不如说它是一个把土地、劳动力、技术等各种要素进行集中并开展农业生产的组织者，而且是处于某农业产业最前端的生产组织者。家庭农场首先要组织的是土地要素。一个家庭农场需要把多少块地，多少自己的地、多少转入的地，多少户、多少村的地组织起来，是亟待现实回答和理论思考的问题。

（一）多少块组成

土地细碎化是农业走向现代化的一个主要障碍。两个经营规模相同的家庭农场，若土地块数不同，则它们的生产行为、生产方式和效率都会有巨大差异。监测数据表明，中国家庭农场经营的土地块数在 2014～2018 年下降了一半，到 2018 年每个农场经营的土地块数仍高达 15 块左右。

（1）种植类家庭农场平均每个农场经营土地块数由 2014 年的 32.4 块持续下

降到 2018 年的 16.3 块，下降了一半。同年，有的农场经营块数高达 1 269 块。中位数来看，每个农场经营土地块数基本维持在 5 块左右（见表 13 - 6）。

表 13 - 6　　　　　　　各类家庭农场经营土地的块数　　　　单位：块

年份	种植类			粮食类								
	平均数	中位数	最大值	平均数	中位数	最大值	平均数					
	全国	全国	全国	全国	全国	全国	华北	东北	华东	华中	西南	西北
2014	32.4	5	1 800	28.7	6	1 800	24.3	13.6	31.0	28.9	87.5	88.8
2015	34.1	7	1 545	33.8	10	1 545	13.5	23.7	44.5	37.5	109.8	57.6
2016	24.3	5	1 563	23.0	6	1 000	6.5	15.1	31.5	19.0	31.3	62.2
2017	19.4	5	1 743	17.8	6	500	10.4	15.4	14.9	17.2	37.8	47.0
2018	16.3	5	1 269	14.1	6	385	8.0	12.2	10.8	23.5	24.0	27.7

（2）粮食类农场平均经营块数由 2014 年的 28.7 块快速增加到 2015 年的 33.8 块——同当时规模增加同步，2016 年开始快速下降到 23 块，一直下降到 2018 年的 14.1 块，块数下降了一半多。中位数来看，经营块数基本稳定在 6 块（见表 13 - 6）。①从粮食类农场全部样本数据的累积分布来看，7% 的农场经营 1 块地，经营块数不超过 5 块的农场占比约为 48%，70% 的农场没超过 10 块地，80% 的农场没超过 15 块地，90% 没超过 30 块地，有 5% 的农场经营 31 ~ 55 块地，3% 的农场经营块数在 56 ~ 100 块，经营块数在 140 ~ 385 之间的农场占比 1%。这意味着，2018 年一个 430 亩（规模水平处于均值处）的家庭农场，其土地是由 14 块面积约 30 亩的土地分散构成的。②若考察连续 5 年被追踪的粮食类农场，每个农场平均经营 13.6 块地，块数下降速度较大，从 2014 年的 29.8 块下降到 2018 年的 13.6 块，中位数也是 6 块（见表 13 - 7）。③从每年独有数据来看，2018 年粮食农场平均经营 9 块地，按当年平均面积 538 亩为计，单块地平均面积为 60 亩，是全部样本农场 30 亩的 1 倍。与面板数据的 13.6 块相比可知，每年那些家庭农场新入者比已经经营多年农场的细碎化程度要低很多，不但经营面积大约 150 亩（538 - 383），而且块数少近 5 块（13.6 - 9.2），单块土地面积增加 30 亩（538 ÷ 9.2 - 383 ÷ 13.6），即新家庭农场不但经营规模大，而且土地连片程度高。从 2014 ~ 2018 年土地块数减少速度来看，新入者 5 年减少最快（70%），那些已经摸爬滚打至少 5 年的农场也毫不示弱，5 年下降了 54%，而所有粮食类农场平均看 5 年下降了 50%。因此，整体看，家庭农场的土地细碎化问题正得到越来越快的解决。④农场细碎化存在较为明显的地区差异。2018 年东北地区粮食类农场平均经营了 12 块地，而西北高达 28 块地，华北经营块数最少

（8 块），相应的单块土地面积分别为 35 亩、24 亩和 72 亩。

表 13 - 7　　　　　　　粮食类家庭农场经营土地的块数　　　　　单位：块

年份	面板数据			每年独有		
	平均数	中位数	最大值	平均数	中位数	最大值
2014	29.8	6	800	28.7	6	1 800
2015	37.1	10	1 000	33.4	15	310
2016	21.7	6	1 000	9.2	5	140
2017	17.5	6	420	15.6	4	420
2018	13.6	6	360	9.2	4	96

（二）多少转入地

相比传统小农户而言，家庭农场是既保留家庭经营优势，又很大程度上实现规模经营的经营主体。而实现规模经营的关键是获得土地，对那些在农村没有承包土地的人要实现经营家庭农场的梦想则完全需要靠转入土地来支撑。监测数据表明，2014～2018 年，中国种植类和粮食类家庭农场的经营土地中转入土地面积占比逐年提高。种植类由 2014 年的 70% 一直增加到 2018 年的 85%（见表 13 - 8）。粮食类农场转入地面积占比则由 2014 年的 73% 增加到 2018 年的 87%，比种植类高出 3 个百分点。2018 年土地资源丰富的东北粮食类农场转入地面积约占 80%，华东地区农场主要靠转入地实现农场经营，占比高达 95%，西北地区农场转入地面积占比也从 2016 年开始高涨，2018 年达到 96%（见表 13 - 9）。不同地区转入地占比高低既取决于农场主自有土地禀赋，也取决于农场所在地区土地资源丰裕程度，特别受当地农地流转市场完善与否的影响。

表 13 - 8　　　　　　　种植类家庭农场的转入土地情况

年份	经营规模（亩）	转入面积（亩）	转入面积占比（%）
2014	367.52	254.39	69.86
2015	429.40	320.33	69.21
2016	394.76	344.62	85.77
2017	432.29	353.56	81.98
2018	403.36	338.12	84.57

表 13 - 9 　　　　　　　　粮食类家庭农场的转入土地情况

年份	经营规模（亩）	转入面积（亩）	转入面积占比（%）						
			全国	华北	东北	华东	华中	西南	西北
2014	383.82	275.13	72.97	51.12	66.77	88.16	87.00	65.05	74.10
2015	471.17	363.59	74.77	60.05	72.05	83.86	80.52	81.59	74.47
2016	420.56	378.63	88.61	78.44	84.01	96.21	92.77	88.02	92.64
2017	438.42	384.60	86.29	81.67	79.94	94.53	89.10	83.97	88.42
2018	432.33	373.42	86.53	78.82	81.55	95.40	86.38	83.35	96.47

（三）多少户组成

规模经营的背后是多个规模狭小的转出户通过农地流转市场把地集中到一个规模较大的经营主体手里。目前，中国一个家庭农场到底需要从多少农户转入土地才能获得其理想数量的土地，或者多少转出户的土地才能支撑一个适度规模经营的家庭农场，或者一个家庭农场能够把多少户的农业劳动力从土地上解放出来等都是急需回答的问题。监测数据表明，2014～2018 年，家庭农场转入土地涉及的户数逐年增加，粮食类农场涉及的户数大于种植类农场。（1）一个种植类家庭农场转入土地平均涉及的户数由 2014 年的 38 户增加到 2018 年的 48 户，中位数看，则由 2014 年的 15 户增加到 2018 年的 20 户。（2）粮食类农场则由 2014 年的 40 户增加到 2018 年的 58 户（见表 13 - 10）。根据累积分布统计，2018 年粮食类农场中，1/4 的农场流转土地涉及户数不超过 5 户、1/3 不超过 10 户、1/2 不超过 26 户、60% 不超过 38 户、70% 不超过 52 户、80% 不超过 80 户、90% 不超过 130 户，超过 200 户的农场占比约 5%、涉及 500 户及以上农户的农场占比约为 1%。根据中位数，粮食农场转入土地涉及户数从 2014 年的 18 户增加到 2018 年的 27 户。总体而言，一个粮食农场要比种植类农场需要更多转出户的支撑，大概要多 10 户。（3）总体而言，东北的粮食农场约需 20 个农户支撑，西北则需要 100 户，华东约需要 86 户，地区差异明显（见表 13 - 11）。（4）综上，2018 年处于均值处的一个 432 亩的粮食类农场平均要转入 373 亩地，需要获得 58 个农户的支持，平均需要每个农户为其供应 6 亩土地。

表 13 - 10 　　　　　　　各类家庭农场转入的土地涉及的户数 　　　　　单位：户

年份	种植类		粮食类	
	平均数	中位数	平均数	中位数
2014	37.6	15	39.7	18

续表

年份	种植类		粮食类	
	平均数	中位数	平均数	中位数
2015	42.8	15	51.4	20
2016	45.7	20	56.5	25
2017	47.9	20	58.0	28
2018	47.9	20	58.3	27

表 13 – 11　　　　　　粮食类家庭农场转入的土地涉及的户数　　　　单位：户

年份	全国	华北	东北	华东	华中	西南	西北
2014	39.7	26.2	17.8	82.5	35.9	41.5	49.7
2015	51.4	35.5	20.8	88.2	83.3	56.9	77.2
2016	56.5	39.9	17.3	90.6	83.4	56.7	90.6
2017	58.0	49.7	23.1	101.7	50.9	63.2	92.9
2018	58.3	63.9	22.3	86.8	71.6	53.7	107.4

（四）横跨多少村

土地流转是否出村，外地人能否到本村经营家庭农场一直都是学界关注的热点问题。家庭农场经营的土地是否跨村，跨多少村，又具有什么特点呢？监测数据表明，中国种植类家庭农场，特别是粮食家庭农场经营的土地涉及的村数可以总结为"基本不跨村，平均跨两村，个别需跨镇，跨村跨镇渐成势"。

（1）种植类农场经营的土地跨村个数在 2014～2018 年呈增长态势，由 2014 年的 1.32 个村增加到 2018 年的 1.43 个村；2014 年跨村个数最多的农场跨村 13 个，2018 年增加到 43 个，增加了 2 倍多；但从中位数来看，经营土地主要来自 1 个村（见表 13 – 12）。

表 13 – 12　　　　　　各类家庭农场转入的土地涉及的村数

年份	种植类			粮食类							
	平均数（个）	中位数（个）	最大值（个）	中位数（个）	最大值（个）	平均数（个）	按平均涉及的村数分组的农场占比（%）				
							1 个村	2 个村	3 个村	4～18 个村	19 个村及以上
2014	1.32	1	13	1	13	1.32	**78.35**	15.60	4.07	1.98	—

年份	种植类			粮食类							
	平均数（个）	中位数（个）	最大值（个）	中位数（个）	最大值（个）	平均数（个）	按平均涉及的村数分组的农场占比（%）				
							1个村	2个村	3个村	4~18个村	19个村及以上
2015	1.39	1	40	1	40	1.44	74.28	16.19	6.41	3.04	0.08
2016	1.39	1	32	1	32	1.45	74.23	15.60	**6.57**	3.51	0.09
2017	1.41	1	42	1	42	1.47	73.75	16.14	6.40	**3.62**	0.09
2018	1.43	1	43	1	43	1.47	73.72	**17.01**	6.24	2.85	**0.18**

（2）粮食类农场经营的土地跨村个数也呈增长态势，由2014年的1.32个增加到2018年的1.47个。尽管涉及村数的中位数5年里都是1，但涉及村数越来越多的农场也越来越多。①2014年时，78%的农场经营的土地只涉及1个村，涉及2个村的农场占比为15.6%，涉及3个村的农场占比为4.07%，涉及4~18个村的农场占比为1.98%，若以2014年国家统计局数据可知，全国平均每个乡镇约18个村①为基准，那么2014年没有一个粮食类农场经营土地涉及的村数超过一个镇的村数，即2014年时一个最大的粮食类家庭农场所经营的土地也没有突破一个镇的"范围"。②从2015年开始，粮食类农场经营土地只涉及1个村的农场占比开始由78.35%下降到74.28%，并持续下降到2018年的73.72%；涉及2个村的农场占比开始小幅增加至2018年的17.01%；涉及3个村的农场占比增加到2016年的6.57%，随后开始下降至2018年的6.24%；涉及村数在4~18个的农场占比增加至2017年的3.62%，随后开始下降；超过18个村的农场占比从2015年开始突破0增至0.08%，2016年小幅增至0.09%并稳定保持到2017年，但从2018年开始陡然翻倍至0.18%。显然，2015~2018年，农场经营土地涉及村数变化的总体特征是超过1个村的农场占比逐年增多，而且这种增加分两个阶段：2015~2017年可以总结为镇内村数扩张阶段，2018年是镇外扩张阶段。

（3）粮食类农场经营土地涉及村数存在较为明显的地区差异。华北和东北地区的粮食类农场经营土地涉及村数在任何一年都低于全国平均水平，且华北小于东北；华中则任何一年都高于全国平均水平（见表13-13）。

---

① 根据国家统计局相关数据（2014年），全国乡镇有32 683个（乡数12 282个，镇数20 401个），村民委员会有585 451个，平均每个乡镇17.91个村。

表13-13　　　　粮食类家庭农场转入的土地涉及的村数　　　　单位：个

年份	全国	华北	东北	华东	华中	西南	西北
2014	1.32	1.11	1.31	1.31	1.63	1.34	1.16
2015	1.44	1.18	1.41	1.35	2.20	1.13	1.32
2016	1.45	1.16	1.39	1.44	1.74	1.31	1.83
2017	1.47	1.19	1.34	1.62	1.63	2.40	1.45
2018	1.47	1.39	1.38	1.32	2.22	1.52	1.28

上述土地构成特征表明，任一经营规模的种植类家庭农场的土地主要由自己的承包地和转入地构成，尤其以后者为主；而且，这些地在空间上并没有连为一体，呈不同程度的"细碎化"状态，这必将影响土地经营效率。造成这些现象的最重要原因是中国的农地产权制度，家庭联产承包责任制追求土地（数量和质量）公平分配目标是造成土地细碎化的本质原因；农地流转市场的不完善是另一原因，最终使家庭农场想要获取一块空间连片土地的交易成本极大。因此，稳定农地产权、完善农地市场和减少流转限制很重要，以让家庭农场既能实现经营土地数量上的规模化，也能实现土地空间上的一体化。

五、经营土地的流转

如前所述，家庭农场主要靠转入地来实现规模经营，平均一个农场需要把30~60户农户手中的土地流转进来以形成自己的经营土地。那么，这个土地流转过程的顺利程度（或交易成本）很大程度上取决于流转方式。流转合同的形式、期限结构以及租金大小和形式都将对流转意愿、流转结果以及后期土地经营使用行为产生巨大影响。

（一）流转方式：直接还是间接

理论上，土地流转有直接流转和间接流转两种方式，前者是需求方直接与供给方进行谈判达成流转交易，往往是"一对多"的局面，即一个需求方（经营主体）面对多个供给方（转出农户）。双方首先需要花费搜寻彼此的成本，然后需求方要逐个与转出户进行谈判、签订合约等，最终达成交易。间接流转是指需求方和供给方都分别与一个第三方进行"交易"即可，这个第三方统称为流转中介组织（或平台），在现实中有产权交易中心、土地银行、土地合作社、农地流转平台等各种具体表现形式，这些中介组织的发起者或组织者也不同——有的为农户自发形成的合作社，或村集体，或乡镇政府，或县政府，或纯粹的第三方市场主体等。相同的是，供需双方只需要和中介组织打交道即可，转出方把土地及相关信息委托给中介组织，需求方与中介组织对接获得自己所需要的土地。显然，同等条件下，间接流转能很大程度上降低土地流转的交易成本：一是，供需双方可以省去极大的交易对象搜寻成本，而且由于交易市场范围扩大而提升交易质量；二是，省去了极大的谈判成本，尤其对转入者来说，由原先的"一对多"所要求的逐一谈判，变成"一对一"一次谈判；三是，中介组织在很大程度上为供需双方提供了某种担保作用，双方对流转变得更加放心，降低了合约谈判和执行成本。尽管如很多研究者（Gao et al.，2019）发现的，中国农地流转市场存在亲属间流转盛行的特点，那种情况下土地流转交易很容易达成。但随着经济的发展，随着新型经营主体的构建，随着越来越多"村外陌生人"变成家庭农场经营者，随着经营规模的扩大，这种利用中介组织进行流转的交易方式将受到青睐。

根据监测数据，2014～2018年，中国家庭农场采用直接流转方式进行土地流转的农场比例逐年下降，间接流转比例逐年增加；总体而言，直接与间接两种方式的农场比由2014年的"五五开"变为"三七开"。（1）种植类农场采用直接流转方式的农场比由2014年的55.12%下降到2018年的34.83%，间接流转农场比则由2014年的44.88%增加到2018年的65.17%。2018年，华北种植类农场的间接流转比接近70%，华东和华中均超过76%，东北和西南有一半农场采用间接流转方式（见表13-14）。（2）粮食类农场采用间接流转方式进行土地流转的农场占比由2014年的47.06%增加到2016年的76.07%，后又回落至2018年的67.79%。西北粮食农场2018年间接流转农场比高达85%，东北仅有48.1%。根据每年独有数据可以发现，粮食农场新入者采用间接流转方式的比例还要偏高一些，例如2018年为71.03%，高出同期包括已经至少经营5年的"老"家庭农场的所有样本的平均比例（65.12%）近6个百分点（见表13-15）。这从很大程度上验证上述理论判断，即随着家庭农场流转土地涉及户数、跨村个数的增多，间接流转方式将受到青睐。

表13-14　种植类农场中采用直接流转和间接流转两种方式的农场占比

单位：%

年份	直接流转	间接流转						
	全国	全国	华北	东北	华东	华中	西南	西北
2014	55.12	44.88	30.56	40.96	67.42	35.02	42.57	41.56
2015	59.23	40.77	24.48	32.12	70.70	35.74	39.63	29.84

年份	直接流转	间接流转						
	全国	全国	华北	东北	华东	华中	西南	西北
2016	28.82	71.18	69.64	65.35	81.56	83.33	55.68	66.12
2017	29.36	70.64	73.96	60.38	86.52	76.95	54.89	62.95
2018	34.83	65.17	69.19	49.58	76.00	77.45	51.81	68.70

表 13－15　粮食类农场中采用直接流转和间接流转两种方式的农场占比

单位：%

年份	全部样本								每年独有
	直接流转	间接流转							间接流转
	全国	全国	华北	东北	华东	华中	西南	西北	全国
2014	52.94	47.06	29.03	46.91	68.18	33.59	32.50	46.00	47.06
2015	56.99	43.01	22.08	33.95	75.52	29.41	45.16	43.18	38.53
2016	23.93	76.07	67.97	63.96	86.82	85.98	81.08	86.05	85.71
2017	24.79	75.21	74.02	60.05	90.03	81.25	65.00	84.52	78.87
2018	34.88	65.12	67.79	48.10	75.18	78.42	69.57	85.90	71.03

（二）合同形式：口头还是书面

书面合同比口头合同更规范，为借助法律工具提升合同可执行程度提供可能，能稳定供给双方的预期，减少彼此"敲竹杠"的投机行为，是农地流转市场走向成熟的重要标志，也是流转土地高效使用[①]的必然要求。根据监测数据，家庭农场土地流转采用书面合同的比例在 2014～2018 年一直都很高，基本稳定在 96% 左右。（1）种植类农场采用书面流转合同的农场比由 2014 年的 95.51% 略微增加到 2018 年的 95.57%。华东地区农场这一比例最高，接近 99%，华中、西南较低但也超过 92%。总体而言，那些每年新进入的种植类农场更偏好签订书面合同（见表 13－16）。（2）粮食类农场签订书面合同的农场比由 2014 年的 95.72% 略增至 2018 年的 95.92%，华东、西南的这一比例接近 100%，其他地区为 95% 左右。那些粮食类农场新入者签订书面合同的农场比例普遍要高（见表 13－17）。总体而言，粮食类农场签订书面合同农场比例略高于种植类农场。

---

① 研究表明，随着流转的发展，中国农地分为自家地和转入地，农户在自家地上施用有机肥的概率和用量都显著高于转入地，但随着转入地流转合同规范性提升，例如书面形式合同比例提升、合同期限延长等，两种地上的有机肥投入差异就显著缩小（Gao et al.，2012）。

表 13 – 16　　　种植类家庭农场签订书面流转合同农场占比　　　单位：%

年份	全部样本							每年独有
	全国	华北	东北	华东	华中	西南	西北	全国
2014	95.51	85.48	97.69	99.23	91.91	96.54	95.39	95.51
2015	95.42	91.11	95.96	97.21	96.88	92.72	96.61	95.98
2016	94.36	89.79	93.74	96.92	95.19	90.23	98.71	98.51
2017	94.04	92.68	91.55	98.79	89.01	93.98	97.21	96.81
2018	95.57	94.54	95.05	98.87	92.59	92.41	97.35	94.68

表 13 – 17　　　粮食类家庭农场签订书面流转合同农场占比　　　单位：%

年份	全部样本							每年独有
	全国	华北	东北	华东	华中	西南	西北	全国
2014	95.72	80.87	97.97	99.54	95.28	100.00	95.65	95.72
2015	96.15	90.28	95.46	97.93	97.79	100.00	100.00	97.37
2016	95.01	92.31	93.51	96.10	95.71	97.30	100.00	99.08
2017	93.27	96.33	90.65	98.52	85.89	93.75	97.18	96.15
2018	95.92	95.42	95.26	99.03	92.91	100.00	94.37	96.43

（三）合同期限：期限长短结构

家庭农场的高效生产依赖于其所经营土地的产权稳定性，这主要取决于流转土地的合同期限长短。根据监测数据，中国家庭农场转入土地以 10 年以下期限为主，10 年以上为辅；10 年以下面积占比为 70% ~ 85%，是 10 年以上的 2.5 ~ 5.8 倍；10 年以下占比在 2014 ~ 2018 年呈增长态势，10 年以上则逐年收缩；10 年以下流转面积中，5 年以下和以上基本各占一半，且都逐年增加，10 年以上流转面积中以 30 年以下为主，30 年以上为辅，且都逐年下降。

（1）种植类农场转入土地中流转期限 5 年以下的面积约占 1/3，5 ~ 10 年面积占比从 2015 年的 34.65% 增加到 2018 年的 38.27%，10 年以下合计占比从 2015 年的 61.19% 增加到 2018 年的 71.37%，4 年增加了 10 个百分点。10 年以上面积占比由 2015 年的 38.81% 下降到 2018 年的 28.63%，4 年下降了 10 个百分点；其中 30 年以上占比不足 10 个百分点，由 2015 年的 8.79% 略降到 2018 年的 8.18%。10 ~ 30 年占比由 2015 年的 30.03% 下降到 2018 年的 20.45%，4 年下降了 10 个百分点（见表 13 – 18）。总之，种植类农场转入土地中除了 5 ~ 10 年期限面积占比有所增长外，5 年以下基本不变，10 ~ 30 年和 30 年以上基本都呈下降趋势，即表现出一种"短期不变、中期微增、长期下降"的变化特征。

表13-18　家庭农场转入土地中不同流转期限土地面积比

单位：%

年份	种植类-全部样本						粮食类-全部样本						粮食类-每年独有					
	<5年	[5,10)年	[10,30)年	≥30年	≥5年	<10年	<5年	[5,10)年	[10,30)年	≥30年	≥5年	<10年	<5年	[5,10)年	[10,30)年	≥30年	≥5年	<10年
2014[a]	33.91		66.10		66.10	—	37.47		62.53		62.53	—	37.47		62.53		62.53	—
2015	26.54	34.65	30.03	8.79	73.46	61.19	31.60	41.06	24.70	2.64	68.40	72.66	25.16	39.61	33.40	1.84	74.84	64.77
2016	30.76	37.97	24.27	7.00	69.24	68.73	37.71	45.87	14.34	2.09	62.29	83.58	31.03	54.62	13.38	0.96	68.97	85.65
2017	31.69	38.60	22.01	7.70	68.31	70.29	37.50	44.79	14.52	3.19	62.50	82.29	35.06	51.30	11.61	2.03	64.94	86.36
2018	33.10	38.27	20.45	8.18	66.90	71.37	40.33	45.80	11.93	1.94	59.67	86.13	40.77	45.63	12.38	1.22	59.23	86.40

注：a 2014年只有5年以下和以上两个数据。

（2）粮食类农场转入土地的流转期限结构变化呈现一种"短期增加、中期微增、长期下降"的特征。①粮食类农场转入地中流转期限5年以下面积占比呈增长趋势，由2014年的37.47%增加到2018年的40.33%，这是一种短期化趋势。5～10年占比由2015年的41.06%增加到2018年的45.80%，两者合计来看，10年以下面积占比快速增长，由2015年的72.66%增加到2018年的86.13%。10年以上占比则呈下降趋势，其中10～30年占比快速下降，由2015年的24.70%下降到2018年的11.93%；而30年以上的占比也由2015年的2.64%下降到2018年的1.94%。②粮食类农场每年独有数据所展现的特征没有明显差异。③粮食类农场转入土地流转期限结构存在地区差异。东北地区农场5年以下期限面积占比最高，2018年达到58%，西南则最低，为6.57%；30年以上面积占比西南最高，2018年达到9.75%，东北最低为0.70%，不足1个百分点（见表13－19）。

表13－19　　　　　不同地区的粮食类家庭农场转入
土地中不同流转期限土地面积比　　　单位：%

年份	<5年						≥30年					
	华北	东北	华东	华中	西南	西北	华北	东北	华东	华中	西南	西北
2014[a]	30.21	40.10	42.15	39.90	25.92	16.86	—	—	—	—	—	—
2014[b]	—	—	—	—	—	—	69.79	59.90	57.85	60.10	74.08	83.14
2015	29.85	38.84	26.15	22.22	10.00	34.71	6.50	1.19	2.05	2.90	14.46	1.82
2016	22.76	51.15	33.92	31.23	9.93	39.89	2.75	2.08	1.09	2.20	5.56	2.94
2017	12.36	54.55	33.04	34.44	5.26	29.38	7.83	2.53	0.60	5.22	5.26	3.62
2018	29.46	58.01	30.14	33.17	6.57	32.77	3.82	0.70	2.54	1.11	9.75	1.67

注：a这一行的2014年数值表示这些地区<5年的情况，与其他年份一样；b这一行的2014年数值表示这些地区≥5年的情况，不同于其他年份的≥30年情况。

（3）总体而言，粮食类农场流转土地期限结构不如种植类农场。特别是30年以上的流转面积占比，后者是前者的4倍多。但前者10年以下占比高出后者15个百分点左右。5年以下这种短期结构，前者也比后者高5个百分点以上；而10～30年这种中长期合约面积比，粮食类的仅是种植类的一半左右。

（四）流转租金

1. 租金大小

租金是土地供需双方一切信息交汇以后形成的一个价格，租金的大小直接影响家庭农场生产经营成本的高低，其变化也将影响家庭农场的发展趋势。根据监测数据，中国家庭农场土地流转租金在2014~2018年呈逐年上涨趋势，粮食类农场比种植类农场面临的租金要高，上涨压力也较大。

（1）种植类农场土地流转租金从2014年的每亩540元上涨到2018年的713元，上涨幅度为32%。从中位数来看，亩均租金从2014年的450元持续稳定到2016年，于2017年开始涨至2018年的500元。从每年独有数据来看，总体而言，每年新进入的种植类农场面临的土地租金高于同期包含已经营农场5年以上的"老"家庭农场的全部样本农场面临的租金。例如，2017年每年独有数据的平均租金为586元/亩，高于同期的543元/亩，2018年的每亩891元高出同期178元（见表13-20）。这表明，总体而言，如果不考虑被追踪监测样本农场由于以前流转合约对租金的"锁定"和"束缚"作用，家庭农场整体每年面临的租金上涨压力将更大。

表13-20 　　　　　　　　　**各类家庭农场土地流转租金** 　　　　单位：元/亩

年份	种植类				粮食类			
	全部样本		每年独有		全部样本		每年独有	
	平均数	中位数	平均数	中位数	平均数	中位数	平均数	中位数
2014	540.90	450	540.90	450	529.31	500	529.31	500
2015	504.24	450	467.50	400	541.81	500	494.89	400
2016	487.46	450	532.45	500	509.32	500	530.56	500
2017	543.98	500	586.62	600	528.37	500	584.62	650
2018	713.67	500	891.66	500	864.46	500	1 377.31	605

（2）粮食类家庭农场土地流转租金在2014~2018年也呈上涨趋势，由2014年的每亩529元上涨到2018年的864元/亩（见表13-20）。第一，根据2018年粮食农场全部样本的租金累积分布可知，36%的农场租金没有超过400元/亩，一半的农场租金没有超过500元/亩，60%的农场租金没有超过600元/亩，85%

的农场租金没有超过 800 元/亩，租金超过每亩 1 200 元的农场占比约为 4 个百分点，而 2017 年租金超过 1 200 元的农场占比不足 1 个百分点。从全部样本租金的中位数来看，5 年租金都为 500 元/亩，没有发生变化。第二，同样地，根据每年独有数据分析，新入者面临的租金压力高于含有"老"农场的所有样本的租金水平。这表明，作为整体的家庭农场这个经营主体，租金上涨压力较大，由 2016 年的每亩 530 元上涨到 2017 年的每亩 584 元，上涨 10%，又进一步上涨到 2018 年的 1 377 元/亩，翻了一倍多。即使从每年独有数据的租金中位数来看，也从 2017 年开始出现明显上涨，由 2016 年的每亩 500 元上涨到 2017 年的 650 元，涨幅高达 30%，尽管 2018 年又回落至 605 元/亩（见表 13 – 20）。第三，粮食类农场流转租金存在较为明显的地区差异，总体而言，华东地区农场租金普遍较高，除了 2018 年外，其他年份里东北农场的租金都较低（见表 13 – 21）。

表 13 – 21　　　　　　　粮食类家庭农场土地流转平均租金　　　　单位：元/亩

年份	全国	华北	东北	华东	华中	西南	西北
2014	529.31	536.99	415.36	710.82	549.09	424.80	557.02
2015	541.81	525.34	431.91	723.71	586.35	416.45	557.21
2016	509.32	549.14	354.17	685.31	498.69	377.36	589.95
2017	528.37	526.75	407.58	709.46	528.12	278.65	514.20
2018	864.46	554.35	1 141.68	743.51	508.62	323.05	1 271.62

（3）总体而言，粮食农场土地租金水平高于种植类农场，而且 2018 年的涨幅水平也较高。因此，租金可能是粮食农场面临的较大问题。

2. 租金形式

租金形式方面，总体分为现金租金和实物租金两种，每种租金又可分为固定租金和浮动租金两类。根据监测数据，中国家庭农场土地租金以现金租金为主，实物租金为辅，现金租金占九成，实物租金占一成，而且两者随时间没有明显变化。

（1）种植类农场土地租金以固定现金结算的农场占比由 2014 年的 72.88% 增加到 2018 年的 80.91%，按一定比例浮动的现金结算农场比则由 2014 年的 16.04% 下降到 2018 年的 7.88%，两者合并，以现金租金结算的农场占比总体而言稳定在 89% 左右。而以固定数量的实物，但折价成现金结算的农场占比由 2014 年的 10.14% 小幅下降到 2018 年的 9.08%，固定数量实物结算农场占比不足 1 个百分点，由 2014 年的 0.59% 下降到 2018 年的 0.38%，两者合并，以实物租金结算的农场占比约为10%，其他租金形式结算的农场约占1%（见表13-22）。

表13-22　各类家庭农场中采用不同租金形式进行土地流转的样本占比

单位：%

年份	种植类					粮食类				
	固定现金结算	按一定比例浮动的现金结算	固定数量的实物，折价成现金结算	固定数量实物结算	其他形式	固定现金结算	按一定比例浮动的现金结算	固定数量的实物，折价成现金结算	固定数量实物结算	其他形式
2014	72.88	16.04	10.14	0.59	0.35	71.01	16.76	11.78	0.23	0.23
2015	80.28	9.60	7.94	0.93	1.25	79.48	8.93	10.30	1.03	0.26
2016	77.60	11.76	8.08	0.61	1.94	77.71	12.50	8.83	0.70	0.26
2017	77.46	11.78	7.80	0.70	2.26	75.93	13.10	9.85	0.46	0.65
2018	80.91	7.88	9.08	0.38	1.74	79.09	7.76	12.30	0.28	0.57

（2）粮食类农场按固定现金结算农场占比波动中，从2014年的71.01%增至2018年的79.09%，按一定比例浮动的现金结算农场比则由2014年的16.76%下降到2018年的7.76%，下降了一半多。两者合计的现金形式结算农场比约为88%。实物租金则以实物折合成现金的结算形式为主，实物结算为辅，前者农场占比为10.6%，后者约占0.5%，合并可知以实物租金形式结算的农场比约占11%（见表13-22）。粮食农场的租金形式存在一定地区差异。以现金结算农场占比为例，东北地区现金形式结算农场占比最高，2018年达到99.5%，其次是西北和华中，也都超过95%，而华北约为85%，华东最低，约为63%（见表13-23）。

表13-23　　粮食类家庭农场中采用现金形式结算进行土地流转的样本占比

单位：%

年份	全国	华北	东北	华东	华中	西南	西北
2014	87.77	89.74	98.84	66.97	91.05	75.00	100.00
2015	88.41	92.26	96.49	66.55	97.80	148.38	100.00
2016	90.21	94.12	99.74	72.66	95.73	81.08	95.35
2017	89.03	92.85	96.59	73.54	95.46	65.00	95.12
2018	86.85	85.81	99.50	63.13	95.68	69.57	97.44

注：本表的现金形式结算是"固定现金结算"和"按一定比例浮动的现金结算"的合计。

（3）总体而言，种植类和粮食类农场租金形式没有显著差异，粮食类农场以实物租金结算的农场占比高出种植类约 1 个百分点。另外，两类农场中以现金租金形式结算的农场里，固定现金形式占比增加，浮动现金形式减少，这或许表明当前家庭农场面临的流转市场存在不稳定性，体现到租金层面就是"先拿到固定租金再说"，不太敢寄希望于等着条件变化再去调整租金。

综上，家庭农场能够根据自身条件采取不同方式利用农地流转市场来获取其想要经营的土地。如上所述，越来越多的家庭农场通过流转中介进行间接流转，这至少表明农地流转市场中的中介组织可以让农场降低交易成本。但我们也发现，农地流转并未朝着流转期限长期化、租金无限接近土地产出价值、租金形式多样化的方向发展。这意味着目前的农地流转市场可以让家庭农场获得土地，但还不足以让其获得"价格合理、长期稳定"的土地，而后者决定了土地利用效率，进而影响了中国农业的竞争力和稳定性。或许仍需要改进农业政策环境、提升农地产权稳定性和完善流转市场监管服务，以稳定农地流转双方的预期，提升流转土地的配置效率。

六、经营土地的使用

获取土地是为了利用土地。把自己的地和（或）转入的地组织到一起后，家庭农场就需要思考如何利用这些土地了。比如，是否要平整、连片和基础设施建设等，以及之后用来种什么、种几种等都是很重要的现实问题。

（一）是否整理

同样的土地规模，块数不一样，经营效率会有天壤之别。因此，很多家庭农场对转入的土地进行整理，平埂、连片，为更高效的生产方式奠定基础。根据监测数据，全国家庭农场进行土地整理的特征可以总结为"两个 2/5"：进行土地整理的农场逐年增加，到 2018 年，约 2/5 的农场进行了土地整理，整理后约 2/5 的农场土地面积得以增加；面积平均增加 7%。

1. 是否对转入地进行整理

种植类农场中进行土地整理的农场占比逐年增加，由 2014 年的 37.66% 增加到 2018 年的 44.44%；粮食类则由 2014 年的 33.72% 增加到 2018 年的 41.80%。

是否进行土地整理存在地区差异，华东地区进行土地整理的农场不足 1/3，西南地区和西北地区约为 2/3（见表 13-24）。

表 13-24　　　各类家庭农场中进行土地整理的农场占比　　　单位：%

年份	种植类	粮食类						
	全国	全国	华北	东北	华东	华中	西南	西北
2014	37.66	33.72	34.21	29.73	34.74	35.59	31.58	53.19
2015	32.01	31.86	34.93	30.31	33.45	19.12	32.26	50.00
2016	33.69	28.43	33.90	21.19	32.65	27.39	20.00	44.44
2017	43.70	42.11	46.99	42.41	35.52	40.00	36.36	59.32
2018	44.44	41.80	45.10	39.91	32.69	43.53	66.67	65.96

2. 整理后面积增加多少

种植业农场进行土地整理的农场中整理后面积增加的农场占比逐年提高，由 2014 年的 17.40% 增加到 2018 年的 44.01%。粮食类农场整理后面积增加农场占比也呈增长态势，由 2014 年的 16.47% 增加到 2018 年的 43.41%；2018 年，西北地区进行整理的农场中整理后面积增加的农场占比高达 60.53%，东北地区约 1/3 的农场整理后面积增加（见表 13-25）。

表 13-25　　　各类家庭农场中土地整理后面积增加的农场占比　　　单位：%

年份	种植类	粮食类						
	全国	全国	华北	东北	华东	华中	西南	西北
2014	17.40	16.47	13.22	10.98	20.00	22.03	26.47	28.26
2015	27.16	28.76	39.80	15.09	36.02	51.85	36.00	36.51
2016	31.36	30.82	36.96	24.81	30.11	38.78	44.00	30.88
2017	38.67	43.95	50.00	49.13	39.45	38.46	41.67	38.78
2018	44.01	43.41	57.58	34.87	41.76	41.82	37.50	60.53
2018	7.77	6.78	12.25	5.01	4.55	4.64	2.88	13.59

注：本表最后一列是整理后土地面积增加的百分比。

进行整理农场占比增加意味着家庭农场进行土地整理的意识和需要逐年增加；整理后土地面积增加的农场占比增加意味着家庭农场土地整理效率是逐年

提高的。

（二）经营内容

随着经营规模的扩大，经营主体会在种植专业化和多样化之间存在取舍，而且规模扩大也使得他们对待风险的态度和应对风险的方式发生变化，这些某种程度上会体现在土地经营内容上。那么，家庭农场是如何使用自己的土地呢？或者用土地来种植什么作物呢？种植多少种呢？

1. 种多少种：种植作物数量

根据监测数据，家庭农场种植作物数量经历了先下降又增加的变化特征，总体而言呈专业化发展趋势。（1）种植类家庭农场平均每年种植作物数量由 2014 年的 2.23 种先快速下降到 2015 年的 1.85 种，然后 2016 年又开始增加到 1.92 种，2017 年增加到 1.95 种，最后又于 2018 年下降到 1.87 种。从中位数看，5 年都稳定在 2 种。2014 年有的农场种植作物数量最多达到 11 种，2018 年最多达到 7 种（见表 13 - 26）。（2）粮食类家庭农场平均每年种植作物数量基本稳定在 2 种左右，2014 年为 2.04 种，2015 年先下降到 1.97 种，2016 年开始增加到 2.09 种，2017 年进一步增加到 2.13 种，最后于 2018 年回落至 2.02 种（见表 13 - 26）。根据 2018 年粮食类家庭农场全部样本计算的作物数量累积分布可知，32.89% 的家庭农场只种植一种作物，42.82% 的农场种植两种作物，16.45% 的农场种植 3 种作物，6.05% 的农场种植 4 种作物，种植 5 种及以上作物的农场占比不足 2 个百分点。从中位数看，2014～2018 年，种植作物为 2 种。总体而言，粮食类家庭农场种植作物数量存在地区差异，2018 年西南地区农场平均种植 2.48 种作物，东北地区只种植 1.69 种（见表 13 - 27）。（3）总体而言，粮食农场种植作物数量略高于种植类农场。（4）种植类农场和粮食类农场种植作物数量都以 2015 年和 2018 年为转折点，在 2014～2018 年出现"先降后升再降"的变化特征，粮食类农场这个特征更加明显。这可能是因为 2014～2015 年，在较为稳定的粮食收购市场环境下，随着规模的扩张，家庭农场进行专业化生产进而实现某种作物规模经营的意愿明显；随后 2016 年玉米收储价格改革，价格下跌，使得家庭农场再次通过多元化种植来分散经营风险。随着市场渐趋稳定，2018 年开始重启专业化发展。这预示着，家庭农场能够比较及时地对农业政策和市场风险作出反应。

表 13 - 26　　　　　　各类家庭农场种植作物的数量　　　　　　单位：种

年份	种植类			粮食类		
	平均数	中位数	最大值	平均数	中位数	最大值
2014	2.23	2	11	2.04	2	10
2015	1.85	2	10	1.97	2	10
2016	1.92	2	8	2.09	2	7
2017	1.95	2	9	2.13	2	9
2018	1.87	2	7	2.02	2	7

表 13 - 27　　　各地区粮食类家庭农场种植作物的平均数量　　　单位：种

年份	华北	东北	华东	华中	西南	西北
2014	2.09	1.57	2.31	2.38	2.80	2.61
2015	2.25	1.51	2.17	2.45	2.74	2.38
2016	2.44	1.67	2.14	2.33	2.43	2.62
2017	2.59	1.72	2.05	2.47	2.65	2.70
2018	2.55	1.69	1.88	2.31	2.48	2.54

2. 主要种什么：第一作物面积占比

根据监测数据，家庭农场专业化经营水平较高，第一种主要作物种植面积占比在83%～88%（见表 13 - 28）。（1）种植类农场第一种主要作物种植面积占比基本稳定在83%，2014 年占比为82.91%，2015 年最高为84.93%，随后开始持续下降，2018 年占比为82.65%。（2）粮食类农场第一种主要作物种植面积占比在 2014～2018 年呈下降趋势，由 2014 年的89.84%持续下降到 2018 年的86.77%，这表明粮食类农场在农场土地面积配置上有多元化趋势。不同地区农场第一种主要作物面积占比有两个特点，一是占比的大小存在较为明显的地区差异。2018 年时，东北地区农场的占比为82.82%，华东地区占比最高，为95.51%，西北地区最低，为74.48%。二是占比的变化趋势基本一致，2014～2018 年间呈下降趋势。（3）总体而言，粮食类农场配置给第一种主要作物的土地面积要高于种植类作物，约高出 5 个百分点。

表 13 - 28　　　　各类家庭农场第一种主要作物种植面积占比　　　　单位：%

年份	种植类	粮食类						
	全国	全国	华北	东北	华东	华中	西南	西北
2014	82.91	89.84	88.35	87.78	99.33	89.98	78.60	74.78

| 年份 | 种植类 | 粮食类 | | | | | | |
	全国	全国	华北	东北	华东	华中	西南	西北
2015	84.93	89.31	83.65	88.09	97.87	91.40	79.56	77.93
2016	84.78	89.71	82.46	86.47	102.79	89.55	82.33	73.50
2017	83.22	87.48	86.08	85.78	96.54	85.67	83.79	70.38
2018	82.65	86.77	82.86	82.82	95.51	93.21	77.92	74.48

如上，家庭农场在土地整理和种植结构方面存在明显差异。这促使我们思考两个问题：第一，土地整理是否有外部性和规模效应。可以肯定的是，进行和不进行土地整理的家庭农场都是理性的，都是约束下的最优行为。但从国家层面思考，土地整理与否的效果截然不同。进行土地整理不但可以扩大可耕面积，还能提升土地质量，这都将对国家农业生产和粮食安全产生积极作用。那么，土地整理该由谁来进行？是集体（国家）还是家庭农场（经营主体）？显然，由各个家庭农场分别来进行土地整理不但无法获取土地整理可能存在的规模效应，而且无法将个体土地整理产生的正外部性内部化，进而导致个体整理激励不足。因此，我们建议可以整合相关财政资金，以村（镇甚至县）为单位先进行土地整理，然后再发包给家庭农场等微观经营主体。第二，种植结构背后对应着农业专业化问题。[①] 如果农业保险市场健全，不排除家庭农场的专业化种植水平会更高，从全国加总效应看，土地配置效率将会更高。

七、理想规模与未来意愿

当生产经营启动并逐步进入正轨以后，家庭农场进一步的努力方向就是如何在更长的期间优化经营规模。随着发展，家庭农场是否有必要调整理想经营规模？如何缩小现实经营规模与理想经营规模的差距？未来是扩大规模还是缩小规模？那么，当前家庭农场是如何处理这些问题的？

（一）当年理想规模

每一个家庭农场主都会根据农场可以或者能够配置的土地、劳动力、技术和

---

① 这里不讨论可能存在的与作物多样性相关的生态问题。

管理水平等条件来确定一个理想经营规模，这个规模可以理解成无交易成本世界中的规模。现实中，由于土地、劳动力、技术、资本等要素市场存在不同程度的完善程度，我们观察到的该农场的实际经营面积总会和理想经营规模有所差距。通常情况下，实际经营规模小于理想规模，但也不排除由于初期理想热切和经验缺乏而出现实际规模大于理想规模的情况。理论上讲，不同时点的理想经营规模应该是一条比较理想的规模经营均衡路径，随着各种市场的发展以及农场主经过一定时期的"干中学"训练，实际经营规模将无限趋近这条均衡路径。尽管这个理想经营规模未必能观测到，但让农场主综合各种信息做一个判断依然是有意义的，据此可以为家庭农场相关政策提供依据。

根据监测数据，家庭农场主认为合理的经营规模是一个不断调整的变量，总体而言，2014～2018年，理想经营规模波动中呈增长态势（见表13-29）。（1）种植类农场主认为合理的规模由2014年的419.61亩，先下调到2015年的375.82亩，然后大幅增加到2016年的465.47亩和2017年的507.61亩，最后回调到2018年的470.19亩。5年总体而言呈增加态势。中位数来看，2016年开始由2014年和2015年的200亩增加到260亩，基本维持到2018年。（2）粮食类农场主认为的合理规模也呈"先下调、后增加、再下调"变化特征，由2014年的420.88亩下调到2015年的410.77亩，后增加到2017年的507.90亩，又于2018年回调到486.73亩。从中位数来看，由2014年的200亩增加到2015年的250亩，进一步增加到2016年的300亩，并维持至2018年。理想规模存在明显的地区差异，2018年时，东北地区农场主认为合理的规模是520亩，而西北地区认为是739亩，西南地区认为236亩就足以。（3）总体而言，粮食类农场合理规模大于种植类农场合理规模。（4）结合表13-29数据，不管是种植类农场还是粮食类农场，只有2015年的实际经营规模大于当年理想规模，其他年份均小于；中位数来看，也是如此。

表13-29　　　各类家庭农场的农场主认为合理的农场经营规模　　　单位：亩

年份	种植类		粮食类							
	全国	全国	全国	全国	华北	东北	华东	华中	西南	西北
	平均数	中位数	中位数	平均数						
2014	419.61	200	200	420.88	265.13	551.19	386.83	302.33	221.64	490.11
2015	375.82	200	250	410.77	309.86	473.94	382.55	306.45	266.45	541.41
2016	465.47	260	300	496.30	439.50	552.43	494.71	344.73	334.19	705.37
2017	507.61	255	300	507.90	558.68	573.70	430.15	326.39	280.00	836.96
2018	470.19	260	300	486.73	578.93	520.16	389.29	384.61	236.74	739.26

（二）未来经营意愿

我们对家庭农场未来经营土地意愿进行了监测，据此可知，未来意欲扩大土地经营规模的农场占比逐年下降，减小和保持规模不变的农场占比逐年增加。（1）种植类农场中未来准备扩大规模的农场占比由2014年的75.23%持续下降到2018年的46.28%。准备缩小规模的农场比则由2014年的1.16%快速增加到2018年的5.60%，增加了近4倍。保持规模不变的农场占比也至少翻了一番，由2014年的23.61%增加到2018年的48.12%。（2）粮食类农场也呈现同样的变化特点。未来准备扩大经营规模的农场占比由2014年的76.71%下降到2018年的48.10%。打算保持规模不变的农场占比增长了一倍，由2014年的22.52%增加到2018年的45.85%。打算减小规模的农场占比增长最快，由2014年的0.77%增加到2018年的6.04%，增加了近7倍（见表13-30）。减小和不变规模渐成趋势或许表明，家庭农场主看待土地的规模大小更加理性，或许他们认为扩规模和增效益同等重要，甚至后者更重要。

表13-30　　　　各类家庭农场中未来不同经营土地意愿农场占比　　　单位：%

年份	种植类-全部样本			粮食类-全部样本		
	扩大	不变	减小	扩大	不变	减小
2014	75.23	23.61	1.16	76.71	22.52	0.77
2015	58.26	37.61	4.13	59.85	35.00	5.16
2016	50.44	45.32	4.24	50.22	44.68	5.09
2017	52.80	42.44	4.76	55.80	39.30	4.90
2018	46.28	48.12	5.60	48.10	45.85	6.04

上述结论表明，不同的家庭农场在不同的时点上有不同的理想经营规模和未来经营意愿，聚焦这些差异并无太大意义。重要的是，我们看到这些家庭农场都在不断优化他们经营规模的理想目标，同时也发现实际经营规模与理想经营规模总有差距。无论如何，建立更加完善的农地流转市场意义重大，不但让家庭农场可以优化其经营规模的"梦想"，而且也能为这一"梦想"的实现（实际经营规模与其无限趋近）创造条件和节省时间。完善的农地流转市场也将为家庭农场对未来经营意愿做"进退自如"的决策创造便利条件。

本章基于全国31省5年家庭农场监测数据，对农场经营土地的相关情况进行了统计描述分析，研究表明：第一，经营多少土地。2014～2018年，家庭农场的土地经营规模逐年递增，到 2018 年，一个农场大约占地 400 亩，粮食类农场规模较大。农场会随着政策环境和市场变化而调整规模。第二，如何构成土地。家庭农场经营的土地依然处于分割状态，平均一个农场由 15 块面积约为 30 亩大小的地块组成，尽管块数从 2014 年到 2018 年下降了一半。家庭农场主要靠转入土地来实现规模经营目标，5 年来，农场土地中转入地面积占比逐年提高，2018 年约占比 85% 以上。进一步发现，一个农场需要转出户支持的户数逐年增加，2018 年，一个种植类农场需要从 48 个农户手里转入土地，粮食类则需要从 58 个农户手中转入土地。流转土地涉及的村数也呈逐年递增趋势，平均来看一个农场流转土地要跨 1.5 个村，2018 年开始需要跨镇流转趋势明显。第三，如何流转土地。家庭农场流转土地不是直接与每个转出户进行流转，而是通过某种中介组织进行土地流转，采用这种流转方式的农场占比逐年增加，到 2018 年约有 2/3 的农场间接流转土地。采用书面流转合同的农场占比达 96% 左右。而流转合同期限则以 10 年以下为主，10 年以下流转合同面积占比 70% ~85%，10 年以上期限的流转面积占比逐年下降，30 年以上的也呈下降趋势。流转租金呈逐年上涨态势，2018 年每亩租金约在 700 ~900 元，中位数租金则基本稳定在 500 元/亩。九成农场采用现金形式租金，其中又有九成采用固定现金租金。第四，如何使用土地。2/5 的农场对转入土地进行整理，整理后又有 2/5 农场的土地面积增加，面积约增 7%。两类农场平均种植 2 种作物，种植数量随农业政策和市场变化而调整，在 2014 ~2018 年呈"先降后升再降"特点。第一种主要作物面积占经营面积的 83% ~88%。第五，除了 2015 年外，两类农场实际经营面积均小于理想经营面积，理想中的也是认为合理的面积为 470 ~490 亩。未来准备扩大规模的农场占比逐年下降，到 2018 年不足一半，保持规模不变的农场逐年增加，准备减小规模的农场增加速度更快。第六，土地规模、构成、流转、使用等特征均存在不同程度的地区差异。

为此，建议各地鼓励家庭农场进行适度规模经营；以农地三权分置和农村集体产权制度改革为契机推动农地制度改革，可借鉴陕西榆林榆阳区"一户一田"的做法，积极探索"先整理再发包再流转"的规模发展路径，各地应积极构建适合当地的农地流转交易平台，不断降低流转交易成本，为家庭农场规模上连成片奠定基础；尽早探索"二轮承包到期再延长三十年"政策实现形式和路径，不断规范农地流转市场，为农场签订更长流转合约创造条件；积极完善农业保险市场，为农场专业化生产创造条件。

第十四章

家庭农场的全要素生产率分析

进入新世纪后，我国农地流转显现加速发展的趋势。截至 2017 年底，我国农地流转面积为 5.12 亿亩，流转率为 37%。[①] 通过三权分置的制度安排，初步实现了土地经营权的健康有序流转，使我国农业分散、小规模的土地经营状况逐步得以改善，并为家庭农场等新型农业经营主体的发展创造了条件。在诸多新型农业经营主体中，家庭农场由于既坚持了农业家庭经营的合理内核，又在一定程度上摒弃了小农户生产经营可能的不足，因而备受中央政策和地方政府的推崇和扶持。农业农村部的调查显示，2014 年我国家庭农场数不到 14 万户，2018 年则增长至近 60 万户。[②] 然而，尽管我国家庭农场发展势头良好，但家庭农场发展的质态仍不尽如人意。钱忠好等的研究结果表明，家庭农场的效率处于较低的水平上，纯技术效率和规模效率均有极大的提升空间。[③] 因此，从动态变化的角度考察家庭农场效率特别是从全要素生产率的视角考察家庭农场的发展状况，揭示影响家庭农场发展质态的关键因素，进而有针对性地采取有效措施促进家庭农场的健康发展，就具有极其重要的意义。

---

① 《关于政协十三届全国委员会第一次会议第 3282 号（农业水利类 281 号）提案答复的函》，中华人民共和国农业农村部，http://www.moa.gov.cn/govpublic/NCJJTZ/201810/t20181023_6161286.htm。

② 《新型农业经营主体和服务主体高质量发展规划（2020—2022 年）》，中华人民共和国农业农村部，http://www.moa.gov.cn/nybgb/2020/202003/202004/t20200423_6342187.htm。

③ 钱忠好、李友艺：《家庭农场的效率及其决定——基于上海松江 943 户家庭农场 2017 年数据的实证研究》，载于《管理世界》2020 年第 4 期，第 168～180、219 页。

一、家庭农场效率测度方法

已有研究曾尝试运用多种方法测度家庭农场的效率并分析诸多因素对家庭农场效率的影响作用，并提出促进家庭农场效率提升的对策建议。在测度家庭农场的技术效率或全要素生产率时，研究者大多采用参数法和非参数法两种方法。参数法主要运用随机前沿生产函数法（SFA），如蔡荣等采用 SFA 对我国 1 278 户种植业家庭农场的技术效率进行了测度，他们的研究发现，我国家庭农场的整体技术效率水平偏低[1]；吴方采用 SFA 对湖北武汉和安徽郎溪 603 户家庭农场的平均技术效率进行了估算，结果为 0.58[2]；王丽霞等采用 SFA 对安徽省 1 647 个家庭农场的全要素生产率进行了测度，研究结果表明，2011～2016 年家庭农场全要素生产率年均增长仅为 0.75%[3]，这一结果与邓正华等[4]的研究有较大的差异。邓正华等采用 SFA - Malmquist 对洞庭湖区 110 户水稻种植家庭农场全要素生产率的估算结果表明，2009～2018 年家庭农场全要素生产率年均增长达 5.3%。非参数法主要依赖于数据包络分析法（DEA）和 Malmquist 指数法对家庭农场的生产效率进行测度，如俞博等采用 DEA 测度了浙江省 193 个家庭农场的技术效率，其研究发现，家庭农场技术效率不高主要源于纯技术效率过低[5]；马蒂尼奥（Martinho）采用 DEA - Malmquist 计算了 2008～2013 年欧盟各区域家庭农场的全要素生产率，计算结果表明，家庭农场的全要素生产率呈现两极分化现象，或增长较快，或表现为负增长[6]；拉蒂夫等（Latruffe et al.）运用 DEA - Malmquist 计算波兰 250 个家庭农场全要素生产率后发现，1996～

---

① 蔡荣、汪紫钰、杜志雄：《示范家庭农场技术效率更高吗？——基于全国家庭农场监测数据》，载于《中国农村经济》2019 年第 3 期，第 65～81 页。

② 吴方：《基于 SFA 的家庭农场技术效率测度与影响因素分析》，载于《华中农业大学学报》（社会科学版）2020 年第 6 期，第 48～56、162～163 页。

③ 王丽霞、常伟：《我国家庭农场的全要素生产率及其差异》，载于《华南农业大学学报》（社会科学版）2017 年第 6 期，第 20～31 页。

④ 邓正华、戴丽琦、陈灿煌，等：《洞庭湖区水稻种植业家庭农场全要素生产率实证研究》，载于《湖南农业科学》2020 年第 10 期，第 103～108 页。

⑤ 俞博、何红光：《不同经营模式家庭农场经营效率分析——基于浙江省的实证研究》，载于《湖北农业科学》2019 年第 3 期，第 156～161 页。

⑥ Martinho V J P. Efficiency, total factor productivity and returns to scale in a sustainable perspective: an analysis in the European Union at farm and regional level. *Land Use Policy*, 2017, 68: 232–245.

2000 年波兰家庭农场的全要素生产率停滞不前①，但拉蒂夫等运用 DEA – Malmquist 计算法国和匈牙利两国家庭农场 2001~2007 年种植业农场的全要素生产率后发现，两国全要素生产率分别年均增长达到 4.6% 和 3%②。关于相关因素对家庭农场效率的影响，研究者的结论不尽相同。一些研究发现，高昂的土地使用成本、家庭非农兼业等因素会阻碍家庭农场技术效率的提高，而有效的土地流转、规范的农业技术指导等因素对家庭农场技术效率的提升具有显著的促进作用③；一些研究发现，雇佣劳动和农场兼业会阻碍家庭农场全要素生产率的提高④；家庭规模、农场经营年限、社会资本和政府农业补贴等则能够促进家庭农场全要素生产率的增长⑤；关于土地规模对家庭农场全要素生产率的影响，研究结论不尽相同，有学者（Sheng et al.）的研究发现，土地经营规模对家庭农场全要素生产率的影响呈正向作用⑥，海尔范德等（Helfand et al.）的研究则认为，两者之间表现为"U"型的关系⑦。关于如何提高家庭农场的效率，有研究者指出，要通过引导农地有序流转和统筹整治，提高农地集约高效利用水平，实现土地适度规模经营；有研究者建议，要重视农业人力资本的培育，促进先进技术的研发、运用和推广，健全农业技术服务体系⑧；有研究者主张，要通过调整农业政策以提高劳动生产率，改善农业基础设施等外部生产环境以提

---

① Latruffe L，Davidova S，Balcombe K. Productivity change in Polish agriculture：an illustration of a boot-strapping procedure applied to Malmquist indices. *Post-communist Economies*，2008，20（4）：449 – 460.

② Latruffe L，Fogarasi J，Desjeux Y. Efficiency，productivity and technology comparison for farms in Central and Western Europe：the case of field crop and dairy farming in Hungary and France. *Economic Systems*，2012，36（2）：264 – 278.

③ 刘德娟、周琼、黄欣乐，等：《福建省水稻生产效率及其影响因素分析——基于家庭农场和传统小农户的微观视角》，载于《江苏农业科学》2018 年第 24 期，第 422~426 页。陈金兰、朱建军、胡继连：《山东省家庭农场投入产出效率分析——基于三阶段 DEA 模型》，载于《广东农业科学》2019 年第 2 期，第 164~172 页。

④ Latruffe L，Davidova S，Balcombe K. Productivity change in Polish agriculture：an illustration of a boot-strapping procedure applied to Malmquist indices. *Post-communist Economies*，2008，20（4）：449 – 460.

⑤ Kehinde A D，Adeyemo R，Ogundeji A A. Does social capital improve farm productivity and food security？Evidence from cocoa – based farming households in Southwestern Nigeria. *Heliyon*，2021，7（3）. Latruffe L，Desjeux Y. Common agricultural policy support，technical efficiency and productivity change in French agriculture. *Review of Agricultural*，*Food and Environmental Studies*，2016，97：15 – 28.

⑥ Sheng Y，Chancellor W. Exploring the relationship between farm size and productivity：evidence from the Australian grains industry. *Food Policy*，2019，84：196 – 204.

⑦ Helfand S M，Taylor M P. The inverse relationship between farm size and productivity：refocusing the debate. *Food Policy*，2021，99. doi：10. 1016/j. foodpol. 2020. 101977.

⑧ 王丽霞、常伟：《我国家庭农场的全要素生产率及其差异》，载于《华南农业大学学报》（社会科学版）2017 年第 6 期，第 20~31 页。邓正华、戴丽琦、陈灿煌等：《洞庭湖区水稻种植业家庭农场全要素生产率实证研究》，载于《湖南农业科学》2020 年第 10 期，第 103~108 页。

高产出水平[①]。

现有研究关于家庭农场效率的判断及其影响因素的分析之所以存在差异，有的研究结论甚至大相径庭，其可能的原因在于：第一，现有研究大多基于截面数据分析家庭农场的效率，而要把握家庭农场效率的动态变化，需要基于面板数据对家庭农场全要素生产率进行研究；不仅如此，由于影响家庭农场效率的因素和影响家庭农场全要素生产率及其构成的因素并不是同质的[②]，因此，需要基于家庭农场全要素生产率的视角解析影响家庭农场全要素生产率及其构成的因素的作用。第二，现有研究在计算家庭农场全要素生产率时通常采用经典的 Malmquist 生产率指数法，基于这一方法计算出的家庭农场全要素生产率指数往往存在不具循环性、可能无解且不允许技术退步的问题。第三，现有研究在家庭农场样本选择上，大多采用抽样的方法，由于各区域间无论自然条件还是社会经济条件都必然存在着一定的差异，家庭农场经营类型也会存在一定的差异，家庭农场外部异质性的存在会影响全要素生产率及其影响因素的估算结果。

不难理解，要有效提高家庭农场的全要素生产率，不仅需要有高质量的家庭农场研究样本及其可观察的长期研究数据，而且需要选择合适的研究方法准确计算家庭农场的全要素生产率及其构成，并运用可靠的分析工具研究影响家庭农场全要素生产率及其构成的因素的作用，如此才能为有针对性地采取有效措施提供科学依据。为此，本章研究做了如下改进：第一，以较早探索发展粮食规模化生产且具有十多年发展历史的上海松江家庭农场为研究对象，并对松江区 2017 年登记在册的全部 945 户家庭农场进行了问卷调查，获取了家庭农场 2007~2017 年的投入、产出数据，数据时间跨度长，数据质量较好，能最大限度地控制外部异质性对家庭农场全要素生产率计算及其影响因素分析可能带来的影响。第二，采用 Global Malmquist 生产率指数法计算家庭农场的全要素生产率变化情况，既满足了循环性要求又避免了无解且允许技术退步的存在。[③]不仅如此，本研究参照雷和德斯黎（Ray and Desli）的分解方法将 Global Malmquist 生产率指数在规模报酬可变假设下分解为纯效率变化指数、技术变化指数和规模效

① Martinho V J P. Efficiency, total factor productivity and returns to scale in a sustainable perspective: an analysis in the European Union at farm and regional level. *Land Use Policy*, 2017, 68: 232 – 245. Latruffe L, Davidova S, Balcombe K. Productivity change in Polish agriculture: an illustration of a bootstrapping procedure applied to Malmquist indices. *Post-communist Economies*, 2008, 20 (4): 449 – 460. Latruffe L, Fogarasi J, Desjeux Y. Efficiency, productivity and technology comparison for farms in Central and Western Europe: the case of field crop and dairy farming in Hungary and France. *Economic Systems*, 2012, 36 (2): 264 – 278.

② Latruffe L, Desjeux Y. Common agricultural policy support, technical efficiency and productivity change in French agriculture. *Review of Agricultural*, *Food and Environmental Studies*, 2016, 97: 15 – 28.

③ Pastor J T, Lovell C A. A global Malmquist productivity index. *Economics Letters*, 2005, 88 (2): 266 – 271.

率变化指数①，这有助于对家庭农场全要素生产率指数进行深入的讨论。第三，采用混合 Tobit 模型综合考察家庭农场主和家庭农场特征变量等对家庭农场全要素生产率及其构成的影响，指标体系全面涵盖了劳动力素质、农场禀赋因素、土地因素、农机作业因素、制度政策因素等，并据以提出有针对性的措施。

上海市松江区是全国较早探索发展家庭农场的地区。早在 2007 年，松江区政府就发布了《关于鼓励粮食生产家庭农场的意见》，大力鼓励发展粮食生产型家庭农场。②经过十多年的实践探索，松江家庭农场得到了长足的发展，农业生产初步实现由小农户经营向家庭农场规模化经营的转变。2017 年 4 月，由扬州大学、中国人民大学、南京农业大学、南京审计大学部分师生组成的课题组在松江进行了预调查，走访了松江相关职能部门和部分家庭农场。2017 年 8 月和 2018年 3 月，课题组在松江进行实地问卷调查，收集登记在册的 945 户家庭农场 2007～2017 年的投入、产出数据。需说明的是，有两户家庭农场缺失了 2017 年的产出数据，但基于样本数据完整性的考虑，笔者保留了这两户家庭农场其余年份的数据。最终得到各类家庭农场的样本数量为：全部样本 5 181 个、纯粮食种植型样本 4 177 个、其他类型样本 969 个。③

二、家庭农场全要素生产率及其构成

（一）模型设定

本章采用帕斯特和洛弗尔（Pastor and Lovell）的 Global Malmquist 生产率指数法测度松江家庭农场的全要素生产率。

对于每一个农场 $i(i=1, 2\cdots, I)$ 在时期 $t(t=1, 2\cdots, T)$ 的投入为 $X \in R_+^N$，产出为 $Y \in R_+^P$，当期基准生产技术可定义为 $T^t = \{(X^t, Y^t) \mid X^t$ 可以生产

---

① Ray S C, Desli E. Productivity growth, technical progress, and efficiency change in industrialized countries: comment. *The American Economic Review*, 1997, 87（5）: 1033 - 1039.

② 封坚强：《松江家庭农场的探索与发展》，载于《上海农村经济》2013 年第 4 期，第 12～14 页。

③ 松江家庭农场大体上可分为纯粮食种植型、种养结合型（既种植粮作物又养殖生猪）、机农一体型（既种植粮作物又购买机械并提供农机作业服务）和"三位一体"型（既种植粮作物又养殖生猪且购买机械并提供农机作业服务）四类。本章中，将纯粮食种植型家庭农场划为一类，将种养结合型、机农一体型和"三位一体"型划为其他类型。

Y^t｝，全域基准生产技术为 $T^G = conv\{T^1 \cup \cdots \cup T^T\}$，投入导向的距离函数定义为 $D^G(x, y) = max\{\theta > 0 | (x/\theta, y) \in T^G\}$。[①] 在全域基准生产技术下，当期的 Malmquist 生产率指数（Malmquist productivity index，MI）为式（14.1），并参照雷和德斯黎的分解方法将 Global Malmquist 生产率指数在规模报酬可变假设下分解为纯效率变化指数（pure efficiency change index，PEFFCH）、技术变化指数（technical change index，TECHCH）和规模效率变化指数（scale efficiency change index，SCH）[②]，见式（14.2）。式（14.1）和式（14.2）中上标 G 代表全域基准生产技术，下标 c 代表规模报酬不变，下标 v 代表规模报酬可变。当 MI 大于 1 时，表示全要素生产率提高；当其小于 1 时，表示全要素生产率降低。当 PEFFCH 大于 1 表示纯效率上升，当其小于 1 表示纯效率下降。当 TECHCH 大于 1 表示技术进步，当其小于 1 表示技术退步。当 SCH 大于 1 表示规模效率上升，当其小于 1 表示规模效率下降。PEFFCH、TECHCH 和 SCH 大于 1 表示其促进了全要素生产率增长，小于 1 则表示其阻碍了全要素生产率增长，等于 1 表示其对全要素生产率增长没有贡献。

$$M_c^G(x^t, y^t, x^{t+1}, y^{t+1}) = \frac{D_c^G(x^{t+1}, y^{t+1})}{D_c^G(x^t, y^t)} \tag{14.1}$$

$$M_c^G(x^t, y^t, x^{t+1}, y^{t+1}) = \frac{D_v^G(x^{t+1}, y^{t+1})}{D_v^G(x^t, y^t)} \times \frac{D_v^G(x^{t+1}, y^{t+1})/D_v^{t+1}(x^{t+1}, y^{t+1})}{D_v^G(x^t, y^t)/D_v^t(x^t, y^t)}$$

$$\times \frac{D_c^G(x^{t+1}, y^{t+1})/D_v^G(x^{t+1}, y^{t+1})}{D_c^G(x^t, y^t)/D_v^G(x^t, y^t)}$$

$$= PEFFCH \times TECHCH \times SCH \tag{14.2}$$

（二）样本的描述性统计

家庭农场的投入向量包括每公顷的家庭劳动力投入、雇工投入、资本投入和机械投入。家庭劳动力投入用所有家庭农场自有劳动力劳作的总天数表示。雇工投入用家庭农场投入的季节性临时雇工费用表示。资本投入包括种植粮食作物投入的化肥、有机肥、农药、运杂费及农机购置成本[③]，生猪养殖中投入的水电费、保养修理费、取暖焦炭费等，以及农机服务中投入的燃油费、保养维护费、修理费、水电费等。机械投入是指家庭农场购买的农机作业费用，包括粮食生产和培

---

① Pastor J T，Lovell C A. A global Malmquist productivity index. *Economics Letters*，2005，88（2）：266 - 271.

② 限于篇幅，推导过程未给出，感兴趣的读者可与笔者联系。

③ 农机购置成本已按年份折旧。

肥地力过程中所购买的机耕、机播、机收等服务费用。[①] 家庭农场的产出用家庭农场每公顷的产值表示。家庭农场投入和产出的描述性统计见表 14 - 1。

表 14 - 1 投入产出描述性统计

变量名称	变量含义	全部样本 (N = 5 181)		纯粮食种植型 (N = 4 177)		其他类型 (N = 969)	
		均值	标准差	均值	标准差	均值	标准差
家庭劳动力投入	天/公顷	61.78	44.33	63.05	45.35	56.03	38.60
雇工投入	元/公顷	2 116.42	2 189.13	1 841.49	1 357.87	3 304.78	3 973.15
资本投入	元/公顷	6 910.68	3 429.59	5 988.35	1 519.47	10 914.52	5 754.46
机械投入	元/公顷	2 499.77	840.74	2 784.69	436.13	1 266.34	1 040.64
家庭农场产出	元/公顷	30 473.87	9 781.97	27 582.87	5 210.79	42 999.21	14 120.28

注：以 2007 年为基期对 2008～2017 年各投入和产出的价值量分别按照上海市农业生产资料价格指数和农村居民消费价格指数平减；下同。

（三）家庭农场的全要素生产率

表 14 - 2 汇报了各类家庭农场的全要素生产率指数及其构成的计算结果。就全部家庭农场而言，全要素生产率指数（MI）为 1.0773，这一数据表明，全部农场全要素生产率年均增长达到 7.73%。进一步地，纯效率变化指数（PEFFCH）为 0.9984，表明其阻碍了全部农场全要素生产率的增长；技术变化指数（TECHCH）和规模效率变化指数（SCH）分别为 1.0750 和 1.0072，表明其促进了全部农场全要素生产率的增长。就纯粮食种植型家庭农场而言，全要素生产率指数（MI）为 1.0619，表明其全要素生产率年均增长 6.19%，略低于全部农场；纯效率变化指数（PEFFCH）为 0.9896，略高于全部农场，但其仍然阻碍了纯粮食种植型农场全要素生产率的增长；技术变化指数（TECHCH）和规模效率变化指数（SCH）分别为 1.0719 和 1.0046，均略低于全部家庭农场。就其他类型家庭农场而言，全要素生产率指数（MI）为 1.0817，表明其全要素生产率年均增长 8.17%，略高于全部农场；纯效率变化指数（PEFFCH）、技术变化指数（TECHCH）和规模效率变化指数（SCH）分别为 1.0279、1.0490 和 1.0140，表明其对其他类型农场全要素生产率的增长均有促进作用。

---

① 松江区建有完备的"引、繁、供"良种繁育体系，政府每年 4 月底前免费供种给家庭农场，良种覆盖率达 100%；从 2007 年开始，松江区由政府负责农田水利排灌设施、生产辅助设施和设备等农田基础设施的日常维护和管理。基于松江的实际情况，模型中没有包括良种投入和基础设施投入这两个变量。

表 14 – 2　　　　　　各类家庭农场全要素生产率指数及其构成均值

样本类型	观测值	MI	PEFFCH	TECHCH	SCH
全部样本	4 306	1.0773	0.9984	1.0750	1.0072
纯粮食种植型	3 393	1.0619	0.9896	1.0719	1.0046
其他类型	750	1.0817	1.0279	1.0490	1.0140

注：测定各类家庭农场的全要素生产率指数时使用的是各自的生产前沿面。

图 14 – 1 汇报了 2007 ~ 2017 年各类家庭农场的全要素生产率指数及构成的变化情况。

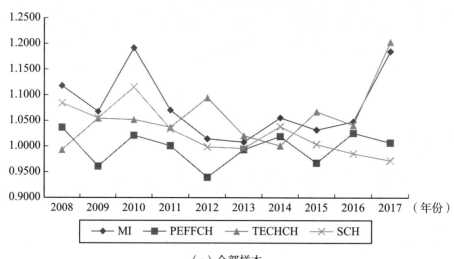

（a）全部样本

（b）纯粮食种植型

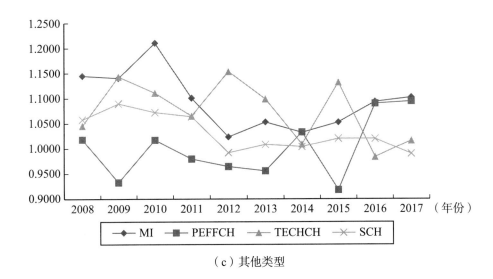

（c）其他类型

图 14-1 2007~2017 年各类家庭农场的全要素生产率指数及构成

从全部家庭农场来看，全要素生产率指数（MI）在各年均大于 1，说明全部
农场的全要素生产率连续 10 年得到了增长。纯效率变化指数（PEFFCH）围绕着
1 上下波动，其中，2009 年、2012 年、2015 年位于较低的水平上。技术变化指
数（TECHCH）除 2008 年外均大于 1，说明技术进步在绝大多数时期都促进了全
部农场全要素生产率的增长。规模效率变化指数（SCH）也围绕着 1 上下波动，
其中，2016 年、2017 年规模效率变化指数较低。

从纯粮食种植型家庭农场来看，全要素生产率指数（MI）除 2013 年外均大
于 1，说明纯粮食种植型农场的全要素生产率大多数年份均得到了增长。纯效率
变化指数（PEFFCH）围绕着 1 上下波动，且大多数时期小于 1。技术变化指数
（TECHCH）除 2013 年、2014 年外均大于 1，说明就总体水平而言，技术进步促
进了纯粮食种植型农场全要素生产率的增长。规模效率变化指数（SCH）在
2011 年之前均大于 1，表明这一阶段规模效率促进了全要素生产率的增长。2011
年之后，规模效率变化指数除个别年份（2014 年）外都小于 1，需要引起足够的
重视。

从其他类型家庭农场来看，全要素生产率指数（MI）在各年均大于 1，说明
其他类型农场的全要素生产率连续 10 年得到了增长。纯效率变化指数（PEFF-
CH）围绕着 1 上下波动，并且大多数年份纯效率变化指数较低。技术变化指数
（TECHCH）除 2016 年外均大于 1，表明技术进步成为多年全要素生产率增长的
主要来源。规模效率变化指数（SCH）仅在 2012 年和 2017 年小于 1，说明规模
效率对其他类型农场全要素生产率的增长起到了促进作用。

三、有效提升家庭农场全要素生产率

（一）模型设定

借鉴杜江等①的研究，本章采用因变量受限的混合 Tobit 模型离析家庭农场全要素生产率的关键因素，具体模型见式（14.3）。需要说明的是，混合 Tobit 模型要求不存在个体效应，经检验同一个体不同时期扰动项的自相关系数 ρ 接近 0，说明模型中不存在反应个体特征的随机扰动项，因此采用混合 Tobit 模型并使用聚类稳健标准误是合适的。参照李谷成等②和冀县卿等③的研究，结合松江的实际情况，在混合 Tobit 模型中引入家庭农场主特征变量、家庭农场特征变量和其他变量。此外，在设定模型时，考虑到时间效应并检验了所有年度时间虚拟变量的联合显著性，结果显示，强烈拒绝无时间效应的原假设，因此，研究者在模型中增加了时间虚拟变量 T。

$$y_{k,it} = \alpha + \sum_{n=1}^{6} \beta_n x_{nit} + \sum_{n=7}^{13} \beta_n x_{nit} + \beta_{14} x_{14it} + T + e_{it} \qquad (14.3)$$

式（14.3）中，当 $k = 1，2，3，4$ 时，被解释变量 y_{it} 分别代表家庭农场的全要素生产率指数、纯效率变化指数、技术变化指数和规模效率变化指数。x_{nit} 为解释变量，其中，x_{1it}、x_{2it}、x_{3it}、x_{4it}、x_{5it}、x_{6it} 为家庭农场主特征变量，分别表示年龄、年龄平方项、受教育年限、受教育年限平方项、是否有农业从业经历和是否有农机驾驶证，这些变量能充分体现经营者劳动力素质的差异；x_{7it}、x_{8it}、x_{9it}、x_{10it}、x_{11it}、x_{12it}、x_{13it} 为家庭农场特征变量，分别表示是否是纯粮食种植型农场或是否是机农一体型农场④、经营年限、土地经营权合同年限、经营土地面积、经营土地面积平方项、是否购买农机作业、单位面积种粮补贴，这些变量能较为全

---

① 杜江、王锐、王新华：《环境全要素生产率与农业增长：基于 DEA - GML 指数与面板 Tobit 模型的两阶段分析》，载于《中国农村经济》2016 年第 3 期，第 65～81 页。

② 李谷成、冯中朝、占绍文：《家庭禀赋对农户家庭经营技术效率的影响冲击——基于湖北省农户的随机前沿生产函数实证》，载于《统计研究》2008 年第 1 期，第 35～42 页。

③ 冀县卿、钱忠好、李友艺：《土地经营规模扩张有助于提升水稻生产效率吗——基于上海市松江区家庭农场的分析》，载于《中国农村经济》2019 年第 7 期，第 71～88 页。

④ 变量是否是纯粮食种植型家庭农场将应用于全部样本的回归模型中，变量是否是机农一体型家庭农场将应用于其他类型样本的回归模型中。

面地涵盖农场禀赋因素、土地因素、农机作业因素、制度政策因素；x_{14it} 为其他变量，表示村人均收入。变量定义及描述性统计见表 14 - 3。

表 14 - 3 变量定义及描述性统计

变量类型	变量名称	变量定义及赋值	全部样本（N = 4 306）		纯粮食种植型（N = 3 393）		其他类型（N = 750）	
			均值	标准差	均值	标准差	均值	标准差
家庭农场主特征	年龄	岁	46.31	7.56	46.38	7.60	46.28	7.43
	受教育年限	年	8.24	2.78	8.13	2.77	8.66	2.79
	是否有农业从业经历	1 = 是，0 = 否	0.65	0.48	0.65	0.48	0.68	0.47
	是否有农机驾驶证	1 = 是，0 = 否	0.40	0.49	0.29	0.45	0.82	0.39
家庭农场特征	是否是纯粮食种植型农场	1 = 是，0 = 否	0.82	0.38	—	—	—	—
	是否是机农一体型农场	1 = 是，0 = 否	—	—	—	—	0.80	0.40
	经营年限	年	3.80	2.44	3.46	2.28	5.23	2.65
	土地经营权合同年限	年	3.32	2.26	3.04	1.94	4.40	3.02
	经营土地面积	公顷	7.82	3.51	7.48	2.84	9.32	5.34
	是否购买农机作业	1 = 是，0 = 否	0.92	0.26	1.00	0.02	0.57	0.50
	单位面积种粮补贴	万元/公顷	0.55	0.08	0.55	0.08	0.55	0.07
其他	村人均收入	万元/人	13.28	5.17	13.06	4.58	14.27	7.11

（二）计量结果及分析

利用 Stata 16 得到的计量结果见表 14 - 4 和表 14 - 5。表 14 - 4 和表 14 - 5 中，模型 1～12 的 Prob > F 均在 1% 或 5% 的水平上显著，说明模型的解释变量具有较好的显著性。

表 14 - 4 中的模型 1 是对全部样本家庭农场全要素生产率指数影响因素的估计结果。模型结果显示，家庭农场主的特征变量中，是否有农业从业经历和是否有农机驾驶证分别在 5% 和 1% 的水平上显著，且正向影响家庭农场的全要素生产率指数。家庭农场的特征变量中，土地经营权合同年限和是否购买农机作业分别在 5% 和 1% 的水平上显著，且正向影响家庭农场的全要素生产率指数。表 14 - 4 中的模型 2～4 是对全部样本家庭农场纯效率变化指数、技术变化指数和规模变

化指数影响因素的估计结果。从家庭农场主的特征变量来看，是否有农业从业经历正向影响纯效率变化指数。可能的原因是，随着时间的推移，有农业从业经历的农场主会更容易发挥好"干中学"的经验并持续提高纯效率[1]，进而有利于提升家庭农场的全要素生产率。是否有农机驾驶证正向影响纯效率变化指数、技术变化指数和规模效率变化指数。可能的原因是，有农机驾驶证的农场主更易使用机械和掌握技术，有更强的经营管理能力，从而能从整体上促进全要素生产率的增长。从家庭农场的特征变量来看，是否是纯粮食种植型在模型 2 中显著为负，在模型 3 中显著为正，这说明只种植粮食作物一方面不利于提高纯效率，另一方面又有利于长期的技术进步。土地经营权合同年限在模型 3 中显著为负，在模型 4 中显著为正，这意味着其负向影响技术变化指数的同时也正向影响规模效率变化指数，并且其对规模效率变化指数的正向影响更大。因此，更加稳定的土地经营权有利于优化家庭农场的规模进而促进其全要素生产率的增长。[2] 经营土地面积在模型 2 和模型 3 中均显著为负，表明经营土地面积负向影响纯效率变化指数和技术变化指数；该变量及其平方项在模型 4 中分别显著为正和显著为负，表明经营土地面积与规模效率变化指数呈倒"U"型的关系，说明规模适中的农场更容易获得较高的规模效率。[3] 是否购买农机作业在模型 3 和模型 4 中均显著为正，说明其正向影响技术变化指数和规模效率变化指数，可能的原因在于，松江区建立了机农互助点、农机合作社、村集体服务队的农机作业服务网络，家庭农场可以极为便捷地购买农机作业服务[4]，因此对大型农机不投入或少量投入可以长期有效地减少成本、优化规模并避免技术退步。单位面积种粮补贴正向影响纯效率变化指数的同时也负向影响技术变化指数和规模效率变化指数。可能的原因在于，农业补贴一方面能够改善农场的收入，提高经营者的生产积极性；另一方面也可能会减弱经营者追求技术进步的努力程度。[5] 此外，村人均收入负向影响纯效率变化指数，但并没有显著影响家庭农场全要素生产率的增长。

① Latruffe L，Desjeux Y. Common agricultural policy support，technical efficiency and productivity change in French agriculture. *Review of Agricultural*，*Food and Environmental Studies*，2016，97：15 – 28.

② Ji X Q，Liu S Y，Yan J N，et al. Does security of land operational rights matter for the improvement of agricultural production efficiency under the collective ownership in China. *China & World Economy*，2021，29（1）：87 – 108.

③ Yan J，Chen C L，Hu B L. Farm size and production efficiency in Chinese agriculture：output and profit. *China Agricultural Economic Review*，2019，11（1）：20 – 38.

④ 钱忠好、李友艺：《家庭农场的效率及其决定——基于上海松江 943 户家庭农场 2017 年数据的实证研究》，载于《管理世界》2020 年第 4 期，第 168～180、219 页。

⑤ 冀县卿、钱忠好、李友艺：《土地经营规模扩张有助于提升水稻生产效率吗——基于上海市松江区家庭农场的分析》，载于《中国农村经济》2019 年第 7 期，第 71～88 页。

表 14 – 4　　　　　　　　　　全部样本家庭农场的计量结果

变量	模型 1	模型 2	模型 3	模型 4
年龄	– 0.0045 (0.00)	– 0.0018 (0.00)	– 0.0016 (0.00)	– 0.0004 (0.00)
年龄平方项	0.0000 (0.00)	0.0000 (0.00)	0.0000 (0.00)	0.0000 (0.00)
受教育年限	0.0026 (0.00)	0.0002 (0.00)	– 0.0006 (0.00)	0.0032 (0.00)
受教育年限平方项	– 0.0001 (0.00)	0.0000 (0.00)	0.0001 (0.00)	– 0.0002 (0.00)
是否有农业从业经历	0.0160** (0.01)	0.0084** (0.00)	0.0037 (0.00)	0.0056 (0.00)
是否有农机驾驶证	0.0492*** (0.01)	0.0090* (0.00)	0.0134*** (0.00)	0.0206*** (0.01)
是否是纯粮食种植型	– 0.0084 (0.02)	– 0.0250*** (0.01)	0.0121** (0.01)	0.0085 (0.01)
经营年限	– 0.0004 (0.00)	0.0004 (0.00)	– 0.0009 (0.00)	– 0.0004 (0.00)
土地经营权合同年限	0.0046** (0.00)	0.0016 (0.00)	– 0.0020*** (0.00)	0.0043*** (0.00)
经营土地面积	– 0.0010 (0.00)	– 0.0028* (0.00)	– 0.0032*** (0.00)	0.0051*** (0.00)
经营土地面积平方项	0.0000 (0.00)	0.0001 (0.00)	0.0000 (0.00)	– 0.0001*** (0.00)
是否购买农机作业	0.1018*** (0.02)	– 0.0024 (0.02)	0.0545*** (0.01)	0.0173* (0.01)
单位面积种粮补贴	– 0.0952 (0.06)	0.2123*** (0.04)	– 0.0506** (0.02)	– 0.2712*** (0.05)
村人均收入	– 0.0002 (0.00)	– 0.0007* (0.00)	0.0010 (0.00)	– 0.0004 (0.00)
时间虚拟变量	Yes	Yes	Yes	Yes

271

续表

变量	模型 1	模型 2	模型 3	模型 4
常数项	1.1418 *** (0.11)	1.0368 *** (0.06)	0.9911 *** (0.04)	1.1258 *** (0.06)
Prob > F	0.00 ***	0.00 ***	0.00 ***	0.00 ***
N	4 306	4 306	4 306	4 306

注：***、**、*分别表示在1%、5%、10%的水平上显著；括号内为稳健标准误。

表 14 - 5 中的模型 5 是对纯粮食种植型家庭农场全要素生产率指数影响因素的估计结果。模型结果显示，家庭农场主的特征变量中，是否有农业从业经历在 10% 的水平上显著，且正向影响纯粮食种植型农场的全要素生产率指数。家庭农场的特征变量中，土地经营权合同年限在 5% 的水平上显著，且正向影响纯粮食种植型农场的全要素生产率指数；单位面积种粮补贴在 5% 的水平上显著，且负向影响纯粮食种植型农场的全要素生产率指数。表 14 - 5 中的模型 6 ~ 8 是对纯粮食种植型家庭农场纯效率变化指数、技术变化指数和规模变化指数影响因素的估计结果。从家庭农场主的特征变量来看，年龄与技术变化指数呈倒"U"型关系，受教育年限负向影响技术变化指数，但两者对纯粮食种植型农场的全要素生产率指数并没有显著影响。是否有农业从业经历正向影响规模效率变化指数，这说明纯粮食种植型农场主能够根据从事农业的经验把握好粮食种植规模，进而有利于其全要素生产率的增长。是否有农机驾驶证正向影响纯效率变化指数，这说明纯粮食种植型农场主具有农机驾驶证有利于长期改善纯效率。从家庭农场的特征变量来看，土地经营权合同年限在模型 6 和模型 8 中均显著为正，表明稳定的土地经营权有利于长期提高纯粮食种植型农场的纯效率和规模效率①，进而可以很好地促进其全要素生产率的增长。经营土地面积在模型 6 中显著为负，说明扩大规模不利于改善纯粮食种植型农场的效率；该变量和其平方项在模型 7 分别显著为负和显著为正，说明较小和较大的经营规模更有利于纯粮食种植型农场的技术进步。是否购买农机作业负向影响纯效率变化指数，但同时也正向影响其规模效率变化指数。单位面积种粮补贴正向影响纯效率变化指数和技术变化指数，同时也负向影响规模效率变化指数。此外，村人均收入负向影响纯粮食种植型农场的纯效率变化指数，但并没有显著影响其全要素生产率的增长。

表 14 - 5 中的模型 9 是对其他类型家庭农场全要素生产率指数影响因素的估

---

① 肖鹏、王丹：《试论土地经营权租赁合同的完善——基于 102 个家庭农场的调研》，载于《中国土地科学》2015 年第 10 期，第 20 ~ 27 页。

计结果。模型结果显示，家庭农场主的特征变量中，是否有农业从业经历在5%的水平上显著，且正向影响其他类型农场的全要素生产率指数。家庭农场的特征变量中，是否购买农机作业在1%的水平上显著，且正向影响其他类型农场的全要素生产率指数。表14-5中的模型10～12是对其他类型家庭农场纯效率变化指数、技术变化指数和规模变化指数影响因素的估计结果。从家庭农场主的特征变量来看，是否有农业从业经历正向影响其他类型农场的规模效率变化指数，这说明其他类型家庭农场主从事农业的经验能够帮助其把握好农场的适度规模，从而有利于长期改善农场的全要素生产率。从家庭农场的特征变量来看，经营土地面积负向影响其他类型农场的纯效率变化指数。是否购买农机作业正向影响其他类型农场的技术变化指数和规模效率变化指数，可能的原因在于，在松江农机作业服务网络十分便利的条件下，其他类型农场部分购买农机服务与部分购买农机相结合既能避免技术退步，又能提高规模效率水平，进而能从整体上促进其全要素生产率的增长。此外，村人均收入正向影响其他类型农场的技术变化指数，说明村人均收入越高越能促进整个村农场的技术进步，但其并没有对全要素生产率的增长起作用。

表14-5　　　纯粮食种植型和其他类型家庭农场的计量结果

变量	纯粮食种植型				其他类型			
	模型5	模型6	模型7	模型8	模型9	模型10	模型11	模型12
年龄	-0.0018 (0.00)	-0.0026 (0.00)	0.0021* (0.00)	0.0008 (0.00)	-0.0078 (0.01)	-0.0080 (0.01)	-0.0075 (0.01)	0.0034 (0.01)
年龄平方项	0.0000 (0.00)	0.0000 (0.00)	-0.0000** (0.00)	-0.0000 (0.00)	0.0001 (0.00)	0.0001 (0.00)	0.0001 (0.00)	-0.0000 (0.00)
受教育年限	0.0052 (0.00)	0.0028 (0.00)	-0.0019* (0.00)	0.0025 (0.00)	0.0010 (0.01)	-0.0084 (0.01)	0.0072 (0.01)	0.0017 (0.01)
受教育年限平方项	-0.0005* (0.00)	-0.0002 (0.00)	0.0001 (0.00)	-0.0002 (0.00)	0.0003 (0.00)	0.0005 (0.00)	-0.0004 (0.00)	0.0001 (0.00)
是否有农业从业经历	0.0155* (0.01)	0.0060 (0.00)	0.0014 (0.00)	0.0086* (0.00)	0.0530** (0.02)	0.0215 (0.01)	0.0065 (0.01)	0.0260* (0.01)
是否有农机驾驶证	0.0152 (0.01)	0.0076* (0.00)	0.0005 (0.00)	0.0053 (0.01)	0.0385 (0.04)	0.0067 (0.02)	0.0190 (0.02)	-0.0028 (0.02)

続表

变量	纯粮食种植型				其他类型			
	模型 5	模型 6	模型 7	模型 8	模型 9	模型 10	模型 11	模型 12
是否是机农一体型	—	—	—	—	0.0222	0.0178	0.0090	− 0.0041
	—	—	—	—	(0.03)	(0.02)	(0.01)	(0.02)
经营年限	− 0.0006	0.0002	− 0.0002	− 0.0010	− 0.0027	− 0.0027	− 0.0010	0.0007
	(0.00)	(0.00)	(0.00)	(0.00)	(0.01)	(0.00)	(0.00)	(0.00)
土地经营权合同年限	0.0063**	0.0032**	− 0.0007	0.0027*	0.0002	− 0.0028	0.0005	0.0023
	(0.00)	(0.00)	(0.00)	(0.00)	(0.00)	(0.00)	(0.00)	(0.00)
经营土地面积	− 0.0049	− 0.0036**	− 0.0035***	0.0035	− 0.0017	− 0.0062*	0.0000	0.0034
	(0.00)	(0.00)	(0.00)	(0.00)	(0.01)	(0.00)	(0.00)	(0.00)
经营土地面积平方项	0.0001	0.0001	0.0001**	− 0.0001	− 0.0000	0.0001	− 0.0001	− 0.0000
	(0.00)	(0.00)	(0.00)	(0.00)	(0.00)	(0.00)	(0.00)	(0.00)
是否购买农机作业	0.0066	− 0.0526***	0.0024	0.0509***	0.1167***	0.0109	0.0370***	0.0371**
	(0.02)	(0.01)	(0.00)	(0.01)	(0.03)	(0.02)	(0.01)	(0.02)
单位面积种粮补贴	− 0.1197**	0.1266***	0.0404**	− 0.2827***	0.2386	0.2623	− 0.0869	0.0261
	(0.06)	(0.04)	(0.02)	(0.05)	(0.18)	(0.16)	(0.06)	(0.12)
村人均收入	− 0.0018	− 0.0008**	− 0.0001	− 0.0006	0.0017	0.0010	0.0023**	− 0.0010
	(0.00)	(0.00)	(0.00)	(0.00)	(0.00)	(0.00)	(0.00)	(0.00)
时间虚拟变量	Yes	Yes	Yes	Yes	Yes	Yes	Yes	Yes
常数项	1.2406***	1.0839***	0.9989***	1.1111***	1.0494***	1.1283***	1.0985***	0.9213***
	(0.11)	(0.05)	(0.03)	(0.07)	(0.30)	(0.17)	(0.13)	(0.18)
Prob > F	0.00***	0.00***	0.00***	0.00***	0.00***	0.00***	0.00***	0.05**
N	3 393	3 393	3 393	3 393	750	750	750	750

注：***、**、*分别表示在 1%、5%、10% 的水平上显著；括号内为稳健标准误。

（三）如何更有效地提高家庭农场的全要素生产率

现根据计量估计结果进一步讨论如何更有效地提高家庭农场的全要素生产率。

274

农地三权分置的理论与实践研究

第一，反映劳动力素质的农场主是否有农业从业经历和是否有农机驾驶证这两个变量都正向影响全部家庭农场的全要素生产率指数，并且农场主是否有农业从业经历正向影响纯粮食种植型和其他类型家庭农场的全要素生产率指数，这表明较高的家庭农场劳动力素质有利于促进其全要素生产率的增长。这一结论与张德元等①的研究结论在本质上一致，他们的研究表明，经营者的管理经验和农业生产技能有利于提高家庭农场的经营绩效。因此，要提升家庭农场的全要素生产率，就应该重视家庭农场劳动力素质的提高。为此，一方面可以鼓励或优先选择具有农业生产经营经验的农户家庭经营家庭农场，另一方面可以通过培训和技术指导提高经营者对农业生产经营的认知水平和对现有技术、资源的利用水平。

第二，反映土地经营权稳定性的土地经营权合同年限正向影响全部和纯粮食种植型家庭农场的全要素生产率指数，这说明较强的土地经营权稳定性有利于促进家庭农场全要素生产率的增长。邹伟等②的研究结论表明稳定的经营权有利于提高农户贷款的可能性。说明家庭农场签订较长的经营权合同年限，有助于家庭农场形成长期稳定的经营预期。因此，要提升家庭农场的全要素生产率，就必须切实保障好家庭农场的土地经营权，赋予长期稳定经营的家庭农场优先续约土地经营的权利。

第三，体现农机社会化服务水平的是否购买农机作业变量正向影响全部和其他类型家庭农场的全要素生产率指数，这说明较高的农机社会化服务水平有利于促进家庭农场全要素生产率的增长。张丽等③的研究也证实了农机作业服务能起到促进粮食全要素生产率增长的作用。说明良好的农机社会化服务体系能够提高农机作业服务效率，帮助缺乏大型农机的家庭农场有效实现规模经营并避免技术退步。因此，提升家庭农场的全要素生产率应不断完善农机社会化服务体系，力争为家庭农场提供效率高、质量好的农机作业服务。

第四，尽管土地经营规模对所有类型家庭农场的全要素生产率指数没有影响，但土地经营规模过大不利于各类型家庭农场提高纯效率，而且对于全部家庭农场而言，中等的土地经营规模更有利于提高规模效率。尽管韩朝华④的研究发现发达国家的一些实证研究表明大规模家庭农场的效率往往优于小规模家庭农场

---

① 张德元、李静、苏帅：《家庭农场经营者个人特征和管理经验对农场绩效的影响》，载于《经济纵横》2016 年第 4 期，第 77~81 页。

② 邹伟、崔益邻：《农地经营权稳定性对农业生产绩效的影响——基于中介效应模型的分析》，载于《中国土地科学》2019 年第 7 期，第 48~57 页。

③ 张丽、李容：《农机作业服务是否影响粮食全要素生产率——基于农业分工的调节效应》，载于《农业技术经济》2021 年第 9 期，第 50~67 页。

④ 韩朝华：《个体农户和农业规模化经营：家庭农场理论评述》，载于《经济研究》2017 年第 7 期，第 184~199 页。

的效率，但黄宗智[①]指出"大而粗"的经营方式并不适合我国的国情，冀县卿等[②]和栾健等[③]的研究也分别发现，在我国中等规模的水稻种植家庭农场和小麦规模种植户的技术效率更高。因此，为避免家庭农场无效率的规模扩张而导致全要素生产率的下降，中国的家庭农场应该走适度规模经营之路，要根据家庭农场的实际合理确定规模和配置资源。

第五，单位面积种粮补贴负向影响纯粮食种植型家庭农场的全要素生产率指数，这说明种粮补贴没有真正发挥促进全要素生产率提高的作用。种粮补贴一方面能降低家庭农场的生产成本，广泛地刺激经营者学习和使用先进的种粮技术来提高纯效率，另一方面又可能导致经营者单纯为了获得现金补贴而扩大规模。这一结论与刘同山等[④]的研究结论一致，他们的研究发现政府补贴一方面有助于提高家庭农场总的净收益和人均的净收益，另一方面也会促使家庭农场经营的土地面积超过合理范围而粗放经营，导致农场效率降低。因此，提升家庭农场的全要素生产率应有针对性地采取多样有效的补贴政策，既要通过补贴降低家庭农场的生产成本，创新和使用先进的农业技术，还要根据当地的实际制定补贴规模的上限标准，避免刺激家庭农场单纯为获得补贴而盲目扩张规模。

本研究利用上海市松江区 5 181 个家庭农场样本 2007～2017 年的投入、产出数据计算家庭农场的全要素生产率，离析出影响家庭农场全要素生产率的关键因素，据以提出有针对性的措施。研究结果表明，其一，虽然松江家庭农场全要素生产率增长速度较快，但仍然存在一定的提升空间。2007～2017 年，全部家庭农场全要素生产率指数为 1.0773，其中，纯效率变化指数为 0.9984、技术变化指数为 1.0750、规模效率变化指数为 1.0072；纯粮食种植型家庭农场全要素生产率指数为 1.0619，纯效率变化指数为 0.9896、技术变化指数为 1.0719、规模效率变化指数为 1.0046；其他类型家庭农场全要素生产率指数为 1.0817，其中，纯效率变化指数、技术变化指数和规模效率变化指数分别为 1.0279、1.0490 和1.0140。其二，总体水平上，农场主是否有农业从业经历、是否有农机驾驶证、土地经营权合同年限、是否购买农机作业正向影响全部家庭农场的全要素生产率，但不同类型家庭农场全要素生产率的影响因素存在差异。农场主是否有农业

---

① 黄宗智：《"家庭农场"是中国农业的发展出路吗？》，载于《开放时代》2014 年第 2 期，第 176～194、9 页。

② 冀县卿、钱忠好、李友艺：《土地经营规模扩张有助于提升水稻生产效率吗——基于上海市松江区家庭农场的分析》，载于《中国农村经济》2019 年第 7 期，第 71～88 页。

③ 栾健、韩一军：《农地规模经营能否实现农业增效与农民增收的趋同？》，载于《中国土地科学》2020 年第 9 期，第 58～66 页。

④ 刘同山、徐雪高：《政府补贴对家庭农场经营绩效的影响及其作用机理》，载于《改革》2019 年第 9 期，第 128～137 页。

从业经历、土地经营权合同年限正向影响、单位面积种粮补贴负向影响纯粮食种植型农场的全要素生产率；农场主是否有农业从业经历、是否购买农机作业正向影响其他类型农场的全要素生产率。

基于以上研究结论，得出如下启示：（1）即使在松江这样一个农业现代化水平较高、家庭农场发展较早的地区，家庭农场全要素生产率的提升仍然存在一定的空间。（2）有效提高家庭农场的全要素生产率可从以下几个方面着手：提高家庭农场劳动力素质，注重经营者的经验积累和技能培训；切实保障好家庭农场的土地经营权，赋予长期稳定的经营者优先续约土地经营的权利；健全农机社会化服务体系，提高农机作业服务的效率和质量；引导家庭农场走适度规模经营之路；有针对性地制定多样化的农业补贴政策，尽可能发挥农业补贴促进家庭农场全要素生产率提升的作用。

第十五章

信贷约束与家庭农场效率

20 13 年中央一号文件明确提出，要鼓励和引导土地承包经营权向家庭农场等新型农业经营主体流转。2014 年和 2019 年农业农村部专门下发《关于促进家庭农场发展的指导意见》①、《关于实施家庭农场培育计划的指导意见》②。在各级政府的大力扶持下，2018 年全国家庭农场数量达到 60 万户，家庭农场生产经营能力和带动能力稳步提升，业已成为质量高、效益好、竞争力强的现代农业经营体系的重要组成部分。③

规模化经营的家庭农场往往意味着更多的农业投资需求（柳凌韵等，2017；彭澎等，2018），而现阶段家庭农场却常常面临着融资难、融资贵和融资风险高等困难。2018 年农户贷款额为 92 322 亿元，仅占全国涉农贷款额的 28.25%；非农户个人贷款额为 2 438 亿元，仅占 0.75%④，家庭农场所获得的涉农贷款甚少（阚立娜等，2016）。因此，深入分析信贷约束对家庭农场效率的影响，对于促进家庭农场的健康发展具有特别重要的意义。

---

① 《农业部关于促进家庭农场发展的指导意见》，中华人民共和国农业农村部，http：//www. moa. gov. cn/gk/zcfg/nybgz/201403/t20140311_3809883. htm，2014 年 3 月 11 日。

② 《关于实施家庭农场培育计划的指导意见》，中华人民共和国农业农村部，http：//www. moa. gov. cn/gk/zcfg/nybgz/201909/t20190909_6327521. htm，2019 年 9 月 9 日。

③ 《农业农村部关于印发〈新型农业经营主体和服务主体高质量发展规划（2020—2022 年）〉的通知》，中华人民共和国农业农村部，http：//www. moa. gov. cn/nybgb/2020/202003/202004/t20200423_6342187. htm，2020 年 4 月 23 日。

④ 资料来源：《中国金融年鉴 2019》，中国金融年鉴杂志社有限公司 2020 年版，https：//navi. cnki. net/knavi/yearbooks/YXCVB/detail？uniplatform = NZKPT。

一、信贷约束与家庭农场效率的关系

关于信贷约束对家庭农场效率或经营者效率的影响，研究者大多从信贷需求方考量信贷约束问题。信贷约束（credit constraint）通常可以用借款者实际借款数额与最优借款需求数额之间的差额来度量（Boucher et al.，2009；刘西川等，2009）。大量的实证研究表明，信贷约束会影响经营者的投资行为、资源配置、生产成本和农业技术采用等进而对产量、收入和利润等产生影响。例如，卡特等（Carter et al.，2003）的研究发现，信贷约束会抑制农业经营者农业机械和生产设备等的投资行为。古里金格等（Guirkinger et al.，2008）对秘鲁北部农户生产行为的研究结果表明，信贷约束对农户的资源配置效率有较大的负面影响。柳凌韵等（2020）对长江中下游水稻种植户的数据进行了分析，他们发现，由于受到信贷约束的影响，种植户的单位生产成本并没有随着生产规模的扩大而显著降低。希弗劳等（Shiferaw et al.，2015）基于乌干达小农户花生种植数据的研究发现，信贷约束会抑制小农户购买良种。魏昊等（2020a）的研究发现，信贷约束会显著负向影响环境友好型农业技术的采纳。王晶等（2018）、曹瓅等（2020）的研究发现，信贷约束分别对农户的粮食产出、农户的生产性收入存在抑制性效应。弗莱彻等（Fletschner et al.，2010）的研究发现，信贷约束会导致农民的利润减少17%~27%。为准确考察信贷约束对经营者效率的影响，研究者尝试运用了多种研究手段。有研究（Dong et al.，2012）基于黑龙江省511个农户的调查数据，运用内生转换模型研究信贷约束对农户劳动生产率的影响，他们的研究结果表明，受到信贷约束的农户劳动生产率显著低于整体农户的劳动生产率水平，而不受信贷约束农户的劳动生产率显著高于整体农户的劳动生产率水平。许荣等（2019）运用内生转换模型考察信贷约束对农牧户生产技术效率的影响后发现，信贷约束会导致农牧户生产技术效率的损失，而满足农牧户信贷需求可将生产技术效率提高0.03。科西嘉等（Komicha et al.，2008）利用随机前沿生产函数法估计埃塞俄比亚240个农户的生产效率后发现，受到信贷约束农户比不受信贷约束农户的平均技术效率低12%。徐升（2015）利用异质性随机前沿模型考察了信贷约束对农户生产效率的影响，研究结果表明信贷约束会负向影响技术效率。贾蕊等（2017）运用Tobit模型考察了信贷约束对367个玉米种植户技术效率的影响后发现，金额约束和利率约束会显著抑制农户技术效率的提高。当然，也有部分学者从信贷配给的角度考量信贷约束问题。信贷配给（credit rationing）主要是从供给方的角度比较贷款者能够放贷数额与愿意放贷数额之间的差额（Stiglitz et al.，1981）。例如，方萍萍等（2016）运用主成分分析法和 DEA 模型计算了四川省 255 个新型农业经营主体的生产技术效率，并运用结构方程模型分析了金融环境影响生产效率的路径，他们的研究发现，供给型信贷约束的缓解能够显著提高新型农业经营主体的技术效率。褚保金等（2009）的研究表明，增加贷款可以显著地提高农户的收入水平。张龙耀等（2018）利用黑龙江和河南两省 976 个农业规模经营主体的调查数据，运用内生转换模型考察了信贷配给对规模经营主体土地生产率的影响，研究结果表明，信贷配给约束会给规模经营主体带来土地生产率上的损失。

已有研究大多肯定了放松信贷约束对提升家庭农场或农业经营者效率的积极作用，但现有研究仍然存在有待改进之处：第一，准确度量信贷约束对家庭农场效率或农业经营者效率的影响不是一件容易的事。当经营者面对信贷约束这一外部冲击时，信贷约束不仅会影响经营者投入或产出的某一个指标，而且会借助特定的传导机制对家庭农场或农业经营者的整体效率产生影响，显然采用单一指标并不能全面地考察信贷约束对经营者整体性、系统性的影响（范丽霞等，2012）；即便运用多指标进行考察，但如果技术处理不当或不能选用合适的研究方法和工具，也不一定能准确观察和估计到信贷约束对家庭农场或农业经营者效率的影响。第二，尽管现有研究尝试运用内生转换模型、随机前沿生产函数法等方法估计信贷约束对经营者效率的影响，但已有研究在估计生产效率时，或忽视了农业经营主体类型的不同，或忽视了农业生产经营类型的差别，或忽视了区域间的差异，在测度信贷约束对家庭农场或农业经营者效率的影响时，往往直接用受到信贷约束和不受信贷约束经营者的生产效率差异分析信贷约束的影响效应，忽略了样本自选择、选择偏差问题。

要打开信贷约束影响家庭农场生产效率的作用机制"黑箱"，首先需要准确测定家庭农场的效率，然后需要选择合适的工具和方法度量信贷约束对家庭农场效率的影响，揭示信贷约束影响家庭农场效率的作用路径。为此，本章在已有研究的基础上做了如下改进：第一，以粮食规模化种植的松江家庭农场为研究样本，运用随机前沿生产函数法估计家庭农场的效率，测定信贷约束对家庭农场效率的影响，这不仅能最大限度地控制农业经营主体不同、农业生产经营类型差别及区域差异等的影响，而且技术效率这一指标有利于更加全面地评价信贷约束对家庭农场生产效率的影响效应，避免了采用单一指标可能存在的缺陷。第二，考虑到松江家庭农场受信贷约束比例相对较小的实际情况，研究中运用更加适合样本数据特点的倾向得分匹配法，将家庭农场的多维特征浓缩为一维，使受到信贷约束与不受信贷约束的家庭农场进行匹配，这样可以有效地避免样本自选择、选择偏差问题，有助于更为准确地估计信贷约束对家庭农场效率的影响。第三，上海松江区是全国较早探索发展粮食生产家庭农场的地区，2007 年，松江区政府就发布了《关于鼓励发展粮食生产家庭农场的意见》。本章以有着十多年发展历史的松江家庭农场为研究对象，解析信贷约束对家庭农场效率的影响，揭示信贷约束对家庭农场效率的作用机制，无疑具有一定的典型意义。

上海市松江区位于上海西南部，面积为 604.64 平方公里[①]；地处长江三角洲平原，地势低平；水源属于黄浦江水系，水网密布；气候为亚热带季风气候，温和湿润。松江区具有优越的自然地理条件和丰富的农业资源，是上海市农产品供应的重要保障。为大力发展现代农业，2007 年起，松江区政府以发展家庭农场为抓手，使松江区成为全国较早探索发展粮食生产家庭农场的地区。为鼓励兴办家庭农场，松江区创造性地构建了"承包农户—村委会—家庭农场"的土地流转模式，并扶持当地的专业农民、种田能手、技术人员等按照准入条件通过竞标择优成为家庭农场经营者。为促进家庭农场的健康发展，松江区政府不仅建立了包括良种推广、技术培训、农资服务、农机作业推广、产品销售服务等在内的配套服务体系，而且针对家庭农场建立起较为完善的财政金融扶持政策体系：由区财政出资建立了贷款担保基金，为家庭农场提供贴息贷款扶持；积极创新担保方式，将家庭农场纳入小额信贷保证保险范围；等等。2017 年松江区粮食种植面积达 15.8 万亩，粮食总产量实现 9.03 万吨，生猪出栏18.74 万头；农业总产值为 19.48 亿元，其中，种植业产值达 7.94 亿元，畜牧业产值达 4.21 亿元。[②] 截至 2019 年，松江区家庭农场共有 906 户，家庭农场总经营面积达到 13.8 万亩。[③]

为获取研究样本，扬州大学、中国人民大学、南京农业大学、南京审计大学的部分师生于 2017 年 4 月到松江进行了预调查。课题组通过走访部分家庭农场及松江区农委办公室、种植业管理办公室等职能部门获得了松江家庭农场的发展背景、主要做法、取得的成绩等相关信息。在此基础上，课题组设计了调查问卷，并于 2017 年 8 月和 2018 年 3 月对登记在册的 945 位松江家庭农场主进行了面对面的问卷调查。

为考察信贷约束对家庭农场效率的影响，设计调查问卷时，从信贷需求的角

[①] 资料来源：上海市松江区人民政府网站，https：//www.songjiang.gov.cn/zjsj/stepin.html。

[②] 《2017 年上海市松江区国民经济和社会发展统计公报》，https：//kns.cnki.net/kcms/detail/detail.aspx？dbcode＝CYFD&dbname＝CYFD&filename＝N2020030035000098&v＝MjQ1ODJubHBCVXdDTFBsUmRXZForUnRGaTdsVkwvTkpGc1hidz09SzErN0hMTzRIZEhNcklwRlpPc1BCWFJXdkdNU21FdDlTWA＝＝。

[③] 《2019 年上海市松江区国民经济和社会发展统计公报》，https：//kns.cnki.net/kcms/detail/detail.aspx？dbcode＝CYFD&dbname＝CYFD&filename＝N2021040233000072&v＝MTIxNTMrUnRGaTdsVkwvTkpGb1VhQT09SzErN0hMSzRHdEhPckl4RlpPc1BDMzVXdkdNU21FdDlTWG5scEJVd0NNUGUvSZFdkWg＝＝。

度使用了信贷约束这一核心概念。参考刘西川（2009）的研究思路，采用直接诱导式询问方式（DEM）来识别家庭农场是否受到信贷约束。首先，若家庭农场没有融资需求，则表示家庭农场不受信贷约束。其次，对有融资需求的家庭农场进一步询问"需要融资金额"和"实际借贷金额"。若家庭农场有融资需求金额而实际并未发生借贷行为则表示家庭农场受到了信贷约束；对实际发生借贷行为的家庭农场而言，若实际借贷金额小于需要融资金额，则表示家庭农场受到了信贷约束；若实际借贷金额大于或等于需要融资金额，则表示家庭农场不受信贷约束。松江家庭农场问卷调查的数据显示，调查对象的借贷行为最早可追溯至2014年，因此本章使用松江家庭农场2014～2017年的数据进行分析。需要说明的是，945户家庭农场中，有两户家庭农场缺失2017年的产出数据，但基于样本数据完整性的考虑，在分析时仍保留了这两户家庭农场其余年份的数据，这样就共得到3 259个样本，其中，有104个样本受到了信贷约束。

二、松江家庭农场效率测定

（一）研究方法、模型设定与变量描述性统计

本章采用随机前沿生产函数分析法（stochastic frontier approach，SFA）（Aigner et al.，1977；Meeusen et al.，1977）测算家庭农场的效率。考虑到家庭农场经营者可能会通过学习或采用新技术等调整自身的生产经营行为，因此参照巴提斯等（1992）的研究，设定家庭农场效率随机前沿模型为式（15.1）和式（15.2）。

$$Y_{it} = f(x_{it}, \beta) \exp(V_{it} - U_{it}) \tag{15.1}$$

$$U_{it} = \eta_{it} U_i = \{\exp[-\eta(t-T)]\} U_i \tag{15.2}$$

式（15.1）中，Y_{it}代表第 i 个家庭农场在第 t 年的产出价值；x_{it} 表示第 i 个家庭农场第 t 年的各种投入变量；β 为待估计参数；$f(\cdot)$ 表示特定的农业生产函数形式；（$V_{it} - U_{it}$）为复合误差项；V_{it} 为随机误差项，表示各种随机因素对生产前沿面的影响，假设其服从正态分布，即 $V_{it} \sim N(0, \sigma_v^2)$；$U_{it}$ 代表第 i 个家庭农场第 t 年的技术非效率，假设 U_{it} 独立于 V_{it}，且服从截断半正态分布，即 $U_{it} \sim N^+(\mu, \sigma_U^2)$。式（15.2）中，$\eta$ 为未知的标量参数，表示技术效率随时间变化的情况，T 为家庭农场经营的基期年份。根据上述模型，第 i 个家庭农场在第 t

年的生产技术效率为 TE_{it}，可表示为 $TE_{it} = \exp(-U_{it})$。

参照孙顶强等（2016）、蔡荣等（2019）、朱秋博等（2019）的做法，本章对 $f(\cdot)$ 选取形式相对灵活、要素替代弹性可变的超越对数生产函数（Christensen et al.，1973），具体模型见式（15.3）。

$$\ln Y_{it} = \beta_0 + \sum_{j=1}^{4} \beta_j \ln x_{ijt} + \beta_t t + \frac{1}{2} \sum_{j=1}^{4} \sum_{k=1}^{4} \beta_{jk} \ln x_{ijt} \ln x_{ikt} + \frac{1}{2} \beta_{tt} t^2 + V_{it} - U_{it}$$

$$(15.3)$$

式（15.3）中，Y_{it} 为第 i 个家庭农场第 t 年每公顷的产值。x_{ijt} 为家庭农场每公顷的各项投入，其中，x_{i1t} 为家庭劳动力投入，用所有家庭农场自有劳动力劳作的总天数表示；x_{i2t} 为雇工投入，用家庭农场投入的季节性临时雇工费用表示；x_{i3t} 为资本投入，包括水稻和二麦生产中投入的化肥、有机肥、农药、运杂费及农机购置成本[1]，生猪养殖中投入的水电费、保养修理费、取暖焦炭费等，以及农机服务中投入的燃油费、保养维护费、修理费、水电费等；x_{i4t} 为机械投入，是指家庭农场的购买农机作业服务费用，包括粮食生产和培肥地力过程中所购买的机耕、机播、机收等服务费用[2]。$\ln x_{ijt} \ln x_{ikt}$ 为各投入要素的交叉项，表示各生产要素之间的相互作用。t 用以测算技术进步和衡量技术效率的变化。

家庭农场投入与产出变量的描述性统计见表 15 - 1。

表 15 - 1　　　　　　　　家庭农场投入产出变量描述性统计

变量	变量单位	均值	
		受到信贷约束 （样本数为 104 个）	不受信贷约束 （样本数为 3 155 个）
家庭劳动力投入	天/公顷	41.89 *** （28.86）	54.96 （39.98）
雇工投入	元/公顷[a]	2 018.36 （2 244.69）	2 053.57 （1 719.78）
资本投入	元/公顷	6 382.52 （3 540.44）	6 546.47 （3 107.56）
机械投入	元/公顷	2 044.31 *** （917.96）	2 450.24 （841.97）

---

[1] 农机购置成本已按年份折旧。

[2] 松江区建有完备的"引、繁、供"良种繁育体系，政府每年 4 月底前免费供种给家庭农场，良种覆盖率达 100%；从 2007 年开始，松江区由政府负责农田水利排灌设施、生产辅助设施和设备等农田基础设施的日常维护和管理。基于松江的实际情况，模型中没有包括良种投入和基础设施投入这两个变量。

续表

变量	变量单位	均值	
		受到信贷约束 （样本数为 104 个）	不受信贷约束 （样本数为 3 155 个）
家庭农场产出	元/公顷	29 206.42 （10 508.01）	30 429.56 （9 735.13）

注：ª以 2007 年为基期对 2014～2017 年各投入和产出的价值量分别按照上海市农业生产资料价格指数和农村居民消费价格指数平减。***、**、* 分别表示在 1%、5%、10% 的水平上显著，括号内的数值为标准差。

（二）模型检验与家庭农场效率测定结果

1. 模型检验

本章通过构建似然率检验统计量（likelihood-ratio test statistics，LR 检验）对模型设定进行检验，包括技术非效率检验、技术效率时变性检验、技术变化是否存在的检验和超越对数生产函数形式是否适合的检验。似然率检验统计量的计算公式见式（15.4）。

$$LR = -2\{\ln[L(H_0)/L(H_1)]\} = -2\{\ln[L(H_0)] - \ln[L(H_1)]\} \quad (15.4)$$

式（15.4）中，$\ln[L(H_0)]$ 与 $\ln[L(H_1)]$ 分别表示零假设与备择假设条件下的对数似然函数值。如果零假设成立，则检验统计量 LR 值服从渐进卡方分布，即 $LR \sim \chi^2(k)$，其中 k 表示自由度。如果 $LR > \chi^2(k)$，则拒绝零假设；如果 $LR < \chi^2(k)$，则接受零假设。模型的检验结果见表 15-2。

表 15-2 中，检验 1、检验 2、检验 3、检验 4 分别为技术非效率检验、技术效率时变性检验、技术变化是否存在的检验和超越对数生产函数形式是否适合的检验。检验 1 中，LR 值是 1 100.28，0.01 显著性水平上的卡方临界值为 11.35，因此零假设显著被拒绝，这说明采用随机前沿模型估计家庭农场效率是合适的。检验 2 的结果表明，家庭农场的技术效率在 2014～2017 年存在着变化，因此，构建家庭农场效率随时间变化的随机前沿模型是合适的。检验 3 的结果显示，不存在技术变化的零假设显著被拒绝，这意味着技术变化会影响家庭农场效率的变化。检验 4 的结果表明，农业生产函数形式采用超越对数生产函数形式是适合的。模型设定检验的结果表明，采用时变超越对数随机前沿生产函数模型能够较好地拟合样本数据。

表 15 - 2　　　　　　　　　　假设检验结果

检验	零假设	检验统计量（LR）	$\chi^2_{0.01}$ 临界值	检验结论
检验 1	$H_0: \gamma = \mu = \eta = 0$	1 100. 28	11. 35	拒绝
检验 2	$H_0: \eta = 0$	29. 48	6. 64	拒绝
检验 3	$H_0: \beta_t = \beta_{tt} = 0$	41. 32	9. 21	拒绝
检验 4	$H_0: \beta_{jk} = \beta_{tt} = 0$	240. 47	24. 73	拒绝

2. 家庭农场效率测定结果

从表 15 - 3 的估计结果来看，松江家庭农场效率均值为 0.3786，这表明松江大多数家庭农场的效率水平距离相对有效的生产前沿较远，有着较大的提升空间。受到信贷约束家庭农场的效率均值为 0.3312，低于全部家庭农场的效率均值；不受信贷约束家庭农场的效率均值为 0.3802，高于全部家庭农场的效率均值。从全部家庭农场效率的分布来看，有 5.70% 的家庭农场分布在 0 ~ 0.3 的效率区间，有 93.62% 的家庭农场分布在 0.3 ~ 0.6 的效率区间，仅有 0.68% 的家庭农场分布在 0.6 ~ 1 的效率区间。这意味着松江家庭农场一方面要注重提升占比较少的 0 ~ 0.3 区间的家庭农场的效率，另一方面要努力将占比最多的 0.3 ~ 0.6 区间家庭农场的效率整体提升一个高度，以实现优化家庭农场效率的分布格局。受到信贷约束家庭农场的效率在 0 ~ 0.3 区间的比例高于同区间的全部家庭农场的比例，在 0.3 ~ 0.6 区间的比例低于同区间全部家庭农场的比例，在 0.6 ~ 1 区间的比例为 0；不受信贷约束家庭农场的效率在 0 ~ 0.3 区间的比例低于同一区间全部家庭农场的比例，在 0.3 ~ 0.6 和 0.6 ~ 1 区间的比例高于全部家庭农场在相应区间的比例。这一结果意味着信贷约束对家庭农场的效率有一定的影响。

表 15 - 3　　　　　　　　　家庭农场效率测定结果

家庭农场效率均值及分布：

效率区间	全部家庭农场 （效率均值：0.3786）	受到信贷约束 （效率均值：0.3312）	不受信贷约束 （效率均值：0.3802）
(0, 0.3]	186 (5.70%)[a]	22 (21.15%)	164 (5.20%)
(0.3, 0.6]	3 051 (93.62%)	82 (78.85%)	2 969 (94.10%)
(0.6, 1]	22 (0.68%)	0 (0.00%)	22 (0.70%)

续表

模型参数估计结果：

变量	估计系数	标准误	变量	估计系数	标准误
家庭劳动力投入	− 0.5105 ***	0.1340	时间	0.0928 ***	0.0186
家庭劳动力投入平方项	0.0073	0.0094	时间平方项	− 0.0214 ***	0.0054
雇工投入	− 0.0354	0.1119	家庭劳动力投入与雇工投入交叉项	− 0.0104	0.0100
雇工投入平方项	0.0045 **	0.0021	家庭劳动力投入与资本投入交叉项	0.1064 ***	0.0210
资本投入	− 0.6940 **.	0.2783	家庭劳动力投入与机械投入交叉项	− 0.0053	0.0066
资本投入平方项	0.0468 **	0.0232	雇工投入与资本投入交叉项	0.0251	0.0184
机械投入	0.1645 **	0.0762	雇工投入与机械投入交叉项	− 0.0238 ***	0.0055
机械投入平方项	− 0.0292 ***	0.0028	资本投入与机械投入交叉项	0.0017	0.0121
对数似然值	1 561.1607 ***		观测值	3 259	

注：[a] 括号内百分数为效率区间内样本数占相应类型样本的比例。*** 、** 、* 分别表示在 1%、5%、10% 的水平上显著。

此外，在影响家庭农场效率的诸因素中，家庭劳动力投入的系数在 1% 的水平上显著为负，这表明家庭劳动力投入越多，家庭农场产值反而越低，可能的原因在于，松江区已为家庭农场提供了较为完备的社会化服务。例如，从 2007 年开始，松江区由政府负责家庭农场的农田基础设施的日常维护和管理；松江区建立了较为完备的农机作业服务网络，家庭农场可以极为便捷地购买农机作业服务。在这样的背景下，家庭农场过密化地投入人工劳动反而不利于家庭农场产值效率的提高（钱忠好等，2020）。资本投入在 5% 的水平上显著为负，资本投入的平方项在 5% 的水平上显著为正，这表明资本投入与家庭农场的产值之间呈现"U"型关系。机械投入在 5% 的水平上显著为正，且机械投入的平方项在 1% 的水平上显著为负，这表明机械投入与家庭农场的产值之间呈现倒"U"型关系。

三、放松信贷约束对家庭农场效率的促进作用

（一）研究方法、模型设定与变量描述性统计

本章采用倾向得分匹配法（propensity score matching，PSM）估计信贷约束对家庭农场效率的影响（Rosenbaum et al.，1983）。家庭农场是否受到信贷约束并不是随机的，其信贷行为往往由自己决定，这就存在自选择；家庭农场的初始禀赋存在差异，信贷约束对家庭农场效率的影响就可能存在选择偏差。为解决可能存在的自选择、选择偏差问题，本章采用倾向得分匹配法，通过检验受到信贷约束家庭农场的效率与假设其不受信贷约束时的效率是否一致，以发现信贷约束何以影响家庭农场的效率。其基本思路是：将受到信贷约束的家庭农场（处理组）与不受信贷约束的家庭农场（对照组）进行降维匹配（李长生等，2020），使处理组和对照组的外部条件趋于均衡可比状态，此时处理组与对照组的平均效率差值即为信贷约束给家庭农场带来的效率损失。具体分析步骤如下。

首先，家庭农场受到信贷约束的倾向得分为既定条件下家庭农场受到信贷约束的概率（李晓静等，2020），其表达式为式（15.5）。参照褚保金等（2009）、程恩江等（2010）、黄祖辉等（2016）的研究采用 Logit 模型来估计倾向得分值，并在 Logit 模型中引入家庭农场主特征变量、家庭农场特征变量和其他变量作为协变量，具体模型为式（15.6）。

$$PS_i = P(Z_i) = P(D_i = 1 \mid Z_i) = \frac{\exp(Z_i'\theta)}{1 + \exp(Z_i'\theta)} \tag{15.5}$$

$$\text{logit}\left[P(D_i = 1 \mid Z_i)\right] = \theta_0 + \sum_{m=1}^{3}\theta_m z_{im} + \sum_{m=4}^{6}\theta_m z_{im} + \sum_{m=7}^{10}\theta_m z_{im} + \varepsilon_i \tag{15.6}$$

式（15.5）中，PS_i 为倾向得分值；D 为 0－1 变量，表示是否受到信贷约束，$D_i = 1$ 表示家庭农场受到信贷约束（观测值在处理组），$D_i = 0$ 表示家庭农场不受信贷约束（观测值在对照组）；Z_i 为可观测到的协变量。式（15.6）中，z_{i1}、z_{i2}、z_{i3} 表示家庭农场主特征变量，分别为年龄、受教育年限和务农年限；z_{i4}、z_{i5}、z_{i6} 表示家庭农场特征变量，分别为农场类型、经营年限和劳均土地面积；z_{i7}、z_{i8}、z_{i9}、z_{i10} 表示家庭农场的其他变量，分别为是否存在收入风险、是否遭受农业灾害、是否存在民间借贷和村庄到区政府的直线距离。

287

其次，在得到倾向得分后，分别采用 K 近邻匹配、半径匹配、核匹配将处理组和对照组进行匹配，并进行平衡性检验和共同支撑域检验。匹配完成后，估计处理组和对照组家庭农场的平均处理效应（average treatment effect on the treated，ATT），表达式见式（15.7）。

$$ATT = E(TE_{1i} - TE_{0i} \mid D_i = 1) = E(TE_{1i} \mid D_i = 1) - E(TE_{0i} \mid D_i = 1) \quad (15.7)$$

式（15.7）中，TE_{1i} 表示受到信贷约束家庭农场的效率，TE_{0i} 表示不受信贷约束家庭农场的效率。$E(TE_{1i} \mid D_i = 1)$ 可以直接观测到，但 $E(TE_{0i} \mid D_i = 1)$ 并不能直接观测到。

为进一步讨论放松信贷约束何以提升家庭农场的效率，本章将借鉴李晗等（2020）的方法，从家庭农场规模、农机长期投资和农业技术投入三个方面进一步讨论放松信贷约束对高家庭农场效率的影响机制：第一，计算对照组与处理组家庭农场效率差分，记为 $\Delta TE_i = TE_{0i} - TE_{1i}$，该差分代表家庭农场 i 放松信贷约束后的净效率增长。第二，计算家庭农场效率影响因素变量在对照组与处理组之间的差分，记为 $\Delta Q_i = Q_{0i} - Q_{1i}$，该差分用来衡量放松信贷约束带来的家庭农场效率变化的主要因素。第三，构建 ΔTE_i 对 ΔQ_i 的回归方程，分析 ΔQ_i 中各变量对净效率增长 ΔTE_i 的影响，回归方程为式（15.8）。

$$\Delta TE_i = \alpha_0 + \alpha_1 \Delta q_{1i} + \alpha_2 \Delta q_{2i} + \alpha_3 \Delta q_{3i} + \xi_i \quad (15.8)$$

式（15.8）中，变量 ΔTE_i 为家庭农场放松信贷约束后的净效率增长量，Δq_{1i} 为不受信贷约束（对照组）与受到信贷约束（处理组）家庭农场土地经营规模的差值，Δq_{2i} 为农机投入的差值，Δq_{3i} 为农业技术投入的差值。

受到信贷约束与不受信贷约束家庭农场主特征变量、家庭农场特征变量和其他变量的描述性统计见表 15-4。

表 15-4 相关变量的描述性统计

类型	变量	变量含义及赋值	均值	
			受到信贷约束 （样本数为 104 个）	不受信贷约束 （样本数为 3 155 个）
家庭 农场 主特征	年龄	岁	46.63 *** (6.95)	48.16 (7.61)
	受教育年限	年	9.20 *** (2.34)	8.39 (2.67)
	务农年限	年	20.82 (10.79)	21.39 (12.93)

类型	变量	变量含义及赋值	均值	
			受到信贷约束 （样本数为 104 个）	不受信贷约束 （样本数为 3 155 个）
家庭农场特征	农场类型	1 = 纯粮食， 0 = 其他[a]	0.66*** (0.47)	0.78 (0.41)
	经营年限	年	5.32*** (3.08)	6.19 (2.82)
	劳均土地面积	公顷	5.65** (2.90)	5.05 (2.73)
其他	是否存在收入风险	1 = 是[b]，0 = 否	0.49 (0.50)	0.45 (0.50)
	是否遭受农业灾害	1 = 是，0 = 否	0.14*** (0.35)	0.06 (0.23)
	是否存在民间借贷	1 = 是，0 = 否	0.12*** (0.32)	0.02 (0.15)
	村庄到区政府的 直线距离	公里	19.85*** (5.10)	17.75 (5.60)

注：[a] 松江家庭农场类型大体上可分为纯粮食种植型、种养结合型（既种植粮食作物又养殖生猪）、机农一体型（既种植粮食作物，又购买机械并提供农机作业服务）和"三位一体"型（既种植粮食作物又养殖生猪且购买机械并提供农机作业服务）四类。2017 年，纯粮食种植型家庭农场有 723 户，其他三种类型家庭农场共有 220 户。本研究中，将纯粮食种植型家庭农场划为一类，将种养结合型、机农一体型和"三位一体"型划为其他类型。[b] 判断家庭农场存在收入风险的依据是家庭农场当年的产出价值低于上一年的产出价值。***、**、* 分别表示在 1%、5%、10% 的水平上显著，括号内的数值为标准差。

（二）倾向得分匹配结果

1. 家庭农场受信贷约束条件概率拟合值估计

为了实现受到信贷约束与不受信贷约束家庭农场的匹配，首先对家庭农场受到信贷约束的条件概率拟合值进行回归分析，Logit 模型估计结果由表 15 - 5 给出。从表 15 - 5 可以看出，本章选取的大多数变量都显著影响信贷约束。其中，家庭农场主受教育年限越高、劳均土地面积越大、存在收入风险、遭受农业灾害、存在民间借贷、村庄到区政府的直线距离越远，家庭农场越容易受到信贷约束；家庭农场类型为纯粮食种植型以及家庭农场经营年限越长，家庭农场越不易受到信贷约束。

表15-5　　　家庭农场受到信贷约束的条件概率拟合值估计结果

变量	估计系数	标准误	变量	估计系数	标准误
年龄	-0.0207	0.0174	劳均土地面积	0.1019***	0.0321
受教育年限	0.0919**	0.0452	是否存在收入风险	0.4317**	0.2087
务农年限	0.0145	0.0107	是否遭受农业灾害	0.7928***	0.2990
农场类型	-0.8025***	0.2338	是否存在民间借贷	1.4967***	0.3399
经营年限	-0.1445***	0.0408	村庄到区政府的直线距离	0.0662***	0.0195
LR 值	76.0500		Pseudo R2	0.0826	

注：***、**、* 分别表示在1%、5%、10%的水平上显著。

2. 平衡性和共同支撑域检验

为进一步考察样本是否得到了较高质量的匹配，本章在匹配后检验了处理组和对照组之间解释变量是否存在显著性差异，检验结果见表15-6。从表15-6可以看出，采用 K 近邻匹配、半径匹配、核匹配将处理组和对照组进行匹配后，$P-R^2$ 值从匹配前的 0.082 下降到匹配后的 0.002~0.008，$P-R^2$ 值显著下降。LR 统计量也由匹配前的 75.88 下降到匹配后的 0.57~2.26，LR 值均大幅度缩小。对比匹配前，匹配后解释变量的标准化偏差在 3.0%~5.8%，总体偏差显著降低。这表明，平衡性检验得到通过，样本完成匹配后处理组和对照组无系统性差异。

表15-6　　　　　　　　平衡性检验结果

项目	匹配前	K 近邻匹配	半径匹配	核匹配
$P-R^2$	0.082	0.006	0.002	0.008
LR 统计量	75.88	1.74	0.57	2.26
标准化偏差	25.0	5.5	3.0	5.8

注：标准化偏差给出的是百分数（%）形式。

为了保证样本的匹配质量，在匹配完成后还需要考察样本匹配的共同支撑域条件。如果共同支撑域范围太小，那么在共同支撑域以外的样本就得不到有效匹配，会导致样本大量损失。图15-1为 K 近邻匹配前后处理组与对照组的概率密度函数图。① 由图 15 - 1 可以直观地看出，匹配后处理组和对照组观测值大范围重叠，大多数观测值均在共同取值范围内。这表明，共同支撑域检验得到通过，匹配效果较好。

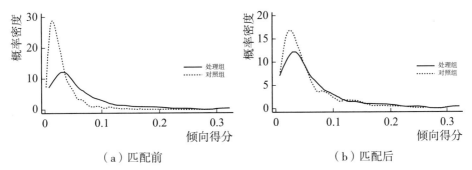

（a）匹配前　　　　　　　　　　　（b）匹配后

图 15 - 1　K 近邻匹配前后处理组与对照组的概率密度函数

3. 信贷约束对家庭农场效率的影响效应

现进一步采用 K 近邻匹配（1 对 7 匹配）、半径匹配（半径 0.01）、核匹配（带宽 0.04）三种匹配方法分别计算处理组和对照组的平均处理效应，估计结果见表 15 - 7。由表 15 - 7 可知，在匹配之前受到信贷约束家庭农场的平均效率较不受信贷约束家庭农场低 4.90%，并且在 1% 的水平上显著。采用 K 近邻匹配、半径匹配、核匹配的三种匹配方法测算的结果表明，受到信贷约束家庭农场的效率分别较不受信贷约束家庭农场低 4.66%、4.52% 和 4.75%，并且在 1% 的水平上显著，三种匹配方法的估计结果具有一致性，说明检验结果具有较好的稳健性。这表明，如果放松信贷约束，受到信贷约束家庭农场的效率将有所提高，平均提升幅度将达到 4.64%。

表 15 - 7　　　　　　　　信贷约束对家庭农场效率的影响效应

	匹配前	K 近邻匹配	半径匹配	核匹配
处理组	0.3312	0.3315	0.3315	0.3315
对照组	0.3802	0.3781	0.3767	0.3790
ATT[a]	- 4.90 ***	- 4.66 ***	- 4.52 ***	- 4.75 ***
标准误	0.0064	0.0059	0.0055	0.0052

注：[a]ATT 给出的是百分数（%）形式。***、**、* 分别表示在 1%、5%、10% 的水平上显著。

---

① 为了节省篇幅，本章仅给出了 K 近邻匹配后处理组与对照组的概率密度函数图，半径匹配和核匹配与 K 近邻匹配后的共同支撑域效果相似，因此将其略去。

（三）放松信贷约束提升家庭农场效率的作用路径

现进一步讨论放松信贷约束何以提升家庭农场的效率。一般来说，信贷约束主要从以下三条路径影响家庭农场的效率：第一，家庭农场要实现规模经营，就需要将土地经营面积扩大至适度经营规模的水平，因为适度规模经营能够带来生产成本和产出效益上的规模经济（许庆等，2011；Mugera et al.，2011；高思涵等，2021），但信贷约束可能会抑制家庭农场土地经营规模的扩大，从而无法实现规模经济，这可能会拉低家庭农场的效率。第二，为与家庭农场经营规模扩大相匹配，农业生产过程中需要进行更多的机械化作业以提高农业作业效率，信贷约束可能会抑制家庭农场购买农机等长期投资行为，家庭农场不得不购买农机作业服务。但是，虽然购买农机作业服务也能够实现向高效的农业生产方式转变（柳凌韵等，2017），但购买农机作业服务常常存在服务时间不及时、服务价格不稳定、服务质量不合格的问题，这会导致短期投入成本的相对增加和生产作业的不稳定性，阻碍家庭农场提高生产效率。第三，家庭农场长期有效经营的实现离不开先进农业生产技术的采用（魏昊等，2020b），这可能会在短期内提升家庭农场的资金投入，家庭农场面对信贷约束时，就会在各投入之间进行权衡，并进而可能会限制家庭农场农业先进技术的使用投入，从而不利于生产效率的提高。

表15-8汇报了模型（15.8）的OLS估计结果，土地经营规模的差值在1%的水平上显著为负，这表明放松信贷约束并不会通过家庭农场经营规模的扩大而提高效率。导致这一结果的可能原因是：松江区政府在发展家庭农场时，基于现实条件的考量，将纯粮食种植型家庭农场的规模确定在100~150亩（封坚强，2013），并根据这一规模标准，在家庭农场经营招标、农业补贴发放等方面制定相应的政策。在这样的制度约束下，如果家庭农场进一步扩大土地经营规模，反而会导致家庭农场效率的下降。由此可见，家庭农场应该走适度规模经营之路，过大或过小的土地经营规模都不利于家庭农场效率的提高，应根据客观实际条件，实现土地经营规模、家庭劳动力、政策与制度约束的合理匹配（冀县卿等，2019）。农机投入差值在5%的水平上显著为正，表明放松信贷约束有助于家庭农场购买拖拉机、收割机等大型农机具，实现资本对劳动的有效替代，这既可以避免购买农机作业服务可能存在的对农业生产的不利影响，又可以发挥农机作业在规模经营上的优势，且家庭农场可以通过提供农机服务增加家庭农场的收益，从而提高家庭农场的效率。农业技术投入差值在5%的水平上显著为正，说明放松信贷约束有助于家庭农场采用先进的农业生产技术，从而实现家庭农场效率的提高。事实上，为提高家庭农场的效率，松江区农业技术推广中心通过科技入

户、现场培训和技术指导等多种形式向家庭农场推广高产良种、植物保护和"三三制"茬口安排等先进农业技术。放松信贷约束能够缓解松江家庭农场在农业技术投入方面的限制，这不仅能有效地提高粮食产量，还能有效地培肥土壤、改善耕地质量，从而促进家庭农场长期有效经营。

表 15 – 8   放松信贷约束影响家庭农场效率的 OLS 估计结果

变量	估计系数	标准误
土地经营规模差值[a]	– 0.0081***	0.0031
农机投入差值	0.0064**	0.0031
农业技术投入差值[b]	0.0052**	0.0022

注：[a]对照组与处理组各变量的差值基于 K 近邻匹配法（1 对 7 匹配）计算。[b]从松江的实际出发，农业技术投入差值仅使用家庭农场在"三三制"茬口安排中绿肥种植和深翻的总投入面积差值。*** 、 ** 、 * 分别表示在 1%、5%、10% 的水平上显著。

近年来，鼓励家庭农场发展业已成为中国农业政策推崇的重点，但规模化经营的家庭农场往往意味着更多的农业投资需求，常常面临着信贷约束问题，因此，如何放松信贷约束以改善家庭农场的生产效率、促进家庭农场的健康发展就具有特别重要的意义。本章利用上海市松江区家庭农场的数据重点考察信贷约束对家庭农场效率的影响，试图打开信贷约束影响农业经营者生产效率的作用机制"黑箱"。研究结果表明，松江大多数家庭农场的效率水平距离相对有效的生产前沿较远，信贷约束是影响家庭农场效率的一个极其关键的因素，放松信贷约束能有效地提升家庭农场的效率，平均提升幅度将达到 4.64%。放松信贷约束有助于家庭农场土地适度规模经营、增加资本投入以实现对劳动的有效替代以及采用先进的农业生产技术，促进家庭农场长期有效经营，从而提升家庭农场的效率。

从本章研究中可以得到的一个有益启示是：即使在松江这样一个农业现代化水平较高、家庭农场发展已有十多年历史的地区，也需要进一步强化信贷扶持以改善家庭农场的发展质态，提升家庭农场的效率。为尽可能降低信贷约束对家庭农场效率的不利影响，需要特别注意以下几点：第一，下沉金融机构服务，为家庭农场提供更精准的信贷服务，鼓励家庭农场走适度规模经营之路；第二，加大金融机构对家庭农场购买大型农机具的贷款力度，倡导家庭农场更多地面向正规的金融机构寻求贷款支持，助力家庭农场实现资本对劳动的有效替代；第三，金融机构要根据家庭农场生产经营过程中的资金需求，优化农村信贷服务，创新信贷产品，以鼓励家庭农场采用先进的农业生产技术。

第十六章

土地经营规模扩大与水稻生产效率

农地三权分置后的农业经营效率一方面取决于家庭农场等新型农业经营主体的培育；另一方面也要求农地权利重构后农地经营规模扩大带来的配置效率提高。中国农业整体竞争力下降的主要根源在于土地经营规模过小，不利于引入农业机械等现代农业生产要素（万宝瑞，2016；何秀荣，2016；杜鹰，2018）。因此，为切实提升农业整体竞争力，实现农业现代化，推进土地适度规模经营一直是中央农村政策的重点话题。

一、关于土地经营规模与农业生产效率的理论

早在 1986 年，中央一号文件就已强调，"随着农民向非农产业转移，鼓励耕地向种田能手集中，发展适度规模的种植专业户"[1]。进入本世纪后，中国农业发展的内外部环境发生了显著变化，如何推进农业的土地规模经营近年来更是成为农业政策的主要目标之一。[2] 中国城市化率 2000 年达到 36.2%，1978 年仅为

① 参见《关于一九八六年农村工作的部署》（中共中央、国务院下发），http：//finance. aweb. com. cn/20150202/584086632. shtml。
② 参见张红宇：《充分发挥规模经营在现代农业中的引领作用》，中华人民共和国农业农村部，http：//www. moa. gov. cn/ztzl/2016zyyhwj/zcjd/201602/t20160218_5020566. htm，2016 年 2 月 17 日。

17.9%，2016 年进一步提升到 57.35%[1]；国家进一步加大对农业的支持力度，2004 年开始对农民种粮实施直接补贴政策，2004 年国家粮食直补、良种补贴、农机具购置补贴合计为 145.2 亿元[2]，2016 年国家粮食直补、良种补贴、农资综合补贴和农机具购置补贴四项农业补贴总额已增加到 1 679.9 亿元[3]，是 2004 年的 11.57 倍。不仅如此，国家于 2006 年全面取消了农业税，中国存续几千年的"皇粮国税"从此成为历史；农地流转市场从 20 世纪 90 年代后期逐步发展起来，耕地流转比例由 1996 年的 2.6% 上升到 2000 年的 9.0%（黄季焜等，2012），2016 年农地流转比例已达 35.1%（郭阳等，2019）；中国农业生产方式也发生了重大转变，2010 年前后中国农业进入以农业边际生产率衡量的刘易斯拐点（刘守英、章元，2014），2010～2016 年中国农业机耕、机播、机收面积年均增长率分别为 3.13%、4.08% 和 7.38%，2016 年机耕、机播、机收面积分别达到 1.21 亿公顷、8 792 万公顷和 9 172 万公顷[4]。2003 年，《中共中央关于完善社会主义市场经济体制若干问题的决定》指出，"农户在承包期内可依法、自愿、有偿流转土地承包经营权，完善流转办法，逐步发展适度规模经营"[5]。2014 年，中共中央办公厅、国务院办公厅印发了《关于引导农村土地经营权有序流转发展农业适度规模经营的意见》，明确提出，"伴随我国工业化、信息化、城镇化和农业现代化进程，农村劳动力大量转移，农业物质技术装备水平不断提高，农户承包土地的经营权流转明显加快，发展适度规模经营已成为必然趋势"[6]。2019 年，习近平总书记明确要求，中国农业生产要"实现粮食安全和现代高效农业相统一"[7]。如何实现中国农业的土地适度规模经营？罗伊·普罗斯特曼等（1996）、罗必良（2000）、刘凤芹（2006）以及一些学者（Wan and Cheng，2001）分别基于"快速农村评估"法、经济组织规模效率的分析框架、现代企业理论、规模报酬视角对中国农业规模经营进行了分析，他们的研究结果表明，与土地小规模经营相比，农业规模经营并不具有显著的生产效率。黄祖辉、陈欣欣（1998）、孙自铎（2001）、梅建明（2002）、蔡基宏（2005）、宋伟等（2007）、齐城（2008）等基于沿海地区规模经营的案例分析、增强农产品市场竞争力视角、农地制度改

---

[1] 国家统计局编：《中国统计年鉴 2018》，中国统计出版社 2018 年版。

[2] 中华人民共和国农业部：《2005 中国农业发展报告》，中国农业出版社 2005 年版。

[3] 中华人民共和国农业部：《2017 中国农业发展报告》，中国农业出版社 2017 年版。

[4] 中国农业科学院：《中国农业产业发展报告 2018》，经济科学出版社 2018 年版。

[5] 参见《中共中央关于完善社会主义市场经济体制若干问题的决定》，http：//www.gov.cn/gongbao/content/2003/content_62494.htm。

[6] 参见《关于引导农村土地经营权有序流转发展农业适度规模经营的意见》（中共中央办公厅、国务院办公厅印发），http：//www.gov.cn/xinwen/2014－11/20/content_2781544.htm。

[7] 《以新担当新作为展现乡村振兴新气象——习近平总书记重要讲话在河南各界引发热烈反响》，中国政府网，https：//www.gov.cn/xinwen/2019－03/10/content_5372468.htm，2019 年 3 月 10 日。

革基本目标、加入农户兼业程度的农户模型、粮食生产函数、农村劳动力转移视角，深入探讨了中国农业适度规模经营的必要性、可行性及实现路径。他们的研究表明，推进农业土地适度规模经营是中国农业现代化发展的必然要求，是实现中国农业现代化的必由之路。张红宇等（2014）、张龙耀等（2018）认为，基于农业生产方式自身的发展变化以及中国农业支持政策与土地制度的变迁特点，适度扩大土地经营规模是中国农业实现现代化的必然选择。拜茹（2019）基于全国12个省份的调查数据实证分析了农业适度规模经营的可行性；李文明等（2015）、王嫚嫚等（2017）认为，农业生产经营目标导向不同则农业适度规模经营的适宜标准也应有所不同。钱克明、彭廷军（2014），郭庆海（2014），陈秧分等（2015）分析了农业经营者机会成本、土地供给约束、粮食适度经营规模等对农业规模经营的影响机制，认为应以收入作为土地经营规模是否适度的标杆。辛岭、胡志全（2015）运用农业适度经营规模测算模型，测算了各省份不同作物品种的适度经营规模。张红宇等（2014）认为，土地适度规模经营除要适应其外部环境、契合不同的农业生产方式外，还要与农村社会保障体系的完善相耦合。由于现代农业的发展依赖于农业生产效率的提升（速水佑次郎、弗农·拉坦，2000），因此，如何通过土地经营规模的适度扩张以提升农业生产效率对中国农业现代化的实现就具有特别重要的意义。关于土地经营规模对农业生产效率的影响，理论界的看法莫衷一是。森（Sen，1962）、卡塔扎等（Khataza et al.，2019）、贝利和克莱恩（Berry and Cline，1979）、阿尔瓦雷斯和阿瑞斯（Alvarez and Arias，2004）对亚洲、非洲、拉丁美洲以及欧洲的实证研究表明，土地经营规模扩张会导致土地生产率下降，原因在于农村要素市场不完善导致土地、劳动力等生产要素配置失衡（Sen，1966；Newelletal.，1997）；相反的研究结论则是土地经营规模扩张会提升土地生产率（Ghose，1979；李谷成等，2009）、劳动生产率（Kawasaki，2010；冒佩华等，2015）和全要素生产率（Byiringiro and Reardon，1996；刘玉铭、刘伟，2007）。仇焕广等（2017）、福斯特和罗森茨韦（Foster and Rosenzweig，2011）等认为，随着农业生产要素投入数量、结构及配置状况发生变化，土地经营规模与农业生产效率反向关系成立的前置条件被逐渐弱化；另有一些研究成果则认为，土地经营规模扩张对土地生产率（Carter and Wiebe，1990）、劳动生产率（王亚辉等，2017）、全要素生产率（Helfand and Levine，2004）的影响作用极为复杂，并不完全是线性的（Yan et al.，2019）。从理论上分析，要科学地测定土地经营规模对农业生产效率的影响，需要做到：其一，选用合适的研究方法准确地测度农业生产效率。现有研究大多用土地生产率、劳动生产率、全要素生产率来表征农业生产效率，尽管这些指标能大致反映农业生产投入产出关系，但不能反映农业生产实际产出与最大潜在产出的差距

（Wilson et al.，1994）。由于土地面积的有限性，未来中国农业整体竞争力的提升将主要依赖于农业经营者生产技术效率的提升（屈小博，2009；杨万江、李琪，2016），采用技术效率指标能更好地测度生产决策单元的生产效率和管理效率（Wouterse，2010）。技术效率是生产决策单元在现有技术水平下使用各种要素投入数量和组合的实际产出与其理论预期最优产出的比值。其二，农业生产效率不仅可能受到土地经营规模的影响，而且可能受到各地社会经济环境、土壤气候区位等自然资源禀赋、作物品种与耕作制度、生产结构等的影响。例如艾哈迈德等（Ahmad et al.，2002），维拉诺和弗莱明（Villano and Fleming，2006），刘天军、蔡起华（2013）的研究发现，尽管土地经营规模扩张有利于农户引进农业机械、技术等更先进的农业生产要素和管理手段，但土地经营规模扩张对小麦、水稻、猕猴桃生产效率的影响存在差异。这表明，要准确测定土地经营规模变动对农业生产效率的影响，就需要选择合适的研究样本，尽可能剔除其他因素对农业生产效率的影响。鉴于此，本章选择上海松江为研究区域，以 2017 年上海市松江区在册的 945 户家庭农场为研究样本，基于样本家庭农场 2007～2017 年水稻生产投入产出数据，运用一步随机前沿分析方法测定土地经营规模扩张对水稻生产技术效率的影响，不仅能够避免由于技术非效率分布的假设不同而造成的有偏估计（Wang and Schmidt，2002），而且能够最大限度地控制社会经济环境等对水稻生产效率的影响，且避免作物生产技术不同、规模效应不同对水稻生产技术效率的影响。不仅如此，水稻在中国是大宗农作物，是直接食用人口最多的口粮作物。2017 年，中国水稻播种面积为 30 747 千公顷，占当年全国粮食作物播种面积的 26.1%；2017 年，中国水稻产量高达 21 267.6 万吨，占当年全部粮食产量的 32.1%。[①] 本章利用松江家庭农场的数据，研究土地经营规模变动对水稻生产效率的影响，探讨提高水稻生产效率的可能路径，这对保障国家粮食安全具有极其重要的现实意义。

（一）数据来源

上海市松江区位于黄浦江上游，上海西南部，地处太湖流域碟形洼地的底部，地势异常低平；松江区面积为 604.64 平方公里，属亚热带温润季风气候，其耕地有效灌溉率高达 100%。松江农业生产水平较高，中国著名的农民水稻科学家陈永康早在 20 世纪 50 年代就用"一穗法"选育出单季晚粳稻良种"老来青"，总结出水稻"三黑三黄"看苗诊断经验，并被树立为中国水稻生产的典型

---

① 国家统计局编：《中国统计年鉴 2018》，中国统计出版社 2018 年版。

代表。松江当地农民普遍采用"稻麦连作"一年两熟的耕作制度。2004 年，松江区开始通过村集体经济组织流转农户承包土地发展家庭农场。2007 年，松江区农委、财政局发布《关于鼓励发展粮食生产家庭农场的意见》，积极探索粮食规模化经营、发展现代农业，并针对性地制定了良种提供、农机服务以及农田保护等配套农业服务规范。2007～2017 年，在纯粮食种植型家庭农场发展基础上，松江区还推进发展了种养结合家庭农场、机农一体家庭农场和"三位一体"家庭农场。2017 年，松江区粮食种植面积为 15.8 万亩，其中，水稻种植面积为 15.3 万亩。2017 年，松江区家庭农场经营土地面积为 13.9 万亩，占全区粮食播种面积的 95%。① 松江家庭农场的发展为本章提供了质量极高的研究样本。为保证调查质量，2017 年 4 月，南京审计大学、扬州大学、南京农业大学、中国人民大学部分师生到松江进行了预调查，在此基础上，设计了调查问卷，并于 2017 年 8 月及 2018 年 3 月组织南京审计大学、扬州大学、南京农业大学部分师生对上海市松江区 2017 年 4 月在册的 945 户家庭农场进行了面对面的问卷调查。调查问卷内容涵盖了每一个家庭农场的历年信息，包括家庭农场经营者的基本情况，家庭农场土地经营面积及水稻种植面积，家庭农场水稻生产过程中农药、化肥、农业机械、劳动力等投入以及水稻产量等产出，家庭农场获得的各种政府补贴，等等。考虑到家庭劳动力与季节性临时雇工的异质性对水稻生产效率的影响存在差异（Taylor and Adelman，2003；黄祖辉等，2014），调查中对家庭农场水稻生产经营中的家庭劳动力投入和季节性临时雇工投入分别进行了数据收集。需说明的是，2017 年 8 月调查了上海市松江区 2017 年 4 月在册的 945 户家庭农场，收集了 2007～2016 年这些家庭农场在经营期间各年的家庭农场主特征、土地经营规模、水稻生产要素投入、水稻产出信息以及 2017 年上半年的水稻生产要素投入信息，但 2018 年 3 月收集 2017 年水稻产出数据时，缺失了两个家庭农场 2017 年的数据。为保证调查样本数据的完整性，笔者在使用数据进行分析时仍保留了这两个家庭农场 2007～2016 年的数据。

（二）松江区土地经营规模变化趋势：2007～2017 年

上海市松江区样本家庭农场平均土地经营规模自 2007 年以来的变化如

---

① 资料来源：上海市松江区人民政府：《2017 年上海市松江区国民经济和社会发展统计公报》，https://www.songjiang.gov.cn/shsj_main/959cbad7-2ab7-4748-897a-3f8fb338fa5f/47c1c305-ca3f-4bf1-a952-1d88897ae1cc/2017%E5%B9%B4%E4%B8%8A%E6%B5%B7%E5%B8%82%E6%9D%BE%E6%B1%9F%E5%8C%BA%E5%9B%BD%E6%B0%91%E7%BB%8F%E6%B5%8E%E5%92%8C%E7%A4%BE%E4%BC%9A%E5%8F%91%E5%B1%95%E7%BB%9F%E8%AE%A1%E5%85%AC%E6%8A%A5.pdf。

表 16 – 1 所示。

表 16 – 1　　　　　　　　**样本数及土地经营规模**

年份	全部样本			纯种植型家庭农场			其他类型家庭农场[a]		
	家庭农场数（户）	土地经营规模（亩）		家庭农场数（户）	土地经营规模（亩）		家庭农场数（户）	土地经营规模（亩）	
		均值	标准差		均值	标准差		均值	标准差
2007	94	115.71	49.70	81	112.33	49.85	13	136.77	44.86
2008	137	117.74	51.17	119	116.01	52.65	18	129.22	39.25
2009	190	116.44	55.14	165	112.34	52.74	25	143.48	63.70
2010	282	109.95	54.60	247	106.44	45.59	35	134.69	94.24
2011	351	109.21	51.27	308	106.93	44.08	43	125.53	85.94
2012	429	110.25	50.08	372	107.29	42.37	57	129.63	82.69
2013	516	111.09	48.92	432	107.14	42.04	84	131.38	71.94
2014	656	114.50	49.67	523	109.58	39.97	133	133.87	73.83
2015	789	120.91	55.76	610	115.38	41.80	179	139.75	85.58
2016	871	129.06	54.68	659	122.74	40.64	212	148.70	81.64
2017	943[b]	143.55	61.24	703	135.92	45.75	240	165.83	89.37
全部	5 258	121.97	55.46	4 219	116.39	44.67	1 039	144.63	82.64

注：[a] 其他类型家庭农场包括种养结合家庭农场（指既从事水稻生产又从事生猪养殖的家庭农场）、机农一体家庭农场（指购置了机械设备且从事水稻生产的家庭农场）和"三位一体"家庭农场（指购置了机械设备且同时种植水稻和养殖生猪的家庭农场）；[b] 不包括 2017 年信息不全的两个家庭农场。

从表 16 – 1 可以看出，2007～2017 年，上海市松江区家庭农场平均土地经营规模已经超过了联合国粮农组织划定的 2 公顷小规模经营的阈值，实现了规模化经营。就 2007～2017 年间全部样本来看，松江区全部家庭农场、纯种植型家庭农场以及其他类型家庭农场的平均土地经营规模分别为 121.97 亩、116.39 亩和 144.63 亩。就全部家庭农场而言，2007 年平均土地经营规模为 115.71 亩，2011 年下降到 109.21 亩，2017 年又上升到 143.55 亩；纯种植型家庭农场的平均土地经营规模从 2007 年的 112.33 亩下降到 2010 年的 106.44 亩，而后上升到 2017 年的 135.92 亩；其他类型家庭农场的平均土地经营规模也从 2007 年的 136.77 亩下降到 2011 年的 125.53 亩，之后逐年上升到 2017 年的 165.83 亩。2007～2017 年，全部家庭农场、纯种植型家庭农场及其他类型家庭农场土地经营规模的标准差分别为 55.46 亩、44.67 亩和 82.64 亩。

二、研究方法

（一）研究方法

随机前沿生产函数（stochastic frontier approach，SFA）分析方法假定生产决策单元的生产行为既受到随机因素的影响又受到技术非效率的冲击，更为符合农业生产受自然及经济多重影响的特征（Coelli et al.，2005）。遵照现有的文献及研究方法（Aigner et al.，1977；Meeusen and van den Broeck，1977），本章设定可同时估计家庭农场水稻随机生产前沿和技术效率损失的随机前沿生产函数，表达式如下：

$$Y_{it} = f(X_{it}, \beta) \exp(v_{it} - u_{it}) \tag{16.1}$$

式（16.1）中，Y_{it} 代表第 i 个家庭农场在第 t 年的水稻实际产量，$i = 1$，2，$\cdots$，945；$t = 1$，2，$\cdots$，11。X_{it} 表示第 i 个家庭农场第 t 年水稻生产中的各种要素投入。β 是待估计参数。$f(\cdot)$ 为分析时具体设定的农业生产函数。（$v_{it} - u_{it}$）为复合误差项。v_{it} 代表气候、自然灾害、测量误差等随机因素对水稻生产前沿面的影响，假设其服从正态分布，即 $v_{it} \sim N(0, \sigma_v^2)$。$u_{it}$ 代表第 i 个家庭农场第 t 年的技术非效率，即家庭农场水稻实际产量与生产前沿面的距离，代表家庭农场水稻生产经营的技术效率损失，假设 u_{it} 独立于 v_{it}，且服从半正态分布，即 $u_{it} \sim N(\mu, \sigma_v^2)$。因此，第 i 个家庭农场第 t 年的水稻生产技术效率 TE_{it} 表示为 $\exp(-u_{it})$，其取值区间为（0，1）。

（二）模型设定与变量选取

本章参照巴提斯和科内利（Battese and Coelli，1992；1995）等的研究方法，$f(\cdot)$ 采用超越对数生产函数形式。水稻生产的要素投入主要有土地投入，劳动力投入，以及种子、农药、化肥、机械、灌溉、培养地力等资本投入（黄祖辉等，2014；黎红梅、李明贤，2009）。考虑到松江的实际情况，本章设定模型时没有包括良种投入、灌溉投入和基础设施投入这三个变量。[1]

此外，农场规模（王晓兵等，2016）、政府政策（刘颖、洪道远，2018）及农业经营者特征（Zhong et al.，2019）也是影响水稻生产技术效率的外生因素。值得说明的是，众多研究发现，农业技术培训的实用性大于正规教育的实用性，通过技术培训可使家庭农场主根据社会经济及自然条件的变化及时更新学习使用现代农业生产要素及适应性新技术，以提高农业生产效率（章立等，2012；张德元等，2015）。同样基于松江的实际情况，本章设定技术效率影响因素模型时没有包括技术培训这一变量。[2] 非中性技术进步假设的超越对数随机前沿生产函数模型的表达式如式（16.2）所示：

$$\ln Y_{it} = \beta_0 + \sum_{j=1}^{6} \beta_j \ln x_{ijt} + \theta_1 t + \frac{1}{2} \sum_{j=1}^{6} \sum_{k=1}^{6} \beta_{jk} \ln x_{ijt} \ln x_{ikt}$$
$$+ \sum_{j=1}^{6} \alpha_j \ln x_{ijt} \times t + \frac{1}{2} \theta_2 t^2 + v_{it} - u_{it} \qquad (16.2)$$

式（16.2）中，Y_{it} 为第 i 个家庭农场第 t 年的水稻亩产量，x_{i1t}、x_{i2t}、x_{i3t}、x_{i4t}、x_{i5t}、x_{i6t}、分别代表家庭农场水稻生产中投入的生产要素如农药、化肥、机械[3]、家庭劳动力、季节性临时雇工、绿肥深翻等。式（16.2）模型中所有变量都折算为亩均投入产出，所以土地面积不纳入生产函数模型以避免共线性。式（16.2）模型还包含了水稻生产各要素投入的交叉项，代表各生产要素之间相互作用对水稻生产的影响。

为进一步考察家庭农场土地经营规模对家庭农场水稻生产效率的影响，本章同时设立技术效率影响因素模型，表达式如下：

$$u_{it} = \rho_0 + \rho_1 S_{it} + \rho_2 S_{it}^2 + \sum_{f=3}^{8} \rho_f Z_{ift} + \varepsilon_{it} \qquad (16.3)$$

式（16.3）中，u_{it} 为第 i 个家庭农场第 t 年水稻生产的技术非效率项，S 为家庭农场土地经营规模，S^2 为家庭农场土地经营规模平方项。Z 表示影响家庭农场水稻生产技术效率的其他外生变量，包括代表政府农业补贴政策的农业补贴强度（即家庭农场收到的每亩粮食直补、农资综合补贴和良种补贴三种补贴之和与每亩水稻收入的比值）、家庭农场主年龄、家庭农场主受教育程度、家庭农场主

---

[1] 松江区建有完备的"引、繁、供"良种繁育体系，政府每年4月底前免费供种给家庭农场，良种覆盖率达100%；从2007年开始，松江区由政府负责农田水利排灌设施、生产辅助设施和设备等农田基础设施的日常维护和管理。从松江的实际出发，模型中没有包括良种投入、灌溉投入以及基础设施投入这三个变量。

[2] 模型（16.2）中没有包括技术培训这一变量。为提高规模经营水稻科学种植水平，松江区农技部门每年统一对松江家庭农场经营者在"三三制"茬口、品种搭配、土壤肥料、植物保护等方面进行实用技术培训。因此，在模型中没有包括技术培训这一变量。

[3] 模型（16.2）中的机械投入包括家庭农场种植水稻时的机耕、机播和机收费用。

受教育程度平方项、家庭农场主务农年限、家庭农场主是否有农机驾驶证。ρ 为待估计参数，因为被解释变量为技术非效率，如果其估计结果为负值，表明土地经营规模等变量对家庭农场水稻生产技术效率有正效应；如果其估计结果为正值，表明其对家庭农场水稻生产技术效率有负影响。以不同家庭农场类型为分类标准，随机前沿生产函数模型中各变量的描述性统计如表 16 - 2 所示。

表 16 - 2　　　　　　　　　变量的描述性统计

变量	含义及赋值	全部家庭农场		纯种植型家庭农场		其他类型家庭农场[b]	
		均值	标准差	均值	标准差	均值	标准差
水稻产量	公斤/亩	569.78	43.72	569.44	43.90	571.19	42.97
农药	元/亩[a]	186.97	54.20	188.15	55.40	182.16	48.72
化肥	元/亩	174.21	36.48	174.67	36.07	172.35	32.90
机械	元/亩	184.83	28.02	184.70	28.90	185.33	24.10
家庭劳动力	天/亩	1.99	1.50	2.05	1.07	1.81	0.95
季节性临时雇工	元/亩	144.75	106.27	144.33	108.27	146.48	97.79
绿肥深翻	元/亩	52.81	38.79	52.06	38.69	55.86	39.06
时间	年	7.88	2.65	7.73	2.68	8.51	2.42
土地经营规模	亩	121.97	55.46	116.39	44.67	144.63	82.64
农业补贴强度	%	16.00	3.64	16.12	3.63	15.56	3.67
家庭农场主年龄	岁	47.00	8.00	46.92	7.81	46.89	7.47
家庭农场主受教育程度	年	8.26	2.78	8.17	2.79	8.65	2.74
家庭农场主务农年限	年	20.82	12.57	20.57	12.73	21.82	11.82
家庭农场主是否有农机驾驶证	是 = 1，否 = 0	0.43	0.49	0.33	0.47	0.84	0.37

　　注：[a] 以 2007 年为基期对 2008～2017 年各要素投入和补贴等价值量分别按照上海市农业生产资料价格指数和农村居民消费价格指数平减；[b] 严格来说，对于其他类型家庭农场也应按不同类型分别进行描述性统计，但由于其他类型家庭农场所包括的三类家庭农场在松江样本家庭农场中所占的比例较低，各个类型家庭农场的样本量不能满足计量的要求，所以在研究时将种养结合型家庭农场、机农一体型家庭农场和"三位一体"型家庭农场归类为其他类型家庭农场，以满足计量对样本量的要求。此外，考虑到中国相当多的农户主要从事种植业生产，笔者更关注纯种植型家庭农场的水稻生产技术效率。

三、扩大土地规模对水稻生产效率的影响

（一）估计结果

本章采用"一步法"同时估计式（16.2）和式（16.3），避免了"两步法"估计对技术非效率分布的假设不同而造成有偏估计。由于包含复合误差项，故本章采用极大似然估计法对式（16.2）的超越对数随机前沿生产函数和式（16.3）的技术效率影响因素模型同时进行估计。回归结果中的 $Wald\chi^2$ 检验值和 LogLikelihood 值均表明，回归模型拟合度良好且有较强的解释力。γ 为技术非效率项与复合误差项的比值，γ 接近 1 说明水稻实际产出与潜在最大产出之间的差距主要来自技术非效率项，而不是来自随机因素。三个回归结果中的 γ 值分别为 0.8530、0.8399、0.8721（见表 16 - 3）。

表 16 - 3　随机前沿生产函数和技术效率影响因素方程估计结果

变量	（1）全部家庭农场		（2）纯种植型家庭农场		（3）其他类型家庭农场	
	系数	t 值	系数	t 值	系数	t 值
随机前沿生产函数：						
农药	0.0892	0.6636	- 0.0776	0.5218	1.3800 ***	3.5697
化肥	- 0.1031	0.6041	- 0.0965	0.5078	- 0.5574	1.2523
机械	0.6680 **	2.4900	0.4679	1.6435	1.7225 *	1.7972
家庭劳动力	0.1397 *	1.7323	0.1961 **	2.1484	- 0.6018 ***	2.5864
季节性临时雇工	- 0.0528	1.1833	- 0.0369	0.7416	- 0.2081 *	1.8503
绿肥深翻	- 0.0194	0.6180	- 0.0230	0.6662	0.1191	1.2874
农药平方项	0.0121	0.9161	0.0204	1.4489	- 0.0791 *	1.8262
化肥平方项	0.0032	0.1615	- 0.0081	0.3799	0.0066	0.1069
机械平方项	- 0.0486	1.0062	- 0.0528	1.0231	- 0.0462	0.2707
家庭劳动力平方项	- 0.0208 ***	2.7202	- 0.0160 *	1.8766	- 0.0210	1.1795
季节性临时雇工平方项	- 0.0004	0.4443	- 0.0005	0.4759	- 0.0003	0.1749
绿肥深翻平方项	0.0007	0.8572	0.0007	0.6882	0.0007	0.3754
时间	- 0.0370 **	2.3051	- 0.0335 *	1.8771	- 0.1373 ***	3.0091

续表

变量	（1）全部家庭农场		（2）纯种植型家庭农场		（3）其他类型家庭农场	
	系数	t 值	系数	t 值	系数	t 值
时间平方项	− 0.0058 ***	21.7583	− 0.0057 ***	18.8918	− 0.0071 ***	12.0018
农药化肥交叉项	0.0325 **	2.3874	0.0313 **	2.0406	0.0599 *	1.8526
农药机械交叉项	− 0.0717 ***	3.0192	− 0.0430	1.6337	− 0.2863 ***	4.4736
农药家庭劳动力交叉项	− 0.0015 ***	12.8939	− 0.0014 ***	10.7558	− 0.0020 ***	7.3645
农药季节性临时雇工交叉项	0.0043	1.2713	0.0048	1.2661	0.0055	0.6328
农药绿肥深翻交叉项	0.0012	0.4069	− 0.0007	0.2099	0.0118 *	1.7819
化肥机械交叉项	− 0.0141	0.4401	− 0.0033	0.0909	0.0013	0.0153
化肥家庭劳动力交叉项	− 0.0114	1.2170	− 0.0104	0.9852	− 0.0334	1.3473
化肥季节性临时雇工交叉项	0.0048	0.8933	− 0.0007	0.1121	0.0333 **	2.3187
化肥绿肥深翻交叉项	0.0037	0.9921	0.0035	0.8445	− 0.0038	0.3912
机械家庭劳动力交叉项	− 0.0297 **	2.0821	− 0.0441 ***	2.7785	0.1530 ***	3.5813
机械季节性临时雇工交叉项	0.0001	0.0171	0.0009	0.1123	0.0040	0.1838
机械绿肥深翻交叉项	− 0.0012	0.2218	0.0015	0.2506	− 0.0349 **	2.0426
家庭劳动力季节性临时雇工交叉项	0.0071 ***	3.3176	0.0082 ***	3.4925	− 0.0015	0.2600
家庭劳动力绿肥深翻交叉项	0.0008	0.4832	0.0018	1.0079	− 0.0068 *	1.6492
季节性临时雇工绿肥深翻交叉项	0.0006	0.7127	0.0013	1.4268	− 0.0001	0.0740
农药时间交叉项	0.0069 ***	5.6073	0.0051 ***	3.6361	0.0188 ***	5.7281
化肥时间交叉项	− 0.0023	1.3080	− 0.0031	1.5429	0.0075 *	1.7558
机械时间交叉项	0.0094 ***	3.3100	0.0114 ***	3.5576	0.0080	1.0895
家庭劳动力时间交叉项	0.0070 ***	8.1615	0.0071 ***	7.3459	0.0042 *	1.7699
季节性临时雇工时间交叉项	− 0.0001	0.2549	0.0001	0.1527	− 0.0012	0.9888
绿肥深翻时间交叉项	− 0.0007 **	2.0387	− 0.0011 ***	3.0963	0.0026 ***	3.3620
常数项	5.6374 ***	5.6885	6.4989 ***	6.0627	1.4634	0.4665

变量	(1) 全部家庭农场		(2) 纯种植型家庭农场		(3) 其他类型家庭农场	
	系数	t 值	系数	t 值	系数	t 值
技术效率平均值	0.9579		0.9569		0.9668	
技术效率标准差	0.0397		0.0404		0.0339	
技术效率最小值	0.2593		0.2581		0.6786	
技术效率最大值	0.9996		0.9996		0.9997	
技术效率影响因素模型:						
土地经营规模	− 0.1044***	3.6930	− 0.1503***	3.8331	− 0.0042	0.0648
土地经营规模平方项	0.0002***	3.0416	0.0003***	3.2377	− 0.0001	0.0642
农业补贴强度	51.8414***	27.0417	51.1014***	24.7646	54.1123***	10.1136
家庭农场主年龄	0.0119*	1.8284	0.0098	1.3567	0.0450***	2.6294
家庭农场主受教育程度	0.0237	0.5241	0.0508	0.9812	− 0.1909*	1.7500
家庭农场主受教育程度平方项	0.0009	0.3199	− 0.0004	0.1137	0.0127*	1.9322
家庭农场主务农年限	0.0083**	2.2733	0.0114***	2.8198	− 0.0146	1.4876
家庭农场主是否有农机驾驶证	− 0.0107	0.1423	0.0845	1.0014	− 0.0130	0.0457
常数项	− 14.9867***	27.9579	− 14.7696***	24.2689	− 16.5029***	11.0275
Log Likelihood	7 428.9028		5 909.1084		1 574.8711	
Wald χ^2	1 189.4800		890.2100		416.6700	
Prob > χ^2	0.0000		0.0000		0.0000	
$\gamma = \sigma_u^2 / (\sigma_\nu^2 + \sigma_\nu^2)$	0.8530		0.8399		0.8721	
观测值	5 258		4 219		1 039	

注: ***、**、* 分别表示在 1%、5%、10% 的水平上显著。

(二) 估计结果分析

从表 16 - 3 中全部家庭农场样本的估计结果可以看出,机械投入在 5% 的水平上通过了显著性检验,且系数为正。这表明,机械投入对水稻产量提高有显著的促进作用,机械投入费用每增加 1%,水稻的产出将增加 0.67%,表明松江家庭农场机械作业质量较高。家庭劳动力投入在 10% 的水平上正向显著地促进了水稻生产,家庭劳动力投入每增加 1%,水稻的产出将增加 0.14%。机械家庭劳动力投入交叉项在 5% 水平上显著且系数为负,表明松江家庭农场机械使用投入与家庭劳动力投入呈显著的相互替代关系。农药投入和化肥投入对水稻产量的影响不显著，表明继续增加这些投入要素对产量的提高没有作用，这可能与过去农户过量使用化肥农药有关（杨万江、李琪，2016）。表 16 - 3 的估计结果有着极强的现实意义。进入新世纪后，中国的农业生产环境及生产方式发生了根本性变革（Huang et al.，2012；刘守英、章元，2014），资本替代劳动的步伐有所加快（Christiaensen，2012），现代农业生产要素投入不断加大（王建英等，2015）。2017年，农业机械总动力投入为 98 783.3 万千瓦、农业劳均机械总动力为 4.72 千瓦，分别是 1978 年的 8.41 倍和 11.37 倍。[①] 松江家庭农场的证据表明，中国农业中出现的资本替代劳动现象不仅是农民理性选择的结果，而且有利于提高中国农业的竞争力，促进中国现代农业的发展。

比较纯种植型家庭农场和其他类型家庭农场的估计结果可以发现，影响水稻产量的关键因素存在差异，这可能与家庭农场不同的经营类型有关。例如，纯种植型家庭农场的估计结果表明，家庭劳动力投入在 5% 的水平上通过了显著性检验，家庭劳动力投入每增加 1%，水稻产出将增加 0.20%，但机械投入对水稻产量的影响却不显著；对其他类型家庭农场特别是机农一体型家庭农场而言，在水稻生产中农业机械的使用具有一定的优势，机械投入是影响水稻产量的关键因素，但家庭劳动力投入对水稻产量的影响却是负向的。

（三）水稻生产技术效率分布

根据随机前沿生产函数的估计结果，并运用技术效率计算公式计算得到全部家庭农场样本水稻生产的平均技术效率值为 0.9579；纯种植型家庭农场的平均技术效率值略低，为 0.9569；其他类型家庭农场的平均技术效率值高于全部家庭农场，达到 0.9668（见表 16 - 3）。这表明，家庭农场是一种有效率的农业生产经营组织形式。松江区家庭农场在现有的技术水平下通过优化配置水稻生产要素投入、提高家庭农场的经营管理水平，其水稻实际产出水平基本接近理论预期的随机前沿生产边界。

表 16 - 4 为不同类型家庭农场水稻生产技术效率分布情况。可以看出，7.47% 的全部家庭农场、7.85% 的纯种植型家庭农场、4.51% 的其他类型家庭农场的水稻生产技术效率低于 0.9。其中，仍有 0.87% 的全部家庭农场、0.83% 的纯种植型家庭农场和 0.66% 的其他类型家庭农场的水稻生产技术效率在 0.8 以下。这表明松江家庭农场水稻的生产效率仍有一定的提升空间，需要进一步讨论是何种原因导致了水稻生产的非效率。

---

① 国家统计局编：《中国统计年鉴 2018》，中国统计出版社 2018 年版。

表 16 – 4　　　　　**松江家庭农场水稻生产平均技术效率分布**

生产技术效率	全部家庭农场		纯种植型家庭农场		其他类型家庭农场	
	频数（户）	频率（%）	频数（户）	频率（%）	频数（户）	频率（%）
(0，0.5]	1	0.02	1	0.02	0	0
(0.5，0.6]	2	0.04	2	0.05	0	0
(0.6，0.7]	8	0.15	7	0.17	1	0.10
(0.7，0.8]	35	0.66	25	0.59	9	0.87
(0.8，0.9]	347	6.60	296	7.02	40	3.85
(0.9，1)	4 865	92.53	3 888	92.15	989	95.49
(0，1)	5 258	100.00	4 219	100.00	1 039	100.00

（四）土地经营规模扩张能否有助于提升水稻生产技术效率？

表 16 – 3 进一步揭示了土地经营规模、政府补贴、家庭农场主特征等外生变量对水稻生产技术效率的影响。本研究特别关注土地经营规模扩张是否有助于提升水稻生产技术效率。表 16 – 3 中技术效率影响因素模型的回归结果表明，全部家庭农场和纯种植型家庭农场土地经营规模在 1% 的水平上显著，且系数为负，土地经营规模平方项在 1% 的水平上显著，且系数为正，说明土地经营规模与家庭农场水稻生产技术效率之间呈现倒 "U" 型关系。这意味着家庭农场水稻生产技术效率随着土地经营规模的扩张先上升后下降，土地经营规模与水稻生产效率之间不是简单的正向或负向关系。如果家庭农场土地经营规模过小，尽管有利于土地经营者在有限的土地上进行精耕细作、降低生产经营的风险以及降低管理监督成本，但不利于现代农业技术的采用，不利于充分发挥农业机械等的效率；如果家庭农场经营规模过大，尽管有助于农业机械等效率的发挥，但可能会超过家庭农场主的经营管理能力，农业生产经营管理中的管理监督成本就会上升，从而加大生产经营的风险。土地经营规模过小或过大都不利于提高水稻生产效率。松江家庭农场土地经营规模与水稻生产技术效率之间呈现倒 "U" 型关系，进一步证明土地适度规模经营的重要意义。适度的土地经营规模有利于农业机械化耕作，促进土地、资本、家庭劳动力等生产要素的优化配置，控制生产决策单元内部的监督成本和管理协调成本。

这一发现有着重要的政策含义。改革开放后，中国农村农业家庭经营制度的推行有效地解决了农业生产中的劳动监督和计量问题，农民拥有了农业生产经营的自主权，然而农户家庭土地经营规模偏小，农业经营效益低下，农业兼业化严重，农民农业收入偏低，需要扩大土地的经营规模。但是，如果土地经营规模扩张太大，超过了农业经营者的能力，又会导致生产效率的下降，因此，中国农业的土地经营规模必须走适度规模经营之路。事实上，上海市松江区在发展家庭农场时，基于家庭劳动力耕种能力、家庭务农收入等方面的考虑，对家庭农场规模有着明确的规定和要求。松江区将纯种粮型家庭农场的规模确定在 80 ~ 150 亩之间。基于松江当地的耕作水平和农业生产力状况，按户均 2 ~ 3 个劳动力、农忙时雇用 1 个劳动力测算，每个家庭最多可经营 300 亩耕地。如果家庭农场土地经营规模小于 80 亩，则家庭劳动力不能充分就业。不仅如此，考虑到农业生产的特点和农业的劳动强度，当家庭农场土地经营规模达到 80 亩以上时，农民从事农业生产才有较高的务农收入，农民才有种粮的积极性。因此，在推进土地规模经营过程中，要把握好土地经营规模的"度"，要将土地经营规模与农业生产力水平、自然地理条件、劳动力转移等因素结合起来统筹考虑。

表 16 - 3 中技术效率影响因素模型的回归结果表明，三组不同样本的回归结果中农业补贴强度变量都在 1% 的水平上显著，且系数为正，说明农业补贴强度对水稻生产技术效率有显著的负影响。一个可能的解释是，粮食直补、农资综合补贴和良种补贴三项农业补贴的发放大多采用亩均数额一致的农业普惠式补贴模式，这一模式实现了发放和管理上的便捷。但是，一方面，这一模式可能会减弱家庭农场经营者的努力，从而降低生产效率；另一方面，这一模式忽视了家庭农场生产经营上的差异性，导致家庭农场经营者难以根据获得的农业补贴适时将生产要素的投入调整到最佳组合状态，从而在某种程度上降低了补贴的政策绩效。

表 16 - 3 同时给出了家庭农场主特征影响水稻生产技术效率的估计结果。全部家庭农场和其他类型家庭农场的农场主年龄分别在 10% 和 1% 的水平上显著，且系数为正。这表明，家庭农场主年龄越大，利用现有技术组合配置农业生产要素的能力越差，水稻生产技术效率越低。其可能的原因在于：农业机械能够有效替代水稻耕种收等生产环节中的劳动力投入，对家庭农场主的体力没有要求，但对于那些不能由机械化作业的农药喷洒、治虫、拔草等田间管理环节或者机械化程度低的环节，家庭农场主年龄增大体力状况变差导致的家庭劳动力约束则会使粮食生产效率降低。对于种养结合型家庭农场和机农一体型家庭农场而言，家庭农场主年龄增大，其掌握养殖技术、使用农业机械的能力也变差，负向影响了水稻生产技术效率。全部家庭农场和纯种植型家庭农场的农场主受教育程度不显著。许多研究表明，农业经营者的受教育程度越高，生产经营管理水平越高（Battese and Coelli，1995），越有利于其获取和理解土地经营规模扩大后生产信息的变化，有助于家庭农场主在合适的时间、恰当的生产环节利用合理的技术、采用更好的生产要素投入和组合，优化生产要素配置，提升农业生产效率（章立等，2012；张德元等，2015）。但本章的结果并不支持上述结论。可能的原因是：

松江家庭农场主平均受教育年限只有 8.26 年，相当多的家庭农场主初中都没有毕业。较低的受教育程度限制了他们应对生产环境变化、使用现代农业生产要素的能力。针对其他类型家庭农场样本的估计结果表明，家庭农场主受教育程度与水稻生产技术效率呈倒"U"型关系。家庭农场主务农年限代表了家庭农场主的农业生产经验和技能，全部家庭农场的农场主务农年限在 5% 的水平上显著且系数为正，纯种植型家庭农场的农场主务农年限在 1% 水平上显著且系数为正，说明务农年限长的家庭农场主对于水稻种植中生产要素的投入和组合配置以及经营管理所积累的经验产生了路径依赖，对引入现代农业生产要素、接受及掌握新技术的意愿和能力减弱，这对水稻生产技术效率产生了负向影响。

本章利用上海市松江区 945 户家庭农场 2007～2017 年水稻生产的调查数据，运用超越对数随机前沿生产函数模型分析了土地经营规模扩张对水稻生产效率的影响。研究结果表明，松江区家庭农场在现有的技术水平下通过优化配置生产要素的投入和组合、提高家庭农场的经营管理水平，水稻实际产出水平基本接近理论预期的随机前沿生产边界。这表明，以家庭为经营单位和组织形式的家庭农场是有效率的农业组织形式；土地经营规模与水稻生产效率之间不是简单的正向或负向关系，家庭农场水稻生产技术效率随着土地经营规模的扩张先上升后下降，即土地经营规模与水稻生产技术效率之间呈倒"U"型关系，过小或过大的土地经营规模都不利于提高水稻生产效率。适度的土地经营规模有利于农业机械化耕作，促进土地、资本、家庭劳动力等生产要素的优化配置，控制生产决策单元内部的监督成本和管理协调成本。

从本章研究中可以得出如下政策启示：第一，尽管现阶段农业小规模的家庭经营存在种种不尽如人意之处，需要积极培育多种新型经营主体，但是，农业生产的自然再生产和经济再生产相互交织的特质决定了农户家庭经营是农业生产经营最有效的组织形式，中国农业经营应该坚持以农户家庭经营为主体，在此基础上，实现家庭经营、集体经营、合作经营和企业经营等多种经营方式共同发展。要大力支持家庭农场从事粮食生产，保障国家粮食安全，使之成为提升农业生产效率和农业整体竞争力的中坚力量。第二，要在尊重中国农业小农户经营将长期存在的现实基础上，着力破解中国小农困境，推进规模经营，为现代农业发展创造条件，实现中国农业的第二次飞跃。但是，各地在推进土地规模经营时不能单纯地以"大"为标准，而应结合各地区经济社会发展水平和资源禀赋状况，从实际出发，走适度土地规模经营之路。特别地，在创新农业经营体系的同时，要切实按照"落实土地集体所有权、稳定农户承包权、搞活土地经营权"的要求，真正落实好承包地转出户、转入户的土地权益，适时推进农民市民化的配套制度改革，保障进城农民户口、就业、医疗、社会保障等方面的权利。

第十七章

家庭农场的效率及其决定

农地经营效率的提高既要关注农地再配置的效率，也要关注新型经营主体的效率。众多的研究表明，与其他新型农业经营主体相比，家庭农场突出地适应了农业自然与社会属性，实现了农业生产特点与家庭特点的高度契合（朱启臻等，2014），是中国现代农业经营的重要模式选择（高强等，2013）。

一、关于家庭农场效率的理论

尽管我国家庭农场发展势头良好，但家庭农场的发展质态仍有待改善。其一，家庭农场发展速度减缓。2014～2017 年，尽管家庭农场数增加了 41 万户，但 2015 年后增速逐年下降。家庭农场环比增长速度 2015 年为 146.8%，2016 年为 29.7%，2017 年进一步下降为 23.4%。其二，家庭农场经营模式单一。我国家庭农场主要以种植业经营为主。家庭农场的类型大体可划分为种植业、畜牧业、渔业、种养结合和其他类型五大类。农业农村部的调查数据显示，各类型家庭农场占比 2014 年分别为 61.2%、23.2%、4.8%、7.8% 和 3.0%，2015 年分别为 61.9%、19.2%、5.9%、9.0% 和 4.0%，2016 年分别为 60.8%、19.5%、5.6%、9.9%、4.2%，2017 年分别为 61.4%、18.3%、5.5%、10.8%、4.0%。[①] 其三，家庭

---

① 资料来源：中华人民共和国农业农村部：《我国家庭农场发展的现状、问题及培育建议——基于农业部专项调查 34.3 万个样本数据》，https://d.wanfangdata.com.cn/periodical/zgnyzyyqh201706026。

农地三权分置的理论与实践研究

农场数量偏少。《第三次全国农业普查主要数据公报（第二号）》显示，2016 年我国的农业经营户为 20 743 万户[①]，家庭农场数量仅占我国农业经营户的 0.2%。由于家庭农场的效率直接影响家庭农场的发展质态，因此，如何采取有针对性的措施，最大限度地发挥家庭农场这一新型农业经营主体的作用和功能，有效地提升家庭农场的效率，进而促进家庭农场的健康发展，就具有特别重要的意义。

要有针对性地采取措施，有效提升家庭农场的效率，就必须准确估计家庭农场的效率并离析出影响家庭农场效率的关键因素。关于家庭农场的效率问题，理论界进行了深入的研究。关于家庭农场效率水平的高低，研究结论不尽相同。孔令成和郑少锋（2016）运用 DEA 模型对上海 246 户粮食生产型家庭农场的计算结果表明，家庭农场具有较高的效率；曾玉荣和许文兴（2015）运用 SFA 模型对福建省 187 户多元化经营型家庭农场的计算结果表明，家庭农场的纯技术效率和规模效率较高；姜丽丽等（2017）对江苏省 306 户家庭农场的研究结果表明，家庭农场的效率并不理想，原因在于家庭农场经营中存在较高的土地租金和农用机械成本；伊莫里等（Imori et al.，2012）运用随机生产前沿和低效率效应模型对比分析巴西家庭农场和商业农场的效率后发现，家庭农场的效率低于商业农场的效率；马道（Madau，2015）分别运用 SFA 模型和 DEA 模型测算了意大利柑橘种植农场的效率，结果表明，SFA 模型估算的技术效率与 DEA 模型估算的技术效率基本处于同一水平，但 SFA 模型测算得到的规模效率高于 DEA 模型测算出的规模效率。关于影响家庭农场效率的因素，研究人员发现，制度安排、要素投入、经营者特征、经营模式等都有可能影响家庭农场的效率。张悦和刘文勇（2016）认为，家庭农场经营中存在的土地产权不明晰、生产成本高、规模过大、议价能力低等，导致家庭农场效率缺失。陈军民（2017）的研究发现，土地产权越不稳定，家庭农场经营者越难以形成长期稳定的预期，家庭农场效率就会越低。穆盖拉和兰格梅尔（Mugera and Langemeier，2011）研究了经营规模和农场类型对家庭农场效率的影响。结果表明，家庭农场的效率会因其经营规模而异，但家庭农场的类型对其效率没有显著的影响。高雪萍和檀竹平（2015）的研究发现，家庭农场的生产效率与家庭农场的投资规模之间显著正相关。拉特拉夫等（Latruffe et al.，2005）和曹文杰（2014）的研究表明，经营者受教育水平越高，越利于家庭农场效率的提升。周炜（2017）、曾玉荣和许文兴（2015）的研究发现，随着家庭农场多元化经营程度的提高，家庭农场效率反而有所下降。原因在

---

① 参见《第三次全国农业普查主要数据公报（第二号）》，http：//www.stats.gov.cn/tjsj/tjgb/nypcgb/qgnypcgb/201712/t20171215_1563539.html。

于，多元化程度的提升会对家庭农场管理提出更高的要求。如果家庭农场管理水平不能随着多元化程度的提升而得到相应的提高，就会降低管理效率。不仅如此，多元化程度提高会带来资产专用性的增强，资产专用性的增强又可能会降低资产使用的规模效应。拉森（Larsén，2010）的研究发现，参与农机合作比没有参与农机合作的家庭农场效率更高，并且合作形式越广泛的家庭农场效率越高。曹文杰（2014）的研究则认为，家庭农场经营品种的多样性对家庭农场的效率有正向刺激作用。孔令成和郑少锋（2016）、梅运田等（2017）的研究结果表明，农业补贴显著正向影响家庭农场的效率。因为补贴能够给农场主形成稳定的收入预期，调动家庭农场主生产经营的积极性。还有研究（Zhu and Lansink，2010）发现，农业补贴对家庭农场效率的影响具有不确定性。原因在于，农业补贴一方面能够提高经营者的生产积极性，另一方面也可能使经营者因为获得额外收入降低其提高效率水平的努力。姜丽丽等（2017）的研究发现，家庭农场效率的提升离不开信贷资金和农业保险的支持。关于如何提升家庭农场的效率，理论界从多个角度提出了建议。一些学者认为，应防止家庭农场规模的无效扩张，鼓励适度规模经营（陈金兰、胡继连，2019；冀县卿等，2019）；一些学者认为，应注重土地、劳动、资本投入的合理配置，避免土地成本过高、劳动力投入冗余，促进家庭农场可持续发展（曾福生、高鸣，2012；张岳，2019）；一些学者认为，应重视家庭农场人力资本的提升，采取合适的方式加强对家庭农场经营者的培训，提高家庭农场主的经营管理水平（王丽霞、常伟，2017）；一些学者认为，应完善针对家庭农场的补贴政策，鼓励家庭农场参加农业保险，完善农村金融体系，以改善家庭农场经营的外部环境（McCloud and Kumbhakar，2008；刘同山、徐雪高，2019；陈金兰、胡继连，2019）。

现有研究关于家庭农场效率的研究结论之所以不尽相同，有的研究结果甚至大相径庭，其可能的原因在于：尽管现有研究在测算家庭农场效率时所选用的研究方法有所差异，但无论采用何种方法，计算结果都会受到选取的研究样本和选择的计算指标的影响。就选取的研究样本而言，现有研究大多采用抽样调查数据，由于各地之间自然经济社会条件差异较大，或由于各地之间家庭农场类型不一，抑或由于抽样调查可能存在的信息损失和偏差，等等，这些都会影响家庭农场效率估算的准确程度。就选择的计算指标而言，现有研究大多将家庭农场经营土地面积、家庭劳动力投入等几个有限的指标纳入计算模型中，这样的处理尽管极大地便捷了对家庭农场效率的计算，但有限的几个指标并不能全面准确地反映家庭农场生产经营全部的投入和产出，并且由于不同类型的家庭农场投入和产出存在极大的差异，不加区别地选用同样的计算指标显然并不合理，这同样会导致家庭农场效率的计算结果有误。

基于以上考虑，为准确计算家庭农场的效率并离析出影响家庭农场效率的关键因素，本研究采取了以下措施：其一，样本选取上，以上海松江区作为研究区域，选择上海松江区 2017 年在册的 943 户全部家庭农场作为研究对象；其二，指标选取上，尽可能使所选择的指标涵盖 943 户家庭农场 2017 年农业生产经营过程中实际发生的全部投入和产出；其三，考虑到松江 943 户家庭农场类型具有多样性，既有纯粮食种植型，也有种养结合型、机农一体型、"三位一体"型，本研究选择可考量多投入、多产出的 DEA 模型计算全部家庭农场及不同类型家庭农场的效率，并从农业要素投入特征、家庭农场主特征、家庭农场特征、环境特征 4 个方面考察其对家庭农场效率的影响，运用 Tobit 模型离析影响家庭农场效率的关键因素。

上海市松江区位于黄浦江上游，上海西南部，面积为 604.67 平方公里。在民国时期，松江由江苏省管辖，新中国成立后松江仍属江苏省，直到 1958 年 11 月才划归上海市管辖。松江农业生产普遍采用"稻麦连作"一年两熟的耕作制度，农业生产水平较高。

上海市松江区是全国较早探索发展粮食生产家庭农场的地区（封坚强，2013），至今已有十多年的历史。松江在发展新型农业经营主体的过程中逐步将家庭农场作为松江新型农业经营主体的发展方向。进入 21 世纪后，松江社会经济进入快速城市化阶段，农业比较利益偏低，农业产业边缘化，农村劳动力大量向城市和非农产业转移。2007 年，松江非农就业劳动力占农村劳动力的比例高达 90.28%，直接从事农业生产经营的劳动力占比仅为 6.6%（封坚强、王晶，2017），如何在高度工业化、城镇化下，保持农业不衰败、不消亡，是我国农业发展面临的问题（刘守英，2013）。早期，松江一些乡镇曾试图通过兴办集体农场、引入工商资本租地经营、委托代耕、土地外包等模式稳定粮食生产，但效果并不理想，甚至出现"非粮化""非农化"、环境污染等问题（赵鲲等，2015）。2007 年，松江区政府发布《关于鼓励粮食生产家庭农场的意见》，明确将家庭农场作为农业经营组织的发展方向，大力鼓励发展粮食生产型家庭农场。经过十多年的实践探索，松江家庭农场得到了长足的发展，松江家庭农场数量持续增加，规模不断扩大，质态明显改善，农业生产初步实现由传统的兼业小农向规模集约的现代农业转变，农民收入显著增加，农业和农村生态环境明显改善。截至 2017 年，松江区家庭农场共有 945 户，家庭农场经营土地面积占全区粮田面积的 95%。① 945 户

---

① 资料来源：上海市松江区人民政府：《2017 年上海市松江区国民经济和社会发展统计公报》，https：//www.songjiang.gov.cn/shsj_main/959cbad7 − 2ab7 − 4748 − 897a − 3f8fb338fa5f/47c1c305 − ca3f − 4bf1 − a952 − 1d88897ae1cc/2017% E5% B9% B4% E4% B8% 8A% E6% B5% B7% E5% B8% 82% E6% 9D% BE% E6% B1% 9F% E5% 8C% BA% E5% 9B% BD% E6% B0% 91% E7% BB% 8F% E6% B5% 8E% E5% 92% 8C% E7% A4% BE% E4% BC% 9A% E5% 8F% 91% E5% B1% 95% E7% BB% 9F% E8% AE% A1% E5% 85% AC% E6% 8A% A5. pdf。

家庭农场中，纯粮食种植型家庭农场724户，种养结合型家庭农场43户，机农一体型家庭农场166户，"三位一体"型家庭农场12户。[①]

松江按照"流转自愿、农场自耕、规模适度、租金合理、择优选择"的原则，创造性地构建"承包农户—村委会—家庭农场"的土地流转模式，成功地落实了土地集体所有权，稳定了土地承包权，搞活了土地经营权，有效地实现了农村土地产权的三权分置。松江发展家庭农场的主要做法可大致归纳如下。

（1）承包农户与村委会签订承包地流转委托书，委托村委会流转承包地。松江明确规定土地承包权归被确权的农户所有，承包农户委托村委会流转承包地时严格遵循自愿、有偿的原则，如果农户不愿流转土地，则尊重其选择权。本村村民委托村委会流转土地时需签订《上海市农村土地承包经营权流转委托书》。为促进承包农户转让承包地，松江对男年满60岁、女年满50岁的转出土地者额外给予每月150元的奖励性补贴。

（2）村委会组织家庭农场经营者竞标。在村集体经济组织内部，村委会成立由村干部、农户等多方组成的小组公开招聘家庭农场主；村民自愿报名竞聘；经民主评议、公示后，竞聘成功者确定为家庭农场经营者。松江明确规定，竞聘者必须符合一定的条件：本村农户家庭且常年务农人员在2人及以上，特殊情况下，可以是具有本区户籍且常年务农人员2人及以上；必须主要依靠家庭劳动力完成家庭农场的主要农业生产活动；农场主年龄必须为男性25~60周岁、女性25~55周岁（如果竞聘人员不足，年龄可适当放宽）；农场主必须具备一定的农业生产经验，掌握必要的农业生产技术，具备一定的农业生产经营能力。松江在发展家庭农场时，基于家庭劳动力耕种能力、家庭务农收入、政策补贴、生产成本、规模收益等方面的考虑，将纯粮食种植型家庭农场的规模确定在100~150亩（封坚强，2013）。据测算，按户均2~3个劳动力、农忙雇用1个劳动力测算，每个家庭最多可经营300亩耕地，如果土地经营面积为100~150亩，家庭农场年收入可达5万~6万元（封坚强，2013）。这一土地经营规模有利于实现现有生产条件下劳动力与耕地的合理匹配，具有较高的劳动生产率，提高了务农收入水平，有效地调动起家庭农场经营者的积极性。

（3）家庭农场主与村委会签订土地流转合同，支付土地流转费用并获得土地流转补贴。村委会将土地流转给家庭农场，并签订《上海市农村土地承包经营权流转合同》。家庭农场经营期限初期多为3年，后调整为5年，有的甚至为10

---

① 纯粮食种植型家庭农场是指家庭农场仅仅从事水稻和二麦的生产；种养结合型家庭农场是指家庭农场除从事粮食生产外，还从事生猪养殖；机农一体型家庭农场是指家庭农场除从事粮食生产外，还从事农机社会化服务；"三位一体"型家庭农场是指家庭农场既从事粮食生产，又从事生猪养殖和农机社会化服务。

年；土地流转费初期固定为 600 元/亩，后调整为以每亩 250 公斤稻谷为基数、以当年稻谷挂牌价格为标准，折算成现金支付。为促进家庭农场发展，初期，松江区政府给予家庭农场每亩 200 元的土地流转费补贴，2013 年起强化对家庭农场茬口安排、田间管理、秸秆还田、粮食交售等方面的考核，并将土地流转费补贴调整为考核性奖励补贴，最高限额不超过 200 元/亩。

（4）家庭农场经营者的退出与续包。如果家庭农场主超过规定的年龄限制，或家庭农场以雇工经营为主者，或家庭农场转让土地经营权，或家庭农场年度考核结果连续两年不合格或连续三年考核基本合格，或新家庭农场试用期内考核不合格，将取消家庭农场主经营资格。如果家庭农场经营状况良好、经营期内年度考核均合格且符合村委会规定的家庭农场经营者条件，家庭农场主则具有优先续包权。

鉴于松江家庭农场的发展之于全国具有一定的代表性，有着典型性意义，2017 年 4 月，扬州大学、中国人民大学、南京农业大学、南京审计大学部分师生到松江进行了预调查，走访了松江相关职能部门和部分家庭农场。在预调研的基础上，课题组设计了访谈提纲和调查问卷，并于 2017 年 8 月和 2018 年 3 月在松江进行实地调研。在正式调查期间，调研人员走访了松江区农业委员会办公室、种植业管理办公室、农村经济经营管理指导站、农机管理所、农业技术推广中心等，获得了关于松江家庭农场的发展背景、主要做法、取得的成绩等相关信息。家庭农场问卷调查主要是对松江区叶榭、石湖荡、新浜、泖港、车墩、佘山、小昆山、洞泾、新桥、永丰、工业区等 11 个镇（地区）84 个村945 位家庭农场主进行面对面的问卷调查。问卷调查内容包括 2017 年家庭农场经营者的基本情况、家庭农场经营的土地面积、家庭农场经营中的各类投入以及家庭农场的各类收入。别除 2 户家庭农场无效的调查问卷，共得到家庭农场有效样本 943 个。

需要说明的是，由于"三位一体"型家庭农场的样本量只有 12 个，样本量太小，本章在研究时对这 12 户家庭农场进行了如下技术处理：在研究纯粮食种植型家庭农场时，去除"三位一体"型家庭农场的生猪养殖投入与产出数据、农机服务投入与产出数据，将其归入纯粮食种植型家庭农场组，这样纯粮食种植型家庭农场的样本量增加为 735 个；在研究种养结合型家庭农场时，去除"三位一体"型家庭农场的农机服务投入与产出数据，将其归入种养结合型家庭农场组，这样种养结合型家庭农场的样本量增加为 55 个；在研究机农一体型家庭农场时，去除"三位一体"型家庭农场的养殖投入与产出数据，将其归入机农一体型家庭农场组，这样机农一体型家庭农场的样本量增加为 177 个。

二、家庭农场效率测度

（一）DEA 模型设定

从投入产出的角度分析，可以将效率看作某一生产单位达到投入最小化或产出最大化的程度，是对生产单位资源配置、技术运用和成本控制等多方面的综合评价。本研究在评估家庭农场的效率时，采用莱本斯坦（Leibenstein，1966）关于效率的界定。莱本斯坦（1966）认为，效率可视作在一定投入约束下，生产单位的实际产出与要素最优化配置可能达到的最大产出之比。为计算家庭农场的效率，本章采用数据包络分析（Data Envelopment Analysis，DEA）。DEA 通过运用线性规划方法构建观测数据的生产前沿面，进而计算出生产单元相对于该前沿面的比例即效率。参照查恩斯等（Charnes et al.，1978）构建的 CCR 模型，考虑到家庭农场在生产过程中只能控制和调整生产要素的投入量而无法自由地调整产出量，本章选择投入导向的 DEA 模型（Coelli et al.，2005；Cooper et al.，2007）。具体模型见式（17.1）：

$$
\begin{cases}
\min\theta \\
\text{s. t. } \sum_{j=1}^{n} \lambda_j x_{ij} \leqslant \theta x_{ik} \\
\sum_{j=1}^{n} \lambda_j y_j \geqslant y_k \\
\lambda \geqslant 0 \\
i = 1,\ 2,\ 3;\ j = 1,\ 2,\ \cdots,\ n
\end{cases}
\tag{17.1}
$$

在计算家庭农场效率时，将每一个家庭农场看作一个生产决策单元（Decision Making Unit，DMU），n 个家庭农场记为 $DMU_j (j = 1,\ 2,\ \cdots,\ n)$，被评价的家庭农场记为 DMU_k。式（17.1）中，$x_i (i = 1,\ 2,\ 3)$ 表示家庭农场的 3 种投入，x_1、x_2、x_3 分别代表土地投入、劳动力投入和资本投入；y 代表家庭农场的产出；λ_j 为 DMU 的线性组合系数；x_{ik} 和 y_k 分别表示 DMU_k 的投入和产出向量；模型的最优解 θ^* 代表 DMU_k 的效率值。

CCR 模型假设所有被评价 DMU 均处于最优生产规模。但在实际生产中，许多家庭农场并没有达到最佳规模的生产状态，因此，利用 CCR 模型计算出来的效率既包含了实际生产水平与生产可能性曲线的差距即纯技术效率，也包含了实际规模与最优规模的差距即规模效率。为此，本章进一步采用班克等（Banker et al.，1984）构建的 BCC 模型，将家庭农场的效率分解为纯技术效率和规模效率。具体模型见式（17.2）。

$$
\begin{cases}
\min\theta \\
\text{s.t.} \displaystyle\sum_{j=1}^{n} \lambda_j x_{ij} \leqslant \theta x_{ik} \\
\displaystyle\sum_{j=1}^{n} \lambda_j y_j \geqslant y_k \\
\displaystyle\sum_{j=1}^{n} \lambda_j = 1 \\
\lambda \geqslant 0 \\
i = 1, 2, 3; \ j = 1, 2, \cdots, n
\end{cases}
\tag{17.2}
$$

（二）家庭农场投入、产出描述性分析

在借鉴已有关于农业经营主体效率研究（黄祖辉等，2011；杨万江、李琪，2016）的基础上，从松江家庭农场经营的实际出发，本章研究选取的投入指标主要涉及土地投入、劳动力投入、资本投入，产出指标主要涉及种植业收入、养殖业收入、农机服务收入及各级政府各类补贴。

土地投入是指家庭农场实际经营的土地面积。家庭农场经营的土地既包括家庭农场在第二轮土地承包期内承包的土地，也包括家庭农场从村集体转入的土地。劳动力投入是指家庭农场在粮食生产、生猪养殖、农机服务中的劳动力投入，包括家庭劳动力投入和雇用劳动力投入。家庭劳动力投入按《中国第二次全国农业普查》规定的办法进行折算：家庭农场农村常住人口中，男 16～60 岁、女 16～55 岁的人口，以及男 60 岁以上、女 55 岁以上且从业 3 个月以上人口计入劳动力范围。其中，16～17 岁以及男 60 岁以上、女 55 岁以上劳动力资源按照半个劳动力水平计算，其他是整劳动力。雇用劳动力投入按家庭农场全年雇工费用除以当地当年雇工年平均工资水平折算成标准劳动力。资本投入是指水稻和二麦生产中投入的化肥、有机肥、农药、购买农机作业服务费、排灌费、运杂费、开沟和深翻费，生猪养殖中投入的水电费、保养修理费、取暖焦炭费等以及农机服务中投入的燃油费、保养维护费、修理费、水电费等。[①]

---

① 松江区建有完备的良种供应体系，政府每年 4 月底免费给家庭农场供应优质良种，良种覆盖率达到 100%，所以，在计算家庭农场资本投入时没有包含种子投入。

家庭农场产出指标用家庭农场经营总收入衡量。家庭农场经营总收入包括种植业收入、养殖业收入、农机服务收入、补贴收入等。家庭农场投入、产出描述性分析见表17-1。

表17-1   **家庭农场投入、产出描述性分析**

变量类型	变量名称	单位	全部家庭农场		纯粮食种植型		种养结合型		机农一体型	
			均值	标准差	均值	标准差	均值	标准差	均值	标准差
	土地投入									
	经营土地面积	公顷	9.58	4.09	9.18	3.40	8.86	3.71	11.74	6.11
	劳动力投入									
	家庭劳动力	人	1.86	0.62	1.84	0.62	1.92	0.64	2.01	0.60
	雇用劳动力	人	0.70	0.76	0.55	0.50	0.98	0.71	1.22	1.24
	资本投入									
种植业投入	化肥	万元	2.50	1.29	2.36	1.06	2.24	1.22	3.21	1.96
	有机肥	万元	0.02	0.15	0.02	0.15	0.12	0.43	0.05	0.26
	农药	万元	2.33	1.32	2.23	1.13	2.04	1.14	2.85	1.94
	购买农机作业服务费	万元	2.33	1.24	2.65	1.11	2.05	0.98	0.99	1.02
	排灌费	万元	0.59	0.38	0.55	0.32	0.52	0.38	0.76	0.55
	运杂费	万元	0.56	0.48	0.55	0.50	0.48	0.24	0.65	0.41
	开沟和深翻费	万元	0.49	0.32	0.55	0.29	0.47	0.24	0.26	0.35
养殖业投入	水电费	万元	0.13	0.53	—	—	2.15	0.66	—	—
	保养修理费	万元	0.01	0.05	—	—	0.17	0.11	—	—
	取暖焦炭费	万元	0.00	0.02	—	—	0.05	0.08	—	—
农机投入	农机具累积净值	万元	2.18	6.55	0.05	0.58	—	—	11.42	11.08
	燃油费	万元	0.51	1.78	0.00	0.07	—	—	2.67	3.35
	保养维修费	万元	0.14	0.54	0.00	0.02	—	—	0.76	1.03
	修理费	万元	0.13	0.66	0.00	0.02	—	—	0.68	1.41
	水电费	万元	0.02	0.12	0.00	0.00	—	—	0.11	0.26
	其他支出	万元	0.03	0.26	0.00	0.00	—	—	0.19	0.59

变量类型	变量名称	单位	全部家庭农场		纯粮食种植型		种养结合型		机农一体型	
			均值	标准差	均值	标准差	均值	标准差	均值	标准差
产出										
	种植业收入	万元	25.07	14.78	23.33	10.02	22.50	9.52	33.76	25.86
	养殖业收入	万元	0.70	2.97	—	—	12.08	3.80	—	—
	农机服务收入	万元	2.50	8.23	—	—	—	—	13.34	14.73
	补贴收入	万元	10.08	10.74	6.69	2.73	6.43	2.71	25.06	17.60
	收入合计	万元	38.36	28.58	30.02	12.21	41.01	12.30	72.15	47.80

表17-1中，2017年上海市松江区家庭农场平均土地经营面积为9.58公顷，初步实现了土地规模化经营。其中，机农一体型家庭农场经营的土地面积达到11.74公顷，高于全部家庭农场的平均水平。种养结合型家庭农场经营的土地面积为8.86公顷，略低于全部家庭农场的平均水平。从家庭农场的劳动力投入来看，平均家庭劳动力为1.86人，平均雇用劳动力为0.7人。相比较而言，种养结合型和机农一体型家庭农场劳动力投入较高，高于全部家庭农场的平均投入水平。从化肥和农药的投入来看，纯粮食种植型和种养结合型家庭农场的平均投入水平低于全部家庭农场的平均水平，机农一体型家庭农场的投入水平则高于全部家庭农场的平均水平。与其他类型家庭农场相比，种养结合型家庭农场有机肥投入较高。机农一体型家庭农场购买农机作业服务的费用和开沟、深翻费较低，但农机投入较大。纯粮食种植型家庭农场中有一小部分农场持有少量的农业机械，但它们并不对外提供农机作业服务，而机农一体型家庭农场持有较多的农业机械，它们不仅为自家家庭农场提供农机作业，而且对外提供农机作业服务。所以，相比较而言，纯粮食种植型家庭农场农机投入较小，而机农一体型家庭农场农机投入较大。松江家庭农场平均收入为38.36万元，家庭农场收入主要来自种植业收入。相对而言，机农一体型家庭农场收入最高，种养结合型家庭农场次之，纯粮食种植型家庭农场收入最低。从表17-1中可以看出，松江家庭农场发展坚持了家庭农场家庭经营的本质特征，符合国家发展家庭农场的基本要求。农业部《关于促进家庭农场发展的指导意见》明确要求，家庭农场作为新型农业经营主体，要"以农民家庭成员为主要劳动力，以农业经营收入为主要收入来源，利用家庭承包或流转土地，从事规模化、集约化、商品化农业生产"。

（三）计算结果与分析

利用 Stata 13.0 软件对投入指标的方差膨胀因子（VIF）检测的结果表明，VIF 均小于 10（见表 17-2），满足 VIF 不超过 10 的要求，说明不存在多重共线性。利用 Stata 13.0 软件对投入与产出指标同向性进行检测的结果表明，投入与产出指标的 Pearson 相关系数为正，并在 1% 的水平上显著（见表 17-2），满足"同向性"要求。

表 17-2　　　　　　　　　多重共线性与同向性检验结果

投入指标	全部家庭农场		纯粮食种植型		种养结合型		机农一体型	
	VIF	Pearson 相关系数	VIF	Pearson 相关系数	VIF	Pearson 相关系数	VIF	Pearson 相关系数
土地投入	1.90	0.7278***	8.20	0.8541***	7.59	0.8858***	2.04	0.7696***
劳动力投入	1.62	0.6036***	1.20	0.3590***	1.75	0.5015***	2.18	0.7110***
资本投入	2.02	0.9049***	8.13	0.8199***	8.19	0.5925***	1.92	0.8547***

注：*** 表示在 1% 的水平上显著。

松江家庭农场的效率计算结果见表 17-3。表 17-3 中，运用 CCR 模型测得的全部家庭农场效率均值（TE）为 0.3841，这一数值较小。尽管 DEA 模型测度的效率为相对效率，是被评价生产单元相对于"领先"生产单元的效率，但这一计算结果表明，松江大多数家庭农场的效率水平距离相对有效的生产前沿较远，家庭农场效率有着极大的提升空间。运用 BCC 模型将家庭农场效率分解为纯技术效率（PTE）和规模效率（SE）。全部家庭农场的 SE 为 0.5595，这意味着松江家庭农场效率较低主要是由于规模效率较低。进一步的分析表明，松江家庭农场只有 27 户处于规模报酬递减状态，高达 912 户家庭农场处于规模报酬递增状态，另有 4 户家庭农场处于规模报酬不变状态。松江家庭农场的 PTE 为 0.7048，这表明松江家庭农场的纯技术效率有着一定的提升空间，大多数家庭农场应进一步改善经营管理状况，提升技术应用水平。

表 17-3　　　　松江家庭农场整体和各类型家庭农场的效率情况

家庭农场类型	家庭农场户数	效率值（TE）	纯技术效率（PTE）	规模效率（SE）	规模报酬递增户数	规模报酬递减户数	规模报酬不变户数
全部家庭农场	943	0.3841	0.7048	0.5595	912	27	4

续表

家庭农场类型	家庭农场户数	效率值（TE）	纯技术效率（PTE）	规模效率（SE）	规模报酬递增户数	规模报酬递减户数	规模报酬不变户数
纯粮食种植型	735	0.3720	0.7137	0.5358	731	2	2
种养结合型	55	0.7757	0.8518	0.9136	36	6	13
机农一体型	177	0.5349	0.7356	0.7407	142	30	5

表 17 - 3 同时呈现了各类型家庭农场效率的计算结果。从表 17 - 3 中可以看出，3 种类型家庭农场中，种养结合型家庭农场效率水平最高，TE 值达到 0.7757，纯技术效率 PTE 和规模效率 SE 都处于较高水平，分别达到 0.8518 和 0.9136。相比较而言，纯粮食种植型家庭农场和机农一体型家庭农场的效率处于较低的水平上。纯粮食种植型家庭农场的规模效率低于纯技术效率，其规模效率值仅为 0.5358，高达 731 户的家庭农场处于规模报酬递增状态，因此，纯粮食种植型家庭农场更需要注重调整经营规模以提升家庭农场的效率。种养结合型家庭农场和机农一体型家庭农场的纯技术效率均低于规模效率，这表明，这两类家庭农场更需要注重经营管理水平的提升。

三、决定家庭农场效率的因素

（一）模型设定

通过 DEA 模型计算得到的家庭农场效率值范围为 0 ~ 1，属于截断数据，若采用传统的最小二乘法对模型参数进行估计会有偏，因此，本章在计量检验相关因素对家庭农场效率的影响时采用因变量受限的 Tobit 回归模型（李政、杨思莹，2018）。

另外，为了减少异方差的影响，对主要农业要素投入变量取对数（Wang et al.，2013），构建半对数模型。具体模型见式（17.3）。

$$y_j = \alpha + \sum_{g=1}^{3} \beta_g \ln(x_{gj}) + \gamma_1 [\ln(x_{1j})]^2 + \sum_{m=1}^{5} \delta_m l_{mj} + \sum_{q=1}^{4} \varepsilon_q r_{qj} + \sum_{z=1}^{2} \zeta_z p_{zj} + \eta_j$$

$$(17.3)$$

式（17.3）中，y_j 表示第 j 个家庭农场的效率。x_g 表示家庭农场的农业要素投入变量，l_m 表示家庭农场主特征变量，r_q 表示家庭农场特征变量，p_z 表示环境特征变量。α 为常数项，β_g、γ_1、δ_m、ε_q、ζ_z 为待估计系数，η_i 为随机误差项。

（二）变量选择与预期方向

1. 农业要素投入特征变量

农业要素投入特征变量包括家庭农场土地经营面积、劳动力投入以及资本投入。通常认为，土地要素投入与劳动要素投入、资本要素投入的不同组合，会产生不同的生产要素间协调效率（许庆等，2011；谭淑豪等，2006），因此，农业要素投入变量对家庭农场效率的影响方向具有不确定性。基于中国农业发展的现实，研究者特别关注土地经营规模对家庭农场效率的影响。周曙东等（2013）认为，土地经营规模对家庭农场效率的影响具有不确定性，不能简单地认为两者之间存在正向还是负向的关系，需要进一步考察土地经营规模与家庭农场效率之间是否存在曲线关系。如果家庭农场土地经营规模过小，可能不利于农业机械作业和现代农业技术的应用；如果家庭农场土地经营规模过大，又有可能超过家庭农场主的经营管理能力，因此，预期土地经营面积与家庭农场效率之间存在倒"U"型的曲线关系（冀县卿等，2019）。

2. 家庭农场主特征变量

家庭农场主特征变量包括家庭农场主的年龄、性别、受教育年限、是否具有农业从业经历及务农年限。一般认为，家庭农场主年龄越大，农业生产经营经验就会越丰富，越有利于提高家庭农场的效率（Dhungana et al.，2004）。但是，家庭农场主年龄越大，也可能在意识上更为守旧，不利于接纳新的经营管理方式和新的生产技术。因此，家庭农场主年龄对家庭农场效率的影响也具有不确定性。通常意义上，男性在体力上优于女性，更富有创新和冒险精神，但女性更加心思缜密，更擅长于细节管理，因此，家庭农场主性别对家庭农场效率的影响也具有不确定性（王则宇等，2018）。家庭农场主受教育程度越高，越有助于其吸收和应用新知识、新技术，预期家庭农场主受教育年限对家庭农场效率有正向影响作用（Bojnec and Latruffe，2009；Khai and Yabe，2011）。家庭农场主具有农业从业经历、从事农业生产的年限越长，其对农业生产特性就会更加了解，因此，预期家庭农场主具有农业从业经历、务农年限越长，越有利于提升家庭农场效率。

3. 家庭农场特征变量

家庭农场特征变量包括家庭农场经营年限、经营权合同年限、是否购买农机作业服务以及绿肥种植面积占土地经营面积比例。一般认为，家庭农场经营年限越长，家庭农场应对自然风险和经济风险的能力就越强，因此，预期家庭农场经营年限对家庭农场效率存在正向影响作用。家庭农场经营权合同年限越长，产权稳定性越强，越有利于家庭农场经营者形成稳定的预期，因此，预期家庭农场经营权合同年限对家庭农场效率有正向影响。农业生产中需要使用农业机械，农机作业或由家庭农场自身提供，或通过购买机农互助点、农机合作社、村集体服务队的农机作业服务。本章研究将家庭农场购买农机作业服务设为1，将农机作业由家庭农场自身提供设为0。购买农机作业服务可以节省农机购置费和农机日常维护费等，且专业化的农机作业队伍可以提供更高效的农机作业服务，但如果在购买农机作业服务时不能解决农机作业中的偷懒、监督问题，又会导致农机作业质量不高。另外，家庭农场自身提供农机作业服务虽解决了农机作业中的偷懒、监督问题，但又存在农机购置投入大、日常维护成本高、不利于发挥农机作业专业分工的优势等缺陷。因此，是否购买农机作业服务对家庭农场效率的影响具有不确定性。种植绿肥能够有效地改善土壤团粒结构、增加土地有机质和氮磷钾含量，有利于培肥地力、减少化肥的施用和增加土地产出，因此，预期绿肥种植面积占家庭农场土地经营面积比例越大，越有利于提高家庭农场的效率。

4. 环境特征变量

环境特征变量主要用家庭农场合同期内经营权是否稳定、政府补贴、家庭农场经营中是否发生借贷款行为来刻画。家庭农场合同期内经营权是否稳定设为虚拟变量。如果家庭农场主认为合同期内经营权不会被收回，设为1；反之，则设为0。经营权越稳定，越利于调动家庭农场经营者的积极性，因此，预期合同期内稳定的经营权会对家庭农场效率产生正效应。政府对家庭农场进行补贴有助于改善家庭农场的生产经营状态，激励家庭农场投资，但也可能会减弱家庭农场经营者的努力（冀县卿等，2019），因此，预期政府补贴对家庭农场效率的影响具有不确定性。家庭农场经营中是否发生借贷款行为可在一定程度上反映资本信贷市场的发育程度。家庭农场经营中如果发生借贷款行为设为1，反之设为0。家庭农场经营中如果能便捷地获得信贷支持，会使得家庭农场的预算约束线外移，有助于家庭农场扩大经营规模、购置农机设备，获得规模收益，因此，预期家庭农场借贷款能对家庭农场效率产生正效应（王向楠，2011）。

（三）计量结果与讨论

表 17-4 汇报了利用 Tobit 模型对全部家庭农场及纯粮食种植型家庭农场、种养结合型家庭农场和机农一体型家庭农场效率影响因素的估计结果。

表 17-4　　　　　家庭农场效率影响因素 Tobit 模型估计结果

变量类型	变量含义	模型 1	模型 2	模型 3	模型 4
农业要素投入特征变量	土地经营面积一次项	0.2013 ** (1.97)	0.3579 ** (2.42)	3.7027 *** (4.84)	0.1816 (0.68)
	土地经营面积平方项	-0.0411 ** (-1.97)	-0.0293 (-0.84)	-1.3293 *** (-5.00)	-0.0385 (-0.75)
	劳动力投入	-0.1337 *** (-11.52)	-0.1180 *** (-8.21)	-0.2980 *** (-6.00)	-0.2459 *** (-7.10)
	资本投入	0.0126 (0.50)	-0.1851 *** (-4.22)	0.0720 (1.37)	0.0804 * (1.95)
家庭农场主特征变量	年龄	0.0007 (1.34)	-0.0000 (-0.08)	-0.0017 (-1.12)	0.0055 *** (3.18)
	性别	-0.0082 (-0.80)	-0.0156 (-1.52)	-0.0252 (-0.35)	-0.0213 (-0.42)
	受教育年限	0.0043 *** (3.51)	0.0028 * (2.24)	0.0029 (0.61)	0.0078 ** (2.14)
	是否具有农业从业经历	0.0198 *** (3.03)	0.0142 ** (2.01)	0.0582 * (1.89)	-0.0054 (-0.26)
	务农年限	-0.0003 (-0.96)	0.0002 (0.58)	0.0006 (0.43)	-0.0018 (-1.60)
家庭农场特征变量	家庭农场经营年限	0.0003 (0.23)	0.0004 (0.35)	0.0103 ** (2.19)	-0.0032 (-1.02)
	经营权合同年限	0.0023 * (1.73)	-0.0001 (-0.04)	-0.0815 (-1.36)	0.0051 * (1.76)
	是否购买农机作业服务	-0.0645 *** (-3.25)	-0.3085 ** (-3.69)	-0.0274 (-1.38)	-0.0423 ** (-2.01)
	绿肥种植面积占土地经营面积比例	0.0225 * (1.76)	0.0254 ** (1.88)	-0.0241 (-0.48)	0.0533 (1.16)

续表

变量类型	变量含义	模型 1	模型 2	模型 3	模型 4
环境特征变量	经营权是否稳定	0.0100 (1.54)	− 0.0020 (− 0.31)	− 0.0111 (− 0.98)	0.0468** (2.46)
	政府补贴	0.0074*** (8.25)	0.0094** (2.20)	0.2988*** (4.73)	0.0071*** (5.93)
	是否借贷款	− 0.0146 (− 1.03)	− 0.0120 (− 1.07)	− 0.0316 (− 1.08)	0.0123 (0.23)
	常数项	0.1254 (1.05)	0.4535** (2.16)	− 2.6487*** (− 3.20)	− 0.1191 (− 0.36)

注：所有模型的 Prob > F 都为 0.0000；括号内为 t 值；***、**、* 分别表示在 1%、5% 和 10% 的水平上显著。

表 17 − 4 中的模型 1 是对松江全部家庭农场效率影响因素的估计结果。就农业要素投入特征变量而言，家庭农场土地经营面积及劳动力投入通过了显著性检验。模型 1 中，家庭农场土地经营面积一次项在 5% 的水平上显著且系数为正、土地经营面积平方项在 5% 的水平上显著且系数为负，这表明，相对于土地经营规模较小的家庭农场，土地经营规模较大的家庭农场具有更高的效率（Ahmad et al. ，2002；Cormia，1985；Vilang and Fleming，2006），同时表明，土地经营面积与家庭农场效率之间呈现出倒 "U" 型的关系，家庭农场效率随着土地经营规模的扩张呈现先上升后下降的变化趋势。家庭农场土地经营规模与家庭农场效率之间并不是简单的正向或负向的关系，土地经营规模过小或过大都不利于家庭农场效率的提高。家庭农场劳动力投入在 1% 的水平上显著且系数为负，可能的原因在于，松江区已为家庭农场的发展提供了较为完备的社会化服务。例如，从 2007 年开始，松江区由政府负责农田水利排灌设施、生产辅助设施和设备等农田基础设施的日常维护和管理；松江区建立了机农互助点、农机合作社、村集体服务队的农机作业服务网络，家庭农场可以极为便捷地购买农机作业服务。在这样的背景下，家庭农场经营中投入过多的劳动力反而不利于家庭农场效率的提高。就家庭农场主特征变量而言，家庭农场主受教育年限、家庭农场主是否具有农业从业经历在 1% 的水平上显著且系数为正，这表明家庭农场主受教育水平越高，生产经营管理水平越高，有助于其灵活应对生产环境并做出更有利于优化要素配置的决策（Bojnec and Latruffe，2009；Khai and Yabe，2011）；家庭农场主具有农业从业经历，意味着家庭农场主能够在 "干中学" 中不断积累丰富的农业生产经营经验（邓宗兵，2010），从而有利于提高家庭农场的效率。就家庭农场

特征变量而言，家庭农场经营权合同年限通过了 10% 水平的显著性检验并且系数为正，说明家庭农场经营权合同年限越长，家庭农场效率水平越高。这进一步证明了家庭农场经营权的稳定性对家庭农场发展的重要性。叶剑平等（2006）的研究也表明，稳定的土地经营权有利于家庭农场适时调整规模，刺激投资。家庭农场是否购买农机作业服务这一变量在 1% 水平上通过显著性检验且系数为负，表明购买农机作业服务反而不利于家庭农场效率的提升。可能的原因在于，购买的农机作业服务可能存在农机作业质量不高、农机作业监督缺失的问题。研究者在松江实地调查时，家庭农场主也多次反映了这一点。不仅如此，与购买农机作业服务相比，自购农机有助于家庭农场扩大土地经营规模（曹卫华、杨敏丽，2015），并且能够通过提供农机作业服务增加家庭农场收入。绿肥种植面积占土地经营面积比例这一变量在 10% 的水平上通过显著性检验且系数为正，这表明绿肥种植面积比例越高，越有利于培肥地力，对家庭农场效率有积极的影响作用。就环境特征变量对家庭农场效率的影响而言，政府补贴在 1% 的水平上通过显著性检验且系数为正，这说明政府补贴能够显著地增加家庭农场的收入，有助于家庭农场改善生产经营结构，调动家庭农场生产经营的积极性，这也验证了良好的经营环境对家庭农场发展的重要性（李谷成等，2008）。

表 17-4 中模型 2 为纯粮食种植型家庭农场效率影响因素的估计结果。土地经营面积一次项在 5% 的水平上显著且系数为正，这说明土地经营规模较大的纯粮食种植型家庭农场具有更高的效率。家庭农场劳动力投入、家庭农场资本投入在 1% 的水平上显著且系数为负，这说明松江家庭农场劳动力投入及资本的投入会导致纯粮食种植型家庭农场效率的降低。这一结果并不意味着家庭农场在农业生产经营中不需要投入劳动和资本，而是因为松江家庭农场发展有着特殊的背景。为保证松江粮食生产，松江地方政府构建了较为完备的农业社会化服务体系。例如，通过组建农机专业合作社，农机专业合作社与家庭农场签订服务协议，实行订单式作业，为家庭农场提供全程机械化作业服务，粮食生产实现了全程机械化，粮田机耕率和机收率基本达到 100%；建立良种繁育供应基地，水稻良种实现区级统一供种，水稻良种覆盖率 100%；提供粮食收储、烘干等全程服务，水稻收割后直接进入粮食收购点，解决了家庭农场晒粮难的问题；每年对家庭农场主进行分级培训，针对家庭农场的需求，设置不同的培训课程，并深入田间地头开展现场培训，在茬口安排、品种选用、施肥用药等方面开展全方位技术指导。这些措施有效地实现了对家庭农场劳动和资本投入的替代，提升了家庭农场的盈利水平，降低了家庭农场粮食生产经营中的风险。在这样的背景下，纯粮食种植型家庭农场投入过多的劳动力和资本，反而不利于家庭农场效率的提高。家庭农场主受教育年限和家庭农场主是否具有农业从业经历分别在 5% 的水平上

显著且系数为正，这表明家庭农场主受教育水平越高、农业从业经验越丰富，越有利于提高纯粮食种植型家庭农场的效率。这意味着，在中国工业化城镇化快速发展、农村劳动力大量向非农产业和城镇转移的背景下，有必要采取有效的措施保证有足够数量的既具有丰富的农业从业经验又接受过较高程度教育训练的农业经营者从事农业生产，特别是从事粮食生产。家庭农场是否购买农机作业服务这一变量在5%的水平上通过显著性检验且系数为负，这一方面表明纯粮食种植型家庭农场的农机作业主要依靠购买农机作业服务会阻碍家庭农场效率的提高，另一方面也说明，农机作业服务供给者需要进一步改善农机作业服务质量。绿肥种植面积占土地经营面积比例在5%的水平上显著且系数为正，表明绿肥种植面积比例越高，越有利于提高纯粮食种植型家庭农场的效率。这是因为绿肥种植与还田，有利于改良土壤，提高粮食单产水平。政府补贴在5%的水平上显著且系数为正，这表明各级政府补贴对纯粮食种植型家庭农场的效率有着积极的影响作用。

表17-4中模型3为种养结合型家庭农场效率影响因素的估计结果。土地经营面积一次项在1%的水平上显著且系数为正、土地经营面积平方项在1%的水平上显著且系数为负，这说明土地经营面积与种养结合型家庭农场效率之间存在倒"U"型的关系。劳动力投入在1%的水平上显著且系数为负，这表明劳动力投入越多，种养结合型家庭农场的效率越低。可能的原因在于，种养结合型家庭农场除从事粮食生产外，还从事生猪养殖。就生猪养殖而言，松江家庭农场的生猪养殖有其特殊性。松江生猪生产龙头企业和农民家庭农场组建成上海松林畜禽养殖专业合作社，家庭农场受合作社委托进行生猪代养，合作社为家庭农场提供苗猪、饲料和技术指导，农场负责代养，养殖粪尿就近还田利用。这样的生猪养殖模式不需要也不宜进行过密的劳动投入。家庭农场主是否具有农业从业经历在10%的水平上显著且系数为正，这表明家庭农场主曾经的农业从业经历对种养结合型家庭农场的效率存在正向影响作用。家庭农场经营年限在5%的水平上显著且系数为正，这可能是因为种养结合型家庭农场在生猪养殖中形成的粪尿还田是对农田的长期投资，较长的经营年限能够激发家庭农场改良土地的积极性，进而提高家庭农场的效率。政府补贴在1%的水平上显著且系数为正，这表明各级政府补贴正向影响种养结合型家庭农场的效率。

表17-4中模型4为机农一体型家庭农场效率影响因素的估计结果。模型4中，家庭农场劳动力投入在1%的水平上显著且系数为负，这表明劳动力投入过多同样会对机农一体型家庭农场的效率产生负向影响。资本投入在10%的水平上显著且系数为正，这表明机农一体型家庭农场效率随资本的投入而显著提高。这是因为，机农一体型家庭农场不仅从事粮食生产，而且提供农机作业服务，当

且只有当购置农业机械等达到一定的规模后才能在农机作业服务时产生规模收益。家庭农场主年龄在1%的水平上显著且系数为正、家庭农场主受教育年限在5%的水平上显著且系数为正，这表明，相比较而言，家庭农场主年龄较长者、受教育程度较高者对家庭农场效率的贡献率较高，会正向影响机农一体型家庭农场的效率（金福良等，2013）。可能的原因在于，机农一体型家庭农场由于购置和使用大型农业机械，对农场主素质提出了更高的要求。家庭农场经营权合同年限通过了10%水平的显著性检验并且系数为正，说明机农一体型家庭农场经营权合同年限越长，其效率水平越高。家庭农场购买农机作业服务通过了5%水平的显著性检验且系数为负，这表明购买农机作业服务会降低机农一体型家庭农场的效率。原因在于，机农一体型家庭农场自身拥有较多的农业机械，购买农机作业服务不仅增加了家庭农场的支出，而且降低了自身拥有的农业机械的利用效率。家庭农场合同期内经营权是否稳定在5%的水平上显著且系数为正，表明经营权稳定对机农一体型家庭农场效率具有正向作用。机农一体型家庭农场由于花费巨资购买大型农业机械，对经营权稳定提出了更高的要求，这是因为稳定的经营权安排可以使经营者更加放心地做长远的投资和经营决策（钱忠好，2002）。政府补贴在1%的水平上显著且系数为正，这表明农业补贴对提高机农一体型家庭农场的效率发挥着极其重要的作用。

多年来，中国政府一直致力于通过新型农业经营主体形式的创新，大力推进土地适度规模经营，以实现中国农业由传统农业向现代农业的转变。家庭农场因其具有的特殊组织优势，业已成为政策推崇的重点。由于效率之于家庭农场的健康快速发展具有特别重要的意义，本章以上海松江区为研究区域、以松江家庭农场为研究对象，利用943户家庭农场2017年的数据，运用DEA模型估计家庭农场的效率并运用Tobit模型从农业要素投入特征、家庭农场主特征、家庭农场特征、环境特征四个维度考察其对家庭农场效率的影响，离析影响家庭农场效率的关键因素。

研究结果表明，总体层面上，全部家庭农场效率不高，无论是家庭农场的纯技术效率还是规模效率均有着较大的提升空间。在影响家庭农场效率的诸多因素中，家庭农场土地经营面积与家庭农场效率之间呈现出倒"U"型的关系，土地经营规模过小或过大都不利于家庭农场效率的提高；家庭农场主受教育年限、家庭农场主是否具有农业从业经历、家庭农场经营权合同年限、绿肥种植面积占土地经营面积比例、政府补贴正向影响家庭农场效率；劳动力投入、家庭农场是否购买农机作业服务负向影响家庭农场效率。就不同类型的家庭农场而言，家庭农场类型不同，其效率及关键影响因素也存在一定的差异。相比较而言，种养结合型家庭农场效率最高，纯粮食种植型家庭农场和机农一体型家庭农场效率较低，且纯粮食种植型家庭农场的规模效率低于纯技术效率，种养结合型和机农一体型家庭农场的纯技术效率低于规模效率。影响纯粮食种植型家庭农场效率的关键因素主要有土地经营面积、劳动力投入、资本投入、家庭农场主受教育年限以及是否具有农业从业经历、家庭农场是否购买农机作业服务、绿肥种植面积占土地经营面积比例和政府补贴。影响种养结合型家庭农场效率的关键因素主要有土地经营面积、劳动力投入、家庭农场主是否具有农业从业经历、家庭农场经营年限和政府补贴。影响机农一体型家庭农场效率的关键因素主要有劳动力投入、资本投入、家庭农场主年龄、家庭农场主受教育年限、家庭农场经营权合同年限、家庭农场是否购买农机作业服务、家庭农场合同期内经营权是否稳定和政府补贴。

从本章研究中可以发现，尽管大力发展家庭农场已成为政策推崇的重点，但是，即使在松江这样一个家庭农场已有十多年发展历史、农业发展水平较高的地区，家庭农场效率也仍然处于较低的水平上，有着极大的提升空间。因此，如何有效地提高家庭农场的效率实乃家庭农场发展之关键。为此，需要基于家庭农场发展的实际情况，离析出影响家庭农场效率的关键因素，并据以采取有针对性的措施，以最大限度地发挥家庭农场这一新型农业经营主体的作用和功能，有效地提升家庭农场的效率。不仅如此，由于不同类型的家庭农场效率间存在极大的差异，因此，各地需要从实际出发，选择适合本地实际的、能发挥自身优势的家庭农场类型。现阶段，需要特别注重做好以下几点：第一，要选择合适的家庭农场经营者，尤其要优先选择有农业生产经营意愿且具有农业生产经营经验的农户家庭经营家庭农场，要重视家庭农场从业者的人力资本积累，加强对家庭农场经营者的职业培训。第二，要基于家庭实际，合理确定家庭农场经营规模，走适度规模经营之路。土地、劳动、资本等各种生产要素的投入都要适度，要最大限度地避免家庭农场经营的风险。特别地，不要盲目扩大家庭农场土地经营规模。第三，要为家庭农场的发展创造良好的制度环境，要切实保障家庭农场的土地经营权，稳定家庭农场经营者的预期；政府要健全农业社会化服务体系，加大对家庭农场发展的资金、政策等扶持力度。

第十八章

家庭农场经营模式与路径选择

经营模式及路径选择作为家庭农场发展的内在选择方式，是家庭农场发展定位的重要体现。

家庭农场经营模式是家庭农场经营形式和经营方式的有机统一。[①] 研究家庭农场经营模式及发展路径，能够为家庭农场发展奠定理论基础，为农业生产经营管理注入思想活力，将对家庭农场主体的培育和发展提供一种全新的研究视角和范式。现有相关研究主要集中在以下几个方面：一是主体对接方面。按照主体对接划分，以"农户＋家庭农场"经营模式为基础，可以将家庭农场经营模式归纳延伸为"农户＋家庭农场＋合作社""农户＋家庭农场＋农业企业"和"农户＋家庭农场＋社会化服务机构"经营模式。[②] 以"家庭农场＋合作社"经营模式为基础，又可以延伸出"家庭农场＋合作社＋公司""家庭农场＋合作社＋超市""家庭农场＋合作社＋直销（社区）""家庭农场＋合作社＋合作社自办加工企业"和"家庭农场＋合作社＋龙头企业"五种经营模式。[③] 除此之外，还涌现出

---

① 此处在曾福生对"农业经营模式"概念界定的基础上，对"家庭农场经营模式"赋予具体内涵。详见曾福生：《中国现代农业经营模式及其创新的探讨》，载于《农业经济问题》2011 年第 10 期，第 4～10、110 页。

② 李继刚：《"农户＋家庭农场"的农业经营模式创新——农户家庭经营农业体系的建构》，载于《天津师范大学学报》（社会科学版）2017 年第 3 期，第 75～80 页。

③ 张滢：《"家庭农场＋合作社"的农业产业化经营新模式：制度特性、生发机制和效益分析》，载于《农村经济》2015 年第 6 期，第 3～7 页；姜长云：《龙头企业的引领和中坚作用不可替代》，载于《农业经济与管理》2019 年第 6 期，第 24～27 页。

"家庭农场 + 农场主协会""家庭农场 + 农业社会化服务"等经营模式。[①] 这一系列特征现象表明，家庭农场与其他农业经营主体的联合与合作正在不断深化发展，家庭农场开展联合与合作的经营模式更是为其生产经营实现节本、增产和增效增添了保障。[②] 二是经营结构和区域典型方面。从经营结构来看，朱启臻等认为最为理想的模式是多种经营的综合性农场，它能够使农业的综合价值得以具体体现。[③] 按照区域典型家庭农场发展的划分，现已形成上海松江、浙江宁波、安徽郎溪、吉林延边和湖北武汉五大发展模式。[④] 三是经营规模与生产效率方面。家庭农场的经营规模主要受制于生计需要下限和经营承受上限的条件约束。[⑤] 一些学者认为小型农场更具生产效率[⑥]，"小而精"的家庭农场才是中国农业发展的正确道路[⑦]。同时，也有学者通过实证研究论证了家庭农场经营规模与土地生产率的负相关关系[⑧]，但这种效应随着时间推移而逐渐减弱[⑨]。由此可见，家庭农场的适度规模经营理念得到了广泛认可[⑩]，这种理念是在家庭农场自身发展受土地租金、成本收益、经营结构、社会化服务和议价能力等诸多因素共同的影响下而逐渐形成的[⑪]。四是发展理念方面。我国家庭农场目前已开始呈现生态和低碳化经营发展的特征[⑫]，但家庭农场总体上仍处于粗放式发展阶段，其应用绿色

---

① 张红宇、杨凯波：《我国家庭农场的功能定位与发展方向》，载于《农业经济问题》2017 年第 10 期，第 4 ~ 10 页。

② 肖卫东、杜志雄：《农村一二三产业融合：内涵要解、发展现状与未来思路》，载于《西北农林科技大学学报》（社会科学版）2019 年第 6 期，第 120 ~ 129 页。

③⑤ 朱启臻、胡鹏辉、许汉泽：《论家庭农场：优势、条件与规模》，载于《农业经济问题》2014 年第 7 期，第 11 ~ 17、110 页。

④ 王新志、杜志雄：《我国家庭农场发展：模式、功能及政府扶持》，载于《中国井冈山干部学院学报》2014 年第 5 期，第 107 ~ 117 页。

⑥ Rada N E, Fuglie K O. New perspectives on farmsize and productivity. *Food Policy*，2019，84：147 – 152.

⑦ 黄宗智：《"家庭农场"是中国农业的发展出路吗?》，载于《开放时代》2014 年第 2 期，第 176 ~ 194、9 页。

⑧ 危薇、杜志雄：《新时期家庭农场经营规模与土地生产率之间关系的研究》，载于《农村经济》2019 年第 3 期，第 6 ~ 14 页。

⑨ Gautam M, Ahmed M. Too small to be beautiful? The farm size and productivity relationship in Bangladesh. *Food Policy*，2019，84：165 – 175.

⑩ 杜志雄、王新志：《加快家庭农场发展的思考与建议》，载于《中国合作经济》2013 年第 8 期，第 35 ~ 39 页；新建、姜睿清、付传明：《以家庭农场为主体的土地适度规模经营研究》，载于《求实》2013 年第 6 期，第 94 ~ 96 页；何秀荣：《关于我国农业经营规模的思考》，载于《农业经济问题》2016 年第 9 期，第 4 ~ 15 页。

⑪ 张悦、刘文勇：《家庭农场的生产效率与风险分析》，载于《农业经济问题》2016 年第 5 期，第 16 ~ 21、110 页。

⑫ 蔡颖萍、杜志雄：《家庭农场生产行为的生态自觉性及其影响因素分析——基于全国家庭农场监测数据的实证检验》，载于《中国农村经济》2016 年第 12 期，第 33 ~ 45 页。

生产技术的比重依然偏低①，绿色生产能力有待进一步提高②。此外，家庭农场作为新型农业经营主体的重要组成部分，正日益成为集生产和服务于一体的新型农业规模经营主体，在我国农业生产经营中发挥着核心作用。③ 为进一步引导、扶持和推动家庭农场实现高质量发展，营造良好的外部经营环境显得尤其重要。④

总的来看，已有研究对家庭农场经营模式和发展路径进行了系统分析，这对本章研究开展具有重要借鉴意义。但是，通过文献梳理发现，有关家庭农场经营模式的研究大多是较为宏观层面的归纳，在从家庭农场案例实践着手，深度挖掘其内在机理方面仍存在一些短板。此外，家庭农场的发展路径与农场主个人经历、政策、土地、劳动力和资金等密切相关，这就需要深入实践，将家庭农场发展路径系统地放入整体框架中进行研究分析。因此，本章基于 2019 年 5 月笔者对来自辽宁和吉林的两个典型家庭农场的深度访谈资料，对家庭农场的经营发展概况进行深入探讨，以期系统剖析其内在机理，揭示家庭农场经营模式的形成及发展路径选择的典型特征。

一、家庭农场发展概况与经验比较

（一）辽宁、吉林两省家庭农场发展概况

辽宁、吉林两省在家庭农场发展方面存在一些差异，但家庭农场总体上均已达到适度规模经营水平。截至 2018 年底，辽宁省家庭农场共计 7 887 个，其中县级以上示范性农场 1 869 个。辽宁省家庭农场平均土地经营规模为 253.7 亩，平均每个家庭农场拥有劳动力 4.3 人，其中家庭成员 2.8 人，常年雇佣劳动力 1.5 人。吉林省家庭农场总数达到 26 800 个，其中县级以上示范家庭农场 2 141 个。

---

① 夏雯雯、杜志雄、郜亮亮：《家庭农场经营者应用绿色生产技术的影响因素研究——基于三省 452 个家庭农场的调研数据》，载于《经济纵横》2019 年第 6 期，第 101～108 页。

② 任重、薛兴利：《家庭农场发展效率综合评价实证分析——基于山东省 541 个家庭农场数据》，载于《农业技术经济》2018 年第 3 期，第 56～65 页。

③ 杜志雄、肖卫东：《农业规模化经营：现状、问题和政策选择》，载于《江淮论坛》2019 年第 4 期，第 11～19、28 页；杜志雄、刘文霞：《家庭农场的经营和服务双重主体地位研究：农机服务视角》，载于《理论探讨》2017 年第 2 期，第 78～83 页。

④ 赵佳、姜长云：《兼业小农抑或家庭农场——中国农业家庭经营组织变迁的路径选择》，载于《农业经济问题》2015 年第 3 期，第 11～18、110 页。

家庭农场平均土地经营规模为200亩，平均每个家庭农场有劳动力3.39人，其中家庭成员2.46人，常年雇佣劳动力0.93人（见表18-1）。由此看出，吉林省家庭农场在数量上明显多于辽宁省，但其家庭农场户均经营土地面积小于辽宁省。此外，在户均劳动力数量方面，辽宁省较吉林省高出将近1人。总体而言，辽宁省和吉林省家庭农场户均土地经营规模都位于200～300亩，达到了适度规模经营水平。

表18-1　　　　辽宁省和吉林省家庭农场总体发展概况

项目	辽宁省	吉林省
家庭农场数量/（个）	7 887	26 800
县级以上示范性家庭农场数量/（个）	1 869	2 141
家庭农场经营土地总面积/（万亩）	200.07	537.00
家庭农场平均土地经营规模/（亩）	253.7	200.00
家庭农场平均拥有劳动力数量/（人）	4.3	3.39
家庭农场平均拥有家庭成员数量/（人）	2.8	2.46
家庭农场平均拥有常年雇用劳动力数量/（人）	1.5	0.93

资料来源：与两省主管部门座谈所获取的资料信息。

（二）辽宁、吉林两省家庭农场的发展经验与问题

辽宁、吉林两省在培育家庭农场方面拥有各自的发展经验，但均面临着一些现实制约因素。辽宁省通过合理控制经营规模、打造精品特色农产品和加快产业融合发展来培育发展家庭农场，吉林省则通过建立家庭农场质量安全追溯制度、构建"产加销一体化"经营模式和推动农村实用人才队伍建设来发展家庭农场。尽管两省家庭农场发展都取得了良好的成效，但培育发展家庭农场的同时也面临着现实问题，如农场主老龄化、教育程度低、生产成本高和产品缺乏竞争力等（见表18-2）。

表18-2　　　　辽宁省和吉林省家庭农场发展经验与问题

省份	经验	问题
辽宁	（1）合理控制农场规模； （2）打造精品特色农产品； （3）注重产业融合发展	（1）家庭农场主老龄化、受教育程度低； （2）家庭农场主持政策难落实； （3）家庭农场自身抵御风险能力不足； （4）运营管理不规范

续表

省份	经验	问题
吉林	（1）建立示范家庭农场质量安全追溯制度； （2）逐步构建"产加销一体化"经营模式； （3）推动农村实用人才队伍建设	（1）家庭农场生产成本高，增收难度大； （2）自我发展机制不健全； （3）缺乏人才支撑； （4）产品缺乏竞争力

资料来源：与两省主管部门座谈所获取的资料信息。

二、家庭农场典型案例分析

（一）家庭农场典型案例基本情况

案例 1：家庭农场 A 于 2014 年注册成立，2016 年被评为省级示范家庭农场。[①] 农场主一家 5 口人，农场主高中毕业后开始从事农业生产经营，先期种植十几亩地，为追求更高收入，2014 年开始流转土地，并于当年成立家庭农场。农场主配偶属于职业农民，生于农村且一直从事农业生产经营，农场主儿子、儿媳带着孩子在外务工，基本不参与自家农场生产经营。家庭农场 A 共经营土地340 亩，其中流转土地 330 亩，主要以种植优良品种水稻为主，现已全部实现机械化作业。此外，家庭农场 A 通过采用产销一体化经营方式，塑造优质大米品牌，极大地拓宽了市场渠道，提高了农产品附加值。在不断经营发展中，该家庭农场逐渐形成了"家庭农场 + 社会化服务 + 自办加工企业"的经营模式，其生产的品牌大米远销抚顺、辽源、通化、长春、通辽和天津等地。由于树立了良好的品牌信誉，家庭农场 A 所生产的优质大米在当地拥有较强的市场竞争力。

案例 2：家庭农场 B 于 2014 年注册成立，农场主属于大学生返乡创业典型，目前担任村委会副主任一职。目前该农场家庭成员共 7 人，农场主承担农场经营的主要工作。农场主父母和配偶均在自家农场工作，儿子和女儿目前正处于上学阶段，其姐姐基本不参与农场生产经营（当地镇上工作）。目前该农场共经营土地 860 亩，其中 785 亩用于粮食生产（自家承包地 35 亩、流转土地 750 亩），75亩开荒鱼塘用于渔业养殖，土地流转共涉及 35 户农户。同时，该农场基于风险

---

① 家庭农场 A 位于辽宁省，家庭农场 B 位于吉林省。

分散理念，采用种养结合的经营方式，发展生态循环农业，主要从事水稻、玉米和黄豆等粮食种植，肉鹅、鸡鸭等畜禽养殖，以及农产品加工与销售，旨在提供优质、安全和健康的绿色农产品。通过利用互联网平台宣传，在市区设立绿色农产品直营店，对外提供农机社会化服务，家庭农场 B 逐渐形成了"家庭农场 + 龙头企业 + 社会化服务 + 直营店"的经营模式，有效拓宽了销售渠道并显著增加了农场收益。

（二）家庭农场典型案例的比较与分析

1. 经营模式

家庭农场 A 采用"家庭农场 + 社会化服务 + 自办加工企业"的经营模式（见图 18 - 1），主要以种植优品种水稻为主，此外还种植少量玉米（7.5 亩）。为促进土地集中连片，适应机械化作业，家庭农场 A 通过流转周边农户土地以避免分散化经营。但在土地流转具体过程中，当地有些村民不愿意将土地流转出去。为解决这一问题，农场主通过求助当地村委会予以居中协调，为不愿意转出土地的农户提供就业机会，以雇佣的方式将农户吸纳为家庭农场劳动力，从而实现双方共赢。[①] 家庭农场 A 经营发展的主线是生产优质大米，通过引进良种、机械化生产经营和应用测土配方技术，从而实现精准施肥、改良土壤肥力、提高作物产量和增加农场收益。此外，为更好地优化资源配置，家庭农场 A 在满足自家生产需要之余还为周边农户提供农机社会化服务以拓宽增收渠道。在农产品生产加工方面，家庭农场 A 配备有 2 000 平方米的稻米加工厂房，通过对稻谷进行一系列加工处理，最后对成品大米进行真空处理和纸盒包装，实现了优质大米的标准化生产，这种深加工、优品质的农产品处理方式满足了消费者对粮食的差异化需求。

家庭农场 B 通过采用"家庭农场 + 龙头企业 + 社会化服务 + 直营店"的经营模式（见图 18 - 2），在农场治理和产品销售方面取得了良好效果。在土地流转方面，农场 B 相对农场 A 较为顺利。此外，农场 B 经营的土地更为集中连片，极大方便了家庭农场的生产、经营和管理。同时，基于品牌意识，该农场注册了品牌商标，目前经营粮食作物（高粱、水稻、甜玉米、食用玉米、马铃薯和黄豆）、家禽（鸡、鸭、鹅和猪）、各种蔬菜以及鱼类。这种多种类种养结合的方式降低了市场价格波动和自然灾害等带来的风险，形成了有效的风险分散机制，

---

① 转出土地农民在农场中工作的工资为 100 元/天。

但同时也使家庭农场 B 面临着生产专业化程度较低的现实问题。在产品宣传推广方面，农场主利用互联网平台积极宣传自家农场生态种养的经营理念，这对其产品销售起到了极大的促进作用。另外，该农场与当地龙头企业开展密切合作，由龙头企业对其生产的初级农产品进行加工、包装，而后农场以线上线下两种方式进行销售。2018 年家庭农场 B 线上（网络销售）和线下（直营店）两种方式的收入分别占到农场加工产品销售收入的 25% 和 75%。[①]

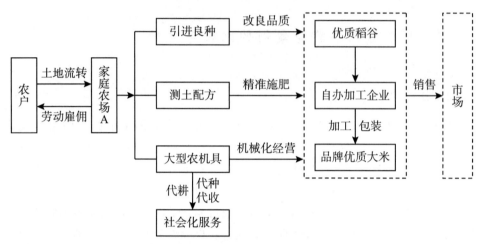

图 18-1　家庭农场 A 经营模式

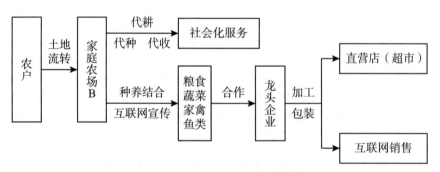

图 18-2　家庭农场 B 经营模式

2. 经营特征

基于表 18-3 对两个案例家庭农场基本情况的呈现及比较，可归纳总结出以

　　① 该农场收入由三部分组成，分别是生产出来的原始农产品收入、为周边农户提供服务的收入、农产品加工及销售收入。其中，农产品加工及销售收入包括自己生产的农产品加工后的溢价收入和收购来的原始农产品的加工销售收入。

下六个方面的经营特征。

表 18 - 3　　　　　　　　　案例家庭农场经营特征比较

类别	项目	家庭农场 A	家庭农场 B
农场主 特征	性别	男	男
	年龄（岁）	47	38
	受教育程度	高中	大学
	从业属性	职业农民	返乡创业
	是否担任村干部	否	是（村委副主任）
	接受过哪些培训	生产技术	生产技术、农场管理
农场 经营 特征	经营类型	纯种植	种养结合
	经营范围	水稻、玉米	粮食、蔬菜、鱼、家禽
	经营面积（亩）	340	785
	生产方式	机械化生产	不完全机械化生产
	是否与龙头企业合作	否	是
	是否注册商标	是	是
	是否为农业部门认定的示范农场	是（省级示范农场）	是（省级示范农场）
	是否有日常收支记录	是	是
	家庭农场年纯收（万元）	70	50
	土地租金（元/亩）	700	500
	地块数（块）	5	1
	是否签订合同	是	是
	土地流转难度	较难	容易

第一，农场主从业经历不同，但都具有农业农村的丰富经验。本章两个家庭农场典型案例的农场主均为男性，但在年龄上存在较大差异。此外，两者在从业经历上存在明显不同，农场主 A 属于职业农民，是农业生产经营的"老把式"，具有相当丰富的农业生产经验。农场主 B 则主要是基于对农业生产经营的热爱，同时本身又生于农村，这促使他大学毕业后走上了返乡创业的道路，成了一名职业农民。

第二，农场主虽受教育程度不同但都具有较强的学习能力。农场主 A 虽然受教育程度不高，但由于长期从事农业生产，积累了丰富的经验、资源和资本，从而弥补了受教育程度的短板。农场主 B 受过高等教育，虽然农业生产经营的经验较少，但是其学习能力、思维方式和开拓精神较一般普通农民突出。此外，农场主 B 不仅加强对生产技术的学习，而且还参与了当地政府组织的国内外家庭农场经营管理考察培训，这种国际化视野为其家庭农场走上生态种养之路奠定了坚实基础。同时，在对两个家庭农场典型案例调研中发现，当地政府对家庭农场主的技能培训较多属于"大水漫灌"型，未能够按照农场经营类型进行具体且有针对性的培训，从而造成政府技能培训方面的低效率甚至无效率，引致部分农场主对相关技能培训逐渐失去兴趣。这意味着，技能培训要适应农户自身经营发展的特征，应体现因人制宜、分类培训和专业具体的培训理念。

第三，专业化与分散化并存，各有优势和条件约束。两个家庭农场在经营结构上的差异，具体表现为专业化与分散化经营并存，各具优势又各有不足。从农场经营来看，家庭农场 A 种植结构比较单一，主要以种植水稻为主，全程使用机械化生产，属于专业化生产经营方式。通过注册商标从事品牌经营，采用产加销纵向一体化发展的方式，家庭农场 A 年纯收入达到将近 70 万元。然而，由于家庭农场 A 种植结构单一且未购买农业保险，普惠性保险又不足以对经营风险托底，从而增加了农场生产经营风险。农场主 B 则充分运用风险分散机制，通过多种类种养结合的经营方式以抵抗自然灾害和市场价格波动等风险，具有较高的风险抵抗能力，属于典型的分散化经营方式。需要指出的是，虽然家庭农场 A 采用多种类混合经营方式在抗风险方面取得了良好的效果，但在产品专业化方面必然会受到制约，从而导致产品缺乏规模优势。

第四，土地经营规模较大，但基本上与其经营能力和发展需要相适应。在经营面积方面，两者土地经营面积均超过了 300 亩，这与我国"大国小农"的总体水平虽有所出入，但总体上符合东北地区农业生产经营的基本特征，与当地的生产力发展水平相适应。对于两者在土地经营面积上的差异，主要是农场主基于理性经济人考虑，结合自身经营结构上的特点，对农场利润最大化做出的自发性选择。经营范围方面，家庭农场 B 经营种类较为复杂，不适合完全机械化生产经营，较家庭农场 A 需要配置更多的劳动力协同机械设备从事生产经营。而家庭农场 A 经营种类较为单一，且自办大米加工厂实行产加销一体化经营，省去了与龙头企业合作的中间环节，适合完全机械化生产经营，这在提高生产效率的同时也增加了农场收益。

第五，土地租金呈现逐年上升的趋势，对农场经营的可持续性构成挑战。从土地流转方面来看，家庭农场 B 的土地租金为 500 元/亩，低于家庭农场 A 的土地租金 700 元/亩。① 近年来，土地流转租金持续上涨，2014 年家庭农场 A 土地

---

① 由于两个家庭农场进行土地流转在时间上具有不一致性，此处所列两个家庭农场的土地流转租金价格均为两者进行土地流转的较新成交价格。

流转租金仅为 400 元/亩，由于同行竞争，2019 年土地流转租金上升到 1 000 元/亩。家庭农场 B 于 2010 年开始流转土地，当时租金仅约为 50 元/亩，实行一年一签合同制，随后逐渐上升到 300 元/亩（2013 年）、600 元/亩（2014 年）、800元/亩（2015 年），而后土地租金价格保持稳定，维持在 500 元/亩左右。土地租金的持续上涨增加了农场生产成本，制约了农场的发展与持续性增收。

第六，土地规模逐年扩大且趋于集中连片，这有助于推动家庭农场实现高质量发展。家庭农场 B 土地集中连片，所流转的土地形成一整块土地，而家庭农场 A 经营的土地分为 5 块，其中最大的一块土地为 160 亩，最小的一块土地为 21亩。总体来讲，家庭农场 A 的土地虽然未能形成集中连片，但土地较为平整且地块分散程度较小，仍然适合机械化生产经营，但是也因此提高了机械作业的难度。同时，土地的不集中连片促使农场主 A 增强了流转土地和扩大规模的经营意愿。只有继续流转土地、扩大经营规模，才能进一步提高家庭农场 A 的农业生产效率和经营效益。此外，从表 18 - 3 可以看出，两者在土地流转过程中都与农户签订了土地流转合同，这反映出土地流转的规范化发展趋势，也侧面表明农场主对于合约必要性的重视。

3. 劳动雇佣

两个典型案例农场均有常年雇工且偏好于雇佣关系型劳动力。家庭农场 A 中有家庭劳动力成员 2 人，家庭农场 B 中有家庭劳动力成员 4 人，两者均拥有常年雇工 4 人。在常年雇工中，亲戚成为雇佣的首选，这表明家庭农场在常年雇工选择中更青睐于选择关系型劳动力。对于此，访谈中两位农场主均表示选择亲朋好友一方面是因为农场主对亲朋好友的熟悉程度较高，双方不存在信息不对称问题，能够有效降低雇主在劳动雇佣过程中的摩擦性成本和信息搜寻成本。另一方面则是因为熟人（亲戚、朋友）更具有责任感，在农场工作过程中能够更加尽职尽责地履行合约。这表明，熟人社会观念在家庭农场发展尤其是劳动雇佣方面具有重要的决定作用。因此，充分发挥熟人社会在家庭农场生产经营中的作用，既有利于凝聚家庭农场各成员力量，形成更为紧密、彼此信任的劳动分工体系，又有利于保障家庭农场发展的稳定性与持续性。

农场经营性质不同使得两者在常年雇工工资方面存在较大差异。就家庭农场 A 而言，田间管理工作相对其他工作任务较重，从事田间管理工作的雇工工资为 4 万元/年，其他类型工作的工资则为 1.2 万 ~1.3 万元/年。相对于家庭农场 A，家庭农场 B 除农机手每月工资 4 500 元（一年发 8 个月工资）外，其他常年雇工工资均为 3 600 元/月（见表 18 - 4）。由于家庭农场 B 为不完全机械化生产经营，在更大程度上需要人与机械的协同配合，使得家庭农场 B 常年雇工的平均工资高于家庭农场 A 的平均工资水平。

表 18 - 4　　　　　　　　案例家庭农场劳动雇佣概况比较

类别	项目	家庭农场 A	家庭农场 B
常年雇工	常年雇工数量（人）	4	4
	其中，亲戚（人）	4	3
	朋友（人）	0	0
	其他（人）	0	1
	工资	田间管理：4 万元/年 其他：1.2 万~1.3 万元/年	农机手 4 500 元/月（一年发 8 个月） 其他：3 600 元/月
临时雇工	临时雇工数量（人/日）	≤10	≤20
	工资（元/日）	100	150

临时雇工方面，由于家庭农场 B 为多种类混合经营，农忙期间自然需要大量的临时雇工以满足农场经营需要，临时雇工一天最多可达 20 人，工资为 150 元/日。农场 A 由于机械化程度较高，农忙时节所需临时雇工数量相对较少，一天最多可达 10 人，工资也低于家庭农场 B 的临时雇工工资水平。这表明，机械化生产经营在一定程度上替代了农业劳动力，降低了家庭农场的雇工成本，但其临时雇工工资之间的差异则是由当地劳动力市场整体外部环境决定的。

4. 固定资产

两个案例农场的固定资产总值均较高，且都存在不同程度的政府补贴。家庭农场 A 和家庭农场 B 均购置了大量农机具，实现了由劳动密集型向资本密集型的过渡。两者机械设备总值分别达到 70 万元和 80 万元。固定资产总值方面，在包含场地、厂房、设备的情况下，家庭农场 A 和家庭农场 B 分别达到了 120 万元和 200 万元。此外，家庭农场 A 和家庭农场 B 农机具购置累计补贴分别达到了 13 万元和 25 万元。[①] 除农机具补贴外，为推动家庭农场配套基础设施建设，当地政府对家庭农场 B 修建晒场定向补贴资金 3 万元（见表 18 - 5）。

---

① 所购置农机设备须在当地农机购置补贴目录之中才能获得相应补贴。

表 18 – 5　　　　　　　**案例家庭农场固定资产概况比较**

项目	家庭农场 A	家庭农场 B
农机具种类及数量（台）	拖拉机（2 台）、收割机（1 台）、插秧机（1 台）、深松机（1 台）、旋耕机（1 台）共计 6 台	拖拉机（4 台）、收割机（3 台）、粉碎机（1 台）等农业机械和运输车辆共计 21 台
机械设备价值（万元）	70	80
固定资产总值（场地、厂房、设备）（万元）	120	200
是否获得补贴	是	是
农机具补贴累计金额（万元）	13	25

三、家庭农场发展路径

　　两个案例农场的发展路径不同，但在生产经营上均取得了良好的成效（见表 18 – 6）。家庭农场 A 以"产业延伸、品牌经营"为发展路径，采用纵向一体化的经营发展方式，专业生产优质大米。通过将自家生产的大米定位在中高端消费目标市场，打造优质大米品牌以扩大市场，避免产品在市场上产生同质化现象，从而获得具有竞争性的市场价格。家庭农场 B 则采取"生态循环、种养结合"的发展路径，一方面将鸡、鸭、鹅、猪等畜禽产生的粪便作为养鱼饲料，同时利用鱼塘水进行农田灌溉；另一方面将粮食作物加工后产生的稻糠和谷糠等作为畜禽养殖饲料。通过循环种养的发展路径，家庭农场 B 实现了零化肥投入，有效遏制了化肥面源污染，这对于推广家庭农场采用绿色生产方式，走高质量、可持续的农业发展道路起到了一定的示范作用。同时，家庭农场 B 较家庭农场 A 面临更少的现实制约因素，但两者在生产经营过程中均缺乏农业保险托底。由于缺乏农业保险托底，家庭农场面临着更多不确定的经营风险，这亟须建立健全农业保险体系尤其是针对家庭农场等新型农业经营主体出台专项保险，尽可能规避各类风险引致的经营损失。此外，贷款融资难是家庭农场发展所面临的普遍性问题。虽然家庭农场拥有大量农机具以及其他固定资产，但农机具等不能作为有效抵押物而获取银行贷款，导致目前我国家庭农场依然面临着信贷支持缺乏和贷款渠道较少的现实障碍，这在家庭农场 A 的生产经营中得以具体体现。此外，家庭农场 A 在经营过程中还表现出土地流转难和雇工短缺等问题。土地流转是家庭农场规模化、机械化和产业化经营发展的重要保障，但是由于农民对土地的依赖性，部分农民宁愿土地撂荒也不愿意流转土地，从而出现土地流转障碍，使得家庭农场呈现土地碎片化经营的特征，这制约了农场的规模经营发展。再者，我国农村地区劳动力流失严重，东北地区农村劳动力尤其是青壮年劳动力流失则更为严重，农村的空心化和老龄化问题造成家庭农场在农忙季节雇佣劳动力方面存在较大短板。

表 18－6　　　　　　　　　案例家庭农场的发展路径比较

项目	家庭农场 A	家庭农场 B
路径选择	产业延伸、品牌经营	生态循环、种养结合
制约因素	土地流转较难、农忙雇工难、自然灾害、缺乏保险托底、贷款难	自然灾害、缺乏保险托底
未来规划	扩大经营规模、有机农产品认证	打造生态观光旅游农业

对于家庭农场的未来发展规划，农场主 A 表现出扩大经营规模、生产有机农产品的经营意愿，农场主 B 则表现出打造生态观光旅游农业的经营意愿，两者都凸显出对发展生态农业的重视。就两者发展理念而言，家庭农场 A 的发展理念更多体现在降低成本的规模经济方面，而家庭农场 B 则旨在多元经营、种养结合与生态观光销售一体化，更多表现在循环经济方面。虽然两者发展理念不同，但各具优势，对于引领家庭农场发展均能起到一定的示范性作用。

本章通过对两个家庭农场典型案例进行系统研究，并对其经营模式与发展路径比较分析，得出主要结论如下：第一，尽管两个典型家庭农场已经取得了良好成效，但依然面临着诸多制约因素。缺乏农业保险托底、农业贷款难、土地流转障碍和临时雇工短缺等对其高质量发展形成了现实障碍，亟须有关支农、扶农、惠农的政策性保障措施予以重点倾斜。第二，两个案例农场分别基于"规模经济"和"循环经济"的发展理念，在生产经营方面各具特色与优势，为培育壮大家庭农场队伍提供了可复制、可推广的发展经验。家庭农场 A 经营发展基于"规模经济"理念，从事规模化、产业化和品牌化经营发展。家庭农场 B 则从"循环经济"理念出发，通过多种类混合经营，从而降低生产成本、弥补农业生产的天然弱质性，增强农业抵御风险的综合能力。第三，两个典型家庭农场在经营发展过程中均表现出发展生态农业的经营意愿，表明家庭农场在生产经营方面已经具备生态自觉性。第四，两个典型农场均对外提供农机社会化服务，体现出家庭农场既作为新型农业经营主体又作为新型农业服务主体的双重主体地位。

为此，我们提出如下建议：

（1）完善农业保险制度，促进农业抵押贷款有效多元。实行农业保险托底，拓宽农业抵押贷款渠道，增强家庭农场抵御风险的综合能力。第一，加大家庭农场扶持力度，发展政策性综合保险。根据家庭农场经营概况进行建档，实行一户一档制，推出种植业和养殖业综合保险，全面实行农业保险托底，做到家庭农场经营保成本，切实提高家庭农场的抗风险能力。第二，发展农业再保险，形成风险分担机制。实施农业再保险，尤其是向经营规模大、生产专业化程度高的家庭农场重点倾斜，化解家庭农场在生产和销售方面的特大自然风险和市场风险。第三，推行家庭农场固定资产抵押贷款。将家庭农场农机设备、厂房设施等纳入农业抵押贷款范围，着力解决好抵押贷款难题，为家庭农场融资发展创造良好外部环境。

（2）促进土地流转集中，推动家庭农场适度规模经营。土地流转集中是保障家庭农场适度规模经营的关键。第一，建立家庭农场主与农户的利益联结机制。首先，在尊重农民意愿的前提下，鼓励农户以土地出租、入股等多种方式参与土地流转。其次，对于土地流转意愿不高的农户，可以采取雇佣形式将其吸纳为农场劳动力，为家庭农场适度规模经营发展提供保障。第二，基层组织应做好农场主与小农户之间的协调工作。对于土地流转过程中出现的交易障碍，村委会要予以居中调解，推动双方实现合作共赢。第三，家庭农场经营规模需要适应自身生产力发展水平。农场主应根据家庭农场经营模式以及自身生产力发展水平，合理控制家庭农场经营规模，避免过大或过小，造成生产效率损失，从而保障家庭农场发展的持续性和稳定性。

（3）树立产品品牌意识，促进家庭农场持续节本增收。发挥农产品品牌效应，拓宽农场增收渠道，可以缓解土地租金等生产要素成本上升带来的经营压力。第一，培育特色农产品品牌，通过品牌优势提高农产品附加值。鼓励符合条件的家庭农场对其农产品进行"三品一标"认证，增强农产品市场综合竞争力。第二，树立规模经济和循环经济理念。根据家庭农场的经营特征调整其经营结构，从事适度规模经营或循环经营以降低农业生产成本。第三，推动家庭农场开展农机社会化服务。充分发挥家庭农场的双重主体身份，在农机具闲置期间对外提供农机社会化服务，拓宽农场增收渠道。第四，利用"互联网＋"优势，推动线上线下市场融合发展。利用互联网平台，开展农产品线上宣传与销售。同时，鼓励家庭农场设立直营店销售农产品，减少中间商差价环节，为农场持续增收注入活力。

（4）建立农业劳工市场，提高农场主综合管理水平。解决好家庭农场雇工难题，提高农场主综合素质能力，是家庭农场实现稳定发展的必要条件。第一，支持乡镇搭建劳动力市场平台，满足农场用工需求。鼓励乡镇政府将当地农业剩余劳动力统一纳入劳动力市场平台，并对劳动力供需信息予以及时发布，利用市场机制调节供求关系，为家庭农场用工提供保障。第二，按照家庭农场经营特征，结合农场主自身条件，开展具有针对性的家庭农场职业技能培训。如根据家庭农场以及家庭农场经营模式对农场主开展具有针对性的技能培训，从而满足各类型家庭农场的技能培训需求，提高培训效率。第三，构建家庭农场友好互助平台。借助微信、QQ 群等社交平台将农场主纳入统一管理系统，以此增进农场主在技术、管理和信息等方面的交流，形成良好有效的互助支撑体系，进而保障各家庭农场互促共进健康发展。

第四篇

农地三权分置的
法律表达

第十九章

承包地三权分置的法律表达

三权分置思想提出至今，无论是政府决策部门，还是学术界（农业经济学界、管理学界和法学界），就土地所有权、土地承包权和土地经营权三权分置的方式和程度、分置后的权利属性以及内容等，均未形成共识或多数意见，需要在法理上予以探讨。

一、承包地三权分置理论的形成和发展

土地所有权、承包权、经营权（使用权）三权分置（或"三权"分离）的提法由来已久。在推行家庭联产承包责任制之后不久，即有学者基于承包地由非承包农户耕作的事实，提出了"三权"分离的观点[①]，有些地方并已出现了"三权"分离的大量实践[②]。此时，经济学界认为，土地承包经营权所传达的所有与利用相分离的生产关系（即"农村土地、农户承包、承包农户经营"）发生了改变，出现了非承包户耕作承包地的情形，即"农村土地、农户承包、非承包农户

[①] 参见田则林、余义之、杨世友：《三权分离：农地代营——完善土地承包制、促进土地流转的新途径》，载于《中国农村经济》1990年第2期；冯玉华、张文方：《论农村土地的"三权分离"》，载于《经济纵横》1992年第9期；等等。

[②] 参见韩俊：《中国农村土地制度建设三题》，载于《管理世界》1999年第3期；黄祖辉、王册：《农村土地流转：现状、问题及对策——兼论土地流转对现代农业发出的影响》，载于《浙江大学学报》2008年第2期。

经营"。为了传达这一生产关系的改变，在农地产权保护上即有了将土地承包经营权分离为承包权与经营权的必要，由此而出现了土地所有权、承包权和经营权的分离，其中，"土地所有权属于集体，承包权由后来的集体承包土地的农户持用，使用权则转移到土地的实际者手中"①。

虽然有这些理论与实践的创新，但在 2001 年起草《农村土地承包法》时，并没有采纳"三权"分离的观点。该法的立法说明中指出："随着农业产业化和现代化进程的加快，今后工作的重点之一就是土地经营权流转的管理"②，但该法是以土地承包经营权流转的法律构造来传达上述"农村土地、农户承包、非承包农户经营"的生产关系的③。这样，承包地的产权结构就成了"集体的土地所有权 + 承包农户的土地承包经营权"。其中，集体土地所有权不能进行买卖或交易，承载着维持土地公有制的功用④；而土地承包经营权则被定性为农户的"私权"（民事权利）。承包地产权结构的如此安排，既避免了土地私有化之嫌，又将承包地产权的大部分权能界定给了集体成员，在一定程度上反映了当时家庭联产承包责任制之下农户承包集体土地并且实际经营其承包地所发生的生产关系，有效克服了集体经营情况下农业生产过程的外部性。⑤ 如此极大地调动了农民生产积极性⑥，适应了当时的生产力发展水平，取得了较好的制度绩效⑦。

"随着社会主义市场经济的发展，家庭联产承包责任制的边际效用不断递减、效率降低，逐渐落后于农村生产力的发展水平，并给农村生产力的进一步发展带来了障碍。"⑧ 大量的研究表明，家庭分散经营具有如下弊端：生产规模过小，规模效益无法体现；组织化程度低，难以避免农业生产活动的盲目性；农产品的市场化提高了竞争风险，单一农户难以防范。⑨ 随着工业化、城镇化的深入推进，农民就业和收入"非农化"现象不断涌现，承包地流转日益频繁，从而使得以

① 冯玉华、张文方：《论农村土地的"三权分离"》，载于《经济纵横》1992 年第 9 期。

② 柳随年：《关于〈中华人民共和国农村土地承包法（草案）〉的说明——2001 年 6 月 26 日在第九届全国人民代表大会常务委员会第二十二次会议上》，载于《中华人民共和国全国人民代表大会常务委员会公报》2012 年第 5 期。

③ 虽然"流转"一语并非严格意义上的法律术语，但《农村土地承包法》赋予了其法律意义，即农户作为土地承包经营权人（承包人）处分其土地承包经营权行为的总称。

④ 《农村土地承包法》第四条；何宝玉主编：《〈中华人民共和国农村土地承包法〉释义及实用指南》，中国民主法制出版社 2002 年版。

⑤ 参见张红宇、李伟毅：《人地矛盾、"长久不变"与农地制度的创新》，载于《经济研究参考》2011 年第 9 期。

⑥ 参见叶兴庆：《集体所有制下农用地的产权重构》，载于《毛泽东邓小平理论研究》2015 年第 2 期。

⑦ 参见韩长赋：《土地"三权分置"是中国农村改革的又一次重大创新》，载于《光明日报》2016年 1 月 26 日。

⑧ 刘先江：《农村土地经营权流转的政治学分析》，载于《政治学研究》2014 年第 4 期。

⑨ 参见马敬桂、查金祥：《我国农业双层经营体制的完善与创新》，载于《农业经济》2004 年第 3 期。

"承包主体与经营主体合一"为基础的土地承包经营权有了进一步分离的必要。"至 2016 年底农村已有 30.8% 的承包农户在流转承包地，35.1% 的承包地流向其他经营主体，面积达到 4.7 亿亩。"① "家家包地、户户务农的局面发生变化，催生了专业大户、家庭农场、农民合作社、农业企业等各类新型经营主体，形成了集体拥有所有权、农户享有承包权、新型主体行使经营权的新格局，实现了'集体所有、农户承包经营'的双层经营逐步向'集体所有、农户承包、多元经营'的'立体式复合型现代农业经营体系'转变。"②

在适度规模经营政策的指引下，土地承包经营权的流转成了无法回避的话题。在现行规则之下，土地承包经营权因其取得的身份性及其社会保障功能，流转较受限制，难以适应适度规模经营的生产力发展要求，无法很好地解决土地资源的优化配置问题。土地承包经营权所承载的社会保障功能与利用效率之间存在内在矛盾，事实上已成为农村经济发展的制度性障碍。而且土地承包经营权流转后可能带来的原承包户失去就业和生活保障的风险，无法在现有承包地产权结构中得到很好的避免和消解。现行土地承包经营权流转规则仅以小规模的承包地流转为基础，无法适应和调整适度规模经营之下的承包地流转的需要：一是经营主体所取得的权利效力较弱，保障力度不够，难以形成稳定的经营预期；二是经营主体无法以其取得的权利进行担保融资，扩大再生产，制约了正常的生产经营。③ 同时，在构建新型农业经营体系的过程中，"决不能因为创新而使农户丧失其合法的土地承包经营权"④。于是，"集体所有权、农户承包权和土地经营权"等三权分置再次进入人们的视野，并被赋予了"就业保障的托底作用""土地要素合理流转""提升农业经营规模效益和竞争力""创新农村土地集体所有制的有效实现形式"的政策目标。⑤ 经济学界就三权分置渐成通说⑥，普遍以土地经营权与土地承包权的分离来传达我国现行法上所规定的土地承包经营权流转⑦。

承包地产权结构的分化在一定程度上体现着承包地生产要素功能和社会保障

---

① 刘振伟：《完善农村土地承包法律制度》，引自全国人大农业与农村委员会法案室编著：《农村土地承包法律制度研究》，中国法制出版社 2017 年版。

②⑤ 参见韩长赋：《土地"三权分置"是中国农村改革的又一次重大创新》，载于《光明日报》2016 年 1 月 26 日。

③ 参见耿卓：《农地三权分置改革中土地经营权的法理反思与制度回应》，载于《法学家》2017 年第 5 期。

④⑥ 陈锡文：《加快构建新型农业经营体系》，引自《〈中共中央关于全面深化改革若干重大问题的决定〉辅导读本》，人民出版社 2013 年版。

⑦ 黄祖辉、王册：《农村土地流转：现状、问题及对策——兼论土地流转对现代农业发出的影响》，载于《浙江大学学报》2008 年第 2 期。

功能的冲突①，体现着效率和公平两大价值的平衡。在两权分离之下，集体土地所有权派生出土地承包经营权。这一分离发生于集体与农户之间，是农户与集体之间承包地产权的重新配置②，置重的是承包地的社会保障功能，强调承包地在本集体成员之间的公平分配，如此形成了"以生存保障为基础，以社会公平的价值理念为目标"的承包地产权结构③，并通过土地承包经营权的物权性赋权，激发农户的生产积极性，极大地解放了农村生产力。在三权分置之下，在集体土地所有权与土地承包经营权分离的基础上，土地承包经营权派生出土地经营权，是承包农户和其他经营主体之间承包地产权的重新配置，同时分割土地承包经营权的保障功能和财产功能④，承包农户的土地承包经营权不因派生出土地经营权而发生改变，被赋予严格的身份属性，在一定程度上坚守了农户"不失地"的改革底线，体现着承包地的社会保障功能；同时，土地经营权成为脱逸身份属性的市场化权利，其自由流转解决了承包地的抛荒以及抵押融资等问题⑤。正是在三权分置之下，承包农户在享有稳定的土地承包经营权的同时，可以放心地去流转承包土地的经营权⑥，也正因脱离了身份藩篱的土地经营权的市场化流转，多元化的农业经营方式才得以发展，承包地的利用效率得以置重，集约化、组织化和社会化相结合的新型农业经营体系才得以构建。

二、承包地三权分置的理论基础

承包地三权分置改革的总体要求是："科学界定'三权'内涵、权利边界及相互关系，逐步建立规范高效的'三权'运行机制，不断健全归属清晰、权能完整、流转顺畅、保护严格的农村土地产权制度。"⑦ 虽然承包地三权分置的经济

---

① 参见朱道林、王健、林瑞端：《中国农村土地制度改革与探讨——中国土地政策与法律研究圆桌论坛（2014）观点综述》，载于《中国土地科学》2014年第9期。

② 参见尹成杰：《三权分置是农地制度的重大创新》，载于《农村工作通讯》2015年第16期。

③ 参见刘俊：《创新农地流转制度》，载于《瞭望新闻周刊》2007年第44期。

④ 参见宋志红：《农村土地"三权分置"改革：风险防范与法治保障》，载于《经济研究参考》2015年第24期。

⑤ 参见宋志红：《中国农村土地制度改革研究：思路、难点、制度建设》，中国人民大学出版社2015年版。

⑥ 陈锡文：《加快构建新型农业经营体系》，引自《〈中共中央关于全面深化改革若干重大问题的决定〉辅导读本》，人民出版社2013年版。

⑦ 参见中共中央办公厅、国务院办公厅：《关于完善农村土地所有权承包权经营权分置办法的意见》。

思想已经在政策文件中得以反映，但经济理论上并未就分置后的三权的权利属性和内容作出清晰的界定，各政策文件之中，无论是形式上的文字表述还是实质上的思想内容，都存在较大的差异。

经济学界普遍认为，"土地承包经营权是承包权和经营权的混合体"①，面对承包农户不自己经营承包地的情况越来越多的现实，为顺应农民保留土地承包权、流转土地经营权的意愿，可将土地承包经营权分为承包权和经营权，实现承包权和经营权分置并行②。土地所有权、承包权、经营权三权分置在传统的经济理论之下"是完全可以解释的"③，因为经济学是以"权利束"的观念来解读承包地产权结构的：在家庭联产承包责任制的框架下，承包地产权结构被分解为上述三种权利④。有论者指出，承包地产权作为一个权利束，包括占有、使用、收益、处置等子权利，每一项子权利内容还可再细分相应权益，承包权与经营权的分离就是多个主体分享承包地产权权利束的直接体现。⑤ 这一产权经济学的权利束观念明显受到英美法的影响。英美法上没有严格意义上的物权、债权概念体系，其所谓"property right"多被对译为"产权"，并被定义为"与物有关的'权利束'"，其中最为重要的包括排他权、转让权、占有使用权。⑥ "土地权利随经济发展，丰富内涵，所有权与所有制含义不同。所有权可分解出使用权、经营权、租让权、抵押权、处置权、收益权等等，成为一束权利。"⑦ 即便如此，"权利束"的分解理论仍旧无法证成将土地承包经营权分置为土地承包权和土地经营权的正当性。在经济学界普遍将"土地承包权"理解为农户承包土地的权利（请求权）的情况下，"土地承包权"是取得土地承包经营权的前提条件，土地承包经营权是行使"土地承包权"的结果。准此，土地承包经营权中并不包括所谓"土地承包权"，也无以从中分解出"土地承包权"。

以"权利束"来解释物权或产权的分解，并未得到大陆法系法理的支持。在传统大陆法系国家，为强化对他人之物的利用关系，概以所有权为中心推及至用益物权、担保物权等定限物权（他物权）。所有权具有完整性，并不因其上设定了他物权而受到影响。他物权并不是所有权的分割，而是将所有权部分内容具化

---

① 参见叶兴庆：《集体所有制下农用地的产权重构》，载于《毛泽东邓小平理论研究》2015 年第 2 期。

② 参见韩长赋：《既保护农户承包权益，又放活土地经营权 "三权分置" 改革是重大制度创新》，载于《人民日报》2014 年 12 月 22 日；前引尹成杰文。

③ 吴敬琏：《还给农民的是土地经营权，而非所有权》，载于《农村工作通讯》2015 年第 11 期。

④ 参见丁关良、阮韦波：《农村集体土地产权 "三权分离" 论驳析——以土地承包经营权流转中 "保留（土地）承包权、移转土地经营权（土地使用权）" 视点为例》，载于《山东农业大学学报》（社会科学版）2009 年第 4 期。

⑤ 参见潘俊：《农村土地 "三权分置"：权利内容与风险防范》，载于《中州学刊》2014 年 11 期。

⑥ 参见［美］约翰·G. 斯普兰克林：《美国财产法精解》，钟书峰译，北京大学出版社 2009 年版。

⑦ 杜润生：《杜润生自述：中国农村体制变革重大决策纪实》，人民出版社 2005 年版。

后新设独立的他物权，是所有权之上设定权利负担，并不改变所有权的内容，仅在一定范围内限制着所有权的行使。[①] 此即所谓"母子"权利结构。[②] 我国民法秉承大陆法传统，经济学界以"权利束"为理论基础提出的"土地所有权、土地承包权、土地经营权"三权分置思想无法直接在我国法律上得到体现。在中国民法典编纂和《农村土地承包法》修改之时，我们不宜以"权利束"为理论基础来解释三权分置的权利架构。

依前述大陆法系的他物权生成法理，所有权上设定用益物权等他物权之后，仍不失其完全性，所有权的权能并没有分离，只是所有权人权利之行使在所设定的他物权的范围内受到了限制，一旦他物权消灭，则所有权当然回复其全面支配的圆满状态。[③] 准此以解，集体土地所有权是浑然一体的权利，其内容可依所有权人的意志而伸缩，其上为承包农户设定土地承包经营权，并不是集体土地所有权权能分离的结果。此时，集体土地所有权全面支配所有物的权能，将因受限制而大为减缩，其本身似已虚有其名，成为不具有任何权能的形态，学理上称之为所有权之虚有化或空虚所有权。[④] 不过，集体土地所有权设定土地承包经营权之后，集体本应依其所有权受到限制而向承包农户收取对价，只因国家减轻农民负担之政策而取消。这是集体作为所有权人基于国家政策和自主意愿处分其土地所有权的结果。

同理，土地承包经营权也具有浑然一体的内容，"农户承包权与土地经营权的设立并非将土地承包经营权肢解为两种权利，而是土地承包经营权中派生出土地经营权"[⑤]。自土地承包经营权派生出土地经营权，也不是土地承包经营权权能分离的结果。此时，土地承包经营权人权利之行使受到其上已设定的土地经营权的限制，相应地，其享有向经营主体收取对价的权利。农户占有、使用承包地的支配权能，将因土地经营权的设定而受到极大的限制，甚至减缩殆尽，其本身也似已虚有其名，仅表现为向经营主体收取对价的收益权能。但这同样是农户基于自主意愿处分其土地承包经营权的结果。

正如从集体土地所有权派生出土地承包经营权之后，土地所有权仍然是浑然一体的权利，其名称并未因派生出土地承包经营权而发生改变，土地承包经营权派生出土地经营权之后，土地承包经营权也仍然是浑然一体的权利，其名称也不应因派生出土地经营权而发生改变。如依"母子结构"的权利生成法理，这一权

---

① 参见王泽鉴：《民法物权》（第 2 版），北京大学出版社 2010 年版；谢在全：《民法物权论》（修订 5 版），中国政法大学出版社 2011 年版；房绍坤：《用益物权基本问题研究》，北京大学出版社 2006 年版。

② 参见崔建远：《民法分则物权编立法研究》，载于《中国法学》2017 年第 2 期。

③④ 谢在全：《民法物权论》（修订 5 版），中国政法大学出版社 2011 年版。

⑤ 蔡立东、姜楠：《农地三权分置的法实现》，载于《中国社会科学》2017 年第 5 期。

利结构更易理解：土地承包经营权是土地所有权之上的权利负担，土地经营权是土地承包经营权之上的权利负担，土地所有权和土地承包经营权均不因其上设定了权利负担而改变其权利名称和性质。

准此以解，承包地三权分置在法律上应传达为"土地所有权—土地承包经营权—土地经营权"，其中后者派生于前者。这一法律表达具有以下合理性：

第一，便于和现行制度衔接，妥善处理两权分离和三权分置之间的关系。在我国目前农村生产力发展水平参差不齐的背景之下，"两权"分离和三权分置必将并行不悖。承包地三权分置只是反映着发生承包地流转时的承包地产权结构，并不全盘否定两权分离。在没有发生承包地流转的情况之下，仍然维系两权分离的产权结构，此时，农户仍然享有土地承包经营权，无须进一步派生出土地经营权，现行制度足以使用；已经推行的土地承包经营权登记颁证工作也无须改变，即无须就土地承包权和土地经营权分别颁证，以满足农民对土地承包经营制的长久预期。只有在承包农户流转了承包地的情况之下，才为经营主体的土地经营权登记颁证，此时，原承包农户的土地承包经营权登记簿和权证只需记载土地经营权这一权利负担即可，无须重新就土地承包权登记颁证。《农村土地承包法修正案草案》即采纳了这一观点。"土地集体所有权与承包经营权是承包地处于未流转状态的一组权利，是两权分离。土地集体所有权与土地承包权、土地经营权是承包地处于流转状态的一组权利，是三权分置。"[1] 从该草案所定用益物权性土地承包权的内容来看，两权分离之下的"土地承包经营权"和三权分置之下的所谓"土地承包权"实为同义语。

第二，降低修改法律的难度以及制度变迁成本。农村土地制度改革需要考虑制度变迁成本，如产权的界定和制度变迁成本大于收益，则这种制度变迁既不合理，也不易在实践中得以贯彻。[2] 三权分置成为新一轮土地制度改革的基本理论后，无论是《农村土地承包法》还是《中华人民共和国民法典》，均需按照这一思想进行修改或重构。如果在法律上直接转述"土地所有权、土地承包权、土地经营权"的政策术语，则两部法律中均得重新界定土地承包权、土地经营权的性质和内容。如此，法律的变动过大，严重影响法律的稳定性，极易造成农民的误解和误读；而若采取"土地所有权—土地承包经营权—土地经营权"的权利结构，两部法律中只需修改现行土地承包经营权流转的相关规则、就土地经营权的性质和内容另行作出规定即可，法律修改的难度更小。《农村土地承包法修正案

---

[1] 刘振伟：《关于〈中华人民共和国农村土地承包法修正案（草案）〉的说明》，2017 年 10 月 31 日在第十二届全国人民代表大会常务委员会第三十次会议上的报告。

[2] 参见赵阳：《新形势下完善农村土地承包政策若干问题的认识》，载于《经济社会体制比较》2014年第 2 期。

草案》既规定了两权分离之下的土地所有权和土地承包经营权，又规定了三权分置之下的土地所有权、土地承包权和土地经营权，形成了"（集体）土地所有权＋（承包农户）土地承包经营权＋（承包农户）土地承包权＋（经营主体）土地经营权"这一承包地产权的复杂结构，并未妥善处理好两权分离和三权分置之间、土地承包经营权和土地承包权之间的关系，颇值商榷。

第三，符合现行法之下对"土地承包经营权"这一术语的通常理解。在《农村土地承包法》和《物权法》之下，土地承包经营权是指在农村土地之上设立的以从事农业生产为目的的权利，只是借用约定俗成的称谓来传达农地利用权的含义，从其权利内容来看，并无"承包"和"经营"两项内容，亦即其本身并不是由"土地承包权"和"土地经营权"构成，也无法分离为"土地承包权"和"土地经营权"。但是，如将"土地承包权"理解为"农村集体经济组织成员依法享有的承包土地的权利"[1]，则土地承包经营权只是本集体成员行使"土地承包权"之后的结果，一旦土地承包经营权设定，此种意义上的"土地承包权"即失去意义，并未传导至土地承包经营权之中，而只能在土地承包经营权因承包期届满而消灭之后再次行使。由此可见，不以土地承包经营权分离为土地承包权、土地经营权，而以土地承包经营权派生出土地经营权，以"土地承包经营权之上设定土地经营权"来传达新型农业经营体系之下的承包地产权结构更符合法律逻辑。

综上，所谓承包地三权分置，即土地所有权、土地承包经营权、土地经营权分别配置。《农村土地承包法修正案草案》第六条第1款规定："以家庭承包方式取得的土地承包经营权在流转中分为土地承包权和土地经营权。"依本章观点，应修改为："土地承包经营权人可以在其依法取得的土地承包经营权上为土地经营权人设立土地经营权。"

三、土地承包经营权规则的完善

"作为集体经济组织成员的农户，依法享有土地承包权，这是集体所有权的具体实现形式，也是农村基本经营制度的根本。"[2] "稳定农户承包权""严格保护农户承包权"，需要首先分析我国现行法中有哪些规定滞后于改革政策与实践，

---

[1] 《农村土地承包法修正案草案》第六条第2款。
[2] 参见韩长赋：《土地"三权分置"是中国农村改革的又一次重大创新》，载于《光明日报》2016年1月26日第1版。

进而思考在编纂或修改相关法律时如何反映这些改革思想。准此，至少有以下几个方面需要研究。

（一）土地承包权和土地承包经营权的定名之争

在《农业法》（1993年）、《农村土地承包法》上，"土地承包权"仅仅是指农村集体经济组织成员依法承包由本集体经济组织发包的农村土地的资格[①]，是承包农户取得土地承包经营权的前提条件。这里"每个农村集体经济组织成员都有承包权，强调的是成员的权利能力，即村集体中的每个人，只要一出生，不论年龄长幼、不分男女，都有权承包本集体经济组织的土地"[②]。但在三权分置之下，土地承包权是"土地承包权人对承包土地依法享有占有、使用和收益的权利"。由此，三权分置之下的土地承包权，非为《农业法》（1993年）、《农村土地承包法》意义上的"土地承包权"，而是具有"使用、流转、抵押、退出承包地等各项权能"的财产权。如此看来，三权分置之下的土地承包权并非现行法上的"土地承包权"，反与《农村土地承包法》《物权法》上所称的土地承包经营权同其含义，取得土地承包权或土地承包经营权的资格限制，并不能否定其财产权属性。实际上，我国相关政策文件和学者论述中也经常混用土地承包权和土地承包经营权。[③]

《农村土地承包法修正案草案》同时使用成员权性质的土地承包权[④]和用益物权性质的土地承包权[⑤]，使得同一法典中所使用的同一概念出现两种不同的含义。成员权性质的土地承包权，是集体经济组织成员作为其所属的集体经济组织的一员所享有的请求承包集体土地的权利，是成员权的内容之一，应属集体土地所有权规制的范畴。其行使的结果是使成员取得土地承包经营权，它外在于土地承包经营权，并不属于土地承包经营权的内容，也无以从土地承包经营权中分置

---

① 参见《农村土地承包法》第五条和1993年《农业法》第十三条第3款。
② 王超英：《切实保障农民的土地承包经营权》，引自刘坚主编：《〈农村土地承包法〉培训讲义》，中国农业出版社2002年版。
③ 参见《土地经营权流转意见》《实施方案》《三权分置意见》《关于加大改革创新力度加快农业现代化建设的若干意见》；参见孙中华：《关于农村土地"三权分置"有关政策法律性问题的思考》，载于《农业部管理干部学院学报》2015年第1期；参见叶兴庆：《集体所有制下农用地的产权重构》，载于《毛泽东邓小平理论研究》2015年第2期；吉炳轩：《法律要推动农村改革创新》，引自全国人大农业与农村委员会法案室编：《农村土地承包法律制度研究》，中国法制出版社2017年版；等等。
④ 参见《农村土地承包法修正案草案》第六条第2款、第二十六条第2款。
⑤ 《农村土地承包法修正案草案》第四十条。这里"土地承包权"体现的是承包方与发包方之间的承包关系，而不是承包方作为集体经济组织成员所享有的承包土地的资格或权利。该草案第二章第四节"土地承包权的保护和转让"所称的土地承包权，绝大多数是在这一意义下使用。

出来。因此，《农村土地承包法修正案草案》应置重于用益物权性质的土地承包权。

在物权法定原则之下，物权的种类由法律直接规定。就具体物权而言，应直接使用法定名称，而非使用"土地承包权"这一法律上并未定名的"物权"名称。在修改《农村土地承包法》和编纂民法典时，基于法律的相对稳定性和同时反映两权分离和三权分置两种权利结构的考虑，也不宜将既定的土地承包经营权改称为土地承包权。

（二）土地承包经营权的身份属性及其体系效应

《三权分置意见》指出："农村集体土地由作为本集体经济组织成员的农民家庭承包，不论经营权如何流转，集体土地承包权都属于农民家庭。"在这里，土地承包经营权的取得和保有明显带有身份属性。"'三权分置'中的土地承包权专属于农户，这是稳定我国农村基本经营制度的基础的客观必要，也是保护农民生存权益的客观必要。"[1] 在我国现行法上，《农村土地承包法》规定了两种形式的土地承包经营权——以家庭承包方式取得的土地承包经营权和以招标、拍卖、公开协商等其他承包方式取得的土地承包经营权。其中，后者的主体"不仅仅局限于农村集体经济组织内部成员"，"非本集体经济组织的外村农户、其他组织等从事农业生产经营者"均可取得[2]，这种意义上的土地承包经营权已经属于市场化的权利，脱逸出了主体的身份属性。《物权法》对上述两类土地承包经营权进行了抽象，将土地承包经营权的主体明确界定为"土地承包经营权人"，"不仅高度概括了各类承包经营权的主体，也使得《物权法》的主体范畴更具有包容性"。[3] 但这里仍然维系着《农村土地承包法》的制度安排。

虽然两权分离和三权分置并存于承包地权利体系，均应在《中华人民共和国民法典》和《农村土地承包法》得到体现，但在一部法典中所使用的法律概念应保持前后一致的法律意义。在两权分离和三权分置之下，均由"土地承包经营权"一语来转达承包农户对集体土地的利用关系。我国现行法上的"土地承包经营权"以两权分离为其理论基础，只要是利用农村土地从事农业生产，在法律上均表达为"土地承包经营权"，而不管权利人是否属于本集体经济组织的承包农户。虽然基于一定身份资格所取得的财产权已经不存在人身权的内涵[4]，但在三

---

① 管洪彦、孔祥：《"三权分置"中的承包权边界与立法表达》，载于《改革》2017 年第 12 期。
② 参见胡康生主编：《中华人民共和国农村土地承包法释义》，法律出版社 2002 年版。
③ 王利明：《物权法研究》（下卷）（第 4 版），中国人民大学出版社 2016 年版。
④ 参见陈小君：《"三权分置"与中国农地法制变革》，载于《甘肃政法学院学报》2018 年第 1 期。

权分置之下，"土地承包经营权"已纯化为只有本集体经济组织的承包农户才能取得的、兼具财产属性和保障属性的权利。"农村集体土地应该由作为集体经济组织成员的农民家庭承包，其他任何主体都不能取代农民家庭的土地承包地位，不论承包经营权如何流转，集体土地承包权都属于农民家庭。"① 如此看来，在制度重构之时，应明确只有本集体经济组织的农户才能取得土地承包经营权，"土地承包经营权是农村集体经济组织成员的财产性权利，农村集体经济组织成员身份又是获得土地承包经营权的前提条件"②。《物权法》和《农村土地承包法》上所谓"以其他承包方式取得的土地承包经营权"，与"承包"所蕴含的成员属性并不相符，反与土地经营权同其功能和意义，自可在"土地经营权"之下一体规定。

基于此，《物权法》第一百二十五条关于土地承包经营权的定义性法条应当修改为："承包农户依法对其承包经营的耕地、林地、草地等享有的从事种植业、林业、畜牧业等农业生产的用益物权。"这里，将主体限定为承包农户，用途限制在从事种植业、林业、畜牧业等农业生产，性质界定为用益物权。

（三）土地承包经营权设立规则的重构

稳定土地承包关系，一直是我国农村土地政策的基本目标③，无论是两权分离，还是三权分置，均涉及土地承包关系的稳定问题。就前者而言，土地承包关系的稳定有利于承包农户形成明确的经营预期，并进而提高农业投入；就后者而言，土地承包关系的稳定是承包地流转的前提和基础，有利于优化土地资源配置效率。由此可见，三权分置与稳定土地承包关系并不矛盾。土地承包关系涉及承包农户对集体土地的利用关系，这一关系的稳定首先端赖于法律上对其权利性质的架构。在法政策上，土地利用关系既可以表达为物权，也可以表达为债权④，而对于长期的土地利用关系自应定性为物权。我国现行法上，《物权法》明确将土地承包经营权界定为一种用益物权；《农村土地承包法》囿于立法之时尚无物权的立法概念，并未对土地承包经营权予以定性，存在着物权和债权二元化构造

---

① 中共中央宣传部：《习近平总书记系列重要讲话读本》，学习出版社、人民出版社2016年版。

② 刘振伟：《关于〈中华人民共和国农村土地承包法修正案（草案）〉的说明》，2017年10月31日在第十二届全国人民代表大会常务委员会第三十次会议上的报告。

③ 参见张红宇、李伟毅：《人地矛盾、"长久不变"与农地制度的创新》，载于《经济研究参考》2011年第9期。

④ 谢在全：《民法物权论》（修订5版），中国政法大学出版社2011年版。

的主张。①《农村土地承包法》的修正，应基于稳定土地承包关系的需要，明确土地承包经营权为物权。

《实施方案》指出："稳定农户承包权，就是要依法公正地将集体土地的承包经营权落实到本集体组织的每个农户。"《土地经营权流转意见》和《三权分置意见》进一步指出了以登记作为稳定土地承包关系的技术路径。土地承包经营权作为不动产物权之一，自应以一定的技术手段公示于外。在我国现行法上，土地承包经营权并未采行不动产物权变动的债权形式主义模式，而是采取债权意思主义模式②，仅依当事人之间的合意即产生土地承包经营权设定的效力。这一规定的立法理由在于，"承包方案经村民会议或村民代表会议讨论同意，集体经济组织成员相互熟悉，承包的地块人所共知，能够起到相应的公示作用"③。目前采取向土地承包经营权人颁发土地承包经营权证并登记造册，来确认和保护其合法权利④，但这一方法仅为行政法意义上的行政确权，对于土地承包经营权的设立没有法律意义⑤，无法起到公示作用。

《实施方案》在政策上要求"明确和提升农村土地承包经营权确权登记颁证的法律效力"。在承包地的流转日益频繁、主要经营主体已非本集体经济组织成员的背景之下，上述理由即失去正当性。此际，应当得到确认和保护的，不仅仅是土地承包经营权人的利益，而且包括土地经营权人等第三人的利益。为维护承包地流转的交易安全，土地承包经营权的设立亦应以登记为公示方法，但不宜将登记作为土地承包经营权设立的生效要件。一则，我国农村经济发展不平衡，各地土地流转规模相差较大，一律采取登记生效主义，会增加没有承包地流转或流转不频繁地区的承包农户的负担；二则，虽然目前土地承包经营权的登记颁证工作几近完成，但第三轮承包工作在 10 年左右即会启动，限于登记机关行政能力及测绘技术的限制，短期内无法完成调整后的承包地的首次登记，采取登记生效主义，登记机关难以配合。基于此，在制度重构之时应采取登记对抗主义，由当事人参酌具体情况选择是否登记。

---

① 柳随年：《关于〈中华人民共和国农村土地承包法（草案）〉的说明——2001 年 6 月 26 日在第九届全国人民代表大会常务委员会第二十二次会议上》，载于《中华人民共和国全国人民代表大会常务委员会公报》2012 年第 5 期。

② 王利明：《物权法研究》（下卷）（第 4 版），中国人民大学出版社 2016 年版；尹田：《物权法》（第 2 版），北京大学出版社 2017 年版。也有学者认为，我国土地承包经营权设立既不属于形式主义模式，也不属于典型的意思主义模式，充其量只能算是"准意思主义"模式。参见陈小君等：《田野、实证与法理——中国农村土地制度体系构建》，北京大学出版社 2012 年版。

③ 全国人大常委会法制工作委员会民法室：《〈中华人民共和国物权法〉条文说明、立法理由及相关规定》（第 2 版），北京大学出版社 2017 年版。

④ 参见前引全国人大常委会法制工作委员会民法室书。

⑤ 王利明：《物权法研究》（下卷）（第 4 版），中国人民大学出版社 2016 年版。

综上，建议将《物权法》第二百二十七条修改为："土地承包经营权自土地承包经营合同生效时设立，但未经登记，不得对抗善意第三人。"将《农村土地承包法》第二十二条修改为："土地承包经营合同自成立之日生效。土地承包经营权人自土地承包经营合同生效时取得土地承包经营权，但未经登记，不得对抗善意第三人。"

"稳定土地承包关系并保持长久不变"是党的十七届三中全会以来深化农村土地制度改革的重大决策。"长久不变"是具有指引方向功能的政策性语言，是指农村土地承包经营制度和形式长久不变，并不意味着土地承包经营权没有期间限制。党的十九大报告中指出："保持土地承包关系稳定并长久不变，第二轮土地承包到期后再延长 30 年。"这一重大决策，使土地承包关系从第一轮承包开始保持稳定长达多年，"彰显了中央坚定保护农民土地权益的决心"，"既稳定了农民预期，又为届时进一步完善政策留下了空间"。[1] 基于此，建议《农村土地承包法》第二十条增设第 2 款，规定："前款规定的承包期届满，可以延长三十年。"《物权法》第一百二十六条第 2 款亦应作相同修改。

（四）土地承包经营权权能的完善

自党的十七届三中全会以来，完善土地承包经营权的权能一直是赋予农民更多财产权利、深化农村土地承包经营制度改革、构建新型农业经营体系的关键一环。《三权分置意见》明确指出："在完善'三权分置'办法过程中，要充分维护承包农户使用、流转、抵押、退出承包地等各项权能。"

土地承包经营权既属法律上明定的用益物权，其权利人处分其权利自是题中之义。但在两权分离之下，土地承包经营权承载着财产和保障双重功能，现行法基于保护农民"不失地"的公共政策限制其抵押自有其正当性。[2] 而在三权分置之下，土地承包经营权抵押权实现之时，受让人并不取得土地承包经营权，而仅能取得土地经营权，原土地承包经营权人仍然保有其土地承包经营权，满足了"不论承包经营权如何流转，集体土地承包权都属于农民家庭"的政策要求，上述障碍即已克服。土地承包经营权系承包农户的主要财产之一，将其作为抵押财

---

[1]　韩长赋：《大力实施乡村振兴战略》，引自《党的十九大报告辅导读本》，人民出版社 2017 年版。

[2]　《担保法》第三十七条第 2 项、《物权法》第一百八十二条第 2 项。但以其他承包方式取得的土地承包经营权除外。不过，本章主张以其他承包方式取得的土地承包经营权应重构为土地经营权，自无讨论余地。

产，有利于搞活土地生产要素、缓解农村融资难。① 基于此，国务院开展了农村承包土地的经营权抵押贷款的试点工作。为保证试点工作的合法性，全国人大常委会并授权国务院在试点县（市、区）行政区域内暂时调整实施《物权法》等关于集体所有的耕地使用权不得抵押的规定。相关试点工作取得了良好的效果。因此，在制度重建之时，应删除《物权法》第一百八十四条的相关禁止性规定。

《国务院关于开展农村承包土地的经营权和农民住房财产权抵押贷款试点的指导意见》指出，在土地承包经营权抵押权的行使条件成就之时，"允许金融机构在保证农户承包权……前提下，依法采取多种方式处置抵押物"。由此可见，即使金融机构实现其土地承包经营权抵押权，也不宜采取《物权法》第一百九十五条明定的折价、拍卖、变卖等方式，因为这些方式将导致承包农户丧失土地承包经营权，无法达到保证农户"不失地"的政策目标。而在强制执行法上，除了以折价、拍卖、变卖等方式之外，尚有强制管理方式。强制管理，是以不动产的收益为执行对象的换价方法，由执行法院选任管理人对被执行人的已查封不动产实施管理，并以其所得收益满足债权人的金钱债权。② 以强制管理方式实现土地承包经营权抵押权，并不就土地承包经营权进行变价，而仅仅使受让人取得其上的土地经营权，在土地经营权的行使所生的收益足以清偿债务之时，土地经营权即消灭，土地承包经营权回复至圆满状态。我国实行执行措施法定主义，为避免土地承包经营权金融化之后可能产生的不利影响，建议在编纂《民法典》之时，在《物权法》第一百九十五条抵押权的实现方式中增加"强制管理"这一方式。

在两权分离之下，我国现行法就土地承包经营权的流转采取了"方式法定"的规制路径，对土地承包经营权的流转作出严格限制，其立法理由在于："土地流转是农村经济发展、农村劳动力转移的必然结果，但目前从总体上看，我国绝大多数农村尚不具备这个条件。只有在第二、三产业发达，大多数农民实现非农就业并有稳定的工作岗位和收入来源的地方，才有可能出现大范围的土地流转。"③ 而目前承包地流转的规模已非《农村土地承包法》立法之时所能比拟，且三权分置的政策目标在于优化土地资源配置，促进适度规模经营发展，放松承包地流转的管制应属当然之理。

《农村土地承包法》对土地承包经营权转让的出让人和受让人作了严格限制，且增加了"经发包方同意"这一程序性要件。在三权分置之下，承包农户仍然享

① 参见孙中华：《关于农村土地"三权分置"有关政策法律性问题的思考》，载于《农业部管理干部学院学报》2015年第1期。
② 参见赖来焜：《强制执行法各论》，元照出版有限公司2008年版。
③ 顾昂然：《全国人大法律委员会关于〈中华人民共和国农村土地承包法（草案）〉修改情况的汇报——2002年6月24日在第九届全国人民代表大会常务委员会第二十八次会议上》，载于《中华人民共和国全国人民代表大会常务委员会公报》2012年第5期。

农地三权分置的理论与实践研究

有转让土地承包经营权的处分权，只不过，基于取得或保有土地承包经营权的身份属性，应进一步将受让人的范围限制为本集体经济组织的成员。《农村土地承包法修正案草案》第三十三条拟将现行法第四十一条修改为："经发包方同意，承包方可以将全部或者部分承包的土地转让给本集体经济组织的其他农户，由该农户同发包方确立新的承包关系，原承包方与发包方在该土地上的承包关系即行终止。"这里，取消了"承包方有稳定的非农职业或者有稳定的收入来源"的限制性条件，明确了受让人为"本集体经济组织的其他农户"。但值得商榷的是：其一，保留"经发包方同意"没有正当性。发包方同意条款最早见于最高人民法院的数个司法解释，其时多将土地承包经营权定性为债权，土地承包经营合同的概括移转自应取得发包方同意。及至《农村土地承包法》，我国实定法尚无物权概念，保留发包方同意条款即属制度惯性使然，与承包地生活保障功能无关。①《物权法》已经明确将土地承包经营权作为用益物权的一种予以明定，且明确区分合同和物权变动的效力，土地承包经营权的转让自应遵循物权转让的一般规则，由当事人之间签订转让合同并办理移转登记即可，无须再经过作为所有权人的发包方同意。此外，发包方同意的条件和程序不明确，在实践中不易操作，反而成了村干部干预土地承包经营权转让的理由。司法案例的实证分析也表明，这一规定并未得到有效实施。② 其二，对土地承包经营权人转让其土地承包经营权，是否发生丧失承包期限届满后的承包土地的权利的后果，该条并未明确。土地承包经营权是有期限的物权，土地承包经营权人转让的也是有期限的土地承包经营权，该转让的土地承包经营权期限届满后，受让人受让的权利自当消灭，原土地承包经营权人自可依其承包土地的权利实际取得土地承包经营权。据此，《农村土地承包法修正案草案》第三十三条应修改为："土地承包经营权人可以将全部或者部分土地承包经营权转让给本集体经济组织的其他农户的，原土地承包关系在相应范围内即行终止。转让的期限不得超过承包期的剩余期限。"

因担心入股成立的公司破产后农户可能失去承包经营的土地，《农村土地承包法》对土地承包经营权的入股持否定态度。基于实践的发展，《农村土地承包经营权流转管理办法》仅承认了土地承包经营权入股合作社。而在三权分置之下，引导农民以土地承包经营权入股合作社和龙头企业，发展农业产业化经营，

---

① 农村土地承包法的立法过程表明，为防止"因随意转让而丧失赖以生存的土地"而对土地承包经营权"转让的条件作严格限制"，增加的转让条件是"承包方有稳定的非农职业或者有稳定的收入来源"，而不是"经发包方同意"。参见顾昂然：《全国人大法律委员会关于〈中华人民共和国农村土地承包法（草案）〉修改情况的汇报——2002 年 6 月 24 日在第九届全国人民代表大会常务委员会第二十八次会议上》，载于《中华人民共和国全国人民代表大会常务委员会公报》2012 年第 5 期。

② 参见郭继：《土地承包经营权转让制度的实践困境与对策研究》，载于《华中科技大学学报》（社会科学版）2010 年第 6 期。

是加快构建新型农业经营体系的主要路径之一。只不过,在两权分离之下,土地承包经营权入股就意味着土地承包经营权人丧失其土地承包经营权;在三权分置之下,土地承包经营权入股仅发生为入股主体设立土地经营权的效力,在解释上,土地承包经营权人仍然保有其土地承包经营权。此与国家出资设立国有企业的相关法理相同:国家享有特定地块的土地所有权,在其将该地块入股国有企业之时,即为该国有企业设定建设用地使用权,而不是以该地块的土地所有权入股。出资入股之后,国家仍然保有土地所有权。

四、土地经营权规则的构建

土地经营权是承包地作为农业生产要素功能的直接体现,充分发挥土地经营权的要素功能是处理好"三权"关系的重点。土地经营权是三权分置之下新生的权利类型,无论是《民法典》的编纂,还是《农村土地承包法》的修改,均需就这一权利的性质和内容作出明确规定。

(一)"土地经营权"的名称之争

"土地经营权"一语有两种含义:一是指经营权能,即占有、使用土地并取得收益等权能,其权利基础可以是土地所有权、土地承包经营权、建设用地使用权及土地租赁权等;二是指一种独立的权利类型,是经营主体与土地承包经营权人签订合同,在土地承包经营权上设立的一种权利。[①] 三权分置之下的土地经营权是土地承包经营权派生出来的权利,并非土地所有权、土地承包经营权、建设用地使用权及土地租赁权等之下的经营权能,换言之,此处"土地经营权"并不包括上述权利之下权利人自己行使经营权(能)的情形。而且,其内容仅限于农业生产这一种经营方式,明显属于第二种含义。关于名称,有学者建议采用"次(级)土地承包经营权""耕作(经营)权""农地经营权"。[②] 虽然土地经营权中的"经营"一语并不能准确转达该土地权利的利用用途,但本章尊重既有政策

---

① 参见朱继胜:《"三权分置"下土地经营权的物权塑造》,载于《北方法学》2017 年第 2 期。
② 参见朱继胜:《"三权分置"下土地经营权的物权塑造》,载于《北方法学》2017 年第 2 期;李国强:《论农地流转中"三权分置"的法律关系》,载于《法律科学》2015 年第 6 期;许明月:《农村承包地经营权抵押融资改革的立法跟进》,载于《比较法研究》2016 年第 5 期。

和立法文件的选择①，亦将之称为"土地经营权"。该概念的语义模糊性可以通过明确界定其内容加以解决，此与《农村土地承包法》和《物权法》中采纳"土地承包经营权"一词时的情景类似。②

（二）土地经营权的内涵界定

作为三权分置之下新生的民事权利，土地经营权应有其特定的含义。无论其性质如何界定，在法律上明确其权利内容、设定方式等，有利于降低交易成本、提高交易效率。《三权分置意见》中将土地经营权界定为"土地经营权人对流转土地依法享有在一定期限内占有、耕作并取得相应收益的权利"。准此，土地经营权似乎仅仅只有在发生承包地流转的情形之下才有可能发生，不发生流转的土地承包经营权本身即含有承包农户经营承包地的权利。但在两权分离和三权分置并存的农村土地权利体系中，这一观点还缺乏体系化的考虑。

如前所述，在三权分置之下，土地承包经营权是具有身份性质的用益物权，即只有本集体经济组织的农户才能取得土地承包经营权。所谓"以其他承包方式取得的土地承包经营权"，已经脱逸出身份属性，不能由"土地承包经营权"这一概念予以涵盖。这些市场化的经营主体即使取得以从事农业生产为目的的土地利用权利，也只是取得土地经营权，无论是在集体土地所有权还是土地承包经营权之上设定，均为土地经营权。由此可见，土地经营权是指土地经营权人依法对承包农户承包经营的或集体经济组织未予发包的农村土地享有从事种植业、林业、畜牧业等农业生产并取得收益的权利。这里，对土地经营权的主体不作限制，具有农业生产能力的自然人、法人及非法人组织均无不可，本集体经济组织成员亦无不可；"依法"指的是土地经营权的设定和行使尚须依照法律的规定。土地经营权虽依合同而设定，但其权利内容和行使并非全由合同约定，法律上自可限制，如不得改变土地的农业用途、不得破坏农业综合生产能力和农业生态环境等；土地经营权既可在土地承包经营权上设定，也可在农村土地所有权之上设定，权利可得行使的对象既包括承包农户承包经营的农村土地，也包括集体经济组织未予发包的农村土地；土地经营权的权利内容为从事农业生产并取得收益，

---

① 参见 2014 年 11 月修正通过的《中华人民共和国行政诉讼法》第十二条第 1 款第 7 项；2017 年 12 月修订的《中华人民共和国农民专业合作社法》第十三条。

② 在物权法立法过程中，即有学者指出"土地承包经营权"并不能准确表达农地农用的利用关系，建议将这一权利改称为"农地权""农地使用权""农地利用权"等，参见王利民：《我国用益物权体系基本概念研究——兼评〈物权法征求意见稿〉规定之不足》，载于《法学论坛》2005 年第 2 期；梁慧星：《中国物权法的起草》，载于《山西大学学报》（哲学社会科学版）2002 年第 2 期；徐国栋主编：《绿色民法典草案》，社会科学文献出版社 2004 年版。

以体现土地用途管制的基本思想。不再使用"占有""使用""耕作"等易与上位阶概念相同、不具有概念区分度的内容表述，因为，从事农业生产必然"占有""使用"农村土地，而"耕作"语义不清，将其定入法条，将会遭遇解释上的困难。

土地经营权与土地承包经营权都是就农村土地从事农业生产并取得收益的权利，两者之间的区别主要在于：土地承包经营权是承包农户就其承包经营的农村土地所享有的权利，具有身份性，"人人有份"，体现福利性和保障性，处分较受限制；土地经营权是经营主体就承包农户承包经营的或集体经济组织未予发包的农村土地所享有的权利，是一种市场化的权利，无论其是取得还是处分，均取决于当事人之间的约定，法律上不宜作强行限制。至于在定性上是否存在差异，则取决于法政策选择，以下详述。

（三）土地经营权的定性之争

在三权分置所引发的制度重建讨论中，学界对土地经营权性质存在较大分歧，形成了"总括权利说""物权说""债权说""两权说"四种主要观点。[①] 本书主张，宜将土地经营权定性为债权，但赋予其登记能力，给予其类似物权的保护，理由如下。

第一，在法理上，土地经营权既可以定性为物权性土地利用权（用益物权），也可以定性为债权性土地利用权，端赖于立法之时的政策选择。将土地经营权界定为用益物权，使之具有对世性，有利于稳定土地经营关系，保障土地经营权人的经营预期；将土地经营权界定为债权，虽然其效力仅仅发生在土地经营合同当事人之间，但如赋予其登记能力，借助于登记技术，也可以使土地经营权明确化和相对独立化，使之可以对抗其他债权人和恶意第三人，同样可以起到保障土地经营权人稳定的经营预期的政策目标，此即所谓债权物权化在三权分置之下的反映。

在法体系上，土地经营权人依出租、转包等方式取得的权利即为债权性土地利用权，"通过出租获得的土地经营权实质是不动产租赁权，属于债权的范畴"[②]。基于我国民法上租赁权物权化的既有制度安排，土地经营权这种债权自可予以物权化的保护，具体体现为：土地承包经营权人设定土地经营权之后，又

---

① 参见高圣平：《论农村土地权利结构的重构——以〈农村土地承包法〉的修改为中心》，载于《法学》2018 年第 2 期。

② 申惠文：《法学视角中的农村土地三权分离改革》，载于《中国土地科学》2015 年第 3 期。

转让其土地承包经营权的，新的土地承包经营权人自应受到前已设定的土地经营权的约束；土地承包经营权人设定土地经营权之后，又设定抵押权的，抵押权人行使其权利，亦应受到此前设定的土地经营权的约束。但债权的隐蔽性容易危及当事人的合法权益和市场中的交易安全，因此，应对其采行登记对抗主义，通过在不动产登记簿上登记土地经营权这一不动产权利上的债权负担，明确当事人之间的权义分配，同时周知不动产交易的第三人，以使后者基于理性的商事判断作出相应的决策。未经登记的土地经营权仅在当事人之间发生效力，不能对抗基于原土地承包经营权的物权变动取得物权的人，也不能作为担保融资的标的财产。经过登记的土地经营权不仅在当事人之间发生法律效力，而且可以对抗原土地承包经营权上的其他物权人，并可据以担保融资。三权分置的政策目标之一即为新型农业经营主体可利用其取得的土地经营权担保融资，但如在将土地经营权界定为债权但又不赋予其登记能力的情形下，土地经营权的抵押登记将因土地经营权未登记而无从办理。① 唯就土地经营权的登记，自不同于传统不动产物权的权利登记制，而应导入契据登记制法理，登记事项和内容的设计应考虑将合同约定的部分内容植入其中，诸如土地经营权的期限、租金标准和支付方式等。经由登记，仅具债权性质的土地经营权，仍然可以达到"不断健全归属清晰、权能完整、流转顺畅、保护严格的农村土地产权制度"的政策目标，并"形成层次分明、结构合理、平等保护的格局"。《农村土地承包法修正案草案》将土地经营权界定为债权，但就其设定和权利外观等，仍然采行现行法上的安排，没有赋予土地经营权登记能力。这一立法方案与"赋予经营主体更有保障的土地经营权"的导向存在较大差异。

第二，在农村土地制度改革呈渐进式趋势的大背景下，承包地三权分置的改革不能一蹴而就。这是《三权分置意见》提出"不断探索和丰富'三权分置'的具体实现形式""通过实践探索和理论创新，逐步完善'三权'关系"的根本原因，也是生产关系适应生产力发展的客观规律的体现。目前，三权分置的顶层设计"鼓励承包农户依法采取转包、出租、互换、转让及入股等方式流转承包地"，"鼓励采用土地股份合作、土地托管、代耕代种等多种经营方式，探索更多放活土地经营权的有效途径"②；实践探索中，土地信托、集体经营等更是不断发展着承包地流转的方式。其中，既有长期的流转安排，又有短期的流转合意，在法政策上，只有前者具有界定为物权的正当性。如此，在现有的生产力发展水

---

① 此为不动产登记的连续原则使然，亦即在前一不动产权利未登记的情形下，该不动产权利的变动即无法在不动产登记簿上予以登记。

② 参见中共中央办公厅、国务院办公厅：《关于引导农村土地经营权有序流转发展农业适度规模经营的意见》；中共中央办公厅、国务院办公厅：《关于完善农村土地所有权承包权经营权分置办法的意见》。

平之上，不宜将所有流转方式形成的土地经营权一概确定为物权。

就两权分离到三权分置制度变迁的绩效而言，如将土地经营权的权利性质界定为债权，三权分置是否就无实宜了呢？本书以为不然。三权分置是为了反映承包地流转之后的承包地权利结构的改变，弥补现行法上土地承包经营权流转规则的缺陷。目前承包地流转实践中，出租和转包占到总流转面积的78.6%[①]，而在现行法之下，承包地流转在出租、转包的情形之下，仅能使经营主体取得经营权，这一"经营权"并没有被法律界定为物权，在解释上仅具债权效力，缺乏对世性。该制度安排虽足以满足特定主体之间小规模承包地流转的需求，但却与土地经营权的市场化要求不符。[②]而三权分置之下的土地经营权，借助于登记制度的引入，已经成为物权化的债权，与现行规则之间已构成实质上的差异。一则对已登记的土地经营权实行物权化的保护，强化了土地经营权人的权利，土地经营权人自可取得相对稳定的经营预期；二则新型农业经营主体所取得的土地经营权经由登记形成相对独立的财产，并进而可以该土地经营权进行抵押融资。这些都是现行规则所不具备的。当前，经营主体面临的主要问题是土地租金价格不断上涨推动了农业生产成本的提高，土地租期短影响了经营主体对农地、农业的长期投入，通过土地经营权的债权物权化，在一定程度上可以解决这些问题。[③]

第三，将土地经营权定性为物权化的债权，在土地承包经营权债权性流转内部取得了体系上的统一。当事人之间究竟将其法律关系安排为用益物权关系还是债权性利用关系，实为意思自治的范畴。只不过，在将土地经营权定性为物权的情况下，当事人之间的用益物权安排应受类型强制及内容固定之限制，并依登记而公示于外；而当事人之间的土地租赁等债权利用权，有较大的私法自治空间，但不具物权性，也无须登记。有学者据此主张，基于农户的不同利益诉求，"既允许债权属性的土地经营权，又允许物权属性的土地经营权"[④]；流转期限在5年以上，可登记为物权性土地经营权[⑤]；"对于有相对长期合约约定，又有一定的农业经营固定设施投入，可在合约期限内共同形成一定的用益物权"[⑥]。本书对此不敢苟同。同属"土地经营权"，却既有物权又有债权，难以在制度设计中抽象出其统一的权利内容、效力、公示方法，同时也无法形成其他市场主体可以信赖的外观。此外，在土地经营权物权说之下，经营主体依流转关系所取得的权

①③　参见孙中华：《关于农村土地"三权分置"有关政策法律性问题的思考》，载于《农业部管理干部学院学报》2015年第1期。

②　李国强：《论农地流转中"三权分置"的法律关系》，载于《法律科学》2015年第6期。

④　申惠文：《法学视角中的农村土地三权分离改革》，载于《中国土地科学》2015年第3期。

⑤　陶钟太朗、杨遂全：《农村土地经营权认知与物权塑造——从既有法制到未来立法》，载于《南京农业大学学报》（社会科学版）2015年第2期。

⑥　朱道林：《"三权分置"的理论实质与路径》，载于《改革》2017年第10期。

利，有的可称为土地经营权，有的不能称为土地经营权，这与三权分置之下"探索更多放活土地经营权的有效途径"的政策也是相违背的：同样是三权分置的产物，同样为土地经营权的语义所涵盖，为何有的是物权，有的却是债权？

为了克服上述基于现有承包地流转方式界定土地经营权性质的困难，有学者认为，"在原有规定的基础上，创设一种新的流转方式，在土地承包经营权之上设定一种以经营土地为内容的权利用益物权——土地经营权"①。本书认为，土地经营权本是土地承包经营权债权性流转的法律表达，在现有土地承包经营权流转之外再行创新流转方式，一是没有实证基础，二是无法说明其与现有流转方式之间的关系。《农村土地承包法修正案》将现行法上的土地承包经营权流转方式中具有移转物权效果的转让、互换，从土地经营权规则中分离出来，纳入土地承包经营权的保护范畴，使土地经营权的相关规则更为清晰，值得赞同。

第四，《三权分置意见》就土地经营权的定性已作政策选择，其中指出："提倡通过流转合同鉴证、交易鉴证等多种方式对土地经营权予以确认，促进土地经营权功能更好实现。"此外，土地经营权人改良土壤及建设农业生产、附属、配套设施等须征得承包人同意；再流转或抵押土地经营权除须征得承包人书面同意之外，还应向农民集体书面备案。准此，政策文件的导向是将土地经营权定性为债权。② 这里，确认土地经营权的是"合同鉴证、交易鉴证"，登记在其中几无意义，与将土地经营权定性为物权的应有表述大相径庭。"放活土地经营权"的政策内涵在于赋予土地经营关系当事人更多的意思形成自由，不对流转方式、权利内容等作出不合理的限制，因此，将土地经营权界定为债权，更具有合理性。毕竟在契约自由的观念之下，债权的设立和内容均可由当事人自主约定，而物权的设立和内容更受到物权法定原则的强行法控制。

综上，三权分置的关键在于构建一种具有相当稳定性、效力更强、相对独立的土地经营权。从目前的经济现实来看，将土地经营权定性为物权化的债权实为妥适选择：一则可以避免定性为物权所带来的对当事人之间法律关系的强行控制，赋予当事人一定的选择自由；二则可以防止单纯定性为债权所带来的经营预期不稳定、土地经营权难以担保融资等问题。当事人可以基于自主意愿创新承包地的流转方式，并可参酌具体情况选择是否办理登记。借由登记使得土地经营权这一债权具有相对独立性和稳定性，获得类似于物权的保护，土地经营权人自可借以担保融资。《农村土地承包法修正案草案》将土地经营权界定为债权，在程序上仅仅只是要求"向发包方备案"，其第三十九条第 1 款规定："土地经营权

---

① 参见朱继胜：《"三权分置"下土地经营权的物权塑造》，载于《北方法学》2017 年第 2 期。

② 参见刘云生、吴昭军：《政策文本中的农地三权分置：路径审视与法权建构》，载于《农业经济问题》2017 年第 6 期。

采取出租（转包）、入股或者其他方式流转，当事人双方应当签订书面合同，并向发包方备案。"与现行制度相比，这一规定并没有多大的改变，并未让土地经营权人有稳定的经营预期，同时亦使得土地经营权人利用其土地经营权进行担保融资遇到了技术上的障碍，与三权分置所引发的应然制度变迁并不契合。基于此，建议将该款修改为："土地经营权可以采取出租（转包）、入股或者其他方式设立，未经登记，不得对抗善意第三人。"

（四）土地经营权的处分权能

土地经营权作为一种债权，其本身并不具有人身专属性，土地经营权人自得基于自主意思予以处分，法律不应强行干预。[①] 有学者提出，土地经营权应仅具有相对有限的处分权能，土地经营权的设立本意在于从事农业生产经营，政策的出发点应当是促使经营主体专心从事农业生产经营活动，而不应鼓励其再次流转土地。[②] 本书认为，土地经营权既属债权，基于债权转让自由，土地经营权人转让其土地经营权应属题中之义。《合同法》确认了债权人有权将其全部债权或部分债权转让给第三人，蕴含了债权自由转让的原则。其法理基础在于，债权不仅体现为债权人与债务人的给付关系，还具有财产的属性，自可作为被处分的财产标的。[③] 在保持债权同一性的前提下，债权人无须债务人协助即可将债权让与他人，债也在实质上成为可流通的重要财产。[④]《三权分置意见》就经营主体流转其土地经营权作了须"经承包农户或其委托代理人书面同意"的限制，虽然土地经营权的再流转关涉土地承包经营权人的利益，但将土地经营权的流转作强于一般债权转让时的限制，其正当性值得质疑。在规模经营的政策导向之下，经营主体所取得的土地经营权大多来自多个农户的土地承包经营权，意欲取得所有农户的书面同意绝非易事。土地经营权虽然仅是债权性质的权利，但其对相应承包地的支配性已经相当明显，经由登记，实质上具有类似物权的效力，其流转更应脱逸承包农户的意志。因为，承包农户的自主意志在土地经营权设定之时即已体现，承包农户基于其自主意志将其一定期限内的经营权赋予经营主体，土地经营权的再流转本是土地经营权设定之时可得预见的。此外，在土地经营权设定之

---

① 参见温世扬、吴昊：《集体土地"三权分置"的法律意蕴与制度供给》，载于《华东政法大学学报》2017 年第 3 期。

② 参见叶兴庆：《集体所有制下农用地的产权重构》，载于《毛泽东邓小平理论研究》2015 年第 2 期。

③ Vgl. Karl Larenz, *Lehrbuch des Schuldrechts*, Band I, 14. Aufl., Minchen: C. H. Beck, 1987, S. 569. 转引自庄加园：《合同法第 79 条（债权让与）评注》，载于《法学家》2017 年第 3 期。

④ 庄加园：《合同法第 79 条（债权让与）评注》，载于《法学家》2017 年第 3 期。

后，承包农户的权利主要体现为租金给付请求权，只要如期支付租金，即使发生土地经营权的再流转，承包农户的利益亦不受影响。如原经营主体或新经营主体不按期支付租金，承包农户自可依据土地经营合同的约定主张权利（在解释上，土地经营权转让之后，新经营主体即承受原经营主体的合同地位）。不支付租金的风险一直存在，并不因土地经营权的再流转而有所不同。

就土地经营权定性的体系效应而言，有学者认为，债权性质的土地经营权不能作为抵押财产，其理由是，权利抵押权的标的通常是用益物权，土地经营权作为具有财产属性的债权，其上仅可以设定权利质权。[①] 本书认为，我国《物权法》就权利担保物权作了权利抵押权和权利质权的区分，两者之间除了公示方法的差异的表象之外，更在于担保物权设定之后，担保人是否丧失对担保财产的利用权：如不丧失则为抵押权，如丧失则为质权。学说上以为，只有与质权性质不相抵触的财产权才能作为质权的客体。不动产权利，如设定质权，应采取权利让与的方式，须经由移转登记始生效力，已与质权的定限物权性质不合，因此，不动产权利不宜作为权利质权的标的物。土地经营权虽然定性为债权，但系属不动产权利，应无疑议。土地经营权之上设定担保之后，土地经营权人并未丧失其对土地的利用权，在担保期间仍然行使着土地经营权。据此，在体系定位上，土地经营权担保权应属抵押权。至于允许土地承包经营权抵押和土地经营权抵押可能出现的两个抵押权并存时的风险，应由交易当事人自行控制，不宜在法律上作出强行安排。若土地承包经营权已经设定抵押权，经营主体在其上设定土地经营权时自应考量如土地承包经营权抵押权人实行其权利可能给土地经营权的行使带来的影响，在理性人的正常判断之下，经营主体自不会在已经设定抵押权的土地承包经营权之上设定土地经营权。即使设定了土地经营权，金融机构为控制信贷风险，在不动产登记簿上查询到该土地经营权所依附的土地承包经营权已经设定抵押权的情形之下，也不会接受该土地经营权作为担保财产；如其接受，则应自担权利冲突给其抵押权实现带来的风险。综上，《农村土地承包法修正案草案》第四十二条"第三方通过流转取得的土地经营权，经承包方或其委托代理人书面同意，可以向金融机构融资担保。具体由国务院有关部门规定"应修改为"土地经营权人依法登记的土地经营权，可以向金融机构抵押融资担保。土地经营权抵押权未经登记，不生效力。土地经营权抵押融资的具体办法由国务院有关部门规定"。

---

① 申惠文：《法学视角中的农村土地三权分离改革》，载于《中国土地科学》2015 年第 3 期；高海：《土地承包经营权"两权分离"的论争与立法回应》，载于《武汉大学学报》（哲学社会科学版）2016 年第 6 期；刘禺涵：《"三权分置"下的土地经营权登记》，载于《中国土地科学》2017 年第 1 期。

　　从两权分离到三权分置，体现了我国农村土地制度改革的渐进性发展规律①，体现着承包地权利结构的制度变迁。在三权分置已经被确定为法律修改的重要理论基础的情况下，把握政策目标，结合既有的规范体系和社会事实，寻求法律上的妥适表达，以实现制度变迁，实为《民法典》和《农村土地承包法修正案》的主要任务。在将经实践检验被认为行之有效的政策上升为法律规范之时，自应依法律自身的逻辑来传达政策的基本意蕴和目标。在现行法中植入三权分置思想，既要考虑与现有承包地的权利结构相协调，避免强制性的制度变迁，又要关注由此引发的配套规则的修改，防止出现体系冲突。基于此，"土地所有权—土地承包经营权—土地经营权"的权利构造模式应是较为妥适的解决方案。其中，土地承包经营权是两权分离和三权分置中并存的一类财产权利，在同一法典中予以规定，其法律意义自应前后贯通，其功能上的保障属性导向决定了其取得和享有上的身份性，我国实定法上所谓"以其他承包方式取得的土地承包经营权"理当重构；土地经营权反映着促进土地资源市场化配置、发展适度规模经营、推进农业供给侧结构性改革的政策目标，为一体反映自土地承包经营权派生出的承包地利用权利，宜将其定性为债权，但赋予其登记能力，使得经营主体借由登记取得相对稳定并可对抗第三人的权利。《农村土地承包法修正案草案》将政策文件直接嵌入法律之中，缺乏体系化考量，没有厘清"三权"的权利边界和相互关系，也没有准确回应农民集体、承包农户和经营主体的不同利益诉求，颇值商榷。

---

　　① 参见管洪彦、孔祥智：《"三权分置"中的承包权边界与立法表达》，载于《改革》2017 年第 12 期，第 68~79 页。

第二十章

论农村土地权利结构的重构

三权分置政策，是"农村基本经营制度的自我完善，符合生产关系适应生产力发展的客观规律"①。各地在这些政策的指引下展开了农地经营制度的实践探索，而如何将这些经实践检验行之有效的农村土地承包政策和成功经验及时转化为法律规范，是摆在我们面前的一大难题。党的十九大报告进一步将"巩固和完善农村基本经营制度，深化农村土地制度改革，完善承包地'三权'分置制度"作为"贯彻新发展理念，建设现代化经济体系"的重要任务之一。② 三权分置的法理论述依托于对农村土地权利结构的法理认识。

一、两权分离与三权分置之间的关系

在坚持土地公有制的基础上，农村土地除依法属于国家所有之外，还属于集体所有。③ 为提高农村土地的利用效率，农村基本经营制度有了从集体化生产到

---

① 《三权分置意见》之"一、重要意义"。
② 习近平：《决胜全面建成小康社会 夺取新时代中国特色社会主义伟大胜利——在中国共产党第十九次全国代表大会上的报告》，人民出版社 2017 年版。
③ 《宪法》第十条；《土地管理法》第八条；《物权法》第四十七、五十八条；《农村土地承包法》第二条。

家庭联产承包责任制，再到家庭承包制的转变。[①] 党的十五届三中全会作出的《中共中央关于农业和农村工作若干重大问题的决定》明确提出"赋予农民长期而有保障的土地使用权"，自此以"所有权与使用权相分离"为内容的两权分离制度在中央政策文件中得以确立。[②] 其中，"土地使用权"或"使用权"在立法上被表达为"土地承包经营权"，由此形成了"（集体）土地所有权＋（承包农户）土地承包经营权"的农村土地权利结构，并先后在《土地管理法》《农村土地承包法》和《物权法》中得到反映。土地所有权本是典型的物权（自物权），土地承包经营权最终被定性为在土地所有权之上的他物权（用益物权）。由此，借助于他物权的生成法理，两权分离的经济思想在法律上即被表达为在集体土地所有权之上为承包农户设定土地承包经营权。这一权利结构的调整，"实现了土地权利在集体和农民之间的有效分割，较好处理了国家、集体与农户之间的土地利益关系，在短时间内就显现出以制度创新推动农业发展的强大动力"[③]，对稳定农村基本经营制度，增加农民收入，促进农业、农村经济健康发展和农村社会和谐稳定发挥了重大作用[④]，取得了良好的制度绩效。

两权分离所反映的生产关系主要是承包农户自行在承包地上从事农业生产。随着农业产业化和现代化进程的加快，为解决承包地块分散、种田效益不高、农业劳动力不足等问题，承包农户自发地通过互换、转包、转让等方式进行着小规模的土地承包经营权流转。[⑤] 为了规范承包地流转行为，《农村土地承包法》设专节对土地承包经营权流转的原则、方式、程序、效力等做了规定，这些规定有利于推动农业产业化经营和农业与农村经济结构调整，也有利于维护农村土地承包关系的长期稳定。[⑥] 但随着富余劳动力转移到城镇就业，各类合作社、农业产业化龙头企业等新型经营主体大量涌现，承包地流转面积不断扩大。目前，农村

---

① 参见温铁军：《中国农村基本经济制度研究——"三农"问题的世纪反思》，中国经济出版社2000年版；陈锡文、赵阳、陈剑波、罗丹：《中国农村制度变迁60年》，人民出版社2009年版。

② 参见温铁军：《中国农村基本经济制度研究——"三农"问题的世纪反思》，中国经济出版社2000年版。

③ 张红宇：《三权分离、多元经营与制度创新——我国农地制度创新的一个基本框架与现实关注》，载于《南方农业》2014年第2期。

④ 参见刘振伟：《关于〈中华人民共和国农村土地承包法修正案（草案）〉的说明——2017年10月31日在第十二届全国人民代表大会常务委员会第三十次会议上》，载于《全国人民代表大会常务委员会公报》2019年第1期。

⑤ 参见陈晓华：《规范和引导土地承包经营权的流转》，引自刘坚主编：《〈农村土地承包法〉培训讲义》，中国农业出版社2002年版。

⑥ 参见柳随年：《关于〈中华人民共和国农村土地承包法（草案）〉的说明——2001年6月26日在第九届全国人民代表大会常务委员会第二十二次会议上》，载于《全国人民代表大会常务委员会公报》2002年第5期。

已有 30% 以上的承包农户在流转承包地，流转面积达 4.79 亿亩。[①] 由此呈现出"家庭承包，多元经营"的格局[②]，两权分离所反映的生产关系已经发生改变。"现在，承包经营权流转的农民家庭越来越多，土地承包权主体同经营权主体发生分离，这是我国农业生产关系变化的新趋势。"[③] 现行《农村土地承包法》关于土地承包经营权流转的规定已经不足以反映这一生产关系的改变。一是经营主体所取得的权利效力较弱，保障力度不够，难以形成稳定的经营预期；二是经营主体无法以其取得的权利进行担保融资，扩大再生产，制约了正常的生产经营。[④] "归结起来，这是一个农地承包经营权权利结构不适应且滞后于实践发展的重大问题，迫切需要中央层面给予顶层设计以破解。"[⑤] 在此背景之下，三权分置思想被提出，"要不断探索农村土地集体所有制的有效实现形式，落实集体所有权、稳定农户承包权、放活土地经营权，加快构建以农户家庭经营为基础、合作与联合为纽带、社会化服务为支撑的立体式复合型现代农业经营体系"[⑥]。草案第六条第 1 款随之规定："以家庭承包方式取得的土地承包经营权在流转中分为土地承包权和土地经营权。"

如此看来，在当前的农村土地权利结构中，两权分离与三权分置应并行不悖，其分别反映不同的生产关系。同时，全国农村参差不齐的生产力发展水平也不足以支撑三权分置政策的全面推行。"土地集体所有权与承包经营权是承包地处于未流转状态的一组权利，是两权分离。土地集体所有权与土地承包权、土地经营权是承包地处于流转状态的一组权利，是三权分置。"[⑦]草案由此对农村土地权利设计了一个较为复杂的结构，即"（集体）土地所有权 +（承包农户）土地承包经营权 +（承包农户）土地承包权 +（经营主体）土地经营权"。[⑧] 但这一土地权利结构安排是否准确反映了三权分置思想，是否符合法理，值得探讨。

---

①②⑦ 参见刘振伟：《关于〈中华人民共和国农村土地承包法修正案（草案）〉的说明——2017 年 10 月 31 日在第十二届全国人民代表大会常务委员会第三十次会议上》，载于《全国人民代表大会常务委员会公报》2019 年第 1 期。

③⑥ 习近平：《在中央农村工作会议上的讲话》，引自中共中央文献研究室：《习近平关于全面深化改革论述摘编》，中央文献出版社 2014 年版。

④ 参见耿卓：《农地三权分置改革中土地经营权的法理反思与制度回应》，载于《法学家》2017 年第 5 期。

⑤ 张毅、张红、毕宝德：《农地的"三权分置"及改革问题：政策轨迹、文本分析与产权重构》，载于《中国软科学》2016 年第 3 期。

⑧ 《农村土地承包法修正案草案（一审稿）》并没有将这一思路贯彻于始终。如第十条指出："国家保护集体土地所有权、土地承包权和土地经营权，任何组织和个人不得侵犯。"这里遗漏了土地承包经营权，将"两权分离"之下承包农户享有的土地承包经营权排除于宣示性条款之外。第五十二条规定："任何组织和个人侵害承包方的土地承包经营权或者第三方的土地经营权的，应当承担民事责任。"这里也没有涵盖土地承包权。

在三权分置思想已然成为深化农村土地制度改革的基本方向[①]，并构成相关法律修改的重要理论基础[②]的前提之下[③]，我们的思考重心即转向"科学界定'三权'内涵、权利边界及相互关系，逐步建立规范高效的'三权'运行机制，不断健全归属清晰、权能完整、流转顺畅、保护严格的农村土地产权制度"[④]。就三权分置思想在法律上的表达，学界存在三种观点。第一种观点以西方产权经济学权利束理论为基础，主张三权分置是在集体土地所有权与土地承包经营权两权分离的基础上，再将土地承包经营权分离为土地承包权与土地经营权，形成"土地所有权 + 土地承包权 + 土地经营权"的权利结构，赋予集体、承包农户、经营主体各自对应的权利内容和保护手段。[⑤] 第二种观点认为，土地承包经营权中内生性地涵盖土地承包权已造成理论上的混乱与纷争，导致土地承包经营权的功能超载，妨碍了土地承包经营权的有序流转，三权分置应在两权分离的基础上，从土地承包经营权中分离出具有身份属性的土地承包权，纯化土地承包经营权的财产属性，如此形成"土地所有权 + 土地承包经营权 + 土地承包权"的权利结构。[⑥] 第三种观点主张，土地所有权、土地承包权和土地经营权三权分置仅仅只是政策上的语言，在法理上，自土地承包经营权分离出土地经营权实际上是在土地承包经营权之上为经营主体设定土地经营权，如此，三权分置在法律上应表

---

① 参见《深化农村改革综合性实施方案》之"二、关键领域和重大举措"之"（一）深化农村集体产权制度改革"；孙中华：《关于农村土地"三权分置"有关政策法律性问题的思考》，载于《农业部管理干部学院学报》2015 年第 1 期。

② 参见《中共中央、国务院关于加大改革创新力度加快农业现代化建设的若干意见》（2015 年 2 月）；刘振伟：《三权分置关键是土地经营权定性》，载于《经济参考报》2015 年 8 月 6 日。

③ 课题组成员曾经撰文对农地三权分置经济思想在法律上的表达提出疑问，参见高圣平：《新型农业经营体系下农地产权结构的法律逻辑》，载于《法学研究》2014 年第 4 期。实际上，该文质疑的仅仅是以权利束的观点分解土地所有权。在目前的情况下，本章则更多地关注于如何在法条设计上反映这一被视为通说的思想。

④ 《三权分置意见》之"二、总体要求"之"指导思想"。

⑤ 参见张红宇：《三权分离、多元经营与制度创新——我国农地制度创新的一个基本框架与现实关注》，载于《南方农业》2014 年第 2 期；刘守英：《农村集体所有制与三权分离改革》，载于《中国乡村发现》2014 年第 3 期；孙中华：《关于农村土地"三权分置"有关政策法律性问题的思考》，载于《农业部管理干部学院学报》2015 年第 1 期；叶兴庆：《集体所有制下农用地的产权重构》，载于《毛泽东邓小平理论研究》2015 年第 2 期；尹成杰：《三权分置是农地制度的重大创新》，载于《农村工作通讯》2015 年第 16 期；韩长赋：《土地"三权分置"是中国农村改革的又一次重大创新》，载于《农村工作通讯》2016 年第 3 期；韦鸿、王琦玮：《农村集体土地"三权分置"的内涵、利益分割及其思考》，载于《农村经济》2016 年第 3 期；王小映：《"三权分置"产权结构下的土地登记》，载于《农村经济》2016 年第 6 期；马俊驹、丁晓强：《农村集体土地所有权的分解与保留——论农地"三权分置"的法律构造》，载于《法律科学》（西北政法大学学报）2017 年第 3 期。

⑥ 参见丁文：《论土地承包权与土地承包经营权的分离》，载于《中国法学》2015 年第 3 期。

达为"土地所有权 + 土地承包经营权 + 土地经营权"的权利结构。①

　　这三种不同的观点显现了学者间在法律表达技术路径上的差异，我们应更倾向于符合法理的选择方案。笔者认为，《农村土地承包法》的修改应摆脱国家政策直接法律化的既有模式，而以契合法律体系的解释将国家政策间接转化为法律②，基于此，上述第三种观点和方案更为妥适。就三权分置中"三权"之间的关系，《三权分置意见》指出："农村土地集体所有权是土地承包权的前提，农户享有承包经营权是集体所有的具体实现形式，在土地流转中，农户承包经营权派生出土地经营权。"③ 也就是说，土地承包经营权由土地所有权派生而来，土地经营权由土地承包经营权派生而来④，"农户承包权与土地经营权的设立并非将土地承包经营权肢解为两种权利，而是土地承包经营权中派生出土地经营权"⑤。在解释上，所有权上设定用益物权等他物权之后仍不失其完全性，所有权的权能并没有分离，只是所有权人行使其权利在所设定的他物权的范围内受到了限制，一旦他物权消灭，则所有权当然回复其全面支配的圆满状态。⑥ 由此可见，土地所有权具有浑然一体的内容，其上为承包农户设定土地承包经营权，并不是土地所有权权能分离的结果，所谓两权分离仅仅只是通俗的说法，此时，土地承包经营权在农业生产的范围内对集体土地加以支配，对集体土地所有权加以限制。同理，土地承包经营权也是浑然一体的权利，自土地承包经营权派生出土地经营权，在解释上应是农户在其土地承包经营权之上为经营主体设定土地经营权，也不是土地承包经营权权能分离的结果，而是土地承包经营权之上的权利负担。此时，土地承包经营权人行使其权利受到其上已设定的土地经营权的限制，相应地，其享有向经营主体收取对价的权利。正如从集体土地所有权派生出土地承包经营权之后，土地所有权仍然是浑然一体的权利，其名称并未因派生出土地承包经营权而发生改变一样，在土地承包经营权派生出土地经营权之后，土地承

---

① 参见蔡立东、姜楠：《承包权与经营权分置的法构造》，载于《法学研究》2015 年第 3 期；孙宪忠：《推进农村土地"三权分置"需要解决的法律认识问题》，载于《行政管理改革》2016 年第 2 期；张占斌、郑洪广：《"三权分置"背景下"三权"的权利属性及权能构造问题研究》，载于《西南大学学报》（社会科学版）2017 年第 1 期；刘恒科：《"三权分置"下集体土地所有权的功能转向与权能重构》，载于《南京农业大学学报》（社会科学版）2017 年第 2 期；高圣平：《农地三权分置视野下的土地承包权》，载于《法学家》2017 年第 5 期。

② 参见许中缘、夏沁：《农村集体土地"三权分置"中政策权利的法律归位》，载于《烟台大学学报》（哲学社会科学版）2017 年第 4 期；潘军峰：《论经济政策的司法融入——以政策在民事审判中的介入机制为研究路径》，载于《法制与社会发展》2012 年第 1 期。

③ 《三权分置意见》之"三、逐步形成'三权分置'格局"之"（四）逐步完善'三权'关系"。

④ 参见韩长赋：《土地"三权分置"是中国农村改革的又一次重大创新》，载于《农村工作通讯》2016 年第 3 期。

⑤ 蔡立东、姜楠：《农地三权分置的法实现》，载于《中国社会科学》2017 年第 5 期。

⑥ 参见谢在全：《民法物权论》（修订 5 版），中国政法大学出版社 2011 年版。

包经营权也仍然是浑然一体的权利，其名称也不因派生出土地经营权而发生改变。如依"母子结构"的权利生成法理①，这一权利结构更易理解，即土地承包经营权是土地所有权之上的权利负担，土地经营权是土地承包经营权之上的权利负担，土地所有权和土地承包经营权均不因其上设定了权利负担而改变其权利名称和性质。

如此看来，土地所有权、土地承包权、土地经营权三权分置这一政策上的直观表述，在法律上应传达为"土地所有权 + 土地承包经营权 + 土地经营权"。其中，土地承包权只是已经派生出土地经营权的土地承包经营权的便宜称谓和通俗提法。这一法律表达便于和《物权法》等相衔接，减少修改法律的难度，降低制度变迁成本。三权分置仅仅是反映土地承包经营权发生流转时的农村土地权利结构，并不全盘否定两权分离，在没有发生土地经营权流转的情况之下，仍然维系两权分离的土地权利结构，此时农户仍然享有土地承包经营权，无须进一步派生出土地经营权，现行制度足敷使用；已经推行的土地承包经营权登记颁证工作也无须改变，即无须分别颁发土地承包证和土地经营证，以满足农民对土地承包经营制的长久预期。只有在农户流转了土地承包经营权的情况下，才需为经营主体的土地经营权登记颁证，原农户的土地承包经营权登记簿和权证只需记载土地经营权的权利负担即可，无须重新就土地承包权登记颁证。因此，笔者建议将草案第六条第 1 款修改为："承包方可以在其依法取得的土地承包经营权为经营主体设立土地经营权。"

二、土地承包权与土地承包经营权之间的关系

草案第六条第 2 款指出："土地承包权是指农村集体经济组织成员依法享有的承包土地的权利。"这只是该草案第五条第 1 款中"农村集体经济组织的成员，有权依法承包经营由本集体经济组织发包的土地"的反复规定，但却存在明显的冲突。依上述两条规定的文义，土地承包权的主体是农村集体经济组织成员，土地承包权可得行使的对象是农村集体经济组织，行使土地承包权的结果就是取得土地承包经营权。由此可见，这种意义上的土地承包权只是取得土地承包经营权的一种资格②，须先于土地承包经营权而存在。但草案规定的土地承包权，旨在

---

① 参见崔建远：《民法分则物权编立法研究》，载于《中国法学》2017 年第 2 期。

② 参见陈小君：《我国农村土地法律制度变革的思路与框架——十八届三中全会〈决定〉相关内容解读》，载于《法学研究》2014 年第 4 期。

表达已经取得的土地承包经营权发生分离的结果，只有在已经取得的土地承包经营权发生流转之时，其才分为土地承包权和土地经营权（草案第六条第 1 款）。如此，土地承包经营权须先于土地承包权而存在。由此可见，草案第六条第 2 款所界定的土地承包权与其所欲达到的规范目标并不一致，因而至为可议。

就三权分置之下土地承包权的性质，学术界主要有"成员权说"和"用益物权说"两种观点。"成员权说"主张，土地承包权实质上是农户所依法享有的承包集体土地的资格，是一种具有身份性质的权利，尚不足以形成一种实实在在的财产权[1]，具有明显的社区封闭性和不可交易性[2]，不可抵押流转[3]。"每个农村集体经济组织成员都有承包权，强调是成员的权利能力，即村集体中的每个人，只要一出生，不论年龄长幼、不分男女，都有权承包本集体经济组织的土地。"[4] "用益物权说"认为，农户虽因其集体成员资格而取得土地承包权，但其客体指向财产收益，是一种实实在在的财产权；土地承包权系从土地承包经营权中分立而来，后者本身是一项用益物权，土地承包权自其中分离出来后，自当延续此种物权属性[5]。这两种不同的观点同样体现着对三权分置之下农村土地权利结构的不同认识。草案第六条第 2 款的表述明显采纳了第一种观点。

对"土地承包权"首先作出明确界定的政策文件是《深化农村改革综合性实施方案》，该方案指出："稳定农户承包权，就是要依法公正地将集体土地的承包经营权落实到本集体组织的每个农户。"[6] 此处所称的"承包权"，指的就是"土地承包经营权"。[7]《三权分置意见》更进一步地申明了三权分置之下土地承包权的内容。该意见指出，土地承包权是"土地承包权人对承包土地依法享有占有、使用和收益的权利"，具有"使用、流转、抵押、退出承包地等各项权能"，

---

[1] 参见刘俊：《土地承包经营权性质探讨》，载于《现代法学》2007 年第 2 期；唐忠：《中国农村土地制度：争议与思考》，载于《世界农业》2015 年第 1 期；丁文：《论土地承包权与土地承包经营权的分离》，载于《中国法学》2015 年第 3 期。

[2] 参见赖丽华：《基于三权分置的农村土地经营权二元法律制度构筑》，载于《西南民族大学学报》2016 年第 11 期。

[3] 参见郑志峰：《当前我国农村土地承包权与经营权再分离的法制框架创新研究——以 2014 年中央一号文件为指导》，载于《求实》2014 年第 10 期；申惠文：《法学视角中的农村土地三权分离改革》，载于《中国土地科学》2015 年第 3 期。

[4] 王超英：《切实保障农民的土地承包经营权》，引自刘坚主编：《〈农村土地承包法〉培训讲义》，中国农业出版社 2002 年版。

[5] 参见潘俊：《农村土地"三权分置"：权利内容与风险防范》，载于《中州学刊》2014 年第 11 期；张力、郑志峰：《推进农村土地承包权与经营权再分离的法制构造研究》，载于《农业经济问题》2015 年第 1 期；蔡立东、姜楠：《承包权与经营权分置的法构造》，载于《法学研究》2015 年第 3 期。

[6] 《深化农村改革综合性实施方案》之"二、关键领域和重大举措"之"（一）深化农村集体产权制度改革"。

[7] 参见管洪彦、孔祥智：《农村土地"三权分置"的政策内涵与表达思路》，载于《江汉论坛》2017 年第 4 期。

其具体权利内容包括："承包农户有权占有、使用承包地，依法依规建设必要的农业生产、附属、配套设施，自主组织生产经营和处置产品并获得收益；有权通过转让、互换、出租（转包）、入股或其他方式流转承包地并获得收益，任何组织和个人不得强迫或限制其流转土地；有权依法依规就承包土地经营权设定抵押、自愿有偿退出承包地，具备条件的可以因保护承包地获得相关补贴。承包土地被征收的，承包农户有权依法获得相应补偿，符合条件的有权获得社会保障费用等。"[①] 此处所称的"土地承包权"与我国实定法上所称的"土地承包经营权"同其意义，只不过权能更加丰满而已。参与政策制定的相关学者的论述也证明了这一点。"以成员权为基础，从土地集体所有权中分离出农户承包权，承认农民拥有独立的土地承包权，无论在理论上还是在实践中都具有极其重要的意义。"[②] 由此可见，政策文件中所称的"土地承包权""属于集体土地所有权派生之用益物权，其实质内涵是权利人对承包土地的使用和支配，而并非是具有身份权性质的集体成员取得承包土地的某种资格"[③]。虽然其取得的前提条件是承包方必须具有本集体经济组织成员的身份，但却有确定的财产利益内容，不能仅因其权利取得和享有的身份性就否定其财产权属性。"成员权并非农户承包权的具体权能，其与后者的本体无关。"[④]按照草案第六条第 2 款的文义，在三权分置之后，承包农户仅保有再行承包的资格，而并不必然取得或完全取得实在的土地承包经营权。但是即使派生出土地经营权，承包农户仍然享有对土地承包经营权的保有权、控制权和收益权，在土地经营权期限届满后还享有完整的土地承包经营权。[⑤] 如此看来，草案第六条第 2 款并没有准确反映三权分置的精神。

有学者主张以此次改革为契机，直接采用"土地承包权"概念表达承包农户的土地权利，以代替"土地承包经营权"。[⑥] 这不失为修法时的可选路径，但如此将导致同一部法律中同一概念存在两种含义的混乱现象，一则用来指称农户承包农村土地的资格；二则用来涵盖承包农户的土地权利。笔者认为，《农村土地承包法》修改时无须变动土地承包经营权的名称，即使在三权分置之下，承包农户所享有的土地承包经营权的权利内容也没有发生变化，只不过承包农户行使其土地承包经营权受到了其上已经设定的土地经营权的限制。如前所述，土地承包

① 《三权分置意见》之"三、逐步形成'三权分置'格局"之"（二）严格保护农户承包权"。

②④ 叶兴庆：《集体所有制下农用地的产权重构》，载于《毛泽东邓小平理论研究》2015 年第 2 期。

③ 蔡立东、姜楠：《农地三权分置的法实现》，载于《中国社会科学》2017 年第 5 期。

⑤ 参见耿卓：《农地三权分置改革中土地经营权的法理反思与制度回应》，载于《法学家》2017 年第 5 期。

⑥ 参见刘守英、高圣平、王瑞民：《农地三权分置下的土地权利体系重构》，载于《北京大学学报》（哲学社会科学版）2017 年第 5 期。

经营权是浑然一体的权利，其权能本身是不可分离的，且其名称并不因派生出土地经营权而发生改变。草案第四十条第 1 款规定："承包方在一定期限内将部分或者全部承包土地的经营权流转给第三方后，承包方与发包方的承包关系不变，承包方的土地承包权不变。"所谓"承包方与发包方的承包关系"，在法律上的表达即为承包方与发包方之间依土地承包经营合同所产生的土地承包经营权，所谓"承包方与发包方的承包关系不变"，自是指土地承包经营权不变。由此可见，三权分置之下的"土地承包权"就是指承包农户行使其权利受到限制的土地承包经营权，可以维系其法定名称不变，无须增设一个"土地承包权"，徒增农地权利结构的复杂性。我国相关立法实际上已经做出政策选择。2014 年 11 月 1 日第十二届全国人民代表大会常务委员会第十一次会议通过的《关于修改〈中华人民共和国行政诉讼法〉的决定》将现行《行政诉讼法》第十二条"人民法院受理公民、法人或者其他组织提起的下列诉讼"之第（七）项修改为："认为行政机关侵犯其……农村土地承包经营权、农村土地经营权的"，此处并未出现"土地承包权"一语。

从草案第二章"家庭承包"第四节"土地承包权的保护和转让"的内容来看，第二十六条规定承包地的收回，第二十七条规定承包地的调整，第二十八条规定用于调整承包土地或者承包给新增人口的土地范围，第二十九条规定承包地的交回，第三十条规定妇女承包权益的保护，第三十一条规定承包收益的继承，第三十二条规定承包地的互换，第三十三条规定承包地的转让，第三十四条规定互换和转让时的登记。在两权分离和三权分置并存的情况下，草案的这一处理方案值得商榷。其一，该节仅调整"土地承包权的保护和转让"，也就是仅仅是适用于发生了三权分置的情形，那么两权分离之下的土地承包经营权该如何保护，草案对此并未作专章或专节的规定。其二，从该节规定的内容来看，大部分条文仅仅适用于或主要适用于两权分离的情形，例如承包地的收回和调整规则仅仅涉及两权分离之下土地承包经营权的保护；妇女承包权益的保护并不涉及三权分置之下土地承包权的保护；承包地的互换和转让也只是承包农户所依法取得的土地承包经营权的互换和转让，与三权分置无涉。由此可见，将两权分离之下的"土地承包经营权"和三权分置之下的"土地承包权"区别开来分别定名和调整，将会遇到难以克服的立法技术障碍。草案部分条文中所使用的"土地承包经营权"含义并不清晰。例如，第七条规定："农村土地承包，妇女与男子享有平等的权利。承包中应当保护妇女的合法权益，任何组织和个人不得剥夺、侵害妇女应当享有的土地承包经营权。"此处的"土地承包经营权"，既包括妇女作为集体经济组织成员依法享有的承包土地的权利，也涵盖妇女作为承包农户的一员已经取得的土地承包经营权，前者即为草案第六条第 2 款"土地承包权"的文义所能涵摄。

笔者在前文主张的基础上进一步认为，可将草案第二章第四节改为第五节，并将节名修改为"土地承包经营权的保护"，同时将土地承包经营权的转让与保护内容设专节作出规定，并置于"土地承包经营权的保护"一节之前作为第四节。将土地承包经营权的互换和转让从现行《农村土地承包法》第二章第五节"土地承包经营权的流转"中抽取出来有其正当性，因为在三权分置之下，土地承包经营权派生出土地经营权，而土地承包经营权的互换和转让产生的法律后果是土地承包经营权这种物权的移转，相对人所取得的是"土地承包经营权"而非"土地经营权"，自不产生三权分置的问题。

在此前提之下，需要进一步讨论的两个关键问题是，《农村土地承包法》修改之时是否还应区分两种性质的土地承包经营权，以及土地承包经营权的权能该如何进一步完善。

现行《农村土地承包法》依承包方式的不同，将土地承包经营权区分为以家庭承包方式取得的土地承包经营权与以招标、拍卖、公开协商等其他承包方式取得的土地承包经营权。这一区分的规范意旨在于，前者承载着"耕者有其田""人人有份"的成员权功能[①]，只有本集体经济组织成员才能取得，具有强烈的福利性和社会保障性，后者为市场化的权利，对权利主体没有限制，只要具有农业生产经营能力的新型农业经营主体均可取得[②]；前者的承包地主要是耕地、林地和草地，后者的承包地主要是不适宜实行家庭承包的土地，包括"四荒地"、果园、茶园、桑园、养殖水面以及其他小规模零星土地；前者的流转囿于其功能较受限制，不仅流转方式较为固定，而且流转条件更为严格，而后者并没有上述限制。[③] 从立法原意来看，"对家庭承包的土地实行物权保护，土地承包经营权至少30年不变，承包期内除依法律规定外不得调整承包地，承包方不得收回承包地，土地承包经营权可以依法转让、转包、入股、互换等，可以依法继承。对其他形式承包的土地实行债权保护，当事人的权利义务、承包期和承包费等，均由合同议定，承包期内当事人也可以通过协商予以变更。"[④]

在三权分置之下，所谓的土地承包权是具有身份性质的权利，只有本集体经

---

① 参见焦富民：《"三权分置"视域下承包土地的经营权抵押制度之构建》，载于《政法论坛》2016年第5期。

② 参见胡康生主编：《中华人民共和国农村土地承包法释义》，法律出版社2002年版。

③ 参见何宝玉：《其他方式的承包及其管理》，引自刘坚主编：《〈农村土地承包法〉培训讲义》，中国农业出版社2002年版。

④ 柳随年：《关于〈中华人民共和国农村土地承包法（草案）〉的说明——2001年6月26日在第九届全国人民代表大会常务委员会第二十二次会议上》，载于《中华人民共和国全国人民代表大会常务委员会公报》2002年第5期。

济组织成员才能取得；但在两权分离之下，土地承包经营权中仅有以家庭承包方式取得的土地承包经营权才具有身份属性。如此，两权分离和三权分置并存于《农村土地承包法》之时，没有必要再区分两种不同类型的土地承包经营权，应将土地承包经营权纯化为具有身份属性的财产权利，"土地承包经营权是农村集体经济组织成员的财产性权利，农村集体经济组织成员身份又是获得土地承包经营权的前提条件"①。草案并未将这一立法指导思想贯彻到底，仍然延续现行《农村土地承包法》依两种承包方式分别设置第二章"家庭承包"和第三章"其他方式的承包"的方法。实际上，两种土地承包经营权之间除了用途均为从事农业生产和客体均为农村土地之外，并不存在其他相同之处，无法在体系化的立法方法之下"提取公因式"。②

在三权分置之下，土地经营权是自土地承包经营权派生出来的市场化权利，剥离了后者的身份属性。在此意义上，"以其他承包方式取得的土地承包经营权"，与"承包"所蕴含的成员属性并不相符，反而与土地经营权同其功能和意义，自可在"土地经营权"之下一体规定。如此即可消解我国现行法上区分两种土地承包经营权所造成的权利性质、内容、物权变动规则等体系上的差异，但一体处理将直接导致土地经营权范围的扩充，不仅包括自土地承包经营权派生的土地经营权，而且涵盖在农村土地所有权上设定的土地经营权。对这两种土地经营权可以在"提取公因式"规定一般规则的基础上再分节规定各自的特殊规则。笔者建议将草案第二章"家庭承包"修改为"土地承包经营权"，将第三章"其他方式的承包"修改为"土地经营权"，将现草案中的第二章第五节"土地经营权的保护和流转"移至第三章。

如此一来，在将现行法上以其他承包方式取得的土地承包经营权重构为土地经营权之时，没有必要将其对象限制在不适宜实行家庭承包的土地。"以家庭承包经营为基础、统分结合的双层经营体制"并不排斥集体统一经营。采行何种农业经营方式本属村民自治范畴，应由集体经济组织依民主决策程序加以确定，并不强制性地实行家庭联产承包责任制。据统计，全国94.2%的农村土地承包给了农户，主要是按人均分，还有5.8%的土地由集体或是其他主体经营。③对于由集体统一组织生产的土地，自可由集体为经营主体设立土地经营权，而不仅限于不适宜实行家庭承包的土地。

---

① 刘振伟：《关于〈中华人民共和国农村土地承包法修正案（草案）〉的说明——2017年10月31日在第十二届全国人民代表大会常务委员会第三十次会议上》，载于《全国人民代表大会常务委员会公报》2019年第1期。

② 参见高圣平：《农地三权分置视野下的土地承包权》，载于《法学家》2017年第5期。

③ 韩长赋：《关于深化农村改革的几个问题》，载于《农村工作通讯》2014年第22期。

至于土地承包经营权的权能或权利内容，现行法基于土地承包经营权的身份性、福利性和保障性作了颇多限制，已广受诟病。[①] 近年来的政策文件朝向丰富土地承包经营权的权能方向发展。如 2014 年中央一号文件指出："在坚持和完善最严格的耕地保护制度前提下，赋予农民对承包地占有、使用、收益、流转及承包经营权抵押、担保权能。在落实农村土地集体所有权的基础上，稳定农户承包权、放活土地经营权，允许承包土地的经营权向金融机构抵押融资。"《三权分置意见》也指出："在完善'三权分置'办法过程中，要充分维护承包农户使用、流转、抵押、退出承包地等各项权能。"[②] 与现行法相比，《三权分置意见》提出的改革意见中明确增加的土地承包经营权的权能包括土地承包经营权的入股和抵押权能，承包农户可在"自愿有偿"的前提之下放弃其土地承包经营权。

草案较好地反映了新一轮农村土地制度改革的上述精神。其一，草案第三十五条规定"土地经营权可以依法采取……入股或者其他方式流转"，明确将承包农户入股界定为设立土地经营权的一种方式。其二，草案第四十二条中明确规定："承包方可以用承包土地经营权向金融机构融资担保。"此处"承包土地经营权"的表述不符合物权法定的要求，应修改为"土地承包经营权"，而且"融资担保"应进一步明确为抵押。此外，本条的体系位置也值得商榷。本条现位于草案第二章第五节"土地经营权的保护和流转"，但所规定的内容明显属于土地承包经营权的权利内容，应将该规定移至同章第一节"发包方和承包方的权利和义务"第十六条，作为承包方的权利之一加以规定。其三，草案第三十三条明确规定："经发包方同意，承包方可以将全部或者部分承包的土地转让给本集体经济组织的其他农户，由该农户同发包方确立新的承包关系，原承包方与发包方在该土地上的承包关系即行终止。"此处转让的明显属于土地承包经营权，土地承包权这种土地承包的资格无须转让，因为受让人本身已经具备承包土地的资格，自无须叠加。与现行《农村土地承包法》第四十一条相比，其删去了承包农户"有稳定的非农职业或者有稳定的收入来源"之前提条件，明确了受让人为"本集体经济组织的其他农户"，在一定程度上放宽了土地承包经营权转让的限制，值得赞同。但本条并未明确转让之后对原承包农户承包土地的权利的影响，在解释上，承包农户仅是将剩余期限的土地承包经营权转让受让人，并未将期限届满

---

① 参见朱广新：《土地承包权与经营权分离的政策意蕴与法制完善》，载于《法学》2015 年第 11 期；肖鹏：《农村土地"三权分置"下的土地承包权初探》，载于《中国农业大学学报》（社会科学版）2017 年第 1 期；张洪波：《农地"三权分置"的法律表达：基于权能理论的分析》，载于《烟台大学学报》（哲学社会科学版）2017 年第 4 期；李方方、许佳君：《农村土地"三权分置"政策的法理规制逻辑》，载于《山东社会科学》2017 年第 7 期。

② 《三权分置意见》之"三、逐步形成'三权分置'格局"之"（二）严格保护农户承包权"。

后承包土地的权利也出让给受让人。笔者认为应将本条修改如下："经发包方同意，承包方可以将土地承包经营权全部或者部分转让给本集体经济组织的其他农户，在转让期间内，由该农户同发包方确立新的承包关系，原承包方与发包方在相应土地上的承包关系即行终止。"

三、土地经营权与土地承包经营权之间的关系

语义学上，"土地经营权"应指利用土地从事经营活动的权利，既包括土地所有权人自行行使其所有权所本来涵盖的经营权能，也包括利用他人土地（包括国有土地和集体土地）从事房地产开发、农业生产等经营活动的权利。由此可见，这一术语具有高度涵盖性，不具有以利用用途为标准而区分土地权利的意义。此外，同一法典中同时出现"土地经营权"和"土地承包经营权"两个概念，其中"土地经营权"似乎是大概念，其下涵盖土地承包经营权和土地非承包经营权两类。但"土地经营权"一语已经广泛使用于政策文件，并已明定于修正后的《行政诉讼法》。如此只需在法律上对其作出明确界定，即可将政策术语转换为法律术语。

"赋予经营主体更有保障的土地经营权，是完善农村基本经营制度的关键。"①土地经营权规则的重构也就成为本次修法的重心。如前所述，在三权分置之下，土地经营权是土地承包经营权派生出的一类权利，土地承包经营权是"母权"，土地经营权是"子权"。此外，现行法所称的"以其他承包方式取得的土地承包经营权"亦应重构为"土地经营权"，以体现三权分置之下的体系效应。如此，土地经营权既可在土地所有权之上设定，又可在土地承包经营权之上设定。土地经营权与土地承包经营权都是就农村土地从事农业生产的权利，两者之间的区别主要体现在：前者是市场化的权利，其取得在契约自由之下依当事人之间的土地经营合同而确定，权利主体并无限制；后者是具有福利性和保障性的权利，只有本集体经济组织成员才能取得，其设立前提是基于经民主程序依法形成的承包方案所订立的土地承包经营合同。此外，在权利性质上，前者是债权；后者是物权，由此决定了在两者保护程度上的差异。

---

① 《三权分置意见》之"三、逐步形成'三权分置'格局"之"（三）加快放活土地经营权"。

草案第六条第 3 款规定："土地经营权是指一定期限内占用承包地、自主组织生产耕作和处置产品，取得相应收益的权利。"这一定义性法条与《三权分置意见》中"土地经营权人对流转土地依法享有在一定期限内占有、耕作并取得相应收益的权利"之表述并无实质差异。在就土地经营权作出概念界定之时，应注意其与土地承包经营权之间的差异。《物权法》第一百二十五条规定："土地承包经营权人依法对其承包经营的耕地、林地、草地等享有占有、使用和收益的权利，有权从事种植业、林业、畜牧业等农业生产。"在强调土地承包经营权的福利性和保障性的政策目标之下，此处的权利主体"土地承包经营权人"即为"承包农户"；权利客体为"其承包经营的耕地、林地、草地等"，其强调"承包"，即土地承包经营权的设立是以承包方案为前提；权利内容为"占有、使用和收益"，与其他用益物权并无差异，而"从事种植业、林业、畜牧业等农业生产"是土地承包经营权作为用益物权类型化的标志特征，是对他人土地的使用用途限制，体现了用途管制的基本思想。循此逻辑，土地经营权应被界定为：民事主体（土地经营权人）依法对承包农户承包经营的或集体经济组织未予发包的农村土地享有从事种植业、林业、畜牧业等农业生产并取得收益的权利。其中，权利的主体是一般民事主体，不从资格或身份的角度对土地经营权的取得作出限制，按照立法上的通常表述，法条中的"民事主体"也可以"土地经营权人"代称，草案第六条第 3 款尚未明确界定土地经营权的主体，值得商榷；权利的客体包括承包农户承包经营的农村土地和集体经济组织未予发包的农村土地两类，涵盖了土地经营权在土地承包经营权之上和在农村土地所有权之上设定的两种情形；权利内容表述为"从事种植业、林业、畜牧业等农业生产并取得收益"，其应以占有、使用农村土地为前提；"依法"指的是权利的设定和行使，由同章此后的条文具体规定。

就土地经营权的性质而言，学界存在以下主要观点：其一，"总括权利说"。土地经营权并非具体化的单一权利，不是独立的民事权利，而是包括土地承包经营权在内的各种农地使用权的总称。因此，土地经营权不是法律语言，也无法通过立法成为法律概念。[①]其二，"物权说"。土地经营权派生于土地承包经营权，

① 参见高飞：《农村土地"三权分置"的法理阐释与制度意蕴》，载于《法学研究》2016 年第 3 期；《全国人民代表大会法律委员会关于〈全国人民代表大会常务委员会关于修改中华人民共和国行政诉讼法的决定（草案）〉修改意见的报告——2014 年 10 月 31 日在第十二届全国人民代表大会常务委员会第十一次会议上》，载于《中华人民共和国全国人民代表大会常务委员会公报》2014 年第 6 期。

从权利的稳定性和对抗性出发，应将其确立为物权①，可以是独立平行的用益物权②，也可以是次级用益物权（耕作权）③。其三，"债权说"。在物权法定之下，物权非依法律明定不得创设，且同一物上不宜存在两个相互冲突的用益物权，同时土地经营权依土地流转合同而生，其本权是债权，因而土地经营权的性质应为债权。④ 其四，"二元权利说"。土地经营权的性质因土地流转形式不同而不同，其中转让、互换产生土地承包经营权的让渡，具有物权性质，而转包、出租不产生土地承包经营权的让渡，具有债权性质。⑤ 在三权分置之下，土地经营权被赋予特定的含义，具有具体的权利内容，"总括权利说"即不足采；同时，在现行法上发生权利移转效果的土地承包经营权流转方式并不能被土地经营权涵盖，正如草案目前所采取的制度安排一样，此部分流转方式并不定位于"土地经营权的保护和流转"一节，"二元权利说"也就失去了基础。目前的争议主要在于"物权说"和"债权说"之间如何进行法政策选择。

---

① 参见郑志峰：《当前我国农村土地承包权与经营权再分离的法制框架创新研究——以 2014 年中央一号文件为指导》，载于《求实》2014 年第 10 期；陶钟太朗、杨遂全：《农村土地经营权认知与物权塑造——从既有法制到未来立法》，载于《南京农业大学学报》（社会科学版）2015 年第 2 期；高圣平：《承包土地经营权抵押规则之构建——兼评重庆城乡统筹综合配套改革试点模式》，载于《法商研究》2016 年第 1 期；高富平：《农地三权分置改革的法理分析及制度意义》，载于《社会科学辑刊》2016 年第 5 期；韩学平："三权分置"下农村土地经营权有效实现的物权逻辑》，载于《社会科学辑刊》2016 年第 5 期；孙宪忠：《推进农地三权分置经营模式的立法研究》，载于《中国社会科学》2016 年第 7 期；崔建远：《民法分则物权编立法研究》，载于《中国法学》2017 年第 2 期；孔祥智：《"三权分置"的重点是强化经营权》，载于《中国特色社会主义研究》2017 年第 3 期；陈耀东：《农地"三权分置"怎样与现行法律衔接》，载于《人民论坛》2017 年第 4 期；蔡立东、姜楠：《农地三权分置的法实现》，载于《中国社会科学》2017 年第 5 期。

② 参见康纪田、师军惠：《论土地承包经营权分置的产权结构关系》，载于《辽宁师范大学学报》（社会科学版）2015 年第 5 期；李国强：《论农地流转中"三权分置"的法律关系》，载于《法律科学》（西北政法大学学报）2015 年第 6 期；潘俊：《农村土地承包权和经营权分离的实现路径》，载于《南京农业大学学报》（社会科学版）2015 年第 4 期。

③ 参见蔡立东、姜楠：《承包权与经营权分置的法构造》，载于《法学研究》2015 年第 3 期；朱广新：《土地承包权与经营权分离的政策意蕴与法制完善》，载于《法学》2015 年第 11 期；孙宪忠：《推进农村土地"三权分置"需要解决的法律认识问题》，载于《行政管理改革》2016 年第 2 期；朱继胜：《"三权分置"下土地经营权的物权塑造》，载于《北方法学》2017 年第 2 期。

④ 参见陈小君：《我国农村土地法律制度变革的思路与框架——十八届三中全会〈决定〉相关内容解读》，载于《法学研究》2014 年第 4 期；吴兴国：《承包权与经营权分离框架下债权性流转经营权人权益保护研究》，载于《江淮论坛》2014 年第 5 期；申惠文：《法学视角中的农村土地三权分离改革》，载于《中国土地科学》2015 年第 3 期；刘征峰：《农地"三权分置"改革的私法逻辑》，载于《西北农林科技大学学报》（社会科学版）2015 年第 5 期；李伟伟、张云华：《土地经营权流转的根本属性与权能演变》，载于《改革》2015 年第 7 期；高海：《论农用地"三权分置"中经营权的法律性质》，载于《法学家》2016 年第 4 期；刘云生、吴昭军：《政策文本中的农地三权分置：路径审视与法权建构》，载于《农业经济问题》2017 年第 6 期。

⑤ 参见孙中华：《关于农村土地"三权分置"有关政策法律性问题的思考》，载于《农业部管理干部学院学报》2015 年第 3 期；张毅、张红、毕宝德：《农地的"三权分置"及改革问题：政策轨迹、文本分析与产权重构》，载于《中国软科学》2016 年第 3 期。

在法理上，土地利用关系一向都有物权和债权两种法律表达方式①，两种方式体现了不同的风险、成本和收益，利用人自可根据自己的经济目的和偏好，经过利弊权衡后选择有利于自己的利用方式②。如此看来，将土地经营权定性为物权抑或债权均无不可。将其定性为物权，固可稳定土地经营关系，但却把土地托管、代耕代种等短期的利用关系也界定为物权，也强制性地要求登记，一则与交易习惯不合，二则人为增加当事人之间的交易成本；将其定性为债权，虽貌似不若物权那样稳定，但却足以涵盖所有的流转关系且手续简便，从而节省交易成本。同时，如赋予土地经营权这一债权以登记能力并采取登记对抗模式③，让当事人自行根据交易需要选择是否登记，经登记的土地经营权不仅在当事人之间发生效力，而且可以对抗第三人，同样可以起到稳定经营主体的经营预期的作用④。此也与现行法上"以其他承包方式取得的土地承包经营权"的登记处理模式相一致。⑤

草案第三十九条第 1 款规定："土地经营权采取出租（转包）、入股或者其他方式流转，当事人双方应当签订书面合同，并向发包方备案。"⑥ 其明显将土地经营权界定为依土地经营合同所产生的债权，在程序上仅仅是要求"向发包方备案"，但是否备案并不影响合同的效力。与现行制度相比，这一规定并没有多大的改变。三权分置旨在"赋予经营主体更有保障的土地经营权"，"保障其

---

① 参见王泽鉴：《民法物权》（第 2 版），北京大学出版社 2010 年版；谢在全：《民法物权论》（修订 5 版），中国政法大学出版社 2011 年版。

② 参见苏永钦：《走入新世纪的私法自治》，中国政法大学出版社 2002 年版。

③ 参见温世扬、吴昊：《集体土地"三权分置"的法律意蕴与制度供给》，载于《华东政法大学学报》2017 年第 3 期。

④ 参见刘守英、高圣平、王瑞民：《农地三权分置下的土地权利体系重构》，载于《北京大学学报》（哲学社会科学版）2017 年第 5 期。

⑤ 《新农村土地承包法》第四十九条规定："通过招标、拍卖、公开协商等方式承包农村土地，经依法登记取得土地承包经营权证或者林权证等证书的，其土地承包经营权可以依法采取转让、出租、入股、抵押或者其他方式流转"（高圣平：《完善农村基本经营制度之下农地权利的市场化路径》，载于《社会科学研究》2019 年第 2 期，第 42～52 页）。就登记在其中的法律意义尚存争议，参见王利明：《农村土地承包经营权的若干问题探讨》，载于《中国人民大学学报》2001 年第 6 期；丁关良、童日晖：《农村土地承包经营权流转制度立法研究》，中国农业出版社 2009 年版；王崇敏、李建华：《物权法立法专题研究》，法律出版社 2012 年版；高圣平：《新型农业经营体系下农地产权结构的法律逻辑》，载于《法学研究》2014 年第 4 期。但至少登记不是"以其他承包方式取得的土地承包经营权"的生效要件。

⑥ "土地经营权流转"是目前政策文件中通常使用的术语（如《土地经营权流转意见》《三权分置意见》等），但语义表述并不准确。字面意义的理解是已经设立的土地经营权的流转或处分，但《农村土地承包法修正案草案（一审稿）》将此种情形称为"再流转"，而将依土地承包经营权流转派生出土地经营权称为土地经营权流转。这一表述明显不当。为避免造成解释冲突，排除非法言法语的"流转"表述，建议使用"土地经营权的设立"加以替代。本款的规定相应修改为："土地经营权可以采取出租（转包）、入股或者其他方式设立，当事人双方应当签订书面合同，并向发包方备案。""土地经营权流转合同"也应改称"土地经营合同"。草案的其他相应各处亦应作同样修改。

（土地经营权人）有稳定的经营预期”，但草案目前的制度设计将土地经营权定性为债权，仅在当事人之间发生效力。草案第三十六条第 2 款还规定："发包方、承包方应当依法履行流转合同约定，尊重第三方依法依合同取得的权利。"草案第三十七条第 3 款规定："经承包方同意，第三方可依法投资改良土壤，建设必要的农业生产附属、配套设施，并依照合同约定对其投资部分获得合理补偿。"一旦相对人违约，土地经营权人只得寻求债法上的保护，这进一步强化了土地经营权的债权属性。这些制度安排并未使土地经营权人有稳定的经营预期，同时使得土地经营权人利用其土地经营权进行担保融资遇到了技术上的障碍，与三权分置所引发的应然制度变迁并不契合。

笔者建议，虽然在立法政策上可以选择将土地经营权定位为债权，但应进一步赋予这种债权性土地利用权以登记能力，借由登记簿的记载明确使其成为具有确定性的权利。经登记的土地经营权不仅在当事人之间发生法律效力，而且还可以对抗第三人①，切断第三人在相关土地交易中的"善意"，更为充分地保障经营主体的土地经营权。同时，土地经营权先登记，以土地经营权设定抵押权时，土地经营权抵押权登记才能展开。否则，如果土地经营权未登记，不动产登记簿上仅有土地承包经营权的记载，土地经营权抵押权登记即无从办理，则土地经营权作为市场化的权利再予流转时也无明确的权利表征。应予注意的是，并非仅有不动产物权才具有登记能力，债权性的不动产利用权也可以在不动产登记簿上登记。②不动产权利是否属于物权，并不取决于不动产登记簿的登记，而是仰赖于民事实体法的具体规定。不动产登记簿上预告登记的即为债权，此外，船舶租赁权和航空器租赁权虽然属于债权，但均具有登记能力。在目前承包地流转实践中，出租和转包占到总流转面积的 78.6%。③ 草案第三十五条也规定，土地经营权主要以出租（转包）、入股方式设立。准此，土地经营权自当具有登记能力。

至于土地经营权的内容，《三权分置意见》指出，"经营主体有权使用流转土地自主从事农业生产经营并获得相应收益，经承包农户同意，可依法依规改良土壤、提升地力，建设农业生产、附属、配套设施，并依照流转合同约定获得合理补偿；有权在流转合同到期后按照同等条件优先续租承包土地。经营主体再流转土地经营权或依法依规设定抵押，须经承包农户或其委托代理人书面同意，并

---

① 参见朱虎：《物权法自治性观念的变迁》，载于《法学研究》2013 年第 1 期；蔡立东、姜楠：《农地三权分置的法实现》，载于《中国社会科学》2017 年第 5 期。

② 参见高圣平：《不动产权利的登记能力——评〈不动产登记暂行条例（征求意见稿）〉第 4 条》，载于《政治与法律》2014 年第 12 期；常鹏翱：《论可登记财产权的多元化》，载于《现代法学》2016 年第 6 期。

③ 参见孙中华：《关于农村土地"三权分置"有关政策法律性问题的思考》，载于《农业部管理干部学院学报》2015 年第 2 期。

向农民集体书面备案。流转土地被征收的，地上附着物及青苗补偿费应按照流转合同约定确定其归属"。除了土地经营合同到期后的优先续租权没有规定之外，其他内容均在相关条文中予以体现。由于本次修法采取的是修正而非修订，草案并没有采取土地承包经营权中设专条集中规定当事人权利义务的立法方法，而是在现有规定的基础上"小修小补"，将新增的权利内容分散在零散的条文之中，实值商榷。

值得进一步讨论的是，就土地经营权的担保融资，草案第四十二条规定："第三方通过流转取得的土地经营权，经承包方或其委托代理人书面同意，可以向金融机构融资担保。具体由国务院有关部门规定。"其立法理由是："鉴于实践中抵押担保融资的情况复杂，操作方式多样，加之各方面对土地经营权的性质认识分歧较大，草案使用了'融资担保'的概念，包含了抵押和质押等多种情形，既解决了农民向金融机构融资缺少有效担保物的问题，又保持了与担保法等法律规定的一致性。"在此应予强调的是，草案已经将土地经营权定性为债权，自当明确土地经营权担保的属性。土地经营权作为担保财产进入融资担保领域之时，并不因其在性质上属于债权就当然地归入质押的范畴。有学者主张，如将土地经营权界定为债权，则其担保融资方式应定位于质押而非抵押①，因为"目前大陆法系普遍不允许债权成为抵押客体只能作为质押客体"②。这一观点值得商榷。权利担保物权在体系定位上有抵押权和质权两种，在担保物的范围扩及权利之后，传统法上"不动产抵押权＋动产质权"的二元化担保物权构造即遇到解释上的困难，学说上就抵押权和质权的区分不宜再以标的物是不动产还是动产或公示方法为登记抑或占有为标准，而应以担保物权设定后担保人是否丧失担保物的利用权为实质标准。在用益型权利设定担保之后，担保人仍然行使着该权利。因此，在用益型权利上设定的担保物权即为抵押权；在非用益型权利设定担保之后，担保人已不得行使该权利，因此非用益型权利设定的担保物权应属质权。此为以担保物权设定之后担保人是否仍然行使被设定担保的权利为分类标准所得出的妥适结论。土地经营权是就他人土地的利用权，属于用益型权利，其上设定担保物权之后，土地经营权人仍得行使土地经营权。如此，土地经营权之上设定的担保物权应属抵押权。《国务院关于开展农村承包土地的经营权和农民住房财产权抵押贷款试点的指导意见》以及中国人民银行等联合发布的配套试点文件，也都是将土地经营权上设定的担保物权定性为抵押权，草案应当将这一改革成果法

---

① 参见申惠文：《法学视角中的农村土地三权分离改革》，载于《中国土地科学》2015 年第 3 期；刘禺涵：《"三权分置"下的土地经营权登记》，载于《中国土地科学》2017 年第 1 期。

② 参见高海：《土地承包经营权"两权分离"的论争与立法回应》，载于《武汉大学学报》（哲学社会科学版）2016 年第 6 期。

律化。至于实践中出现的土地经营权质押贷款，实际上是在土地经营权未登记、土地经营权之抵押权也无从登记的现实背景之下的无奈之举，不合法理。

此外，草案将土地经营权担保融资的问题"具体由国务院有关部门规定"，值得商榷。诸如土地经营权抵押权是否以登记作为公示方法，登记是土地经营权之抵押权的生效要件还是对抗要件，登记机关如何确定等问题涉及土地经营权之抵押权这一新型物权的设定和效力，应属法律规定的内容，国务院有关部门无权作出规定。只有在法律上已作明确规定的情况下，诸如登记程序、审贷流程等具体的操作问题，才能由国务院有关部门作出规定。

第二十一章

农地三权分置改革与民法典物权编编纂

由农地三权分置改革所引发的农地产权结构调整，其重要目的在于"更好用活土地经营权，实现土地资源的优化配置，有利于规模经营和现代农业发展"[1]，进一步体现了物权法从归属到利用的现代发展趋势。财产权制度应当及时反映这一改革成果，"对资源的有效利用也在客观上要求民法典及时确认相关的权利利用规则，从而为权利的有效利用创造条件"[2]。为此，2018 年 12 月 29 日，第十三届全国人民代表大会常务委员会第七次会议通过了《全国人民代表大会常务委员会关于修改〈中华人民共和国农村土地承包法〉的决定》（以下简称《农村土地承包法修正案》）。更为基础性的权利规范应反映在民法典之中，《民法典各分编（草案）》已经十三届全国人大常委会第五次会议第一次审议，并于 2018 年 9 月 5 日在中国人大网上公开征求意见。《民法典各分编（草案）》"在总结有关改革试点实践经验的基础上，结合农村土地承包法修改的审议情况、各方面提出的意见和基层调研情况，草案对物权法的用益物权制度、担保物权制度做了相应修改"[3]，但其中规则不无检讨的必要。

---

① 韩长赋：《土地"三权分置"是中国农村改革的又一次重大创新》，载于《光明日报》2016 年 1 月 26 日第 1 版。

② 王利明：《全面深化改革中的民法典编纂》，载于《中国法学》2015 年第 4 期。

③ 沈春耀：《关于〈民法典各分编（草案）〉的说明——2018 年 8 月 27 日在第十三届全国人民代表大会常务委员会第五次会议上》。

农地三权分置的理论与实践研究

一、农地三权分置之下承包地产权结构的调整

2014 年中央一号文件《中共中央、国务院关于全面深化农村改革加快推进农业现代化的若干意见》正式提出"土地所有权、土地承包权、土地经营权"等三权分置的基本思想之后，一系列政策文件进一步阐发了这一思想①，已然成为相关法律修改的重要理论基础②。三权分置学说甫一提出，法学界就这一经济学说和政策语言如何在法律上加以表达，展开了充分的讨论，但学说之间差异较大。③ 就民法典中如何体现三权分置思想，学者间也存在较大争议。④

在《农村土地承包法》修正过程中，就此也有激烈的争论。一审稿采纳的观点是，"土地集体所有权与承包经营权是承包地处于未流转状态的一组权利，是两权分离。土地集体所有权与土地承包权、土地经营权是承包地处于流转状态的一组权利，是三权分置"⑤。一审稿明确规定："以家庭承包方式取得的土地承包经营权在流转中分为土地承包权和土地经营权。"同时规定了土地承包权和土地经营权的权能。在法典的结构安排上，第二章第四节"土地承包权的保护和转让"与第五节"土地经营权的保护和流转"相并而称，直接将政策语言转化为

---

① 如中共中央办公厅、国务院办公厅先后发布的《关于引导农村土地经营权有序流转发展农业适度规模经营与意见》（以下简称《土地经营权流转意见》）、《深化农村改革综合性实施方案》、《关于完善农村土地所有权承包权经营权分置办法的意见》（以下简称《三权分置意见》）、《国务院关于开展农村承包土地的经营权和农民住房财产权抵押贷款试点的指导意见》（以下简称《"两权"抵押指导意见》）、《中共中央、国务院关于落实发展新理念加快农业现代化实现全面小康目标的若干意见》（2016 年中央一号文件）、《中共中央、国务院关于深入推进农业供给侧结构性改革加快培育农业农村发展新动能的若干意见》（2017 年中央一号文件）、《中共中央、国务院关于实施乡村振兴战略的意见》（2018 年中央一号文件）等。

② 参见刘振伟：《关于〈中华人民共和国农村土地承包法修正案（草案）〉的说明——2017 年 10 月 31 日在第十二届全国人民代表大会常务委员会第三十次会议上》；沈春耀：《关于〈民法典各分编（草案）〉的说明——2018 年 8 月 27 日在第十三届全国人民代表大会常务委员会第五次会议上》。

③ 有关学说争议的梳理，参见高圣平：《论承包地流转的法律表达——以〈农村土地承包法〉的修改为中心》，载于《政治与法律》2018 年第 8 期。

④ 参见陈华彬：《论编纂民法典物权编对〈物权法〉的修改与完善》，载于《法治研究》2016 年第 6 期；席志国：《民法典编纂中集体土地权利体系新路径》，载于《国家行政学院学报》2018 年第 1 期；房绍坤：《民法典物权编用益物权的立法建议》，载于《清华法学》2018 年第 2 期；冯建生：《民法典编纂中农村承包土地"三权分置"的法理构造》，载于《上海交通大学学报》（哲学社会科学版）2018 年第 3 期；陈小君：《我国涉农民事权利入民法典物权编之思考》，载于《广东社会科学》2018 年第 5 期；谭启平：《"三权分置"的中国民法典确认与表达》，载于《北方法学》2018 年第 5 期；韩松：《论民法典物权编对土地承包经营权的规定——基于"三权分置"的政策背景》，载于《清华法学》2018 年第 5 期。

⑤ 刘振伟：《关于〈中华人民共和国农村土地承包法修正案（草案）〉的说明——2017 年 10 月 31 日在第十二届全国人民代表大会常务委员会第三十次会议上》。

法律语言。如此，出现了"（集体）土地所有权＋（承包农户）土地承包经营权＋（承包农户）土地承包权＋（经营主体）土地经营权"的复杂权利结构。这一方案受到学界的广泛批评。[①]

土地承包经营权的权利内容并无"承包"和"经营"两项内容，亦即其本身并不是由土地承包权和土地经营权构成，也无法分离、分解或分置为土地承包权和土地经营权。相反，如将土地承包权理解为农村集体经济组织成员依法享有的承包土地的权利，土地承包经营权只是本集体成员行使"土地承包权"之后的结果，一旦土地承包经营权设定，此种意义上的"土地承包权"即失去意义，并未传导至土地承包经营权之中，只能在土地承包经营权因承包期届满而消灭之后再次行使。[②] 由此可见，从权利发生逻辑来看，土地经营权是派生于土地承包经营权的权利，并不是后者分解出的权利。正如从土地所有权派生出土地承包经营权之后，土地所有权的性质和名称并不发生改变，法律上无须为土地所有权的剩余权利做出专门规定，从土地承包经营权派生出土地经营权之后，土地承包经营权的性质和名称也不发生改变，法律上也无须为土地承包经营权的剩余权利做出专门规定。由此可见，三权分置，只是在两权分离所产生的土地承包经营权的基础上再派生出土地经营权，其产权结构应当是"土地所有权→土地承包经营权→土地经营权"。如此可以反映两权分离和三权分置并存下的生产关系，在法律上只需确定新生的土地经营权的性质和内容即可。

正是依循这一逻辑，二审稿调整了"家庭承包"章的分节体系，将第二章第四节改为"土地承包经营权的保护和互换、转让"，第五节改为"土地经营权"，在结构上不再出现土地承包权的安排。虽然就此存在巨大的争议，但直至修正案通过，这一结构安排仍然得以保留，并构成了承包地产权结构的解释基础。在两权分离之下，从土地所有权中派生出土地承包经营权，反映承包农户与集体经济组织之间的关系，主要适用该法第二章第一节至第四节的规定；在三权分置之下，从土地承包经营权中派生出土地经营权，反映承包农户与土地经营权人之间的关系，主要适用该法第二章第五节的规定。由此可见，三权分置只是在土地所有权和土地承包经营权之外增加了一个土地经营权，在两权分离和三权分置并行的背景下，承包地产权由"土地所有权＋土地承包经营权＋土地经营权"三权构成，并不是由"土地所有权＋土地承包经营权＋土地承包权＋土地经营权"四权

---

① 参见高圣平：《论农村土地权利结构的重构——以〈农村土地承包法〉的修改为中心》，载于《法学》2018 年第 2 期；高飞：《土地承包权与土地经营权分设的法律反思及立法回应——兼评〈农村土地承包法修正案（草案）〉》，载于《法商研究》2018 年第 3 期；耿卓：《承包地"三权分置"政策入法的路径与方案——以〈农村土地承包法〉的修改为中心》，载于《当代法学》2018 年第 6 期。

② 参见高圣平：《承包地三权分置的法律表达》，载于《中国法学》2018 年第 4 期。

构成。在《农村土地承包法修正案》中仅有一处出现"土地承包权",即"承包方承包土地后,享有土地承包经营权,可以自己经营,也可以保留土地承包权,流转其承包地的土地经营权,由他人经营"（第9条）。在解释上,这里的"土地承包权",就是派生出土地经营权之后的土地承包经营权的简称,并不表明承包地产权结构中还存在着一个土地承包权。否则,法典中应当对土地承包权的性质和内容做出规定。

民法典物权编编纂时应尊重《农村土地承包法修正案》就三权分置法律表达的立法选择。无论是两权分离还是三权分置,土地承包经营权在性质上均属物权,民法典物权编仅需维系目前的土地承包经营权用益物权类型即可。尚存争议的是,三权分置之下的土地经营权是物权还是债权？如若是物权,在民法典物权编中是否应增设土地经营权一章？

第一种观点认为,土地经营权派生于土地承包经营权,从权利的稳定性和对抗性出发,应将其确立为物权[1],可以在"土地承包经营权"一章中做出规定[2],也可以在该章之后增加一章专门规定"土地经营权"[3]。第二种观点认为,土地经营权主要反映的是经营主体依出租、转包等方式取得的权利,为使土地经营权制度一体反映期间长短不同的承包地流转关系,宜将土地经营权定性为债权[4]。如此,民法典物权编中即无必要增设土地经营权。第三种观点认为,短期的土地经营权是债权,长期、稳定的土地经营权是物权[5],民法典物权编中应当规定长期、稳定的土地经营权,并将其界定为用益物权[6]。

在三权分置之下,土地经营权是脱离了身份属性的市场化财产权利,其取得和享有不要求权利主体具有特定身份,只要具有农业经营能力或者资质即可。

---

[1] 参见高海:《论农用地"三权分置"中经营权的法律性质》,载于《法学家》2016年第4期;孙宪忠:《推进农地三权分置经营模式的立法研究》,载于《中国社会科学》2016年第7期;崔建远:《民法分则物权编立法研究》,载于《中国法学》2017年第2期;蔡立东、姜楠:《农地三权分置的法实现》,载于《中国社会科学》2017年第5期;房绍坤:《民法典物权编用益物权的立法建议》,载于《清华法学》2018年第2期。

[2] 参见李永军等:《中华人民共和国民法典物权编（专家建议稿）》,载于《比较法研究》2017年第4期。

[3] 参见谭启平:《"三权分置"的中国民法典确认与表达》,载于《北方法学》2018年第5期。

[4] 参见陈小君:《我国农村土地法律制度变革的思路与框架——十八届三中全会〈决定〉相关内容解读》,载于《法学研究》2014年第4期;李伟伟、张云伟:《土地经营权流转的根本属性与权能演变》,载于《改革》2015年第7期;温世扬、吴昊:《集体土地"三权分置"的法律意蕴与制度供给》,载于《华东政法大学学报》2017年第3期;高圣平:《承包地三权分置的法律表达》,载于《中国法学》2018年第4期;高圣平:《论承包地流转的法律表达——以〈农村土地承包法〉的修改为中心》,载于《政治与法律》2018年第8期。

[5] 参见申惠文:《法学视角中的农村土地三权分离改革》,载于《中国土地科学》2015年第3期。

[6] 参见王利明:《我国民法典物权编的修改与完善》,载于《清华法学》2018年第2期。

"土地经营权所负载的目标功能大致可概括为稳定土地承包经营权流转中受让人的经营预期，满足其为扩大生产经营而进行抵押融资的需求，同时保障原土地承包经营权人对土地承包经营权的保有权、控制权和收益权三重目的。"① 《农村土地承包法修正案》"以解决实践需要为出发点，只原则界定了土地经营权权利，淡化了土地经营权性质"②，这一立法政策增加了解释上的困难。依该修正案的规定，土地经营权是指"在合同约定的期限内占有农村土地，自主开展农业生产经营并取得收益"的权利，同时规定："土地经营权流转期限为五年以上的，当事人可以向登记机构申请土地经营权登记。未经登记，不得对抗善意第三人。"笔者认为，《农村土地承包法修正案》中的土地经营权性质上属于债权，理由如下。

第一，根据该修正案的规定，土地经营权产生于出租（转包）、入股或者其他方式的流转合同，排除了转让、互换等方式。在体系解释上，我国现行合同法将权利人因租赁合同所产生的权利界定为债权，在《农村土地承包法修正案》未作出例外安排的情形之下，承包方以出租（转包）方式所产生的土地经营权自当作同一定性。土地承包经营权的承租人依租赁合同取得承包地的土地经营权，不是用益物权，"也没有必要为了一种对承包地的承租经营权方式就非得规定土地经营权为用益物权"③。至于入股所生的法律效果，容后详述。由于土地经营权涵盖除了转让、互换等起着移转物权效果的所有承包地流转方式，基于鼓励流转创新的政策考量④，宜将土地经营权界定为债权。

第二，从该修正案第二章第四节"土地经营权"规定的内容来看，土地经营权人投资改良土壤，建设农业生产附属、配套设施，再流转土地经营权，向金融机构融资担保，均需取得承包农户的同意或书面同意，债权性质至为明显。只有在定性为债权的情形之下，土地经营权人的这些行为才需要得到作为土地经营权流转合同相对人的承包农户的同意。此与同法就土地承包经营权人从事类似行为无须发包方同意迥然有异，后者在部分情形之下仅需向发包方备案。这一不同的制度安排昭示着立法者就土地承包经营权和土地经营权之间定性上的差异。

---

① 耿卓：《农地三权分置改革中土地经营权的法理反思与制度回应》，载于《法学家》2017年第5期。

② 刘振伟：《巩固和完善农村基本经营制度》，载于《农村工作通讯》2019年第1期。

③ 韩松：《论民法典物权编对土地承包经营权的规定——基于"三权分置"的政策背景》，载于《清华法学》2018年第5期。

④ 在三权分置之下，"鼓励承包农户依法采取转包、出租、互换、转让及入股等方式流转承包地"（《土地经营权流转意见》），"允许承包农户将土地经营权依法自愿配置给有经营意愿和经营能力的主体，发展多种形式的适度规模经营"（《深化农村改革综合性实施方案》），"鼓励采用土地股份合作、土地托管、代耕代种等多种经营方式，探索更多放活土地经营权的有效途径"（《三权分置意见》）。

第三，赋予土地经营权以登记能力，并不能得出土地经营权即属物权的结论。学说上以为，并不是所有建立在不动产之上的权利均可纳入登记的范畴，只有那些具有对抗效力的不动产权利才具有登记能力[1]，不动产登记簿上记载的不动产权利也并不仅限于物权[2]。赋予土地经营权登记能力，仅仅表明立法者借由登记赋予土地经营权以对抗效力，以此稳定土地经营权人的经营预期，并使土地经营权人能够以其权利担保融资。在《农村土地承包法修正案》的立法过程中，一审稿并未规定土地经营权登记制度，二审稿中将土地经营权登记作为"明确和保护经营主体通过流转合同取得的土地经营权，保障其经营预期"的技术手段[3]，但仅此并不能确定土地经营权就是物权。

第四，赋予当事人是否登记土地经营权的选择权，不宜解释为登记了的土地经营权就是物权，未登记的就是债权。"土地经营权"一语一体反映土地经营权人对农村土地的利用关系，在性质上不宜做不同的定性，否则法律上要同时规定物权性质的土地经营权和债权性质的土地经营权的内容，而且两种性质的土地经营权的内容基于其效力上的差异很难抽象。《农村土地承包法修正案》就土地经营权的投资回报、补偿、再流转、融资担保等问题均由当事人约定，则应定性为债权。[4] 不过，该修正案中就登记能力的区别规定，值得商榷。[5]

综上，基于《农村土地承包法修正案》就三权分置已经做出的立法选择，民法典物权编中应维系目前的土地承包经营权这一用益物权种类，无须改称为土地承包权，也无须增设土地经营权这一所谓的新物权种类。

二、土地承包经营权的重新界定

在《农村土地承包法修正案》所传达的三权分置的产权结构中，土地承包经营权是具有身份属性的财产权利，其取得和享有以权利主体具有本集体成员身份为前提，具有财产和保障双重功能，是实现承包农户不因流转而失去保障这一基

---

[1] 参见鲍尔、施蒂尔纳：《德国物权法》（上册），张双根译，法律出版社 2004 年版。

[2] 参见宋宗宇等：《农村土地经营权的确定化及其制度构建》，载于《农村经济》2015 年第 7 期。

[3] 参见胡可明：《全国人民代表大会宪法和法律委员会关于〈中华人民共和国农村土地承包法修正案（草案）〉修改情况的汇报——2018 年 10 月 22 日在第十三届全国人民代表大会常务委员会第六次会议上》。

[4] 参见王利明：《我国民法典物权编的修改与完善》，载于《清华法学》2018 年第 2 期。

[5] 参见高圣平：《完善农村基本经营制度之下农地权利的市场化路径》，载于《社会科学研究》2019 年第 2 期。

本政策目标的工具。由此而决定，两权分离和三权分置并行之下的土地承包经营权，也就具有了同样的身份属性。

《民法典各分编（草案）》秉承《物权法》上的土地承包经营权制度，依承包方式的不同将土地承包经营权划分为两类："以家庭承包方式取得的土地承包经营权"和"以招标、拍卖、公开协商等其他方式取得的土地承包经营权"。两者之间基于权利主体的不同在权利内容上存在重大的不同，其中，前者具有身份属性，其取得基于公平分配的基本观念，起着一定的保障作用，其处分因之受到极大的限制；但后者是一种市场化的权利，其取得多依竞争性的缔约程序，其处分较为自由。由此可见，"以其他方式取得的土地承包经营权"已经不再具有身份属性，不能由两权分离和三权分置并行之下的"土地承包经营权"所涵盖，在三权分置的体系效应之下，这种土地承包经营权应定性为土地经营权。如此，土地承包经营权也就没有了再区分为两种类型的必要。① 《农村土地承包法修正案》采纳了这一建议，由于"不涉及社会保障因素，承包方不限于本集体经济组织成员，其取得的权利在性质上不同于土地承包经营权"②，该修正案将之修改为"以其他方式承包农村土地的，应当签订承包合同，承包方取得土地经营权"。该权利也符合同法第三十七条"在合同约定的期限内占有农村土地，自主开展农业生产经营并取得收益"之文义。

有学者认为，以家庭承包方式取得的土地承包经营权的核心内容和基本权能就是土地经营权，以其他承包方式取得的土地经营权也是承包方式，"如果用两个名称规定，就会产生概念上的歧义，远不及统一规定简约、明确。当然名称统一规定，并不影响因二者取得方式的不同在某些方面做出不同的规定"③。笔者对此不敢苟同。虽然均为经营农村土地的权利，但土地承包经营权和土地经营权之间却有着确定的含义和区分，承包农户基于其成员身份所取得的经营农村土地的权利，是土地承包经营权，而不是土地经营权，虽然其中包括了经营农村土地的内容。与其不加区分地以统一的土地承包经营权来统称这种相互之间存在重大差异的两类权利，还不如还原以其他承包方式取得的土地承包经营权的本质属性，将之与派生于土地承包经营权，同样具有市场化属性的土地经营权相统合。

《民法典各分编（草案）》第一百三十五条规定："通过招标、拍卖、公开协商等方式承包荒地等农村土地，依照农村土地承包法等法律和国务院的有关规

---

① 参见高圣平：《农地三权分置视野下的土地承包权》，载于《法学家》2017 年第 5 期。
② 胡可明：《全国人民代表大会宪法和法律委员会关于〈中华人民共和国农村土地承包法修正案（草案）〉修改情况的汇报——2018 年 10 月 22 日在第十三届全国人民代表大会常务委员会第六次会议上》。
③ 韩松：《论民法典物权编对土地承包经营权的规定——基于"三权分置"的政策背景》，载于《清华法学》2018 年第 5 期。

定，其土地承包经营权可以转让、入股、抵押或者以其他方式流转。"这一规定与《物权法》第一百三十三条完全相同。基于前述分析和《农村土地承包法修正案》的修改，本条的"土地承包经营权"应当改称"土地经营权"。由于土地经营权是债权，本条所规定的内容亦可不在民法典物权编中加以规定，直接适用《农村土地承包法》即可。

在将以其他方式取得的土地承包经营权重新界定为土地经营权之后，民法典物权编中有关土地承包经营权的定义性法条应做相应修改。《物权法》第一百二十五条规定："土地承包经营权人依法对其承包经营的耕地、林地、草地等享有占有、使用和收益的权利，有权从事种植业、林业、畜牧业等农业生产"[《民法典各分编（草案）》第一百二十六条与此相同，未做修改]。这里，将土地承包经营权的主体界定为"土地承包经营权人"，意在涵盖承包农户和其他经营主体，对两种类型的土地承包经营权给予一体的保护，"不仅高度概括了各类承包经营权的主体，也使得《物权法》的主体范畴更具有包容性"[1]。但此种表述在三权分置改革下已经不再具有必要性，反而会产生模糊性，增加解释上的困难。基于土地承包经营权的身份属性，土地承包经营权的主体应修改为"承包方"或"承包人"[2]，明确限制其主体。如此，在学说上，土地承包经营权即指，承包农户依法对其承包经营的耕地、林地、草地等享有的从事种植业、林业、畜牧业等农业生产的用益物权。

三、土地承包经营权的流转规则

"实践证明，土地流转和适度规模经营是农业现代化的必由之路。"[3] 当下，发展规模化、集约化的现代农业经营模式已经成为国家的政策选择，现有的制度设计已经不能满足生产力发展的要求。为应对规模化经营的需要，立法重点之一就是土地承包经营权的流转及其规制。[4]

---

[1] 王利明：《物权法研究》（第 4 版）（下卷），中国人民大学出版社 2016 年版。

[2] 值得注意的是，《农村土地承包法》和《物权法》就土地承包关系的主体的称谓并不一致，《农村土地承包法》称为"发包方"和"承包方"，《物权法》称为"发包人"和"土地承包经营权人"。《农村土地承包法》这种基于实践中通俗称谓的法律表达，实值商榷。参见陈小君：《我国涉农民事权利入民法典物权编之思考》，载于《广东社会科学》2018 年第 5 期。

[3] 《土地经营权流转意见》之序言。

[4] 参见陈小君：《我国涉农民事权利入民法典物权编之思考》，载于《广东社会科学》2018 年第 5 期。

"流转"一词并非严格意义上的法律术语，在《物权法》和原《农村土地承包法》之下，土地承包经营权的流转是指承包农户处分其土地承包经营权的各种行为的总称，包括转包、出租、互换、转让、入股等。①《物权法》区分两种不同性质的土地承包经营权，对流转方式做出了不同的规定：就以家庭承包方式取得的土地承包经营权而言，包括"转包、互换、转让等"；就以其他方式取得的土地承包经营权而言，包括"转让、入股、抵押或者以其他方式"。实践中对法律没有明确规定的流转方式均采取谨慎态度。

在由三权分置所引起的体系重构中，就土地承包经营权的流转是否均产生土地经营权，学说上存在不同看法。第一种观点认为，只要发生承包地流转关系，就使受流转方取得土地经营权，只不过不同的流转方式下土地经营权的性质不同而已②；第二种观点认为，不是所有的承包地流转关系均产生土地经营权，只有以出租（转包）、入股等类似方式流转承包地才产生土地经营权③；第三种观点亦认为，不是所有的承包地流转关系均产生土地经营权，只有以转让方式流转承包地才派生出土地经营权，而以出租（转包）、入股等方式流转承包地仅使受流转方取得承包地租赁权，并不发生三权分置问题④。

《农村土地承包法修正案》对原法中的土地承包经营权流转做了区分，将其中发生移转物权效果的转让、互换，置于第二章第四节"土地承包经营权的保护和互换、转让"中予以规定，因为此种情形不发生流转出土地经营权的法律效果；将其中仅发生债权效力的出租（转包）、入股等，在第二章第五节"土地经营权"中予以规定，只有此种情形才流转出土地经营权，明显采纳了上述第二种观点。在三权分置之下，从土地承包经营权派生出土地经营权的演变逻辑，使之

---

① 参见陈小君：《我国农村土地法律制度变革的思路和框架——十八届三中全会〈决定〉相关内容解读》，载于《法学研究》2014 年第 4 期；高圣平：《新型农业经营体系下农地产权结构的法律逻辑》，载于《法学研究》2014 年第 4 期；朱广新：《土地承包权与经营权分离的政策意蕴与法制完善》，载于《法学》2015 年第 11 期。

② 参见孙中华：《关于农村土地"三权分置"有关政策法律性问题的思考》，载于《农业部管理干部学院学报》2015 年第 1 期；孔祥智：《"三权分置"的重点是强化经营权》，载于《中国特色社会主义研究》2017 年第 3 期；张毅、张红、毕宝德：《农地的"三权分置"及改革问题：政策轨迹、文本分析与产权重构》，载于《中国软科学》2016 年第 3 期。

③ 参见陶钟太朗、杨遂全：《农村土地经营权认知与物权塑造——从既有法制到未来立法》，载于《南京农业大学学报》（社会科学版）2015 年第 2 期；潘俊：《农村土地承包权和经营权分离的实现路径》，载于《南京农业大学学报》（社会科学版）2015 年第 4 期；李国强：《论农地流转中"三权分置"的法律关系》，载于《法律科学》2015 年第 6 期；朱广新：《土地承包权与经营权分离的政策意蕴与法制完善》，载于《法学》2015 年第 11 期；张占锋：《农地流转制度的现实困惑与改革路径》，载于《西北农林科技大学学报》（社会科学版）2017 年第 1 期；高圣平：《论承包地流转的法律表达——以〈农村土地承包法〉的修改为中心》，载于《政治与法律》2018 年第 8 期。各文献之间在观点上还存在差异。

④ 参见耿卓：《农地三权分置改革中土地经营权的法理反思与制度回应》，载于《法学家》2017 年第 5 期。

不能适用于所有的流转关系。转让和互换的客体是土地承包经营权，产生的效果是原权利人土地承包经营权的丧失，应排除于三权分置所引发的承包地产权结构调整之外；三权分置所欲调整的就是出租（转包）、入股等方式流转承包地的情形，"土地适度规模经营能够依赖的权利形式在很大程度上只有转包与出租"①。此际才发生土地经营权的问题。

《农村土地承包法修正案》将流转限于出租（转包）、入股等情形，不再包括转让、互换等方式，由此引发的问题着实不少。② 民法典物权编对此应作相应回应。《民法典各分编（草案）》第一百二十九条规定："实行家庭承包的土地承包经营权人依照农村土地承包法的规定，有权将土地承包经营权互换、转让或者出让土地经营权。出让的期限不得超过承包期的剩余期限。未经依法批准，不得将承包地用于非农建设。"与《物权法》第一百二十八条③相比，本条不再使用"流转"这一非法言法语，依其效果区分了物权性流转和债权性流转，但仅对前者做了列举式规定，将后者表述为出让土地经营权。笔者建议将本条修改为："承包农户有权以出租（转包）、互换、转让、入股等方式处分其土地承包经营权。处分的期限不得超过承包期的剩余期限。未经依法批准，不得将承包地用于非农建设。"这里，其一，删去"实行家庭承包的土地承包经营权人"的表述，主要原因在于，土地承包经营权的含义在三权分置之下已经获得了重新界定，限于《物权法》的以家庭承包方式取得的土地承包经营权，无须再作限定。同时，由于《物权法》上的以其他方式取得的土地承包经营权已被重构为土地经营权这一债权，民法典物权编中可以就此不做规定，直接适用《农村土地承包法》即可。其二，不再使用"流转"这一效果不明的通俗称谓，以处分代之，避免与《农村土地承包法修正案》已经做出的政策选择相冲突。同时，作为概括土地承包经营权物权性流转和债权性流转的一般规范，本条将各种处分方式做列举式规定，有利于为当事人的行为提供引导，但也不排除当事人的方式创新。至于各种处分方式的法律效果，直接适用《农村土地承包法》即可。

这里尚存争议的是承包农户以入股方式处分其土地承包经营权的法律效果问题。有学者认为，土地承包经营权入股就是土地承包经营权的股权化，不发生派

---

① 朱广新：《土地承包权与经营权分离的政策意蕴与法制完善》，载于《法学》2015 年第 11 期。

② 参见高圣平：《论承包地流转的法律表达——以〈农村土地承包法〉的修改为中心》，载于《政治与法律》2018 年第 8 期。

③ 该条规定："土地承包经营权人依照农村土地承包法的规定，有权将土地承包经营权采取转包、互换、转让等方式流转。流转的期限不得超过承包期的剩余期限。未经依法批准，不得将承包地用于非农建设。"

生出土地经营权的法律效果。[①] 就此，新修正的《农民专业合作社法》明确规定农民专业合作社成员可以以土地经营权作价出资；《农村土地承包法修正案》将入股作为流转土地经营权的方式之一加以规定。在解释上，入股类似于出租（转包），实际上也是承包农户从其土地承包经营权为接受入股的主体派生出土地经营权，入股后，原承包关系并不发生改变，承包农户的土地承包经营权并不丧失。[②] 此外，《农村土地承包法修正案》将入股发展农业合作扩及入股所有主体，为实践的发展留下了空间。[③]

土地承包经营权是否可依继承方式而流转，是目前争议较大的另外一个问题。[④]《农村土地承包法修正案》就此未做修改。依笔者看来，对此问题的回答首先要考虑三权分置之下承包地权利结构的变迁。已如本章前述，首先土地承包经营权的取得和享有以权利人具有本集体经济组织成员身份为前提，如继承人不具备本集体经济组织成员身份，就无从发生土地承包经营权的继承问题。其次应当考虑土地承包经营权的主体构成。依《农村土地承包法修正案》的规定，土地承包经营权的主体是"承包方"（即本集体经济组织的农户），结合《合同法》第十六条第 2 款"农户内家庭成员依法平等享有承包土地的各项权益"、第二十四条第 2 款"土地承包经营权证或者林权证等证书应当将具有土地承包经营权的全部家庭成员列入"的规定，可以认为，土地承包经营权为承包农户内具有本集体经济组织成员身份的人共有，且这种共有在性质上属于特殊的共同共有关系。在共有人之一死亡后，存在两种解释方案，第一，共有人之一死亡，构成共同共有关系的基础丧失，应对共有财产进行分割，其份额作为遗产按照继承法的规定由继承人继承；第二，继续由生存的农户内家庭成员平等地共同共有土地承包经营权。在体系解释的视角下，第二种解释方案更为可取。此时，只需办理土地承包经营权的变更登记即可。至于承包农户内已经不存在具有本集体经济组织成员身份的自然人之时，应视为土地承包经营合同因当事人一方不存在而终止，此时，土地承包经营权消灭，集体土地所有权回复至圆满的状态。

---

① 参见陶钟太朗、杨遂全：《农村土地经营权认知与物权塑造——从既有法制到未来立法》，载于《南京农业大学学报》（社会科学版）2015 年第 2 期；韩松：《论民法典物权编对土地承包经营权的规定——基于"三权分置"的政策背景》，载于《清华法学》2018 年第 5 期。

② 参见朱广新：《土地承包权与经营权分离的政策意蕴与法制完善》，载于《法学》2015 年第 11 期；高圣平：《农地三权分置视野下的土地承包权》，载于《法学家》2017 年第 5 期。

③ 参见刘振伟：《巩固和完善农村基本经营制度》，载于《农村工作通讯》2019 年第 1 期。

④ 参见温世扬：《从〈物权法〉到"物权编"——我国用益物权制度的完善》，载于《法律科学》（西北政法大学学报）2018 年第 6 期。

四、土地承包经营权、土地经营权的担保规则

就土地承包经营权、土地经营权融资担保，《农村土地承包法修正案》规定："承包方可以用承包地的土地经营权向金融机构融资担保，并向发包方备案。受让方通过流转取得的土地经营权，经承包方书面同意并向发包方备案，可以向金融机构融资担保"（第四十七条第 1 款）。"担保物权自融资担保合同生效时设立。当事人可以向登记机构申请登记；未经登记，不得对抗善意第三人"（第 2 款）。"实现担保物权时，担保物权人有权就土地经营权优先受偿"（第 3 款）。这里结合改革试点实践在以下几个方面做了明确：其一，承包方的融资担保工具是"承包地的土地经营权"，受让方的融资担保工具是"通过流转取得的土地经营权"；其二，担保人与金融机构之间所设定的担保物权是抵押权还是质权尚不明确；其三，该担保物权的设定采取债权意思主义物权变动模式，未经登记，不得对抗善意第三人；其四，该担保物权实现之时担保物权人仅得以土地经营权优先受偿。由于立法过程中争议较大，本条规定还比较模糊，亟待经由解释加以明确。

第一，从本条第 1 款前句的文义来看，此处的担保人是"承包方"，担保财产是"承包地的土地经营权"，所反映的是没有发生承包地流转情形之下承包农户以其权利担保融资的关系。已如前述，土地经营权仅指三权分置之下受流转方所取得的土地权利，没有发生承包地流转时，承包农户的权利就是土地承包经营权，不存在未发生三权分置之时承包农户的土地经营权。因此，承包农户的融资担保工具仍然是土地承包经营权。本条第 1 款前句之所以将担保财产表述为"承包地的土地经营权"，是因为此类担保物权实现之时不能以土地承包经营权变价，而仅能为受流转方派生出土地经营权，承包农户仍然保有土地承包经营权。这实际上并没有改变担保财产（即由土地承包经营权改变为土地经营权），而只是改变了《物权法》上担保物权的实现方式，由变价执行转向强制管理之下的收益执行。"以承包地的土地经营权为标的物设定担保，当债务人不能履行债务，债权人依法定程序处分担保物，只是转移了承包地的土地经营权，实质是使用权和收益权，土地承包权没有转移，承包地的集体所有性质也不因此改变。"[①] 但承包农户为金融机构设定担保物权之时，并未为后者派生出土地经营权，仍然是以其土地承包经营权作为担保财产，只不过在担保物权实现之时，发生派生出土地经

[①] 刘振伟：《巩固和完善农村基本经营制度》，载于《农村工作通讯》2019 年第 1 期。

营权的情形。

第二，本条第 2 款将担保人与金融机构之间所设定的担保权利迳称为"担保物权"。"由于各方面对继受取得的土地经营权是物权还是债权有争议，是作为用益物权设定抵押，还是作为收益权进行权利质押，分歧很大。立法避开了争论，以服务实践为目的，使用了土地经营权融资担保概念，这是抵押、质押的上位概念，将两种情形都包含进去，既保持与相关民法的一致性，又避免因性质之争影响立法进程。"① 就本条第 1 款所规定的两类担保物权而言，承包农户的土地承包经营权设定担保物权时，在体系定位上应属抵押权，对此应无疑义，主要争议体现在以土地经营权这一债权设定担保物权之时的体系定位。就此，笔者多次撰文主张，作为具有支配效力的用益型权利，土地经营权应属抵押财产的范畴②，试点实践也一直将土地经营权定性为债权，但也一直将其作为抵押财产③。至于以经营收益（应收账款）设定质权的问题，《物权法》上有足够的制度供给，不属本条调整范围。同时，本条第 2 款将土地承包经营权、土地经营权担保物权改采用登记对抗主义，已与《物权法》上土地承包经营权抵押权的登记生效主义大相径庭。

《农村土地承包法修正案》的如上制度设计必将影响民法典物权编的编纂。《民法典各分编（草案）》中就土地承包经营权、土地经营权抵押的规定较为零乱，且前后冲突。在抵押财产的正面列举中删去了"以招标、拍卖、公开协商等方式取得的荒地等土地承包经营权"可以抵押的规定（草案第一百八十六条），保留了耕地等集体所有的土地使用权不得抵押的规定（草案第一百九十条），但第二百零九条又规定了土地承包经营权、土地经营权抵押时的特殊实现规则，土地承包经营权章又专门规定了"通过招标、拍卖、公开协商等方式承包荒地等农村土地，依照农村土地承包法等法律和国务院的有关规定，其土地承包经营权可以……抵押"（第一百三十五条）。笔者建议，应对《民法典各分编（草案）》做如下修改：

---

① 刘振伟：《巩固和完善农村基本经营制度》，载于《农村工作通讯》2019 年第 1 期。

② 参见高圣平：《论农村土地权利结构的重构——以〈农村土地承包法〉的修改为中心》，载于《法学》2018 年第 2 期；高圣平：《承包地三权分置的法律表达》，载于《中国法学》2018 年第 4 期。

③ 《土地经营权流转意见》指出："按照全国统一安排，稳步推进土地经营权抵押、担保试点，研究制定统一规范的实施办法，探索建立抵押资产处置机制。"《三权分置意见》进一步指出，"要充分维护承包农户使用、流转、抵押、退出承包地等各项权能。""经营主体再流转土地经营权或依法依规设定抵押，须经承包农户或其委托代理人书面同意，并向农民集体书面备案。"《"两权"抵押指导意见》直接指向农村承包土地的经营权抵押贷款试点；《农村承包土地的经营权抵押贷款试点暂行办法》第五条规定："符合本办法第六条、第七条规定条件，通过家庭承包方式依法取得土地承包经营权和通过合法流转方式获得承包土地的经营权的农户及农业经营主体（以下称借款人），均可按程序向银行业金融机构申请农村承包土地的经营权抵押贷款。"

在规定抵押财产范围的法条（草案第一百八十六条）中正面列举土地承包经营权、土地经营权，引导农地抵押融资行为。《物权法》第一百八十条已经明定"以招标、拍卖、公开协商等方式取得的荒地等土地承包经营权"可以抵押，《农村土地承包法修正案》已将此类土地承包经营权改为土地经营权，如此，由土地承包经营权和土地所有权派生出的土地经营权，均纳入抵押财产的范畴，降低制度变迁成本。同时删去草案第一百九十条关于耕地等集体所有的土地使用权不得抵押的规定。

就土地承包经营权、土地经营权抵押权的物权变动模式做出专门规定。《民法典各分编（草案）》就不动产（权利）抵押权采用登记生效主义，抵押权自登记时设立（草案第一百九十三条），《农村土地承包法修正案》就土地承包经营权、土地经营权担保物权改采用登记对抗主义，未经登记，不得对抗善意第三人。因此，《民法典各分编（草案）》可以在第一百九十三条增加但书规定，"法律另有规定的除外"，也可以在该条增加第 2 款，"以土地承包经营权、土地经营权抵押的，抵押权自抵押合同生效时设立；未经登记，不得对抗善意第三人"。

第三，修改抵押权实现的相关规则，涵盖《农村土地承包法修正案》新增的收益执行方式。在执行措施法定的背景之下，抵押权实现方式的实体法规定直接决定了强制执行程序中执行法院可采取的执行措施。《民法典各分编（草案）》第二百零一条第 2 款规定："抵押权人与抵押人未就抵押权实现方式达成协议的，抵押权人可以请求人民法院拍卖、变卖抵押财产。"这一规定维系了《物权法》上抵押权变价实现的基本方式，但《农村土地承包法修正案》中，土地承包经营权抵押权的实现不能采取变价的方式，改采取强制管理的方式。草案第二百零一条第 2 款则应增加这一方式。通过增加"强制管理"的实现方式，使管理人取得土地经营权，以管理该土地承包经营权所得收益清偿债务。①

民法典物权编和《农村土地承包法》均调整对他人之物（土地）的利用关系，但前者仅调整物权性的利用关系，后者即无此限制。就调整物权性的利用关系而言，前者需要从民事基本法的视角规定土地承包经营权的基本内容和物权变动规则，后者作为民事特别法则可详细规定土地承包经营权设立的程序等。在《农村土地承包法修正案》就三权分置已做政策选择的情形之下，民法典物权编应就其中土地承包经营权制度的基本内容进行再次抽象，以反映新一轮农村土地制度改革的成果，为下一步的实践展开提供制度前提。

---

① 参见房绍坤：《论土地承包经营权抵押的制度构建》，载于《法学家》2014 年第 2 期；高圣平：《农地金融化的法律困境及出路》，载于《中国社会科学》2014 年第 8 期。

第二十二章

土地承包经营权制度与民法典物权编编纂

《中共中央、国务院关于建立健全城乡融合发展体制机制和政策体系的意见》（2019 年 4 月 15 日）将"改革完善农村承包地制度"作为"建立健全有利于城乡要素合理配置的体制机制"的主要内容之一，指出要"完善农村承包地'三权分置'制度，在依法保护集体所有权和农户承包权前提下，平等保护并进一步放活土地经营权"。承包地三权分置改革带来承包地产权结构的调整，也直接导致《中华人民共和国物权法》（以下简称《物权法》）规定的土地承包经营权相关规则的修改。为及时确认既有改革成果，并引领下一步改革的发展，民法典物权编编纂中应反映承包地产权结构的调整。就此，学界已基本达成共识。①

第十三届全国人民代表大会常务委员会第五次会议对《民法典各分编（草案）》（以下简称《一审稿》）进行了审议，其中物权编第十一章（第一百二十五条至第一百三十六条）对土地承包经营权作了专章规定，维系了《物权法》既定的体系安排，反映了承包地两权分离和三权分置之下的产权结构；第十三届全国人民代表大会常务委员会第十次会议对《民法典物权编（草案二次审议稿）》（以下简称《二审稿》）进行了审议，第十一章"土地承包经营权"的条文仍然是第一百二十五条至第一百三十六条，但《二审稿》"暂按民法典各分编草案的条文顺序编排"，该章实际上增设了两条。虽然民法典草案在总结有关改革试点

---

① 参见崔建远：《民法分则物权编立法研究》，载于《中国法学》2017 年第 2 期；谭启平：《"三权分置"的中国民法典确认与表达》，载于《北方法学》2018 年第 5 期；彭诚信、畅冰蕾：《"三权分置"中土地经营权的立法论思考》，载于《河南社会科学》2018 年第 8 期；等等。

实践经验的基础上对物权法的用益物权制度、担保物权制度作了相应修改，但与《物权法》和第十三届全国人民代表大会常务委员会第七次会议第二次修正通过的《中华人民共和国农村土地承包法》（以下简称"新《农村土地承包法》"）相比，《二审稿》未作多大的修改，尚未充分反映新一轮土地制度改革的成果。

一、承包农户利用承包地的法律表达

《二审稿》第一百二十六条规定："土地承包经营权人依法对其承包经营的耕地、林地、草地等享有占有、使用和收益的权利，有权从事种植业、林业、畜牧业等农业生产。"该规定与《物权法》第一百二十五条内容相同。在《物权法》中，土地承包经营权的主体被表述为"土地承包经营权人"，包括以下3类主体：其一，本集体经济组织的承包农户，是以家庭承包方式取得的土地承包经营权的主体；其二，农业生产经营者，是以招标、拍卖、公开协商等承包方式取得的荒山、荒沟、荒丘、荒滩等"四荒"农村土地的土地承包经营权（以下简称"以其他方式取得的土地承包经营权"）的主体；其三，其他从事农业生产经营的农户，是通过受让而继受取得的土地承包经营权的主体。[1] 由此可见，土地承包经营权的权利主体因其类型不同而异其规格[2]，"用'承包经营户'的概念不足以概括所有的承包经营权利人"，因此，"《物权法》采用'土地承包经营权人'的概念，不仅更具包容性，而且为未来的变化预留了空间"。[3] 在承包地三权分置所引发的承包地产权结构调整中，《二审稿》第一百二十六条应作修改。

学说上虽就承包地三权分置的法律表达多有争议，但在新《农村土地承包法》已作政策选择的情形之下，《二审稿》应予维系。就新《农村土地承包法》中承包地的产权结构，学界仍有争议。多数学者认为，承包地产权由"土地所有权＋土地承包经营权＋土地经营权"等三权构成[4]；少数学者认为，承包地产权

---

① 参见王利明：《物权法研究》（下卷）（第4版），中国人民大学出版社2018年版；梁慧星、陈华彬：《物权法》（第6版），法律出版社2016年版；崔建远：《物权：规范与学说——以中国物权法的解释论为中心》，清华大学出版社2011年版；房绍坤：《物权法用益物权编》，中国人民大学出版社2007年版。

② 参见崔建远：《物权：规范与学说——以中国物权法的解释论为中心》，清华大学出版社2011年版。

③ 王利明：《物权法研究》（下卷）（第4版），中国人民大学出版社2018年版。

④ 参见张素华、张雨晨：《〈农村土地承包法〉修订背景下土地经营权的法律内涵与制度供给》，载于《广西大学学报》（哲学社会科学版）2019年第1期；高海：《"三权"分置的法构造——以2019年〈农村土地承包法〉为分析对象》，载于《南京农业大学学报》（社会科学版）2019年第1期；等等。

由"土地所有权 + 土地承包权 + 土地经营权"等三权构成①。主要争议在于新《农村土地承包法》第九条的解释。该条规定:"承包方承包土地后,享有土地承包经营权,可以自己经营,也可以保留土地承包权,流转其承包地的土地经营权,由他人经营。"这是新《农村土地承包法》中唯一出现"土地承包权"的条文,正是这一条引发了由承包地三权分置所引发的承包地产权结构中是否包括"土地承包权"的争议。

就该条的理解,直接参与立法的专家存在两种截然不同的观点。第一种观点是,"土地承包权是承包地流转后从土地承包经营权中分置出来的……在承包地未流转的情况下,承包方拥有土地承包经营权,既承包又经营……在承包地流转的情况下,承包方拥有土地承包权,只承包不经营,经营权流转给了第三方……流转是土地承包权设立的前提。如果承包方与第三方的土地流转合同到期,承包方仍享有土地承包经营权"②。如此,新《农村土地承包法》明确了农村集体土地所有权、土地承包权、土地经营权三权分置。③ 第二种观点是,"从法律性质上讲,土地承包经营权人流转土地经营权后,其所享有的土地承包经营权并未发生改变……只是承包方行使土地承包经营权的方式发生了改变而已,从直接行使转变为间接行使"④。如此,三权分置只是在土地所有权与土地承包经营权两权分离的基础上,"从土地承包经营权中分离出土地经营权"⑤。之所以规定"可以保留土地承包权,流转其承包地的土地经营权,由他人经营",主要是因为要消除承包农户就流转土地经营权之后其土地承包经营权是否失去保障、流转期限届满后是否还享有土地承包经营权的疑虑,"这么规定,也是为了落实党中央提出的要保持农村土地承包关系长期稳定并长久不变的政策"⑥。

笔者赞成第二种观点,理由如下:其一,从新《农村土地承包法》的法典结构来看,在第二章"家庭承包"之中,第四节"土地承包经营权的保护和互换、转让"与第五节"土地经营权"相并而称。在体系解释之下,如将"土地承包权"作为流转了土地经营权之后的新生权利,法典中自应专门规定土地承包权,其中就其权利性质、权利内容及权利行使规则等作出规范,但新《农村土地承包法》并未作如此处理。其二,从立法史来看,《中华人民共和国农村土地承包法修正案(一审稿)》第二章第四节名为"土地承包权的保护和转让",同时第一章"总则"第 6 条就土地承包经营权分置为土地承包权和土地经营权并对两者的

---

① 参见刘禹宏、杨凯越:《三权分置:农地产权制度创新的权能分离之法理考量》,载于《财贸研究》2019 年第 1 期;杨敬之、王天铮:《"三权分置"改革下农地承包权的法律思考》,载于《农村经济》2019 年第 3 期;等等。

②③ 参见刘振伟:《巩固和完善农村基本经营制度》,载于《农村工作通讯》2019 年第 1 期。

④⑤⑥ 黄薇主编:《中华人民共和国农村土地承包法释义》,法律出版社 2019 年版。

406

农地三权分置的理论与实践研究

定义作了规定，但如此安排使得同一法典内部"土地承包权"的含义在总、分则之间出现不一致，并且使得未发生流转土地经营权时承包农户的权利无处安放，无法同时反映两权分离与三权分置并存之下的生产关系，受到学界的广泛质疑。① 从《中华人民共和国农村土地承包法修正案（二审稿）》开始，立法机关摒弃了这一结构安排。其三，如将土地承包权理解为集体经济组织成员依法享有的承包土地的权利，则属于本集体经济组织成员所享有的身份权、资格权②，这一权利来自集体土地所有权，无法自土地承包经营权中分离出来③；如将土地承包权理解为一种自土地承包经营权或土地所有权派生出的实实在在的财产权④，"其实质内涵是权利人对承包土地的使用和支配，而并非是具有身份权性质的集体成员取得承包土地的某种资格"⑤，但此种意义上的土地承包权与实定法上的土地承包经营权同其意义，直接导致两权分离之下的"土地承包经营权"与三权分置之下的"土地承包权"之间的区分徒具形式上的说明价值。

如此看来，虽然政策文件采用了"土地承包权"的提法，但贯彻中央文件不能拘泥于个别词句，而应领会和贯彻其精神实质。⑥ 在体系解释上，新《农村土地承包法》第四十四条规定，"承包方流转土地经营权的，其与发包方的承包关系不变"，而"承包方与发包方的承包关系"在法律上的表达即为土地承包经营权，"承包关系不变"即意味着土地承包经营权不变，这就表明承包方流转土地经营权后依然享有土地承包经营权。⑦ 因此，新《农村土地承包法》第九条中的"土地承包权"，只是派生出土地经营权之后的土地承包经营权的简称，并不表明承包地产权结构中还存在着一个所谓的"土地承包权"⑧，其目的主要在于落实承包地三权分置政策中"保留土地承包权"的要求。新《农村土地承包法》第二章第四节关于土地承包经营权的规定，也就既应适用于两权分离之下的土地承

① 参见高圣平：《论农村土地权利结构的重构——以〈农村土地承包法〉的修改为中心》，载于《法学》2018 年第 2 期；韩松：《论民法典物权编对土地承包经营权的规定——基于"三权分置"的政策背景》，载于《清华法学》2018 年第 5 期。

② 参见陈小君：《我国农村土地法律制度变革的思路与框架：十八届三中全会〈决定〉相关内容解读》，载于《法学研究》2014 年第 4 期；丁文：《论"三权分置"中的土地承包权》，载于《法商研究》2017 年第 3 期。

③ 参见高圣平：《承包地三权分置的法律表达》，载于《中国法学》2018 年第 4 期。

④ 参见潘俊：《农村土地"三权分置"：权利内容与风险防范》，载于《中州学刊》2014 年第 11 期；蔡立东、姜楠：《承包权与经营权分置的法构造》，载于《法学研究》2015 年第 3 期。

⑤ 蔡立东、姜楠：《农地三权分置的法实现》，载于《中国社会科学》2017 年第 5 期。

⑥ 参见孙宪忠：《推进农地三权分置经营模式的立法研究》，载于《中国社会科学》2016 年第 7 期。

⑦ 参见高海：《"三权"分置的法构造——以 2019 年〈农村土地承包法〉为分析对象》，载于《南京农业大学学报》（社会科学版）2019 年第 1 期。

⑧ 参见高圣平：《农地三权分置改革与民法典物权编编纂——兼评〈民法典各分编（草案）〉物权编》，载于《华东政法大学学报》2019 年第 2 期。

包经营权，也应适用于三权分置之下流转土地经营权之后的土地承包经营权①，只是后者在行使时受到土地经营权的限制。

由此可见，在三权分置所引发的承包地产权结构调整中，不存在"土地承包权"这一权利。从私权生成逻辑、制度变革成本、农地法权秩序等角度，民法典物权编应当保留"土地承包经营权"这一用益物权类型，无须将其改造为"土地承包权"。② 但是，在承包地三权分置之下，"土地承包经营权"兼具财产功能和保障属性，蕴涵着或承载着"耕者有其田"的成员权功能③，是实现承包农户不因流转而失去保障这一基本政策目标的工具。如此，土地承包经营权就具备了身份属性，只有本集体经济组织成员才能取得和保有这一权利。这一三权分置之下产权结构的调整必将影响两权分离之下的土地承包经营权。前述《物权法》之下土地承包经营权3类主体的归纳，已经表明两权分离之下的土地承包经营权并不一定具有身份属性。同一部法典中土地承包经营权的意义应当前后一致，两权分离之下的土地承包经营权也就应当依三权分置的产权结构予以重构。正是基于这一认识，新《农村土地承包法》为维系承包地三权分置的体系效应，在保留前述第一类土地承包经营权主体的基础上，对《农村土地承包法》作了两处重大修改。

其一，删除前述第二类土地承包经营权主体，将以其他方式取得的土地承包经营权重构为土地经营权，维系了创设取得的土地承包经营权的身份属性。《农村土地承包法》原就土地承包经营权的创设取得采取二元化构造，其中，"对家庭承包的土地实行物权保护……对其他形式承包的土地实行债权保护，当事人的权利义务、承包期和承包费等，均由合同议定，承包期内当事人也可以通过协商予以变更"④。基于原法第四十九条确立的"登记后可流转规则"，有学者主张，以其他方式取得的土地承包经营权兼具债权和物权的双重属性：经登记的，是物权；未经登记的，是债权。⑤ 在三权分置之下，土地承包经营权具有身份属性，

---

① 参见高海：《"三权"分置的法构造——以2019年〈农村土地承包法〉为分析对象》，载于《南京农业大学学报》（社会科学版）2019年第1期。

② 参见单平基：《〈民法典各分编（草案）〉之土地承包经营权的评析和完善》，载于《山东社会科学》2019年第2期。

③ 参见焦富民：《"三权分置"视域下承包土地的经营权抵押制度之构建》，载于《政法论坛》2016年第5期。

④ 柳随年：《关于〈中华人民共和国农村土地承包法（草案）〉的说明——2001年6月26日在第九届全国人民代表大会常务委员会第二十二次会议上》，载于《中华人民共和国全国人民代表大会常务委员会公报》2002年第5号。

⑤ 参见丁关良：《土地承包经营权基本问题研究》，浙江大学出版社2007年版；辛正郁：《农村土地承包纠纷案件审判实践中的若干疑难问题》，载于《法律适用》2010年第11期；李延荣、李艳科：《关于"四荒"土地承包经营权流转问题的探讨》，载于《法学杂志》2011年第5期。

其主体均为本集体经济组织的农户，而《农村土地承包法》所规定的以其他方式取得的土地承包经营权，其主体已不限于本集体经济组织成员。① 如此，这种"土地承包经营权"已经不能由两权分离和三权分置并存之下的土地承包经营权概念所涵盖，新《农村土地承包法》第四十九条将其重构为土地经营权。这既维系了土地承包经营权的保障属性，还原了以其他方式取得的"土地承包经营权"的市场化属性，又在一定程度上消弭了此种权利"经登记的是物权，未经登记的是债权"的学术争议。②

其二，限缩前述第三类土地承包经营权主体，将土地承包经营权的受让对象由"其他从事农业生产经营的农户"限缩为"本集体经济组织的其他农户"，维系了移转取得的土地承包经营权的身份属性。《农村土地承包法》第四十一条将土地承包经营权的受让对象规定为"其他从事农业生产经营的农户"，有其特殊的政策目标："保证土地的农业生产用途，满足其他农户对土地这一生产资料的需求"，由此，"从事工业、商业、服务业生产经营的人不得成为土地承包经营权的受让方"；"投资开发农业的工商企业、城镇居民、外商不能成为受让方"。③但是，"其他从事农业生产经营的农户"可以是本集体经济组织的农户，也可以是本集体经济组织以外的农户。④ 为维系土地承包经营权的身份属性，新《农村土地承包法》第三十四条对土地承包经营权的受让对象进行了限缩。但是这一修改并没有限制承包农户的流转自由，"如果承包方不想继续经营土地，也不转让给本集体经济组织的其他农户的，可以采取根据本法相关规定向他人流转土地经营权"⑤。实际上，就土地承包经营权的流转对象而言，新《农村土地承包法》规定的范围更为广泛，只不过采取的技术路径和法律工具不一样。

综上，民法典物权编应维系土地承包经营权的身份属性，明确限定土地承包经营权的主体。基于此，笔者建议将《二审稿》第一百二十六条修改为："承包农户依法对其承包经营的耕地、林地、草地等享有占有、使用和收益的权利，有权从事种植业、林业、畜牧业等农业生产。"这里明确将土地承包经营权的主体规定为"承包农户"，以与新《农村土地承包法》第十六条保持一致；同时，这里不采取"承包方"这一概念，因为在新《农村土地承包法》之下，"承包方"既包括家庭承包方式之下的承包农户，也包括其他承包方式之下的市场主体（农业生产经营者）。

---

①⑤ 参见黄薇主编：《中华人民共和国农村土地承包法释义》，法律出版社2019年版。

② 参见王立争、齐恩平：《"一地数包"的效力规则重构——兼评法释〔2005〕6号第20条》，载于《南京农业大学学报》（社会科学版）2010年第1期。

③④ 参见胡康生主编：《中华人民共和国农村土地承包法释义》，法律出版社2002年版。

二、土地承包经营权的物权变动

就土地承包经营权的物权变动规则，《二审稿》主要规定了两条：其一，第一百二十八条第一款规定："土地承包经营权自土地承包经营权合同生效时设立。"第二款规定："登记机构应当向土地承包经营权人发放土地承包经营权证、林权证等证书，并登记造册，确认土地承包经营权。"本条与《物权法》第一百二十七条内容相同，其中，登记对于土地承包经营权的设立而言，几无意义，既不是生效要件，也不是对抗要件。其二，第一百三十条规定："土地承包经营权互换、转让的，当事人可以向登记机构申请登记；未经登记，不得对抗善意第三人。"本条与《物权法》第一百二十九条内容相同，其中，登记对于土地承包经营权的互换和转让而言，是对抗要件。由此可见，在《二审稿》内部，登记对于土地承包经营权物权变动的法律意义并未统一，但均属债权意思主义物权变动模式范畴。[①]

（一）"登记"和"颁证"的不同法律意义

"提升农业适度规模经营水平"是实施乡村振兴战略的重要一环[②]，而适度规模经营的展开以土地经营权的流转为前提。为维护交易安全、降低交易成本，土地经营权的"母权"——土地承包经营权，应是权属清晰的、明确的。如此，土地承包经营权的登记就显得尤为重要。

《二审稿》第一百二十八条第二款直接源于《物权法》第一百二十七条，而后者又源于《农村土地承包法》第二十三条。该条第一款规定："县级以上地方人民政府应当向承包方颁发土地承包经营权证或者林权证等证书，并登记造册，确认土地承包经营权。"新《农村土地承包法》第二十四条第一款将其修改为："国家对耕地、林地和草地等实行统一登记，登记机构应当向承包方颁发土地承

---

① 有学者认为，土地承包经营权自土地承包经营权合同生效时设立，采取的是"合同生效主义（登记对抗主义）"。参见王立争、齐恩平：《"一地数包"的效力规则重构——兼评法释〔2005〕6 号第 20 条》，载于《南京农业大学学报》（社会科学版）2010 年第 1 期。其实，合同生效主义和登记对抗主义均属债权意思主义的表现形式。参见马特：《物权变动》，中国法制出版社 2007 年版。

② 参见韩长赋：《大力实施乡村振兴战略》，引自《党的十九大报告辅导读本》编写组编著：《党的十九大报告辅导读本》，人民出版社 2017 年版。

包经营权证或者林权证等证书，并登记造册，确认土地承包经营权。"这些规定明确了以下几个问题。

第一，强调"颁证"在确认土地承包经营权中的意义，"土地承包经营权证书、林权证等证书，是承包方享有土地承包经营权的法律凭证"①。"登记造册"在性质上只是一种行政备案或行政确认，不是民法意义上的不动产物权登记②，并不具有创设土地承包经营权的效力③。就土地承包经营权证书、林权证等证书的性质，有学者认为，这些证书的记载事项和内容重新表达了承包合同的主要条款④，使之具有承包合同的性质；这些证书是国家确认承包方享有土地承包经营权的法律凭证，土地承包经营权又是物权，这些证书也就同时构成物权凭证⑤。

第二，土地承包经营权的"颁证"和"登记"不采取当事人申请原则。《二审稿》第七条规定："当事人申请登记，应当根据不同登记事项提供权属证明和不动产界址、面积等必要材料。"本条与《物权法》第十一条相同，明确了不动产登记的当事人申请原则。有学者认为，《二审稿》第一百二十八条第一款与第二款之间在法律逻辑上存在矛盾：依第一款的规定，土地承包经营权依土地承包经营权合同生效而设立，登记并非其设立的必备要件，这就意味着，承包方既可选择向登记机构申请权属登记并取得权属证书，也可选择不申请登记；如承包方选择不申请登记，即无登记机构发放权属证书的问题。⑥但是，就土地承包经营权这一不动产物权而言，"考虑到我国农村土地承包的实际情况，应当认可实践中已完成的确权发证和登记造册工作，不宜再由承包方主动向人民政府申请登记发证"⑦。由此可见，虽然土地承包经营权登记是首次登记、初始登记，但具有总登记性质，不以当事人申请为前提。⑧

就"不动产登记簿"与"不动产权属证书"之间的关系，《二审稿》第一百二十八条第二款与《二审稿》第十二条和第十三条大相径庭。无论是《二审稿》，还是《物权法》，不动产登记簿都是物权归属和内容的根据，而不动产权

---

① 胡康生主编：《中华人民共和国农村土地承包法释义》，法律出版社 2002 年版。《农村土地承包经营权证管理办法》第二条第 1 款也对此作了明确规定。

② 参见陈文学、高圣平：《土地承包经营权流转视野下的土地承包经营权登记制度：困境与出路》，载于《学术探索》2010 年第 3 期。

③⑤ 参见房绍坤：《物权法用益物权编》，中国人民大学出版社 2007 年版。

④ 《农村土地承包经营权证管理办法》第六条规定："农村土地承包经营权证应包括以下内容：（一）名称和编号；（二）发证机关及日期；（三）承包期限和起止日期；（四）承包土地名称、坐落、面积、用途；（五）农村土地承包经营权变动情况；（六）其他应当注明的事项。"

⑥ 参见单平基：《〈民法典各分编（草案）〉之土地承包经营权的评析和完善》，载于《山东社会科学》2019 年第 2 期。

⑦ 胡康生主编：《中华人民共和国农村土地承包法释义》，法律出版社 2002 年版。

⑧ 参见王小映：《"三权分置"产权结构下的土地登记》，载于《农村经济》2016 年第 6 期。

411

属证书只是权利人享有该不动产物权的证明。在时间顺序上，是先有不动产登记（即将不动产的自然状况、权利状况及其他事项记载于不动产登记簿①），再有从不动产登记簿的记载事项中导出并交由权利人收执的不动产权属证书；在效力层次上，不动产权属证书记载的事项应与不动产登记簿相一致，记载不一致的，除有证据证明不动产登记簿确有错误外，以不动产登记簿为准，"不动产权属证书只是不动产登记簿的'副本'，仅为证明当事人享有不动产物权的一种证据，权属证书的遗失、损毁，对于权利的享有并无任何影响"②。由此可见，就不动产权属判断而言，不动产登记簿比不动产权属证书的证明效力更高。虽然有学者认为，仅具确认与证明权利的土地承包经营权登记，仍然具有物权公示的效力③，土地承包经营权的登记亦应向物权公示的基本规则靠拢，但《二审稿》第一百二十八条第二款忽略了"颁证"与"登记"之间的关系。其正常的表述应是："登记机构应当将土地承包经营权记载于不动产登记簿，并向土地承包经营权人发放土地承包经营权证、林权证等证书，确认土地承包经营权。"

（二）土地承包经营权物权变动模式的选择

就现行法上土地承包经营权的物权变动模式，多数学者认为系采债权意思主义④，且认为此模式与我国农村实际情况相契合⑤。但亦有学者认为，在解释论之下，《物权法》第九条第一款所称"法律另有规定的除外"，指的是不动产物权变动的登记公示方式的例外规定，并不表明土地承包经营权的物权变动无须公示。土地承包经营权的公示具体表现为："召开村民会议，讨论通过已公布承包方案；公开组织实施承包方案，交付承包地；签订书面形式的承包合同并将其与农村土地承包合同的管理制度紧密结合，由《农村土地承包法》第十九条、第二十一条将这些公示方式规定于土地承包经营权合同的成立要件当中。"⑥ 如此一来，就土地承包经营权的物权变动而言，我国现行法奉行的仍然是"公示要件主

---

① 参见程啸：《不动产登记法研究》（第 2 版），中国人民大学出版社 2018 年版。

② 尹田：《物权法》（第 2 版），北京大学出版社 2017 年版。

③ 参见王小映：《论不动产统一登记中承包地登记的特殊性》，载于《农村经济》2017 年第 11 期。

④ 参见王利明：《物权法研究》（下卷）（第 4 版），中国人民大学出版社 2018 年版；梁慧星、陈华彬：《物权法》（第 6 版），法律出版社 2016 年版；崔建远：《物权：规范与学说——以中国物权法的解释论为中心》，清华大学出版社 2011 年版。

⑤ 参见全国人大常委会法制工作委员会民法室编：《中华人民共和国物权法条文说明、立法理由及相关规定》（第 2 版），北京大学出版社 2017 年版；房绍坤：《物权法用益物权编》，中国人民大学出版社 2007 年版；郭继：《家庭土地承包经营权设立模式的立法选择——以法经济学和法社会学交叉为视角》，载于《安徽大学学报》（哲学社会科学版）2010 年第 1 期。

⑥ 蔡立东、王宇飞：《论土地承包经营权的变动模式》，载于《当代法学》2011 年第 5 期。

义"（债权形式主义）的立法模式。无论采纳哪种观点，其立足点都在于：在城乡分治的背景之下，封闭的"熟人社会"决定了承包方案的讨论、公布和实施，承包合同的签订以及占有承包地的事实，已经足以公示承包地的利用关系，无须借助于登记。

然而，日益频繁的承包地流转现实提出了新的制度需求。现有的土地承包经营权物权变动模式并不足以明晰承包地的权利现状，给适度规模经营的展开带来了技术上的障碍，不利于稳定土地承包关系，也不利于维护承包地流转的交易安全。在农村土地承包法修正和民法典编纂过程中，多数学者主张就土地承包经营权的物权变动应改采用登记生效主义，土地承包经营权的设立、转让、互换和变更概莫能外。其主要理由在于：其一，基于农村经济发展的现实考虑。承包地三权分置已由政策转化为法律，承包地流转规模和流转范围必将扩大，新型经营主体的引入必将给传统农村"熟人社会"带来冲击[1]，"如果没有严格的公示方式，将会对交易安全和当事人的权利保护产生不利影响"[2]。其二，农地确权登记实践为登记生效主义奠定了基础。[3] 2013 年《中共中央、国务院关于加快发展现代农业进一步增强农村发展活力的若干意见》提出"全面开展农村土地确权登记工作"以来，各政策文件不断强调"健全土地承包经营权登记制度""推进土地承包经营权确权登记颁证工作"。[4] 在此背景下，"《民法典》规定土地承包经营权不经登记不具有物权效力，符合我国农村的特点，有利于维护农民的合法权益"[5]。其三，基于统一不动产物权变动模式的需要。[6] 土地承包经营权的物权变动规则是登记生效主义这一不动产物权变动基本模式的例外，而且土地承包经营权的设立和移转也采取不同的物权变动规则，不利于法律的统一，改采用登记生效主义有利于"减少基于法律行为的物权变动模式的类型"[7]。

笔者认为，土地承包经营权的物权变动模式应采行登记对抗主义，理由如下。

---

[1][5]　参见单平基：《〈民法典各分编（草案）〉之土地承包经营权的评析和完善》，载于《山东社会科学》2019 年第 2 期。

[2]　温世扬：《从〈物权法〉到"物权编"——我国用益物权制度的完善》，载于《法律科学》（西北政法大学学报）2018 年第 6 期。

[3]　参见崔建远：《物权法》（第 4 版），中国人民大学出版社 2017 年版；单平基：《〈民法典各分编（草案）〉之土地承包经营权的评析和完善》，载于《山东社会科学》2019 年第 2 期。

[4]　参见中共中央办公厅、国务院办公厅先后发布的《关于引导农村土地经营权有序流转发展农业适度规模经营的意见》《深化农村改革综合性实施方案》《关于完善农村土地所有权承包权经营权分置办法的意见》等。

[6]　参见崔建远：《民法分则物权编立法研究》，载于《中国法学》2017 年第 2 期；温世扬：《从〈物权法〉到"物权编"——我国用益物权制度的完善》，载于《法律科学》（西北政法大学学报）2018 年第 6 期；单平基：《〈民法典各分编（草案）〉之土地承包经营权的评析和完善》，载于《山东社会科学》2019 年第 2 期。

[7]　崔建远：《物权：规范与学说——以中国物权法的解释论为中心》，清华大学出版社 2011 年版。

第一，在三权分置之下，承包地流转的对象已经不局限于本集体经济组织成员，基于交易安全和交易便捷的考虑，不宜将承包方案、承包合同以及承包地的占有作为土地承包经营权的公示方法。承包方案、承包合同均属于内部文件，市场主体不易查询，且容易伪造、变造、毁损、灭失，可靠性、准确性和权威性也不足[1]；在交易日益频繁的背景之下，对于承包地的占有，可能是承包农户基于其土地承包经营权的占有，也可能是其他经营主体基于土地经营权的占有，由此可见，承包地的占有事实已经不足以达到公示效果。将登记作为土地承包经营权的公示方法，有利于明确特定承包地之上的权利归属，从而降低交易成本和交易风险。

第二，在承包地产权结构中，土地承包经营权既可能反映两权分离之下土地所有权的"子权利"，也可能表达三权分置之下土地经营权的"母权利"。土地承包经营权的登记公示虽然有稳定土地承包关系的作用，但主要还是充当促进土地经营权流转、发展适度规模经营的重要技术工具。统计数据表明，目前承包地流转仅占1/3左右。[2] 这就意味着，在我国农村经济发展不平衡的背景下，承包地的流转规模在不同的地区差异较大，通过登记来维护交易安全对经济欠发达地区的农民意义不大，"对承包土地使用、占有、排他性的保护往往通过习惯法就能达到，登记在此作用不大"[3]，一律采取登记生效主义会增加没有承包地流转或流转不频繁地区的承包农户和地方财政的负担。[4] 就农村土地总登记或地籍调查而言，即使是试点地区，土地承包经营权确权颁证工作也没有完成，"制约农村承包土地流转……影响其抵押融资权能的实现"[5]。如此看来，受登记机构行政和技术能力的限制，短期内完成土地承包经营权的首次登记存在困难，而且"二轮"承包到期还面临着部分承包地的调整，一律采取登记生效主义也不现实。因此，在坚持登记作为土地承包经营权的公示方法的前提之下，将登记作为土地承包经营权对抗第三人的要件，是契合目前实际的便宜之举。

第三，在《物权法》和未来的民法典物权编中，债权形式主义和债权意思主义并存，物权并不完全是一种具有绝对排他效力的对世权。即使在不动产用益物

---

① 参见崔建远：《物权：规范与学说——以中国物权法的解释论为中心》，清华大学出版社2011年版。

② 参见农业农村部：《全国承包耕地流转比例已超过三分之一》，https://www.moa.gov.cn/xw/qg/201611/t20161118_5368546.htm。

③ 邓建宇、刘志鹏：《关于"土地承包经营权"登记发证的若干思考》，载于《安徽农业科学》2007年第15期。

④ 参见高圣平：《承包地三权分置的法律表达》，载于《中国法学》2018年第4期。

⑤ 参见《国务院关于全国农村承包土地的经营权和农民住房财产权抵押贷款试点情况的总结报告——2018年12月23日在第十三届全国人民代表大会常务委员会第七次会议上》，载于《中华人民共和国全国人民代表大会常务委员会公报》2019年第1号。

权体系内部，也只有建设用地使用权奉行登记生效主义，非经登记，建设用地使用权不设立；地役权采取登记对抗主义；土地承包经营权的移转采行登记对抗主义；宅基地使用权依审批而设立，不要求登记。由此可见，可以预见的是，未来民法典物权编中亦不大可能统一不动产物权变动的模式。虽然物权变动模式上采取登记生效主义是物权具有绝对对世效力的必然要求①，但如土地承包经营权未经登记即不设立，将意味着很多承包农户事实上行使着的"土地承包经营权"得不到法律的确认和保护，与普通农户的法感情不合。

综上，就土地承包经营权的物权变动，民法典中应选择采行登记对抗模式。登记对抗主义本于私法自治的理念，尊重当事人的意思自由，一方面使土地承包经营权容易设立和移转，维持了土地承包经营权设立和移转交易上的便捷；另一方面，各地方和当事人可根据具体情况，决定是否登记。为便于流转和融资担保，可以选择登记；没有流转和融资担保需求的，亦可选择不登记。对于已登记者，第三人可通过查阅登记簿而明了承包地的实际权利状况，由此维护交易安全；对于未登记者，土地承包经营权的物权变动效力也不受影响，只是不能对抗第三人而已。如此，条文可设计为："土地承包经营权的设立、变更、互换和转让自合同生效时发生效力，但未经登记，不得对抗善意第三人。"

三、土地承包经营权的担保规则

为有效盘活农村资源、资金、资产，增加农业生产中长期和规模化经营的资金投入，促进农民增收致富和农业现代化加快发展，在深化农村金融改革创新的大背景之下，党的十八届三中全会确定了农村承包土地的经营权和农民住房财产权"两权"抵押贷款试点这一重要改革任务。为使试点工作于法有据，第十二届全国人民代表大会常务委员会第十八次会议通过决定，授权国务院在部分试点县（市、区）行政区域分别暂时调整实施《物权法》等"关于集体所有的耕地使用权不得抵押"的规定。《国务院关于开展农村承包土地的经营权和农民住房财产权抵押贷款试点的指导意见》（以下简称《试点指导意见》）以及中国人民银行、中国银行业监督管理委员会、中国保险监督管理委员会、财政部、农业部联合发布的《农村承包土地的经营权抵押贷款试点暂行办法》（以下简称《试点暂行办法》）对试点工作作了具体部署。农村承包地土地经营权担保融资试点取得了良

---

① 参见蔡立东、王宇飞：《论土地承包经营权的变动模式》，载于《当代法学》2011 年第 5 期。

好的绩效①，新《农村土地承包法》及时地反映了这一改革成果。

（一）"承包地的土地经营权"融资担保的标的

承包农户为加大农业生产投入、扩大农业生产规模、提升农业生产能力等，也有融资需求。在政策金融无法满足这一需求的情况下，商业金融就成了正规金融中的必然选择。农村信贷担保物的匮乏直接影响着信贷实践的展开，"两权"抵押贷款试点即旨在释放农村主要资产的金融价值。在《试点指导意见》中，"农村承包土地的经营权"就成了融资担保的标的，但无论是当时的实定法，还是三权分置的政策文件，都无这一权利。其所指向的究竟是土地经营权，还是包括土地承包经营权在内，不无疑问。新《农村土地承包法》第四十七条第一款规定："承包方可以用承包地的土地经营权向金融机构融资担保，并向发包方备案"，将政策文件中的"农村承包土地的经营权"明确为"承包地的土地经营权"。有学者据此认为，这里的融资担保标的即为土地经营权，承包方也是土地经营权的主体②；如此规定就"意味着融资担保无论是采取质押还是抵押，担保客体都是土地经营权，需要土地经营权在采取质押或抵押的方式流转前即已产生，即需肯认承包方享有土地经营权"③。还有学者虽然主张"在土地不发生流转的情况下并不产生'土地经营权'"，但仍然坚持认为"当农户进行抵押时，其抵押的标的物是不具有身份属性的'土地经营权'"。④ 在技术路线上，"土地承包经营权人未为他人设定经营权场合，其可以为自己在土地承包经营权上设定经营权，再以经营权作为标的，为债权人设定抵押权"⑤。笔者对此不敢苟同。

其一，《试点指导意见》中"农村承包土地的经营权"涵盖了两种不同类型的"经营权"：未流转土地经营权时，承包方自行行使的"经营权"；流转土地经营权时，受让方行使的"经营权"。其中前者的法权表达是"土地承包经营权"，后者的法权表达是"土地经营权"。这一解释得到了《试点暂行办法》的

① 参见《国务院关于全国农村承包土地的经营权和农民住房财产权抵押贷款试点情况的总结报告——2018 年 12 月 23 日在第十三届全国人民代表大会常务委员会第七次会议上》，载于《中华人民共和国全国人民代表大会常务委员会公报》2019 年第 1 号。

② 参见房绍坤、林广会：《土地经营权的权利属性探析——兼评新修订〈农村土地承包法〉的相关规定》，载于《中州学刊》2019 年第 3 期。

③ 高海：《"三权"分置的法构造——以 2019 年〈农村土地承包法〉为分析对象》，载于《南京农业大学学报》（社会科学版）2019 年第 1 期。

④ 李长健、兰馨：《农村土地经营权抵押的法律适用及运行保障》，载于《吉首大学学报》（社会科学版）2018 年第 5 期。

⑤ 蔡立东、姜楠：《承包权与经营权分置的法构造》，载于《法学研究》2015 年第 3 期。

印证。该办法第五条规定，"通过家庭承包方式依法取得土地承包经营权和通过合法流转方式获得承包土地的经营权"均可抵押。《试点指导意见》和《试点暂行办法》中"农村承包土地的经营权"，实为旨在概括两类不同的抵押财产的便宜之举。由此可见，承包农户供作融资担保的仍然是土地承包经营权[1]，否则，全国人大常委会就不会授权国务院在试点地区暂时调整实施《物权法》《担保法》"关于集体所有的耕地使用权不得抵押"的规定。因为《物权法》第一百八十四条第二项、《担保法》第三十七条第二项所称的"耕地……等集体所有的土地使用权"在解释上即为耕地之上的土地承包经营权，而土地经营权并不由该条文义所能涵盖，也就不在禁止抵押的财产范围之列，而属于《物权法》第一百八十条第一款第七项"法律、行政法规未禁止抵押的其他财产"，也就成了允许抵押的财产。

其二，在承包地产权结构之中，土地承包经营权与土地经营权是两个彼此联系而又相互独立的权利类型。在未派生出土地经营权之前，土地承包经营权的（占有、使用、收益）权能均由承包方享有，在解释上，承包农户行使这些权能仅为实现其土地承包经营权的方式，并不能得出承包农户同时还享有一个别异于土地承包经营权的土地经营权的结论。由此可见，承包农户自己经营之时，并不发生三权分置，其所享有的仍然是土地承包经营权，而不是土地经营权。"由于承包方并未将承包地的土地经营权向外流转，承包方的土地承包权与土地经营权没有分离，因此，作为担保物的土地经营权实际上还未现实存在。"[2]

将承包农户以"承包地的土地经营权"融资担保理解为土地经营权担保，是受到以土地承包经营权融资担保"也是一种设立土地经营权的方式"[3] 这一说法的影响。《试点暂行办法》第六条"通过家庭承包方式取得土地承包经营权的农户以其获得的土地经营权作抵押"，以及新《农村土地承包法》第四十七条第一款"承包方……用承包地的土地经营权向金融机构融资担保"，即被解释为向金融机构流转土地经营权。实际上，无论是出租（转包）、入股，还是抵押，均属承包方处分其土地承包经营权的方式，只不过产生的法律效果不同而已。出租（转包）、入股是债权性的处分方式，仅使受让方取得土地经营权这一债权[4]；抵押是物权性的处分方式，产生创设抵押权的法律效果，并不是先使抵押权人取得

① 参见高圣平：《承包土地的经营权抵押规则之构建——兼评重庆城乡统筹综合配套改革试点模式》，载于《法商研究》2016年第1期。
② 黄薇主编：《中华人民共和国农村土地承包法释义》，法律出版社2019年版。
③ 黄薇主编：《中华人民共和国农村土地承包法释义》，法律出版社2019年版。不过，这种解释值得怀疑，承包农户供作融资担保的标的物仍然是土地承包经营权。
④ 关于《中华人民共和国农村土地承包法》之下土地经营权性质的讨论，参见高圣平：《完善农村基本经营制度之下农地权利的市场化路径》，载于《社会科学研究》2019年第2期。

土地经营权这一债权，再在土地经营权上创设取得抵押权这一物权。金融机构并不是农业经营主体，其所追求的并不是利用承包地的使用价值，并不以使用收益为目的，而是对承包地交换（信用）价值的利用，以担保信贷债权的实现为目的。由此可见，与农业经营主体通过流转取得土地经营权不同，金融机构并无意取得土地经营权。承包方以"承包地的土地经营权"向金融机构融资担保之时，"承包方是用将来的土地经营权融资担保，到需要实现担保物权时，土地经营权才从土地承包经营权中分离出来，作为优先受偿的财产出现"①。如此看来，新《农村土地承包法》第四十七条关注的只是在金融机构作为抵押权人实现抵押权之时仅得就土地经营权进行变价，就此，该条第三款已作明确。

综上，承包农户用以担保融资的仍然是土地承包经营权，承包地三权分置所改变的并不是担保财产，而是担保物权实现的方式。至于前述技术路线采行承包农户在其土地承包经营权上为自己先设定土地经营权，再以土地经营权为金融机构设定担保物权的观点，则值得商榷：一是就自己之物设立他物权，仅在例外的情形之下予以承认，而在将土地经营权界定为债权的情形之下，就成了在土地承包经营权之上承包农户为自己设定债权性的承包地利用权，增加了解释上的困难；二是增加了登记成本，本可以就土地承包经营权抵押权办理一次设立登记即可达到目的，但若先设定土地经营权，就意味着相应担保物权须进行两次登记，先有土地经营权设立登记，后有土地经营权担保物权设立登记。这"不仅没有必要，而且，操作上也不可行"②。如此看来，这一路径较为迂回，也不便于人民群众理解。

（二）土地承包经营权融资担保的体系定位

新《农村土地承包法》第四十七条就"承包方……用承包地的土地经营权向金融机构融资担保"之时，所设定的是抵押权还是质权，并未作出明确规定。"这主要是考虑到，实践中农地抵押担保融资的情况较为复杂，操作方式多样，加之土地经营权在性质上存在差异，在本法中使用'融资担保'的概念，包括了抵押和质押等多种情形。"③在区分承包农户与受让方供作担保的财产之后，这一政策选择即值得质疑。正如前述，承包农户供作担保的财产是土地承包经营权，受让方供作担保的财产是土地经营权。即使因为土地经营权的定性带来了其上担保物权体系定位上的困难，也不影响土地承包经营权上担保物权的体系定位。无

---

①③　黄薇主编：《中华人民共和国农村土地承包法释义》，法律出版社 2019 年版。
②　许明月：《农村承包地经营权抵押融资改革的立法跟进》，载于《比较法研究》2016 年第 5 期。

论是两权分离还是三权分置，其中土地承包经营权都属于物权，就此并无疑义，由三权分置所引发的承包地产权结构的调整，仅仅是强化了土地承包经营权的身份属性，而并未改变土地承包经营权的用益物权性质。

土地承包经营权在性质上属于用益物权，是不适于出质的财产权利，其上所设定的担保物权只能是抵押权。就此而言，《物权法》第一百八十条第一款第（三）项规定"以招标、拍卖、公开协商等方式取得的荒地等土地承包经营权"可以抵押。虽然新《农村土地承包法》已将此类土地承包经营权重构为土地经营权，但其所依循的基本法理可资遵循，即就权利担保物权的体系定位而言，如设定担保物权之后，原权利人仍可得行使其权利，即为抵押权；如设定担保物权之后，原权利人已不能行使其权利，即为质权。如此看来，不动产利用权以利用特定不动产为设立目的，其上的担保物权应定位为抵押权；相反，动产性权利的体系定位，应依是否丧失权利的准占有的具体情形分别定位为抵押权或质权，正如动产抵押权和动产质权并存于担保物权体系中一样。① 但《物权法》采取了简便的做法，但凡不动产权利，则为抵押权的标的，而动产性权利则为质权的标的。准此，就土地承包经营权担保物权的体系定位而言，抵押权应属当然的结论。

《二审稿》第一百八十六条删去了"以招标、拍卖、公开协商等方式取得的荒地等土地承包经营权"，但并未明确土地承包经营权可以抵押；第一百九十条删去了"耕地……集体所有的土地使用权"不得抵押的规定，结合第一百八十六条第一款第（七）项"法律、行政法规未禁止抵押的其他财产"可以抵押的规定，应能得出土地承包经营权可以抵押的结论；第二百零九条规定："以集体所有的土地使用权依法抵押的，实现抵押权后，未经法定程序，不得改变土地所有权的性质和土地用途"。在解释上，土地承包经营权属于集体所有土地上的使用权，亦在该条的文义所能涵盖的范围之内。由此可见，《二审稿》明确了土地承包经营权担保物权的体系定位——抵押权。但《二审稿》所采取的立法方法是，先列举抵押财产的范围，再规定登记在各类抵押财产上所设定的抵押权的意义（如第一百九十三条规定"本法第一百八十六条第一款第一项至第三项规定的财产或者第五项规定的正在建造的建筑物"上的抵押权采行登记生效主义；第一百九十四条规定动产抵押权采行登记对抗主义），由于《二审稿》没有正面列举土地承包经营权作为抵押财产，因此也就不能由第一百九十三条的文义所能涵盖。如此，《二审稿》就土地承包经营权抵押权的设定规则没有作出规定，只能在新《农村土地承包法》中寻找规范基础。但新《农村土地承包法》除了规定登记对抗主义之外，并未明确土地承包经营权担保物权的体系定位，还得求诸民法典物

---

① 参见高圣平：《民法典中担保物权的体系重构》，载于《法学杂志》2015 年第 6 期。

权编。如此来回穿梭的"找法"过程实不足取。

笔者建议,《二审稿》第一百八十六条的列举性规定中应明定"土地承包经营权"可以作为抵押财产,置于建设用地使用权之后,作为第一款第（三）项,以发挥正面列举的指引性功能。土地承包经营权抵押权是民法典物权编应予明确的担保物权种类,该编中自应规定其物权变动规则。例如,改行登记生效主义,则将第一百九十三条"以本法第一百八十六条第一款第一项至第三项规定的财产或者第五项规定的正在建造的建筑物抵押的,应当办理抵押登记。抵押权自登记时设立"修改为"以本法第一百八十六条第一款第（一）项至第（四）项规定的财产或者第（六）项规定的正在建造的建筑物抵押的,应当办理抵押登记。抵押权自登记时设立"。如坚持登记对抗主义,则在第一百九十三条的最后增加"法律另有规定的除外",转介至新《农村土地承包法》第四十七条。

（三）土地承包经营权抵押权的实现规则

"抵押物处置可能导致的农民失地……失去生活保障等社会问题"[1],一直是土地承包经营权担保规则设计时着力关注和解决的一大难题。《试点指导意见》指出:"因借款人不履行到期债务或者发生当事人约定的情形需要实现抵押权时,允许金融机构在保证农户承包权……前提下,依法采取多种方式处置抵押物。"《试点暂行办法》规定:"因借款人不履行到期债务,或者按借贷双方约定的情形需要依法行使抵押权的,贷款人可依法采取贷款重组、按序清偿、协议转让、交易平台挂牌再流转等多种方式处置抵押物,抵押物处置收益应由贷款人优先受偿。"这些规则均表明,土地承包经营权抵押权的实现作为流转的特殊情形,不得导致承包方失去土地承包经营权这一基本保障。

新《农村土地承包法》第四十七条第三款反映了这一政策导向:"实现担保物权时,担保物权人有权就土地经营权优先受偿。"由此可见,在土地承包经营权抵押权实现之时,抵押权人是在土地承包经营权之上为他人流转土地经营权,并以流转价款优先受偿。此际,土地承包经营权还属于抵押人,达到"保证农户承包权"的公共政策目标。这一实现方式改变了《物权法》中抵押权的实现规则。在《物权法》第一百九十五条和《二审稿》第二百零一条（内容同于《物权法》第一百九十五条）之下,抵押权的实现方式无论是折价,还是拍卖、变

---

[1] 《国务院关于全国农村承包土地的经营权和农民住房财产权抵押贷款试点情况的总结报告——2018年12月23日在第十三届全国人民代表大会常务委员会第七次会议上》,载于《中华人民共和国全国人民代表大会常务委员会公报》2019年第1号。

卖，都系以抵押财产的交换价值为执行对象，均就抵押财产进行变价，抵押人丧失抵押财产，第三取得人取得抵押财产。就土地承包经营权抵押权的实现而言，直接适用上述变价实现方式，将意味着土地承包经营权的移转，抵押人将丧失土地承包经营权，此结果与三权分置的政策目标不合。

新《农村土地承包法》第四十七条第三款增设的规定属于强制执行法上的强制管理或收益执行的执行措施。[①] 以强制管理的方式实现土地承包经营权抵押权，不就土地承包经营权本身进行变价，而着眼于土地承包经营权的使用价值与收益，系以土地承包经营权的收益为执行对象，亦即执行法院将土地承包经营权所生收益本身作为执行标的物，强制取得抵押人对于土地承包经营权的收益权能[②]，而使受让方取得土地经营权，以流转土地经营权的收益清偿债务。在强制管理期间，虽然抵押人仍然保有土地承包经营权，但限制抵押人直接支配承包地的权利，其转让、设定担保物权或以其他方式处分其土地承包经营权的权利亦受限制。[③] 这一特殊的实现方式与经典意义上的强制管理有所区别。在强制执行法上，所谓强制管理，"指执行法院对于已查封之不动产，选任管理人实施管理，以其所得收益清偿债权之执行行为……乃将不动产所生收益之整体为执行之标的物，亦即使债务人丧失其收益权能，而将其移由管理人行使，以其所得收益，充清偿债权之用"[④]。管理人是强制管理这一执行措施中的核心要素。但就新《农村土地承包法》第四十七条第三款规定的实现方式而言，虽然在解释上土地经营权的受让方即为管理人，但用以优先受偿的并非管理土地承包经营权的经营收益（天然孳息），而是土地经营权的流转价款（法定孳息）。即便如此，该实现方式也仍不失为强制管理的一种亚类型。

就强制管理，我国实定法中除新《农村土地承包法》之外并未予以明确。[⑤]《二审稿》就这一新增的实现方式应有所反映，以确保民法典物权编规则的周延性。虽然强制执行法已经纳入立法规划，但我国实行执行措施法定主义，在实体法上没有规定的情形之下，程序法上增设强制管理这一执行措施即无实体法支撑。《二审稿》第二百零一条所规定的抵押权实现方式仍然以变价为唯一路径，

---

① 参见高圣平：《农地三权分置改革与民法典物权编编纂——兼评〈民法典各分编（草案）〉物权编》，载于《华东政法大学学报》2019年第2期。

② 参见赖来焜：《强制执行法各论》，台湾元照出版有限公司2007年版。

③ 参见董少谋：《民事强制执行法学》（第2版），法律出版社2016年版。

④ 杨与龄：《强制执行法论》，中国政法大学出版社2002年版。

⑤ 参见乔宇、牛正浩：《农村集体土地使用权的执行问题》，载于《人民司法》2014年第7期。虽然《最高人民法院关于适用〈中华人民共和国民事诉讼法〉的解释》第四百九十二条规定："被执行人的财产无法拍卖或者变卖的，经申请执行人同意，且不损害其他债权人合法权益和社会公共利益的，人民法院可以将该项财产作价后交付申请执行人抵偿债务，或者交付申请执行人管理；申请执行人拒绝接收或者管理的，退回被执行人"，但该规则与经典意义上的强制管理相去甚远。

对于《新农村土地承包法修正案》第四十七条第三款涵盖性不足，应增加"强制管理"这一方式。

《物权法》就承包地产权结构所作的制度安排，以两权分离的基本思想为基础，所反映的是农村家庭联产承包责任制改革的成果。承包地三权分置是党中央、国务院针对当前农村的经济现实提出的重大决策，经数年的实践，取得了良好的绩效。准确把握三权分置的政策精神，将实践中行之有效的经验上升为法律规范，实为民法典物权编编纂时的重大任务。作为同时反映两权分离和三权分置之下承包地利用关系的主要权利，土地承包经营权既具有财产属性，又负载着保障功能。由此而决定，民法典物权编中关于土地承包经营权的主体、内容和物权变动规则等的规定，均须对《物权法》的现有规定作出修改。至于三权分置之下新增的土地经营权，因其性质上属于债权①，民法典物权编中无须专章规定这一新生的权利②。不过，自土地承包经营权为他人派生土地经营权，实为土地承包经营权的行使方式，作为土地承包经营权的处分权能之一，在民法典物权编中作出原则性规定，未尝不可。

应当注意的是，民法典编纂之时，应妥善处理其与新《农村土地承包法》之间的关系。既有的观察和研究表明，因两部法律分由不同部门主导起草，彼此之间并未很好地处理规则之间的协调关系。③ 例如，土地承包经营权的主体，新《农村土地承包法》称为"承包农户"或"承包方"，《物权法》和《二审稿》称为"土地承包经营权人"；产生土地承包经营权的合同，前者称为"承包合同"，后者称为"土地承包经营权合同"；等等。笔者并不赞成将新《农村土地承包法》整体性地植入民法典物权编、与用益物权分编之下"土地承包经营权"章合二为一的动议。理由在于，一是新《农村土地承包法》调整的并不仅限于土地承包经营权，还包括土地经营权，甚至包括公法关系（如争议的解决、行政责任和刑事责任）；二是其条文数量与民法典用益物权分编的其他各章并不对称。因此，就土地利用关系的私法调整而言，新《农村土地承包法》属于"补充型民法"④，但民法典物权编也绝不是简单地复述新《农村土地承包法》的既有规则。

---

① 参见张素华、张雨晨：《〈农村土地承包法〉修订背景下土地经营权的法律内涵与制度供给》，载于《广西大学学报》（哲学社会科学版）2019 年第 1 期；高圣平：《完善农村基本经营制度之下农地权利的市场化路径》，载于《社会科学研究》2019 年第 2 期。

② 参见陈小君：《土地改革之"三权分置"入法及其实现障碍的解除——评〈农村土地承包法修正案〉》，载于《学术月刊》2019 年第 1 期；高圣平：《土地经营权制度与民法典物权编编纂——评〈民法典物权编（草案二次审议稿）〉》，载于《现代法学》2019 年第 5 期。

③ 参见陈小君：《土地改革之"三权分置"入法及其实现障碍的解除——评〈农村土地承包法修正案〉》，载于《学术月刊》2019 年第 1 期。

④ 参见谢鸿飞：《民法典与特别民法关系的建构》，载于《中国社会科学》2013 年第 2 期。

第二十三章

《农村土地承包法》修改后的承包地法权配置

在农村土地集体公有制之下，如何经由农村基本经营制度的巩固和完善而提高农业生产的效率和效益，是农村改革的永恒主题。从土地改革时期的土地私有化基础上的农民家庭经营、农业合作化时期和人民公社时期的集体土地所有基础上的集体统一经营、改革开放之后的"包产到户""包干到户"，到"以家庭联产承包为主的责任制和统分结合的双层经营体制"，农村基本经营制度发生了重大改变①，也带来了承包地产权结构的适度调整。2002年《农村土地承包法》将稳定和完善宪法规定的农村基本经营制度——"以家庭承包经营为基础、统分结合的双层经营体制"确立为立法宗旨，并以集体土地所有权和土地承包经营权两权分离为理论基础，构建了具有中国特色的土地承包经营权制度。

随着农村生产力的发展，该法所反映的生产关系已经不能满足农业、农村的实际需要。党的十九大报告明确提出，要"巩固和完善农村基本经营制度，深化农村土地制度改革，完善承包地'三权分置'制度"。"把实践检验行之有效的农村土地承包政策和成功经验及时转化为法律规范是立法首要考虑的问题"，"适应农村生产力发展的新要求，稳定和完善适合国情的农村基本经营制度，是修改农村土地承包法的基本出发点"。②

---

① 农村基本经营制度的变迁过程，参见陈锡文、罗丹、张征：《中国农村改革40年》，人民出版社2018年版；谭贵华：《农村双层经营体制法律问题研究》，法律出版社2015年版。

② 刘振伟：《关于〈中华人民共和国农村土地承包法修正案（草案）〉的说明——2017年10月31日在第十二届全国人民代表大会常务委员会第三十次会议上》，载于《全国人民代表大会常务委员会公报》2019年第1期，第16页。

《农村土地承包法》经本次修改，法律条文从 65 条变为 70 条，其中新增加 10 条、修改 32 条、条文合并后减少 1 条、删去 4 条，涉及超过 2/3 的法条，修改幅度之大已经远远超过了"小修小补"的既定方案。① 但是，为了及时推动立法进程，本次修法搁置了部分争议，给其中相关规则的解释适用带来了困难；即使已经定为明文的规则，也仍然存在检讨的必要。因此，对于新法确立的承包地法权配置予以系统阐释，不仅有利于实践中三权分置政策的具体贯彻执行，也有利于厘清如何借民法典编纂进一步完善农村基本经营制度。

一、巩固和完善农村基本经营制度的理论基础

习近平总书记指出："完善农村基本经营制度，需要在理论上回答一个重大问题，就是农民土地承包权和土地经营权分离问题"，"要好好研究农村土地所有权、承包权、经营权三者之间的关系"。② 由此可见，巩固和完善农村基本经营制度的理论基础就是三权分置。所谓三权分置，就是要"落实集体所有权、稳定农户承包权、放活土地经营权"③，这一农村经济的改革思想被 2014 年以来的政策文件具体化。三权分置政策正是在巩固和完善农村基本经营制度的背景之下提出的，其意旨在于，在承认土地承包经营权具有身份属性、负载社会保障功能的前提之下，通过一定的法技术路径，从土地承包经营权中派生出一种市场化的权利，以使经营主体取得稳定的经营预期，并允许经营主体以其取得的经营农村土地的权利担保融资，从而达到以下目标："促进土地资源合理利用，构建新型农业经营体系，发展多种形式适度规模经营，提高土地产出率、劳动生产率和资源利用率，推动现代农业发展。"④

"落实'三权分置'制度，是本次修改农村土地承包法的主要任务。"⑤ 但如何将三权分置政策转化为法律，学界存在巨大争议。有观点认为，三权分置政策

---

① 如此规模的修改应当采取"大修"模式。参见耿卓：《承包地"三权分置"政策入法的路径与方案——以〈农村土地承包法〉的修改为中心》，载于《当代法学》2018 年第 6 期，第 6 页。

②③ 习近平：《在中央农村工作会议上的讲话（2013 年 12 月 23 日）》，载于《十八大以来重要文献选编》上册，中央文献出版社 2014 年版。

④ 2016 年 10 月 30 日《中共中央办公厅、国务院办公厅关于完善农村土地所有权承包权经营权分置办法的意见》之"一、重要意义"。

⑤ 胡可明：《全国人民代表大会宪法和法律委员会关于〈中华人民共和国农村土地承包法修正案（草案）〉修改情况的汇报——2018 年 10 月 22 日在第十三届全国人民代表大会常务委员会第六次会议上》，载于《全国人民代表大会常务委员会公报》2019 年第 1 期，第 19 页。

所欲达到的目标，只需丰富土地承包经营权的权能即可达到，无须修改农村土地
承包法上的既定承包地产权结构。① 但更多的主张是，三权分置政策必将导致承
包地权利结构的调整，需要采行新的法律工具（派生出新的土地权利）来达到统
分结合双层经营体制中的"统"的功能，诸如"土地所有权 + 土地承包权 + 土
地经营权"②、"土地所有权 + 土地承包权 + 土地承包经营权"③、"土地所有权 +
土地承包经营权 + 土地经营权"④ 等各种学说都在一定程度上反映了三权分置政
策带来的制度变迁。各种学说的争议主要体现在如何处理政策与法律的关系。就
此，较为一致的观点认为，政策与法律在规范表达、形成程序等方面的差异，决
定了法律应以自身的话语体系来传达政策思想，不宜直接将政策语言转述为法律
语言。⑤

在同时调整"两权分离"和三权分置所产生的法律关系的前提下，本次修改
后的 2018 年《农村土地承包法》将三权分置下的承包地产权结构表达为：在土
地所有权和土地承包经营权两权分离的基础上，"从土地承包经营权中分离出土
地经营权"⑥。但新法还是在一个条文中出现了"土地承包权"，其第九条规定：
"承包方承包土地后，享有土地承包经营权，可以自己经营，也可以保留土地承
包权，流转其承包地的土地经营权，由他人经营。"如此，再次引发了承包地产
权结构是由"土地所有权、土地承包经营权、土地经营权"等"三权"抑或
"土地所有权、土地承包经营权、土地承包权、土地经营权"等"四权"构成的

① 参见高圣平：《新型农业经营体系下农地产权结构的法律逻辑》，载于《法学研究》2014 年第 4
期，第 85 页；吴义龙：《"三权分置"论的法律逻辑、政策阐释及制度替代》，载于《法学家》2016 年第
4 期，第 34 页；韩松：《论民法典物权编对土地承包经营权的规定——基于"三权分置"的政策背景》，
载于《清华法学》2018 年第 5 期，第 121 页。

② 参见韩长赋：《土地"三权分置"是中国农村改革的又一次重大创新》，载于《农村工作通讯》
2016 年第 3 期，第 19 页；韦鸿、王琦玮：《农村集体土地"三权分置"的内涵、利益分割及其思考》，载
于《农村经济》2016 年第 3 期，第 40 页；马俊驹、丁晓强：《农村集体土地所有权的分解与保留——论农
地"三权分置"的法律构造》，载于《法律科学》2017 年第 3 期，第 146 页；等等。

③ 参见丁文：《论土地承包权与土地承包经营权的分离》，载于《中国法学》2015 年第 3 期，第
159 页。

④ 参见蔡立东、姜楠：《承包权与经营权分置的法构造》，载于《法学研究》2015 年第 3 期，第 36
页；孙宪忠：《推进农村土地"三权分置"需要解决的法律认识问题》，载于《行政管理改革》2016 年第
2 期，第 25 页；刘恒科：《"三权分置"下集体土地所有权的功能转向与权能重构》，载于《南京农业大学
学报》（社会科学版）2017 年第 2 期，第 111 页；高圣平：《农地三权分置视野下土地承包权的重构》，载
于《法学家》2017 年第 5 期，第 2 页；等等。

⑤ 参见许中缘、夏沁：《农村集体土地"三权分置"中政策权利的法律归位》，载于《烟台大学学
报》（哲学社会科学版）2017 年第 4 期，第 27 页；孙宪忠：《推进农地三权分置经营模式的立法研究》，
载于《中国社会科学》2016 年第 7 期，第 162 页；孟勤国：《论新时代农村土地产权制度》，载于《甘肃
政法学院学报》2018 年第 1 期，第 18 页；陈小君：《土地改革之"三权分置"入法及其实现障碍的解
除——评〈农村土地承包法修正案〉》，载于《学术月刊》2019 年第 1 期，第 95 页。

⑥ 黄薇主编：《中华人民共和国农村土地承包法释义》，法律出版社 2019 年版。

争议。新法通过后，直接参与立法的专家即认为，"土地承包权是承包地流转后从土地承包经营权中分置出来的，农户拥有土地承包权是农村基本经营制度的基础。实践中，取得承包权有两个条件：具有本集体经济组织成员资格（成员属性）；与发包方签订了承包合同，获得了承包地（财产属性）。""土地承包权权能中的收益权和受限定的处分权（可以收回土地经营权但不能买卖承包地）是现实存在的，不是虚置的权利。"① 这一观点是全国人大农业与农村委员会起草农村土地承包法修正案之"一审稿"时直接转述政策语言的基本思路的反映②，自"二审稿"开始，法律文本尽量遵循自身逻辑来传达政策思想。这一观点已不足取。

第一，从 2018 年农村土地承包法的内容来看，除了第九条之外，并无对"土地承包权"这一新生权利的性质和内容的规定。从立法过程来看，法律文本自"二审稿"开始就尽量避免出现"四权"结构，不仅法律的篇章结构不再专节规定"土地承包权"，而且第一章"总则"的宣示性条文中也仅在第八条规定"土地承包经营权"的保护，第十条规定"土地经营权"的保护，并没有保护"土地承包权"的宣示性规定。第四章"争议的解决和法律责任"规定的也是对于"土地承包经营权""土地经营权"的救济，并无关于侵害"土地承包权"的法律责任的规定。尤其是新法第五十六条规定，"任何组织和个人侵害土地承包经营权、土地经营权的，应当承担民事责任"，其中并未提及土地承包权。可见，2018 年农村土地承包法并无意将土地承包权作为一种新生的民事权利来对待。

第二，依权利生成法理，从集体土地所有权派生出土地承包经营权之后，土地所有权仍然是浑然一体的权利，其名称并未因派生出土地承包经营权而发生改变；从土地承包经营权派生出土地经营权之后，土地承包经营权也仍然是浑然一体的权利，其名称也不应因派生出土地经营权而发生改变。正如在派生出土地承包经营权之后，土地所有权的权能虽然发生变化，但法律上无须就土地所有权的剩余权利单独规定其名称和内容一样，土地承包经营权派生出土地经营权之后，法律上同样无须就土地承包经营权的剩余权利单独规定其名称和内容。③ 如此看来，"从法律性质上讲，土地承包经营权人流转土地经营权后，其所享有的土地承包经营权并未发生改变"，"只是承包方行使土地承包经营权的方式发生了改变

① 刘振伟：《巩固和完善农村基本经营制度》，载于《农村工作通讯》2019 年第 1 期，第 21 页。
② 对于"一审稿"的批评意见，参见高圣平：《论农村土地权利结构的重构——以〈农村土地承包法〉的修改为中心》，载于《法学》2018 年第 2 期，第 12 页；参见陈小君：《〈农村土地承包法修正案（草案）〉要义评析》，载于《中国土地科学》2018 年第 5 期，第 1 页；高飞：《土地承包权与土地经营权分设的法律反思及立法回应——兼评〈农村土地承包法修正案（草案）〉》，载于《法商研究》2018 年第 3 期，第 3 页；等等。
③ 参见高圣平：《承包地三权分置的法律表达》，载于《中国法学》2018 年第 4 期，第 269 页。

而已，从直接行使转变为间接行使"。[①] 法律也就无须专门设置"土地承包权"来反映承包农户的剩余权利，而是只需就新生的土地经营权作出专门规定即可。第九条规定的"土地承包权"，也只能理解为权利行使受到土地经营权限制的土地承包经营权的便宜称谓。

第三，如依前引专家的理解，"土地承包权是承包地流转后从土地承包经营权中分置出来的"，产生土地承包权的条件也应当是土地承包经营权人与土地经营权人签订土地经营权合同，流转土地经营权，而不是所谓"具有本集体经济组织成员资格（成员属性）；与发包方签订了承包合同，获得了承包地（财产属性）"。前引所谓取得土地承包权的两个条件，实际上是取得土地承包经营权的两个条件。同时，所谓"收益权和受限定的处分权"，也不是土地承包权的权能，而是土地承包经营权的权能。土地承包经营权派生出土地经营权之后，土地经营权人的权利均源于土地承包经营权。占有、使用承包地并取得收益的权利已由土地经营权人行使，土地承包经营权人已无法行使，其收益权主要体现为土地经营权流转价款的给付请求权。

综上，2018 年《农村土地承包法》在既有土地所有权和土地承包经营权两权分离的基础上，在维系土地承包经营权的保障功能的前提下，派生出市场化的土地经营权，以促进适度规模经营，实现双层经营体制下"统"的功能。如此，在三权分置之下，承包地的产权结构由土地所有权、土地承包经营权和土地经营权这"三权"构成。依体系解释，只宜将新法第九条中的"土地承包权"解释为流转了土地经营权之后的土地承包经营权的简称。在法典中保留"土地承包权"的表述，进一步体现了将政策转化为法律之时的争议，所带来的分歧需经由解释来加以消除。在编纂民法典中进一步明确承包地的产权结构，彻底消除其中的解释分歧，应为立法论上的最优选择。

二、农村基本经营制度下的土地承包经营权

农村基本经营制度以家庭承包经营为基础，"在将来较长一段时期内，家庭承包经营的基础性地位应予维持"[②]。统分结合的双层经营体制中的"分"，指的是承包农户分散经营，即以集体土地所有权为基础，以地区性合作经济组织（农

[①] 黄薇主编：《中华人民共和国农村土地承包法释义》，法律出版社 2019 年版。

[②] 杨一介：《论"三权分置"背景下的家庭承包经营制度》，载于《中国农村观察》2018 年第 5 期，第 92 页。

村集体经济组织）为依托，通过将家庭承包经营引入合作经济（集体经济），从而形成合作经济的两个经营层次。[①] "坚持家庭经营的基础性地位和遵循家庭承包的土地承包经营权属于农户是农村基本经营制度的核心内容。"[②] 家庭承包经营关系的法权表达即为土地承包经营权。2002 年《农村土地承包法》和 2007 年《物权法》以将其界定为物权的方式来达到稳定农村基本经营制度的政策目标。虽然土地承包经营权作为物权种类的名称在三权分置之下并未发生改变，但却成为共存于两权分离和三权分置中的一类用益物权。新一轮农村土地制度改革赋予了土地承包经营权特定的意义，原《农村土地承包法》中的相关规则即应修改，以实现农村基本经营制度的巩固和完善。

（一）土地承包经营权身份属性的确立

土地承包经营权是否具有身份属性，即土地承包经营权的取得和保有是否以权利人具有本集体经济组织成员身份为前提，学界素有争议。肯定说认为，原《农村土地承包法》第十五条（新法第十六条第一款）规定，家庭承包的承包方是本集体经济组织的农户，由此可见，土地承包经营权的主体须具有特定身份，以此彰显土地承包经营权的社会保障功能。[③] 三权分置之下，"土地承包经营权的权利内容中包含部分成员权内容，无须另行诉诸成员权制度，也符合农民长期以来对土地承包经营权的认知"[④]。否定说认为，土地承包经营权的取得以权利人具有本集体经济组织成员身份为前提，并不等于基于该特定身份取得的土地承包经营权必然具有身份属性；"增人不增地、减人不减地"政策和土地承包经营权流转制度的构建等，使土地承包经营权的社会保障功能的实现形式发生了重大变化，即承包地从农民生存的实物保障转变为价值保障，土地承包经营权的财产属性完全取代了其保障属性。[⑤] 此外，原《农村土地承包法》规定有两类土地承包经营权，即"以家庭承包方式取得的土地承包经营权"和"以招标、拍卖、

---

① 谭贵华：《农村双层经营体制法律问题研究》，法律出版社 2015 年版。

② 丁关良：《巩固和完善农村基本经营制度》，载于《中国党政干部论坛》2018 年第 9 期，第 50 页。

③ 参见叶兴庆：《从"两权分离"到"三权分离"——我国农地产权制度的过去与未来》，载于《中国党政干部论坛》2014 年第 6 期，第 10 页；焦富民：《"三权分置"视域下承包土地的经营权抵押制度之构建》，载于《政法论坛》2016 年第 5 期，第 28 页；马俊驹、丁晓强：《农村集体土地所有权的分解与保留——论农地"三权分置"的法律构造》，载于《法律科学》2017 年第 3 期，第 148 页。

④ 彭诚信、畅冰蕾：《"三权分置"中土地经营权的立法论思考》，载于《河南社会科学》2018 年第 8 期，第 11 页。

⑤ 参见高飞：《寻找迷失的土地承包经营权制度——以农地"三权分置"政策的法律表达为线索》，载于《当代法学》2018 年第 6 期，第 18 页。

公开协商等方式承包取得的土地承包经营权"（以下简称"以其他承包方式取得的土地承包经营权"），即使从创设取得的视角，后者的取得并不要求权利人具有本集体经济组织成员身份，已经不具有身份属性①，笼统概称土地承包经营权具有身份属性，属于以偏概全。

笔者认为，在三权分置之下，土地承包经营权负载着特定的政策目标，即"农村集体土地由作为本集体经济组织成员的农民家庭承包，不论经营权如何流转，集体土地承包权都属于农民家庭"②。如此，"土地承包经营权"已经被纯化为只有本集体经济组织的承包农户才能取得和享有的兼具财产属性和保障属性的权利，以实现巩固和完善农村基本经营制度之下"分"的目标。

2018年农村土地承包法遵循了这一制度变迁逻辑，在维系仅有本集体经济组织成员才能创设取得土地承包经营权的现行规则之外，主要从以下几个方面强化了土地承包经营权的身份属性：其一，将土地承包经营权的互换和转让局限在本集体经济组织内部（第三十三条、第三十四条），强调即使是土地承包经营权移转取得的受让人，也应具有本集体经济组织成员身份。新法将原第四十一条规定的土地承包经营权的受让对象"其他从事农业生产经营的农户"修改为现第三十四条的"本集体经济组织的其他农户"。虽然这一修改限制了权利主体对权利本身的处分权能③，但新法在转让之外，另为承包农户提供了流转土地经营权的可选路径，由其参酌具体情况加以确定，并没有降低权利流转的效率，也不构成对于优化土地资源配置的妨碍。其二，明定土地经营权人通过流转取得土地经营权之后，承包农户的土地承包经营权不发生改变。新法第四十四条规定："承包方流转土地经营权的，其与发包方的承包关系不变。"这里，"承包方与发包方的承包关系"的法权表达即为土地承包经营权，"承包关系不变"即意味着土地承包经营权不变，这就表明承包方流转土地经营权后依然享有土地承包经营权。④其三，将以"招标、拍卖、公开协商等方式承包""荒山、荒沟、荒丘、荒滩等农村土地"的权利重构为土地经营权，将原第四十四条规定的"以其他承包方式取得的土地承包经营权"修改为现第四十九条"以其他方式承包农村土地的……承包方取得土地经营权"，进一步维系土地承包经营权的身份属性。

---

① 参见陈小君：《"三权分置"与中国农地法制变革》，载于《甘肃政法学院学报》2018年第1期，第32页。

② 2016年10月30日《中共中央办公厅、国务院办公厅关于完善农村土地所有权承包权经营权分置办法的意见》之"三、逐步形成'三权分置'格局"之"（二）严格保护农户承包权"。

③ 彭诚信、畅冰蕾：《"三权分置"中土地经营权的立法论思考》，载于《河南社会科学》2018年第8期，第10页。

④ 参见高海：《"三权"分置的法构造——以2019年〈农村土地承包法〉为分析对象》，载于《南京农业大学学报》（社会科学版）2019年第1期，第101页。

值得注意的是，从长远来看，剥离土地承包经营权的身份属性，促进其自由流转，应是市场经济背景下优化资源配置的必然选择。但在渐进式的农村土地制度改革政策之下，对土地承包经营权身份属性的坚守，就成为维系目前社会经济背景之下农村社会稳定的基本政策工具。如此看来，2018 年《农村土地承包法》所反映的承包地产权结构仍然只是契合目前现实的（中间）方案，随着乡村振兴战略的实施、农业产业化的发展，承包地产权结构将朝日益市场化的方向发展。

（二）土地承包经营权的权能完善

完善土地承包经营权的权能是巩固和完善农村基本经营制度之下"分"的主要路径，也是党的十七届三中全会以来一直坚持的政策目标。2018 年《农村土地承包法》主要从以下几个方面体现了实践探索的成熟经验：放宽土地承包经营权的转让限制，取消承包方应"有稳定的非农职业或者有稳定的收入来源"的条件，进一步限定土地承包经营权的受让人范围（第三十四条）；明定承包方得以出租（转包）、入股或者其他方式向他人流转土地经营权（第十七条第三项、第三十六条），明确转包是出租的一种特殊形式，在一定程度上解决了学界对于出租和转包之间关系的争议①；删去了土地承包经营权入股从事农业合作生产的规定（原第四十二条），将入股的法律效果明确为向他人（包括公司、合作社、股份合作企业等）派生出土地经营权，并增加了此种情形下的"向发包方备案"这一管理措施（第三十六条）；明确土地承包经营权的担保能力，对于土地承包经营权上担保物权的设立采取登记对抗主义，其实现方式限定于就土地经营权优先受偿（第四十七条）。这些修改均涉及土地承包经营权处分权能的完善。

第一，"流转"含义的重新界定。2018 年《农村土地承包法》将原法第十六条第一项所规定的承包方依法享有流转土地承包经营权的权利，分拆为两项："依法互换、转让土地承包经营权"和"依法流转土地经营权"（第十七条第二项和第三项），实际上是将原法规定的土地承包经营权的流转依其法律效果在三权分置之下作了区分。就其中具有移转土地承包经营权效果的，因不涉及三权分置，即不发生是否派生出土地经营权的问题，而规定于第二章第四节"土地承包经营权的保护和互换、转让"，不再以"流转"称之；就其中产生债权性移转效果的，因涉及三权分置，即发生自土地承包经营权派生出土地经营权的后果，而

---

① 关于出租和转包之间关系的争议，参见崔建远：《土地承包经营权的修改意见》，载于《浙江社会科学》2005 年第 6 期，第 67 页；胡吕银：《土地承包经营权的物权法分析》，复旦大学出版社 2004 年版；孟勤国等：《中国农村土地流转问题研究》，法律出版社 2009 年版；高圣平：《论承包地流转的法律表达——以〈农村土地承包法〉的修改为中心》，载于《政治与法律》2018 年第 8 期，第 25 页。

规定于第二章第五节"土地经营权"。这一安排符合体系化的要求。

不可否认的是，2018 年《农村土地承包法》限缩了原法中"流转土地承包经营权"涵摄的范围，将之局限于"出租（转包）、入股和其他方式"。在解释上，这里的"其他方式"自不包括"互换"和"转让"的情形。如此，"流转"仅指承包方处分其土地承包经营权且派生出土地经营权的情形，第四十五条和第四十七条所规定的"通过流转取得（的）土地经营权"，即属此意。"转让""互换"与"流转"的关系"由之前公认的种属关系而因此次修法变得模糊不清了"[①]。原法中一体调整所有流转方式的共通规则被新法置于第二章第五节"土地经营权"，由此也出现了该规则是否适用于被新法置于第二章第四节的土地承包经营权的互换、转让行为的问题，即第三十八条关于土地经营权流转原则的规定、第三十九条关于土地经营权流转收益的规定、第四十条关于土地经营权流转合同的规定，是否适用于土地承包经营权的互换、转让。在解释上，土地承包经营权的"转让""互换"虽然与"出租（转包）""入股"在法律效果存在差异，但均属权利主体处分其土地承包经营权的方式，自可准用原一体调整所有处分（流转）方式的规定。

第二，土地承包经营权转让规则的修改。2018 年《农村土地承包法》保留了"经发包方同意"这一程序性要件。就此要件的法律意义，学界争议不断。[②]《最高人民法院关于审理涉及农村土地承包纠纷案件适用法律问题的解释》第十三条明确了"发包方同意"的规范属性——效力性强制性规定。[③] 但司法实践中普遍认为，"发包方不同意转让土地承包经营权的法定理由是承包方不具有稳定的非农职业或者稳定的收入来源。换言之，只要承包方有稳定的非农职业或者稳定的收入来源，发包人无法定理由不同意或者拖延表态，都不影响土地承包经营权转让合同的效力"[④]。既然新法删去了承包方具有稳定的非农职业或者稳定的收入来源的限制性条件、明确限定了受让人为本集体经济组织成员，保留"经发包方同意"要件即仅具有宣示意义，不宜再将这一要件理解为效力性强制性规定。

---

① 参见耿卓：《承包地"三权分置"政策入法的路径与方案——以〈农村土地承包法〉的修改为中心》，载于《当代法学》2018 年第 6 期，第 10 页。

② 参见朱虎：《土地承包经营权流转中的发包方同意——一种治理的视角》，载于《中国法学》2010 年第 2 期，第 70 页；参见高圣平：《新型农业经营体系下农地产权结构的法律逻辑》，载于《法学研究》2014 年第 4 期，第 89 页；蔡立东、姜楠：《论土地承包经营权转让中的发包方同意》，载于《吉林大学社会科学学报》2014 年第 4 期，第 26 页。

③ 参见武亦文、杨勇：《论土地承包经营权处分之限制性规范的科学配置——基于司法裁判文书的整理和分析》，载于《中国农村观察》2017 年第 6 期，第 29 页。

④ 《山东省高级人民法院关于印发全省民事审判工作会议纪要的通知》（2011 年 11 月 30 日）。

第三，土地承包经营权担保规则的确立。在两权分离政策的影响之下，原《农村土地承包法》不允许以家庭承包方式取得的土地承包经营权抵押，其主要理由在于抵押权的实现会使承包农户丧失具有保障功能的土地承包经营权。但在三权分置之下，土地承包经营权抵押权的实现可以采取收益执行的方法，即为他人派生出土地经营权，以土地经营权的流转价款优先受偿，承包农户仍然保有土地承包经营权，上述障碍即可破除。同时，如仍禁止土地承包经营权抵押，但由其所派生的土地经营权却可担保融资，赋予后者以前者尚不具有的权能，这本身就是一个悖论。[①] 在此背景下，2018 年《农村土地承包法》第四十七条就担保财产、担保物权的设定和实现作了特别规定，但该条规定并不明确，尚待解释。

其一，新法第四十七条第一款规定："承包方可以用承包地的土地经营权向金融机构融资担保，并向发包方备案。"这里，承包方供作担保的是"承包地的土地经营权"，维系了 2014 年以来政策文件中的提法——"允许承包土地的经营权向金融机构抵押融资"。但在未派生土地经营权的情形之下，承包农户如何以"承包地的土地经营权"向金融机构融资担保？土地承包经营权与土地经营权相对而称，在两权分离之下，"经营"不过是土地承包经营权的权能而已，并不存在所谓"承包地的土地经营权"。承包农户自己经营承包地，其权源仍然是土地承包经营权，而不是土地经营权。抵押权人在实现条件成就之前的地位与在实现条件成就之后的地位迥然有异。[②] 抵押权的设定不以移转标的权利为前提，抵押权人无须取得标的权利，此时无须从土地承包经营权派生出土地经营权。[③] "由于承包方并未将承包地的土地经营权向外流转，承包方的土地承包权与土地经营权没有分离，因此，作为担保物的土地经营权实际上还未现实存在。"[④] 在抵押权实现条件成就之时，则可流转土地经营权并以流转价款优先受偿。"承包方是用将来的土地经营权融资担保，到需要实现担保物权时，土地经营权才从土地承包经营权中分离出来，作为优先受偿的财产出现。"[⑤] 第四十七条第一款如此表述实际上是为了与同条第三款"实现担保物权时，担保物权人有权就土地经营权优先受偿"的规定相衔接，在担保物权实现之时，不能使承包农户丧失土地承包经营权，仅得派生出土地经营权以优先受偿。这实际上改变了物权法上担保物权的实现方式，由变价执行转向强制管理或收益执行。这也是三权分置对于农地金

---

① 参见单平基：《"三权分置"理论反思与土地承包经营权困境的解决路径》，载于《法学》2016 年第 9 期，第 58 页；肖鹏：《"三权分置"下的农村土地权利结构研究》，载于《中国土地科学》2018 年第 4 期，第 26 页。

② 参见［德］鲍尔、施蒂尔纳：《德国物权法》上册，张双根译，法律出版社 2006 年版。

③ 参见单平基：《"三权分置"中土地经营权债权定性的证成》，载于《法学》2018 年第 10 期，第 44 页。

④⑤ 黄薇主编：《中华人民共和国农村土地承包法释义》，法律出版社 2019 年版。

融带来的实质影响。如此看来，承包农户设定担保的标的仍然是土地承包经营权，并不是土地经营权。农地融资担保试点也秉承这一法理，如 2016 年 3 月 15 日中国人民银行、中国银行业监督管理委员会、中国保险监督管理委员会、财政部、农业部印发的《农村承包土地的经营权抵押贷款试点暂行办法》将此时的担保财产规定为"通过家庭承包方式依法取得的土地承包经营权"。

其二，新法第四十七条并未界定以土地承包经营权设定的担保物权的种类。在物权法定主义之下，将以"承包地的土地经营权"为标的的担保权利径称为上位的物权种类——"担保物权"，并不符合物权种类法定的要求。第四十七条笼统地规定为"担保物权"，将直接导致具体规范的缺失，在 2018 年《农村土地承包法》仅作原则性规定的情形之下，担保物权的具体规则尚需在物权法中去寻找，极易导致法律适用上的困难。在解释上，承包农户以土地承包经营权设定担保物权之后，仍在行使这一权利，并未移转这一权利的"准占有"，在体系定位上应属抵押权。

其三，新法第四十七条第二款就土地承包经营权上的抵押权采取登记对抗主义，与物权法上不动产权利抵押权的登记生效主义大相径庭。从立法说明中尚无法得出 2018 年《农村土地承包法》改采登记对抗主义的理由。可能的考虑是，新法第三十五条明定土地承包经营权的互换、转让采登记对抗主义。"无论是从正义的规则（同者相同、异者相异）要求，还是'举重以明轻'等法技术推论，土地承包经营权抵押都似乎应当采用'登记对抗主义'。"[1] 这一政策选择值得质疑，土地承包经营权的物权变动采债权意思主义，并不排斥就土地承包经营权上的抵押权采取债权形式主义，即登记生效主义。抵押权人为保全自己的权利，自当在不动产登记簿上就土地承包经营权登记抵押权负担，在先登记原则[2]之下，土地承包经营权自得先行登记。由此可见，这一不同于物权法的制度安排，并未反映金融实践的真实需求。

（三）稳定和保护土地承包经营权的相关规则的修改

"要稳定和完善农村基本经营制度，必须稳定农村的土地承包关系。"[3] 2018 年《农村土地承包法》即涉及稳定和保护土地承包经营权的相关规则的修改，举

---

[1] 吴国喆：《"三权分置"背景下农地抵押的规则设计》，载于《北方法学》2018 年第 5 期，第 22 页。

[2] 先登记原则是指不动产权利的各项变动均应以初始登记作为基础。参见孙宪忠：《不动产登记基本范畴解析》，载于《法学家》2014 年第 6 期，第 17 页。

[3] 陈锡文、罗丹、张征：《中国农村改革 40 年》，人民出版社 2018 年版。

其要者有:

第一,保存土地承包关系稳定并长久不变的法律表达。2018 年《农村土地承包法》除了在总则第一条中将立法宗旨"赋予农民长期而有保障的土地使用权"修改为"保持农村土地承包关系稳定并长久不变"之外,主要是在第二十一条增设第二款:"前款规定的耕地承包期届满后再延长三十年,草地、林地承包期届满后依照前款规定相应延长。"这一规则旨在"给予农民稳定的土地承包经营预期"①,"巩固和完善农村基本经营制度"②,体现了党的十九大报告的精神,也落实了《物权法》第一百二十六条第二款"前款规定的承包期届满,由土地承包经营权人按照国家有关规定继续承包"的规定。这一延长承包期规则的新设,也在一定程度上解决了关于"长久不变"的法律表达的学说争议③,但也带来了一些尚需解释才能得以确定的问题。

其一,第二轮土地承包期届满后再延长 30 年,是否需要续签承包合同或土地承包经营权合同,抑或如住宅建设用地使用权届期后的规则一样解释为"自动续期"而无须承包方提出申请?采纳需要续签的观点,不仅在实践中难以操作,加重了农民的负担,也增加了行政管理的成本。④ 如此看来,"自动续期"的观点更切实际。

其二,草地、林地承包期届满后的延长期限如何确定?"保持农村土地承包关系长期稳定,应当包括草地和林地的承包关系"⑤,新法第二十一条第二款后段的规则在本次修改农村土地承包法的"二审稿"中得以确定。与耕地 30 年承包期属于法定期限、不允许当事人之间作出相反约定⑥不同,草地的承包期可由当事人参酌具体情况在 30~50 年之间进行约定,林地的承包期可以在 30~70 年

① 刘振伟:《关于〈中华人民共和国农村土地承包法修正案(草案)〉的说明——2017 年 10 月 31 日在第十二届全国人民代表大会常务委员会第三十次会议上》,载于《全国人民代表大会常务委员会公报》2019 年第 1 期,第 17 页。

② 刘振伟:《巩固和完善农村基本经营制度》,载于《农村工作通讯》2019 年第 1 期,第 20 页。

③ 关于"保持长久不变"期限设定上的争议,参见朱广新:《土地承包关系长久稳定的制度建构》,载于《河南财经政法大学学报》2013 年第 4 期,第 123 页;高帆:《农村土地承包关系长久不变的内涵、外延及实施条件》,载于《南京社会科学》2015 年第 11 期,第 12 页;高圣平:《农地三权分置视野下土地承包权的重构》,载于《法学家》2017 年第 5 期,第 9 页。

④ 参见肖鹏:《承包期届满的自动续期制度研究——"第二轮土地承包到期后再延长 30 年"的法律表达》,载于《中国农业大学学报》(社会科学版)2018 年第 6 期,第 80 页;全国人大常委会法制工作委员会民法室:《〈中华人民共和国物权法〉条文说明、立法理由及相关规定》,北京大学出版社 2017 年版,第 314 页。

⑤ 胡可明:《全国人民代表大会宪法和法律委员会关于〈中华人民共和国农村土地承包法修正案(草案)〉修改情况的汇报——2018 年 10 月 22 日在第十三届全国人民代表大会常务委员会第六次会议上》,载于《全国人民代表大会常务委员会公报》2019 年第 1 期,第 20 页。

⑥ 参见最高人民法院民事审判第一庭:《最高人民法院农村土地承包纠纷案件司法解释理解与适用》,人民法院出版社 2005 年版,第 118 页。

之间进行约定。在解释上，"草地、林地承包期届满后依照前款规定相应延长"，应是在上一轮承包合同约定的承包期的基础上，再延长相同的承包期，也就是说，第三轮的承包期与第二轮的承包期相同。自动续期的期限，应当自上一轮承包期届满时起算。

其三，承包期届满后的自动续期应以承包农户仍然保有本集体经济组织成员身份，且其土地承包经营权没有消灭为前提。如该承包农户自愿交回或被强制收回承包地，承包地因自然灾害等原因已经灭失或被征收，均导致土地承包经营权的消灭，原承包农户自无法再延长承包期。即使原承包农户在第三轮承包中从集体经济组织重新承包农村土地，也是设立新的土地承包经营权，而非原土地承包经营权的延续。[1]

其四，实践中有些流转合同约定的期限超过了"二轮"承包的剩余期限[2]，此前对此的主张均为超过的部分无效[3]。在解释上，承包方此际处分了其本来没有的权利，构成无权处分。[4] 但在土地承包经营权期限届满后再予延长的情况下，就超过原承包期的剩余期限，承包方仍然保有土地承包经营权，也就嗣后取得了处分其土地承包经营权的权利。此时，流转合同应为有效，受流转方能够取得流转的权利。

第二，稳定土地承包关系的技术路径。2018 年《农村土地承包法》除了在第二十四条明定"国家对耕地、林地和草地等实行统一登记"之外，对现有土地承包经营权设立规则并未作实质性修改。在我国实定法上，基于法律行为的不动产物权变动主要采行"合同 + 登记"的债权形式主义模式，但土地承包经营权不适用这一模式，改采债权意思主义模式，仅依当事人之间的承包合同即产生设定土地承包经营权的效力。[5] 2018 年《农村土地承包法》第二十四条所规定的"登记"，并不属于物权变动意义上的"登记"，仅为行政法意义上的行政确权[6]，既

---

① 参见肖鹏：《承包期届满的自动续期制度研究——"第二轮土地承包到期后再延长 30 年"的法律表达》，载于《中国农业大学学报》（社会科学版）2018 年第 6 期，第 83 页。

② 杨一介：《论"三权分置"背景下的家庭承包经营制度》，载于《中国农村观察》2018 年第 5 期，第 87 页。

③ 全国人大常委会法制工作委员会民法室：《〈中华人民共和国物权法〉条文说明、立法理由及相关规定》，北京大学出版社 2017 年版，第 274 页；杨一介：《论"三权分置"背景下的家庭承包经营制度》，载于《中国农村观察》2018 年第 5 期，第 87 页。

④ 参见王利明：《物权法研究》下卷，中国人民大学出版社 2016 年版。

⑤ 参见王利明：《物权法研究》下卷，中国人民大学出版社 2016 年版；梁慧星、陈华彬：《物权法》，法律出版社 2016 年版；崔建远：《物权：规范与学说——以中国物权法的解释论为中心》，清华大学出版社 2011 年版。

⑥ 参见房绍坤：《物权法用益物权编》，中国人民大学出版社 2007 年版；参见王利明：《物权法研究》下卷，中国人民大学出版社 2016 年版；全国人大常委会法制工作委员会民法室：《〈中华人民共和国物权法〉条文说明、立法理由及相关规定》，北京大学出版社 2017 年版。

不是土地承包经营权的生效要件，也不是土地承包经营权的对抗要件，难以起到公示作用，与土地承包经营权交易的日益市场化并不相合。土地承包经营权登记不仅是稳定土地承包关系、维护农民土地权益的迫切需要[①]，也是降低土地承包经营权流转交易成本、促进土地经营权流转、发展适度规模经营的重要基础性工作。[②] 在政策上，2015 年 11 月 2 日中共中央办公厅、国务院办公厅印发的《深化农村改革综合性实施方案》要求"明确和提升农村土地承包经营权确权登记颁证的法律效力"，本次修法并没有达到这一政策目标。

三、农村基本经营制度下的土地经营权

农村基本经营制度强调"统分结合"。在 1984 年中央一号文件正式提出双层经营体制之时，所谓"统"指的是集体统一经营。2008 年党的十七届三中全会召开，"统分结合"中"统"的内涵发生了重大改变，不再局限于集体统一经营，而是"要采取多种形式来实现'统'的能力，既包括发挥集体经济组织，也包括农民自身的合作与联合组织、各种农业社会化服务组织，以及农业产业化经营中的龙头企业的作用"[③]。由此，这里的"统"，"从农村集体经济组织的统一经营发展为农村集体经济组织、农民专业合作社、农业企业、社会化服务组织等多元主体、多种形式并存的多方位统一经营"[④]。如此，"赋予经营主体更有保障的土地经营权，是完善农村基本经营制度的关键"[⑤]。2014 年以来，政策文件一直以"土地经营权"指称自土地承包经营权派生出的市场化权利。虽然这一称谓在语义学上并不具有以利用用途为标准而区分土地权利的意义[⑥]，学界建议采

---

① 参见徐绍史：《健全严格规范的农村土地管理制度》，载本书编写组：《〈中共中央关于推进农村改革发展若干重大问题的决定〉辅导读本》，人民出版社 2008 年版。

② 2014 年 11 月 20 日中共中央办公厅、国务院办公厅《关于引导农村土地经营权有序流转发展农业适度规模经营的意见》"二、稳定完善农村土地承包关系"之"（三）健全土地承包经营权登记制度"。

③ 参见陈锡文、罗丹、张征：《中国农村改革 40 年》，人民出版社 2018 年版。

④ 丁关良：《巩固和完善农村基本经营制度》，载于《中国党政干部论坛》2018 年第 9 期，第 48 页。

⑤ 2016 年 10 月 30 日《中共中央办公厅、国务院办公厅关于完善农村土地所有权承包权经营权分置办法的意见》"完善三权分置意见""三、逐步形成'三权分置'格局"。

⑥ 参见高圣平：《论农村土地权利结构的重构——以〈农村土地承包法〉的修改为中心》，载于《法学》2018 年第 2 期，第 21 页。正是因为这一概念的模糊性，政策文件和学界主张中至今还有观点认为，"土地经营权"同时包括承包农户享有的经营承包地的权利。参见高海：《"三权"分置的法构造——以 2019 年〈农村土地承包法〉为分析对象》，载于《南京农业大学学报》（社会科学版）2019 年第 1 期，第 103 页；房绍坤、林广会：《土地经营权的权利属性探析——兼评新修订〈农村土地承包法〉的相关规定》，载于《中州学刊》2019 年第 3 期，第 49 页。

用"耕作权"或"耕作使用权"这些更为明确的术语①，但 2018 年《农村土地承包法》还是采纳了这一政策上的权利术语，并通过定义性法条明定其权利主体、客体和内容来避免该术语的模糊性。新法第三十七条规定："土地经营权人有权在合同约定的期限内占有农村土地，自主开展农业生产经营并取得收益。"这里，土地经营权的权利主体为"土地经营权人"，有别于土地承包经营权的权利主体"承包方"，前者对权利主体没有身份限制，只要具有农业经营能力或者资质即可（新法第三十八条第四项），后者是"本集体经济组织的农户"（新法第十六条第一款），具有身份属性；权利客体为"农村土地"；权利内容为"自主开展农业生产经营并取得收益"，以传达"农地农用"的用途管制目标。

（一）土地经营权的性质

2018 年《农村土地承包法》第四十一条赋予流转期限在 5 年以上的土地经营权以登记能力。直接参与立法的专家就土地经营权的性质的解读并不一致。有的认为，本次修法"以解决实践需要为出发点，只原则界定了土地经营权权利，淡化了土地经营权性质"②；有的认为，本次修法"关于登记的规定，同时在法律上也是一个关于土地经营权物权效力的表述"③。为便于配套规定的制定和法律的准确适用，尚需在解释论上明确土地经营权的性质。笔者认为，新法规定的土地经营权应属债权，理由如下：

第一，土地利用关系既可定性为物权，也可定性为债权，端赖政策选择。只有在政策目标上需要稳定土地利用关系时，才有必要将之定性为物权。稳定、长期的土地利用关系宜表达为物权，借由物权的排他支配性和对世性固定当事人的权利；临时、短期的土地利用关系宜定性为债权，在契约自由的观念下当事人自可依法自由安排相互之间的权义分配。从三权分置政策来看，"允许承包农户将土地经营权依法自愿配置给有经营意愿和经营能力的主体，发展多种形式的适度规模经营"④，"鼓励采用土地股份合作、土地托管、代耕代种等多种经营方式，

① 孙宪忠：《推进农地三权分置经营模式的立法研究》，载于《中国社会科学》2016 年第 7 期，第 162 页；吴国喆：《"三权分置"背景下耕作权的法律规则设计》，载于《行政管理改革》2018 年第 4 期，第 18 页。

② 刘振伟：《巩固和完善农村基本经营制度》，载于《农村工作通讯》2019 年第 1 期，第 22 页。

③ 于浩：《农村土地承包法修改：保障农民土地权利不受侵害》，载于《中国人大》2019 年第 1 期，第 44 页。

④ 《深化农村改革综合性实施方案》"二、关键领域和重大举措"之"（一）深化农村集体产权制度改革"。

探索更多放活土地经营权的有效途径"①。在鼓励以多种形式进行土地经营权流转的背景下，土地利用关系在各种形式之间的稳定性需求也就存在差异，例如短期租赁、代耕代种等，当事人之间本就无意稳定土地利用关系，但长期租赁、入股等，稳定土地利用关系的意愿则甚为明显。新法将这些流转形式定为明文——"出租（转包）、入股或者其他方式"（第三十六条），一体地以土地经营权反映这些形式之下的土地利用关系，鼓励土地经营权流转的创新实践的用意至为明显，自无法统一确定其稳定性需求。将新法规定的土地经营权定性为债权，更符合立法原意。

第二，新法第三十六条明确规定了产生土地经营权的三种方式，即"出租（转包）、入股或者其他方式"。在新法没有作出例外规定的情况下，依体系解释，承包方以"出租（转包）"方式所派生的土地经营权自当定性为债权，因为我国现行法和民法典合同编第二次审议稿均将因租赁合同所产生的租赁权或承租权界定为债权。"没有必要为了一种对承包地的承租经营权方式就非得规定土地经营权为用益物权。"② 承包方以"入股或者其他方式"派生的土地经营权，与出租（转包）方式相当，自得作同样解释。③ 如此，从体系解释的视角，土地经营权应定性为债权。

值得注意的是，新法第三十六条使用"出租（转包）"这一表述，原因在于"转包"是历史上形成的特殊流转方式。1984 年中央一号文件④鼓励承包地逐步向种田能手集中，但又不允许出租，文件中即使用"转包"概念。其时，承包地都负有完成国家征购、缴纳集体提留的任务，"转包"法律关系中，转入户必须替承包户完成上述两项任务，同时考虑到粮食统购统销的实际，转入户还应为承包户提供一定数量的平价口粮。在国家取消农业税之后，"转包"这种形式实际上已经不存在了。⑤ 在"出租"之后括注"转包"，只是为了反映历史上曾经存在并可能在现实中仍然使用的流转方式。⑥ 在解释上，可以将"转包"作为"出

---

① 2016 年 10 月 30 日《中共中央办公厅、国务院办公厅关于完善农村土地所有权承包权经营权分置办法的意见》之"三、逐步形成'三权分置'格局"之"（三）加快放活土地经营权"。

② 韩松：《论民法典物权编对土地承包经营权的规定——基于"三权分置"的政策背景》，载于《清华法学》2018 年第 5 期，第 125 页。

③ 参见朱广新：《土地承包权与经营权分离的政策意蕴与法制完善》，载于《法学》2015 年第 11 期，第 93 页。

④ 《中共中央关于一九八四年农村工作的通知》。

⑤ 参见陈锡文、罗丹、张征：《中国农村改革 40 年》，人民出版社 2018 年版。

⑥ 仍然有效的《农村土地承包经营权流转管理办法》（农业部 2005 年 1 月 19 日公布）即具体规定了"转包"这一流转方式。但该办法中"转包"的含义已经不同于历史上的"转包"，受流转方不再负有完成国家征购、缴纳集体提留的任务。其与"出租"相并而称，区分标准在于受流转方是否属于本集体经济组织成员，如属于，就是"转包"；如不属于，就是"出租"。

农地三权分置的理论与实践研究

租"的一种特殊形式，"转包"仅指受流转方是本集体经济组织成员的"出租"。但这种区分已无意义。民法典物权编草案第二次审议稿已经在流转方式中删去了"转包"的表述，即属此意。

第三，赋予部分土地经营权以登记能力，并不能得出登记的土地经营权即属物权、未登记的土地经营权即属债权的结论。一则，"土地经营权"一体反映非承包方的经营主体对农村土地的利用关系，不宜作不同的定性，两种性质的土地经营权的内容基于其效力上的差异很难抽象[1]，民法学基本理论上也不存在既属物权又属债权的民事权利[2]。从 2018 年《农村土地承包法》所规定的土地经营权的内容来看，土地经营权人投资改良土壤、建设农业生产附属和配套设施、再流转土地经营权、向金融机构融资担保，均需取得承包农户的同意或书面同意（第四十三条、第四十六条、第四十七条），债权性质至为明显。二则，并非所有登记在不动产登记簿上的不动产权利都是物权，只要具有对抗效力的不动产权利均可赋予其登记能力。[3] 赋予部分土地经营权以登记能力，仅仅表明立法者意欲借由登记赋予此部分土地经营权以对抗效力，以此稳定土地经营权人的经营预期，并使土地经营权人能够以其权利担保融资。土地经营权的登记实际上是给予其物权化保护的技术路径，经由登记，原本仅具相对效力的土地经营权具有了对世性，可以对抗第三人。[4] 此时的土地经营权具有了类似物权的效力，相当于租赁权的物权化。不过，2018 年《农村土地承包法》中就土地经营权登记能力的区别规定，值得商榷。登记对抗主义之下，当事人是否登记本由其自主选择；针对短期的土地经营权流转，当事人自可选择不登记。但第四十一条剥夺了流转期限 5 年以下的土地经营权的登记能力，限制了当事人的行为自由，缺乏正当性。

（二）土地经营权的体系化

在三权分置的体系效应之下，原《农村土地承包法》中"以其他承包方式

---

① 参见高圣平：《农地三权分置改革与民法典物权编编纂——兼评〈民法典各分编（草案）〉物权编》，载于《华东政法大学学报》2019 年第 2 期，第 18 页。

② 参见谭启平：《"三权分置"的中国民法典确认与表达》，载于《北方法学》2018 年第 5 期，第 13 页。

③ 参见［德］鲍尔、施蒂尔纳：《德国物权法》上册，张双根译，法律出版社 2006 年版。

④ 参见温世扬、吴昊：《集体土地"三权分置"的法律意蕴与制度供给》，载于《华东政法大学学报》2017 年第 3 期，第 79 页；参见高圣平：《承包地三权分置的法律表达》，载于《中国法学》2018 年第 4 期，第 281 页；参见单平基：《"三权分置"中土地经营权债权定性的证成》，载于《法学》2018 年第 10 期，第 51 页。

取得的土地承包经营权"被重构为土地经营权。如此一来，土地经营权既可由土地承包经营权派生而来，也可在土地所有权之上设定，但两者的权利设定、权利内容及其限制、权利效力及行使等规则应作同一处理。理想的模式应是将第二章章名修改为"土地承包经营权"、第三章章名修改为"土地经营权"，在第三章中先"提取公因式"，规定两类土地经营权的一般规则，再分节规定各自的特殊规则。① 但新法将前者置于第二章"家庭承包"，将后者置于第三章"其他方式的承包"，割裂了两者之间的联系，会造成不必要的解释困境，举其要者有：

其一，新法第四十一条规定了土地经营权的登记。在本次修改前，"以其他承包方式取得的土地承包经营权"为可登记的权利，且采取的是债权意思主义模式②，但在修改之后，直接自土地所有权派生的土地经营权的登记效力是否可以类推适用第四十一条采行登记对抗模式，是否只有流转期限在 5 年以上的才有登记能力，存在解释空间。

其二，新法第四十五条规定了工商企业等社会资本的资格审查、项目审核和风险防范制度。这一新设规定旨在规范工商企业等社会资本从事农业生产经营的准入和监管，理应准用于直接自土地所有权派生的土地经营权，但在立法过程中就此仍存争议。

其三，新法第四十七条规定了土地经营权担保的具体规则。在解释上，该条第一款前句是否可以涵盖直接自土地所有权派生的土地经营权，不无疑问。同时，该条所定担保物权包括了抵押权和质权（对此的解释意见，容后详述），而第五十三条所定仅限于抵押权；该条采取的是登记对抗模式，而自土地所有权派生的土地经营权上的担保在修改前依物权法第一百八十条第一款第三项和第一百八十七条奉行的是登记生效主义。如此出现了解释冲突。

就上述问题，在本次修法之前，"以其他承包方式取得的土地承包经营权"在原法第三章未作规定的情形下，其权利内容及其限制自可准用第二章关于"以家庭承包方式取得的土地承包经营权"的规定。但在修法之后，此类土地经营权是准用关于自土地承包经营权派生的土地经营权的规定，还是准用土地承包经营权的规定，不无疑问。笔者以为，应根据具体情形确定准用规则，如发包方的权利和义务、承包的原则和程序、承包合同，可准用第二章关于土地承包经营权的

---

① 参见高圣平：《论农村土地权利结构的重构——以〈农村土地承包法〉的修改为中心》，载于《法学》2018 年第 2 期，第 19 页。

② 参见房绍坤：《物权法用益物权编》，中国人民大学出版社 2007 年版，第 82 页；参见王利明：《物权法研究》下卷，中国人民大学出版社 2016 年版，第 822 页；石冠彬：《土地承包经营权设立要件的理论与实证研究》，载于《社会科学》2016 年第 11 期，第 104 页。

规定，而土地经营权的权利内容、登记、限制，可准用第二章关于土地经营权的规定。

此外，新法第五十四条规定了土地经营权的继承。在解释上，土地承包经营权基于其身份属性，不能由不具有本集体经济组织成员身份的继承人继承，但土地经营权属于市场化的权利，自可由继承人继承。该条前句规定即值商榷。同时，第二章第五节没有规定派生于土地承包经营权的土地经营权的继承规则，在解释上，既可准用第五十四条，也可直接适用继承法的规定。

同时，对于两类土地经营权分两章加以规定，还造成了规则之间的重复和冲突。例如，第三十八条第五项与第五十一条关于本集体经济组织成员优先权的规则彼此重复；第四十六条和第五十三条关于土地经营权的处分规则相互矛盾，前者以"经承包方书面同意"为前提，并应"向本集体经济组织备案"，后者以"经依法登记取得权属证书"为条件；前者不限制土地经营权的处分方式，在解释上，转让、出租、入股、抵押等均无不可，而后者在本次修法中删除了转让方式。这些都不无可议之处。

（三）土地经营权的入股流转方式

就土地承包经营权的入股规则而言，原法第四十二条和第四十九条分别规定了以家庭承包方式和其他承包方式取得的土地承包经营权的入股流转方式，但前者仅限于入股合作社、股份合作社或股份合作企业等合作经济载体。为落实党的十八届三中全会提出的"允许农民以承包经营权入股发展农业产业化经营"的精神，2018 年《农村土地承包法》将前者入股的法律效果明确为使接受入股的主体取得土地经营权，将接受入股的主体扩及包括企业法人在内的所有市场主体[1]；将后者重构为土地经营权，在解释上，土地经营权人以土地经营权入股的，自是移转土地经营权。至于入股后土地经营权的行使方式，就入股合作社而言，农户仍然依合作社的安排自行行使；就入股公司而言，则由公司行使。[2]

鉴于土地经营权入股发展农业产业化经营尚处于探索阶段，实践中的做法也不尽相同，2018 年《农村土地承包法》对此只作出原则性规定，具体可依实践

---

[1] 刘振伟：《巩固和完善农村基本经营制度》，载于《农村工作通讯》2019 年第 1 期，第 23 页。

[2] 参见朱广新：《土地承包权与经营权分离的政策意蕴与法制完善》，载于《法学》2015 年第 11 期，第 93 页；张毅、张红、毕宝德：《农地的"三权分置"及改革问题：政策轨迹、文本分析与产权重构》，载于《中国软科学》2016 年第 3 期，第 20 页；高圣平：《农地三权分置视野下土地承包权的重构》，载于《法学家》2017 年第 5 期，第 10 页。

发展需要由行政法规予以规范①，并注意与公司法等相关法律相衔接②。土地经营权被定性为债权，是否可以债权出资，在《公司法》《公司登记管理条例》中并无明确规定，但学说上认为，可用货币估价并可依法转让的财产权利均可出资。③ 土地经营权符合这两个要件。其一，土地经营权既属法律明定的财产权，自可以货币计价。土地经营权评估作价应考虑土地数量质量、入股期限长短、不同要素比价等因素，参考有关部门发布的土地经营权流转指导价格，由承包方与接受入股的主体协商确定。④ 其二，承包方享有以入股方式向他人流转土地经营权的权利，且无须经发包方同意，只需向发包方备案。如此，入股土地经营权即无法律上的障碍。《中华人民共和国农民专业合作社法》（以下简称《农民专业合作社法》）2017 年修改之时，正是基于此规定了土地经营权可以作为合作社的出资方式。⑤ 工商登记机关依照《公司法》《农民专业合作社法》的规定，就土地经营权出资予以登记。至于土地经营权入股实践中的各种探索，如让承包农户在让渡公司经营决策权的同时享有优先分红权的"优先股"，让承包农户先出租土地，在接受入股的主体具有稳定良好的经济效益之后再入股的"先租后股"，让农民特别是贫困户在土地经营权入股中有稳定收益的"保底收益＋按股分红"等⑥，都重在构建入股风险防范制度，有待试点地方的经验总结。

（四）土地经营权的担保规则

在现代社会，财产权已由注重对标的物现实支配的具体权利，演变为注重收取对价或者获取融资的价值权。在三权分置之下，土地经营权是不再具有身份属性的市场化的财产权，自可作为担保财产，在市场自由流通。⑦ 2018 年《农村土地承包法》第四十七条在总结试点经验的基础上，就土地经营权担保规则作了规

---

① 刘振伟：《关于〈中华人民共和国农村土地承包法修正案（草案）〉的说明——2017 年 10 月 31 日在第十二届全国人民代表大会常务委员会第三十次会议上》，载于《全国人民代表大会常务委员会公报》2019 年第 1 期，第 18 页。

② 刘振伟：《巩固和完善农村基本经营制度》，载于《农村工作通讯》2019 年第 1 期，第 24 页。

③ 参见王保树、崔勤之：《中国公司法原理》，社会科学文献出版社 2006 年版；施天涛：《公司法论》，法律出版社 2006 年版。

④⑥ 参见农业农村部、国家发展和改革委员会、财政部、中国人民银行、国家税务总局、国家市场监督管理总局联合发布的《关于开展土地经营权入股发展农业产业化经营试点的指导意见》（2018 年 12 月 19 日）。

⑤ 参见陈建国、陈光国、韩俊主编：《中华人民共和国农民专业合作社法解读》，中国法制出版社 2018 年版。

⑦ 彭诚信、畅冰蕾：《"三权分置"中土地经营权的立法论思考》，载于《河南社会科学》2018 年第 8 期，第 12 页。

定。但由于立法过程中回避了学说争议，直接导致条文表述的不明确，增加了解释上的困难。

第一，土地经营权的融资担保是设定抵押权还是质权？《国务院关于开展农村承包土地的经营权和农民住房财产权抵押贷款试点的指导意见》《农村承包土地的经营权抵押贷款试点暂行办法》等试点政策文件均规定的是抵押权。在本次修法过程中，"由于各方面对继受取得的土地经营权是物权还是债权有争议，是作为用益物权设定抵押，还是作为收益权进行权利质押，分歧很大。立法以不陷入争论、以服务实践为目的，使用了土地经营权融资担保概念，这是抵押、质押的上位概念，将两种情形都包含进去"[①]。但以"担保物权"这一上位的物权种类界定金融机构就土地经营权取得的担保权利，并不符合物权法定原则的基本要求。

上述所谓"收益权"，乃现行《物权法》第二百二十三条第六项规定的"应收账款"，土地经营权收益权上的担保物权应定位于权利质权，并非由 2018 年《农村土地承包法》第四十七条调整，应无疑义。而第四十七条规定的是土地经营权本身的担保，并不涵盖所谓土地经营权收益权担保。就土地经营权担保而言，无论将土地经营权定性为物权还是债权，均属抵押权的范畴。若将土地经营权定性为（用益）物权，在体系定位上应属《物权法》第一百八十条第一款第七项所称"法律、行政法规未禁止抵押的其他财产"，这里的"其他财产"自当包括财产权利，在民法典物权编中另行将"土地经营权"明列为抵押财产即可。主要争议在于，在将土地经营权定性为债权的情形下，是设定抵押权还是质权。大多数学者主张："债权性的租赁经营权并不具备成为抵押权客体之条件。"[②] 笔者认为，我国现行法并存着权利抵押权和权利质权，两者在公示方法上趋于一致——主要都是登记，两者的区分主要在于标的权利的类型。学说上认为，权利质权的标的须为与质权性质不相抵触的财产权利。[③] 土地经营权人以其土地经营权设定担保之后仍得行使其土地经营权，已与质权性质相抵触，因为如若设定质权，土地经营权人必不得行使其土地经营权。如此，土地经营权之上设定的是抵

① 刘振伟：《巩固和完善农村基本经营制度》，载于《农村工作通讯》2019 年第 1 期，第 23 页。

② 陈小君：《我国农村土地法律制度变革的思路与框架——十八届三中全会〈决定〉相关内容解读》，载于《法学研究》2014 年第 4 期，第 12 页。相同观点，参见宋志红：《"三权分置"关键是土地经营权定性》，载于《中国合作经济》2016 年第 10 期，第 13 页；陶钟太朗、杨环：《论"三权分置"的制度实现：权属定位及路径依赖》，载于《南京农业大学学报》（社会科学版）2017 年第 3 期，第 91 页。

③ 参见谢在全：《民法物权论》，中国政法大学出版社 2011 年版；郑冠宇：《民法物权》，台湾新学林出版股份有限公司 2014 年版。

押权。[①] 此外，2018 年《农村土地承包法》第五十三条已经明定，自土地所有权派生的土地经营权之上所设定的担保物权是抵押权。自土地承包经营权所派生的土地经营权上的担保，自应作同样的解释。

第二，设定抵押权的土地经营权是否以先登记为前提？2018 年《农村土地承包法》第四十七条第一款后段仅规定："受让方通过流转取得的土地经营权，经承包方书面同意并向发包方备案，可以向金融机构融资担保。"这里，"经承包方书面同意"进一步体现了土地经营权的债权属性，否则如属物权，就会如同条前段一样，无须承包方同意即可以土地承包经营权设定抵押权；"向发包方备案"体现了发包方的事后监管措施，但是否备案对土地经营权抵押权的设定不发生影响。依第四十七条第二款的规定："担保物权自融资担保合同生效时设立。当事人可以向登记机构申请登记；未经登记，不得对抗善意第三人。"土地经营权抵押权的登记以土地经营权先登记为前提，而土地经营权的登记以土地承包经营权先登记为条件。但新法第四十一条仅赋予流转期限为 5 年以上的土地经营权以登记能力，这就意味着流转期限为 5 年以下的土地经营权无从登记。这是否意味着流转期限为 5 年以下的土地经营权就无法进入融资担保领域？金融机构为保全其信贷资产的安全，大多会要求办理土地经营权抵押权登记，那么信贷实践的开展结果可能就是不接受流转期限为 5 年以下的土地经营权作为担保财产。但在解释上，因第四十七条第二款并未采行抵押权登记生效模式，亦即并不强制要求办理抵押权设立登记，流转期限为 5 年以下的土地经营权虽未登记，亦可作为担保财产，只要金融机构认为风险可控。此外，就流转期限为 5 年以下的土地经营权，土地经营权人自可以土地经营权收益权为金融机构设定应收账款质权。

第三，虽然 2018 年《农村土地承包法》将"以其他承包方式取得的土地承包经营权"重构为土地经营权，但正如前述，第四十七条关于土地经营权的担保规则，位于第三章"其他方式的承包"之前，且在物权法之下，"以其他承包方式取得的土地承包经营权"上的抵押权采登记生效主义。那么，由集体土地所有权派生的土地经营权设定抵押权时，究竟适用新法第四十七条，还是适用《物权法》关于抵押权的一般规定？第四十七条第一款前段规定"承包方可以用承包地的土地经营权向金融机构融资担保"，在文义上，由集体土地所有权派生的土地经营权的主体也称为"承包方"，这一类土地经营权也可由第四十七条第一款前段所涵盖，但就土地经营权抵押而言，该条后段要求"经承包方书面同意并向发

---

① 参见高圣平：《民法典担保物权制度修正研究——以〈民法典各分编（草案）〉为分析对象》，载于《江西社会科学》2018 年第 10 期，第 8 页。

包方备案"，前段仅要求"向发包方备案"，这一区别规定主要源于前段土地承包经营权和后段土地经营权的不同权利性质。如此即造成由集体土地所有权派生的土地经营权设定抵押时法律适用上的困境。

笔者认为，从修法过程来看，第四十七条未将由集体土地所有权派生的土地经营权考虑在内，因为此类土地权利的抵押问题在现行法上已经有明确规定。基于此，由集体土地所有权派生的土地经营权的抵押规则应适用《物权法》，至于两类土地经营权之间抵押规则的冲突和矛盾，可以在编纂民法典物权编时予以一体考虑。可以修改《物权法》第一百八十条和第一百八十七条，明定债务人或者第三人有权处分的土地承包经营权和土地经营权均可设定抵押权，并明定此两类抵押财产上的抵押权采取登记对抗主义，未经登记，不得对抗善意第三人。

（五）工商企业流转土地经营权的准入、监管规则及其评价

近年来，一些工商企业"长时间、大面积租赁农地，容易挤占农民就业空间，加剧耕地'非粮化''非农化'倾向，存在不少风险隐患"[①]。"对于工商企业进行农业产业化经营，一方面要鼓励，一方面要求严格工商企业流转土地经营权的准入监管。"[②] 在吸收《土地经营权流转意见》以及《关于加强对工商资本租赁农地监管和风险防范的意见》的实施经验的基础上，2018 年《农村土地承包法》第四十五条第一款概括地规定："县级以上地方人民政府应当建立工商企业等社会资本通过流转取得土地经营权的资格审查、项目审核和风险防范制度。"这一规则的主要目标是防止土地过度集中和确保农地农用。

工商企业等社会资本流转土地经营权的准入制度，涉及新增行政许可[③]，实际上已经改变了试点文件中规定的监管模式。新增行政许可是对土地经营权流转这一民事交易的强行干预。为达到"防止土地过度集中和确保农地农用"的目的，是否一定要通过增设行政许可的方式？对于确保农地农用、防止耕地"非粮化""非农化"而言，土地用途管制制度可兹解决，新法关于土地经营权的定义本身所包含的用途管制的内容可以达到这个目标。至于"防止土地过度集中"是否属于《中华人民共和国行政许可法》（以下简称《行政许可法》）第十二条规定的可以设定行政许可的事项，值得研究。它不属于该条所定第 1～5 项的情形，

---

① 2015 年 4 月 14 日农业部、中央农办、国土资源部、国家工商总局《关于加强对工商资本租赁农地监管和风险防范的意见》之"一、充分认识加强工商资本租赁农地监管和风险防范的重要性"。

② 刘振伟：《巩固和完善农村基本经营制度》，载于《农村工作通讯》2019 年第 1 期，第 24 页。

③ 参见刘振伟：《完善农村土地承包制度》，引自全国人大农业与农村委员会法案室：《农村土地承包法律制度研究》，中国法制出版社 2017 年版。

只能属于第 6 项"法律、行政法规规定可以设定行政许可的其他事项",应属新法的特定政策考量。

《行政许可法》第十八条规定:"设定行政许可,应当规定行政许可的实施机关、条件、程序、期限。"但 2018 年《农村土地承包法》第四十五条除了规定行政许可的实施机关之外,"具体办法由国务院农业农村、林业和草原主管部门规定"(第三款)。虽然《行政许可法》第十六条第三款规定,"规章可以在上位法设定的行政许可事项范围内,对实施该行政许可作出具体规定",但如上位法对行政许可的基本条件不作规定,将直接导致部门规章制定时的"恣意"。例如,2018 年《农村土地承包法》第四十五条第一款规定的"资格审查""项目审核"之间是什么关系?审查和审核是签订土地经营权流转合同之前的程序,还是在签订土地经营权流转合同之后的程序?如果说"资格审查"尚可通过体系解释明确其含义,即根据新法第三十八条第四项"受让方须有农业经营能力或者资质"的规定,审查工商企业等社会资本的主体资质、农业经营能力,那么"项目审核"包括哪些内容,解释空间很大,具体可能包括流转用途、流转面积、经营项目是否符合当地产业布局和现代农业发展规划、风险防范等事项。[①] 这一新增行政许可的具体实施机关、条件、程序、期限等尚待明确。

习近平总书记在 2013 年中央农村工作会议上提出的三权分置改革思路,是继家庭联产承包责任制之后农村改革的重大制度创新,旨在通过市场法则解决农业适度规模经营、集约化经营及发展现代农业问题。[②] 2018 年《农村土地承包法》从法律上比较准确地传达了三权分置思想,全面修正了土地承包经营权规则,构建了土地经营权规则,实现了承包地产权结构的制度变迁,以达到巩固和完善农村基本经营制度的政策目标。但"我国仍处在人口从农村向城镇转移的社会结构调整期","一个符合国情的农村土地制度的最终完善,将是一个历史过程,不可能毕其功于一役"。[③] 不可否认的是,2018 年《农村土地承包法》的相关规定还比较抽象,其中,有些规则还有待制定配套规定加以贯彻,有些制度的落实还有待民法典物权编的编纂和相关法律、行政法规的修改,有些规则还不无商榷的必要。在新法已经实施的背景之下,更多的作业应当是经由解释论明确新规则的法律意义,并消解可能存在的体系冲突。

---

① 2015 年 4 月 14 日农业部、中央农办、国土资源部、国家工商总局《关于加强对工商资本租赁农地监管和风险防范的意见》"三、加强工商资本租赁农地规范管理"。

② 参见刘振伟:《完善农村土地承包制度》,引自全国人大农业与农村委员会法案室:《农村土地承包法律制度研究》,中国法制出版社 2017 年版。

③ 刘振伟:《巩固和完善农村基本经营制度》,载于《农村工作通讯》2019 年第 1 期,第 24 页。

第二十四章

论承包地流转的法律表达

在我国实定法上，农村土地属于集体成员集体所有，可由本集体农户承包经营；为反映这种承包地的利用关系，土地承包经营权经由我国《农村土地承包法》和《物权法》加以确立，并被定性为一种用益物权。不可否认的是，这一两权分离的法权结构安排与小农经济相适应，切断了土地与资本等生产要素的联系，制约着农业产业化和规模化经营的发展。[①] 虽然我国实定法亦允许承包地的流转，但流转方式、条件、程序等均受到较多的限制，所反映的仍然只是小规模的流转关系。经营主体依流转所取得的权利定性不清、内容模糊、效力较弱[②]，直接影响了适度规模经营的发展。"实践证明，土地流转和适度规模经营是农业现代化的必由之路，"[③] 当下，发展规模化、集约化的现代农业经营模式已成为国家的政策选择，现有的制度设计已经不能满足生产力发展的要求，三权分置思想被提出，并被确定为新一轮农村土地制度改革的指导思想和相关法律修改的重要理论基础。[④] 三权分置思想的核心意旨，就是促进承包地的有序流转，发展农

[①] 参见温世扬：《农地流转：困境与出路》，载于《法商研究》2014 年第 2 期。

[②] 参见朱广新：《土地承包权与经营权分离的政策意蕴与法制完善》，载于《法学》2015 年第 11 期。

[③] 《中共中央办公厅、国务院办公厅关于引导农村土地经营权有序流转发展农业适度规模经营的意见》（以下简称《土地经营权流转意见》）序言。

[④] 参见《土地经营权流转意见》"一、总体要求"之"（一）指导思想"；孙中华：《关于农村土地"三权分置"有关政策法律性问题的思考》，载于《农业部管理干部学院学报》2015 年第 1 期；《中共中央、国务院关于加大改革创新力度加快农业现代化建设的若干意见》（2015 年 2 月）。

业适度规模经营，"更好地用活土地经营权，优化土地资源配置"①。在党的十八届三中全会作出的《中共中央关于全面深化改革若干重大问题的决定》的政策指引之下，中共中央办公厅、国务院办公厅先后发布了《关于引导农村土地经营权有序流转发展农业适度规模经营与意见》（以下简称《土地经营权流转意见》）、《深化农村改革综合性实施方案》、《关于完善农村土地所有权承包权经营权分置办法的意见》（以下简称《三权分置意见》），在不同层面反映并深化了这一思想。正是在此基础上，第十二届全国人大常委会第三十次会议对《中华人民共和国农村土地承包法修正案（草案）》（以下简称《农村土地承包法修正案草案》）进行了初步审议，并在中国人大网公布了该草案，公开征求意见，该草案主要对承包地的流转制度作了重新设计。

一、三权分置之下承包地流转法律
表达的学说争议及其评价

我国承包地流转政策经历了从"禁止""放松""允许"到"鼓励"的过程。② 在三权分置之下，"鼓励承包农户依法采取转包、出租、互换、转让及入股等方式流转承包地"③，"允许承包农户将土地经营权依法自愿配置给有经营意愿和经营能力的主体，发展多种形式的适度规模经营"④，"鼓励采用土地股份合作、土地托管、代耕代种等多种经营方式，探索更多放活土地经营权的有效途径"⑤。从政策文件的表述来看，这些都是承包地的流转方式，且都是"放活土地经营权"的路径。在立法回应上，学术界就承包地流转的法律表达存在较大争议，首先体现为，是不是所有的流转方式都是使经营主体取得土地经营权？⑥ 换

---

① 韩长赋：《土地"三权分置"是中国农村改革的又一次重大创新》，载于《光明日报》2016 年 1 月 26 日，第 001 版；张红宇：《准确把握农地"三权分置"办法的深刻内涵》，载于《农村经济》2017 年第 8 期。

② 参见孔祥智：《"三权分置"的重点是强化经营权》，载于《中国特色社会主义研究》2017 年第 3 期。

③ 《土地经营权流转意见》"三、规范引导农村土地经营权有序流转"之"（五）鼓励创新土地流转形式"。

④ 《深化农村改革综合性实施方案》"二、关键领域和重大举措"之"（一）深化农村集体产权制度改革"。

⑤ 《三权分置意见》"三、逐步形成'三权分置'格局"之"（三）加快放活土地经营权"。

⑥ 笔者于本章中使用的"经营主体"一语不包括自行行使土地承包经营权的承包农户。

言之，这些流转方式是否都是设定土地经营权的法律行为？

在三权分置之下，"农村土地集体所有权是土地承包权的前提，农户享有承包经营权是集体所有的具体实现形式，在土地流转中，农户承包经营权派生出土地经营权"①。这里所要传达的意义有两个方面：其一，仅在发生承包地流转关系之时，才有生成"土地经营权"这一新型权利的必要。若不发生承包地流转关系，则"承包土地的经营权"属于农户，权利表现形式仍然是土地承包经营权，土地经营权隐而不彰②，并无土地经营权独立和产生之必要③。如此，两权分离和三权分置这两种权利结构将在承包地权利体系中长期并存。其二，土地经营权是派生于土地承包经营权的一类新生的权利，土地承包经营权是其"母权"。结合《三权分置意见》的其他内容可顺理成章地得出这样的结论④，即"土地经营权"是经营主体依流转所取得的权利的统称，"土地经营权"的提出是为了克服经营主体依现行承包地流转规则所取得的权利性质不明、内容模糊、经营预期不高等弊端，以达到促进承包地流转、稳定经营主体的经营预期、探索承包地担保融资的目标。为此，现实要求经由修改法律科学地界定其内涵，并明确其与土地所有权和土地承包经营权的权利边界及相互关系。不过，在体系效应上，就未实行家庭承包的农村土地而言，亦可由集体作为土地所有人和经营主体直接依土地经营合同设定土地经营权⑤，但这已经不属于本章的讨论范围。

学术界就"土地经营权"是否涵盖经营主体依所有的流转方式所取得的权利，存在不同认识。第一种观点认为，"土地经营权是通过土地承包经营权流转，并从其中分离出来的一个特殊权利"⑥，只要发生承包地土地流转关系，就存在

---

① 《三权分置意见》"三、逐步形成'三权分置'格局"之"（四）逐步完善'三权'关系"。

② 参见耿卓：《农地三权分置改革中土地经营权的法理反思与制度回应》，载于《法学家》2017年第5期；高圣平：《承包土地的经营权抵押规则之构建——兼评重庆城乡统筹综合配套改革试点模式》，载于《法商研究》2016年第1期。

③ 参见刘云生、吴昭军：《政策文本中的农地三权分置：路径审视与法权建构》，载于《农业经济问题》2017年第6期。

④ 如《三权分置意见》指出："现阶段深化农村土地制度改革，顺应农民保留土地承包权、流转土地经营权的意愿，将土地承包经营权分为承包权和经营权，实行所有权、承包权、经营权分置并行，着力推进农业现代化，是继家庭联产承包责任制后农村改革又一重大制度创新。""土地经营权人对流转土地依法享有在一定期限内占有、耕作并取得相应收益的权利。在依法保护集体所有权和农户承包权的前提下，平等保护经营主体依流转合同取得的土地经营权，保障其有稳定的经营预期。"

⑤ 参见陈耀东：《农地"三权"分置怎样与现行法律衔接》，载于《人民论坛》2017年第4期；高圣平：《论农村土地权利结构的重构——以〈农村土地承包法〉的修改为中心》，载于《法学》2018年第2期。

⑥ 孙中华：《关于农村土地"三权分置"有关政策法律性问题的思考》，载于《农业部管理干部学院学报》2015年第1期。

着三权分置问题。从本质上看，承包地流转"就是承包权和经营权的分离，就是承包人把属于自己的经营权以有偿的方式让渡给他人的过程"①。土地经营权则在不同的流转方式下，呈现出不同的权利属性，在转让和互换流转方式之下为物权性质，在转包、出租和入股流转方式之下为债权性质。② 第二种观点认为，不是所有的承包地流转关系均表达为土地经营权。以互换、转让方式流转承包地就不发生三权分置问题；以出租、转包、入股方式流转承包地的结果是使经营主体取得土地经营权；以抵押方式流转承包地在抵押权实现时发生三权分置问题。③ 第三种观点虽然亦认为，不是所有的承包地流转关系均表达为土地经营权，但其主张以转让方式流转承包地使经营主体取得土地经营权，以出租、转包等方式流转承包地仅使经营主体取得承包地租赁权，并不发生三权分置问题。④

承包地的"流转"并非严格意义上的法律术语，从实定法的内容上看，是指在不改变土地用途的前提下，承包农户处分其土地承包经营权的各种行为的总称，包括转包、出租、互换、转让、入股等。⑤

各种流转方式之间在法律效果上存在差异。学说上一般认为，承包地的转让和互换发生移转土地承包经营权的法律效果，以转让或互换的方式流转承包地就意味着原承包农户丧失了土地承包经营权；承包地的抵押发生创设土地承包经营权抵押权的法律效果，以抵押方式流转承包地就意味着在抵押权实现之时，原承包农户可能丧失土地承包经营权（以拍卖、变卖方式实现抵押权），也可能不丧失土地承包经营权（以强制管理方式实现抵押权）；承包地的转包和出租仅发生

① 参见孔祥智：《"三权分置"的重点是强化经营权》，载于《中国特色社会主义研究》2017年第3期。

② 孙中华：《关于农村土地"三权分置"有关政策法律性问题的思考》，载于《农业部管理干部学院学报》2015年第1期；张毅、张红、毕宝德：《农地的"三权分置"及改革问题：政策轨迹、文本分析与产权重构》，载于《中国软科学》2016年第3期。

③ 参见陶钟太朗、杨遂全：《农村土地经营权认知与物权塑造——从既有法制到未来立法》，载于《南京农业大学学报》（社会科学版）2015年第2期；潘俊：《农村土地承包权和经营权分离的实现路径》，载于《南京农业大学学报》（社会科学版）2015年第4期；李国强：《论农地流转中"三权分置"的法律关系》，载于《法律科学》2015年第6期；参见朱广新：《土地承包权与经营权分离的政策意蕴与法制完善》，载于《法学》2015年第11期；张占锋：《农地流转制度的现实困惑与改革路径》，载于《西北农林科技大学学报》（社会科学版）2017年第1期。各文献之间在观点上还略有差异。

④ 参见耿卓：《农地三权分置改革中土地经营权的法理反思与制度回应》，载于《法学家》2017年第5期；高圣平：《承包土地的经营权抵押规则之构建——兼评重庆城乡统筹综合配套改革试点模式》，载于《法商研究》2016年第1期。

⑤ 参见陈小君：《我国农村土地法律制度变革的思路和框架——十八届三中全会〈决定〉相关内容解读》，载于《法学研究》2014年第4期；高圣平：《新型农业经营体系下农地产权结构的法律逻辑》，载于《法学研究》2014年第4期；参见朱广新：《土地承包权与经营权分离的政策意蕴与法制完善》，载于《法学》2015年第11期。

债权性地利用承包地的法律效果，以转包或出租的方式流转承包地就意味着承包农户并不丧失土地承包经营权。^① 由此可见，从"土地经营权派生于土地承包经营权"的既有判断出发，土地经营权的设立并不能传达所有的承包地流转关系，至少不能涵盖承包地的转让和互换，因为于此际，原承包农户的土地承包经营权已经丧失，无从产生土地经营权。将所有的承包地流转关系笼统地表达为土地经营权，抹杀了承包地流转方式的多元性。由此可见，第一种观点虽然基于政策文件而展开，但并未考虑到承包地流转方式中的转让和互换。党的十八届三中全会以来的政策文件对于土地承包经营权的转让和流转已经作了相应区分，如《三权分置意见》指出："承包农户转让土地承包权的，应在本集体经济组织内进行，并经农民集体同意；流转土地经营权的，须向农民集体书面备案。"这些政策文件中的"土地经营权流转""土地流转""承包地流转"主要针对的还是除转让和互换之外的其他流转方式。

有学者主张："土地承包经营权人在转让权利后即意味着完全退出原有的承包关系，彻底失去土地承包经营权。而这与中央保持土地承包关系长期稳定、长久不变的精神相违背；反之，又不利于形成受让人长期经营的稳定预期，影响农业生产的发展。"^② 然而，所谓稳定土地承包关系并保持长久不变，指的是农村土地集体所有制和家庭承包经营制度长久不变^③，《深化农村改革综合性实施方案》指出："稳定农户承包权，就是要依法公正地将集体土地的承包经营权落实到本集体组织的每个农户。"由此可见，"中央保持土地承包关系长期稳定、长久不变的精神"只涉及土地承包经营权的设定行为，指向的是土地所有权人与承包农户之间的关系，而不涉及承包农户取得土地承包经营权之后的转让问题，后者仅调整承包农户和受让人之间的关系。"中央保持土地承包关系长期稳定、长久不变的精神"与承包地的转让之间并不构成相互排斥的关系。即使在三权分置之下，土地承包经营权同样可以有条件地转让^④，为进城农民彻底摆脱土地羁绊提供了一种选择。^⑤《三权分置意见》指出："在完善'三权'分置办法过程中，要充分维护承包农户使用、流转、抵押、退出承包

---

① 高圣平：《新型农业经营体系下农地产权结构的法律逻辑》，载于《法学研究》2014 年第 4 期；参见朱广新：《土地承包权与经营权分离的政策意蕴与法制完善》，载于《法学》2015 年第 11 期。

② 参见耿卓：《农地三权分置改革中土地经营权的法理反思与制度回应》，载于《法学家》2017 年第 5 期。

③ 孙中华：《关于农村土地"三权分置"有关政策法律性问题的思考》，载于《农业部管理干部学院学报》2015 年第 1 期。

④ 参见刘云生、吴昭军：《政策文本中的农地三权分置：路径审视与法权建构》，载于《农业经济问题》2017 年第 6 期。

⑤ 张占锋：《农地流转制度的现实困惑与改革路径》，载于《西北农林科技大学学报》（社会科学版）2017 年第 1 期。

地等各项权能",承包农户"有权通过转让、互换、出租(转包)、入股或其他方式流转承包地并获得收益,任何组织和个人不得强迫或限制其流转土地"①。据此,三权分置下,转让的客体仍是土地承包经营权,而不是土地经营权。同时,将出租等现行法上的债权性流转方式排斥在三权分置之外,也与政策导向不合。目前,以出租、转包方式流转承包地占据承包地流转规模的78.6%②,三权分置思想所欲解决的正是这部分承包地流转的情形,"土地适度规模经营能够依赖的权利形式在很大程度上只有转包与出租"③。由此可见,第三种观点虽然另辟蹊径,将承包地转让可能带来的不利后果经由土地经营权制度加以解决,但将出租、转包等承包地流转形式排除于土地经营权制度之外,值得商榷。

综上,第二种观点比较准确地反映了三权分置的思想,也符合法理,值得赞同。在此观点之下,承包地流转的法律效果不同,其法律表达方式自当不同,以此避免不同流转方式之间内涵与外延的紊乱。④《农村土地承包法修正案草案》将《农村土地承包法》第二章第五节"土地承包经营权的流转"拆分成两个部分,分别置于第二章第四节"土地承包权的保护和转让"(其中规定转让和互换两种流转方式)、第五节"土地经营权的保护和流转"[其中规定出租(转包)、入股、融资担保等几种流转方式]。这种分别规定的立法方法值得赞同,但同时也带来了以下问题:其一,承包地流转的一般规则置于何处?《农村土地承包法修正案草案》是将承包地流转的一般规则(如流转的原则、流转之后的土地用途管制等)置于第五节"土地经营权的保护和流转",但土地承包经营权的转让、互换置于此前的第四节"土地承包权的保护和转让"。如此安排极易引发土地承包经营权的转让和互换是否是承包地的流转方式以及是否适用承包地流转的一般规则的争议。其二,在三权分置之下,土地经营权作为新生的权利类型,在《农村土地承包法》的修正案中应当占据重要位置,以独立成章为宜。如此,在法典结构上,第二章章名应修改为"土地承包经营权"⑤,第三章章名应修改为"土地经营权"。其中,土地承包经营权是连接和统合两权分离和三

---

① 《三权分置意见》"三、逐步形成'三权'分置格局"之"(二)严格保护农户承包权"。

② 孙中华:《关于农村土地"三权分置"有关政策法律性问题的思考》,载于《农业部管理干部学院学报》2015年第1期。

③ 参见朱广新:《土地承包权与经营权分离的政策意蕴与法制完善》,载于《法学》2015年第11期。

④ 张占锋:《农地流转制度的现实困惑与改革路径》,载于《西北农林科技大学学报》(社会科学版)2017年第1期。

⑤ 《农村土地承包法》第三章"其他方式的承包"已为土地经营权所涵盖,该部分内容便应当在《农村土地承包法修正案》的土地经营权章中设专节规定。

权分置的中间权利。三权分置在法律上表达为"土地所有权→土地承包经营权→土地经营权"，土地承包经营权并不因派生出了土地经营权而改变其性质和名称，即无须因权利分置而将土地承包经营权改称"土地承包权"，但承包农户因其土地承包经营权派生出了土地经营权而使其行使土地承包经营权受到限制。

二、三权分置之下承包地流转所产生的土地经营权的定性

"赋予经营主体更有保障的土地经营权，是完善农村基本经营制度的关键。"[①] 经营主体所取得的土地经营权是否比现行法更有保障，取决于《农村土地承包法修正案》中对于土地经营权的定性。学术界就此存在较大争议，有以下四种主要观点。

第一，"总括权利说"。此说认为，土地经营权并非具体化的单一权利，而是包括土地承包经营权在内的各种农地使用权的总称。[②] 土地经营权只是权能，既可以来自土地所有权，也可以来自土地承包经营权等用益物权，还可以来自租赁权，因此，土地经营权不是独立的民事权利，不是法律语言，也无法通过立法成为法律概念。[③]

在三权分置之下，"土地经营权"是具有主体、客体、内容的独立权利，并以此与土地承包经营权等其他权利相区分，我国《行政诉讼法》和《农民专业合作社法》已就此定为明文，此说值得质疑。土地经营权与土地承包经营权的权利内容虽均为从事农业生产并取得收益，但两者之间存在差异。此说的提出大抵是受到"土地经营权"一语的语义模糊性的影响，因为既然是"经营"，自应包括所有的农地利用，"土地经营权"也就应当反映所有的"农地农用"的土地利用关系。然而，在三权分置之下，科学界定土地所有权、土地承包经营权和土地经营权等"三权"内涵、权利边界及相互关系后，"土地经营权"的内涵和外延指称明确，"总括权利说"的基础即已丧失。

第二，"物权说"。此说主张，土地经营权派生于土地承包经营权，从权利的

---

① 《三权分置意见》"三、逐步形成'三权分置'格局"之"（三）加快放活土地经营权"。
② 参见高飞：《农村土地"三权分置"的法理阐释与制度意蕴》，载于《法学研究》2016 年第 3 期。
③ 参见申惠文：《法学视角中的农村土地主权分离改革》，载于《中国土地科学》2015 年第 3 期。

稳定性和对抗性出发，应将其确立为物权①，可以是独立平行的用益物权②，也可以是次级用益物权（耕作权）③。依循多层权利客体的法理，土地经营权是承包农户与经营主体依土地经营合同所设定的、以土地承包经营权为标的的用益物权，其与土地承包经营权属于不同层次客体上所设定的用益物权。④ 经营主体所取得的权利如定性为债权，则"效力和稳定性较弱，不利于长期投入，无法进行抵押融资扩大生产，进而影响土地利用效率乃至农业的现代发展"⑤。

此说是目前学术界的主流观点。将土地经营权定性为物权，确实能稳定土地利用关系，充分保障经营主体的权利，有利于农地规模化经营的发展，有利于土地经营权抵押融资的展开，但存在无法完整全面地反映目前的承包地流转实践要求的弊端。在三权分置的推进过程之中，"坚持农民主体地位，维护农民合法权益，把选择权交给农民"⑥，流转方式如何，流转期限多长等，均应尊重承包农户的自主意愿。政策上也只是"鼓励有条件的地方制定扶持政策，引导农户长期流转承包地并促进其转移就业"⑦。将期限长短不同的土地经营权一概确定为物

---

① 参见郑志峰：《当前我国农村土地承包权与经营权再分离的法制框架创新研究——以 2014 年中央一号文件为指导》，载于《求实》2014 年第 10 期；参见陶钟太朗、杨遂全：《农村土地经营权认知与物权塑造——从既有法制到未来立法》，载于《南京农业大学学报》（社会科学版）2015 年第 2 期；高圣平：《承包土地的经营权抵押规则之构建——兼评重庆城乡统筹综合配套改革试点模式》，载于《法商研究》2016 年第 1 期；高富平：《农地三权分置改革的法理分析及制度意义》，载于《社会科学辑刊》2016 年第 5 期；韩学平：《"三权分置"下农村土地经营权有效实现的物权逻辑》，载于《社会科学辑刊》2016 年第 5 期；孙宪忠：《推进农地三权分置经营模式的立法研究》，载于《中国社会科学》2016 年第 7 期；崔建远：《民法分则物权编立法研究》，载于《中国法学》2017 年第 2 期；参见孔祥智：《"三权分置"的重点是强化经营权》，载于《中国特色社会主义研究》2017 年第 3 期；参见陈耀东：《农地"三权"分置怎样与现行法律衔接》，载于《人民论坛》2017 年第 4 期；管洪彦、孔祥智：《农村土地"三权分置"的政策内涵与表达思路》，载于《江汉论坛》2017 年第 4 期；蔡立东、姜楠：《农地三权分置的法实现》，载于《中国社会科学》2017 年第 5 期；参见耿卓：《农地三权分置改革中土地经营权的法理反思与制度回应》，载于《法学家》2017 年第 5 期；齐恩平：《"农地经营权"权能界定及体系化构造》，载于《甘肃社会科学》2018 年第 2 期。

② 潘俊：《农村土地承包权和经营权分离的实现路径》，载于《南京农业大学学报》（社会科学版）2015 年第 4 期；康纪田、师军惠：《论土地承包经营权分置的产权结构关系》，载于《辽宁师范大学学报》（社会科学版）2015 年第 5 期；李国强：《论农地流转中"三权分置"的法律关系》，载于《法律科学》2015 年第 6 期。

③ 参见蔡立东、姜楠：《承包权与经营权分置的法构造》，载于《法学研究》2015 年第 3 期；参见朱广新：《土地承包权与经营权分离的政策意蕴与法制完善》，载于《法学》2015 年第 11 期；孙宪忠：《推进农村土地"三权分置"需要解决的法律认识问题》，载于《行政管理改革》2016 年第 2 期；朱继胜：《"三权分置"下土地经营权的物权塑造》，载于《北方法学》2017 年第 2 期。

④ 参见蔡立东、姜楠：《承包权与经营权分置的法构造》，载于《法学研究》2015 年第 3 期；孙宏臣：《论土地承包经营权的二元结构属性》，载于《江西财经大学学报》2015 年第 5 期；朱继胜：《"三权分置"下土地经营权的物权塑造》，载于《北方法学》2017 年第 2 期。

⑤ 陈小君：《我国涉农民事权利入民法典物权编之思考》，载于《广东社会科学》2018 年第 1 期。

⑥ 《三权分置意见》"二、总体要求"之"（二）基本原则"。

⑦ 《土地经营权流转意见》"三、规范引导农村土地经营权有序流转"之"（五）鼓励创新土地流转形式"。

权，物权本身所具备的强行法属性将在一定程度上限制承包农户的自由选择。例如，短期的转包、出租承包地或土地托管、代耕代种就无须构造为物权，强行将农户的短期流转稳定为物权关系，正当性不足。再如，土地经营合同大多约定租金分期支付，若将土地经营权界定为物权，在不动产登记簿上予以登记，并将其期限登记为约定的租期（如 10 年），在 10 年租金未付的情形之下，金融机构基于对土地经营权 10 年租期的信赖，评估其价值并据以放款，在经营期间土地经营权人如遭遇经营风险，选择解除土地经营合同，因租金未付，原承包农户不同意处置土地经营权，金融机构的抵押权无法经由变价而实现，信贷资产即面临巨大的危险。① 可以说，"租金年付制是流转型土地经营权不稳定的原因"②。我国实定法上界定为用益物权的土地利用权利中，建设用地使用权的出让金是一次性支付，土地承包经营权和宅基地使用权无须支付对价，地役权虽可约定分期支付对价，但其从属性决定了其与土地经营权尚不可同日而语。

第三，"债权说"。此说认为，若将土地承包经营权中分离出的土地经营权定性为物权，则违反了"一物一权"原则。因为"同一物上不能并存两个以上内容相近的用益物权，在用益物权之上再设相近用益物权的安排，是人为地将法律关系复杂化，在存在物权和债权区分的情况下，这种安排是立法技术的倒退"③。土地经营权"是通过合同方式取得的，属于债权，不属于物权"④。"经营权人与承包权人是一种债权法律关系，更多地受《合同法》约束。经营权的本权是基于土地流转合同意定原因而产生的，因而其本权是债权，为意定本权，不是物权。"⑤ 随着今后对经营主体保护的重视，土地经营权物权化属性可以得到加强，但其债权的"底色"和本质不会变。⑥

笔者不赞成此说主张者所持部分理由。由合同创设的权利并不总是债权，在我国实定法上，建设用地使用权、土地承包经营权、地役权、抵押权、质权等物权无不是基于合同而创设。就土地承包经营权而言，我国《物权法》明定，当事

---

① 试点实践中已经出现这种情形，参见王成龙：《农村土地经营权抵押贷款发展探析》，载于《金融时报》2017 年 3 月 27 日。有人主张抵押权作为物权应予优先保护，参见孟光辉：《承包土地经营权的抵押登记问题探析》，载于《中国农村经济》2016 年第 10 期。

② 汪险生、郭忠兴：《流转型土地经营权抵押贷款的运行机制及其改良研究——基于对重庆市江津区及江苏新沂市实践的分析》，载于《经济体制改革》2017 年第 2 期。

③ 参见陈小君：《我国农村土地法律制度变革的思路和框架——十八届三中全会〈决定〉相关内容解读》，载于《法学研究》2014 年第 4 期。

④ 最高人民法院行政审判庭：《中华人民共和国行政诉讼法及司法解释条文理解与适用》，人民法院出版社 2015 年版。

⑤ 吴兴国：《承包权与经营权分离框架下债权性流转经营权人权益保护研究》，载于《江淮论坛》2014 年第 5 期。

⑥ 参见李伟伟、张云华：《土地经营权流转的根本属性与权能演变》，载于《改革》2015 年第 7 期。

人之间土地承包经营合同生效，土地承包经营权设定。虽然土地承包经营权是依合同创设的权利，但它却是物权。由此可见，某一权利被定性为物权还是债权，并不取决于其发生原因是否是合同（合意），而是在法政策上是否应当给予其强势的保护。

第四，"两权说"。此说主张，土地经营权的性质因承包地流转形式的不同而存在差异，其中转让、互换产生土地承包经营权的让渡，具有物权性质，而转包、出租不产生土地承包经营权的让渡，具有债权性质。[①] "既允许债权属性的土地经营权，又允许物权属性的土地经营权。"[②]

此说是在维系目前既有的承包地流转方式之下提出的。如前所述，在三权分置之下，土地经营权制度并不能涵盖上述所有的土地承包经营权流转方式，只是指上述债权性质的流转。至于转让、互换等移转物权性质的流转，《三权分置意见》使用的表述是"承包农户转让土地承包权"，以及"有权依法依规……自愿有偿退出承包地"[③]，并未涵盖于所谓"土地经营权流转"之中；就抵押等创设物权性质的流转，《三权分置意见》使用的表述是"充分维护承包农户……抵押……承包地等各项权能"以及"有权依法依规就承包土地经营权设定抵押"[④]，其未置于"加快放活土地经营权"之中。由此可见，就土地经营权的定性而言，无须考虑我国现行法上所有的流转方式，依流转方式的不同界定土地经营权性质的"两权说"即值得商榷。

笔者主张，宜将土地经营权定性为物权化的债权。土地经营权同样反映着对他人土地的利用关系。在立法政策上，土地利用关系既可以反映为物权性土地利用权（用益物权），也可以表现为债权性土地利用权，两者均有增进物尽其用的经济效用，即承包农户自己不亲自行使土地承包经营权，而由他人行使，以收取其对价。土地经营权的定性，实际上是一个政策选择问题，定性为物权性土地利用权或债权性土地利用权均无不可。物权和债权的区分并非绝对，其间并不存在不可逾越的鸿沟。正如苏永钦先生所言："物权的本质，就是把一个原来属于甲与乙之间的关系，通过登记公示，然后就被绝对化了。"[⑤] 如前所述，为使土地经营权制度一体反映期间长短不同的承包地流转关系，宜将土地经营权定性为债权。这也与我国法上就不动产租赁权的定性形成体系上的贯通，毕竟土地经营权

① 孙中华：《关于农村土地"三权分置"有关政策法律性问题的思考》，载于《农业部管理干部学院学报》2015年第1期；张毅、张红、毕宝德：《农地的"三权分置"及改革问题：政策轨迹、文本分析与产权重构》，载于《中国软科学》2016年第3期。
② 参见申惠文：《法学视角中的农村土地主权分离改革》，载于《中国土地科学》2015年第3期。
③④ 《三权分置意见》"三、逐步形成'三权分置'格局"之"（二）严格保护农户承包权"。
⑤ 苏永钦：《中国需要什么样的民法典》，引自易继明主编：《私法》（2013年第1卷），华中科技大学出版社2013年版。

主要还是反映着承包地出租、转包等流转方式所形成的法权关系。

不过，在土地经营权债权属性之下，其确定性不足，主要表现为权利归属主体和权利实现方式两大方面的不稳定因素。[①] 经由承包农户与经营主体之间的土地经营合同而生的土地经营权只是债法上的权利，不如物权般稳定，经营主体无法形成稳定的经营预期，直接影响其增加农业投入的积极性，更为有效合理地利用土地资源的政策目标无法达致。同时，债权的隐蔽性决定了第三人无从知道土地经营权的权利主体和权利内容，直接影响金融机构基于土地经营权担保贷款的展开。登记制度的引入在一定程度上可以解决土地经营权确定性不足的问题。土地经营权虽非物权，但可被赋予一定的支配和排他效力。不动产登记簿上记载的不动产权利并不仅限于物权，土地经营权只有经由登记对其进行确权，才使之具有真正的法律和经济意义。[②] 是否登记全凭当事人参酌具体情况自由选择，对于短期的承包地流转完全可以不登记。经登记的土地经营权不仅在当事人之间发生法律效力，而且还可以对抗第三人[③]，切断第三人在相关承包地交易中的"善意"，能够更为充分地保障经营主体的土地经营权。同时，土地经营权先登记，以土地经营权设定抵押权时，土地经营权抵押权登记才能展开。[④]

相关政策文件已就土地经营权的定性作出政策选择。例如，《三权分置意见》指出，鼓励"探索更多放活土地经营权的有效途径"，其本意就在于不就土地经营权的设立方式、权利内容等作出不合理的限制，以使当事人之间自主自愿地达成土地经营合同。如此，将土地经营权界定为债权，更具有合理性。《国务院办公厅关于引导农村产权流转交易市场健康发展的意见》也指出，农村产权（包括土地经营权）流转交易市场"具有明显的资产使用权租赁市场的特征"，依体系解释，土地经营权也应为因租赁而生的债权。然而，《三权分置意见》同时指出："提倡通过流转合同鉴证、交易鉴证等多种方式对土地经营权予以确认。"这虽然维系了土地经营权的债权性质，但与现行法一样存在着经营主体的经营预期不稳定、土地经营权难以担保融资等问题。唯有经由登记，仅具债权性质的土地经营权，才能达到"不断健全归属清晰、权能完整、流转顺畅、保护严格的农村土地产权制度"的政策目标，并"形成层次分明、结构合理、平等保护的格局"。[⑤]

总之，将土地经营权定性为物权化的债权，既可克服因定性为物权所带来的

---

①② 参见宋宗宇、何贞斌、陈丹：《农村土地经营权的确定化及其制度构建》，载于《农村经济》2015 年第 7 期。

③ 参见朱虎：《物权法自治性观念的变迁》，载于《法学研究》2013 年第 1 期；蔡立东、姜楠：《农地三权分置的法实现》，载于《中国社会科学》2017 年第 5 期。

④ 高圣平：《论农村土地权利结构的重构——以〈农村土地承包法〉的修改为中心》，载于《法学》2018 年第 2 期。

⑤ 《三权分置意见》"二、总体要求"之"（一）指导思想"、"三、逐步形成'三权分置'格局"。

固化流转关系、增加流转交易成本，从而无法包含多样化的流转关系的问题，也可避免单纯定性为债权所带来的没有赋予经营主体更有保障的土地经营权，从而无法实现三权分置的政策目标等问题，应为当下的妥当选择。《农村土地承包法修正案草案》第三十九条第一款规定："土地经营权采取出租（转包）、入股或者其他方式流转，当事人双方应当签订书面合同，并向发包方备案。"这里并未采行基于法律行为引起的不动产物权变动模式的通常做法即"书面合同＋登记"，足以表明该草案是将土地经营权定性为债权，这与《三权分置意见》等政策文件保持着高度一致。与《农村土地承包法》第三十七条第一款相比，本款将互换和转让排除于土地经营权的设定行为之外，明确入股为土地经营权的设定行为之一，与出租、转包一样，仅为债权性承包地流转方式，并不导致物权变动。然而，这一处理方法与现行法相比并未产生实质性变化。基于前述理由，建议将《农村土地承包法修正案草案》第三十九条第一款分为以下两款。该条第一款表述为："以出租、转包、入股或者其他方式设立土地经营权的，当事人双方应当签订书面土地经营合同，并向发包方备案。土地经营权期限不超过一年的，可以不签订书面合同。"该条第二款表述为："土地经营权自合同生效时设立，但未经登记，不得对抗善意第三人。"这样，可进一步实现以下目的：其一，《农村土地承包法》该条原文中的土地经营权流转，是目前政策文件中通常使用的术语，但语义表述并不准确，其字面意义的理解是已经设立的土地经营权的流转或处分，《农村土地承包法修正案草案》将此种情形称为"再流转"，而将依土地承包经营权流转派生出的土地经营权称为土地经营权流转。这一表述明显不当。为避免造成解释冲突，排除非法言法语的"流转"表述，建议使用"土地经营权的设立"和"设立土地经营权"加以替代。[①] 其二，《农村土地承包法》第三十九条第二款就代耕期限不超过 1 年的情形作了书面合同的例外规定。该款位置不当。建议将其置于本条第一款后段，同时就所有土地经营权的设定行为均适用这一规则，而不限于代耕。其三，明定土地经营权的登记能力，为不动产登记簿记载土地经营权提供法律依据。

三、承包地物权性流转的法律表达

在我国现行法和政策文件之中，土地承包经营权可依转让、转包、出租、互

---

① 高圣平：《论农村土地权利结构的重构——以〈农村土地承包法〉的修改为中心》，载于《法学》2018 年第 2 期。

换、抵押等方式流转，其中，转让、互换导致土地承包经营权的主体变化，属于移转物权性质的流转；抵押设定时并不导致土地承包经营权主体的变化，但创设了一个新类型的物权即土地承包经营权抵押权，属于创设物权性质的流转。[①] 这几种情形均属承包地物权性流转。如前所述，以互换、转让方式流转承包地不发生三权分置问题，以抵押方式流转承包地在抵押权设定之时也不发生三权分置问题，但在抵押权实现之时则可能出现为第三人设立土地经营权的问题。

（一）承包地互换规则的修正

互换是我国现行法上明确承认的承包地流转的一种方式，系指"承包方之间为方便耕作或者各自需要，对属于同一集体经济组织的承包地块进行交换，同时交换相应的土地承包经营权"[②]。由此可见，互换的仍然是土地承包经营权，"是土地承包经营权在同一集体经济组织之内互相交换的一种易货交易，实质上是将土地承包经营权终局性地转让于他人之时又于他人之处受让土地承包经营权的两种处分行为的叠加"[③]。在政策导向上，《土地经营权流转意见》指出："鼓励农民在自愿前提下采取互换并地方式解决承包地细碎化问题。"[④]

《农村土地承包法修正案草案》第三十二条规定："承包方之间为方便耕种或者各自需要，可以对属于同一集体经济组织的承包地进行互换。"与《农村土地承包法》第四十条相比，本条将互换的标的由"土地承包经营权"修改为"承包地"。笔者建议将该条修改为："土地承包经营权人之间，可以将其全部或部分土地承包经营权在本集体经济组织内部进行互换。"其一，将"承包方"这一非法律术语修改为"土地承包经营权人"，从而与《物权法》保持一致。其二，将互换的标的明确为"全部或部分土地承包经营权"，反映物的编成主义之下同一土地承包经营权中的部分互换问题，以与流转实践相契合，同时明确互换的是"土地承包经营权"。其三，删去"为方便耕种或者各自需要"这一无法律意义的赘语，"可以"一语足以表达"互换"是基于当事人之间的自主意愿，至于其"互换"的目的和原因，自无须在法律上予以表达。

---

① 高圣平：《新型农业经营体系下农地产权结构的法律逻辑》，载于《法学研究》2014 年第 4 期。
② 参见《中华人民共和国农村土地承包法（2018 修正）》第三十三条。
③ 参见朱广新：《土地承包权与经营权分离的政策意蕴与法制完善》，载于《法学》2015 年第 11 期。
④ 《土地经营权流转意见》"三、规范引导农村土地经营权有序流转"之"（五）鼓励创新土地流转形式"。

（二）承包地转让规则的完善

转让也是我国现行法上明确承认的一种流转方式，根据《农村土地承包经营权流转管理办法》第三十五条第三款的规定，它是指"承包方有稳定的非农职业或者有稳定的收入来源，经承包方申请和发包方同意，将部分或全部土地承包经营权让渡给其他从事农业生产经营的农户，由其履行相应土地承包合同的权利和义务。转让后原土地承包关系自行终止，原承包方承包期内的土地承包经营权部分或全部灭失"。即使在三权分置之下，承包地的转让仍具意义，在法律效果上是转让人的土地承包经营权全部或部分消灭，受让人取得相应的土地承包经营权，这不能被解读为使经营主体取得土地经营权，理由如前所述。

我国现行法中就承包地的转让作了相应限制，这种立场有待修正。

第一，将转让人限定为"有稳定的非农职业或者有稳定的收入来源的"承包农户。这是为了防止"因随意转让而丧失赖以生存的土地"而对土地承包经营权"转让的条件作严格限制"[1]。然而，何谓"稳定的非农职业"，何谓"稳定的收入来源"，在实践中均难以认定。同时，这一限制性条件有违民事行为能力的基本法理，是否"有稳定的非农职业或者有稳定的收入来源"，不应成为限制转让人行为能力的依据[2]。《三权分置意见》指出："在完善'三权'分置办法过程中，要充分维护承包农户……退出承包地等各项权能。"保留这一限制性条件只能"成为用来阻碍承包地转让的借口"[3]。

第二，将受让人限定为"其他从事农业生产经营的农户"，但不限于同一集体经济组织的其他农户。在同等条件下，本集体经济组织成员享有优先受让权[4]。在两权分离和三权分置并行的农地产权结构之中，土地承包经营权被赋予严格的身份属性[5]，仅有本集体经济组织成员才能取得和保有土地承包经营权，非本集体经济组织成员的经营主体不得享有土地承包经营权。由此可见，虽然承包地的

---

① 参见顾昂然：《全国人大法律委员会关于〈中华人民共和国农村土地承包法（草案）〉修改情况的汇报——2002 年 6 月 24 日在第九届全国人民代表大会常务委员会第二十八次会议上》，载于《中华人民共和国全国人民代表大会常务委员会公报》2012 年第 5 期。

② 参见武亦文、杨勇：《论土地承包经营权处分之限制性规范的科学配置——基于司法裁判文书的整理和分析》，载于《中国农村观察》2017 年第 6 期。

③ 尹飞：《物权法·用益物权》，中国法制出版社 2005 年版。

④ 参见《农村土地承包法》第三十三条第五项；参见朱广新：《土地承包权与经营权分离的政策意蕴与法制完善》，载于《法学》2015 年第 11 期。

⑤ 参见马俊驹、丁晓强：《农村集体土地所有权的分解与保留——论农地"三权分置"的法律构造》，载于《法律科学》2017 年第 3 期；高圣平：《农地三权分置视野下的土地承包权》，载于《法学家》2017 年第 5 期。

转让不会涉及三权分置的问题，但因三权分置所引发的权利体系重构中，土地承包经营权的受让人应仅限于本集体经济组织成员。为此，《土地经营权流转意见》指出："以转让方式流转承包地的，原则上应在本集体经济组织成员之间进行。"①

第三，在程序上要求转让须"经发包方同意"。"承包方未经发包方同意，采取转让方式流转其土地承包经营权的，转让合同无效。但发包方无法定理由不同意或者拖延表态的除外。"② 这一规则进一步明晰了"发包方同意"的规范属性——效力性强制性规定。③ 相关政策文件坚持了这一程序性要件。例如，《土地经营权流转意见》指出："以转让方式流转承包地的……需经发包方同意。"④ 有学者主张，"发包方同意"是发包方对承包地享有所有权的体现，同时，对于当事人之间的承包地转让行为起着见证及公示作用。⑤ 在三权分置思想提出之后，亦有人认为，承包地有内部转让与外部转让之分，内部转让时无须经发包方同意，但外部转让"意味着土地承包经营权不再处于该集体组织的管控下，甚至使集体所有权失去意义，不利于集体整体利益保护"，"集体作为发包方则享有同意权"。⑥

笔者坚持认为应当取消"经发包方同意"这一程序性要件。其一，流通性和可处分性是土地承包经营权作为用益物权的应有属性。⑦ 集体作为土地所有人的意志体现，在土地承包经营权设定之时，一旦土地所有权之上设定了土地承包经营权，土地所有权的权能就体现在"调整、监督、收回"等方面，这里的监督主要表现为"对承包农户和经营主体使用承包地进行监督，并采取措施防止和纠正长期抛荒、毁损土地、非法改变土地用途等行为"⑧，集体组织在为其成员设定了土地承包经营权之后再对承包地转让行为行使同意权，有违土地承包经营权的用益物权属性。其二，物权变动的公示方法宜由法律作出明文规定，即使对土地

---

① ④　《土地经营权流转意见》"三、规范引导农村土地经营权有序流转"之"（五）鼓励创新土地流转形式"。

②　《最高人民法院关于审理涉及农村土地承包纠纷案件适用法律问题的解释》第十三条。

③　参见武亦文、杨勇：《论土地承包经营权处分之限制性规范的科学配置——基于司法裁判文书的整理和分析》，载于《中国农村观察》2017 年第 6 期。

⑤　参见蔡立东、姜楠：《论土地承包经营权转让中的发包方同意》，载于《吉林大学社会科学学报》2014 年第 4 期。

⑥　张占锋：《农地流转制度的现实困惑与改革路径》，载于《西北农林科技大学学报》（社会科学版）2017 年第 1 期。

⑦　参见郭明瑞：《土地承包经营权流转的根据、障碍与对策》，载于《山东大学学报》（哲学社会科学版）2014 年第 4 期。

⑧　《三权分置意见》"三、逐步形成'三权分置'格局"之"（一）始终坚持农村土地集体所有权的根本地位"。

461

承包经营权采行债权意思主义物权变动模式的《农村土地承包法》，亦在第三十八条规定登记是土地承包经营权转让的公示方法，并明确登记是土地承包经营权转让的对抗要件。此际，再将"经发包方同意"解释为土地承包经营权转让的公示方法和生效要件，正当性不足。其三，政策导向上已经明确了承包地的转让限于本集体经济组织内部。即使主张保留"经发包方同意"要件的学者也认为，"阻碍转让自由的是法律所规定的转让方和受让方主体资格要件，而非'发包方同意'这一要件"[①]。既然删去了转让人的限制性条件、明确限定了受让人为本集体经济组织成员，保留"经发包方同意"要件自无必要。

《农村土地承包法修正案草案》第三十三条规定："经发包方同意，承包方可以将全部或者部分承包的土地转让给本集体经济组织的其他农户，由该农户同发包方确立新的承包关系，原承包方与发包方在该土地上的承包关系即行终止。"与《农村土地承包法》第四十一条相比，本条取消了"承包方有稳定的非农职业或者有稳定的收入来源"的限制性条件；将转让的标的由"土地承包经营权"修改为"承包的土地"；将受让人由"其他从事农业生产经营的农户"修改为"本集体经济组织的其他农户"。笔者建议，本条应修改为："土地承包经营权人可以将土地承包经营权全部或者部分转让给本集体经济组织的其他农户。在转让期间内，原土地承包经营权人的土地承包经营权相应消灭。"作这样修改的理由主要有以下方面：其一，进一步取消"经发包方同意"这一程序性要件，还原土地承包经营权的用益物权属性，完善土地承包经营权的权能。其二，将"承包方"修改为"土地承包经营权人"，可以与《物权法》保持一致。其三，将转让的标的明确为"土地承包经营权全部或部分"。其四，保留转让对象为"本集体经济组织的其他农户"，反映三权分置带来的制度变迁。其五，明确转让的效果仅限于"转让期间"内。在解释上，承包农户仅是将剩余期限的土地承包经营权转让予受让人，并未将期限届满后承包土地的权利也转让给受让人。其六，将转让的效果明确为"原土地承包经营权人的土地承包经营权相应消灭"，以体现物权转让的一般法理。原表述"由该农户同发包方确立新的承包关系，原承包方与发包方在该土地上的承包关系即行终止"，明显属于债权让与的规则设计，带有土地承包经营权债权属性的痕迹。受让人如何同发包方确立新的承包关系？在解释上即由受让人与发包方重新签订土地承包经营合同。用益物权的转让无须受让人与原设定人重新确立该物权据以产生的基础交易关系，如建设用地使用权的转让就无须受让人与土地所有人确立新的土地利用关系，也无须受让人与土地所有

---

① 参见武亦文、杨勇：《论土地承包经营权处分之限制性规范的科学配置——基于司法裁判文书的整理和分析》，载于《中国农村观察》2017 年第 6 期。

人重新签订建设用地使用权出让合同。

（三）承包地互换、转让的公示规则的修改

我国《农村土地承包法》第三十八条和《物权法》第一百二十九条就承包地互换、转让采取登记对抗主义。"登记的主要目的在于将土地承包经营权变动的事实予以公示，使他人明确土地承包经营权的权利人"[1]，"以保护善意第三人"[2]。《农村土地承包法修正案草案》第三十四条规定："承包的土地在本集体经济组织内部互换、转让后，当事人要求登记的，应当向县级以上地方人民政府申请登记。未经登记，不得对抗善意第三人。"与我国《农村土地承包法》第三十八条相比，本条将互换和转让的标的由"土地承包经营权"修改为"承包的土地"，并明确将互换和转让的主体限定为"在本集体经济组织内部"。笔者建议将本条修改为："土地承包经营权互换、转让，应当向不动产登记机构申请登记。未经登记，不得对抗善意第三人。"这样修改的理由有以下几个方面：其一，明确互换和转让的标的是"土地承包经营权"。其二，取消"在本集体经济组织内部"的范围表述，前述两条已经规定了互换、转让的范围，本条不应再重复规定。其三，取消"当事人要求登记"的赘语。不动产登记所采行的即为当事人申请主义，登记的程序问题自应由不动产登记规则加以调整，本条无须规定，以免挂一漏万。其四，明确登记机构。在统一的不动产登记制度之下，登记机构已经不是县级以上地方人民政府，按照《不动产登记暂行条例》的表述，应改为"不动产登记机构"。

（四）土地承包经营权抵押规则的增设

在提高生产效率的政策背景之下，农业生产同样需要资金投入，但政策金融、合作金融并不能满足这一资金需求，商业金融即渐入人们的视野。为保全信贷资金的安全，金融机构大多要求承包农户提供适格的担保物，农户的土地承包经营权作为其主要财产就有了金融化的必要。《物权法》第一百八十四条明文禁止"耕地……等集体所有的土地使用权"设定抵押权，这里的"耕地……等集

---

[1]　全国人大常委会法制工作委员会：《中华人民共和国农村土地承包法释义》，法律出版社 2002年版。

[2]　全国人大常委会法制工作委员会民法室：《〈中华人民共和国物权法〉条文说明、立法理由及相关规定》（第 2 版），北京大学出版社 2017 年版。

体所有的土地使用权"在解释上即为耕地上设立的土地承包经营权。这一规则的立法意旨是防止农民因抵押土地承包经营权而失去土地，丧失基本生活保障。[①]如此，承包地金融的展开遇到了法律上的障碍。

《土地经营权流转意见》指出："按照全国统一安排，稳步推进土地经营权抵押、担保试点，研究制定统一规范的实施办法，探索建立抵押资产处置机制。"[②]《三权分置意见》进一步指出，承包农户"有权依法依规就承包土地经营权设定抵押"[③]。为了推进农村金融改革创新，全国人民代表大会常务委员会决定，授权国务院在试点地区暂时调整实施我国《物权法》和《担保法》"关于集体所有的耕地使用权不得抵押"的规定。[④]《农村承包土地的经营权抵押贷款试点暂行办法》并就土地承包经营权抵押权的相关规则作了具体规定。这一安排有利于搞活土地生产要素、缓解"融资难"。[⑤]

为了落实这一改革成果，除了删除《物权法》第一百八十四条关于禁止耕地等集体土地使用权抵押的规定之外，在《农村土地承包法修正案草案》中应作出一般规定。《农村土地承包法修正案草案》第四十二条明确规定："承包方可以用承包土地经营权向金融机构融资担保。"笔者建议将其修改为"土地承包经营权人可以其依法取得的土地承包经营权向金融机构抵押融资"。这样修改的理由有以下几个方面：其一，将土地承包经营权的权利主体明确为"土地承包经营权人"，可以与《物权法》的表述和本法的其他修正保持一致。其二，明确抵押权的客体为"土地承包经营权"。"承包土地经营权"的表述不符合物权法定原则的要求，至于因抵押权的实现可能导致承包农户失去土地承包经营权的问题，可以通过增加"强制管理"的实现方式，使管理人取得土地经营权，以管理该土地承包经营权所得收益清偿债务来加以解决。[⑥]其三，将"融资担保"的表述进一步明确为"抵押融资"。此外，本条本部分在体系上的位置也值得商榷。本条现位于该草案第二章第五节"土地经营权的保护和流转"，但上引内容明显属于土地承包经营权的权利内容，应将该规定移至同章第一节"发包方和承包方的权利

---

① 蔡立东、姜楠：《农地三权分置的法实现》，载于《中国社会科学》2017 年第 5 期。

② 《土地经营权流转意见》"三、规范引导农村土地经营权有序流转"之"（五）鼓励创新土地流转形式"。

③ 《三权分置意见》"三、逐步形成'三权分置'格局"之"（二）严格保护农户承包权"。

④ 2015 年 12 月 27 日，第十二届全国人民代表大会常务委员会第十八次会议通过《关于授权国务院在北京市大兴区等 232 个试点县（市、区）、天津市蓟县等 59 个试点县（市、区）行政区域分别暂时调整实施有关法律规定的决定》。

⑤ 孙中华：《关于农村土地"三权分置"有关政策法律性问题的思考》，载于《农业部管理干部学院学报》2015 年第 1 期。

⑥ 参见房绍坤：《论土地承包经营权抵押的制度构建》，载于《法学家》2014 年第 2 期；高圣平：《农地金融化的法律困境及出路》，载于《中国社会科学》2014 年第 8 期。

和义务"（第十六条），作为承包方的权利之一加以规定。[①]

四、承包地债权性流转的法律表达

在现行法和政策文件之中，土地承包经营权可依转包、出租、入股等方式流转，这几种情形均属承包地债权性流转。在三权分置之下，这些流转方式的法律效果是使经营主体取得土地经营权。土地经营权是《农村土地承包法修正案》中增设的一类权利，是本次修正《农村土地承包法》的重点和难点。[②]

（一）土地经营权转包和出租设立之间的取舍

《农村土地承包法修正案草案》第三十五条规定："土地经营权可以依法采取出租（转包）、入股或者其他方式流转。"这里将土地经营权的设定行为明确规定为"出租（转包）、入股"，同时以"或者其他方式"作为兜底规定，避免了使用"等方式"可能带来的"等内等""等外等"的解释冲突。值得讨论的是，"出租"和"转包"之间是什么关系、为什么要使用"出租（转包）"这样的表述、入股所产生的法律效果究竟是土地承包经营权的转让还是设立土地经营权等问题。

在现行法之下，转包是指"承包方将部分或全部土地承包经营权以一定期限转给同一集体经济组织的其他农户从事农业生产经营。转包后原土地承包关系不变，原承包方继续履行原土地承包合同规定的权利和义务。接包方按转包时约定的条件对转包方负责。承包方将土地交他人代耕不足 1 年的除外"[③]。出租是指"承包方将部分或全部土地承包经营权以一定期限租赁给他人从事农业生产经营。出租后原土地承包关系不变，原承包方继续履行原土地承包合同规定的权利和义务。承租方按出租时约定的条件对承包方负责"[④]。两者都传达着同样的法律效果，即承包地流转后承包农户仍然保有土地承包经营权，受流转人仅取得一定期间的占有、使用承包地的权利。两者的唯一区别在于受流转人的不同，转包时是

---

① 高圣平：《农地三权分置视野下的土地承包权》，载于《法学家》2017 年第 5 期。
② 本章仅在承包地流转的框架之下讨论设定土地经营权的行为，不考虑三权分置所带来的以招标、拍卖、公开协商等承包方式取得的土地承包经营权的体系重构问题。
③ 《农村土地承包经营权流转管理办法》第三十五条第二款。
④ 《农村土地承包经营权流转管理办法》第三十五条第五款。

465

本集体经济组织的其他农户，而出租时没有这一限制，以出租方式流转土地经营权的主体在解释上应为除"本集体经济组织的其他农户"之外的经营主体。

学者间就"出租"和"转包"之间的关系存在较大争议。有观点认为，"出租"和"转包"之间具有质的同一性，将两者分别规定，人为割裂了一项法律制度，造成了"准用"或类推适用的现象[1]，"不仅不能丰富流转方式，而且因未作严格区分将会导致重复规定"[2]，完全可以"将转包视为一种接包人资格受到限制的特殊租赁"[3]。也有观点认为应保留"转包"，删除"出租"。如允许承包地的"出租"，容易架空土地所有权，使土地承包经营权"所有权化"或承包方变为事实上的"二地主"，也容易出现以出租名义规避法律的行为。[4] 还有观点认为，两者之间有分别规定的必要，应将转包定性为在土地承包经营权之上设定次级土地承包经营权的法律行为。[5]

我国《农村土地承包法》制定之后的法律和政策文件就"转包""出租"之间的关系在表述上也颇不一致。《物权法》第一百二十八条就土地承包经营权的债权性流转方式仅规定了"转包"，而没有规定"出租"。《土地经营权流转意见》将"转包""出租"并称为承包地的流转方式。[6]《国务院办公厅关于引导农村产权流转交易市场健康发展的意见》指出："以家庭承包方式承包的耕地、草地、养殖水面等经营权，可以采取出租、入股等方式流转交易。"这里仅用了"出租"，没有提及"转包"，可能与该文件指导农村产权流转交易市场的构建与运行的市场化背景相关，在这里受流转人原则上不受限制——"凡是法律、法规和政策没有限制的法人和自然人均可以进入市场参与流转交易"，自然无须规定限制受流转人范围的"转包"。然而，《三权分置意见》中又使用"出租（转包）"的表述[7]，意在将转包作为出租的一种特殊形式。

笔者认为，是否将"出租"和"转包"并列为土地经营权的设定行为，取决于是否具有类型化上的意义。除了受流转人的范围不同之外，有可能对两者作出不同的制度安排。例如，在重构承包地流转收益分配机制之时，对国家、集

---

[1] 参见崔建远：《土地承包经营权的修改意见》，载于《浙江社会科学》2005 年第 6 期。

[2] 胡昌银：《土地承包经营权的物权法分析》，复旦大学出版社 2004 年版。

[3] 参见朱广新：《土地承包权与经营权分离的政策意蕴与法制完善》，载于《法学》2015 年第 11 期。

[4] 参见孟勤国、黄莹、段晓红：《中国农村土地流转问题研究》，法律出版社 2009 年版。

[5] 参见袁震：《农村土地承包经营权流转形式之法理分析》，载于《河北法学》2011 年第 8 期。

[6]《土地经营权流转意见》"三、规范引导农村土地经营权有序流转"之"（五）鼓励创新土地流转形式"中指出，"鼓励承包农户依法采取转包、出租、互换、转让及入股等方式流转承包地"。

[7]《三权分置意见》"三、逐步形成'三权分置'格局"之"（二）严格保护农户承包权"中指出，承包农户"有权通过转让、互换、出租（转包）、入股或其他方式流转承包地并获得收益，任何组织和个人不得强迫或限制其流转土地"。

体、农户之间的分配格局和比例就可能依流转方式的不同作出相应的设计。① 果若如此，并列规定"出租"和"转包"就有了必要。至于规则设计问题，《农村土地承包法修正案》中自可就两者的设立、效力等规则作出统一规定，仅就受流转人的不同作出分别规定即可。

基于此，建议将《农村土地承包法修正案草案》第三十五条修改为以下两款："土地经营权可以采取出租、转包、入股或者其他方式设立。""土地经营权人须有农业经营能力。"其一，明确将"出租""转包"分列为两种不同的土地经营权设定行为。其二，该草案对土地承包经营权流转作了两种区分，对于产生物权移转效力的互换和转让方式，在土地承包经营权章中予以规定；对于产生债权效力的出租等置于第二十五章，作为土地经营权予以规定。土地经营权流转应指已经设立的土地经营权的流转，而该草案本条的文义并非如此，是土地承包经营权流转所形成的土地经营权。其三，该草案原在第三十六条第四项将"受让方须有农业经营能力"作为土地经营权流转应当遵循的原则之一加以规定，但该项并非原则。建议将其作为倡导性规范，规定在土地经营权设立这一条中，或单列一条。

（二）土地经营权入股设定的争议

在现行法之下，入股是指"实行家庭承包方式的承包方之间为发展农业经济，将土地承包经营权作为股权，自愿联合从事农业合作生产经营；其他承包方式的承包方将土地承包经营权量化为股权，入股组成股份公司或者合作社等，从事农业生产经营"②。这里区分接受入股的主体而作了不同的规定，体现着不同类型的土地承包经营权在法政策上的不同限制。"以土地承包经营权入股，涉及入股成立的公司破产后，农户可能失去承包经营的土地，需要进一步研究。"③上述规则实际上仅承认了以家庭承包方式取得的土地承包经营权入股合作社。

关于入股的法律效果，一直存在物权流转说与债权流转说之分。④ 三权分置思想提出之后，有学者主张，以家庭承包方式取得的土地承包经营权入股合作社，土地承包经营权的主体并未变化，以其他承包方式取得的土地承包经营权入

---

① 高圣平：《新型农业经营体系下农地产权结构的法律逻辑》，载于《法学研究》2014年第4期。

② 《农村土地承包经营权流转管理办法》第三十五条第四款。

③ 参见顾昂然：《全国人大法律委员会关于〈中华人民共和国农村土地承包法（草案）〉修改情况的汇报——2002年6月24日在第九届全国人民代表大会常务委员会第二十八次会议上》，载于《中华人民共和国全国人民代表大会常务委员会公报》2012年第5期。

④ 参见高海：《土地承包经营权入股的法律性质探析》，载于《法学论坛》2011年第3期；温世扬、张永兵：《土地承包经营权入股之法律性质辨析》，载于《河南财经政法大学学报》2014年第1期。

股，土地承包经营权的主体变更为接受入股的主体，均不发生设立土地经营权的问题。① 不过，此后的政策文件与此观点大相径庭。《土地经营权流转意见》规定，"允许农民以承包经营权入股发展农业产业化经营"②；《三权分置意见》指出，"土地经营权入股农业产业化经营"③；《关于引导农村产权流转交易市场健康发展的意见》指出，"农户承包土地经营权"采取"出租、入股等方式"，"流转交易的受让方原则上没有资格限制（外资企业和境外投资者按照有关法律、法规执行）"。2015 年中央一号文件《关于加大改革创新力度加快农业现代化建设的若干意见》进一步提出引导农民以土地经营权入股合作社和龙头企业。2017年修订的《农民专业合作社法》也规定农民专业合作社成员可以以土地经营权作价出资。由此可见，在法律效果上，入股类似于转包、出租，实际上也是承包农户在其土地承包经营权之上为接受入股的主体设立土地经营权，入股后，原承包关系不发生改变，承包农户的土地承包经营权并不丧失。④

（三）土地经营权抵押规则的增设

经营主体可以以其依法取得的土地经营权担保融资，是三权分置的主要政策目标之一。对于土地经营权这一新生的权利能否作为担保财产，现行法上未置明文，但政策上予以肯定。例如，《三权分置意见》指出："经营主体再流转土地经营权或依法依规设定抵押，须经承包农户或其委托代理人书面同意，并向农民集体书面备案。"⑤《国务院关于开展农村承包土地的经营权和农民住房财产权抵押贷款试点的指导意见》和《农村承包土地的经营权抵押贷款试点暂行办法》并就土地经营权抵押贷款的相关规则作了具体规定。

基于这些改革成果，《农村土地承包法修正案草案》第四十二条规定："第三方通过流转取得的土地经营权，经承包方或其委托代理人书面同意，可以向金融机构融资担保。具体由国务院有关部门规定。"其立法理由是，"鉴于实践中抵押担保融资的情况复杂，操作方式多样，加之各方面对土地经营权的性质认识分歧较大，草案使用了'融资担保'的概念，包含了抵押和质押等多种情形，既解

---

① 参见陶钟太朗、杨遂全：《农村土地经营权认知与物权塑造——从既有法制到未来立法》，载于《南京农业大学学报》（社会科学版）2015 年第 2 期。

② 《土地经营权流转意见》"四、加快培育新型农业经营主体"之"（十三）加快发展农户间的合作经营"。

③ 《三权分置意见》"四、确保'三权分置'有序实施"之"（四）完善'三权分置'法律法规"。

④ 参见朱广新：《土地承包权与经营权分离的政策意蕴与法制完善》，载于《法学》2015 年第 11 期；高圣平：《农地三权分置视野下的土地承包权》，载于《法学家》2017 年第 5 期。

⑤ 《三权分置意见》"三、逐步形成'三权分置'格局"之"（三）加快放活土地经营权"。

决农民向金融机构融资缺少有效担保物的问题，又保持了与担保法等法律规定的一致性"①。笔者认为，这一条文失当之处颇多，建议将该条修改为三款。该条第一款为："土地经营权人依法登记的土地经营权，可以向金融机构抵押融资担保。"该条第二款为："土地经营权抵押权未经登记，不生效力。"该条第三款为："土地经营权抵押融资的具体办法由国务院有关部门规定。"这样修改的理由有以下几个方面：其一，土地经营权作为担保财产进入融资担保领域之时，并不因其在性质上属于债权就当然地归入质押的范畴。用益型权利设定担保之后，担保人仍然行使着该权利，因此，用益型权利上设定的担保物权即为抵押权；非用益型权利设定担保之后，担保人已不得行使该权利，因此，非用益型权利设定的担保物权应属质权。②此为以担保物权设定之后担保人是否仍然行使被设定担保的权利为分类标准所得出的妥当结论。土地经营权是就他人土地的利用权，属于用益型权利，其上设定担保物权之后，土地经营权人仍得行使其土地经营权。如此，土地经营权之上设定的担保物权应属抵押权。该条第一款对此予以明确。其二，土地经营权抵押权是《物权法》中未予规定的一类抵押权，加之按照立法规划，《民法典》的颁布应在《农村土地承包法修正案》通过之后，为使经试点实践而展开的土地经营权抵押贷款工作持续"有法可依"，该条应明定土地经营权抵押权的公示方法和效力，而不能交由国务院有关部门作出规定。其三，土地经营权抵押融资的具体操作问题，诸如登记程序、审贷流程、风险控制等，可由国务院有关部门作出规定。

三权分置所引发的承包地流转规则的修正是本次修改《农村土地承包法》的重心。承包地流转规则的政策底线是，"坚持农村土地集体所有，实现所有权、承包权、经营权三权分置，引导土地经营权有序流转"③，"坚持依法、自愿、有偿，以农民为主体，政府扶持引导，市场配置资源，土地经营权流转不得违背承包农户意愿、不得损害农民权益、不得改变土地用途、不得破坏农业综合生产能力和农业生态环境"④。《农村土地承包法修正案草案》增设或修改了承包地流转的相关规则，在一定程度上反映了三权分置实践中的成熟经验，解决了理论上和实践中的部分争议问题。例如，将现行法上的土地承包经营权流转方式中具有移转物权效果的转让、互换，从土地经营权规则中分离出来，纳入土地承包经营权的保护范畴，使土地经营权的相关规则更为清晰；结合土地经营权入股发展产业

---

① 刘振伟：《关于〈中华人民共和国农村土地承包法修正案（草案）〉的说明——2017年10月31日在第十二届全国人民代表大会常务委员会第三十次会议上》。

② 参见高圣平：《民法典中担保物权的体系重构》，载于《法学杂志》2015年第6期。

③ 《土地经营权流转意见》"一、总体要求"之"（一）指导思想"。

④ 《土地经营权流转意见》"一、总体要求"之"（二）基本原则"。

化经营的实践，明确将入股纳入土地经营权的设立方式之中，承包农户入股只是为经营主体设定土地经营权，而不是移转土地承包经营权，使"不论承包经营权如何流转，集体土地承包权都属于农民家庭"的政策目标得以进一步落实。① 然而，目前《农村土地承包法修正草案》中的一些规定还没有充分反映三权分置思想的本来面目，对实践中的疑难问题并未作出有效回答，亟待改进。例如，就土地经营权这一新设权利，该草案只是在现行法土地承包经营权流转规则之上作了简单的修改，并未就实践中争议最大的登记问题和担保融资问题作出明确规定，有损通过修改法律指导和调整今后实践的价值。

① 《三权分置意见》"三、逐步形成'三权分置'格局"之"（二）严格保护农户承包权"。

第二十五章

完善农村基本经营制度之下
农地权利的市场化路径

在经事实证明农业集体统一经营模式不符合农业生产的基本规律之后，从"包产到户""包干到户"到"以家庭联产承包为主的责任制和统分结合的双层经营体制""以家庭承包经营为基础、统分结合的双重经营体制"之演变，体现出农村基本经营制度发生了重大改变[1]，也带来了农地产权结构的适度调整。由基层群众创造出来的两权分离观念最终得到了有关法律的确认，这一农地产权结构由集体的土地所有权和承包农户的土地承包经营权构成。在派生出土地承包经营权之后，集体土地所有权的功能集中体现在增强生产服务、协调管理和资产积累等方面[2]，而土地承包经营权将承包农户对承包地的权利固定下来，并被赋予物权属性，这极大调动了农民的生产积极性[3]。但随着工业化和城镇化的稳步推进和农业分工分业的发展，农业劳动力和农业人口的流动日益普遍，必然引发承包地的流转，农业经营的具体形式越来越趋于多样化[4]。在此背景之下，习近平总书记指出："完善农村基本经营制度，需要在理论上回答一个重大问题，就是农民土地承包权和土地经营权分离问题。"[5] 此后，一系列政策文件将这一三权

---

[1] 关于农村基本经营制度的变迁的情况，参见陈锡文、罗丹、张征：《中国农村改革40年》，人民出版社2018年版。

[2][4] 陈锡文、罗丹、张征：《中国农村改革40年》，人民出版社2018年版。

[3] 韩长赋：《土地"三权分置"是中国农村改革的又一次重大创新》，载于《光明日报》2016年1月26日，第1版。

[5] 习近平：《在中央农村工作会议上的讲话（2013年12月23日）》，引自《十八大以来重要文献选编》上，中央文献出版社2014年版。

分置思想进一步明晰，转化为党和国家的政策。^① 如此，"土地所有权、承包权、经营权"三权分置，从土地承包经营权派生出土地经营权，由市场主体享有，市场主体依法行使土地经营权，不受农民集体或承包农户的不当干预；市场主体还可以其土地经营权担保融资、投资入股，以此满足日益迫切的适度规模经营需求，解决日趋明显的人地分离问题。^② 2018 年 12 月 29 日，第十三届全国人民代表大会常务委员会第七次会议通过了《全国人民代表大会常务委员会关于修改〈中华人民共和国农村土地承包法〉的决定》（以下简称《农村土地承包法修正案》），全面反映了三权分置思想。本章从完善农村基本经营制度的视角，探讨农地权利的市场化路径。

一、市场主体经营农村土地的法权表达

现行法之下，市场主体取得经营农村土地的权利主要有以下几种方式：第一，租赁承包农户的土地承包经营权。在现行法律法规之下，土地承包经营权可以采取"转包、出租、互换、转让或者其他方式"流转，但"转包""互换"的对象仅限于"同一集体经济组织的其他农户"^③，"转让"的对象仅限于"其他从事农业生产经营的农户"^④，多数市场主体无法依"转包""互换""转让"等方式取得经营农村土地的权利；第二，通过招标、拍卖、公开协商等方式承包农村土地，仅限于"不宜采取家庭承包方式的荒山、荒沟、荒丘、荒滩等农村土地"^⑤。

---

① 在党的十八届三中全会《中共中央关于全面深化改革若干重大问题的决定》的总体政策安排之下，中共中央办公厅、国务院办公厅先后发布了《关于引导农村土地经营权有序流转发展农业适度规模经营与意见》《深化农村改革综合性实施方案》《关于完善农村土地所有权承包权经营权分置办法的意见》（以下简称《三权分置意见》），集中反映了"三权分置"思想。

② 朱广新：《土地承包权与经营权分离的政策意蕴与法制完善》，载于《法学》2015 年第 11 期。

③ 参见《农村土地承包法》第四十条，《农村土地承包经营权流转管理办法》第十七条、第三十五条第二、第三款。

④ 参见《农村土地承包法》第四十一条，《农村土地承包经营权流转管理办法》第九条、第三十五条第一款。该办法第九条同时规定："农村土地承包经营权流转的受让方可以是承包农户，也可以是其他按有关法律及有关规定允许从事农业生产经营的组织和个人。在同等条件下，本集体经济组织成员享有优先权。""受让方应当具有农业经营能力。"尽管如此，但与该办法第三十五条第一款定义性法条进行体系解释，可以认为，在正式制度中，市场主体尚无法依转让方式取得土地承包经营权。该办法第九条作为一般规定，仅适用于出租。

⑤ 参见《农村土地承包法》第四十四条。

就市场主体经营农村土地的法权表达，上述第一种方式学界称为"土地承包经营权租赁权"[①]。该权利虽然效力及于特定的承包地，但只产生债法性利用农村土地的关系，并不发生物权变动，"承包方与发包方的承包关系不变"[②]。市场主体的权利虽受土地承包经营权流转（租赁）合同的保护，但除了受到《农村土地承包法》的约束之外，还应受到《合同法》上租赁合同中的强行法控制。如此，市场主体并无法形成稳定的经营预期。正是基于此，三权分置政策才被最终认可，并作为新一轮农村土地制度改革和《农村土地承包法》修改的基本指导思想。在承包农户不因土地流转而失去生活保障的基本政策目标之下，市场主体取得经营农村土地的权利应侧重于其效率价值。

就三权分置的法律表达，法学界存在较大争议。第一种观点采取"土地所有权→土地承包权＋土地经营权"的权利结构[③]，明显采取西方产权经济学的分析框架（权利束理论），"土地承包经营权分解出两个既相互关联、又彼此独立的承包权和经营权，被分解的土地承包经营权已经消失，而土地承包权和土地经营权自此产生"[④]；第二种观点采取"土地所有权→土地承包经营权→土地承包权"的权利结构[⑤]，认为土地承包经营权负载的双重功能妨碍了土地承包经营权的有序流转，应从其中分离出具有身份属性的土地承包权，纯化土地承包经营权的财产属性；第三种观点主张"土地所有权→土地承包经营权→土地经营权"的权利结构[⑥]，派生出的土地经营权成为市场主体经营农村土地的法权表达。

---

① 王利明：《物权法研究》，中国人民大学出版社 2016 年版。

② 参见《农村土地承包法》第三十九条。《农村土地承包经营权流转管理办法》第十六条进一步指出："承包方依法采取转包、出租、入股方式将农村土地承包经营权部分或者全部流转的，承包方与发包方的承包关系不变，双方享有的权利和承担的义务不变。"

③ 张红宇：《三权分离、多元经营与制度创新——我国农地制度创新的一个基本框架与现实关注》，载于《南方农业》2014 年第 2 期；刘守英：《农村集体所有制与三权分离改革》，载于《中国乡村发现》2014 年第 3 期；孙中华：《关于农村土地"三权分置"有关政策法律性问题的思考》，载于《农业部管理干部学院学报》2015 年第 1 期；叶兴庆：《集体所有制下农用地的产权重构》，载于《毛泽东邓小平理论研究》2015 年第 2 期；尹成杰：《三权分置是农地制度的重大创新》，载于《农村工作通讯》2015 年第 16 期；韩长赋：《土地"三权分置"是中国农村改革的又一次重大创新》，载于《农村工作通讯》2016 年第 3 期；韦鸿、王琦玮：《农村集体土地"三权分置"的内涵、利益分割及其思考》，载于《农村经济》2016 年第 3 期；王小映：《"三权分置"产权结构下的土地登记》，载于《农村经济》2016 年第 6 期。

④ 马俊驹、丁晓强：《农村集体土地所有权的分解与保留——论农地"三权分置"的法律构造》，载于《法律科学》（西北政法大学学报）2017 年第 3 期。

⑤ 丁文：《论土地承包权与土地承包经营权的分离》，载于《中国法学》2015 年第 3 期。

⑥ 蔡立东、姜楠：《承包权与经营权分置的法构造》，载于《法学研究》2015 年第 3 期；孙宪忠：《推进农村土地"三权分置"需要解决的法律认识问题》，载于《行政管理改革》2016 年第 2 期；张占斌、郑洪广：《"三权分置"背景下"三权"的权利属性及权能构造问题研究》，载于《西南大学学报》（社会科学版）2017 年第 1 期；刘恒科：《"三权分置"下集体土地所有权的功能转向与权能重构》，载于《南京农业大学学报》（社会科学版）2017 年第 2 期；高圣平：《农地三权分置视野下的土地承包权》，载于《法学家》2017 年第 5 期。

在法律上反映三权分置思想，不宜直接将国家政策法律化，而应契合法律体系的内在逻辑将国家政策间接转化为法律。[①] 就权利分置关系，《农村土地承包法修正案》采取了前述第三种观点的表述，更符合权利发生的逻辑。因此，前述第三种观点更值得赞同。集体土地所有权并不因派生出土地承包经营权而改变其名称和内容，只是土地所有权人行使其权利受到限制；同理，土地承包经营权并不因其派生出土地经营权而改变其名称和内容，同样只是土地承包经营权人行使其权利受到限制。[②] 如此，土地承包经营权作为上一级概念，其派生出土地经营权后，立法不需要改变其名称，也无须单独规定其剩余内容。第一种观点将其改称为土地承包权，普通民众不易理解，广为人知的土地承包经营权一语又面临着改造和重塑，增加了修法的难度和制度变迁成本。就第二种观点之下的土地承包权而言，其与上一级概念——土地承包经营权容易发生混淆。[③]

而在前述第三种观点的权利结构之下，承包农户以其集体经济组织成员身份取得土地承包经营权，承包农户可以自行行使该权利，也有权委托由他人行使经营土地的权利。2014 年《行政诉讼法》修正案、2017 年《农民专业合作社法》修正案明确将这种市场主体取得的经营农村土地的权利表达为"土地经营权"。[④] 从土地承包经营权派生出土地经营权，分割了土地承包经营权的保障功能和财产功能。[⑤] 在派生出土地经营权之后，承包农户的土地承包经营权体现着承包地的社会保障功能；同时，土地经营权成为脱离身份属性的市场化权利，通过其自由流转解决承包地的抛荒、规模经营以及抵押融资等问题。[⑥] 但不无遗憾的是，虽然《农村土地承包法修正案》在章节编排上坚持了"土地承包经营权"和"土地经营权"的体系安排，反映了两权分离和三权分置之下承包地产权结构的统合需要，但仍规定"农村集体经济组织成员承包土地后，享有土地承包经营权，可以自己经营，也可以保留土地承包权，流转其承包地的土地经营权，由他人经

---

① 许中缘、夏沁：《农村集体土地"三权分置"中政策权利的法律归位》，载于《烟台大学学报》（哲学社会科学版）2017 年第 4 期；潘军峰：《论经济政策的司法融入——以政策在民事审判中的介入机制为研究路径》，载于《法制与社会发展》2012 年第 1 期。

② 高圣平：《农地三权分置视野下的土地承包权》，载于《法学家》2017 年第 5 期。

③ 若将第二种观点中的土地承包权视为"农村集体经济组织成员依法享有的承包土地的权利"，土地承包经营权只是本集体成员行使了土地承包权之后的结果，一旦本集体成员取得土地承包经营权，此种意义上的土地承包权即失去意义，并未传导至土地承包经营权之中，只能在土地承包经营权因承包期届满而消灭之后再次行使。也就是说，土地承包经营权中并不包含此种意义上的土地承包权，也无从派生出此种意义上的土地承包权。参见高圣平：《承包地三权分置的法律表达》，载于《中国法学》2018 年第 4 期。

④ 参见《行政诉讼法》第十二条第一款第七项，《农民专业合作社法》第十三条第一款。

⑤ 宋志红：《农村土地"三权分置"改革：风险防范与法治保障》，载于《经济研究参考》2015 年第 24 期。

⑥ 宋志红：《中国农村土地制度改革研究：思路、难点、制度建设》，中国人民大学出版社 2015 年版。

营"，且修正案中也没有规定"土地承包权"的性质和内容。这表明，第九条中的土地承包权仅仅是发生了土地经营权流转之后的土地承包经营权的简称，并不是一个新的权利类型。

就市场主体经营农村土地的法权表达，上述第二种方式立法上称为"以其他承包方式取得的土地承包经营权"，其是"土地承包经营权"这一《物权法》中明定的用益物权的下位阶概念，在性质上属于物权，受到《物权法》和《农村土地承包法》的强势保护。在三权分置的体系效应下带来的问题是：是否还应区分两种性质的土地承包经营权？

《农村土地承包法》是调整利用农村土地从事农业生产所产生的法律关系。利用农村土地从事农业生产的权利既可以是创设取得，也可以是移转取得。创设取得所反映的法律关系存在于集体（土地所有权人）与利用主体之间，依创设取得所取得的权利被称为"土地承包经营权"。现行法根据利用主体的不同对创设取得的土地承包经营权作了两种区分，其中，"以家庭承包方式取得的土地承包经营权"只有本集体经济组织成员才能取得；"以其他承包方式取得的土地承包经营权"的主体并不仅限于本集体经济组织成员，只是"在同等条件下，本集体经济组织成员享有优先承包权"。① 《物权法》以"土地承包经营权"一体保护承包农户和其他经营主体的土地承包关系。② 此处，土地承包经营权的主体是农业生产经营者，即从事农业生产的自然人、法人及非法人组织。这一二元化的制度安排无法区分两种不同土地承包经营权在权利设定及效力上的差异。

两权分离和三权分置的土地权利结构并存于《农村土地承包法修正案》。在三权分置之下，土地承包经营权是只有具备本集体成员身份的人才能取得和享有的土地承包经营权利。在同一法典之中，两权分离之下的土地承包经营权应与其同义。如此，《物权法》及《农村土地承包法》仅以两权分离下的土地权利结构为调整对象，在中国民法典物权编编纂及《农村土地承包法》修正之时，土地权利结构应做调整，其中所规定的"以其他承包方式取得的土地承包经营权"本身并无身份属性，但在纯化土地承包经营权身份属性的体系化要求之下，此种意义下的土地承包经营权不能由"土地承包经营权"这一概念予以涵盖。这些市场主体即使取得经营农村土地的权利，也只能是取得土地经营权。由此可见，《物权

---

① 参见《农村土地承包法》第四十七条。

② 实定法上所谓土地承包经营权，即指农业生产经营者以从事农业生产为目的，对集体所有或国家所有的由农民集体使用的土地进行占有、使用和收益的物权。参见《物权法》第一百二十五条："土地承包经营权人依法对其承包经营的耕地、林地、草地等享有占有、使用和收益的权利，有权从事种植业、林业、畜牧业等农业生产。"

法》及《农村土地承包法》中土地承包经营权的设立方式的区分——家庭承包方式和招标、拍卖、公开协商等其他承包方式，所指向的承包经营权意涵有别，后者应修改为土地经营权。[1] 故《农村土地承包法修正案》明确将以其他方式取得的经营农村土地的权利界定为土地经营权。对此，立法机构给出的立法理由颇值赞同。[2]

在这种体系重构思路之下，土地经营权这种市场化的权利，既可派生于土地承包经营权，也可派生于土地所有权。理想的法典结构应当是，将这两种土地经营权置于一章，先规定土地经营权的一般规则，如土地经营权的内容及其限制、登记及其效力，再分别规定两种土地经营权的特殊规则。但基于制度变迁成本的考虑，《农村土地承包法修正案》还是维持了现行法的既有结构体系，将派生于土地承包经营权的土地经营权规定于第二章第五节，将派生于土地所有权的土地经营权仍然规定于第三章"其他方式的承包"。由此引发的规则之间相互不协调的情形比较明显。例如，派生于土地所有权的土地经营权，已经不再具有"承包"所蕴含的成员权属性，仍然将其定位于"其他方式的承包"，将其产生依据仍然规定为"承包合同"，值得商榷。此外，如何看待此种情形之下的土地经营权的性质？在现行法之下，"以其他承包方式取得的土地承包经营权"同样位于《物权法》"土地承包经营权"章，在解释上，其性质应属物权。不过，亦有学者认为，"以其他承包方式取得的土地承包经营权"包括了债权性和物权性两种类型，只有经由登记才能使之具有物权属性。[3] 在三权分置之下，《农村土地承包法修正案》将土地经营权定性为债权（容后详述），是否弱化了对于"以其他承包方式取得的土地承包经营权"的保护？实际上，《农村土地承包法修正案》同时赋予土地经营权以登记能力，对已经登记的土地经营权的保护已与物权相当。如此看来，将"以其他承包方式取得的土地承包经营权"重构为土地经营权，不会损及权利人的利益，也不会带来太大的制度再造成本。

综上，市场主体经营农村土地的法权表达即为土地经营权，以"土地所有

① 高圣平：《农地三权分置视野下的土地承包权》，载于《法学家》2017 年第 5 期。
② 立法机构给出的立法理由是：家庭承包具有生产经营性质，也具有社会保障性质，只有本集体经济组织成员才有权承包，取得土地承包经营权。"四荒地"承包不涉及社会保障因素，承包方不限于本集体经济组织成员，其取得的权利在性质上不同于土地承包经营权。参见 2018 年 10 月 22 日在第十三届全国人民代表大会常务委员会第六次会议上，胡可明所做的《全国人民代表大会宪法和法律委员会关于〈中华人民共和国农村土地承包法修正案（草案）〉修改情况的汇报》的有关论述。
③ 何宝玉：《其他方式的承包及其管理》，引自刘坚主编：《〈农村土地承包法〉培训讲义》，中国农业出版社 2002 年版；最高人民法院民事审判第一庭：《最高人民法院农村土地承包纠纷案件司法解释理解与适用》，人民法院出版社 2005 年版；王崇敏、李建华：《物权法立法专题研究》，法律出版社 2012 年版。

权→土地承包经营权→土地经营权"的权利结构传达三权分置的指导思想，促进土地经营权的流转，实现新一轮农村土地制度改革所引起的制度变迁目标。同时，以"土地所有权→土地经营权"的权利结构改造"以其他承包方式取得的土地承包经营权"，纯化土地承包经营权的身份属性，反映三权分置政策带来的体系效应。

二、市场主体取得稳定经营预期的法技术路径

将《农村土地承包法修正案》定义的土地经营权与《物权法》中就土地承包经营权的定义性法条相比①，两者的权利内容都是从事农业生产经营，权利客体都是农村土地；两者之间的区别主要体现为：在权利主体上，土地经营权人是市场主体，没有身份限制，而土地承包经营权人在三权分置所引起的体系效应之下，仅限于本集体经济组织成员，具有身份属性；在权利设定依据上，土地经营权产生于"土地经营权流转合同"（派生于土地承包经营权之时）或"承包合同"（派生于土地所有权之时），而土地承包经营权产生于"土地承包经营权合同"（《物权法》）或"承包合同"（《农村土地承包法》）。

从上述土地经营权和土地承包经营权的定义性法条中尚无法准确判断两者的权利性质。土地承包经营权位于《物权法》第三编"用益物权"，依体系解释可以得出其属物权的结论；但就《农村土地承包法修正案》规定的土地经营权，尚无法得出其属物权的结论。而从《民法典各分编（草案）》第一百二十九条、第一百三十条的规定中②，也无法得出土地经营权属于物权的准确结论。

在三权分置政策提出之后，学术界就土地经营权的性质展开了充分的讨论，

---

① 《农村土地承包法修正案》将土地经营权界定为："土地经营权人有权在合同约定的期限内占有农村土地，自主开展农业生产经营并取得收益"；《物权法》上就土地承包经营权的定义性法条为："土地承包经营权人依法对其承包经营的耕地、林地、草地等享有占有、使用和收益的权利，有权从事种植业、林业、畜牧业等农业生产。"

② 参见《民法典各分编（草案）》第一百二十九条："实行家庭承包的土地承包经营权人依照农村土地承包法的规定，有权将土地承包经营权互换、转让或者出让土地经营权。出让的期限不得超过承包期的剩余期限。未经依法批准，不得将承包地用于非农建设"；第一百三十条："土地承包经营权人将土地承包经营权互换、转让或者出让土地经营权，当事人可以向登记机构申请登记；未经登记，不得对抗善意第三人。"《民法典各分编（草案）》已经通过十三届全国人大常委会第五次会议第一次审议，并于2018年9月5日在中国人大网上公开征求意见。

形成了"总括权利说"①、"物权说"②、"债权说"③、"两权说"④ 四种主要观点。⑤ 从试点改革和立法史来看，法政策上更倾向于将土地经营权定性为债权。⑥ 在"放活土地经营权"的三权分置政策目标之下，《三权分置意见》没有采取不动产物权变动模式的通常做法——"书面合同＋登记"来确认土地经营权。不仅如此，《农村土地承包法修正案草案（一审稿）》第三十九条第一款仅规定了签订债权合同即可。⑦ 同时，该草案（一审稿）中并未就土地经营权的登记作出规定。这里所体现出来的立法态度也与试点政策文件相一致，明显将土地经营权定性为债权。

市场主体是否取得稳定的经营预期，取决于法律上对土地经营权的定性。⑧ 将土地经营权定性为债权，将市场主体经营农村土地表达为债法性土地利用关系，仅在当事人之间发生效力，与现行法上土地承包经营权租赁权一样，无法形

---

① 高飞：《农村土地"三权分置"的法理阐释与制度意蕴》，载于《法学研究》2016 年第 3 期。

② 李国强：《论农地流转中"三权分置"的法律关系》，载于《法律科学》（西北政法大学学报）2015 年第 6 期；高圣平：《承包土地经营权抵押规则之构建——兼评重庆城乡统筹综合配套改革试点模式》，载于《法商研究》2016 年第 1 期；孙宪忠：《推进农地三权分置经营模式的立法研究》，载于《中国社会科学》2016 年第 7 期；崔建远：《民法分则物权立法研究》，载于《中国法学》2017 年第 2 期；陈耀东：《农地"三权分置"怎样与现行法律衔接》，载于《人民论坛》2017 年第 4 期；蔡立东、姜楠：《农地三权分置的法实现》，载于《中国社会科学》2017 年第 5 期；耿卓：《农地三权分置改革中土地经营权的法理反思与制度回应》，载于《法学家》2017 年第 5 期；陈小君：《我国涉农民事权利人民法典物权编之思考》，载于《广东社会科学》2018 年第 1 期。

③ 高海：《论农用地"三权分置"中经营权的法律性质》，载于《法学家》2016 年第 4 期；温世扬、吴昊：《集体土地"三权分置"的法律意蕴与制度供给》，载于《华东政法大学学报》2017 年第 3 期；刘云生、吴昭军：《政策文本中的农地三权分置：路径审视与法权建构》，载于《农业经济问题》2017 年第 6 期；高圣平：《论农村土地权利结构的重构——以〈农村土地承包法〉的修改为中心》，载于《法学》2018 年第 2 期。

④ 孙中华：《关于农村土地"三权分置"有关政策法律性问题的思考》，载于《农业部管理干部学院学报》2015 年第 1 期；申惠文：《法学视角中的农村土地三权分离改革》，载于《中国土地科学》2015 年第 3 期。

⑤ 上述观点的详细介绍，参见高圣平：《论承包地流转的法律表达》，载于《政治与法律》2018 年第 8 期。

⑥ 例如，《国务院办公厅关于引导农村产权流转交易市场健康发展的意见》指出，农村产权流转（包括土地经营权）交易市场"具有明显的资产使用权租赁市场的特征"，依体系解释，土地经营权也为因租赁而生的债权。《三权分置意见》没有采取不动产物权变动模式的通常做法——"书面合同＋登记"，而是提倡通过流转合同鉴定、交易鉴证等多种债权确认方式对土地经营权予以确认。

⑦ 《农村土地承包法修正案（一审稿）》第三十九条第一款规定："土地经营权采取出租（转包）、入股或者其他方式流转，当事人双方应当签订书面合同，并向发包方备案。"

⑧ 虽然在《三权分置意见》"三、逐步形成'三权分置'格局"之"（三）加快放活土地经营权"中指出，"赋予经营主体更有保障的土地经营权"和"保障其（土地经营权人）有稳定的经营预期"是完善农村基本经营制度的关键环节，要"加强对土地经营权的保护……支持新型经营主体提升地力、改善农业生产条件、依法依规开展土地经营权抵押融资"，但该意见仅将土地经营权定性为债权，需要法律作出准确界定。

成市场主体的稳定经营预期，市场主体也难以借由土地经营权担保融资。若如此就没有完成试点改革所带来的制度变迁，也无法达到三权分置的政策目标。市场主体取得稳定的经营预期的最为理想的模式，是将其取得的土地经营权定性为物权，因为物权性的土地利用关系可以巩固当事人之间的法律关系，并可以对抗第三人。① 但基于土地经营权主要反映的是承包地出租等债权性流转的事实②，以及土地经营权因租金年付制所具有的不稳定因素③，在法体系之下，不宜将其界定为物权④。我国现行法上就有租赁权的物权化保护（如买卖不破租赁），虽然可以赋予市场主体就其土地经营权对抗第三人的效力，但租赁权的隐蔽性已经危及当事人合法权益和市场交易安全，就此，学说上已有赋予不动产租赁权登记能力的动议。⑤ 同时，现行法上就租赁权这一债权性质的权利提供担保融资存在巨大争议⑥，物权化保护的土地经营权也难以有适当的路径进入融资担保领域。

登记制度的引入提供了可供选择的技术路径。土地经营权在性质上虽然属于债权，但经由不动产登记簿的记载，可明晰市场主体对于农村土地的利用关系，使得土地经营权确定化。第三人通过不动产登记簿即可查知特定农村土地之上的权利负担，从而作出理性的商业判断。由此可见，经登记的土地经营权不仅在当事人之间发生法律效力，而且还被赋予一定的支配和排他效力⑦，可以对抗第三人。同时，在土地经营权已行登记的前提之下，金融机构接受市场主体提供的土地经营权进行担保融资之时，自可在土地经营权上登记抵押权负担，其抵押权设定即满足了法定的公示要件，土地经营权担保融资才能据以展开。⑧ 否则，土地经营权未登记，土地经营权抵押权也就无从登记，金融机构就土地经营权的抵押权也就无从设定。

值得注意的是，是否就土地经营权办理登记，应由当事人自由决定。土地经

---

① 王泽鉴：《民法物权》，北京大学出版社 2010 年版。

② 目前，承包地流转实践中，出租和转包占到总流转面积的 78.6%。参见孙中华：《关于农村土地"三权分置"有关政策法律性问题的思考》，载于《农业部管理干部学院学报》2015 年第 1 期。

③ 汪险生、郭忠兴：《流转型土地经营权抵押贷款的运行机制及其改良研究——基于对重庆市江津区及江苏新沂市实践的分析》，载于《经济体制改革》2017 年第 2 期。

④ 我国合同法上将承租人基于租赁合同所取得的权利定性为债权。

⑤ 孙宪忠：《不动产登记基本范畴解析》，载于《法学家》2014 年第 6 期；高圣平：《不动产权利的登记能力——评〈不动产登记暂行条例（征求意见稿）〉第 4 条》，载于《政治与法律》2014 年第 12 期；常鹏翱：《论可登记财产权的多元化》，载于《现代法学》2016 年第 6 期。

⑥ 高圣平：《金融创新视角下的商铺租赁权担保：体系定位与法律效力》，载于《山东大学学报》（哲学社会科学版）2017 年第 6 期。

⑦ 温世扬、吴昊：《集体土地"三权分置"的法律意蕴与制度供给》，载于《华东政法大学学报》2017 年第 3 期。

⑧ 高圣平：《论农村土地权利结构的重构——以〈农村土地承包法〉的修改为中心》，载于《法学》2018 年第 2 期。

营权的流转形式复杂多样，法律上并不加以限制，代耕代种、托管、出租、转包、入股等均无不可；对于土地经营权的流转期限，法律上也不作强行安排。就期限较短的土地经营权，市场主体稳定经营预期的需求较弱，市场价值也有限，金融机构的担保融资也很难据此展开，当事人可选择不登记。如此，登记并不是土地经营权流转的强制性要求。正是在此背景之下，《农村土地承包法修正案》规定了土地经营权的登记。①

《农村土地承包法修正案》明确规定只有流转期限为 5 年以上的土地经营权才能登记②，其正当性何在？正如前述，土地经营权的流转期限不同，市场主体的稳定性需求也不同，是否借由登记来保障自己权利的必要性也不同。法律上明确流转期限为 5 年以上的土地经营权可以登记，在一定程度上起着指引和倡导当事人登记的作用，但具体经营用途不同，稳定经营预期对流转期限的长短要求也不同。然而，强制性地规定 5 年以上的流转期限才可以登记，在一定程度上限制了当事人的行为自由，为何流转期限为 3 年的土地经营权就不可登记？

上引条文的表述存在可能的两种解释：其一，土地经营权在性质上属于债权，但有登记能力。这一解释方案与《农村土地承包法修正案》的立法过程和试点政策文件的精神较为契合。其二，土地经营权有债权性和物权性之分，未登记的土地经营权是债权，包括流转期限低于 5 年的土地经营权，和未登记的流转期限为 5 年以上的土地经营权；已登记的土地经营权是物权，仅包括已登记的流转期限为 5 年以上的土地经营权。因为法条中的表述是"未经登记，不得对抗善意第三人"，此与登记对抗主义之下的物权相当。③ 在解释上，地役权和动产抵押权均属物权，只不过采行特殊的债权意思主义物权变动模式而已。④ 这一规定的不同解释方案进一步说明了债权意思主义之下，物权和债权界分上的困难。笔者

---

① 针对该规定，立法机关给出的立法理由是："推进'三权分置'改革，关键是要明确和保护经营主体通过流转合同取得的土地经营权，保障其经营预期。实践中，不同经营主体对土地经营权登记颁证的需求存在差异，有的经营者希望能通过登记的方式获得长期稳定的土地经营权，而有的短期经营者则认为没有必要办理登记。宪法和法律委员会经研究认为，有必要赋予土地经营当事人一定的选择权，通过建立土地经营权的登记颁证制度，合理平衡各方权利义务"。参见胡可明：《全国人民代表大会宪法和法律委员会关于〈中华人民共和国农村土地承包法修正案（草案）〉修改情况的汇报》，2018 年 10 月 22 日在第十三届全国人民代表大会常务委员会第六次会议上。

② 参见《农村土地承包法修正案》第四十一条的规定："土地经营权流转期限为五年以上的，当事人可以向登记机构申请土地经营权登记。未经登记，不得对抗善意第三人。"

③ 例如，《物权法》第一百五十八条规定："地役权自地役权合同生效时设立。当事人要求登记的，可以向登记机构申请地役权登记；未经登记，不得对抗善意第三人。"第一百八十八条规定："以本法第一百八十条第一款第四项、第六项规定的财产或者第五项规定的正在建造的船舶、航空器抵押的，（动产）抵押权自抵押合同生效时设立；未经登记，不得对抗善意第三人。"

④ 王利明：《物权法研究》，中国人民大学出版社 2016 年版；崔建远：《物权：规范与学说——以中国物权法的解释论为中心》，清华大学出版社 2011 年版。

赞成第一种解释方案。在第二种解释下，同样是三权分置的产物，同样为土地经营权的语义所涵盖，却既有物权又有债权。物权和债权的区分决定了立法者在规则设计上难以抽象出土地经营统一的权利内容、效力、公示方法，同时也就无法形成其他市场主体的信赖外观。①

就派生于土地所有权的土地经营权，《农村土地承包法修正案》规定："通过招标、拍卖、公开协商等方式承包农村土地，经依法登记取得权属证书的，可以依法采取转让、出租、入股、抵押或者其他方式流转其土地经营权。"从本条上无法得出登记对于此种土地经营权设定的意义。依文义解释，此种土地经营权的转让、出租、入股、抵押或者其他方式流转，应以登记为前提，但登记是否影响土地经营权的设定，是否影响土地经营权对抗第三人的效力，就无法从本条文义得出，尚需借由体系解释等其他解释方法。《农村土地承包法修正案》同时规定："以其他方式承包农村土地的，应当签订承包合同，承包方取得土地经营权。当事人的权利和义务、承包期限等，由双方协商确定。以招标、拍卖方式承包的，承包费通过公开竞标、竞价确定；以公开协商等方式承包的，承包费由双方议定。"这里，"签订承包合同"的法律后果是使市场主体取得土地经营权，在解释上，承包合同生效，土地经营权即设定。此种解释方案与派生于土地承包经营权的土地经营权相一致，土地经营权流转合同生效，土地经营权设定。由此可见，派生于土地所有权的土地经营权和派生于土地承包经营权的土地经营权应做统一解释，"未经登记，不得对抗善意第三人"。

综上，无论是哪种土地经营权，市场主体取得稳定经营预期的法技术路径均为登记。经由登记，债权性质的土地经营权取得类似于物权的效力，不仅在当事人之间发生效力，还可以对抗第三人，稳定的土地利用关系得以确立。土地经营权人还可以其土地经营权为金融机构设定抵押权，以促进农地金融的发展。

三、市场主体以土地经营权担保融资的法律表达

《三权分置意见》指出，"加快放活土地经营权""支持新型经营主体提升地力、改善农业生产条件、依法依规开展土地经营权抵押融资"。由此可见，实现土地经营权担保融资是三权分置改革的重要目标。承包地的土地经营权担保融资

---

① 高圣平：《承包地三权分置的法律表达》，载于《中国法学》2018年第4期。

改革试点取得了良好的绩效①，《农村土地承包法》的修改应体现这一改革成果。

在立法讨论过程中，有关人士提出《农村土地承包法修正案草案（一审稿）》第二十四条规定的土地经营权融资担保的登记及实现需要进一步明确。②《农村土地承包法修正案》第四十七条遂对之做了修改③，但从农地担保法律关系的视角，本条尚有以下问题值得商榷：

第一，担保财产指称不明确。《农村土地承包法修正案》第四十七条涵盖两种担保财产：承包方——"承包地的土地经营权"，受让方——"通过流转取得的土地经营权"。这里的失当之处有二：其一，是否包括"承包方以其他方式承包农村土地取得的土地经营权"存在解释困境。就进入融资担保领域的担保财产而言，《农村土地承包法修正案》涉及三类土地权利：一是承包农户以家庭承包方式取得的土地承包经营权；二是受让方通过流转取得的土地经营权；三是承包方以其他方式承包农村土地取得的土地经营权。本条第一款前句所谓"承包方可以用承包地的土地经营权向金融机构融资担保"虽然在解释上可能包括"承包方以其他方式承包农村土地取得的土地经营权"，但就后者而言，现行法并不要求本条第一款前句的程序性要件——"向发包方备案"。此外，从该条所处的体系位置第二章第五节"土地经营权"来看，本条前句明显未及于后者。如此，本条并未及于"承包方以其他方式承包农村土地取得的土地经营权"。其二，"承包地的土地经营权"的表述是否合适？"承包地的土地经营权"虽然采行了试点政

①　就此，全国人大常委会《关于授权国务院在北京市大兴区等232个试点县（市、区）、天津市蓟县等59个试点县（市、区）行政区域分别暂时调整实施有关法律规定的决定》暂时调整实施《物权法》等关于集体所有的耕地使用权不得抵押的规定，以使试点改革于法有据。国务院《关于开展农村承包土地的经营权和农民住房财产权抵押贷款试点的指导意见》以及中国人民银行、中国银行业监督管理委员会、中国保险监督管理委员会、财政部、农业部联合发布的《农村承包土地的经营权抵押贷款试点暂行办法》对试点改革做了具体的规定。

②　《农村土地承包法修正案草案（一审稿）》第二十四条规定："承包方可以用承包土地经营权向金融机构融资担保。第三方通过流转取得的土地经营权，经承包方或其委托代理人书面同意，可以向金融机构融资担保。具体由国务院有关部门规定。"参见胡可明：《全国人民代表大会宪法和法律委员会关于〈中华人民共和国农村土地承包法修正案（草案）〉修改情况的汇报》，2018年10月22日在第十三届全国人民代表大会常务委员会第六次会议上。

③　《农村土地承包法修正案》第四十七条将《农村土地承包法修正案草案（一审稿）》第二十四条修改为："承包方可以用承包地的土地经营权向金融机构融资担保，并向发包方备案。受让方通过流转取得的土地经营权，经承包方书面同意并向发包方备案，可以向金融机构融资担保"（第一款）。"担保物权自融资担保合同生效时设立。当事人可以向登记机构申请登记；未经登记，不得对抗善意第三人"（第二款）。"实现担保物权时，担保物权人有权就土地经营权优先受偿"（第三款）。"土地经营权融资担保办法由国务院有关部门规定"（第四款）。对此修改，二审稿给出的立法理由是："通过赋予担保物权登记对抗效力，明确担保物权人在实现担保物权时有权以土地经营权优先受偿，有利于保护融资担保各方当事人的合法权益。"参见胡可明：《全国人民代表大会宪法和法律委员会关于〈中华人民共和国农村土地承包法修正案（草案）〉修改情况的汇报》，2018年10月22日在第十三届全国人民代表大会常务委员会第六次会议上。最终通过的《农村土地承包法修正案》保留了这一规定。

策文件的表述①，但这些政策文件中"承包地的土地经营权"包括了两类权利："通过家庭承包方式依法取得的土地承包经营权"和"通过合法流转方式获得的承包土地的经营权"，本条第一款明显将这两者作了区分，涵盖两权分离和三权分置之下融资担保的不同情形。本法将承包农户依家庭承包方式所取得的承包地权利称为"土地承包经营权"，在两权分离之下，并不存在所谓"承包地的土地经营权"。也就是说，就承包农户而言，设定担保的标的是土地承包经营权，并不是土地经营权。学界有主张认为，"土地承包经营权人未为他人设定经营权场合，其可以为自己在土地承包经营权上设定经营权，再以经营权作为标的，为债权人设定抵押权"②。这一观点是在维系现行法禁止土地承包经营权抵押的情形之下所作出的折中方案，缺陷在于一则在自己的土地承包经营权之上为自己设定土地经营权，会导致"自己他物权"这一违反体系的制度安排；二则登记簿上须先在土地承包经营权之上登记土地经营权负担，再在土地经营权之上登记抵押权负担，导致登记程序上的烦琐。既然本条将承包地的土地经营权与抵押贷款试点改革中的担保财产做了区分，不如直接将本条第一款前句承包方"承包地的土地经营权"直接规定为承包方的土地承包经营权，至于土地承包经营权抵押权实现之时可能导致的承包农户丧失承包地的情形，可以通过改革抵押权的实现方式，引入强制管理加以解决，容后详述。

第二，没有规定担保物权的种类，有违物权法定原则。《物权法》就物权种类的规范采取了三个层次：第一层次是"所有权""用益物权""担保物权"等上位的物权种类；第二层次是"建筑物区分所有权""土地承包经营权""抵押权"等中位的物权种类；第三层次是"以家庭承包方式取得的土地承包经营权""以其他承包方式取得的土地承包经营权"等下位的物权种类。③ 在我国担保物权体系中，就上位、中位、下位物权种类规范之间的关系，有学者已经做了深入的阐述④，中位的物权种类是"抵押权""质权""留置权"；下位的物权种类既包括"一般抵押权""最高额抵押权""动产质权""权利质权"，也包括"动产

① 参见《中共中央、国务院关于全面深化农村改革加快推进农业现代化的若干意见》（2014 年中央一号文件）、《国务院关于开展农村承包土地的经营权和农民住房财产权抵押贷款试点的指导意见》、《农村承包土地的经营权抵押贷款试点暂行办法》。

② 蔡立东、姜楠：《承包权与经营权分置的法构造》，载于《法学研究》2015 年第 3 期。

③ 《农村土地承包法修正案》已经明确将"以其他承包方式取得的土地承包经营权"重构为土地经营权的一种类型，其债权属性至为明显，民法典物权编中应改变立法态度，修改相应规则。

④ 在下位或中位的物权种类规范已经相当确定和完整的情形之下，"上位物权种类规范就存而不用"，"其价值主要是引领规范体系的布局，而不再适用"。"在中、下位物权种类中，不同物权种类的差别不小，抛开这些具体规定而将某项权利归于上位物权种类，无法展现法官如何认定该权利、如何适用法律的思维和说理过程，无法有效地进行评价和监督，应不足取。"参见常鹏翱：《物权法定原则的适用对象》，载于《法学》2014 年第 3 期。

抵押权""土地承包经营权抵押权""股权质权""应收账款质权"等，其中后者的具体规范在形式上不明显，尚需根据法条布局和表达来辨析。① 准此，在某一财产进入融资担保领域，应明定其中位和下位的物权种类。《农村土地承包法修正案》第四十七条笼统地以上位的物权种类——"担保物权"加以规定，将直接导致具体规范的缺失，在《农村土地承包法修正案》仅作原则性规定的情形之下，担保物权的具体规则尚须在《物权法》中去寻找，如不明定其中位的物权种类——"抵押权"或"质权"，极易导致法律适用上的困难。

土地承包经营权充作融资担保财产之时，在体系定位上，其中位的物权种类应是"抵押权"，下位的物权种类应是"土地承包经营权抵押权"，对此应无争议。但就定性为债权的土地经营权而言，其中位的物权种类是"抵押权"还是"质权"，则存疑问。有学者认为，债权性质的土地经营权不能作为抵押财产，"如果土地经营权界定为债权它是不能抵押的，只能质押或者担保"②。其理由是，权利抵押权的标的通常是用益物权。土地经营权作为具有财产属性的权利，其上可以设定权利质权。根据《物权法》和《中华人民共和国民法总则》的规定，权利在法律明文规定的情况下，可以作为物权的客体。其中，权利既可作为抵押权的客体（《物权法》第一百八十条），又可作为质权的客体（《物权法》第二百二十三条），两者之间的区分在于担保物权设定之后，担保人是否丧失对担保财产的利用权。③ 土地经营权虽然定性为债权，但系属不动产权利，应无疑异。土地经营权之上设定担保之后，土地经营权人并未丧失对土地的利用权，在担保期间仍然行使着土地经营权。准此，在体系定位上，土地经营权担保权应属抵押权的范畴。试点改革文件在将土地经营权定性为债权的基础上采行"土地经营权抵押贷款"的提法，《民法典各分编草案》也明显采取了抵押权的体系定位立场（《民法典物权编（草案二次审议稿）》第二百零九条）。如此看来，《农村土地承包法修正案》第四十七条的处理就值得商榷，应明定以土地承包经营权、土地经营权设定担保权时，均属抵押权规制范畴。

第三，担保物权的设定采意思主义物权变动模式，与我国现行规定相冲突。《农村土地承包法修正案》第四十七条第二款明定，担保物权自融资担保合同生效时设立，但未经登记，不得对抗善意第三人。但在《物权法》之下，不动产物

---

① 常鹏翱：《物权法定原则的适用对象》，载于《法学》2014 年第 3 期。

② 刘振伟：《三权分置关键是土地经营权定性》，载于《经济参考报》2015 年 8 月 6 日，第 1 版。

③ 学说上以为，只有与质权性质不相抵触的财产权才能作为质权的客体（参见谢在全：《民法物权论》，中国政法大学出版社 2011 年版；高圣平：《担保法论》，法律出版社 2009 年版）。而不动产权利，如设定质权，应以权利让与的方式为之，则须经由移转登记始生效力，已与质权的定限物权性质不合，因此，不动产权利不得为权利质权的标的物（参见郑冠宇：《民法物权》，台北新学林出版社股份有限公司2014 年版）。

权变动采债权形式主义立法模式，未经登记，不发生效力（第九条前段），仅在法律另有规定的情形才采债权意思主义；不动产（权利）抵押权均采登记生效主义，未经登记，抵押权不设立（第一百八十九条），其中即包括"以招标、拍卖、公开协商等方法取得的荒地等土地承包经营权"抵押权。① 《农村土地承包法修正案》第四十七条第二款的规定改变了既有的立法传统，值得检讨。虽然现行法就土地承包经营权采意思主义物权变动模式，"承包方自承包合同生效时取得土地承包经营权"（参见《农村土地承包法》第二十二条、《农村土地承包法修正案》第二十三条），《农村土地承包法修正案》就土地经营权采取登记对抗主义，但仅此并不能说明土地承包经营权抵押权、土地经营权抵押权也应采取意思主义物权变动模式，也奉行登记对抗主义。在学理上，意思主义将抵押权的设定直接系于当事人意志，虽然尊重了担保交易的自由，有助于担保交易之便捷，但已经在当事人之间发生效力的抵押权却不能对抗第三人，极易导致当事人对内关系和对外关系的不一致，产生了不具有对世效力的物权，从而与物权的本质相背离。与此相反，形式主义将登记作为抵押权设定的生效要件，不仅可以使抵押权的设定得以清晰确定，同时经由对当事人对内关系和对外关系的一元化处理，克服了意思主义下将法律关系分裂为对内关系和对外关系所带来的复杂问题②，在制度逻辑上显得连贯自然。在法政策上，究竟采行何种主义，取决于我国当下经济环境、社会需求、法律传统、交易习惯等因素。考虑到目前农地金融发展的改革政策和总体趋势③，以及金融机构为保证信贷资金安全所采取的登记实践，注意到我国民法整体上追随形式主义④，土地承包经营权、土地经营权抵押权采形式主义，应为《农村土地承包法》修改之时的理性选择。

第四，担保物权的实现规则没有准确表达土地承包经营权、土地经营权抵押权实现时的特殊性。《农村土地承包法修正案》第四十七条第三款明定："实现担保物权时，担保物权人有权就土地经营权优先受偿。"在法体系上，担保物权的实现规则规定于《物权法》担保物权编（民法典物权编），如无特别规定，《农村土地承包法》可以不做规定，直接适用《物权法》的规定即可。土地经营权本身是一个市场化的权利，土地经营权抵押权的实现也就无须特别的政策考量，直接适用《物权法》即可，在抵押权可得实现之时，由当事人协议以土地经

---

① 虽然《农村土地承包法修正案》将此种情形的土地承包经营权改为土地经营权的一种形态，但《民法典各分编（草案）》第一百三十五条仍然作为抵押财产的一种加以规定。

② 孙鹏：《物权公示论——以物权变动为中心》，法律出版社 2004 年版；孙鹏、王勤劳、范雪飞：《担保物权法原理》，中国人民大学出版社 2009 年版。

③ 《国务院关于开展农村承包土地的经营权和农民住房财产权抵押贷款试点的指导意见》和《农村承包土地的经营权抵押贷款试点暂行办法》均将土地承包经营权、土地经营权担保定性为设定抵押。

④ 王利明：《物权法研究》，中国人民大学出版社 2016 年版。

营权的变价款优先受偿①；协议不成的，抵押权人可以请求人民法院拍卖、变卖土地经营权。但在三权分置之下，土地承包经营权是具有身份性质的权利，其取得和享有均以具有本集体成员身份为前提，由此而决定，依一般规则实现土地承包经营权抵押将面临两大困境：一则因受让人身份的限制使得土地承包经营权的市场价值无法实现；二则以变价的方式处置土地承包经营权将导致承包农户失去承包地，也就使得承包农户失去了基本的生活和就业保障。《国务院关于开展农村承包土地的经营权和农民住房财产权抵押贷款试点的指导意见》指出，在土地承包经营权抵押权可得实现之时，"允许金融机构在保证农户承包权……前提下，依法采取多种方式处置抵押物"。如此看来，为达到"不论承包经营权如何流转，集体土地承包权都属于农民家庭"的政策目标，不能采取《物权法》上的折价或变价实现的方式。在《民法典各分编草案》对此未做规定的情形之下，《农村土地承包法修正案》应就土地承包经营权实现的特殊规则作出特别规定。在强制执行法上，除了以折价、变价等方式之外，尚有强制管理和收益执行方式。② 我国实行执行措施法定主义，为规避土地承包经营权金融化之后可能产生的不利影响，《农村土地承包法修正案》中增加了"强制管理"这一方式，土地承包经营权抵押权实现之时，只得采取强制管理的方法，以土地经营权的收益清偿债务。"以承包地的土地经营权为标的物设定担保，当债务人不能履行债务，债权人依法定程序处分担保物，只是转移了承包地的土地经营权，实质是使用权和收益权，土地承包权没有转移，承包地的集体所有性质也不因此改变。"③ 这进一步说明，承包农户为金融机构设定担保物权之时，并未为后者派生出土地经营权，仍然是以其土地承包经营权作为担保财产，只不过在担保物权实现之时，发生派生出土地经营权的情形。

综上，在《民法典》于《农村土地承包法修正案》之后通过的既定立法规划的背景之下，为使已经展开的承包土地的经营权抵押贷款工作于法有据，《农村土地承包法修正案》就土地承包经营权和土地经营权的担保融资作出了明文规定。考虑到《民法典》系调整一般民商事活动的规则，《农村土地承包法修正案》可就土地承包经营权和土地经营权抵押的特殊规则作出规定。

---

① 由于抵押权人是金融机构，按照《商业银行法》等的规定，金融机构不得购买非自用不动产，也就不能以协议折价的方式取得土地经营权。

② 强制管理，是以不动产的收益为执行对象的换价方法，由执行法院选任管理人对被执行人的已查封不动产实施管理，并以其所得收益满足债权人的金钱债权。以强制管理方式实现土地承包经营权抵押权，并不变卖拍卖土地承包经营权，而是让受让人取得其上的土地经营权，用行使土地经营权获得的利益清偿债务，债务结清后，土地经营权即消灭，土地承包经营权恢复原状。参见赖来焜：《强制执行法各论》，台北元照出版有限公司 2008 年版，第 406 页；房绍坤：《论土地承包经营权抵押的制度构建》，载于《法学家》2014 年第 2 期；高圣平：《承包地三权分置的法律表达》，载于《中国法学》2018 年第 4 期。

③ 刘振伟：《巩固和完善农村基本经营制度》，载于《农村工作通讯》2019 年第 1 期。

第五篇

乡村振兴与土地
制度变革

第二十六章

乡村振兴战略的实施与制度供给

党的十九大报告提出实施乡村振兴战略，作为实现"两个一百年"奋斗目标的重要举措。乡村现代化不仅是中国建设现代化强国的重要战场，而且在很大程度上决定中国梦的成色。实施乡村振兴战略将是未来"三农"领域理论创新、决策制定、政策实施、政府工作的基本方位。党的十九大报告描绘了"产业兴旺、生态宜居、乡风文明、治理有效、生活富裕"的未来农村图景，2018年中央1号文件作出了2020年、2035年、2050年三个阶段的乡村振兴战略部署。乡村振兴战略的提出与实施，意味着"三农"作为"农业、农民、农村"三位一体的回归，乡村是农业和农民的空间与载体，以乡村振兴为抓手有望真正解决中国久拖未决的"三农"问题。

乡村振兴战略提出之后，从学术界、政策界、地方政府的反应，彰显了乡村振兴研究滞后对战略实施的可能后果。迄今为止学术界的解读热度不减，但基本上是以传统思维对这一战略的自我解释，要么继续以单向城市化逻辑来理解乡村的归宿，要么以孤立的乡土和传统农业思维陷入脱离实际的乡村浪漫主义情绪。乡村振兴面临的最大"瓶颈"是理论的缺乏。中国共产党在各个阶段都强调"三农"的基础地位和全党工作重中之重的位置，但是，在农业份额已经降到7%以后，"三农"基础地位的理论依据如何表述？长期以来，关于"三农"问题的研究存在农业—农民—农村的顺序，农业作为之首是因为历史以来"吃饭问题"的重要性和保障国家工业化战略的意义，农民问题受到重视是因为小农对国家秩序的意义，乡村问题事实上位于"三农"问题的末端，以传统农业为主导的"三农"理论存在重大缺陷。在我们看来，乡村振兴战略承载的是新时代乡村现

489

代化的使命，需要基于发展阶段、城乡格局和乡村变迁趋势的分析，重新思考乡村与城市的关系、农民与土地及村庄的关系以及代际变化等对乡村发展的影响，农业内涵、功能与基础性地位的重新界定，农业优先发展与乡村现代化的路径，村庄作为一种制度装置的功能和演化。

与落实乡村振兴中的工程化和项目化相比，制度供给滞后成为实施乡村振兴战略的最大制约。当代乡村问题的存在与趋于加重，本身就是扭曲的城乡关系和城乡制度不平等的结果。如果在既有制度架构下实施乡村振兴，乡村的衰败只会加剧，必须在乡村振兴战略下切实推行导致乡村不振的制度改革。同时我们也发现，随着城乡关系的调整，乡村经济活动的变化，农民代际引发的经济和社会行为特征改变，以及乡村的分化加剧，乡村经济机会增加，相对要素价格变化，制度变迁的收益提高，加大了乡村振兴制度供给的激励。因应城乡关系的历史性变化和乡村变化的机遇，提供有效的制度供给，将是实现乡村振兴的重要保障。本章旨在分析乡村振兴的制度制约、乡村问题的成因，在此基础上，提出支撑乡村振兴的制度供给的总体思路、目标模式与实施路径。

一、国内外研究现状与评述

（一）农业为什么没有跟上工业化步伐

工业化在后发经济体中一直被赋予至高无上的地位，普遍认为它是一切现代社会进步的动力和源泉。[1] 但是，工业化普遍被理解为经济重心由初级产品向制造业生产的转移[2]，主要特征为制造业活动在国民收入和劳动人口份额的上升[3]。这种对工业化的片面理解造成"二战"后很多民族国家的农业发展受挫和对国民经济的拖累。发展中国家误以为工业能够带来经济发展而农业代表落后，从而认为应当用获得的农业剩余来补贴工业，尤其许多社会主义国家通过"剪刀差"实

---

[1]　P. K. Chang. *Agriculture and Industrialization*. Harvard University Press，1949.

[2]　Chenery H.，S. Robinson and M. Syrquin. *Industrialization and Growth：A Comparative Study*. Oxford University Press，1986.

[3]　伊特韦尔：《新帕尔格雷夫经济学大辞典》，经济科学出版社 1992 年版。

现这一目标。① 将工业化看作制造业（尤其是重工业部门）在国民经济中比重的增加，造成了只注重集中资源投资于制造业，而忽视了传统农业的改造和农村发展的错误倾向，这是战后发展中国家工业化进程步履维艰和屡屡失败的重要根源之一。② 工业化应该涵盖整个国民经济，它至少应该包括工业和农业的机械化和现代化。工业化表现为"一系列基要的生产函数"发生连续的变化，进而导致生产过程、经济组织、社会结构，以及人们的生活方式、消费方式、行为方式和思维方式的变化。以此认识"工业化"，就不可能出现为了发展工业制造业而牺牲农业的错误倾向。③

遗憾的是，以错误理念推动的工业化就在提出过正确概念的经济学家的国家发生了。中国通过重工业优先发展战略建立完备的工业体系、实现从农业国到工业国的转变，所付出的代价极其高昂。这套政策导致农业增长速度的下降，也造成农产品和农业生产要素市场的扭曲。要素市场扭曲所导致的农业增长缓慢，使得整个经济增长受到影响。由此导致的对农村劳动力向城市流动的限制，使中国的农村陷入贫困。

（二）城市偏向导致的城乡差距

城市是经济、政治和人民精神生活的中心，被作为前进的主要动力。④ 都市化是人口从乡村向城市运动，并在都市中从事非农业工作，是乡村生活方式向城市生活方式的转变。但是，后发经济体实施的城市偏向政策往往导致农业、农村发展被忽视。形成城市倾向政策的手段通常是实行"工农业产品价格的剪刀差"政策，即通过扭曲产品和生产要素价格，创造偏向城市而不利于农业、农村和农民的政策，获取农业剩余以补贴工业化。⑤ 发展中国家选择城市倾向政策，一方面由于对农业征税可以为工业化提供绝对必要的财政支持。中国城乡分割的根源在于中央计划经济采取了重工业优先的发展策略，需要提取农业剩余以增加城市资本积累以及对城市进行补贴⑥。另一方面，大多数发展中国家的政治结构造成城乡居民在政治谈判地位和政策影响力上存在严重的不对等。农村部门拥有大多

---

① Krueger A. Trade Policy and Economic Development：How We Learn. *American Economic Review*，1997，8（1）.

② 张培刚：《新发展经济学》，河南人民出版社 1992 年版。

③ P. K. Chang. *Agriculture and Industrialization.* Harvard University Press，1949.

④ 《列宁全集》第 19 卷，人民出版社 1959 年版。

⑤ Schultz，T. W. *Distortions of Agricultural Incentives.* Bloomington：Indiana University Press，1978.

⑥ Yang，Dennis Tao. Urban‐Biased Policies and Rising Income Inequality in China. *American Economic Review Papers and Proceedings*，1999：306－310.

数贫困人口以及成本低廉的各种资源，城市部门拥有大部分的表达渠道、组织和权力，农民的分散居住和个体产出水平占比有限导致极高的集体沟通成本和"搭便车"问题，这些因素导致农村部门居于不利地位。中国实施城市倾向政策的根源在于新中国成立初期确立的重工业优先发展的战略，改革时期城市倾向政策依然存在，则是由于原有战略形成的城市利益刚性。[①]

中国城市倾向政策的主要执行机制包括对农业生产的控制、农产品上缴、压低粮价以及通过户籍制度对劳动力由农村到城市的流动限制。城乡居民之间的福利待遇差异、倾向性政策下农村居民更高的生活成本、城乡之间教育及医疗卫生设施差异以及有利于城市的金融转移项目，导致了巨大的城乡收入差距。城市倾向的政策造成农产品和农业生产要素市场的扭曲，导致经济系统的扭曲，从而最终降低了农业和整个经济体系的增长，对于中国未来的经济增长不利。

（三）城乡统筹与城乡关系调整

直到 20 世纪 90 年代中期前后，农村总体上都还处于为城市和工业部门提供资金的阶段，在 1998 年国家确立"多予、少取、放活"的方针前后，情况才有所缓解，但是农村、农业受扶持的力度非常有限。[②] 2003 年以来中央政府对城乡关系进行重大调整。我国城乡关系进入城乡统筹发展阶段，密集出台一系列强农、惠农、富农政策。

总的来说，党的十六大以来，统筹城乡发展对城乡之间公共资源均衡分配功不可没，城乡之间公共政策差距在缩小。但是，在"城乡统筹"中政府占主导、市场力量不足，最后导致乡村被城市"统筹"，城市高度繁荣、农村衰败的局面并没有得到改变。[③] 城乡分隔的二元体制和城市优先发展战略，促使大量劳动力、土地、资本等生产要素向城市集聚，制约了乡村可持续发展，引发了日趋严峻的"乡村病"：土地、人口等生产要素高速非农化；农村社会主体过快老弱化，乡村人气不旺、人力不足，制约了现代农业与乡村转型发展。[④] 农村青壮年主力军选择离开家乡到大城市闯荡，他们离土、出村、不愿意回村，加剧了农村的衰落；村庄用地严重空废化。据测算，全国空心村综合整治潜力达 1.14 亿亩。空心村

① 蔡昉、杨涛：《城乡收入差距的政治经济学》，载于《中国社会科学》2000 年第 4 期。
② 李明、邵挺、刘守英：《城乡一体化的国际经验及其对中国的启示》，载于《中国农村经济》2014 年第 6 期。
③ 刘守英：《乡村为何衰败？如何复兴？》，载于《财经》2017 年第 20 期。
④ 刘彦随：《中国新时代城乡融合与乡村振兴》，载于《地理学报》2018 年第 4 期。

不整治，新农村难振兴①；乡村地区深度贫困化，城乡居民收入差距难以缩小②；乡村社会治理隐患存在。

（四）党的十九大以来对乡村振兴战略的解读

现阶段我国社会的主要矛盾已经转化为人民日益增长的美好生活需要和不平衡不充分的发展之间的矛盾，这种发展的不平衡不充分，突出反映在农业和乡村发展的滞后上。随着农业机械化的普及和农业社会化服务体系的健全，农民在大宗作物生产上的劳动强度逐步降低，劳动时间不断减少，使农民利用好比以往更充裕的剩余劳动时间，在农村创造新的供给、满足城镇居民新的需求，正是实施乡村振兴战略的本意所在。③

实施乡村振兴战略应在党管农村工作，农业农村优先发展，农民主体地位，乡村全面振兴，城乡融合发展，人与自然和谐共生，因地制宜、循序渐进七个原则④的基础上，实现乡村的美好产业、美好家园、美好风气、美好秩序和美好生活⑤。具体来讲，应当建立健全城乡融合制度保障体制：一是必须建立城乡统一的要素市场，进一步扩大要素在城乡之间的自由流动；二是必须抛弃将农村视为两个"蓄水池"的陈旧思想；三是必须将农业竞争力提高战略纳入国民经济整体竞争力提高战略；四是必须使各项经济政策推动中国人口布局大调整；五是必须完成现行农村政策在实施对象上的转变。⑥除此之外，还应当实现农业技术进步模式转变、农地保护模式转变、城乡区划模式转变、城乡社会治理模式转变、土地产权制度以及农业经营制度变革。

实施乡村振兴战略就是要坚持改革创新精神，按照"七个必须"的要求走中国特色社会主义乡村振兴道路：一是必须重塑城乡关系，走城乡融合发展之路；二是必须巩固和完善农村基本经营制度，走共同富裕之路；三是必须深化农业供给侧结构性改革，走质量兴农之路；四是必须坚持人与自然和谐共生，走乡村绿色发展之路；五是必须传承发展提升农耕文明，走乡村文化兴盛之路；六是必须创新乡村治理体系，走乡村善治之路；七是必须打好精准脱贫攻坚战，走中国特色减贫之路。⑦实施乡村振兴的路径还应当包含以下内容：一是完整理解乡村振

---

①　刘彦随：《中国新时代城乡融合与乡村振兴》，载于《地理学报》2018 年第 4 期。

②　韩俊：《中国城乡关系演变 60 年：回顾与展望》，载于《改革》2009 年第 11 期。

③　陈锡文：《从农村改革四十年看乡村振兴战略的提出》，载于《行政管理改革》2018 年第 4 期。

④⑦　顾益康：《乡村振兴的着力点要放在村一级》，载于《光明日报》2017 年 12 月 2 日。

⑤　陈文胜：《寻找实施乡村振兴战略的突破口》，载于《中国乡村发现》2017 年第 6 期。

⑥　党国英：《乡村振兴战略的现实依据与实现路径》，载于《社会发展研究》2018 年第 1 期。

兴战略，改变重农业增产、农民增收而轻农村现代化的倾向；二是从城乡统筹转向城乡融合，实现人、地、资本等要素的城乡互动，实现城市和乡村文明共荣共生；三是农业农村优先发展和农业农村现代化；四是改革农村土地产权和农业经营制度；五是乡村治理，重建乡村秩序和制度。[①]

实施乡村振兴战略应当注意以下问题：（1）关于巩固和完善农村基本经营制度，坚持农村土地农民集体所有，坚持家庭经营的基础性地位，坚持稳定土地承包关系，实行三权分置。（2）关于深化农村集体产权制度改革，落实农民集体土地承包权、宅基地使用权和集体资产收益分配权，明确农村集体经济组织的基本性质。（3）关于实现小农户和现代农业发展有机衔接，在有条件也符合农民意愿的地方，应当引导承包耕地的经营权流转、集中、发展适度规模经营。但是，并非所有的耕地都适合规模经营，关键是要向小农户的生产提供优良品种、栽培技术、储运营销和其他各种适合于他们的服务。把握好土地经营权流转、集中、规模经营的度，要与城镇化进程和农村劳动力转移规模相适应，与农业科技进步和生产手段改进程度相适应，与农业社会化服务水平提高相适应。[②]

二、影响乡村振兴的制度安排与体制机制

当前，实现乡村振兴与城乡融合发展还面临着诸多制度性难题。综合分析，我们认为这些难题主要存在于五个方面：一是乡村的从属地位；二是农民的城市权利被忽视；三是乡村发展权丧失；四是现行农地制度与农业发展方式不适应；五是宅基地制度改革滞后阻碍村庄转型。

（一）赶超战略、城市偏向与乡村的从属地位

中国乡村问题的根源来自工业和城市优先的发展导向。新中国成立不久，中国共产党开启了一个农业国向工业国的转变，并选择了重工业优先的国家工业化战略，农业充当了提供资本形成与积累的角色，农产品统购统销、集体化与人民公社制度、城乡分割的户籍制度提供了重要支撑。国家计划工业化启动并推动了

① 刘守英：《乡村振兴战略是对乡村定位的再认定》，载于《中国乡村发现》2017 年第 6 期。
② 陈锡文：《实施乡村振兴战略，推进农业农村现代化》，载于《中国农业大学学报》（社会科学版）2018 年第 1 期。

结构转变，但也由此形成工业化先于农业现代化、农业和农村服务于工业发展的工农关系，农民被剥夺了参与工业化的权利。20 世纪 80 年代率先开启的农村改革，开放了农村的发展权利，农村土地改革、市场化改革、乡村工业化和城市化的权利，改变了不平等的城乡关系，农民收入快速增长，城乡收入差距缩小，国家的结构转变主要由乡村工业化推动，成为我国城乡关系最顺畅的时期。乡村工业化开放了农民在农村地区参与工业化的权利，农村的分工分业带来农民的就业与收入对农业的依赖性降低。但是，无论是乡村工业化还是农民自主城镇化，仍然被圈在本乡本土，并未根本改变城市主导乡村的格局。1995 年特别是 1998 年以后，中国的工业化、城市化进入快车道，园区工业化兴起，尤其是以沿海地区为主的园区工业高速增长，使中国成为世界制造工厂。城市化进程加速，1998～2016 年，中国的城市化率以每年 35.89% 提速，城市建成区面积从 21 380 平方公里扩增到 54 331.47 平方公里，年均增长率达到 5.32%，但是，在政府主导的园区工业化和城市化下，城乡发展权利差距拉大，乡村工业化退场，在规划、土地用途等管制下，乡村失去发展权，农村产业发展受阻，农业功能窄化，城乡差距拉大，农民的收入主要依托于外出打工，在不断繁荣的城市下，乡村陷入衰败。①

（二）农民的城市权利被忽视

"一五"计划时期大量农民纷纷涌入城市，导致城市就业压力和粮食供应紧张，加上城市管理体制毫无准备，这些人口被政府视为盲目流动人口，国家采取紧缩城市人口政策，每隔几年就要求各地政府清理城市流动人口，特别是城市企业在计划外招录的农村劳动力。从 20 世纪 50 年代中期开始，以户籍制度为基础，建立起一套城乡区别对待的社会制度，严格限制农民进入城市。1958 年的户籍制度管制形成计划经济条件下农村户口向城市户口迁移的条件审批准入制，农民迁移进城的主要途径是招工、招兵、上学、亲属投靠及其他临时性政策性通道。在计划体制和重工业优先的赶超型经济发展战略下，城市的大门基本对农民关闭，城市与乡村成为互相隔绝的两个板块，农民被排斥在工业化城市化进程之外，农民与城镇居民之间的权利和发展机会不平等形成并逐渐拉大。

1978～1998 年是中国农民参与工业化、城市化的黄金时期，但是，城市管理体制改革没有启动，计划经济时期形成的城乡二元体制没有得到真正触动，农民只是在城门外开展农民自发工业化和城镇化，农村户口迁往城市的门槛仍然很高，城市居民享有的住房、医疗、养老、教育等公共服务仍然与农村居民无份。

① 刘守英：《城乡中国的土地问题》，载于《北京大学学报》（哲学社会科学版）2018 年第 3 期。

到 20 世纪 90 年代中期以后，工业化、城市化的快速推进，为农民入城创造了机会。中西部地区的农民通过跨区域流动进入城市，参与沿海地区的工业化、城市化进程，农民的出村入城促进了中国城镇化的快速推进。

但是，中国农民经过"撞城"入城，城市的权利依然只赋予本地市民，为经济社会发展作出巨大贡献的农民工群体没有享受到与市民同等的基本权利和公共服务。在子女教育方面，20% 以上的农民工子女无法入读全日制公办中小学校。不少在城市接受过完整义务教育的农民工子女，无法参加中考和高考。在医疗社会保险等方面，农民工参加职工基本医疗保险、城镇职工基本养老保险、失业保险的比率很低。在住房保障方面，城市保障性住房基本不对农民工开放，农民工公积金缴存率也很低。农民工的跨区域就业造成大量社会问题，农村"三留守"问题尤其突出，大多数农民工只是这场波澜壮阔的城市化的过客，在他们过了劳动年龄以后又返回乡村、回归农业。户籍人口城镇化率与常住人口城镇化率差值从 20 世纪 90 年代末开始逐步拉大，到 2017 年，中国的常住人口城化率已经达到 58.52%，农民工总量到 2016 年时已达 2.8 亿人，2016 年常住人口城市化率与户籍人口城市化率的差距仍然高达 16.2 个百分点。回溯新中国 70 多年的城市发展与治理史，对进城农民的专项行动在 50 年代、60 年代、90 年代都曾发生过。这种不断重复的行动，凸显农民作为城市过客的尴尬，更彰显农民城市权利被忽视的严重后果。在城市化进程中，如果不能正确回答城市是谁的，农民对他们参与建设的城市能否享有基本的权利，城市治理将矛头对准农民的惯性还会继续，以此思维主导的城市治理难免酿成不可测的经济、社会和政治后果。[①]

（三）二元土地制度与乡村发展权丧失

在影响农村发展的制度因素中，土地制度是最为重要的一项安排。改革之初到 1998 年土地管理法修订前，农地转为集体建设用地的通道一直是敞开的。20 世纪 80 年代初期，随着农地改革释放大量剩余劳动力，政府鼓励农民利用集体土地创办乡镇企业，农村建设用地量快速增长。直到 1987 年实施老《土地管理法》时，农村土地进入非农建设还保留三个通道：一是只要符合乡（镇）村建设规划，得到县级人民政府审批，就可以从事"农村居民住宅建设，乡（镇）村企业建设，乡（镇）村公共设施、公益事业建设等乡（镇）村建设"。二是全民所有制企业、城市集体所有制企业同农业集体经济组织共同投资举办联营企业，需要使用集体所有土地时，"可以按照国家建设征用土地的规定实行征用，

---

① 刘守英、曹亚鹏：《中国农民的城市权利》，载于《比较》第 94 辑。

也可以由农业集体经济组织按照协议将土地的使用权作为联营条件"。三是城镇非农业户口居民经县级人民政府批准后，可以使用集体所有的土地建住宅。

1992 年开始，国家对集体建设用地的政策发生转变，集体土地必须先征为国有出让才能作为建设用地；集体土地作价入股办联营企业的，其土地股份不得转让。1998 年出台修订后的《土地管理法》从法律上对农地进入非农集体建设使用的口子缩紧，明确规定"农民集体所有的土地的使用权不得出让、转让或者出租用于非农业建设"，保留"农村集体经济组织以土地使用权入股、联营等形式与其他单位、个人共同举办企业"。1999 年出台的一项规定要求"乡镇企业用地要严格限制在土地利用总体规划确定的城市和村庄、集镇建设用地范围内"。自那以后，加上乡镇企业改制和建设用地年度指标管制的加强，农村集体建设用地在大多数地区合法进入市场的通道基本被关闭。直到 2004 年对农村集体建设用地使用的规定才发生一些变化，该年发布的《国务院关于深化改革严格土地管理的决定》"鼓励农民建设用地整理，城镇建设用地增加要与农村建设用地减少挂钩。在符合规划的前提下，村庄、集镇、建制镇中的农民集体所有建设用地使用权可以依法流转"。到 2006 年的《国务院关于加强土地调控有关问题的通知》也是允许在"符合规划并严格限定在依法取得的建设用地范围内，农民集体所有建设用地使用权流转"。

在集体建设用地转用通道关闭后，征地转用更是成为唯一的合法土地转用方式。1998 年版《土地管理法》沿袭了征地公共利益原则、城乡分治格局和原用途补偿。现行土地配置制度——农地转用一律实行征收、建设用地只能使用国有土地；土地用途、规划、年度计划指标和所有制管制；城市政府独家供应土地——是一套高效保证和促进土地向城市转换的组合，它将乡村用地权力关闭，形成城市用地一个通道。土地使用的城市偏向又加剧了劳动力和资本往城市的单向配置。在城乡格局从单向转向城乡互动后，人口和劳动力从乡村到城乡的单向流动转向城乡之间的对流，城里人对乡村的需求上升带来乡村产业的复活与发展，乡村机会的增加又引致资本下乡。人口和资本配置变化带来的乡村经济活动的变革，凸显土地制度的不适应。当下乡村的衰败与农业产业的竞争力缺乏，与这套制度有很大关系，在现行土地制度安排下，农民利用集体土地从事非农建设的权利被剥夺，导致大多数乡村地区非农经济活动萎缩，农村产业的单一，农民在乡村地区的发展机会受阻，造成乡村的凋敝和城乡差距的拉大。[1] 现行土地制度是阻碍城乡中国阶段城乡融合与平等发展的最大障碍。如果乡村不能获得平等

---

① 刘守英：《土地制度变革与经济结构转型——对中国 40 年发展经验的一个经济解释》，载于《中国土地科学》2018 年第 1 期。

的建设用地权利，乡村空间就无法实现与城市空间平等的发展权，乡村产业发展受阻，人口和劳动力就不可能持久地向乡村流动，资本下乡因没有获利前景而可能昙花一现，乡村振兴战略就找不到有效的实施路径。

（四）农业发展方式历史转型与农地制度不适应

在高速工业化、城镇化浪潮的冲击下，中国的农业生产方式正在历经意义深远的重大变迁。到 2015 年，中国农业产值和就业份额已分别仅占 9.2% 和 30.5%；农民的分化程度加深，根据国家统计局对 6 万农村住户抽样数据，到 2016 年，纯农户仅 18.3%，纯非农户 15.9%，一兼户和二兼户分别为 30.1% 和 35.7%；随着农民外出从事非农就业成为常态，农户非农收入份额上升，农家内部分工分业深化，农地的经济重要性下降，青壮年劳动力出外打工挣取非农收入，老人和妇女留守村庄，他们在看守家庭所承包土地的同时，也产出保证家庭生计所需的食物；以农业边际生产率衡量的刘易斯转折点于 2010 年前后真正到来，农业劳动力成本上升，农业与非农业争夺劳动力的竞争劣势凸显。在农业要素相对价格发生巨大变化的背景下，长期依靠高劳动投入提高土地单产的中国农民开始改变投入方式，大幅减少作物劳动投入，增加机械和资本投入；农业发展方式发生历史性转变，以 2003 年为转折点，中国农业以提高土地生产率的精耕细作传统农业模式向以提高劳动生产率为主的现代农业发展模式转变。[①]

在城乡中国阶段，由于农业发展方式转型与农民高度分化，变革农地制度和经营制度的现实需求与呼声会使农地问题重新成为热点。这一阶段的农地问题既有遗留下来的悬而未决难题，也有农业转型出现的新问题。

第一，集体所有制的政治与制度选择。中国共产党选择了社会主义公有制，集体所有制就是这一制度在乡村的基础制度安排。集体所有制的实现有不同的选择，集体化时期采取的是国家控制下集体组织代理行使土地权利的安排，农村改革时期采取的是集体所有下的成员权利安排，两种安排的制度绩效已有大量实证检验。在城乡中国阶段，改革时期作出的成员权集体所有制安排面临现实提出的挑战，比如，既然集体所有是成员所有，新出生人口作为集体成员如何享有成员土地权利？减少人口是否应该交出集体成员权？当集体成员不再从事土地经营以后，集体所有者是否有权主张将发包给集体成员的承包经营权收回？集体存在的大量未界定到农户的资源产权属于谁？这些资源在投入使用与再组合以后的利益

[①] Shouying Liu, Ruimin Wang, Guang Shi. Historical Transformation of China's Agriculture：Productivity Changes and Other Key Features. *China & World Economy*, 2018, 26 (1).

属于谁？在城乡中国阶段，集体所有制如何安排是一个政治选择问题，且会对农地制度的稳定性与权利结构产生根本影响，进而影响农户行为和资源配置。

第二，农民成员权利的保障与处置方式。对农民土地权利的安排与保障是农地制度的基础。集体化时期的教训是剥夺了农民的土地权利，造成国家和农民利益双损；改革时期的经验是在集体地权下赋权于集体成员并对其权利予以政策和法律保障，给农民吃的定心丸也换来国家在乡村的稳定。但是，随着农民出村与非农经济活动增加，尤其是"农二代"对土地和农民的观念发生重大变化以后，农地制度安排与农业经营制度之间的匹配已经出现了不一致。尽管法律明确承包权是农民的财产权，但是它同时也是一个用益物权，农民承包土地与集体之间是承包发包关系，在人地分离趋势下，承包权与经营权分离成不可逆之势，承包权的权利内涵会发生哪些变化？制度选择的方向是朝向更强更完整的承包权保障，还是在设置底线下朝向有利于强化经营权的方向？由于结构变迁及农民与土地关系变化，仅仅以不许动应对意识形态和偏激做法，又会延误实际变革需求的制度供给。

第三，经营权的权利地位与经营制度的演化。从农地制度与农业经营的关系来看，耕作权是影响最为直接的一项权利。随着人地的分离与农民的分化，城乡中国阶段的农业效率取决于经营者对土地利用的权利安排。从发展趋势来看，中国的农业经营制度必然朝着适度规模和经营主体多元化的方向演化，但是如何抵达这一目标？经营权如何从千万小农的承包权中分离出来？如何使经营权成为一种有保障的权利？赋予经营权的权利有多大？赋权强度的火候如何把握？都是目前已经遇到、未来会更加显化的亟待解决的问题。[1]

（五）乡村分化与宅基地制度滞后

在中国农村的几项土地安排中，宅基地制度是最落后的一项制度安排，中国村庄的衰败、无序等都与宅基地制度的缺陷与改革滞后有关。新中国成立 70 多年来，当中国农村历经土地改革—合作化运动—人民公社—家庭联产承包责任制的频繁制度变迁时，宅基地制度变迁经历了与农地承包经营权制度变迁基本类似但制度安排相异的历程，呈现出一幅独特和复杂的图景。

一是宅基地的权利安排制度的特殊性。宅基地所有权归集体所有，集体经济组织可以分配和控制集体所有的宅基地，并拥有从集体建设用地获取收益的权利。农户可以从集体处无偿取得宅基地的使用权，依法拥有宅基地占有权和使用

---

[1]　刘守英：《城乡中国的土地问题》，载于《北京大学学报》（哲学社会科学版）2018 年第 3 期。

权,可以在宅基地修建农民住房和晒坝等附属设施,但是一户宅基地不允许出租、转让和买卖,出卖出租房屋后不得再申请。农户拥有房屋的所有权,但因宅基地使用权权能残缺并且房地不可分割,房屋所有权权能实现也受到影响。二是宅基地的获得与分配的独特性。宅基地使用权在一定程度上体现为成员资格权,申请和获得宅基地使用权的前提是申请者有集体经济组织成员资格。同时,对于拥有资格权的申请者,可以无偿获得无限期使用的宅基地使用权。值得强调的是只拥有宅基地的占有和使用权,即使在集体成员之间也不允许转让和交易。三是宅基地的特殊功能。宅基地有两个特殊的社会目标:其一是严守耕地,1987年老《土地管理法》和1998年修订的《土地管理法》,均制止农民居民侵占耕地修建宅基地。其二是稳住农民,一定程度上来讲宅基地作为集体经济时代遗留下来的保障农民生产生活的场所,对于农民的稳定有极大的作用。从这个方面来讲,宅基地制度至少能够保证农民不流离失所,从而导致社会动荡,这是宅基地功能最大的特殊性。

在政治、法律和政策为宅基地制度的特殊性左右为难时,这一制度在现实中遇到的困境越来越大,政策、法律与现实的冲突加剧,既造成政策实施困难,又伤害法律的权威。这些困境表现在:第一,宅基地大量入市。尽管在法律上没有赋予宅基地出租、转让和交易权利,但事实上,农民宅基地进入市场已呈普遍化趋势。宅基地在不同类型地区的大量入市,给农民带来财产性收入的同时,也解决了进城人口的居住问题,降低了城镇化的成本。但是,这种自发入市与现行法律直接冲突。第二,宅基地的无偿分配和成员取得难以为继。随着城镇化进程的加快,农村地区尤其是沿海地区建设用地十分紧张,不可能再无偿分配宅基地。城镇化带来宅基地价值的显化,集体内农民或为获得财产收入变卖、出租宅基地,集体外的居民或迫于城市高房价压力或为了到农村寻求另一种生活方式,纷纷租或变相购买农民宅基地(房)。第三,宅基地管理失控。由于乡镇以上管理机制缺乏、监督成本极其高昂、村级制约力度不强,造成农村宅基地处于失控状态,并且危及耕地保护。第四,宅基地的无序扩张不利于城市健康发展。由于宅基地使用现状与法律严重冲突,政府对宅基地使用的管理基本处于缺位状态,规划和用途管制无法实施。在政府管制缺位下,农民宅基地的扩张和盖房更是处于无序状态,甚至有蔓延之势。造成"城中村"的私搭乱建、毫无规划、治理无组织,治安问题严重,与城市形成完全的"两张皮",加大城市管理成本和未来更新的难度。①

---

① 刘守英:《直面中国土地问题》,中国发展出版社2014年版。

三、乡村振兴的路径与制度供给

（一）总体思路

以实施乡村振兴战略为统领，以强化活化乡村的制度供给和城乡融合的体制机制创新为支撑，以"活业—活人—活村"为路径，实现"产业兴旺、生态宜居、乡风文明、治理有效、生活富裕"。通过城乡关系的重塑，改变不利于乡村经济活动的城市偏向公共政策，改革妨碍乡村发展的城乡二元体制，实现城乡平等发展。顺应发展阶段转换和消费需求变化，研究新阶段农业产业演变规律，完善农地三权分置制度，建立小农与现代农业相结合的产业体系、组织体系、服务体系，探索中国农业优先发展模式和现代化路径。正视农民代际革命和城市人口对乡村文明的需求，对进城农民的城市权利赋权，实现城乡居民权利平等，促进人口城市化，以体制机制创新促进社会资本和城市人力资本下乡，提升和改造乡村人力资本结构。通过村庄的开放，实行乡村规划体制、宅基地制度、治理结构改革，促进村庄转型与复兴。顺应城乡互动和乡村经济活动的变化趋势，通过土地、资本、劳动力要素市场改革，促进生产要素城乡顺畅配置与流动，实现城市文明与乡村文明的共融共生、城乡共同发展与繁荣。

（二）目标模式

（1）城乡平等发展。认识城乡中国作为乡土中国抵达城市中国的过渡阶段的基本特征，改革城乡隔绝、阻碍城乡要素流动的二元规划及土地、融资、公共品供给、社会保障体制，改变单向城市化思维下的城市偏向制度、体制机制和公共政策，促进城乡基本公共服务均等化，改革空间规划管制，制定城乡两个空间共存、共融、可持续发展的乡村规划，实现城乡两个空间的平等发展。

（2）农业产业革命与农业现代化。顺应消费需求变化、结构变革带来的人地关系和农业相对要素价格变化，重新定义新发展阶段农业的基础地位和内涵，通过农业主要生产要素新组合和农业补贴政策改革，提高主粮农业竞争力，确保主粮粮食安全；通过土地配置制度改革、资本下乡、城乡人力对流和乡村资源产权改革，促进农业多功能化和农业产业融合与裂变，探索农业工业化路径；以农地三权分置为方向，明确农地集体所有权，保障集体成员农地承包权，赋予耕作者更完整的农地经营权，建立现代农业发展的农地权利基础；以服务规模化、区域产业规模化、市场规模化为核心，探索农业规模报酬实现方式；完善农业经营制度，提升农户人力资本和农业经营能力，实现农民与现代农业产业体系结合，实现中国特色农业现代化。

（3）乡村人力资本的提升与改造。在人口城市化趋势下，顺应农民代际革命，保障农民乡村土地等基本权利的同时，赋予进城农民城市权利、促进农民进城落户和市民化。顺应乡村经济机会出现和经济活动变化，吸引部分年轻人回故乡从事新农业、新产业、新业态，成长出一批引领乡村产业发展和农民致富的乡村企业家。顺应城乡互动格局的到来，通过集体制度改革打开乡村封闭性，构建乡村资源与资本的组合与合作制度，培养契约精神，完善乡村产业和资本下乡政策，引导城市居民、企业家及社会资本下乡，提高乡村生产要素配置效率。顺应农村产业发展、农业发展方式转变、农产品生产方式改变以及农业价值链变化，通过示范、学习、引领、合作、参与、互惠，提升农民人力资本和经营能力。顺应农业经济活动的多样化和打破乡村封闭性，完善乡村治理结构，培育与乡村振兴相适应的村社新型带头人。

（4）村庄转型与复兴。正视乡村分化的现实和基本趋势，研究不同类型乡村的演化特征，制定乡村振兴规划，因村施策，分类推进，寻找不同类型村庄的复兴路径。进一步完善乡村基本公共服务的供给，提升农村社会保障水平，改善农村老人养老服务，改善村庄整体环境。顺应代际革命、人口城市化和城乡互动阶段的到来，通过规划、宅基地制度和基本服务供给方式改革，实现村庄适度集聚。研究村庄活化的条件与方式，创新活化村庄的制度供给、体制机制和政策安排，助力有条件的村庄加快振兴。通过强化基本公共服务、环境整治、老人群体养老保障、对乡村特困群体的精准扶贫，改变大部分乡村衰而未亡状态，实现乡村整体复兴。

（5）城乡互动与融合。顺应城乡互动阶段的到来，通过消除城乡二元体制性障碍，促进资本、劳动、土地在城乡的互动与配置。通过城乡公共服务均等化，实现城乡两个空间基本条件的融合，加大征地制度和集体建设用地入市的改革力度，实现集体土地与国有土地的同地同权，实现乡村发展权、产业落地和人力与资本进村。通过宅基地制度改革促进村庄转型、集聚与复兴，实现城市和乡村两个空间的平等发展与融合。通过城乡平等的体制机制建立，实现城乡全面融合与乡村振兴。

502

（三）路径选择

（1）以"活业"带动"活人"，实现"活村"，全面复兴乡村空间。乡村振兴的根本是全面复兴乡村空间，使乡村和城市相得益彰、差异互补、共融共生共荣。乡村振兴的标志是乡村空间的"活业""活人"与"活村"，没有乡村的活态化，就不能称其为乡村振兴。在振兴路径顺序上，首先是"活业"，它是乡村振兴的前提，没有乡村产业兴旺，乡村振兴就成了无本之木，不具有可持续性。活业既包括传统农业竞争力的提升和农业从数量向质量的结构转变，也包括农业功能和形态变化带来的农业附加值提高和农业工业化水平提高。接着是"活人"，有了活的业态，就能吸引人才进入乡村创业和从事有回报的农业经济活动。"活人"是乡村振兴的关键，活人包括本村部分年轻人的回归，有情怀、有作为的外村人的进来以及传统农业的现代化改造。只有人力资本的提升和改造，乡村产业发展、业态活化才有可能，乡村才能变得更有生机。"活业""活人"的结果就是"活村"。"活村"是乡村振兴的归宿。有了活的业态，有了有生命力的新型乡村人力资本，乡村的活态就能出现并可持续。在乡村振兴的路径上，最要吸取的教训是，以政府行动和规划强制实行村庄变革，将改变村庄作为乡村振兴的标志。也要杜绝不切实际地以大量政策优惠补贴等差别性政策培育乡村新型主体、龙头企业和回村创业，没有产业支撑的"引人"不仅难以持续，还会挫伤一批有情怀的人的下乡热情，也导致对大多数小农的歧视。

（2）在城乡互动格局下实现乡村活化。新阶段的乡村振兴不是乡土中国阶段的乡土重建，也不是快速城市化下的以城统乡，而是城乡互动下的乡村复兴。乡村振兴就是利用城乡互动带来的机会，复兴乡村产业，活化乡村空间；通过城乡要素的流动与再配置，形成乡村与城市互动的资本流和人流，实现乡村的振兴。要避免两个极端：一个是固守乡土中国理念，以不变应万变，导致乡村发展机会的丧失；另一个是继续沿袭快速城市化惯性，不改变补贴乡村的公共政策，加剧乡村的衰败。

（3）以土地制度改革为突破口，实现城乡两个空间的平等发展。城乡要素配置不畅和城乡发展不平等的最大障碍是城乡二元土地制度。农地转非农用地必须实行政府征收、非农经济活动必须使用国有土地、土地用途和年度指标管制以及政府独家垄断土地市场，是乡村发展权丧失、乡村产业窄化、城乡财富差距拉大的根源。只有改革土地配置制度，实现集体建设用地和国有建设用地权利平等，才有乡村产业和发展空间的复兴。在此基础上，才有城乡资本和人力的持续对流，乡村发展才有可持续的制度支撑。在此基础上，配合城乡基本公共服务均等化和城乡居民权利平等，促进城乡一体发展。

（四）加大乡村振兴的土地制度供给，实现"活业、活人、活村"

实施乡村振兴战略，关键在深化农村改革，加大制度供给，消除不利于乡村发展的制度制约，以"活业"带动"活人"，实现"活村"，全面活化乡村空间，使乡村和城市相得益彰、共融共生共荣。

（1）改革生产要素配置制度，促进城乡互动。随着经济发展阶段转换、消费需求升级、乡村经济活动变化，我国的城市化已经从单向城市化转向城乡互动。改革长期存在的城乡二元体制，促进生产要素在城乡之间的对流与配置，将为乡村振兴创造巨大机会。一是改革土地配置方式，实现乡村平等发展权。我国土地大规模扩张的城市化阶段已过，具备了按照公共利益、市场价补偿、程序公开透明原则改革征地制度的条件，减少强制低价征地对农民土地权益的损害恰逢其时。城市用地可以通过土地利用结构改革，减少工业用地和基础设施用地、加大存量用地制度创新来保障。"城中村"是城乡融合的重点区域，应加大"城中村"地区的土地制度创新，利用土地价值增值捕获实现城市更新中的资本平衡、公共土地的获得以及土地所有权利益，允许"城中村"农民集体利用集体土地直接提供租赁房，解决进城农民在城市的体面落脚和居住问题。在符合规划和用途管制前提下，允许集体经济组织和农民利用集体建设用地从事非农建设，享有出租、转让、抵押集体建设用地的权利。二是改革规划制度，保障乡村发展空间。按照城乡融合的空间形态，在用地类型、标准、规划编制等方面保证多功能、新产业、新业态、新形态在乡村落地。根据乡村分化与集聚、人口流动趋势，以生态韧性为重点编制乡村振兴规划。三是实现农民城市权利，促进农民市民化。保障"农二代"城市居住权。鼓励大城市农民集体利用集体土地建立房屋租赁市场，城市保障性住房向外来务工人员及其家庭开放，降低农民工在城市落户门槛。落实"农三代"城市教育权。实现公办学校向随迁子女开放，放宽随迁子女在流入地参加高考限制，将"教育券"拓展到义务教育阶段的公办学校。四是向城市市民开放乡村权利。允许外来人口在满足一定条件后，享有村庄的住房、土地、公共事务参与等权利。鼓励城市社会资本下乡，提升乡村人力资本质量。

（2）完善农地权利体系，促进农业转型。农业现代化是乡村振兴的基础。我国农业正处于历史转型期，农民对农地的经济依赖性下降，消费需求变化促进农业从数量农业向质量农业转变，农业发展方式已经向提高劳动生产率转变，农业的内涵、功能、要素组合、业态等呈现势不可挡的变化，农地制度和经营制度变迁决定了农业转型的成败。一是明晰集体所有权。对未到户集体资源进行全面确权，明确归属和利益分享机制，增强集体经济发展能力；推进清产核资、资产量化、确股到户的集体产权改革，确保集体资产保值增值。探索实行承包地股份合作制，在确保农户土地基本权利前提下，实行农地资源重组与配置。创新集体资源资产的集体经营、委托经营、合作经营等多种方式，保障集体成员按份共有集体资源资产经营收益。二是承包经营权的分割与农户权利保障。顺应农民离土出村和"农二代""农三代"的土地及农业观念变化，在自愿前提下，实行农地承包权与经营权的分离，保障集体成员对承包地的按份占有权、收益权、土地租赁权、转让权。实行获得城市户籍农民承包地有偿退出权和一定期限内的可赎回权。三是经营权设权赋权。明确从农户承包经营权分割出的经营权的合法权利地位，双方议定的合约受法律保护，经营者享有所经营土地的耕作权、收益权、转让权、土壤改良补偿权、土地收益抵押权。四是创新农业经营体系。在自愿、依法、有偿原则下推进土地流转。探索国家土地信托制度，进行闲置低效利用土地的收购、整理和发包。培育现代农业经营主体、服务主体、合作组织和市场主体，以农业经营规模适度规模化、服务规模化、区域种植规模化、市场化实现农业规模报酬。

（3）推进宅基地制度改革，促进村庄转型。随着人口城市化、农民代际变化和城乡互动的到来，村庄的分化是大势所趋，宅基地制度改革是促进乡村活化、阻止乡村衰败的重要抓手。一是改革宅基地的无偿分配制度。对于农户超占宅基地部分实行收回或有偿使用。可以考虑以时点划断办法，对时点以后集体成员在保障宅基地资格权前提下实行宅基地的有偿获得。二是赋予农民宅基地财产权。在保障农户宅基地占有权和居住权前提下，以宅基地财产权交换福利分配权，农民宅基地可以有偿退出，可出让、转让、交易，从事乡村相关产业。三是对外村人和外来资本的有序开放。在规划和用途管制前提下，实行村庄宅基地、农房和闲置空闲地对村外人和外部资本开放，实行乡村资源与外来资本的有效组合，显化乡村价值，提高资源配置效率。四是改革宅基地管理体制。将乡村纳入国土空间规划，控制和锁定村庄宅基地总量，通过宅基地跨区域使用和资格权保障促进村庄适度集聚，行政部门对宅基地实行总量控制和规划管制，村内宅基地使用、分配、处置交由村集体组织行使。

第二十七章

乡村振兴与农村土地制度改革

要实现乡村振兴，就需要加大对农业和农村投入的力度。路径有两个方面。一是借力外部支持，国家财政支出适度向农业和农村倾斜，加大政府对农业和农村的投入；二是充分利用农村现有的资源和条件，强化乡村振兴的造血功能（冯海发，2018），通过制度创新，调动社会各界参与乡村建设的积极性，使振兴乡村的各种生产要素和众多资源顺畅地流向农业和农村。我国正处于城乡中国的发展阶段，中国社会经济面临着转型升级的持续变迁，农业和乡村发展面临的环境条件发生了实质性变化。基于现实的考量，我国乡村振兴必须选择主要依靠乡村现有的资源和条件、激发农村和农民的内在动力、吸引各种要素向乡村流动的第二条道路。

一、乡村振兴路径选择与约束

第一，中国工业化、城市化进程远未结束，但发展速度有所下降，且由于农村人口基数庞大，未来一个相当长的时期仍有众多的人口和劳动力需要在乡村和农业谋利，振兴乡村势在必行。

由表 27 - 1 可知，2017 年我国第一产业产值占 GDP 的比重为 7.92%，与 2000 年的 14.68% 相比，下降了 6.76%；2017 年按常住人口计算的城市化率为 58.52%，尽管比 2000 年的 36.22% 提升了 22.30%，但由于我国人口基数庞大，

乡村人口仍有 57 661 万人之多。2000 年第一产业从业人员为 36 043 万人，2017
年下降到 20 944 万人，但 2017 年第一产业从业人员占三次产业从业人员的比重
仍然高达 27.00%。蔡昉（2018）的研究表明，中国要跨进高收入国家行列，农
业劳动力比重需要在 2017 年基础上再降低 15.70 个百分点。不仅如此，2013 年
后，我国非农产业吸纳农村劳动力的速度也呈现下降趋势。这意味着，一方面，
我国工业化、城市化进程远未结束，工业化、城市化发展仍有较大的提升空间；
另一方面，工业化、城市化发展速度有所下降，且由于我国人口基数庞大，今后
仍将有相当多的人口和劳动力需要在乡村和第一产业谋得生存和发展的资本。

表 27 - 1　　　　　　　　　**中国城乡人口及从业人员分布**

| 年份 | GDP | | 城镇人口（万人） | 城市化率（%） | 第一产业从业人数（万人） | 三次产业就业总人数（万人） | 第一产业从业人员占比（%） |
	总量（亿元）	第一产业占比（%）					
2000	100 280.10	14.68	45 906	36.22	36 043	72 085	50.00
2005	187 318.90	11.64	56 212	42.99	33 442	74 647	44.80
2010	413 030.30	9.53	66 978	49.95	27 931	76 105	36.70
2011	489 300.60	9.43	69 079	51.27	26 594	76 420	34.80
2012	540 367.40	9.42	71 182	52.57	25 773	76 704	33.60
2013	595 244.40	9.30	73 111	53.73	24 171	76 977	31.40
2014	643 974.00	9.06	74 916	54.77	22 790	77 253	29.50
2015	689 052.10	8.83	77 116	56.10	21 919	77 451	28.30
2016	743 585.50	8.56	79 298	57.35	21 496	77 603	27.70
2017	827 121.70	7.92	81 347	58.52	20 944	77 640	27.00

资料来源：国家统计局编：《中国统计年鉴 2018》，中国统计出版社 2018 年版。

第二，我国土地城市化速度快于人口城市化速度，即使未来不再增加城市建
设用地，依靠城市内部挖潜也可满足工业化城市化发展的需要。

2000～2017 年我国人口城市化率仅提高了 22.30%，但是城市建设用地面积
同期净增加 33 041.80 平方公里（见表 27 - 2）。我国城市建设用地扩张主要来自
国家对农村土地的征收或征用。我国现行法律规定，农村土地转变为城市土地的
唯一途径是土地征收或征用，任何单位或个人使用建设用地必须使用城市国有土
地。2017 年与 2000 年相比，征地规模净增加 1 487.12 平方公里。尽管国家借助
于征地制度可以满足国家工业化和城市化的用地需求，但现行征地制度存在征地
范围过宽、补偿标准偏低、征地程序不尽规范等缺陷，引发众多社会矛盾，"摊

大饼"式的城市化发展道路难以为继。如果按照 2000 年每万人平均的城市建设用地面积计算，即使未来不再增加城市建设用地，依靠城市内部挖潜，加强城市建设用地的集约节约利用，也大致能够满足国家工业化城市化进一步发展的需要。事实上，我国城市建设用地需求业已由初期的快速扩张进入下降的通道。一级市场土地供应量从 2000 年的 2 417.59 平方公里上升到 2013 年的 7 508.35 平方公里后开始下降，2017 年仅为 6 202.46 平方公里（见表 27-2），与 2013 年相比，下降幅度高达 17.39%，下降了 1 305.89 平方公里。

表 27-2　城市建设用地面积、征地面积、一级市场土地供应量

单位：平方千米

年份	城市建设用地面积		征地面积	一级市场土地供应面积
	总量	万人平均		
2000	22 113.70	0.48	447.25	2 417.59
2005	29 636.80	0.57	1 263.92	2 442.69
2010	39 758.40	0.59	1 641.57	4 325.61
2011	41 805.30	0.61	1 841.72	5 932.85
2012	45 750.70	0.64	2 161.48	7 112.81
2013	47 108.50	0.64	1 831.57	7 508.35
2014	49 982.74	0.67	1 475.88	6 479.96
2015	51 584.10	0.67	1 548.53	5 403.27
2016	52 761.30	0.67	1 713.62	5 311.81
2017	55 155.50	0.68	1 934.37	6 202.46

资料来源：历年《中国城市建设统计年鉴》和《中国国土资源统计年鉴》。

第三，国家经济实力迅速提升，财政收入不断增加，但财政资金紧张的状况仍是常态，国家对乡村振兴的财政支持极为有限，需要通过制度创新，调动社会各界参与乡村振兴的积极性。

2000 年以来，国家财政收入不断增加。如表 27-3 所示，2000 年国家财政收入为 13 395.23 亿元，2017 年增加至 172 592.77 亿元，2000~2017 年年均增长速度为 16.22%；地方财政收入 2000 年为 6 406.06 亿元，2017 年为 91 469.41 亿元，2000~2017 年年均增长速度为 16.92%。值得注意的是，2012 年后我国财政收入增速放缓。2011 年国家财政收入增长速度为 25.00%，2012 年为 12.90%，2017 年仅为 7.40%。不仅如此，我国地方政府财政支出增长速度远快于收入增长速度，财政收支缺口不断扩大。2000 年地方财政缺口为 3 960.59 亿元，2017 年地方财政缺口进一步增大到 81 758.93 亿元。由于我国尚未完成工业化、城市化的过程，未来国家财政资金仍会主要投向城市和非农产业，而且国家社会经济面临着提档升级的压力，国家财政资金紧张的状况仍是常态。尽管国家为实现乡村振兴会在财政支出上适度向农业和农村倾斜，但并不意味着是用乡村振兴战略替代城市化战略（黄祖辉，2018）。这表明，乡村振兴所能得到的财政资金支持将极为有限，更需要通过制度创新，调动社会各界参与乡村建设的积极性。

表 27 - 3 　　　　　　　　　　中国财力状况分析

年份	GDP 增速（%）	国家财政收入		地方财政收支		
		总额（亿元）	增速（%）	收入（亿元）	支出（亿元）	缺口（亿元）
2000	8.50	13 395.23	17.00	6 406.06	10 366.65	3 960.59
2005	11.40	31 649.29	19.90	15 100.76	25 154.31	10 053.55
2010	10.60	83 101.51	21.30	40 613.04	73 884.43	33 271.39
2011	9.50	103 874.43	25.00	52 547.11	92 733.68	40 186.57
2012	7.90	117 253.52	12.90	61 078.29	107 188.34	46 110.05
2013	7.80	129 209.64	10.20	69 011.16	119 740.34	50 729.18
2014	7.30	140 370.03	8.60	75 876.58	129 215.49	53 338.91
2015	6.90	152 269.23	5.80	83 002.04	150 335.62	67 333.58
2016	6.70	159 604.97	4.50	87 239.35	160 351.36	73 112.01
2017	6.90	172 592.77	7.40	91 469.41	173 228.34	81 758.93

资料来源：《2017 中国城市建设统计年鉴》《2018 中国统计年鉴》。

综上所述，尽管改革开放后我国社会经济取得了长足的发展，但我国并没有完成城市化、工业化的进程，按照刘守英等（2018）的判断，我国目前正处于既不同于乡土中国也不同于城市中国，而是城乡互动的城乡中国发展阶段。我国农业和农村受制于倾斜的城市化、工业化发展战略影响，发展缓慢、羸弱的农业和农村难以为国民经济增长和发展作出有效的产品贡献、要素贡献和市场贡献（Ranis et al.，1961；黄守宏，1994）；中国社会经济转型并未与中国城市化、工业化进程同步，且随着中国经济进入中高速增长阶段，城市和非农产业对农村人口和劳动力的吸纳能力有所减弱；在广袤的农村至今仍然生活着数量众多的农民，且这一状况短期内难以得到根本性改变，没有农业和农村的现代化，中国就不可能真正实现现代化。在新的历史发展阶段，一方面为国家安全和国民经济发展计、为数亿农民生存和发展计，需要大力振兴乡村；另一方面，加速中国城市化、产业转型升级的步伐在未来一个较长的时期内仍然是中国社会经济发展的重要任务，国家人财物资源仍将主要投向城市和非农产业。尽管与前一时期国家工业化、城市化外延式发展道路不同，城乡中国阶段国家工业化、城市化的发展将不再主要依靠从农业和农村中获取国家工业化、城市化发展需要的资源，这为乡村振兴留下了一定的空间，但国家为乡村振兴所能提供的外部支持也将极为有限。因此，要实现乡村振兴，只能从乡村内部出发，寻找撬动实现乡村振兴的支点。

二、乡村振兴的金矿与制度障碍

在广阔的农村，存在着数量巨大的土地资源。农村土地既包括农用地，又包括非农建设用地和宅基地。据《中国统计年鉴2018》数据，2017年底，我国拥有农用地6 448 636平方千米、农村建设用地340 585.50平方千米，我国农民的宅基地有200 000平方千米，其中近1/3处于闲置状态（郑风田，2018a）。农村土地制度不尽合理，我国农村土地资源优势并没有转变成资产优势。只有通过制度创新调动相关利益主体的行为响应，以促进土地等生产要素流动，改变土地利用形态及其空间结构，才能进一步作用于乡村振兴（龙花楼等，2018）。因此，要借力农村土地，促进乡村振兴，就需要反思现行农村土地制度中阻碍乡村振兴的制度缺陷。

第一，农用地。没有农业的现代化，乡村振兴就失去了产业发展的基础，国家现代化也就无从谈起。要实现中国农业的现代化，既需要在农业生产经营中形成有效的激励和约束，又需要适度扩大土地经营规模（何秀荣，2016），实现中国农业的第二次飞跃。改革开放后，中国政府在农村推行家庭经营制度，有效地解决了农业生产经营的激励和约束问题，极大地调动起农民生产经营的积极性，农业生产效率稳步提升。但是，我国农村采用小块土地均包的办法，这一措施尽管有助于保证土地分配中的公平，但普遍存在农户土地经营规模偏小、土地划分零碎等缺陷（张鸣鸣，2013）。钱忠好等（2016）基于江苏等四省（区）104个有效样本村、1 113户有效样本农户的调查数据发现，104个样本村人均耕地面积仅为1.99亩，江苏省样本村人均耕地面积仅为0.95亩。农业小规模土地经营不利于先进农业生产技术的采用，不利于农业机械效率的发挥（Thapa et al.，2011；Jones et al.，2013），而且导致超量使用化肥和农药，对土壤及生态环境产生负面影响（Huang et al.，2008）。尽管中央文件多次强调"现有土地承包关系保持稳定并长久不变"，严格限定土地调整，但实际工作中土地调整时有发生，并且村干部的村级事务主导权越大，土地调整发生的概率越高（马贤磊等，2016）。土地调整不利于农民形成稳定的农业生产经营预期，不利于调动农民土地投资的积极性。

中国农业发展中存在的问题与中国农地的合约结构和产权残缺不无联系（刘守英，1993）。现行农用地制度存在的问题主要是土地产权关系不够明晰，农地流转缺乏效率。改革开放四十余年来，中国政府持续推进农地产权制度改革，在不断明晰农地产权的同时使农民获得越来越充分的土地权利。通过不断延长土地承包期、限制土地行政性调整、强化农民土地自主经营权、明确农地承包经营权的物权属性、加强土地承包合同管理、注重土地产权的确权与保护等，极大地提高了农民拥有的土地产权完整性和完全性（冀县卿，2012）。进入 21 世纪后，中央政府更是适时推出三权分置的农地产权制度，农民拥有的农地产权得以进一步强化和拓展。但是，我国农地集体所有者、农户承包者、农地经营者之间的土地权利关系仍然不尽明晰，农民所拥有的土地权利仍然受到诸多不当限制。例如，我国农村土地实行集体所有制，集体土地所有权的权利主体被界定为"农民集体"，但是谁代表集体行使土地所有权？农民集体与集体成员的农民之间是何关系？相关法律的界定并不清晰。又如，据《第三次全国农业普查公报》的数据，2016 年末 50 亩以下农户耕地经营面积占全国实际耕种面积的 71.40%，部分或全部转出承包地的农户仅占承包农户的 29.70%，这表明我国农业的小农户经营将是一个长期存在的客观现实，推进农地规模经营不能脱离我国人多地少的基本国情。尽管发展服务规模化可在一定程度上弥补土地经营规模偏小的不足（周振等，2019），但由于土地经营规模没有发生实质性的扩大，在边际报酬递减规律的作用下，劳动生产率并没有随着资本投入的增加而提高（蔡昉，2018），而且纵观人类农业发展的历史，可以发现，要切实构建起现代农业的大厦，扩大土地规模经营是大势所趋。因此，需要在三权分置制度框架下妥善处理农村集体、承包农户、土地经营者之间的关系，在落实集体所有权、稳定承包权和搞活经营权之间进行反复权衡，逐渐把中国农业的小农户生产经营引入现代农业发展的轨道。

第二，农村集体建设用地。我国农村集体建设用地是获取乡村振兴所需资金的重要保障。中国乡村之所以"无发展的增长"，原因在于乡村建设用地的利用以保证城市供给为主要方向（叶裕民等，2018）。虽然现行法律规定，农村集体建设用地实行集体所有制，但农民集体并没有多少自由处置集体所有建设用地的权利，国家借助于征地制度及垄断一级土地市场迅速集聚国家工业化、城市化发展所需要的土地和资金（周其仁，2004；钱忠好，2004）。在建设用地总量既定的条件下，城市和乡村的建设用地使用构成零和博弈，乡村建设用地流失严重

（陈锡文，2004）。我国土地出让金收入 2003 年为 5 421.31 亿元，2021 年激增到 87 051 亿元，2021 年土地出让金收入为 2003 年的 16.06 倍，而农民所得甚少。[①] 肖屹等（2008）的研究表明，在政府协议出让方式中，农民获取的增值收益比例不到 16%；在招拍挂出让土地方式中，所占比例更低，仅为 4.38%。土地增值收益分配中农民所得比例偏低，不仅会侵害农民的土地权益，而且制约了乡村社会经济的发展。现行农村土地非经征地不得进入土地市场的制度安排剥夺了农民利用集体建设用地从事非农产业的权利（刘守英，2018），导致大多数乡村产业单一，农民发展机会受阻，农民和农村难以获得土地增值收益，难以发挥农民土地的财产性功能，难以增加农民土地财产性收入（张凤兵等，2019）。要发挥农村集体建设用地在乡村振兴中的促进作用，不仅要深化征地制度改革，而且要按照同地同权同价的原则允许农村建设用地直接进入土地市场。此外，分布在广阔农村的建设用地大多并不集中连片，而建设用地利用不仅对区位更为敏感，而且对规模要求更为严格。如果说通过服务规模化尚能在一定程度上弥补农用地利用中小农户土地经营规模偏小的缺陷的话，对建设用地而言，如何通过合理的制度设计满足工业生产、商业用地等对土地利用规模和区位的要求以节省交易成本、实现规模经济至关重要。

第三，宅基地。我国乡村宅基地低效利用甚至闲置浪费，村庄用地严重空废化，缺乏流动性。伴随国家现代化进程深入推进，农村人口大量转向城市和非农产业，我国乡村人口急骤减少、乡村数量不断下降，但相当一部分农民在"洗脚上楼"的同时，并没有相应地放弃农村原有的宅基地；相当多的地区"撤乡并镇、合并中心村"开发新村占用土地的同时，旧村原有的土地并没有得到相应的开发利用。据测算，2011 年全国空心村综合整治潜力达到 1.14 亿亩[②]；第三次全国农业普查主要数据显示，截止到 2016 年末，拥有自己住房农户的比例为 99.50%，其中，拥有 1 处住房、2 处住房、3 处及以上住房农户的比例分别为 87%、11.60% 和 0.90%。大量的乡村宅基地低效利用甚至闲置浪费，村庄用地严重空废化。

农村宅基地利用效率低下与我国宅基地使用制度不尽合理有关。我国宅基地制度安排较为特殊。我国农村宅基地实行集体所有制，宅基地归农民集体所有；宅基地的分配以村集体为边界，本村集体成员可以无偿取得宅基地，拥有宅基地的占有权和使用权，农民拥有房屋等生活和生产设施的所有权；宅基地严禁买卖；城市居民不得买卖农村农民的房屋；农民出卖、出租房屋后不得再次申领宅

---

① 数据来源：中华人民共和国国土资源部编辑部：《中国国土资源年鉴 2004》《2021 年财政收支情况》，中国政府网，2022 年 1 月 29 日，https://www.gov.cn/xinwen/2022-01/29/content_5671104.htm。

② 刘彦随等：《中国乡村发展研究报告——农村空心化及其整治策略》，科学出版社 2011 年版。

基地。尽管宅基地使用权及住房所有权共同构成的住房财产权是当下中国农民的主要财产，但现有规则限制了农民住房财产权的行使（高圣平，2019）。由于我国城乡户籍制度、医疗保险制度、社会保障制度等存在极大的差异，农民难以有效地融入城市。农民即使在城市拥有稳定的职业和较高的非农收入，也不会放弃农村宅基地，而且会随着收入的增加、生活条件的改善以及分家析产的需要，具有占有、扩大宅基地的需求。不仅如此，尽管现行法律严禁宅基地出租、转让和交易，但宅基地价值日益显化，集体内农民为获得土地财产性收入往往会借助于房屋交易变相买卖、出租宅基地，集体外居民出于各种需求和目的通过租赁农民房屋变相购买农民宅基地（刘守英等，2018；钱龙等，2019）。为尽可能多地利用宅基地取得财产性收入，农民同样具有扩张宅基地的动力。

三、深化农村土地制度改革与乡村振兴

改革开放后，中国政府在坚持农业农户家庭经营为主的制度框架下根据制度环境的变化适时变革农地制度，实现了农地制度与制度环境的包容和适应，实现了农民与政府之间的良性互动。这是改革四十余年来中国农业和农村持续快速发展的重要原因。进入新的历史发展机遇期后，乡村价值得以快速提升，农业和乡村发展面临的环境条件也发生了实质性变化。以史为鉴，要为乡村振兴提供土地制度保障，就需要围绕"实权"与"流动"两个维度深化农村土地制度改革。所谓"实权"，就是要将农地产权落到实处，而不是虚幻化。相关的法律法规条文要明确农地各项产权权能的内含、外延，不能相互矛盾，要把农地产权落实到具体的权利主体身上。所谓"流动"，就是要在保证粮食安全和国家安全的前提下，在土地利用空间规划的管控下，实现土地资源的自由市场流动。

第一，农用地制度改革。要尊重我国农业小农户经营将长期存在的现实，在此基础上，着力破解中国小农困境，既有效实现小农户生产与农业现代化的对接，又促进适度土地规模经营，为现代农业发展创造条件。

其一，明确土地所有权、承包权、经营权三者之间平等的土地权利关系。三权分置的核心是赋予所有权、承包权、经营权平等的土地权利关系，并不是简单地将经营权从承包经营权中分离。其二，要积极稳妥地落实土地集体所有权。人民公社体制下土地集体所有权、使用权与经营权高度统一，激励不足、监督成本高昂，导致农业生产效率低下，农民普遍贫困（刘守英等，2019）。落实土地集体所有权绝不是重回集体化的老路，而是要明晰农民集体的边界以及作为集体成

513

员的农户及其家庭成员的边界，将土地所有权赋予农民集体，集体成员对集体所有的土地拥有规划权、监督权。其三，稳定承包权。我国农村人口和劳动力基数庞大，农村人口和劳动力向城市和非农产业的转移不可能一蹴而就，农业家庭经营、兼业化经营具有比较优势（钱忠好，2008）。稳定土地承包权能够稳定农民的心理预期，解决进城农民的后顾之忧，有助于社会稳定。要切实将作为农民集体成员的农户土地权利关系做实，包括固化农民集体的边界，赋予农民集体成员长久而有保障的承包权利，承包农户依法拥有承包地自由处分权及收益权，杜绝对农户土地承包权的不当干预。其四，切实保护并搞活经营权。其核心在于切实维护经营权的合法地位，实现土地经营权的市场自由交易。要将经营权和所有权、承包权置于同等重要的法律地位，双方议定的合约受法律保护。经营权交易要真正做到保护小农户经营、鼓励规模化经营，要取消对经营权交易对象的不当限制。在符合土地利用规划和用途管制的前提下，要鼓励工商资本下乡从事农业生产经营活动，为现代农业和农村发展输入现代生产要素。

第二，农村集体建设用地制度改革。农村集体建设用地制度改革的重点应该是如何使农民和农村有效地参与到土地增值收益的分配中，合理地分享土地增值收益，充分利用农村数量巨大的建设用地资源，聚集乡村振兴所需要的现代生产要素，为乡村振兴提供建设用地保障。其一，坚持市场化改革的方向，充分发挥市场机制配置土地资源的决定性作用。要切实落实《中共中央关于全面深化改革若干重大问题的决定》提出的"建立城乡统一的建设用地市场"的要求，通过市场化改革，充分保证农民土地权益，为乡村振兴保驾护航，而不是以保护农民土地权益为借口阻挠土地市场化改革。其二，进一步明晰农村集体建设用地产权。实际工作中时常出现一些组织或个人以农民代理人自居侵害农民土地权益的事件，甚至发生代理人利用农村集体建设用地资源进行权力寻租、侵吞集体资产的不法行为，原因就在于农村集体建设用地产权不明晰，监督和管理缺失。为此，要在法律法规上落实集体所有权，明确农村集体建设用地所有权主体以及作为集体成员的农民的土地权利。其三，改革征地制度。现行征地制度存在的补偿标准偏低等缺陷，不仅侵害了农民土地权益，而且阻碍了中国土地市场化前进的步伐（钱忠好，2017）。改革征地制度，明确界定公共利益和公共目的并在此基础上完善对被征地农民合理、规范、多元的保障机制。如此，既有助于缓和社会矛盾，又能为农村集体经营性建设用地入市留足空间，促进土地市场化的发展。其四，赋予农民更加充分的建设用地交易权。对以营利为目的的经营性建设用地，要充分发挥市场机制的作用，鼓励农民集体在土地利用总体规划等的控制下，直接或间接参与土地开发，让农民集体充分利用集体经营性建设用地资源招商引资，为乡村产业振兴提供用地保障；通过合理的机制设计，降低农村集体建设用地的市场交易成本，使零星、分散、规模偏小、区位不佳的农村集体建设用地通过市场交易满足非农产业发展的规模和区位的要求（崔红志，2018）。

第三，宅基地制度改革。宅基地制度改革试点地区的实践表明，通过宅基地腾退、有偿使用等，盘活用好宅基地，能有效地增加农民财产性收入，改善农村村容村貌，激发乡村产业发展的活力，为乡村建设和发展腾出空间，促进乡村振兴。推进宅基地制度改革，要切实做到"落实宅基地集体所有权，保障宅基地农户资格权和农民房屋财产权，适度放活宅基地和农民房屋使用权"[①]。

其一，要充分考虑宅基地的特殊功能。乡村农家院落是乡村文化的重要载体，既具有生产价值，又具有生活价值、生态价值和社会价值，宅基地绝不仅仅是建设用地，而且是农村社会的重要结构要素（朱启臻等，2011），因此，改革宅基地制度要置于乡村振兴的时代背景下思考，要有助于显化乡村价值，有助于提高宅基地资源利用效率，有助于促进乡村文明提升。其二，要将宅基地各项权能落到实处。例如，要通过农民集体对集体成员资格的认定、明确界定农民集体的边界等落实宅基地集体所有权、农民集体有权自主处置集体所有的宅基地并在经济利益上得到体现；保障农户宅基地用益物权。宅基地使用权实质上是农民集体成员资格权的体现，任何农民家庭，只要他是特定农民集体的一员，就具有宅基地分配资格，就有权申请并获得宅基地，保证户有所居。其三，宅基地分配和使用要由无偿无限期逐渐改革为有偿有限期。现行无偿无限期分配和使用农村宅基地尽管保障了农民的基本住房权利，有利于稳定农民生产生活，但也带来农村宅基地无序扩张、管理失控、危及耕地保护等问题。也正因为宅基地分配的无偿性，农民所得宅基地权利有限，这为政府或农民集体经济组织不当侵害农民宅基地权益埋下了隐患。因此，宅基地要变无偿无限期分配和使用逐渐过渡到有偿有限期分配和使用。要以时点划断农民集体边界、以家庭为单位认定集体成员资格、合理确定宅基地用地标准，在此基础上，对时点内的家庭和时点外的家庭分类依法保护，对前者按标准无偿分配或认定宅基地并以确权确地的方式进行确权登记，对后者在保障宅基地资格权前提下有偿获得宅基地。家庭成员因分家等产生新的宅基地需求，通过市场交易或有偿分配的方式加以解决。其四，要放活宅基地使用权，逐渐赋予宅基地使用权完全的市场自由交易权能。现行规定将宅基地交易限定在本村集体成员之间进行，既导致宅基地资产无法充分显化，又阻碍了外来资本进入乡村。为此，要突破宅基地及其房屋交易仅限于集体经济组织成员之间的规定，突破宅基地使用权仅限于保障村民居住需要的规定，对外来资本

---

① 参见《中共中央 国务院关于实施乡村振兴战略的意见》，中国政府网，2018年2月4日，https：//www. gov. cn/zhengce/2018 – 02/04/content_5263807. htm。

有序开放，在符合土地利用规划、严格土地用途管制的前提下允许宅基地使用权交易打破户籍、城乡区域限制，实现自由市场交易（郑风田，2018b）。这样既能给农民家庭带来财产性收入，又实现了乡村宅基地资源与外来资本的有效结合。宅基地使用权产权处置近期可采用高圣平（2019）提出的方案，先根据受让对象的不同实行有差别的交易规则，将来条件成熟时，赋予宅基地使用权完全的市场自由交易权能。

我国正处于城乡中国这一特殊的发展阶段，中国社会经济面临着转型升级的持续变迁，农业和乡村发展面临的环境条件发生了实质性变化，通过持续的农村土地制度创新，撬动乡村振兴的巨轮运转起来，能够有效地推动生产要素在城乡之间、农村内部的自由流动，激发乡村振兴的内在动力。

为促进乡村振兴，要围绕"实权"与"流动"两个维度深化农村土地制度改革，为乡村振兴提供土地制度保障。"实权"是要将农地产权落到实处，相关的法律法规条文要明确农地各项产权权能的内含、外延，要把农地产权落实到具体的权利主体身上。"流动"是要在保证粮食安全和国家安全的前提下，在土地利用空间规划的管控下，实现土地资源的自由市场流动。农用地制度改革要明确土地所有权、承包权、经营权三者之间平等的土地权利关系；要积极稳妥地落实土地集体所有权；要将作为农民集体成员的农户土地权利关系做实以稳定承包权；要切实维护经营权的合法地位，实现土地经营权的市场自由交易。农村集体建设用地制度改革要坚持市场化改革的方向；要进一步明晰农村集体建设用地产权；要进一步改革和完善征地制度；要赋予农民更加充分的建设用地交易权。宅基地制度改革要充分考虑宅基地的特殊功能；要将宅基地各项权能落到实处；宅基地分配和使用要由无偿无限期逐渐改革为有偿有限期；要放活宅基地使用权，逐渐赋予宅基地使用权完全的市场自由交易权能。

第二十八章

新一轮农村改革样本：黔省三地例证

近年来，改革农地制度和农业经营制度的呼声越来越高。党的十八届三中全会以来，地方改革的步伐加快，各种新的制度安排涌现。贵州在 20 世纪 80 年代就是我国最早实行包产到户改革的省份之一，近年来又成为变革现行农村制度的先行者。遵义市湄潭县从 1987 年实行"增人不增地、减人不减地"制度以来，经过持续的改革试验，已形成成体系的制度安排，改革的绩效已经显现；六盘水市推出资源变资产、资金变股金、农民变股东的"三变"改革，旨在以资源的资本化和权利重组带动农业发展与农民致富，引起理论界、政策层面的关注；安顺市提出以"三权"促"三变"，旨在以农村资源产权的全面界定与经营体制变革为农业发展注入内生活力，该市推出的"塘约经验"正成为全国各地学习的典型。这些探索涉及农村地权和基本经营制度的重大变革，示范效应已现，其制度安排和走向对正在进行的农村改革影响较大。

一、遵义市湄潭县成体系的持续改革

遵义湄潭的改革始于 1987 年国务院建立的第一批农村改革试验区，从此这里形成一种改革的传统和氛围，一些制度试验转化为中央和地方政策，有的上升为国家法律。制度试验的经济绩效也已显化。

517

（一）以农村改革深化促进农业产业化

1987 年以来，湄潭一直坚持以农村土地制度为核心的持续改革，激发农民作为农业经营主体的内生活力，为乡村发展和农业产业化打下制度基础。[①]

1. 第一轮以强化农户地权为基础的改革为农业发展打下坚实的基础

1987～1993 年，湄潭一方面针对集体所有制下人口增减不断重分土地的弊端，进行"增人不增地、减人不减地"的试验，以 1988 年为时点，固定村内人口与土地关系，为农地承包者提供从事农业生产的稳定预期。[②] 另一方面，针对改革后部分成员增人无地可能带来的制度风险，同时进行荒山拍卖的配套制度试验，将束缚在农地上的新增农民从过小规模的土地上转移出来，从事能带来更大收入流的荒山开发。这一改革不仅缓解了长期存在的人口与土地的紧张关系，而且为农民致富开辟了新的发展空间。1994～2000 年，针对负担加重对农民从事农业积极性的挫伤，湄潭实行农村税负改革，做到"村村减负、户户受益"，提高农民从事农业生产的积极性。

2. 探索农业工业化路径

针对山区农业产业规模小、地方品种杂、物流成本高导致的"黔货出山"难，湄潭于 2009～2014 年着力推进农业产业化和农业经营规模化。第一，培育以茶产业为核心的主导产业。制定茶产业"6456"（60 万亩生态茶园、4 万吨茶叶产量、50 亿元茶业综合收入、亩均收入 6 000 元以上）发展目标，重点建设"核桃坝—金花—龙凤"茶树良种繁育和科技推广示范园、云贵山有机生态茶园、茶产品加工产业园、中国茶海休闲度假中心及全程机械化管理示范园、象山茶博园，打造"高台—金盆—沙塘"优质茶产业带，形成规模化茶叶种植带。2024年全县茶园面积已达 60 万亩，茶叶年总产量达 6.93 万吨、产值 69.13 亿元、茶业综合收入 166.42 亿元。[③] 全县已建成 6 个集中连片茶叶产业基地，全县无公害茶园全覆盖，欧盟标准认证 4.4 万亩、欧盟有机认证 1.4 万亩，巩固有机茶园

---

① 本章涉及的湄潭改革的相关资料来自《湄潭改革汇报材料》及调研所得。

② 邵夏珍：《"增人不增地、减人不减地"试验与农村转型：黔省 500 农户样本》，载于《改革》2014 年第 12 期。

③ 《湄潭登高"上春山"|"云贵小江南"茶产业高质量发展纪实》，https://mp.weixin.qq.com/s/xsLwNaVzZVAzY0JmuVQEZg，2025 年 2 月 5 日。

4.85 万亩、绿色食品茶园 0.9 万亩。① 第二，以市场化助推产业化。2024 年末全县茶青交易市场达 36 个，中国茶城入驻企业、商户达 400 多家，年交易额超 30 亿元，湄潭兰馨、栗香、沁园春、黔茗茶业、阳春白雪等一批湄潭茶企在全国 20 多个省（区、市）地级以上城市设立品牌专卖店、旗舰店、批发部 1 000 余家，实体店基本覆盖全国绿茶主销区。② 第三，加强品牌化营销。培育"湄潭翠芽""遵义红"品牌，将湄潭茶叶生产地方标准升级为省级标准，"湄潭翠芽"获得中国驰名商标称号，湄潭成为中国茶产业示范县。第四，延伸产业链。2015 年末全县拥有茶叶生产、加工、营销企业、加工大户 505 家，年产值 500 万元以上的规模企业 46 家，农业产业化龙头企业国家级 4 家、省级 19 家、市级 12 家，年加工能力 5.2 万吨以上。第五，强化质量升级。实行茶园农药、肥料等统一经营、统一采购、统一配送和销售备案制度，开通茶园电子眼，对茶园管护、施肥、采摘等进行全天候、全方位监控，建立健全县级茶叶质量安全检测站、重点龙头企业检测室、茶青交易市场及产茶镇速测点的茶叶质量安全监测网络体系，对茶青采摘、生产、加工、销售等各环节实行高强度、高密度、大规模抽检，严把产地准出和市场准入关。第六，茶产业带动旅游业，打造贵州茶文化生态博物馆、中国现代茶工业遗迹博物馆、中国万亩茶海、300 里生态茶园长廊、天下第一壶、象山茶文化公园等一批茶文化载体。③ 借助丰富的茶产业资源，打造天下第一壶茶文化主题公园、茶海生态园、中国茶海、贵州茶文化生态博物馆、象山茶博园、300 里茶桂风情长廊等景区景点建设，形成湄潭以茶文化为纽带的乡村旅游，湄潭的乡村正成为全国和贵州省旅游爱好者的去处。

3. 适应农业产业化的农地制度深化

一是以"宣传动员、权属调查、审核公示、数据录入、确权颁证"五步法，实行承包户主、土地四至、丘块面积"三固定"。二是由县财政出资建立县、镇、村三级土地流转交易平台及服务中心，提供信息发布、交易鉴证、产权变更等服务，截至 2017 年中旬，流转平台发布农村土地经营权流转信息 12 650 条，涉及面积 15.6 万亩，成交总金额 1.2 亿元。三是向规模经营主体颁发《湄潭县农村土地流转经营权证》。四是开展农村"两权"抵押贷款试验。2016 年 3 月开展农

---

① 《以草抑草！湄潭茶园管控出妙招》，https：//mp. weixin. qq. com/s/THCnlTNTnBk5nj6izmsS7A，2022 年 11 月 7 日。

② 《聚焦茶博会｜湄潭，不止翠芽》，https：//mp. weixin. qq. com/s/fK8IX8 LcSuIZC8－8704E2g，2024 年 4 月 22 日。

③ 洪名勇、龚丽娟：《益贫式增长及实现路径：来自湄潭绿色发展生态富农的探索》，载于《生态经济》2016 年第 2 期。

民住房财产权抵押贷款和农村承包土地的经营权抵押贷款试点，形成"凭证定对象、察物定额度、问需定期限、区别定利率、业务定流程、多措控风险"的"五定一控"制度。截至 2017 年 6 月 30 日，全县共发放"两权"抵押贷款 808 笔，累计放款金额 2.24 亿元。现有余额贷款 606 笔，余额 1.66 亿元，其中农村承包土地的经营权抵押贷款 6 笔，余额 0.45 亿元；农民住房财产权抵押贷款 600 笔，余额 1.21 亿元。五是建立土地流转风险防控机制，对工商资本流转大宗土地的业主，实行县人民政府、县农牧局、镇（街道）三级分级审查，由县财政安排不少于 1 000 万元设立土地流转风险基金，对集中流转农村土地经营权的业主，收取不得少于租赁期内最后一年总租赁费作为风险保证金，以及针对业主跑路或退租的大宗土地，由村集体经济股份合作社采取"垫付租金—自主经营—再次招商"的模式。

（二）以集体建设用地和宅基地制度改革破解城乡二元结构

随着农业产业发展、农民收入增加，农业形态变化带来农业多功能化，乡村经济活动活跃，村庄人居环境改善，城乡在经济活动和空间的互动增强，由此带来非农建设用地需求上升。为此，湄潭开展了集体建设用地和宅基地改革试验。

第一，率先试水集体建设用地入市。2009～2014 年黄家坝街道官堰村允许农村集体建设用地在符合规划的情况下进入市场。官堰村将节约的 23 亩农村集体建设用地，规划为商住综合用地，分三期进行公开拍卖，土地出让收入 1 400 余万元，商住综合用地招拍挂价格达到 750～6 306 元/平方米，接近湄潭县城商业用地价格。

第二，开展农村宅基地使用权改革试验。对一户多宅或进入城镇购买住房的，鼓励其自愿有偿退出原农村宅基地。允许落户本村、已在本村居住 5 年以上，或适度规模流转本村承包地、经营 5 年以上的外村村民，有偿流转宅基地建房，已吸引铜仁地区 100 多户农民在核桃坝购房、流转茶园、从事茶叶生产与加工。

第三，以作为全国 33 个土地改革试点为契机，形成农村集体经营性建设用地入市路径。一是明确入市主体，按照"两划定""五取得""五保留""五丧失"界定标准，划清农村集体经济组织成员与村民的权益与义务边界，理清集体资产享有和分配的对象。[①] 试点成立村、组股份经济合作社，作为集体资产经营管理和集体经营性建设用地的入市主体。二是明确产权归属。按照土地利用规划

① 刘守英：《土地制度变革与中国经济发展》，载于《新金融》2017 年第 6 期。

管属性、城乡规划管用途，通过图件地类比对、规划用途核对，摸清全县集体经营性建设用地存量底数 6 357 宗、4 625 亩，占集体建设用地总量的 5.8%。在此基础上，赋予集体经营性建设用地出让、出租、入股、抵押等权能。将清理的集体经营性建设用地分别登记到村、大队、小组股份经济合作社，股东持股占有。赋予所有权人占有、处分、收益、分配的权利，明确登记的集体经营性建设用地方可入市。三是明确入市方式。形成"就地入市、调整入市、城中村整治入市和综合类集体建设用地分割登记入市"四种入市途径[1]，"拍卖、挂牌、协议"三种入市方式，规定工业用地和综合用地使用年限为 50 年，商服用地使用年限为 40 年。四是明确交易市场。县财政投入资金 5 000 万元，在中国茶城三期建设农村产权交易市场（中心），占地约 10 000 平方米，平台建成投用后，开展信息收集、发布公告、组织交易、鉴证签约、产权变更、收益分配、资金监管等职责。五是明确效益分配。规定国家征收调节金比例为总价款的 12%，集体提取公积金不得少于 20%，公益金不得高于 10%，公积金和公益金总额度不得超过 50%，集体经济组织成员分配比例不得少于净收益的 50%。具体分配比例和分配形式由集体经济组织召开成员会议议定。

（三）以农村集体产权制度改革实现农民财产性收入

湄潭的农村集体产权改革试验，形成了一套系统性、可操作的制度安排：一是确员定股东。明确以全国第二轮农村土地延包户内的农村人口为基数、以 2016 年 3 月 31 日 24 时为成员界定截止时间，明确原始取得、婚姻取得、收养取得、移民取得、申请取得五种取得方式；对于原籍在本村的现役士兵、在校学生、服刑人员、长期下落不明被注销户籍后人又回到原籍，其他地方无户籍人员，农村居民购买"蓝皮户口"人员，农村居民自行出资购买城镇养老保险而转为城镇户口人员的，成员资格予以保留；对于死亡或被依法宣告死亡的，除原籍在本村的现役士兵、在校学生、服刑人员、购买"蓝皮户口"人员外，户口已迁出本村的人员，户口在本村、已界定为其他经济组织成员的人员，已成为国家财政供养的机关、事业、军转干部等在编在岗和离退休人员，成员资格丧失。二是确权定资产。对集体资金、资源性资产、经营性资产和非经营性资产分别按资产来源、形成时间的原生产队、原生产大队、现建制村确定权属，逐一清理后登记造册，颁发不动产权证书。三是确股定归属。明确"只设成员股、不设集体股和其他股"，

---

[1] 刘世锦等：《推进集体建设用地入市为经济增长释放发展空间》，载于《发展研究》2014 年第 4 期。

采取"确权确股不确资"方式，将经营性和资源性资产在集体经济组织成员中按一人一股（份）平均量化，以"人为基数，户为单位"核发股权证书。股权可继承、可抵押、可在成员内部有偿退出，增人不增股、减人不减股。目前，多个试点村已成立村股份经济合作社，确定村股份经济合作社为集体资产经营管理主体，将纳入确股的所有资金、资产予以股份量化，核发股权证到股东。从 2015 年初到 2017 年，全县 120 个村（居）有 119 个村（居）成立股份经济合作社，912 个分社、1 个联社，11.7592 万户 44.3001 万人被界定为集体经济组织成员，成为村（居）股份经济合作社股东，清理登记集体未分下户土地类资产 9 329 宗 221 828.84 亩，商铺类资产 119 宗 350.57 亩，资金 422.1233 万元。

三十多年来，我们见证了湄潭从贫困到小康的进程。湄潭所发生的巨变无论是地方探路者还是观察者都未曾想象。总结湄潭的探索，我们认为最有价值的有两条：一是以产权的界定与完善调动农民积极性，"增人不增地、减人不减地"的农地制度稳定了农民对土地的预期，荒山拍卖为农民投资提供制度激励和资源资本化保障。初始权利清晰基础上的土地规模经营和主体多元化，既保障了农民的财产权益，又为资源与产权的重组提供了稳定的制度安排。二是实施农业产业化—工业化—城市化路径。与沿海地区工业化—城市化—农民市民化路径不同，作为后发地区的湄潭，则以茶主导产业立县富民，形成茶叶生产规模化和茶产业化，由此带动茶加工、品牌化、茶文化的工业化及茶旅结合的服务业化，随着农民收入增长和需求变化，农业工业化又促进湄潭的人口城镇化。

二、六盘水市的"三变"改革

与湄潭相比，六盘水市旨在通过资源和资金的产权安排变革，使其成为农业发展的发动机。[①]

（一）"资源变资产"的探索

"资源变资产"主要有两种形式：一种是集体将未分到户的资源资产入股到农业经营主体。改革以来，农村有许多未分到户的在集体名下的资源资产，六盘水将对这些集体资源资产进行清理核实，明确权属，再以折价入股的方式与其他

---

① 本章涉及六盘水"三变"改革的资料来自《六盘水"三变"调查报告》及调研所得。

农业经营主体合作经营，按一定比例从经营利润中分红。[①] 野玉海国家山地旅游度假区在水城县玉舍镇建设彝族风情街项目，该镇海坪村将 351 亩集体荒山荒坡以入股方式参与到该项目。对集体和村民来讲，入股以后的变化有两个：一是资源价值显化，风情街资产估价 6 000 万元，海坪村的 351 亩荒山荒坡折价 1 800 万元，每亩价值 51 282 元；二是村民和集体以资源参与分红，风情小镇项目共建设 38 个院落，景区管委会占 70% 的股份，村民集体占 30%，后者在集体内部再分配，村集体将分红收益的 50% 分给 780 名村民，其余用于发展集体经济和救助贫困户。

另一种是农户以承包土地经营权入股农业经营主体。盘县普古乡将 8 个村的 964 户农民的土地承包经营权入股娘娘山园区，园区不付土地租金，入股农民可在园区做工，待盈利后按股分红。水城县的猕猴桃产业园将核心区 3 个村农户承包的 8 700 多亩土地入股园区，采取土地流转费保底加按股分红，另外将财政资金投入园区建成的 5 个大棚以村集体资产名义作价入股参与分红。

（二）"资金变股金"的探索

一是将财政项目资金转变为股金。近些年，财政向农村投入大量专项资金，用于生产发展、农业生态修复和治理、扶贫开发、农村基础设施建设、支持村集体经济发展，过去的项目使用与农民利益并不直接关联，六盘水的创新是将这些资金量化折股为村集体或村民股金，投入各类农业经营主体，通过这些经营主体的经营获取收益，按股分益。[②] 六枝特区落别乡抵耳村将财政扶持的 100 万元集体资金入股朝华农业科技有限公司，种植 1 000 亩茶叶项目，公司前 3 年每年向村集体支付保底分红 8 万元，第 4 年后每年递增 1 万元，上限为 15 万元。抵耳村集体将分得收益的 40% 用于发展村集体经济，60% 用于扶助本村贫困人口。盘县淤泥乡岩博村合作社则将申请到的 200 万元财政补助资金全部量化到出资农户，财政补助形成的资产由合作社管理使用，形成的利润由农户按股分红。二是扶贫专项资金转变为股金。钟山区为帮助 187 户农村极贫户和 115 名城市无正式职业贫困人口脱贫，用 684 万元财政扶贫项目资金入股 2 家区国有农业公司，农业公司再以此入股六盘水市农村商业银行，扶贫人口按 10∶1 的比例分配收益，直至贫者年收入超过 2 300 元时无偿退出其收益分配权。

---

① 桑瑜：《六盘水"三变"改革的经济学逻辑》，载于《改革》2017 年第 7 期。

② 罗凌、崔云霞：《再造与重构：贵州六盘水"三变"改革研究》，载于《农村经济》2016 年第 12 期。

（三）"农民变股东"的探索

一是农民以土地承包经营权入股公司。六枝特区郎岱镇花脚、阿乐、石糯尾、青菜塘 4 个村的 2 919 户农民，以 6 000 亩承包土地经营权入股天地人和农业发展有限公司，共同建设猕猴桃产业基地，土地股份占 10%。由公司统一标准、统一管理、统一技术、统一补贴、统一规划，种植黄金果、红心猕猴桃等。猕猴桃基地效益出来之前，公司每年向农户支付每亩 600 元的保底分红，有效益后公司将纯利润的 10% 作为土地入股的红利分给村民，入股农户按入股面积进行再分配。二是农民以土地承包经营权入股合作社。钟山区大河镇周家寨村的 70 户农民将土地承包经营权以 20 年期限入股民润蔬菜种植农民专业合作社，从事葡萄种植。合作社对入股农户在葡萄种植效益未出来的前 3 年每年支付每亩 600 元的保底租金，产生效益后的盈利按合作社 70%、入股农户 30% 分配。

截至 2015 年 12 月，六盘水有 22% 的农民变股民，36.79 万亩集体土地、56.88 万亩承包地、19.09 万亩"四荒地"、40.9 万平方米水面、2.75 万平方米房屋入股企业、合作社、家庭农场等农业经营主体。全市共有 501 个经营主体参与"三变"，其中企业 189 个，占 37.72%，合作社 280 个、占 55.89%，家庭农场等其他经营主体 32 个、占 6.39%；撬动村级集体资金 10 400 万元、农民分散资金 1.91 亿元、各类农业经营主体资金 33.96 亿元入股。整合农业、林业、扶贫等 11 个部门投入财政资金 4.51 亿元，占全市涉农可变资金的 20.3%。

就我国现行的以家庭承包为基础的农地权利和经营制度而言，六盘水"三变"变革的意味是很显然的，土地承包权变成股权，农民从原来的自我经营者变成以土地股份分红的股民，土地经营从家庭经营变成公司经营或股份合作制经营。[①] 如此大变化的制度变革，与这里的新产业、新业态发展需要不同要素的组合有关，由此也带来对权力重组和经营方式变革的需求。

三、安顺市的"三权"促"三变"改革

在六盘水推进"三变"的同时，安顺市推出了"三权"促"三变"的改革，旨在通过对农村各类资源的全面"确权、赋权、易权"，促进"资源变资产、资

---

① 刘学侠等：《"三变"改革的有益探索》，载于《学习时报》2017 年 2 月 27 日。

金变股金、农民变股东"的实现。"塘约典型"① 引起广泛关注。

（一）以确权明晰权属

与全国各地的确权相比，安顺实行对农村资源资产的全面确权，包括农村土地承包经营权、集体建设用地和农民宅基地使用权、林权、"四荒"使用权、农村集体经营性资产、农业生产设施设备、农村小型水利工程产权等，通过对所有这些农村资源的确权与颁证，厘清和明晰农村资源资产权属，四至清楚、面积准确、产权清晰，为产权流转奠定基础。村庄通过查实历史资料，摸清各类地块、农房、小型水利工程等现状以及群众反映、争议纠纷情况，通过实际丈量与卫星航拍相结合，以国土部门专业测绘人员为主，组织农民代表参与。在资料、数据、情况弄实以后，对清查的历史资料、调绘勘测、集体资源资产清理核查初步结果予以公示，结果无异议的由农户签字认可；有异议的重新核查，核查结果再次张榜公示，直至绝大部分农户签字认可。经公示无异议的农户承包土地、林地、房屋产权等，按规定程序予以登记颁证，并将结果再次公示，确认无异议后向户主发放权证。

备受关注的塘约村，在确权上最为"较真"。为了摸清家底，成立以村党组织为核心的确权工作领导小组，开展土地承包经营权、林权、集体土地所有权、集体建设用地使用权、房屋所有权、小型水利工程产权和农村集体财产权等"七权"确权，借助全球定位系统（GPS）、航拍等现代技术对全村土地实行精准测量。村里还成立"确权议事会"，对确权中的各类问题（分有地无证、有证无地、一地多证、一证多地和无证无地，以及实际测量面积偏大等）进行汇总，将积累下来的问题交由村民小组、村调解委员会、村民代表大会"三级调解"。占用集体资产的，采取交还或购买方式处理，经指界、退出、村民按手印三道程序确认。村民耕种的集体坡地、占用的公房，完全归还集体；村民占用集体坡地建房的，村集体按每平方米 50 元收费。接下来是确权颁证，对公示结果无异议的，由农户签字认可；有异议的重新核查，核查结果再次张榜公示，直至绝大部分农户签字认可；再是产权建档，为每块土地的面积、形状、位置等信息建立档案，建立"七权"同确数据库，对确权成果进行动态管理和使用；最后是颁发权证。

---

① 本章涉及"塘约经验"的材料来自贵州省委政策研究室：《"塘约经验"调查报告》（2017 年）、罗凌：《塘约村经济体制改革设计的科学性探析》（2017 年）。

（二）以赋权显化资源价值

长期以来，农村大量资源资产闲置，农民占有的资源没有实现价值的途径。安顺通过对确权后的各类产权进行评估，确定其价值，赋予权利持有人在产权期限内依法使用、经营、流转、作价入股或抵押担保权能，政府出台相关政策予以保障。[①] 政府通过制定"三权"促"三变"改革实施方案，出台农村资源和集体资产股份化改革意见、集体林权改革实施方案、财政支农资金变股金意见、小型水利产权改革意见等，鼓励基层进行各类产权改革探索，从政策上保障各类主体产权权能。鼓励和支持社会评估、会计等中介机构进入农村产权评估市场，对农村各类参与重组的产权及资金、劳动力等进行计价与入股。设立由地方财政出资的涉农信贷风险补偿基金，贷款一旦出现风险，扣除借款人 10% 的保证金，贷款损失由受偿银行、合作担保公司、政府分别按 10%、45%、45% 的比例进行责任分担。组建农村土地流转经营权价格评估机构，负责对确权颁证后的土地流转经营权进行价值评估，金融机构根据价值评估报告发放抵押贷款。

（三）以易权实现资源重组和农业产业化

通过发展多种形式的股份合作，引导农村集体所有的资源性资产和可经营性资产投入公司或合作社，转变为村集体和村民持有股金。鼓励农民以土地承包经营权、林权、技术、资金等入股企业、合作社或其他经济组织，按股份获得收益；将财政定向投入的发展类资金转变为村集体和村民持有的资本金，以入股形式投入经营主体。

塘约村的资源权利重组、经营方式与发展路径变化具有典型性。一是将全村4 881 亩土地全部入股党支部引领、村集体所有的"金土地合作社"。国家财政直接补助和他人捐赠形成的集体资产平均量化按比例分配到集体成员，记入成员个人账户。对每个股东建立个人档案，发放股权证书。股东持有的股权可依法、自愿转让、继承。二是金土地合作社与农村信用社构建"3＋X"（"3"指农村信用社、村委会、金土地合作社，"X"指公司、合作社、专业大户、农户等主体）信贷体系提供抵押贷款，由村集体担保、经营主体申请贷款，授信额度最高可达缴纳担保基金的 10 倍，利率在同期同档次基础上下浮 10%。三是集体统一组织下的分工分业。入社土地由村集体统一经营，不得流转给本集体经济组织外成

---

① 张磊、简小鹰、滕明雨：《农业产业化经营主体与农民关系构建研究——基于对贵州省安顺市现代农业发展的调查》，载于《技术经济与管理研究》2016 年第 11 期。

员。土地收益由合作社、村集体、村民按照 3∶3∶4 的比例进行分成。2016 年，村集体及合作社分红 121.47 万元，社员分红 80.98 万元，最高分红 8 960 元，最低 1 840 元。水务公司所获收益由村集体和村水务公司按 6∶4 的比例分红，村集体收益的 50% 再量化给全体村民，20% 用于贫困户帮扶，30% 用作村水利发展基金。全村实行资金统一核算、土地统一规划、村干部统一使用、财务村务统一核算、农产品统一销售、美丽乡村统一建设、红白喜事统一操办"七统一"。在合作社内部组建运输公司、劳动输出公司、妇女创业联合会和建筑公司等经营实体。四是农业产业化。全村种植芹菜、韭黄、辣椒、香葱、浅水莲藕、晚熟脆红李、核桃、羊肚菌。建设青岛—安顺农业产业示范园，带动蔬菜种植，带动周边农户增收。山东寿光市龙耀食品（集团）有限公司对口帮扶塘约村，为村里无偿提供帮扶资金建设农业产业园，并以部分资金作为技术入股。目前，建成育苗中心区、高科技展示区、采摘体验区和示范种植高产高效区。组建荷塘月色旅游发展公司，以农耕文化为基础，打造集农业生产、农产品加工、休闲体验、养生养老等为一体的田园综合体。

安顺市全市农民人均可支配收入从 2013 年的 5 810 元增长到 2015 年的 7 402 元，农村扶贫对象从 2011 年的 74.65 万人减少到 2015 年的 34.42 万人，贫困发生率从 30.8% 下降到 13.9%。蔬菜、茶叶、水果、烤烟、中药材、生态畜牧等特色优势产业规模不断壮大，粮经比由 2010 年的 52∶48 调整为 2015 年的 30∶70，畜牧业增加值占第一产业比重连续位居全省第一，2015 年达到 30.5%。美丽乡村覆盖全市 80% 的行政村，乡村正逐步成为城里人想去的地方。

安顺市的"三权"促"三变"改革，在"三变"层面上，与六盘水的制度安排类似。无论是资源变资产，还是农民变股东，都以更全面的确权为前提，不管资源和资产如何组合，先把权利界定清晰，这是资源再配置的前提。从塘约典型看到的情况是，底层群众在大变革之前，对产权尤为较真，这是与集体化时期对待产权的做法和观念完全不一样的。从安顺做法来看，与简单的集体化和私有化两极论相比，更重要的是公私权利的清晰界定，我国在集体化时期的为公废私和包产到户后存在的以私侵公，恰恰是不尊重产权和公私关系不清导致的。与湄潭以产权改革调动农民积极性、促进农业工业化相比，安顺的路径是先以大规模的基础设施搬掉大山对农民与外界的阻隔、持续的扶贫将极贫的农民从贫困陷阱中拉出来，"三权"促"三变"的改革恰恰是在外力将各种障碍排除以后，回过来以制度激发农民内生活力，促进后发地区的可持续发展。①

---

① 何腾兵、夏先林：《深化"三权""三变"推进贵州农业供给侧结构性改革》，载于《贵州日报》2017 年 2 月 15 日。

四、贵州新一轮农村改革的启示与讨论

贵州新一轮改革的深入，主要是贵州农村发展对改革的需求使然。改革开放以来，贵州一直被贫困困扰，与其他地区的差距拉大。近年来，巨额基础设施投资根本上改变了恶劣的自然环境对贵州经济社会发展的制约，持续的扶贫使贵州形成有一定规模的区域性农村产业，农村整体贫困状况有显著缓解，乡村建设和人居环境改造使贵州的乡村与美丽山水的价值显化。各方面的变化使贵州迎来摆脱贫困陷阱奔小康的历史机遇。面对这些变化的叠加，现行制度出现明显的不适应性，需要作出因应性变革，湄潭、安顺与六盘水的制度试验就是寻求新的制度均衡的尝试。总体来看，贵州新一轮的改革试验还在路上，一些新的制度安排的绩效还有待检验，过早下肯定或否定的结论既不利于地方探索，也不利于农村制度的创新。由于不同地方的条件不同，面临的问题也不完全一样，因而切忌用一套方案解决所有地方的问题。但是，从贵州三个典型地区的试验获得关于农村改革的相关启示是大有裨益的。

（一）以农业工业化实现后发地区现代化

与沿海地区的工业化、城镇化路径不同，贵州不具备靠工业化起飞的各种条件。事实上，贵州也曾经模仿沿海地区的招商引资和利用沿海地区产业转移机会搞园区工业化，但效果并不理想。从贵州近些年走过的路来看，以农业工业化启动现代化可能更为可行。

湄潭是以荒山拍卖调动农民积极性，在农民主体、政府和市场的多方努力下，形成以茶产业为主导的产业，茶产业的壮大又带动茶加工业和茶旅游业的发展，形成一条以茶为纽带的产业链条，带来湄潭农村产业的发展和农民致富。安顺和六盘水则是通过基础设施的投资和持续性扶贫的外力支持，使乡村人口摆脱贫困陷阱，新农村建设、以乡村文明和历史传承为本底的美丽乡村建设，以及农村环境整治，使贵州告别过去的穷山恶水，村庄镶嵌在美丽的山水中间，形成独具特色的人文和自然景色，城里人的到来使乡村活化，乡村自然环境的改善带来山地特色农业的发展。从三个地区来看，农业工业化和村庄活化有望带来农业工业化，进而促进贵州的工业化和城镇化。但是，这条路的可持续性也有待检验：一是农业产业的可持续性到底如何，"黔货出山"到底能否开辟出一条路来；二是乡村美丽以后，能否形成有持久力的人气，从而使乡村真正活起来。这些方面需要进一步探寻与关注。

（二）以资源价值资本化加快发展

对于贵州这样的后发地区来说，资本短缺是经济发展的劣势之一。贵州三个地方的做法是，对农村资源进行折股量化，入股到前来合作的农业经营主体，从理论上讲，这是一项使双方共赢的合约。对经营主体来讲，通过资本投入、技术、市场和企业家资本，与村集体和农民的合作，可以利用乡村的独特资源和美丽山水发展产业；对于村农民集体来讲，通过资源入股与合作，解决了发展所需要的资本、技术、市场和企业家能力问题，使沉睡的资源在利用中增值。

对于后发地区来讲，以资源资本化加快发展是一项重要的理论创新。但是，要注意的是，资源资本化需要解决两个重要问题：一是参与合作的企业家的能力问题。资源能否变成资产、农民集体的资源股能否如期分到红利，取决于企业经营、项目运作和市场成败，否则将会带来资源经营风险和社会稳定问题。二是农民与企业的合作问题。一些地方在合作初期双方合作较为愉快，不会就细节进行计较，但是，合作的困难来自运行中的细节，如财务透明与监督、农民作为员工的行为、双方对项目是否像自己私人活动一样尽心、利益分配的公平性、价值增值以后的预期与心理变化，等等。因此，资源变资产的改革效果还有待时间的检验。

（三）明晰和尊重产权是始终如一的主线

贵州从湄潭1987年的改革开始到安顺塘约探路，一直坚持以明晰产权为改革的前提。湄潭的"增人不增地、减人不减地"就是为了革除不断重分土地的集体所有制对农民种地预期的破坏，荒山拍卖更是给农民从事更大投资以信心。六盘水的"三变"改革以农民集体资源资产的确权及归属清晰为保障。安顺的"三权"促"三变"改革，表明只有实行全面的确权、市场化赋权和基于经营者能力的易权，才能使"三变"的成果得以实现。

塘约村最有价值的试验之一是，不仅对承包到农民手上的资源予以确权颁证，而且对集体"公有"资源进行全面彻底的权属认定，建立基于村民认可的清晰的公私关系，并将确权以后的公共财产的归属和利得予以清晰界定。贵州的新一轮改革是通过全面的确权，明确界定公私权利与利益分配，这在我国集体所有制演变史上是一个巨大的进步。

529

（四）经营方式变革是特色农业经营的重要条件

农业经营制度创新是湄潭、安顺和六盘水三地农村改革的重要内容之一。股份经营、公司经营和集体经营是主要的经营形式。新的经营主体的出现，一个重要的诱因是，贵州的山地农业与平原粮食农业有较大不同，利润更高，风险更大，开拓市场的能力要求更高。

从地方调查的案例解析来看，不同村庄、不同项目选择不同的经营方式，是各自农业经营类型、作物风险、合约选择与经营能力等各种因素作用的结果。比如，资本需求大、需要长期投入的项目，往往选择经营主体与农民集体股份经营；风险大的项目，农民集体往往选择先保底再加分红；经营和市场风险大的项目，往往是公司与农民集体合作经营；村干部能力强、威信高的往往由村集体组织合作社经营。这些新的经营主体的到来，确实正在改变原来的以小农为主体的经营方式，现在很难说哪一种经营方式会在贵州未来的农业经营中胜出，但每一种经营模式的制度优势和劣势已在运行中显现，比如，股份经营可以解决农民集体资源的支付问题，但也存在合约执行和利益分配的困难；集体经营可以实现村内资源的有效组合与分工，但村干部的领导能力和道德风险又制约着这种模式的大面积推行。要注意的是，政府不要强推某种模式，要赋予农民集体和经营者自主选择权和合约权。

（五）财政和扶贫资金变股金是重要的制度创新

贵州三地的改革试验中，都采取将各项财政资金和扶贫资金在专款专用的前提下，折成股份，以股金落到每个农民头上，然后再将这些资金以股金入股其他经营主体，既密切了农民与财政资金和扶贫资金的关联，又使这些资金有效配置到项目使用中，有助于提高项目成功率。当然，这一制度创新要取得成功，需要确保农民的主体地位，包括项目经营主体的选择、利益分配的透明与公平，等等。

与贵州此前以包产到户改革解决温饱相比，贵州的新一轮农村改革是十多年努力求变产生的内在需求，已经进行的制度试验对现行农地制度和农业经营制度进行了重大变革。贵州的发展在途中，贵州的改革在路上，贵州的试验为我们观察我国后发地区的发展与改革提供了有价值的案例。对这里所发生的一切，与其预设前提去评判，不如冷静客观地观察。

第二十九章

完善农地流转市场的建议

农地流转是实现农业规模经营，进而实现农业现代化的主要途径。农地流转市场的发展水平直接决定了农地流转的实现程度，农地供需双方能否便捷地交易，可在多大区域范围内选择交易对象，双方签订什么样的流转合约对权利进行分割，流转合约的可执行程度如何，流转纠纷能否得到处理和防范等问题无不受流转市场发展的影响。而且，流转市场又深受当前农地产权制度结构的影响。那么，随着农村土地产权制度改革的不断推进，当前农地流转市场发展现状如何，具有哪些特征，这些特征又发生了什么变化，都是亟待回答的问题。

本章利用河北等 7 省（区）2015～2016 年的数据对中国农地流转市场的发展状况、特征及变迁进行统计描述及简要分析，从而为下一步流转市场发展及农村土地制度改革提供政策依据。

一、中国土地流转的基本情况

（一）全国总体情况

从流转耕地面积占家庭承包经营耕地面积比来看，中国农地流转市场发展迅速。1996 年，全国有 2.6% 的耕地发生流转，到 2004 年，流转比例快速增加到

531

10.5%，然后继续增加到 2010 年的 14.7%。此后，流转市场发展速度不断加快。2014 年流转比例增加到 30.4%，是 2010 年的两倍，其间年均流转比例增速达到 14.4%。2015 年后，增速开始变缓，到 2016 年底，发生流转耕地面积占比为 35.0%[①]，意味着全国超过 1/3 的耕地发生了流转。

（二）样本省情况

从农业部关于河北、陕西、辽宁、浙江、四川、湖北和广西 7 省（区）的调研数据（见表 29 - 1）可以看出如下信息。

表 29 - 1　　2015 年和 2016 年 7 省（区）农地流转总体情况

省份	2015 年			2016 年		
	农地流转面积比（%）	转出农户占比（%）	面积比 - 农户比	农地流转面积比（%）	转出农户占比（%）	面积比 - 农户比
河北	18.57	15.39	3.18	20.35	17.26	3.09
陕西	27.57	20.21	7.36	30.99	21.97	9.02
辽宁	36.95	30.63	6.32	39.74	31.77	7.97
浙江	31.69	22.69	9.00	35.29	27.25	8.04
四川	17.90	14.71	3.19	21.97	18.01	3.96
湖北	27.76	23.29	4.47	33.85	28.00	5.85
广西	50.46	48.21	2.25	53.80	48.79	5.01
整体	30.13	25.02	5.11	33.71	27.58	6.13

资料来源：笔者依据农业农村部调研数据计算。

第一，从流转耕地面积占比来看，各样本省份的流转市场均在快速发展。7 省（区）总体来看，2015 年农地流转面积比为 30.13%，到 2016 年增加到 33.71%。各省流转比例有所差异，但趋势一致。例如，河北流转比例低于平均水平，2015 年流转比例为 18.57%，2016 年增加到 20.35%。浙江的流转比例高于平均水平，2015 年流转比例为 31.69%，2016 年增加到 35.29%。

[①] 《农业部：全国土地流转面积占家庭承包耕地总面积 35% 正试点土地使用权抵押贷款》，人民网，http://finance.people.com.cn/n1/2017/0307/c1004 - 29129227.html，2017 年 3 月 7 日。

农地三权分置的理论与实践研究

第二，从转出农户占承包户的比例来看，各样本省份的流转市场也在快速发展。从 7 省（区）总体来看，2015 年所有承包农户中 1/4 的农户转出土地成为转出户，到 2016 年转出户占比增加到 27.58%。2016 年，广西、辽宁、湖北转出农户占比分别为 48.79%、31.77% 和 28.00%，均高于平均水平。而河北、陕西、浙江、四川的转出户占比低于平均水平。

第三，总体来看，以流转面积占比衡量的流转比例（以下简称"面积比"）高于以转出户占比衡量的流转比例（以下简称"农户比"），这可能是因为转出户是那些拥有土地面积较多的农户，这或许表明流转市场在土地配置方面有较为明显的"公平性"作用。总体来看，2015 年农地流转面积比（30.13%）高出同期转出农户占比（25.02%）5 个百分点，而且差距随时间在小幅扩大，到 2016 年差距扩大到 6 个百分点。这表明，目前在流转市场上供给土地的转出户在"土地供给"方面的能力高于其"农户供给"能力，这可能是因为转出户是那些相对拥有较多土地的农户，而农地流转市场正在把他们的土地配置给转入方，而且有增加趋势。数据还表明，各省（区）的两个比例差得大小不一，例如，浙江 2015 年的"面积比"比"农户比"高 9 个百分点，而广西只有 2 个百分点，这或许表明不同地方的流转市场在土地配置"公平性"功能方面有所差异。

二、中国土地流转的特征

（一）流转形式多样

由于转入方和转出方的户籍特征关系、流转土地的权利属性不同，农地流转形式各异。按照农业部经典的分类标准，农地流转主要分为转包、转让、互换、出租、股份合作五种形式（见表 29-2）。其中，转包、出租和股份合作三种土地流转形式的土地承包权都不发生变化，转让和互换两种流转形式的承包权发生变化；转包和互换两种流转发生在同一集体经济组织内部，而转让、出租和股份合作都不必局限于同一集体经济组织内部。随着农村土地承包权和经营权的事实分离，特别是在中央大力推进三权分置改革的背景下，考察这些农地流转形式的发展现状及变化趋势更具现实意义。

533

表 29 – 2   各种土地流转形式的定义及特征

流转特征	承包权不发生变化	承包权发生变化
局限在同一集体经济组织内	（1）转包：指农户家庭承包耕地流转面积中，承包农户将承包耕地转给本集体经济组织其他承包农户从事农业生产的流转方式。转包后原土地承包关系不变，原承包方继续履行原土地承包合同规定的权利义务。接包方按转包时约定的条件对转包方负责。承包方将土地交他人代耕不足一年的除外	（2）互换：指承包方之间为各自需要和便于耕种管理，对属于同一集体经济组织的承包地块进行交换，同时交换相应的土地承包经营权。互换双方的面积均统计在内，如：甲以3亩与乙的2亩互换，即统计为5亩。但明确约定不互换土地承包经营权，只交换耕作的，不列入统计
不必局限在同一集体经济组织内	（3）出租：指农户家庭承包耕地流转面积中，承包农户将所承包的土地全部或部分租赁给本集体经济组织以外的他人从事农业生产的流转方式。 （4）股份合作：指农户家庭承包耕地流转面积中，承包农户将土地承包经营权量化为股权，入股从事农业合作生产的耕地面积	（5）转让：农户家庭承包耕地流转面积中，承包农户经发包方同意将承包期内部分或全部土地承包经营权让渡给第三方，由第三方履行相应土地承包合同的权利和义务的耕地面积。转让后原土地承包关系自行终止，原承包户承包期内的土地承包经营权部分或全部失去

资料来源：各种流转形式的定义来自农业部。

从表 29 – 3 可以看出，目前农地流转形式具有如下特点。

表 29 – 3   2015 年和 2016 年 7 省（区）农地流转各种形式占比   单位：%

省份	2015 年						2016 年					
	转包	出租	股份合作	转让	互换	其他形式	转包	出租	股份合作	转让	互换	其他形式
河北	19.67	61.51	1.11	1.69	7.99	8.02	19.29	61.65	1.53	1.55	8.02	7.97
陕西	51.66	32.16	3.73	2.78	6.67	3.01	51.71	31.79	3.53	2.90	7.20	2.87
辽宁	45.87	33.63	4.40	5.48	5.50	5.11	46.22	31.80	4.31	5.50	6.77	5.39
浙江	63.44	20.27	1.57	2.48	3.26	8.99	64.90	19.87	1.50	1.93	2.41	9.40
四川	49.84	31.96	1.71	0.63	10.63	5.22	42.64	40.07	1.48	1.77	9.99	4.05
湖北	33.96	47.53	6.20	3.74	2.87	5.69	31.61	49.65	7.15	3.11	2.53	5.94
广西	41.67	48.61	3.05	1.23	0.77	4.66	39.87	51.39	2.69	1.15	0.71	4.19
整体	43.73	39.38	3.11	2.58	5.39	5.82	42.32	40.89	3.17	2.56	5.38	5.69

资料来源：笔者依据农业农村部调研数据计算。

第一，转包是目前最主要的土地流转形式。总体来看，2015 年 7 省（区）流转土地面积中以转包形式进行流转的面积占比 43.73%，2016 年略有下降，变为 42.32%。这表明，至少 2/5 的流转土地发生在本集体经济组织内部，而且流转没有改变承包权的权属关系。这或许是因为同村人之间的流转交易成本更低，治理结构更有效。各省之间的转包比例有所差异，但转包基本都是其最主要的流转形式。

第二，出租是第二主要的流转形式。总体来看，2015 年 7 省（区）出租形式流转比例为 39.38%，2016 年小幅增至 40.89%。这表明，2/5 的流转土地流转给了非本村集体经济组织成员。相比转包，出租土地对转入方的户籍限制明显放松，在流转范围上明显广于转包，因此也应具有更好的价格发现功能，从而获得较高的土地配置效率。2015 年和 2016 年，河北以出租形式流转土地的比例均超过 60%，在 7 个样本省份中最高，但其转包比例最低，不足 20%。表明河北六成以上流转土地流转给了非本集体经济组织成员。

第三，互换是第三主要的流转形式。总体来看，2015 年 7 省（区）互换流转比例为 5.39%，2016 年几乎没有发生变化（5.38%），这表明 5% 左右的流转土地是通过同一集体经济组织内部成员之间的地块交换实现的，同时也交换相应土地的承包权，这或许是出于各自便捷耕种或连片的目的。四川 2015 年和 2016 年的互换比例近 1/10，在 7 个样本省份中最高，其次是河北，或许在那些地块细碎化程度较高，同时在地块分布比较集中的地方，互换这种流转方式更加便捷。

第四，股份合作是第四主要的流转形式。总体来看，7 省（区）至少 3% 的流转土地是通过股份合作的形式实现的，而且，2016 年比 2015 年略增加。股份合作流转形式通常主要表现为三种形式，一是入股连片的耕地由村级合作社来经营，二是连片后的耕地由合作社发包给本集体经济组织的某个成员进行经营，三是连片后的耕地由合作社发包给非本集体经济组织成员来经营。所以，股份合作是具有高度灵活性、经营主体不必局限于集体经济组织成员且与土地承包方的流转交易成本也较低的一种流转形式，其中流转入股耕地由本村合作社来经营的方式更具吸引力，因为这种方式能将流转租金"隐性化"进而使其农业生产具有较高的竞争力。

第五，总体来看，7 省（区）约 2.5% 的流转土地采用转让形式。辽宁 2015 年的转让比例为 5.48%，到 2016 年维持在 5.50%，在所有样本省份中最高。相比其他流转形式，转让最大的特点是土地承包权发生了变更，承包户经发包方同意将承包期内部分或全部土地承包经营权让渡给第三方，由第三方履行相应土地承包合同的权利和义务。转让后原土地承包关系自行终止，原承包户承包期内的土地承包经营权部分或全部失去。随着农业税的减免、农业补贴的增多和三权分置改革的推进，转让形式的流转可能会继续减少。

综上，当前土地流转存在"两个增加"，一是承包权不发生变更的流转在增加，二是突破集体经济组织成员限制的流转在增加。转包、出租和股份合作三种流转形式的土地承包权都不发生变化，2015 年 7 省（区）总体来看，三种形式合计占比 86.22%，到 2016 年小幅增加到 86.38%，即超过 85% 的流转耕地在流转时承包权不发生变化。在三权分置框架下，这三种形式都可以归类为"经营权"的流转。而另外两种可视为"承包权"流转的转让和互换形式的比例在 2016 年都有小幅下降。另外，出租、股份合作和转让三种流转形式的共同特点是转入方不必局限于同一集体经济组织成员内部，2015 年三者合计占比 45.07%，2016 年小幅增加到 46.62%。可以理解，随着流转市场的不断完善，在更大区域范围内进行土地资源配置是必然趋势。

（二）流转范围逐渐突破本村范围

如上所述，出租是将土地流转给非本村集体经济组织成员的一种流转方式，2015 年占比为 39.38%，2016 年小幅增至 40.89%。那么非集体经济组织成员的范围大到什么程度？

由表 29-4 可以看出，在 2015 年所有出租形式的流转土地中，流转给本乡镇外的面积占比为 12.72%，到 2016 年进一步增加到 16.19%。这表明，在那些由村外户籍经营主体经营的流转土地中，有 16% 的土地是被本乡镇外的经营主体经营，其他 84% 由本乡其他村的经营主体耕种，即每 6 宗出租流转行为中，有 1 宗流转给了本乡镇外的经营主体。在 2016 年所有流转耕地中，有近 7% 的耕地是流转给了本乡镇外的经营主体。四川这种跨镇流转的出租比例增长最快，由 2015 年的 9.64% 增加到 2016 年的 29.26%。可以预期，不局限于本村集体经济组织成员，突破本镇户籍的，在更大区域范围进行流转的现象将越来越常见。

表 29-4　2015 年和 2016 年 7 省（区）跨镇流转土地面积占比　单位：%

省份	2015 年			2016 年		
	出租合计	出租给本乡镇外人口或单位	所有流转耕地中出租给本乡镇外人口或单位	出租合计	出租给本乡镇外人口或单位	所有流转耕地中出租给本乡镇外人口或单位
河北	61.51	12.55	7.72	61.65	15.53	9.58
陕西	32.16	5.90	1.90	31.79	5.97	1.90

省份	2015 年			2016 年		
	出租合计	出租给本乡镇外人口或单位	所有流转耕地中出租给本乡镇外人口或单位	出租合计	出租给本乡镇外人口或单位	所有流转耕地中出租给本乡镇外人口或单位
辽宁	33.63	11.30	3.80	31.80	10.75	3.42
浙江	20.27	14.51	2.94	19.87	12.76	2.54
四川	31.96	9.64	3.08	40.07	29.26	11.72
湖北	47.53	19.12	9.09	49.65	19.52	9.69
广西	48.61	16.00	7.78	51.39	19.54	10.04
整体	39.38	12.72	5.19	40.89	16.19	6.98

资料来源：笔者依据农业农村部调研数据计算。

（三）流转土地的经营主体仍以农户为主

"谁来种地"一直是大家关注的问题。从表29-5的调研数据可以发现：

表29-5 2015 年和 2016 年 7 省（区）流转土地的经营主体分布 单位：%

省份	2015 年				2016 年			
	农户	专业合作社	企业	其他主体	农户	专业合作社	企业	其他主体
河北	55.65	12.96	9.87	21.52	52.41	16.10	10.63	20.85
陕西	51.25	27.35	9.62	11.78	54.06	26.68	8.95	10.31
辽宁	54.23	20.62	13.25	11.89	52.73	23.88	12.60	10.78
浙江	69.84	12.59	8.48	9.09	70.63	13.48	6.90	8.99
四川	58.90	16.52	14.80	9.77	49.53	17.09	25.43	7.96
湖北	49.40	19.46	17.42	13.72	47.15	21.37	17.51	13.97
广西	62.54	19.02	7.48	10.96	62.38	20.63	7.42	9.57
整体	57.40	18.36	11.56	12.68	55.56	19.89	12.78	11.78

资料来源：笔者依据农业农村部调研数据计算。

第一，流转土地的经营主体主要为农户，但其所占比例呈下降趋势。7 省（区）总体看，流转土地中 57.40% 的土地被农户经营，到 2016 年小幅下降为 55.56% 。这表明，该时期至少一半的流转土地流向了农户这种经营主体。分省来看，浙江和广西的这一比例更高，2016 年两省分别有 70.63% 和 62.38% 的流转土地由农户来经营。比例最低的湖北 2016 年也有 47.15% 的流转土地流向了农户。

第二，流转土地的第二主要经营主体为专业合作社，其所占比例呈增长趋势。7 省（区）总体来看，2015 年有 18.36% 的流转土地由专业合作社经营，到 2016 年这一比例进一步增加到 19.89%，近 1/5。而陕西 2016 年的流转土地中有至少 1/4 是专业合作社经营的。这表明，在当前农业比较效益较低、土地流转租金较高的环境下，专业合作社是一种比较重要的经营主体。

第三，流转土地的第三主要经营主体为企业，其所占比例呈增长趋势。7 省（区）总体来看，2015 年所有流转土地中有 11.56% 的土地由企业经营，到 2016 年小幅增加到 12.78%。分省来看，四川 2015 年有 14.80% 的流转土地被企业经营，到 2016 年快速增加到 25.43%，远高于平均水平。

第四，此外还有至少 10% 的流转土地被其他主体经营，其所占比例呈下降趋势。2015 年所有流转土地中有 12.68% 被其他主体经营，到 2016 年下降到 11.78%。

综上，农户依然是流转土地的主要经营主体。毕竟，如很多研究所表明的，中国总体上看还是小农经济。[①] 截至 2016 年底，经营规模 50 亩以下的农户仍然有近 2.6 亿户，其中绝大多数户均 5 亩左右。在相当长时期内，小农户始终是中国农业生产经营的主体组织形式，这是基本国情。同时，专业合作社和企业这两种经营主体在流转市场上也越来越活跃。这些经营主体在劳动力雇用监督、组织化水平、技术采用和产业融合能力方面各有优势，应鼓励它们积极发展，形成多元竞争的生产经营体系。

（四）流转土地非粮化经营问题逐渐弱化

在流转土地的"非粮化"方面，大约有 45% 的流转土地用于种植粮食作物，且呈增长趋势。7 省（区）总体来看，2015 年所有流转土地中有 42.57% 用于种植粮食作物，到 2016 年增加到 45.23%。这表明非粮化问题不严重，而且呈改进趋势。分省看，陕西 2015 年和 2016 年几乎 60% 的流转土地用于种植粮食作物。辽宁 2015 年的流转土地中有 55.30% 用于粮食经营，到 2016 年进一步增加到 67.57%。随着流转市场的交易成本进一步降低，土地产权稳定性提高带来的租金更趋近于合理水平，以及资本下乡的规范管理，流转土地的非粮化问题将

[①] 屈冬玉：《加快推进小农现代化，是支撑农业供给侧结构性改革全局的必然选择》，载于《中国农业监测预警》2017 年 5 月 5 日。

逐步弱化。

（五）流转土地合同签订率呈增长趋势

土地流转的规范性对流转土地的使用效率至关重要，是否签订流转合约是规范性的一个重要方面。数据表明，目前土地流转市场上签订流转合同的耕地面积占比较高，且呈增长趋势。7省（区）总体来看，2015年所有流转土地中有61.71%的土地签订了流转合同，到2016年增加到65.78%。分省看，河北签订合同的流转面积占比较低，2015年仅48.62%的流转土地签订了流转合同，但到2016年增加到54.46%。辽宁和广西都较高，辽宁2015年流转土地中签订流转合同的面积占比为67.11%，到2016年增加到72.13%。可见，从签订流转合同的比重来看，流转市场的规范性越来越强。毕竟，签订流转合同能够稳定供需双方的预期，能有效防止双方对彼此的"敲竹杠"行为，有利于经营主体在更长时期内优化土地的使用，避免转入方对土地进行掠夺式使用，提升规模经营的可持续性。也是基于这些考虑，中央多次强调规范流转的重要性，例如2014年12月国务院办公厅出台的《关于引导农村产权流转交易市场健康发展的意见》要求"建立健全规范的市场管理制度和交易规则……实行统一规范的业务受理、信息发布、交易签约……"2016年6月，农业部印发《农村土地经营权流转交易市场运行规范（试行）》，进一步要求"交易双方应参照土地经营权流转交易合同示范文本订立合同"，并对合同所应包含的内容进行了详细规定。可以预期，随着流转范围的逐步扩大，随着土地流转市场非人格化特征不断增强，随着交易双方法律意识的增强，通过规范合同来确定流转关系的行为将更加常见。

（六）流转市场中的纠纷以土地承包纠纷为主

随着土地流转市场的发展，因土地权属界定、变更和流转引发矛盾是不可避免的。7省（区）调研数据涉及三种土地承包经营纠纷：一是土地承包纠纷，指因订立、履行、变更、解除和终止农村土地承包合同和因收回、调整承包地以及因确认农村土地承包经营权发生的纠纷；二是土地流转纠纷，指因农村土地承包经营权转包、出租、互换、转让、股份合作等流转发生的纠纷；三是其他纠纷，指土地承包纠纷、土地流转纠纷以外的农村土地承包经营纠纷，包括因侵害农村土地承包经营权发生的纠纷和法律、法规规定的其他农村土地承包经营纠纷等。在农村土地制度改革逐渐推进、农地流转市场快速发展的背景下考察这些纠纷的情况具有特别意义。

数据表明，三种纠纷中最主要的纠纷是承包纠纷，且呈增长趋势。7省（区）总体来看，2015年所有纠纷中承包纠纷占66.73%，到2016年增加到69.73%，即10件土地权属纠纷中有7件是由承包权的变化引起的。随着三权分置改革的推进，承包权的界定、变更等引发的纠纷呈增长趋势也是正常的。第二主要的纠纷是流转纠纷，且呈下降趋势。2015年因为流转引起的纠纷占纠纷总数的27.26%，到2016年下降到24.78%。可能是因为流转越来越规范，所以流转纠纷呈下降趋势。

同时，流转纠纷主要发生在农户间，其次是农户与村组集体之间，最后是农户与其他主体之间。7省（区）总体来看，2015年所有流转纠纷中，72.48%的纠纷发生在农户间，18.89%的纠纷发生在农户与村组集体之间，8.63%的纠纷发生在农户与其他主体之间。到了2016年，除了农户间纠纷增加到75.70%外，农户与村组集体之间的纠纷、农户与其他主体之间的纠纷都分别下降到16.65%和7.64%。如上所述，流转纠纷呈下降趋势，但也应注意流转纠纷产生的客观条件还存在，非农就业机会的不稳定性依然存在，不少流转依然未签订规范性合同，交易双方的契约意识仍有待提高。

此外，土地承包经营纠纷调处方面，至少九成的纠纷是通过调解方式解决的，其余是用仲裁方式解决的。2015年在所有调处的纠纷中，90.99%的纠纷是通过调解方式处理的，其余9.01%的纠纷是通过仲裁方式解决的。到了2016年，调解方式解决纠纷比例增加到91.64%，仲裁方式解决的纠纷占比下降到8.36%。同时，在2015年运用调解方式解决的纠纷中，乡镇调解和村民委员会调解各占一半，到了2016年，通过村民委员会调解的比重增加到54.01%，超过乡镇调解比例。这表明，目前的土地承包经营纠纷解决方式更多的是靠没有仲裁那么正式的民间调解方式解决的，而且是依靠更加基层的、更接近于农户的村民委员会完成的。

三、完善农地流转市场的建议

（一）主要结论

本章根据农业农村部关于河北等7省（区）调研数据分析了中国农地流转市场的发展状况、特征及变迁，主要有如下结论。

第一，流转市场发展迅速，到 2016 年底，全国发生流转耕地面积占比为 35.0%；而且，以流转面积占比衡量的流转比高于以转出户占比衡量的流转比，这表明流转市场在土地配置方面有较为明显的"公平性"作用。

第二，流转形式多样且以转包形式为主；同时当前土地流转存在"两个增加"，一是承包权不发生变更的流转在增加，二是突破集体经济组织成员限制的流转在增加。

第三，流转范围突破本村集体经济组织的趋势逐渐明显；流转土地的经营主体仍以农户为主；流转土地的非粮化经营问题在逐步弱化；流转规范性渐强，2016 年近七成流转土地签了流转合同；流转市场中以土地承包纠纷为主，其次是土地流转纠纷，流转纠纷主要发生在农户间且主要通过调解而非仲裁方式解决。

（二）思考及政策建议

第一，流转市场发展的目标是提升流转土地的使用效率而非流转率的高低。中国流转市场发展很快，但任何时候，流转只是途径而不是目的，我们应该关注流转土地的经营情况而不是流转情况（规模和速度）。随着流转的增加，中国的耕地被分为两个部分，一是承包户自己耕种的土地，二是被经营主体耕种的转入土地。土地产权制度改革的最重要目标无非是通过改进土地产权特质（完整性、稳定性、可交易性等）来提高土地的利用效率。当没有土地发生流转的时候，所有土地的使用效率都由其产权特质直接决定。一旦发生土地流转，流转土地的使用效率将主要由流转合约的特征决定。转入户愿意耕种固定租期的土地还是不固定租期的土地，愿意在租期为 2 年的土地上进行长期投资还是愿意在租期为 20 年的土地上进行长期投资，这些不同的经营行为对实现农业现代化孰优孰劣，答案是显而易见的。因此，尽管 35.0% 的耕地发生流转是流转市场发展值得庆贺的成绩，但更值得考虑的问题是如何流转才能保证这 35.0% 的流转土地被高效使用。流转土地面积越多，这个问题越迫切。就像以往通过不断延长土地承包期、提高稳定性来促进土地使用效率一样，现在应该鼓励签订更长和更稳定的流转合约，以实现流转土地的高效使用。

因此，在鼓励流转、推动流转的同时，更应规范流转，想方设法提升流转土地的产权特质，创造能产生优质流转合同的政策环境，提升流转土地的使用效率。那个时候，流转才是成功的。

第二，在推动农地三权分置改革的同时，应配合推动以农村集体经济组织成员身份认定和成员权界定为核心的农村集体产权制度改革，为在更大市场范围优化土地资源配置奠定基础。上述研究表明，当前农地流转存在"两个增加"，这个结果当然受到当前土地产权制度改革的影响。承包权不发生变更的流转在三权分置框架下可以理解成经营权的流转。三权分置是在严格保护农户承包权的基础上放活经营权，所以，随着三权的清晰界定或分置，把经营权流转出去将逐渐成为承包户更理性的选择。另外，各地在积极推进的农村集体产权制度改革，就是以解决农村集体经济组织成员权为先导条件的。随着越来越多的地方完成对集体经济组织成员身份认定和成员权界定，土地权利更加清晰，因此承包户将敢于也愿意把土地流转给集体经济组织之外的转入户，从而在更大市场范围内优化土地资源的配置。

目前最新且正在推进的改革就是三权分置，不同地方可能有不同的分置实践，甚至会有与三权关联的补贴政策调整（例如补贴发放对象由承包户调整为经营权使用者等），这些都将对农地流转市场产生影响。需要强调的是，农地流转的本质是通过一纸流转合约将原先语境下的土地承包经营权在承包户与转入户之间进行分割，这种分割首先要体现承包户对承包经营权的行使，其可以决定把所谓的"经营权"流转给谁，流转给哪类经营主体，把多少"经营权"流转出去，流转出去多长时间等一系列问题，流转合约应对这些问题进行充分考虑；其次，这种分割一定也充分考虑了转入方（拥有经营权者）的意愿、能力和激励问题，应该属于市场条件下的最优分置。那么，进行中的三权分置改革应本着尊重这种分置原则进行再完善或者帕累托改进。

第三，应提升农村特别是土地产权制度等各项改革的"速度"，以便流转市场上各行为主体能在较为"稳定"的制度结构中做出合理预期，提升流转市场的资源配置效率。前述研究表明，还有不少流转土地未签订流转合同，还有不少流转土地用于非粮化生产，土地流转纠纷也在逐渐增多，造成这些问题的原因之一是流转双方持有很强的观望心态。制度的一个重要作用是降低行为主体的不确定性。但若制度本身都是不稳定的，行为主体便无法做出稳定预期，越有可能持"观望态度"，不愿也不能进行长期优化，从而影响交易的合约结构和配置效率。根据调研，近几年流转合约的期限越来越短，一年一签的情况越来越多，这与当前流转市场所处的制度结构稳定性较差有莫大关系——农地确权登记颁证、三权分置、农村集体产权制度等各项改革长期处于"进行中"，而且可能还有不少新的改革处于"推出中"。因此，应尽快完成各项改革，让土地流转决策在一个稳定的、可预期的制度框架下做出，不但有利于流转租金回归合理水平，而且也因合同期限的延长提升转入土地的使用效率。

第三十章

建设农业强国的土地制度基础

全面建设社会主义现代化国家，最艰巨最繁重的任务在农村，党的二十大报告提出"加快建设农业强国"，正是着眼全面建设社会主义现代化国家大局作出的重大决策部署，明确了新时代新阶段农业农村现代化的主攻方向。加快建设农业强国，实现农业产业革命、乡村系统重构和城乡融合发展不仅是解决发展不平衡不充分问题的重要举措，而且是推进农业农村现代化的必然选择，更是全面建设社会主义现代化国家的核心内容和重大任务。土地制度是一个国家最为重要的生产关系安排和一切制度中最为基础的制度。加快建设农业强国，关键是完善农村产权制度，健全农村要素市场化配置机制，不断探索农村土地集体所有制的有效实现形式，以农地制度改革、宅基地制度和集体建设用地制度改革以及城乡统一土地权利体系构筑农业产业革命、乡村系统重构和城乡融合发展的制度基础。

一、以土地制度改革建设农业强国
是中国式现代化的应有之义

建设农业强国是社会主义现代化新征程中应变局、开新局的基础。农业强国是一个产业革命、乡村振兴和城乡融合的统一体，涉及农业农村现代化的重要环节，土地制度改革是建设农业强国的突破口。

543

（一）农业强国是社会主义现代化强国的根本

实现农业农村现代化是中国式现代化的重要任务，没有农业农村现代化，就没有整个国家现代化。实现农业大国向农业强国的历史性转变成为建成社会主义现代化强国的关键。从国内来看，农业强国是着眼中华民族伟大复兴战略全局的"稳定剂"。改革开放以来，我国"三农"工作取得了显著成就，但是农业农村现代化仍然是中国式现代化的主要短板，农业农村发展基础不稳固、城乡区域发展和收入差距较大等问题仍未根本解决，城乡发展不均衡、农业农村发展不充分仍是我国社会主要矛盾的主要方面。由此，建设农业强国是建设社会主义现代化强国的重点难点，建成农业强国是实现中华民族伟大复兴战略全局的基本盘。从国际来看，农业强国是应对世界百年未有之大变局的"压舱石"。当前，国际环境日趋复杂，不稳定性不确定性日益增加，经济全球化遭遇逆流，世界进入动荡变革期。建设农业强国，不仅能够稳住农业基本盘，以国内稳产保供应对外部环境的不确定性，还能够释放巨大活力，以城乡经济循环助推国内大循环，加快形成新发展格局，有效应对世界百年未有之大变局。

（二）农业强国是农业强、乡村兴和城乡融的统一体

农业农村现代化是新时代"三农"工作的总目标，农业强国是农业农村现代化的具体表现。农业大国向农业强国的转变，意味着农业由大而不强向产业强、乡村由功能失衡向系统重构、城乡由分割对立向融合发展的全面跨越。第一，农业产业革命。农业竞争力是农业强国的基础，没有农业现代化和农业生产率的提高，农业强国就成了无源之水。随着居民消费需求变化、城乡关系调整，农业功能从原来的粮食农业拓展为休闲农业、生态农业甚至文化农业，一二三产业融合的农业新形态正在形成，这些变化孕育着农业产业革命。农业产业革命是农业领域内实现工业化的过程，通过土地、资本、劳动等生产要素实现重新组合及其持续升级，实现农业生产函数的跃迁，由此带来生产效率的提高、规模报酬的递增和农业竞争力的增强。第二，乡村系统重构。乡村是一个由地理空间、经济活动空间、社会关系和制度秩序组成的农民、农地、农业和村落四位一体的系统性结构。推动乡村振兴战略，实质就是要打破单向城市化政策偏向造成的乡村系统功能性失衡，实现从失衡不均到均衡发展的乡村系统重构。乡村系统重构，就是在人、地、业、村多要素联动的基础上实现人力资本提升、观念革新的"人活"，权利更加明晰、配置有效的"地活"，复杂程度更高、更具竞争的"业活"，公

私界分明确、秩序重构的"村活"，最终在新的形态、新的功能、新的业态、新的人的组合上进行有效治理，形成以新的村落形态和不同的人、不同的经济活动构成的新的乡村秩序。第三，城乡融合发展。全面建设社会主义现代化国家，既要建设繁华的城市，也要建设繁荣的农村，消除城乡发展不平衡和乡村发展不充分、实现城乡融合发展是建设农业强国的基本城乡形态。城乡融合是城乡转型的一个阶段，在这一阶段城乡边界逐渐模糊，城乡关系由对立竞争转为融合互补，要素的城乡流动将乡村与城市紧密联系在一起，空间的城乡融通将乡村纳入发展主流，基础设施和公共服务的城乡均衡将赋予乡村现代功能，形成城市文明与乡村文明共融共生的城乡新形态。

（三）土地制度改革是建设农业强国的突破口

土地制度是一个国家基础性、根本性、全局性的制度，是构成生产关系和一切经济关系的重要基础，农村土地制度改革是农村改革的主线和建设农业强国的突破口。第一，以农地制度改革推动农业产业革命。在农业转型和农民分化的背景下，集体所有制如何安排会对农地制度的稳定性与权利结构产生根本影响，农民成员权利的保障与处置方式成为处理好农民与土地关系的关键所在，经营权的权利地位、权利内涵和赋权强度等成为推动农业经营规模化、农业经营主体多元化的决定性因素。第二，以农村建设用地改革进行乡村系统重构。在代际革命和乡村分化的背景下，宅基地制度改革成为解决村庄无序扩张乱象、保障农民财产权和从事非农活动权利以及开放外部资本和企业家乡村准入的核心制度安排，集体经营性建设用地制度改革则将为乡村产业发展和村庄活化提供发展空间。第三，以统一土地权利体系实现城乡融合发展。在城乡互动和融合发展的背景下，以征地制度改革扭转单向城市化发展模式，以城市更新中的土地制度创新解决进城农民体面落脚问题，以城乡建设用地权利平等实现乡村平等发展权，重塑城乡关系。

二、农业产业革命与农地制度改革

传统农业社会向现代转型的过程必然经历农业产业革命，然而中国的现代化转型出现快速的工业化和城市化，农业产业革命进程相对滞后。因此，建设农业强国，实现农业的规模化、专业化与现代化成为补齐现代化短板的着力点。土地是农业生产最重要的生产要素，只有通过农地制度变革才能推动农业要素重组与升级，打破农业低水平均衡，实现农业产业革命，促进农业报酬的提高。

（一）农业产业革命与农业要素组合

发达国家农业转型的经验表明，只有实现了农业产业革命才能够提升农业规模报酬与竞争力。农业产业革命是在农业就业份额下降的背景下，以企业家创新才能带动土地、劳动、资本、技术、服务等不同种类生产要素的不断重新组合与持续升级。为了实现赶超目标与结构转型，中国在相当长时期通过行政力量挤压农业，导致农业就业份额下降远远滞后于产值份额下降，不仅造成人地要素失衡，而且排斥新要素的进入，致使农业要素重新组合受到阻碍，导致农业结构单一、农产品复杂度低，在农业绩效上表现为农产品的成本利润率持续下降。因此，劳动力大量向非农产业转移带来农业就业份额下降，为中国农业产业革命提供了窗口期，其关键是以制度变革打破要素组合锁定、减小要素重组摩擦与促进要素组合升级。

（二）土地制度是制约农业产业革命的重要因素

在结构转型与人地关系不断松动的过程中，良好的土地制度安排对于农业要素组合升级有显著促进作用。界定清晰的地权具有稳定性、排他性与可交易性，有助于农地市场的发育，实现经营者与农地要素匹配程度的帕累托改进。土地适度规模化有助于通过改善要素组合，引入农业企业家和提升农业劳动者人力资本，提高农业经济活动与农业产品的复杂度。中国现行的农地制度仍不适应于农业强国建设要求。一是人地关系的权利结构锁定，农地流转合约仍限于本乡本土，耕地流入的经营主体只是规模有所扩大的传统农户，农业要素重组的基础难以改变。二是土地过于分散且单位回报低，缺乏规模经营基础，新型经营主体进入动力不足，关键农业要素得不到改善。三是土地细碎化与土地浪费问题严重，要素组合效率低下。因此，土地制度变革成为打破要素组合低水平均衡的关键、实现农业要素组合升级的关键。

（三）以农地制度改革推动农业产业革命

以农地三权分置为抓手，推动农地制度变革是解锁人地关系，实现农业要素重组与升级的着力点。一是落实集体农地所有权。保证土地集体所有权人对集体土地依法享有占有、使用、收益和处分的权利，落实集体所有权中发包、调整、监督、收回等权能，构建集体所有权权能实现机制，通过集体经济组织民主议事机制，将集体所有权的知情权、决策权、监督权落实到集体成员，确保农民集体有效行使集体土地所有权，防止少数人的私相授受、谋取私利导致土地浪费、降低地权配置效率。二是稳定农户承包权。保证集体经济组织成员依法公平地获得承包经营权，维护农户占有、使用承包地以及通过转让、互换、出租（转包）、入股或其他方式流转承包地并获得收益的权利，承包土地被征收的农户依法获得相应补偿和社会保障费用等的权利，以及就土地经营权设定抵押、自愿有偿退出承包地的权利，减小土地流转与劳动力转移的摩擦。三是放活土地经营权。按照依法自愿有偿原则，引导农民以多种方式流转承包土地的经营权，赋予土地经营权人对土地经营权的处分权、土地经营权的抵押权等，实现土地经营权权能完善和严格保护，为耕作者提供稳定的农地使用和投资预期。在此基础上发展多种形式的适度规模经营，以农业经营规模适度规模化、服务规模化、区域种植规模化、市场化促进农业生产方式创新，实现农业规模报酬。

三、乡村系统重构与农村建设用地改革

农业产业是农业强国的物质基础，乡村系统是农业强国的空间形态，乡村系统重构是建设农业强国的关键所在。中国当下的乡村出现人地业村系统的功能失衡，表现为城乡互动增强带来人口和资本在城乡间对流的同时，土地资源的配置变化仍显滞后，制约了乡村人地关系的根本转变，影响了乡村业态发展以及村庄形态和功能的转型。只有破除限制土地要素优化配置的制度因素，才能实现中国乡村人地业村系统的重构。

（一）乡村系统与功能失衡

乡村是由人、地、业、村构成的有机系统，人与土地的联系支撑起乡村业态的形成与发展，并通过建立村庄这一制度与秩序装置，来维系人地业村的运行秩序以及乡村内部的有机结构。中国乡村系统出现了严重的功能失衡，其所面临的困局既不同于传统乡村的普遍破败和内卷，也不同于集体化时期的乡村贫困和体制低效，而是整个乡村系统受制于现行农村建设用地制度的不匹配而发生的功能

性失衡，乡村人口大规模转移没有带来人地关系根本松动，导致乡村业态陷入凋敝以及村庄面貌的破败与无序。与此同时，现阶段城乡互动的持续增强，人口和资本朝向乡村的回流，引发对集体建设用地的新需求。但是，保障回流劳动力的居住权利并满足其从事农外事业的用地需求却难以得到有效回应，由此带来人、地、业、村要素联动的不顺畅，加剧了乡村系统的功能失衡。

（二）乡村建设用地制度是导致乡村系统失衡的根源

在乡村转型过程中，不利于人地关系改变以及土地优化配置的制度安排阻碍人、地、业、村的有机联动，影响乡村系统的运行及其内部功能的调整。一方面，城乡二元土地制度导致农民从事非农建设的权利丧失。为保障城市土地供给而形成的城乡分治的土地制度剥夺农民利用集体建设土地进行非农建设权利的实际状况未有根本改变，导致部分村庄的非农经济活动萎缩，产业结构趋向单一，进而导致农民的经济机会有限和收入来源单一，造成乡村的持续凋敝。近年来，大量资源和项目的涌入带来乡村产业发展用地需求不断增加，农村建设用地制度的不适应性越发凸显。另一方面，宅基地制度改革滞后引起村庄陷入持续衰败和无序。宅基地制度安排强成员权、弱财产权的倾向下，农民仅有宅基地使用权而缺乏完整的财产权利，农民更倾向于保有而不是放弃宅基地使用权。由此，乡村出现人走地不动、建新不拆旧等乱象，土地资源不能得到适度集聚和合理利用，乡村呈现出耕地撂荒、房屋空置、公共设施落后等衰败景象。

（三）以乡村建设用地改革推动乡村系统重构

推动权利开放、功能开放的农村建设用地改革，是促成乡村系统重构、实现村庄形态转变的重要途径。一是以城乡建设用地权利平等保障乡村产业发展空间。在符合用途管制和相关规划的前提下，实现城市国有建设用地与农村集体建设用地权利平等，使集体建设用地享有抵押、出租和转让的权利，以保障城乡空间的发展平衡，给予乡村更多的用地权利，逐步开放农民和集体经济组织利用集体建设用地从事非农建设的通道，吸引人口和资本等要素回流乡村，促成乡村经济逐渐活化以及乡村产业日渐复兴。二是赋予农民宅基地完整财产权。明确宅基地财产权利内涵，从转让、抵押和获取收益等多方面拓展宅基地的产权权能，赋予农民更完整的宅基地财产权，促成宅基地的财产权益得到实现，打破现有宅基地细碎化的困境，加速宅基地流转、整合与优化配置，促进村庄形态转变。三是改革宅基地的无偿分配与取得制度。促进国家公权力和村庄自治权的协调配合，实现宅基地的有效治理，在此基础上探索实现宅基地有偿使用的机制，细化并规范宅基地取得制度、落实成员一户一宅的基本居住权利，采用时点划断的方法，对时点之前占有宅基地的集体成员沿用无偿分配方法，对时点之后取得成员资格的农民的宅基地应通过有偿方式获得。四是不断开放宅基地使用权。不断推动宅基地朝向外来人口和资本有序开放，打破宅基地只能集体内部流转的制度限制，解除乡村的封闭性，回应人口和资本下乡所引起的用地需求。探索并拓展宅基地多元化的使用方式，显化与释放宅基地和农村房屋的价值，解决宅基地闲置、利用率不高的难题，吸引资金和资源参与乡村建设。

四、城乡融合发展与统一土地权利体系

在向城乡融合阶段迈进的过程中，中国城乡关系失衡的状况仍未发生根本性转变。二元土地制度下城乡发展权利不平衡，是城乡失衡和城乡差距的主要原因。针对土地制度的缺陷和制约，应当以城乡统一的土地权利体系打破土地制度对城乡要素流动的制约，促进城乡人口、产业和空间的重新布局，实现城乡融合发展。

（一）城乡融合进程中的城乡关系失衡

随着中国城市化进程的加快，城乡要素流动也更加频繁，农民与乡土的黏度逐渐降低，要素流动逐渐由从乡到城的单向流动转变为城乡互动，中国已经进入迈向城乡融合的新发展阶段。在这一阶段，中国城乡关系失衡的问题仍然存在。一是乡村人口凋敝。大规模乡村劳动力迁移到城市地区，乡村劳动力流失造成农业劳动力的不足，出现严重的土地弃耕和抛荒现象，乡村振兴乏人可用。二是乡村经济发展滞后。农业复杂度不高和要素组合受阻，农业回报和竞争力的提升，乡村功能窄化导致乡村经济活动简单化，乡村价值被低估，城乡收入差距虽有缩小但仍有较大差距。三是城乡空间分割。城市建成区边界随着城市扩张速度放缓而趋于稳定，乡村空间出现不同程度的空心化与衰而未亡的现象，城乡形态处于各处一域的分割状态，县城作为城乡连接带未起到城乡融合载体的作用。

（二）城乡关系失衡的制度根源

中国独特的城乡二元土地制度既是结构转型和经济增长的助推器，也是城乡关系失衡的重要原因。一是土地用途管制限制了农村建设发展权。为保护耕地，我国采用了严格的用途管制，被政府征用为国有土地成为农地转为非农用途的唯一途径。其结果是农村产业发展缺少建设用地，农民及外来投资者难以使用土地开展建设，丧失了产业发展的权利。二是农村集体建设用地产权残缺限制了农民财产权。集体建设用地无法合法入市、宅基地产权权能残缺，不仅致使农民最主要的资产无法变为资本，出现村庄日益凋敝的问题，而且在快速的城市化、通货膨胀带来城市居民住房财产大幅升值的背景下，造成了城乡居民的财产性收入差距进一步扩大的趋势。三是农村土地产权残缺阻碍了城市资本下乡。农村土地房屋资产还不是普遍认可的合法抵押物，处置变现较难，农村土地产权的残缺，导致城市投资者无法获得稳定的土地产权，阻碍了城市资本下乡。同时，农村产权主体多元，金融机构开展农村产权抵押融资风险大，对农民贷款利率高，进一步导致农民群众利用农村产权进行抵押担保的积极性不高。

（三）以统一土地权利体系实现城乡融合发展

伴随城乡互动的到来，资本、人才、技术甚至产业已经在城乡之间对流，促进土地从乡村向城市单向配置的土地制度必须改革。城乡统一土地权利体系既要实现土地资源的高效配置，又要实现乡村平等发展权。一是改革征地制度，合理配置土地收益。保证农民土地开发权益和土地归公收益，按照土地级差收益形成原理在国家、集体和农民个人之间公平分配土地增值收益。二是城乡建设用地的权利平等，保障乡村发展空间。在符合规划和用途管制前提下，农民集体建设用地与国有建设用地享有同等的权利，集体经济组织和农民可以利用集体建设用地从事非农建设，享有出租、转让、抵押建设用地的权利。三是建立集体建设用地入市配套制度，促进乡村产业发展。鼓励集体建设用地使用权人在符合规划的前提下，通过自主开发、公开转让、参股合作等多种形式开发集体建设用地，建立集体建设用地用于工业、公益事业的补偿机制，完善吸引社会资本、金融资本参与集体建设用地开发利用的政策措施，探索集体建设用地使用权抵押融资的有效途径。四是建立全国性建设用地指标交易市场，提高贫困地区农民收入。借鉴重庆地票与成都指标交易的经验，以农民及其集体为供给主体，在全国性的指标交易平台上，将节余指标跨省公开交易、按规划落地使用，协调城乡、区域之间的指标需求，提升贫困地区的财产性收入。五是构建宅基地有偿使用与退出制度，显化农民财产性收入。建立宅基地有偿使用和退出制度，赋予农民充分的宅基地转让权，通过宅基地的跨区域转让、有偿使用和有偿退出，吸引人才、促进乡村的重新整合和人口的适度集中居住，探索宅基地向集体经营性建设用地转化的途径。六是构建城乡统一规划体系。将城市和乡村纳入统一的规划体系，重视乡村在区域经济发展中的功能和定位，以城乡融合的尺度做好区域规划，引导人口、资本和土地等要素在城乡之间的双向互动。

参考文献

[1] 埃利诺·奥斯特罗姆：《公共事物的治理之道》，朱逊达译，上海译文出版社 2000 年版。

[2] 埃利诺·奥斯特罗姆、罗伊·加德纳、詹姆斯·沃克：《规则、博弈与公共池塘资源》，王巧玲、任睿译，陕西人民出版社 2011 年版。

[3] 安格斯·麦迪森：《中国经济的长期表现：公元 960～2030 年》，伍小鹰、马德斌译，上海人民出版社 2008 年版。

[4] 巴里·诺顿：《中国经济：转型与增长》，安佳译，上海人民出版社 2010 年版。

[5] 拜茹：《适度规模经营何以可能？——基于农村老年人土地流转意愿的角度》，载于《华中农业大学学报》（社会科学版）2019 年第 2 期。

[6] 蔡昉：《农业劳动力转移潜力耗尽了吗?》，载于《中国农村经济》2018 年第 9 期。

[7] 蔡海龙：《农业产业化经营组织形式及其创新路径》，载于《中国农村经济》2013 年第 11 期。

[8] 蔡基宏：《关于农地规模与兼业程度对土地产出率影响争议的一个解答：基于农户模型的讨论》，载于《数量经济技术经济研究》2005 年第 3 期。

[9] 蔡立东、姜楠：《农地三权分置的法实现》，载于《中国社会科学》2017 年第 5 期。

[10] 蔡荣、汪紫钰、杜志雄：《示范家庭农场技术效率更高吗？——基于全国家庭农场监测数据》，载于《中国农村经济》2019 年第 3 期。

[11] 蔡颖萍、杜志雄：《家庭农场生产行为的生态自觉性及其影响因素分析——基于全国家庭农场监测数据的实证检验》，载于《中国农村经济》2016 年第 12 期。

[12] 蔡玉萍、罗鸣：《变与不变的鸿沟：中国农村至城市移民研究的理论与视角》，载于《学海》2015 年第 2 期。

［13］曹光乔、周力、易中懿、张宗毅、韩喜秋：《农业机械购置补贴对农户购机行为的影响——基于江苏省水稻种植业的实证分析》，载于《中国农村经济》2010年第6期。

［14］曹瓅、杨雨：《不同渠道信贷约束对农户收入的影响》，载于《华南农业大学学报》（社会科学版）2020年第1期。

［15］曹卫华、杨敏丽：《江苏稻麦两熟区机械化生产模式的效率分析》，载于《农业工程学报》2015年第S1期。

［16］曹文杰：《基于DEA-Tobit模型的山东省家庭农场经营效率及影响因素分析》，载于《山东农业科学》2014年第12期。

［17］陈岱孙：《中国经济百科全书》，中国经济出版社1991年版。

［18］陈端洪：《排他性与他者化：中国农村"外嫁女"案件的财产权分析》，载于《北大法律评论》2003年第1期。

［19］陈辉、熊春文：《关于农民工代际划分问题的讨论——基于曼海姆的代际社会学理论》，载于《中国农业大学学报》（社会科学版）2011年第4期。

［20］陈剑波：《农地制度：所有权问题还是委托—代理问题？》，载于《经济研究》2006年第7期。

［21］陈剑波：《人民公社的产权制度——对排它性受到严格限制的产权体系所进行的制度分析》，载于《经济研究》1994年第7期。

［22］陈金兰、胡继连：《粮食生产类家庭农场经营效率及其影响因素分析》，载于《山东农业大学学报》（社会科学版）2019年第3期。

［23］陈金兰、朱建军、胡继连：《山东省家庭农场投入产出效率分析——基于三阶段DEA模型》，载于《广东农业科学》2019年第2期。

［24］陈军民：《制度结构与家庭农场的运行效率及效益》，载于《华南农业大学学报》（社会科学版）2017年第5期。

［25］陈锡文：《关于农村土地制度改革的两点思考》，载于《经济研究》2014年第1期。

［26］陈锡文：《坚持和完善农村基本经营制度把握好四个基本要点》，载于《农村工作通讯》2017年第24期。

［27］陈锡文：《农村中期改革的基本思路》，载于《改革》1988年第6期。

［28］陈锡文：《农业转移人口市民化须解决四个问题》，载于《人民日报》2014年6月23日。

［29］陈锡文、孙方明：《烟台地区农村责任制调查报告（二）》，载于《经济理论与经济管理》1984年第1期。

［30］陈锡文、孙方明：《在新的起点上——烟台地区农村责任制调查报

告》，载于《中国农村观察》1983 年第 6 期。

[31] 陈锡文：《在家庭承包经营的基础上逐步实现农业现代化》，载于《求是》1998 年第 20 期。

[32] 陈锡文：《资源配置与中国农村发展》，载于《中国农村经济》2004 年第 1 期。

[33] 陈小君：《我国农民集体成员权的立法抉择》，载于《清华法学》2017 年第 2 期。

[34] 陈秧分、孙炜琳、薛桂霞：《粮食适度经营规模的文献述评与理论思考》，载于《中国土地科学》2015 年第 5 期。

[35] 程恩江、刘西川：《小额信贷缓解农户正规信贷配给了吗——来自三个非政府小额信贷项目区的经验证据》，载于《金融研究》2010 年第 12 期。

[36] 程令国、张晔、刘志彪：《农地确权促进了中国农村土地的流转吗?》，载于《管理世界》2016 年第 1 期。

[37] 仇焕广、刘乐、李登旺、张崇尚：《经营规模、地权稳定性与土地生产率：基于全国 4 省地块层面调查数据的实证分析》，载于《中国农村经济》2017 年第 6 期。

[38] 仇童伟、罗必良：《农业要素市场建设视野的规模经营路径》，载于《改革》2018 年第 3 期。

[39] 储卉娟：《乡关何处——新生代农民工研究述评》，载于《中国农业大学学报》（社会科学版）2011 年第 3 期。

[40] 褚保金、卢亚娟、张龙耀：《信贷配给下农户借贷的福利效果分析》，载于《中国农村经济》2009 年第 6 期。

[41] 崔宝敏、邓宏图：《制度变迁中土地产权的性质与合约选择：一个有关合作经济的案例分析》，载于《中国经济学前沿》2009 年第 2 期。

[42] 崔传义、侯长明：《农业包干到户后的新趋向——滁县地区出现新的专业分工、协作和联合的调查》，载于《社会科学》1983 年第 2 期。

[43] 代辉、蔡元臻：《论农民集体成员资格的认定标准》，载于《江南大学学报》（人文社会科学版）2016 年第 6 期。

[44] 戴建国：《宋代的民田典卖与"一田两主制"》，载于《历史研究》2011 年第 6 期。

[45] 戴威：《农村集体经济组织成员资格制度研究》，载于《法商研究》2016 年第 6 期。

[46] 戴维·波普诺：《社会学》，李强等译，中国人民大学出版社 1996 年版。

［47］党国英：《"六个中国"与土地制度改革》，载于《学习月刊》2013 年第 7 期。

［48］党国英：《论农村集体产权》，载于《中国农村观察》1998 年第 4 期。

［49］党国英：《我国乡村治理改革回顾与展望》，载于《社会科学战线》2008 年第 12 期。

［50］道格拉斯·C. 诺思：《经济史中的结构与变迁（中译本序）》，陈郁等译，上海三联书店、上海人民出版社 1994 年版。

［51］道格拉斯·C. 诺思：《制度、制度变迁与经济绩效》，杭行译，格致出版社、上海三联书店、上海人民出版社 2008 年版。

［52］道格拉斯·C. 诺思：《制度、制度变迁与经济绩效》，刘守英译，生活·读书·新知三联书店 1994 年版。

［53］邓大才：《中国农村产权变迁与经验：来自国家治理视角下的启示》，载于《中国社会科学》2017 年第 1 期。

［54］邓小平：《和平与发展是当代世界的两大问题（一九八五年三月四日）》，载于《邓小平文选（第三卷）》，人民出版社 1993 年版。

［55］邓正华、戴丽琦、陈灿煌等：《洞庭湖区水稻种植业家庭农场全要素生产率实证研究》，载于《湖南农业科学》2020 年第 10 期。

［56］邓宗兵：《中国农业全要素生产率增长及影响因素研究》，西南大学博士学位论文，2010 年。

［57］杜江、王锐、王新华：《环境全要素生产率与农业增长：基于 DEA – GML 指数与面板 Tobit 模型的两阶段分析》，载于《中国农村经济》2016 年第 3 期。

［58］杜润生：《当代中国的农业合作社（上）》，当代中国出版社 2002 年版。

［59］杜润生：《杜润生自述：中国农村体制改革重大决策纪实》，人民出版社 2005 年版。

［60］杜润生：《对中国农村改革的回顾》，载于《中共党史研究》1998 年第 5 期。

［61］杜润生：《联产承包制与中国社会主义农业发展道路》，载于《农业经济问题》1985 年第 7 期。

［62］杜润生：《中国农村经济改革》，中国社会科学出版社 1985 年版。

［63］杜鹰：《小农生产与农业现代化》，载于《中国农村经济》2018 年第 10 期。

［64］杜赞奇：《文化、权力与国家——1900～1942 年的华北农村》，江苏人民出版社 2003 年版。

［65］杜志雄：《家庭农场发展与中国农业生产经营体系建构》，载于《中国

发展观察》2018 年第 1 期。

[66] 杜志雄：《将家庭农场置于新型农业经营主体的核心来培育》，引自中国社会科学院农村发展研究所《城乡一体化智库专刊》2019 年第 8 期。

[67] 杜志雄、刘文霞：《家庭农场的经营和服务双重主体地位研究：农机服务视角》，载于《理论探讨》2017 年第 2 期。

[68] 杜志雄、王新志：《加快家庭农场发展的思考与建议》，载于《中国合作经济》2013 年第 8 期。

[69] 杜志雄、肖卫东：《农业规模化经营：现状、问题和政策选择》，载于《江淮论坛》2019 年第 4 期。

[70] 发展研究所综合课题组：《改革面临制度创新》，上海三联书店 1988 年版。

[71] 范丽霞、李谷成：《全要素生产率及其在农业领域的研究进展》，载于《当代经济科学》2012 年第 1 期。

[72] 方萍萍、王芳：《金融环境对新型农业经营主体生产效率的影响分析》，载于《新疆农垦经济》2016 年第 8 期。

[73] 方行：《中国封建经济发展阶段述略》，载于《中国经济史研究》2000 年第 4 期。

[74] 方志权：《农村集体经济组织产权制度改革若干问题》，载于《中国农村经济》2014 年第 7 期。

[75] 费孝通：《"患土地饥饿症者"，"内地的农村"》，载于《费孝通全集》（第四卷），内蒙古人民出版社 2009 年版。

[76] 费孝通：《江村经济——中国农民的生活》，商务印书馆 2002 年版。

[77] 费孝通：《乡土中国生育制度》，北京大学出版社 1998 年版。

[78] 费孝通：《乡土中国与乡土重建》，风云时代出版公司 1993 年版。

[79] 费孝通：《小城镇大问题》，载于《费孝通文集》（第九卷），群言出版社 1999 年版。

[80] 费孝通：《中国士绅——城乡关系论集》，赵旭东、秦志杰译，外语教学与研究出版社 2011 年版。

[81] 丰雷、蒋妍、叶剑平、朱可亮：《中国农村土地调整制度变迁中的农户态度——基于 1999～2010 年 17 省份调查的实证分析》，载于《管理世界》2013 年第 7 期。

[82] 封坚强：《松江家庭农场的探索与发展》，载于《上海农村经济》2013 年第 4 期。

[83] 封坚强、王晶：《松江区家庭农场的回顾、展望与思考》，载于《上海

农村经济》2017年第7期。

[84] 冯尔康：《18世纪以来中国家族的现代转向》，上海人民出版社2005年版。

[85] 冯锋、杜加、高牟：《基于土地流转市场的农业补贴政策研究》，载于《农业经济问题》2009年第7期。

[86] 冯海发：《推动乡村振兴应把握好的几个关系》，载于《农业经济问题》2018年第5期。

[87] 傅衣凌：《清代永安农村赔田约的研究》，载于《明清农村社会经济》，三联书店1961年版。

[88] 高强、刘同山、孔祥智：《家庭农场的制度解析：特征、发生机制与效应》，载于《经济学家》2013年第6期。

[89] 高尚全：《土地制度改革的核心是建立新型的产权制度》，载于《经济研究》1991年第3期。

[90] 高圣平：《〈民法典〉与农村土地权利体系：从归属到利用》，载于《北京大学学报》（哲学社会科学版）2020年第6期。

[91] 高圣平：《"稳定并长久不变"的土地承包经营权的权利构造与制度重塑》，社会科学文献出版社2009年版。

[92] 高圣平：《新型农业经营体系下农地产权结构的法律逻辑》，载于《法学研究》2014年第4期。

[93] 高圣平：《宅基地制度改革政策的演进与走向》，载于《中国人民大学学报》2019年第1期。

[94] 高思涵、吴海涛：《典型家庭农场组织化程度对生产效率的影响分析》，载于《农业经济问题》2021年第3期。

[95] 高小蒙、向宁：《中国农业价格政策分析》，浙江人民出版社1992年版。

[96] 高雪萍、檀竹平：《基于DEA-Tobit模型粮食主产区家庭农场经营效率及其影响因素分析》，载于《农林经济管理学报》2015年第6期。

[97] 郜亮亮、黄季焜、冀县卿：《村级流转管制对农地流转的影响及其变迁》，载于《中国农村经济》2014年第12期。

[98] 郜亮亮：《中国农地流转发展及特点：1996~2008年》，载于《农村经济》2014年第4期。

[99] 龚启圣、刘守英：《农民对土地产权的意愿及其对新政策的反应》，载于《中国农村观察》1998年第2期。

[100] 龚益鸣、胡昌荣、康波：《论建立"中国式现代农场制度"》，载于《管理世界》1993年第5期。

[101] 关付新：《华北平原种粮家庭农场土地经营规模探究——以粮食大省河南为例》，载于《中国农村经济》2018年第10期。

[102] 关锐捷、黎阳、郑有贵：《新时期发展壮大农村集体经济组织的实践与探索》，载于《毛泽东邓小平理论研究》2011年第5期。

[103] 管洪彦、孔祥智：《农村土地"三权分置"的政策内涵与表达思路》，载于《江汉论坛》2017年第4期。

[104] 郭庆海：《土地适度规模经营尺度：效率抑或收入》，载于《农业经济问题》2014年第7期。

[105] 郭书田：《农村公有制理论探讨》，载于《经济研究参考》1997年第25期。

[106] 郭涛涛：《无问城乡：上海松江改革田野调查纪实》，新华出版社2019年版。

[107] 郭熙保、冯玲玲：《家庭农场规模的决定因素分析：理论与实证》，载于《中国农村经济》2015年第5期。

[108] 郭熙保：《"三化"同步与家庭农场为主体的农业规模化经营》，载于《社会科学研究》2013年第3期。

[109] 郭晓鸣：《中国农村土地制度改革：需求、困境与发展态势》，载于《中国农村经济》2011年第4期。

[110] 郭阳、钟甫宁、纪月清：《规模经济与规模户耕地流转偏好：基于地块层面的分析》，载于《中国农村经济》2019年第4期。

[111] 郭玉锦：《身份制与中国人的观念结构》，载于《哲学动态》2002年第8期。

[112] 哈罗德·德姆塞茨：《关于产权的理论》，引自科斯、阿尔钦、诺思等：《财产权利与制度变迁：产权学派与新制度学派译文集》，刘守英等译，上海三联书店、上海人民出版社2002年版。

[113] 韩朝华：《个体农户和农业规模化经营：家庭农场理论评述》，载于《经济研究》2017年第7期。

[114] 韩俊：《构建新型工农城乡关系破解"三农"发展难题》，载于《农民日报》2013年11月20日。

[115] 韩俊：《关于农村集体经济与合作经济的若干理论与政策问题》，载于《中国农村经济》1998年第12期。

[116] 韩俊：《在民法总则中明确集体经济组织的特殊法人地位》，载于《中国人大》2016年第21期。

[117] 韩俊：《中国城乡关系演变60年：回顾与展望》，载于《改革》2009

年第 11 期。

[118] 韩立达、王艳西、韩冬：《农地"三权分置"的运行及实现形式研究》，载于《农业经济问题》2017 年第 6 期。

[119] 韩鹏云、刘祖云：《农村社区公共品供给：困境、根源及机制创新》，载于《农村经济》2012 年第 3 期。

[120] 韩少功：《观察中国乡村的两个坐标》，载于《天涯》2018 年第 1 期。

[121] 何劲、熊学萍：《家庭农场绩效评价：制度安排抑或环境相容》，载于《改革》2014 年第 8 期。

[122] 何·皮特：《谁是中国土地的拥有者：制度变迁、产权和社会冲突》，林韵然译，社会科学文献出版社 2014 年版。

[123] 何腾兵、夏先林：《深化"三权""三变"推进贵州农业供给侧结构性改革》，载于《贵州日报》2017 年 2 月 15 日。

[124] 何欣、蒋涛、郭良燕、甘犁：《中国农地流转市场的发展与农户流转农地行为研究——基于 2013~2015 年 29 省的农户调查数据》，载于《管理世界》2016 年第 6 期。

[125] 何秀荣：《公司农场：中国农业微观组织的未来选择?》，载于《中国农村经济》2009 年第 11 期。

[126] 何秀荣：《关于我国农业经营规模的思考》，载于《农业经济问题》2016 年第 9 期。

[127] 荷尼夫：《从韦伯一直到勃兰特——西方学者关于晚清民国经济状况的最近辩论简介》，载于《中国社会历史评论》（第 11 卷），天津古籍出版社 2010 年版。

[128] 黑公博：《从产权和契约理论评价企业理论的发展》，载于《杭州电子科技大学学报》（自然科学版）2005 年第 6 期。

[129] 洪名勇、龚丽娟：《益贫式增长及实现路径：来自湄潭绿色发展生态富农的探索》，载于《生态经济》2016 年第 2 期。

[130] 洪名勇：《欠发达地区的农地流转分析——来自贵州省 4 个县的调查》，载于《中国农村经济》2009 年第 8 期。

[131] 洪名勇、施国庆：《农地产权制度与农业经济增长——基于 1949~2004 年贵州省的实证分析》，载于《制度经济学研究》2007 年第 1 期。

[132] 洪银兴、王荣：《农地"三权分置"背景下的土地流转研究》，载于《管理世界》2019 年第 10 期。

[133] 侯建昀、霍学喜：《专业化农户农地流转行为的实证分析——基于苹果种植户的微观证据》，载于《南京农业大学学报》（社会科学版）2016 年第 2 期。

[134] 胡霞、丁浩：《农地流转影响因素的实证分析——基于 CHIPS 8000 农户数据》，载于《经济理论与经济管理》2015 年第 5 期。

[135] 胡震、朱小庆吉：《农地"三权分置"的研究综述》，载于《中国农业大学学报》（社会科学版）2017 年第 1 期。

[136] 黄道霞：《集体所有制与合作制——对马列主义经典作家有关论述的考证》，载于《经济研究》1984 年第 1 期。

[137] 黄道霞：《五个"中央一号文件"诞生的经过》，载于《农村研究》1999 年第 1 期。

[138] 黄季焜、郜亮亮、冀县卿、Scott Rozelle：《中国的农地制度、农地流转和农地投资》，格致出版社、上海三联书店、上海人民出版社 2012 年版。

[139] 黄季焜：《六十年中国农业的发展和三十年改革奇迹》，载于《农业技术经济》2010 年第 1 期。

[140] 黄迈、董志勇：《复合型现代农业经营体系的内涵变迁及其构建策略》，载于《改革》2014 年第 1 期。

[141] 黄茜等：《空心化村庄的合作何以可能?》，载于《南方农村》2015 年第 1 期。

[142] 黄少安：《从家庭承包制的土地经营权到股份合作制的"准土地股权"——理论矛盾、形成机理和解决思路》，载于《经济研究》1995 年第 7 期。

[143] 黄少安：《关于制度变迁的三个假说及其验证》，载于《中国社会科学》2000 年第 4 期。

[144] 黄守宏：《论市场经济条件下农业的基础地位》，载于《经济研究》1994 年第 1 期。

[145] 黄新建、姜睿清、付传明：《以家庭农场为主体的土地适度规模经营研究》，载于《求实》2013 年第 6 期。

[146] 黄延延：《现阶段我国农地规模化经营的最优模式：家庭农场经营——兼谈发展家庭农场经营的对策》，载于《理论学刊》2013 年第 10 期。

[147] 黄宗智：《长江三角洲小农家庭与乡村发展》，中华书局 2000 年版。

[148] 黄宗智：《发展还是内卷，18 世纪英国与中国——评彭慕兰〈大分叉：欧洲、中国及现代世界经济的发展〉》，载于《历史研究》2002 年第 4 期。

[149] 黄宗智：《华北的小农经济与社会变迁》，中华书局 1986 年版。

[150] 黄宗智：《"家庭农场"是中国农业的发展出路吗?》，载于《开放时代》2014 年第 2 期。

[151] 黄宗智：《中国的隐性农业革命》，法律出版社 2010 年版。

[152] 黄宗智：《中国革命中的乡村阶级斗争》，载于《中国乡村研究》

2003 年第 2 辑，商务印书馆。

[153] 黄祖辉、陈欣欣：《农户粮田规模经营效率：实证分析与若干结论》，载于《农业经济问题》1998 年第 11 期。

[154] 黄祖辉、扶玉枝、徐旭初：《农民专业合作社的效率及其影响因素分析》，载于《中国农村经济》2011 年第 7 期。

[155] 黄祖辉、朋文欢：《非农就业、土地流转与土地细碎化对稻农技术效率的影响》，载于《中国农村经济》2016 年第 8 期。

[156] 黄祖辉、王建英、陈志钢：《农民合作社的生产技术效率评析及其相关讨论——来自安徽砀山县 5 镇（乡）果农的证据》，载于《农业技术经济》2014 年第 11 期。

[157] 黄祖辉、王朋：《农村土地流转：现状、问题及对策——兼论土地流转对现代农业发展的影响》，载于《浙江大学学报》（人文社会科学版）2008 年第 3 期。

[158] 冀县卿：《改革开放后中国农地产权结构变迁与制度绩效：理论与实证分析》，中国农业出版社 2012 年版。

[159] 冀县卿、钱忠好、葛轶凡：《交易费用、农地流转与新一轮农地制度改革——基于苏、桂、鄂、黑四省区农户调查数据的分析》，载于《江海学刊》2015 年第 2 期。

[160] 冀县卿、钱忠好、葛轶凡：《如何发挥农业补贴促进农户参与农地流转的靶向作用？——基于四省农户调查数据的实证分析》，载于《农业经济问题》2015 年第 5 期。

[161] 冀县卿、钱忠好、李友艺：《土地经营规模扩张有助于提升水稻生产效率吗？——基于上海市松江区家庭农场的分析》，载于《中国农村经济》2019 年第 7 期。

[162] 冀县卿、钱忠好：《农地产权结构变迁与中国农业增长：一个经济解释》，载于《管理世界》2009 年第 1 期。

[163] 冀县卿、钱忠好：《中国农业增长的源泉：基于农地产权结构视角的分析》，载于《管理世界》2010 年第 11 期。

[164] 加里·D. 利贝卡普：《产权的缔约分析》，陈宇东等译，中国社会科学出版社 2001 年版。

[165] 贾蕊、陆迁：《不同灌溉技术条件下信贷约束对农户生产效率的影响——以甘肃张掖为例》，载于《资源科学》2017 年第 4 期。

[166] 江晓华：《农村集体经济组织成员资格的司法认定——基于 372 份裁判文书的整理与研究》，载于《中国农村观察》2017 年第 6 期。

[167] 江元、田军华：《谁是更有效率的农业生产经营组织：家庭农场还是农民专业合作社?》，载于《现代财经》（天津财经大学学报）2018年第6期。

[168] 姜长云：《龙头企业的引领和中坚作用不可替代》，载于《农业经济与管理》2019年第6期。

[169] 姜丽丽、仝爱华、乔心阳：《基于DEA – Tobit模型的家庭农场经营效率及其影响因素分析——对宿迁市宿城区的实证研究》，载于《江苏农业科学》2017年第12期。

[170] 蒋省三、刘守英：《让农民以土地权利参与工业化：解读南海模式》，载于《政策》2003年第7期。

[171] 蒋亚平：《中国农地制度现状及其分析》，载于《中国农村经济》1991年第7期。

[172] 金福良、王璐、李谷成、冯中朝：《不同规模农户冬油菜生产技术效率及影响因素分析——基于随机前沿函数与1707个农户微观数据》，载于《中国农业大学学报》2013年第1期。

[173] 金祥荣：《对现代土地租佃制度的实证分析和政策思考》，载于《管理世界》1989年第4期。

[174] 阚立娜、李录堂、薛凯文：《农地流转背景下新型农业经营主体信贷需求及约束研究——基于陕西杨凌农业示范区的调查分析》，载于《华中农业大学学报》（社会科学版）2016年第3期。

[175] 科斯等：《财产权利与制度变迁》，刘守英等译，上海三联书店1994年版。

[176] 孔泾源：《中国农村土地制度：变迁过程的实证分析》，载于《经济研究》1993年第2期。

[177] 孔令成、郑少锋：《家庭农场的经营效率及适度规模——基于松江模式的DEA模型分析》，载于《西北农林科技大学学报》（社会科学版）2016年第5期。

[178] 孔祥智、何安华：《城乡统筹与农业增长方式转变：2001—2010年的中国农业政策》，载于《教学与研究》2011年第2期。

[179] 孔祥智、周振、路玉彬：《我国农业机械化道路探索与政策建议》，载于《经济纵横》2015年第7期。

[180] 黎红梅、李明贤：《集体水管理对农户水稻生产技术效率的影响研究：对湖北漳河灌区的实证分析》，载于《农业技术经济》2009年第3期。

[181] 李长生、黄季焜：《信贷约束和新生代农民工创业》，载于《农业技术经济》2020年第1期。

［182］李春洪：《关于产权主体和产权客体的认识》，载于《南方经济》1995 年第 11 期。

［183］李谷成、冯中朝、范丽霞：《小农户真的更加具有效率吗？来自湖北省的经验证据》，载于《中国农村经济》2009 年第 5 期。

［184］李谷成、冯中朝、占绍文：《家庭禀赋对农户家庭经营技术效率的影响冲击——基于湖北省农户的随机前沿生产函数实证》，载于《统计研究》2008 年第 1 期。

［185］李晗、陆迁：《产品质量认证能否提高农户技术效率——基于山东、河北典型蔬菜种植区的证据》，载于《经济学（季刊）》2020 年第 1 期。

［186］李怀印：《乡村中国纪事——集体化和改革的微观历程》，法律出版社 2010 年版。

［187］李继刚：《"农户 + 家庭农场"的农业经营模式创新——农户家庭经营农业体系的建构》，载于《天津师范大学学报》（社会科学版）2017 年第 3 期。

［188］李建德：《农业土地经营的集中与对策》，载于《经济研究》1986 年第 4 期。

［189］李剑：《中国农地制度研究综述》，引自农业部农村经济研究中心编：《中国农村研究报告（1990—1998）》，中国财政经济出版社 1999 年版。

［190］李静：《粮食生产型家庭农场适度规模研究》，安徽大学博士学位论文，2016 年。

［191］李康：《革命常规化过程前后的精英转换与组织机制变迁》，载于《农村基层政权运行与村民自治》，王汉生、杨善华主编，中国社会科学出版社 2001 年版。

［192］李宁、何文剑、仇童伟、陈利根：《农地产权结构、生产要素效率与农业绩效》，载于《管理世界》2017 年第 3 期。

［193］李平：《中国农村土地制度改革：实地调查报告》，载于《中国农村经济》1995 年第 3 期。

［194］李荣耀、叶兴庆：《农户分化、土地流转与承包权退出》，载于《改革》2019 年第 2 期。

［195］李文明、罗丹、陈洁、谢颜：《农业适度规模经营：规模效益、产出水平与生产成本——基于 1552 个水稻种植户的调查数据》，载于《中国农村经济》2015 第 3 期。

［196］李晓静、陈哲、刘斐、夏显力：《参与电商会促进猕猴桃种植户绿色生产技术采纳吗——基于倾向得分匹配的反事实估计》，载于《中国农村经济》2020 年第 3 期。

[197] 李宴：《关于农业集体经济组织成员权的法律探讨》，载于《农村经济》2009 年第 7 期。

[198] 李友艺、钱忠好：《放松信贷约束何以提升家庭农场的效率——基于上海市松江区家庭农场数据的实证分析》，载于《农业技术经济》2022 年第 11 期。

[199] 李政、杨思莹：《财政分权、政府创新偏好与区域创新效率》，载于《管理世界》2018 年第 12 期。

[200] 梁方仲：《中国历代户口、田地、田赋统计》，中华书局 2008 年版。

[201] 梁漱溟：《乡村建设理论》，上海人民出版社 2016 年版。

[202] 梁治平：《清代习惯法：社会与国家》，中国政法大学出版社 1996 年版。

[203] 廖洪乐：《农村改革试验区的土地制度建设试验》，载于《管理世界》1998 年第 2 期。

[204] 廖洪乐：《农户兼业及其对农地承包经营权流转的影响》，载于《管理世界》2012 年第 5 期。

[205] 林苇：《论农村集体经济组织成员资格的界定——以征地款分配纠纷为视角》，载于《湖北行政学院学报》2008 年第 3 期。

[206] 林毅夫、蔡昉、李周：《中国的奇迹：发展战略与经济改革》，格致出版社 1999 年版。

[207] 林毅夫：《制度、技术与中国农业发展》，上海三联书店、上海人民出版社 1994 年版。

[208] 林子力：《论联产承包制——兼论具有中国特色的社会主义农业发展道路》，上海人民出版社 1983 年版。

[209] 刘传江、程建林：《第二代农民工市民化：现状分析与进程测度》，载于《人口研究》2008 年第 5 期。

[210] 刘芳、钱忠好、郭忠兴：《外部利润、同意一致性与昆山富民合作社制度创新：昆山富民合作社制度创新的制度经济学解析》，载于《农业经济问题》2006 年第 12 期。

[211] 刘凤芹：《农业土地规模经营的条件与效果研究：以东北农村为例》，载于《管理世界》2006 年第 9 期。

[212] 刘杰：《跨体制下的身份诉求与结构化形塑》，吉林大学博士学位论文，2012 年。

[213] 刘德娟、周琼、黄欣乐等：《福建省水稻生产效率及其影响因素分析——基于家庭农场和传统小农户的微观视角》，载于《江苏农业科学》2018 年第 24 期。

［214］刘俊彦等：《新生代：当代中国青年农民工研究报告》，中国青年出版社 2007 年版。

［215］刘世锦等：《推进集体建设用地入市为经济增长释放发展空间》，载于《发展研究》2014 年第 4 期。

［216］刘守英：《产权，行为与经济绩效》，载于《经济社会体制比较》1992 年第 2 期。

［217］刘守英：《城乡中国的土地问题》，载于《北京大学学报》（哲学社会科学版）2018 年第 3 期。

［218］刘守英、高圣平、王瑞民：《农地三权分置下的土地权利体系重构》，载于《北京大学学报》（哲学社会科学版）2017 年第 5 期。

［219］刘守英、纪竞垚：《农二代与结构革命》，内部稿，2018 年。

［220］刘守英、路乾：《产权的安排与保护：现代秩序的基础》，载于《学术月刊》2017 年第 5 期。

［221］刘守英：《农村土地制度改革：从家庭联产承包责任制到三权分置》，载于《经济研究》2022 年第 2 期。

［222］刘守英：《上海市松江区家庭农场调查》，载上海市农村经济学会、上海市松江区农业委员会（主编）《田野的希望——上海市松江区家庭农场的实践与创新》，上海社会科学院出版社 2015 年版。

［223］刘守英：《上海市松江区家庭农场调查》，载于《上海农村经济》2013 年第 10 期。

［224］刘守英、邵挺、石光、周群力、王瑞民：《山东供销社试验：服务规模化与农业现代化》，载于《中国改革》2016 年第 6 期。

［225］刘守英：《深化土地改革面临五大困难》，载于《中国经营报》2014 年 3 月 1 日。

［226］刘守英：《土地制度变革与经济结构转型——对中国 40 年发展经验的一个经济解释》，载于《中国土地科学》2018 年第 1 期。

［227］刘守英：《土地制度变革与中国经济发展》，载于《新金融》2017 年第 6 期。

［228］刘守英、王瑞民：《农业工业化与服务规模化：理论与经验》，载于《国际经济评论》2019 年第 6 期。

［229］刘守英、王一鸽：《从乡土中国到城乡中国——中国转型的乡村变迁视角》，载于《管理世界》2018 年第 10 期。

［230］刘守英：《乡村现代化的战略》，载于《经济理论与经济管理》2018 年第 2 期。

［231］刘守英、熊雪锋、龙婷玉：《集体所有制下的农地权利分割与演变》，载于《中国人民大学学报》2019 年第 1 期。

［232］刘守英、熊雪锋：《我国乡村振兴战略的实施与制度供给》，载于《政治经济学评论》2018 年第 4 期。

［233］刘守英、熊雪锋：《中国乡村治理的制度与秩序演变——一个国家治理视角的回顾与评论》，载于《农业经济问题》2018 年第 9 期。

［234］刘守英、颜嘉楠、冀县卿：《集体地权制度下农地合约选择与经营体制变迁——松江集体村社型家庭农场的案例分析》，载于《中国农村经济》2021 年第 2 期。

［235］刘守英、章元：《"刘易斯转折点"的区域测度与战略选择：国家统计局 7 万户抽样农户证据》，载于《改革》2014 年第 5 期。

［236］刘守英：《中国农地制度的合约结构与产权残缺》，载于《中国农村经济》1993 年第 2 期。

［237］刘守英：《中国土地制度——上半程及下半程》，载于《国际经济评论》2017 年第 5 期。

［238］刘书楷：《构建我国农村土地制度的基本思路》，载于《经济研究》1989 年第 9 期。

［239］刘天军、蔡起华：《不同经营规模农户的生产技术效率分析：基于陕西省猕猴桃生产基地县 210 户农户的数据》，载于《中国农村经济》2013 年第 3 期。

［240］刘同山、徐雪高：《政府补贴对家庭农场经营绩效的影响及其作用机理》，载于《改革》2019 年第 9 期。

［241］刘西川、程恩江：《贫困地区农户的正规信贷约束：基于配给机制的经验考察》，载于《中国农村经济》2009 年第 6 期。

［242］刘晓宇、张林秀：《农村土地产权稳定性与劳动力转移关系分析》，载于《中国农村经济》2008 年第 2 期。

［243］刘学侠等：《"三变"改革的有益探索》，载于《学习时报》2017 年 2 月 27 日。

［244］刘嫣姝：《农村集体经济组织成员资格认定的困境、根源和对策分析》，载于《山东农业大学学报》（社会科学版）2008 年第 4 期。

［245］刘颖、洪道远：《要素投入、技术效率与水稻生产潜力研究：基于湖北省农村固定观察点的面板数据》，载于《华中农业大学学报》（社会科学版）2018 年第 3 期。

［246］刘玉铭、刘伟：《对农业生产规模效益的检验：以黑龙江省数据为例》，载于《经济经纬》2007 年第 2 期。

［247］柳凌韵、董凯：《正规信贷约束降低了农业规模经营绩效吗》，载于《农业技术经济》2020 年第 4 期。

［248］柳凌韵、周宏：《正规金融约束、规模农地流入与农机长期投资——基于水稻种植规模农户的数据调查》，载于《农业经济问题》2017 年第 9 期。

［249］龙花楼、屠爽爽：《土地利用转型与乡村振兴》，载于《中国土地科学》2018 年第 7 期。

［250］卢晖临：《革命前后中国乡村社会分化模式及其变迁》，载于《中国乡村研究》2003 年第 2 辑。

［251］卢晖临、潘毅：《当代中国第二代农民工的身份：认同、情感与集体行动》，载于《社会》2014 年第 4 期。

［252］陆学艺：《改革中的农村与农民：对大寨、刘庄、华西等 13 个村庄的实证研究》，中共中央党校出版社 1992 年版。

［253］陆学艺、王小强：《包产到户的由来和今后的发展：关于甘肃省包产到户问题的考察报告》，载于《未定稿》1980 年第 30 期。

［254］陆益龙：《村庄会终结吗？——城镇化与中国村庄的现状及未来》，载于《学习与探索》2013 年第 10 期。

［255］陆益龙：《向往城市还是留恋乡村？——农民城镇化意愿的实证研究》，载于《人文杂志》2014 年第 12 期。

［256］陆子修：《家庭联产承包责任制与中国农业现代化》，载于《求是》1998 年第 4 期。

［257］陆子修、朱成基：《农村改革哲学思考》，上海人民出版社 1986 年版。

［258］栾健、韩一军：《农地规模经营能否实现农业增效与农民增收的趋同?》，载于《中国土地科学》2020 年第 9 期。

［259］罗必良、何应龙、汪沙、尤娜莉：《土地承包经营权：农户退出意愿及其影响因素分析——基于广东省的农户问卷》，载于《中国农村经济》2012 年第 6 期。

［260］罗必良、李玉勤：《农业经营制度：制度底线、性质辨识与创新空间——基于“农村家庭经营制度研讨会”的思考》，载于《农业经济问题》2014 年第 1 期。

［261］罗必良：《论服务规模经营——从纵向分工到横向分工及连片专业化》，载于《中国农村经济》2017 年第 11 期。

［262］罗必良：《农地经营规模的效率决定》，载于《中国农村观察》2000 年第 5 期。

［263］罗伯特·埃里克森：《土地所有权》，引自唐纳德·威特曼编：《法律

经济学文献精选》，苏力等译，法律出版社 2005 年版。

[264] 罗凌、崔云霞：《再造与重构：贵州六盘水"三变"改革研究》，载于《农村经济》2016 年第 12 期。

[265] 罗伊·普罗斯特曼、李平、蒂姆·汉斯达德：《中国农业的规模经营：政策适当吗？》，载于《中国农村观察》1996 年第 6 期。

[266] 骆友生、张红宇：《家庭承包责任制后的农地制度创新》，载于《经济研究》1995 年第 1 期。

[267] 马贤磊、仇童伟、钱忠好：《农地产权安全性与农地流转市场的农户参与：基于江苏、湖北、广西、黑龙江四省（区）调查数据的实证分析》，载于《中国农村经济》2015 年第 2 期。

[268] 马贤磊、仇童伟、钱忠好：《农地流转中的政府作用：裁判员抑或运动员——基于苏、鄂、桂、黑四省（区）农户农地流转满意度的实证分析》，载于《经济学家》2016 年第 11 期。

[269] 毛泽东：《湖南农民运动考察报告》，载于《毛泽东选集》（第一卷），人民出版社、解放军出版社（重印）1991 年版。

[270] 冒佩华、徐骥、贺小丹、周亚虹：《土地经营权流转与农民劳动生产率提高：理论与实证》，载于《经济研究》2015 年第 11 期。

[271] 梅建明：《再论农地适度规模经营：兼评当前流行的"土地规模经营危害论"》，载于《中国农村经济》2002 年第 9 期。

[272] 梅运田、陈永富、陈宝明、王文奇：《浙江省诸暨市家庭农场经营效率及影响因素分析》，载于《湖北农业科学》2017 年第 14 期。

[273] 农业部农村经济体制与经营管理司、农业部农村合作经济经营管理总站：《中国农村经营管理统计年报》，中国农业出版社 2017 年版。

[274] 裴长洪：《制约土地集中的因素和对顺义方式的思考》，载于《经济研究》1987 年第 12 期。

[275] 彭澎、张龙耀、李心丹：《农村正规金融市场中信贷配给的改进研究——基于"政银保"模式的实证分析》，载于《经济学家》2018 年第 5 期。

[276] 戚成蹊：《中国刘易斯转折点的再研究》，载于《经济论坛》2017 年第 2 期。

[277] 齐城：《农村劳动力转移与土地适度规模经营实证分析：以河南省信阳市为例》，载于《农业经济问题》2008 年第 4 期。

[278] 钱克明、彭廷军：《我国农户粮食生产适度规模的经济学分析》，载于《农业经济问题》2014 年第 3 期。

[279] 钱龙、陈方丽、卢海阳、钱文荣：《城市人"身份认同"对农村宅基

地使用权流转的影响研究——基于浙江温州农户的调查》，载于《农业技术经济》2019年第8期。

[280] 钱文荣、黄祖辉：《转型时期的中国农民工——长江三角洲十六城市农民工市民化问题调查》，中国社会科学出版社2007年版。

[281] 钱文荣、张忠明：《农民土地意愿经营规模影响因素实证研究——基于长江中下游区域的调查分析》，载于《农业经济问题》2007年第5期。

[282] 钱忠好：《非农就业是否必然导致农地流转——基于家庭内部分工的理论分析及其对中国农户兼业化的解释》，载于《中国农村经济》2008年第10期。

[283] 钱忠好、冀县卿：《中国农地流转现状及其政策改进——基于江苏、广西、湖北、黑龙江四省（区）调查数据的分析》，载于《管理世界》2016年第2期。

[284] 钱忠好、李友艺：《家庭农场的效率及其决定——基于上海松江943户家庭农场2017年数据的实证研究》，载于《管理世界》2020年第4期。

[285] 钱忠好：《农村土地承包经营权产权残缺与市场流转困境：理论与政策分析》，载于《管理世界》2002年第6期。

[286] 钱忠好：《农业用地市场化之我见》，载于《经济研究》1993年第7期。

[287] 钱忠好：《土地征用：均衡与非均衡——对现行中国土地征用制度的经济分析》，载于《管理世界》2004年第12期。

[288] 钱忠好：《中国农村土地制度变迁和创新研究（五）》，中国农业出版社2017年版。

[289] 钱忠好：《中国农村土地制度变迁和创新研究（续）》，社会科学文献出版社2005年版。

[290] 钱忠好：《中国农村土地制度变迁和创新研究》，中国农业出版社1999年版。

[291] 乔榛、焦方义、李楠：《中国农村经济制度变迁与农业增长：对1978—2004年中国农业增长的实证分析》，载于《经济研究》2006年第7期。

[292] 秦晖：《"离土不离乡"：中国现代化的独特模式？——也谈"乡土中国重建"问题》，载于《东方》1994年第1期。

[293] 青木昌彦：《沿着均衡点演进的制度变迁》，引自克劳德·梅纳尔编：《制度、契约与组织：从新制度经济学角度的透视》，刘刚等译，经济科学出版社2003年版。

[294] 屈小博：《不同规模农户生产技术效率差异及其影响因素分析：基于超越对数随机前沿生产函数与农户微观数据》，载于《南京农业大学学报》（社

会科学版）2009 年第 3 期。

[295] 任强、陈佳俊：《城镇化视野下中国村落共同体的变迁——对 2011—2014 年相关研究文献的综述》，载于《中国社会学年鉴 2011—2014》，中国社会科学出版社 2016 年版。

[296] 任重、薛兴利：《家庭农场发展效率综合评价实证分析——基于山东省 541 个家庭农场数据》，载于《农业技术经济》2018 年第 3 期。

[297] 阮士峰、汪伊举：《关于农业实行国有土地租赁制的设想》，载于《管理世界》1988 年第 1 期。

[298] 桑瑜：《六盘水"三变"改革的经济学逻辑》，载于《改革》2017 年第 7 期。

[299] 邵夏珍：《"增人不增地、减人不减地"试验与农村转型：黔省 500 农户样本》，载于《改革》2014 年第 12 期。

[300] 施坚雅：《中华帝国晚期的城市》，叶光庭等译，中华书局 2000 年版。

[301] 史清华、卓建伟：《农村土地权属：农民的认同与法律的规定》，载于《管理世界》2009 年第 1 期。

[302] 思拉恩·埃格特森：《经济行为与制度》，吴经邦等译，商务印书馆 2004 年版。

[303] 宋伟、陈百明、陈曦炜：《东南沿海经济发达区域农户粮食生产函数研究：以江苏省常熟市为例》，载于《资源科学》2007 年第 6 期。

[304] 速水佑次郎、弗农·拉坦：《农业发展的国际分析》，郭熙保等译，中国社会科学出版社 2000 年版。

[305] 孙顶强、卢宇桐、田旭：《生产性服务对中国水稻生产技术效率的影响——基于吉、浙、湘、川 4 省微观调查数据的实证分析》，载于《中国农村经济》2016 年第 8 期。

[306] 孙雯、蒯庆梅、张辉、邱峰：《家庭农场可持续发展及金融支持研究》，载于《北京金融评论》2013 年第 3 期。

[307] 孙宪忠：《推进农村土地"三权分置"需要解决的法律认识问题》，载于《行政管理改革》2016 年第 2 期。

[308] 孙秀林：《华南的村治与宗族：一个功能主义的分析路径》，载于《社会学研究》2011 年第 1 期。

[309] 孙自铎：《农业必须走适度规模经营之路：兼与罗必良同志商榷》，载于《农业经济问题》2001 年第 2 期。

[310] 谭秋成：《农村集体经济的特征、存在的问题及改革》，载于《北京大学学报》（哲学社会科学版）2018 年第 3 期。

［311］谭淑豪、Nico Heerink、曲福田：《土地细碎化对中国东南部水稻小农户技术效率的影响》，载于《中国农业科学》2006年第12期。

［312］陶然、童菊儿、汪晖、黄璐：《二轮承包后的中国农村土地行政性调整——典型事实、农民反应与政策含义》，载于《中国农村经济》2009年第10期。

［313］田传浩、贾生华：《农地市场对土地使用权配置影响的实证研究——基于苏、浙、鲁1083个农户的调查》，载于《中国农村经济》2003年第10期。

［314］田丰：《消费社会与"新生代打工妹"主体性再造》，载于《社会学研究》2008年第3期。

［315］田毅鹏：《村落过疏化与乡土公共性的重建》，载于《社会科学战线》2014年第6期。

［316］田毅鹏：《"村落终结"与农民的再组织化》，载于《人文杂志》2012年第1期。

［317］仝志辉：《农民合作社本质论争》，社会科学文献出版社2016年版。

［318］万宝瑞：《加快提高我国农业竞争力的思考》，载于《农业经济问题》2016年第4期。

［319］汪丁丁：《制度创新的一般理论》，载于《经济研究》1992年第5期。

［320］王诚德：《农地经营规模与经济发展——对中国农业发展基础构造的理论思索》，载于《经济研究》1989年第3期。

［321］王春光：《新生代農村流動人口的社會認同與城鄉融合的關係》，载于《社会学研究》2001年第3期。

［322］王光宇：《我所亲历的安徽农村改革——为纪念改革开放三十周年而作》，载于《中共党史研究》2008年第5期。

［323］王海光：《当代中国户籍制度形成与沿革的宏观分析》，载于《中共党史研究》2003年第4期。

［324］王海光：《移植与枳变：中国当代户籍制度的形成路径及其苏联因素的影响》，载于《党史研究与教学》2011年第6期。

［325］王汉生、王一鸽：《目标管理责任制：农村基层政权的实践逻辑》，载于《社会学研究》2009年第2期。

［326］王沪宁：《当代中国村落家族文化——对中国社会现代化的一项探索》，上海人民出版社1991年版。

［327］王建英、陈志钢、黄祖辉、Thomas Reardon：《转型时期土地生产率与农户经营规模关系再考察》，载于《管理世界》2015年第9期。

［328］王晶、毕盛、李芸、吕开宇：《正规信贷约束对农户粮食生产的影响分析》，载于《农业技术经济》2018年第5期。

［329］王丽霞、常伟：《我国家庭农场的全要素生产率及其差异》，载于《华南农业大学学报》（社会科学版）2017 年第 6 期。

［330］王利明、周友军：《论我国农村土地权利制度的完善》，载于《中国法学》2012 年第 1 期。

［331］王嫚嫚、刘颖、陈实：《规模报酬、产出利润与生产成本视角下的农业适度规模经营：基于江汉平原 354 个水稻种植户的研究》，载于《农业技术经济》2017 年第 4 期。

［332］王淑娜、姚洋：《基层民主和村庄治理——来自 8 省 48 村的证据》，载于《北京大学学报》（哲学社会科学版）2007 年第 3 期。

［333］王曙光：《村庄信任、关系共同体与农村民间金融演进》，载于《中国农村观察》2007 年第 4 期。

［334］王曙光：《中国农村——北大燕京学堂课堂讲录》，北京大学出版社 2017 年版。

［335］王西玉：《农村改革与农地制度变迁》，载于《中国农村经济》1998 年第 9 期。

［336］王向楠：《农业贷款、农业保险对农业产出的影响——来自 2004—2009 年中国地级单位的证据》，载于《中国农村经济》2011 年第 10 期。

［337］王小强、白南凤：《富饶的贫困：中国落后地区的经济考察》，四川人民出版社 1986 年版。

［338］王小映：《土地制度变迁与土地承包权物权化》，载于《中国农村经济》2000 年第 1 期。

［339］王晓兵、许迪、张砚杰、杨军：《农场规模、劳动力投入量与技术效率及其相关性问题研究》，载于《资源科学》2016 年第 3 期。

［340］王新志、杜志雄：《家庭农场更有效率吗？——基于理论与实证的比较分析》，载于《东岳论丛》2020 年第 7 期。

［341］王新志、杜志雄：《我国家庭农场发展：模式、功能及政府扶持》，载于《中国井冈山干部学院学报》2014 年第 5 期。

［342］王兴稳、钱忠好：《教育能促进农地承包经营权流转吗——基于江苏、湖北、广西、黑龙江 4 省 1120 户农户的调查数据》，载于《农业技术经济》2015 年第 1 期。

［343］王亚辉、李秀彬、辛良杰、谈明洪、李薇：《中国农地经营规模对农业劳动生产率的影响及其区域差异》，载于《自然资源学报》2017 年第 4 期。

［344］王贻术：《我国家庭农场发展研究》，福建师范大学博士学位论文，2015 年。

[345] 王永祥：《农村集体经济组织成员资格认定问题研究》，内蒙古大学博士学位论文，2018 年。

[346] 王郁昭：《包产到户是农村集体经济管理上的新突破》，载于《农业经济问题》1981 年第 5 期。

[347] 王则宇、李谷成、周晓时：《农业劳动力结构、粮食生产与化肥利用效率提升——基于随机前沿生产函数与 Tobit 模型的实证研究》，载于《中国农业大学学报》2018 年第 2 期。

[348] 危薇、杜志雄：《新时期家庭农场经营规模与土地生产率之间关系的研究》，载于《农村经济》2019 年第 3 期。

[349] 魏昊、夏英、李芸、吕开宇、王海英：《信贷需求抑制对农户耕地质量提升型农业技术采用的影响——基于农户分化的调节效应分析》，载于《资源科学》2020 年第 2 期。

[350] 魏昊、夏英、李芸：《信贷需求抑制视角下农户环境友好型农业技术采纳行为分析》，载于《华中农业大学学报》（社会科学版）2020 年第 1 期。

[351] 文贯中：《吾民无地：城市化、土地制度与户籍制度的内在逻辑》，东方出版社 2014 年版。

[352] 文贯中：《中国现行土地制度的弊病及其对策》，载于《科技导报》1998 年第 4 期。

[353] 翁贞林、阮华：《新型农业经营主体：多元模式、内在逻辑与区域案例分析》，载于《华中农业大学学报》（社会科学版）2015 年第 5 期。

[354] 吴方：《基于 SFA 的家庭农场技术效率测度与影响因素分析》，载于《华中农业大学学报》（社会科学版）2020 年第 6 期。

[355] 吴涛：《清代江南的一田两主制和驻点关系的新格局》，载于《近代史研究》2004 年第 5 期。

[356] 吴维平、王汉生：《寄居大都市：京沪两地流动人口住房现状分析》，载于《社会学研究》2002 年第 3 期。

[357] 吴兴国：《集体组织成员资格及成员权研究》，载于《法学杂志》2006 年第 2 期。

[358] 吴毅：《小镇喧嚣：一个乡镇政治运作的演绎与阐释》，生活·读书·新知三联书店 2007 年版。

[359] 伍开群：《家庭农场的理论分析》，载于《经济纵横》2013 年第 6 期。

[360] 夏雯雯、杜志雄、郜亮亮：《家庭农场经营者应用绿色生产技术的影响因素研究——基于三省 452 个家庭农场的调研数据》，载于《经济纵横》2019 年第 6 期。

[361] 萧公权:《中国乡村——论 19 世纪的帝国控制》,张皓、张升译,九州出版社 2018 年版。

[362] 肖鹏、王丹:《试论土地经营权租赁合同的完善——基于 102 个家庭农场的调研》,载于《中国土地科学》2015 年第 10 期。

[363] 肖唐镖:《村治中的宗族:对九个村的调查与研究》,上海书店出版社 2001 年版。

[364] 肖唐镖:《转型中的中国乡村建设》,西北大学出版社 2003 年版。

[365] 肖卫东、杜志雄:《农村一二三产业融合:内涵要解、发展现状与未来思路》,载于《西北农林科技大学学报》(社会科学版)2019 年第 6 期。

[366] 肖屹、曲福田、钱忠好、许恒周:《土地征用中农民土地权益受损程度研究——以江苏省为例》,载于《农业经济问题》2008 年第 3 期。

[367] 辛岭、胡志全:《中国农业适度经营规模测算研究》,载于《中国农学通报》2015 年第 11 期。

[368] 新建、姜睿清、付传明:《以家庭农场为主体的土地适度规模经营研究》,载于《求实》2013 年第 6 期。

[369] 徐升:《信贷约束与农户生产效率分析》,载于《上海金融学院学报》2015 年第 4 期。

[370] 徐勇:《中国家户制传统与农村发展道路——以俄国、印度的村社传统为参照》,载于《中国社会科学》2013 年第 8 期。

[371] 许庆、田士超、徐志刚等:《农地制度、土地细碎化与农民收入不平等》,载于《经济研究》2008 年第 2 期。

[372] 许庆、尹荣梁、章辉:《规模经济、规模报酬与农业适度规模经营——基于我国粮食生产的实证研究》,载于《经济研究》2011 年第 3 期。

[373] 许庆、章元:《土地调整、地权稳定性与农民长期投资激励》,载于《经济研究》2005 年第 10 期。

[374] 许荣、肖海峰:《正规信贷约束对农牧户畜牧业生产技术效率的影响——基于 5 省绒毛用羊调研数据》,载于《中国农业资源与区划》2019 年第 12 期。

[375] 许倬云:《汉代农业——早期中国农业经济的形成》,程农、张鸣译,江苏人民出版社 1998 年版。

[376] 薛暮桥:《旧中国的农村经济》(原名《中国农村经济常识》),农业出版社 1985 年版。

[377] 杨国强、殷秋霞、郭锦墉、刘滨、肖芳文:《农业补贴政策对不同资源禀赋稻农土地流转意愿影响机理研究——基于江西样本数据》,载于《中国农

学通报》2014 年第 20 期。

[378] 杨慧莲、李艳、韩旭东、郑风田:《土地细碎化增加"规模农户"农业生产成本了吗?——基于全国 776 个家庭农场和 1166 个专业大户的微观调查》,载于《中国土地科学》2019 年第 4 期。

[379] 杨万江、李琪:《我国农户水稻生产技术效率分析:基于 11 省 761 户调查数据》,载于《农业技术经济》2016 年第 1 期。

[380] 杨小东:《农地承包制下农业经营组织的演进与绩效分析——一个制度经济学的视角》,载于《农业经济问题》2009 年第 8 期。

[381] 杨学成、曾启:《试论农村土地流转的市场化》,载于《农业经济问题》1994 年第 6 期。

[382] 杨学成、赵瑞莹、岳书铭:《农村土地关系思考——基于 1995~2008 年三次山东农户调查》,载于《管理世界》2008 年第 7 期。

[383] 姚洋:《集体决策下的诱导性制度变迁——中国农村地权稳定性演化的实证分析》,载于《中国农村观察》2000 年第 2 期。

[384] 姚洋:《农地制度与农业绩效的实证研究》,载于《中国农村观察》1998 年第 6 期。

[385] 姚洋:《小农经济未过时,不该背"恶名"》,载于《财经界》2017 年第 3 期。

[386] 叶剑平、丰雷、蒋妍等:《2008 年中国农村土地使用权调查研究——17 省份调查结果及政策建议》,载于《管理世界》2010 年第 1 期。

[387] 叶剑平、丰雷、蒋妍、郎昱、罗伊·普罗斯特曼:《2016 年中国农村土地使用权调查研究——17 省份调查结果及政策建议》,载于《管理世界》2018 年第 3 期。

[388] 叶剑平、蒋妍、丰雷:《中国农村土地流转市场的调查研究——基于 2005 年 17 省调查的分析和建议》,载于《中国农村观察》2006 年第 4 期。

[389] 叶剑平、罗伊·普罗斯特曼、徐孝白、杨学成:《中国农村土地农户 30 年使用权调查研究——17 省调查结果及政策建议》,载于《管理世界》2000 年第 2 期。

[390] 叶兴庆:《新时代中国乡村振兴战略论纲》,载于《改革》2018 年第 1 期。

[391] 于建嵘:《岳村政治:转型期中国乡村政治结构的变迁》,商务印书馆 2001 年版。

[392] 余梦秋、陈家泽:《固化农村集体经济组织成员权的理论思考》,载于《财经科学》2011 年第 11 期。

［393］余晓敏、潘毅：《逆成长：农民工社会经济地位的十年变化（2006～2015）》，载于《社会学研究》2017年第3期。

［394］俞博、何红光：《不同经营模式家庭农场经营效率分析——基于浙江省的实证研究》，载于《湖北农业科学》2019年第3期。

［395］俞海、黄季焜、Scott Rozelle等：《地权稳定性、土地流转与农地资源持续利用》，载于《经济研究》2003年第9期。

［396］俞可平等：《中国公民社会的兴起与治理的变迁》，社会科学文献出版社2002年版。

［397］虞和平：《中国现代化历程》，江苏人民出版社2001年版。

［398］约哈姆·巴泽尔：《产权的经济分析》，费方域等译，上海三联书店、上海人民出版社1997年版。

［399］曾福生、高鸣：《我国粮食生产效率核算及其影响因素分析——基于SBM‐Tobit模型二步法的实证研究》，载于《农业技术经济》2012年第7期。

［400］曾玉荣、许文兴：《基于SFA的福建家庭农场经营效率实证分析》，载于《福建农业学报》2015年第11期。

［401］张凤兵、乔翠霞：《基于要素配置的城乡利益格局"断裂"与"重构"：文献梳理与展望》，载于《农业经济问题》2019年第6期。

［402］张广辉：《村集体内部的土地红利分配：成员权和收益权的冲突与协调》，载于《现代经济探讨》2013年第11期。

［403］张红宇、李伟毅：《人地矛盾、"长久不变"与农地制度的创新》，载于《经济研究参考》2011年第9期。

［404］张红宇：《农村土地"三权分置"政策解读》，载于《领导科学论坛》2017年第8期。

［405］张红宇、王乐君、李迎宾、李伟毅：《关于深化农村土地制度改革需要关注的若干问题》，载于《中国党政干部论坛》2014年第6期。

［406］张红宇：《新型农业经营主体发展趋势研究》，载于《经济与管理评论》2015年第1期。

［407］张红宇、杨凯波：《我国家庭农场的功能定位与发展方向》，载于《农业经济问题》2017年第10期。

［408］张红宇：《中国农村土地产权政策：持续创新——对农地使用制度变革的重新评判》，载于《管理世界》1998年第6期。

［409］张红宇：《中国农地制度变迁的制度绩效：从实证到理论的分析》，载于《中国农村观察》2002年第2期。

［410］张厚安等：《中国农村村级治理：22个村的调查与比较》，华中师范

大学出版社 2000 年版。

[411] 张静主编：《身份认同研究：观念、态度、理据》，上海人民出版社 2006 年版。

[412] 张磊、简小鹰、滕明雨：《农业产业化经营主体与农民关系构建研究——基于对贵州省安顺市现代农业发展的调查》，载于《技术经济与管理研究》2016 年第 11 期。

[413] 张丽、李容：《农机作业服务是否影响粮食全要素生产率——基于农业分工的调节效应》，载于《农业技术经济》2021 年第 9 期。

[414] 张良悦：《农业发展的目标性、制度变迁的规范性与农地流转的工具性——对经济新常态下农地流转与现代农业发展的认识》，载于《河北经贸大学学报》2016 年第 2 期。

[415] 张龙耀、周南、许玉韫、吴比：《信贷配给下的农业规模经济与土地生产率》，载于《中国农村经济》2018 年第 7 期。

[416] 张路雄：《是完善联产承包还是进一步私有化》，载于《农业经济问题》1988 年第 12 期。

[417] 张明慧、孟一江、龙贺兴、刘金龙：《社会界面视角下农村成员权认定的实践逻辑——基于湖南 S 村集体林权改革的实践》，载于《中国农业大学学报》（社会科学版）2014 年第 1 期。

[418] 张培刚：《农业与工业化》，中国人民大学出版社 2014 年版。

[419] 张佩国：《近代江南的村籍与地权》，载于《文史哲》2002 年第 3 期。

[420] 张琦：《中国农村土地制度建设的发展战略模式初探》，载于《经济研究》1990 年第 8 期。

[421] 张晓山、国鲁来：《改革以来中国农村经济集体所有制有效实现形式探析》，载于《管理世界》1998 年第 3 期。

[422] 张循理：《一个重要的战略问题——试论我国农业劳动力同土地的分离及对策》，载于《管理世界》1986 年第 2 期。

[423] 张滢：《"家庭农场＋合作社"的农业产业化经营新模式：制度特性、生发机制和效益分析》，载于《农村经济》2015 年第 6 期。

[424] 张德元、宫天辰、崔宝玉：《小农户家庭禀赋对农业经营技术效率的影响》，载于《西北农林科技大学学报》（社会科学版）2015 年第 5 期。

[425] 张德元、李静、苏帅：《家庭农场经营者个人特征和管理经验对农场绩效的影响》，载于《经济纵横》2016 年第 4 期。

[426] 张岳：《家庭农场经营绩效及其影响因素研究——基于三阶段 DEA 的实证分析》，载于《南方农村》2019 年第 6 期。

[427] 张悦、刘文勇：《家庭农场的生产效率与风险分析》，载于《农业经济问题》2016 年第 5 期。

[428] 张宗毅、杜志雄：《土地流转一定会导致"非粮化"吗？——基于全国 1740 个种植业家庭农场监测数据的实证分析》，载于《经济学动态》2015 年第 9 期。

[429] 章立、余康、郭萍：《农业经营技术效率的影响因素分析：基于浙江省农户面板数据的实证》，载于《农业技术经济》2012 年第 3 期。

[430] 赵冈：《历史上的土地制度与地权分配》，中国农业出版社 2003 年版。

[431] 赵冈：《永佃制研究》，中国农业出版社 2005 年版。

[432] 赵佳、姜长云：《兼业小农抑或家庭农场——中国农业家庭经营组织变迁的路径选择》，载于《农业经济问题》2015 年第 3 期。

[433] 赵鲲：《共享土地经营权：农业规模经营的有效实现形式》，载于《农业经济问题》2016 年第 8 期。

[434] 赵鲲、赵海、杨凯波：《上海市松江区发展家庭农场的实践与启示》，载于《农业经济问题》2015 年第 12 期。

[435] 赵树凯：《新世纪的国家与农民——2002—2012 乡村治理述评》，载于韩俊等：《2002—2012 中国农村改革：促进三农发展的制度创新》，上海远东出版社 2012 年版。

[436] 赵阳、王宾、王明昊：《农民对土地承包与流转的看法和意愿调查报告》，载于《调研世界》2006 年第 12 期。

[437] 折晓叶、艾云：《城乡关系演变的研究路径——一种社会学研究思路和分析框架》，载于《社会发展研究》2014 年第 2 期。

[438] 郑风田：《让宅基地"三权分置"改革成为乡村振兴新抓手》，载于《人民论坛》2018 年第 10 期。

[439] 郑风田：《我国现行土地制度的产权残缺与新型农地制度构想》，载于《管理世界》1995 年第 4 期。

[440] 郑风田：《"中央一号文件"为乡村振兴引路》，载于《中国报道》2018 年第 Z1 期。

[441] 郑鹏程、于升：《对解决农村土地征收补偿收益分配纠纷的法律思考》，载于《重庆大学学报》（社会科学版）2010 年第 3 期。

[442] 郑一平：《影响村级治理的主要因素分析》，载于《中国农村经济》1997 年第 9 期。

[443] 中国农村发展问题研究组：《包产到户资料选（一、二册）》，1981 年。

[444] 中国农村发展问题研究组：《农村经济变革的系统考察》，中国社会

科学出版社 1984 年版。

[445] 中国农村发展问题研究组：《"重新组合"的历史性要求及其在联产承包制中的实现》，载于《学习与探索》1983 年第 5 期。

[446] 中国人民大学宅基地制度研究课题组：《结构变迁、宅基制度与村庄转型——四川省泸县案例研究》，内部稿，2017 年。

[447] 中国社会科学院农村发展研究所"农村集体产权制度改革研究"课题组、张晓山：《关于农村集体产权制度改革的几个理论与政策问题》，载于《中国农村经济》2015 年第 2 期。

[448] 钟文晶、罗必良：《禀赋效应、产权强度与农地流转抑制——基于广东省的实证分析》，载于《农业经济问题》2013 年第 3 期。

[449] 周大鸣、杨小柳：《从农民工到城市新移民：一个概念、一种思路》，载于《中山大学学报》2014 年第 5 期。

[450] 周飞舟：《从汲取型政权到悬浮型政权：税费改革对国家和农民关系之影响》，载于《社会学研究》2006 年第 3 期。

[451] 周其仁：《城乡中国（修订版）》，中信出版社 2017 年版。

[452] 周其仁：《城乡中国》，中信出版社 2014 年版。

[453] 周其仁：《家庭经营的再发现——论联产承包制引起的农业经营组织形式的变革》，载于《中国社会科学》1985 年第 2 期。

[454] 周其仁、刘守英：《湄潭：一个传统农区的土地制度变迁》，引自周其仁编：《农村变革与中国发展》（下卷），牛津大学出版社 1994 年版。

[455] 周其仁：《农地产权与征地制度——中国城市化面临的重大选择》，载于《经济学（季刊）》2004 年第 1 期。

[456] 周其仁、邱继成：《农民社会身份变迁的自由》，载于《农业经济丛刊》1987 年第 1 期。

[457] 周其仁：《体制成本与中国经济》，载于《经济学（季刊）》2017 年第 3 期。

[458] 周其仁：《中国农村改革：国家和所有权关系的变化（上）——一个经济制度变迁史的回顾》，载于《管理世界》1995 年第 3 期。

[459] 周其仁：《中国农村改革：国家和所有权关系的变化（下）——一个经济制度变迁史的回顾》，载于《管理世界》1995 年第 4 期。

[460] 周曙东、王艳、朱思柱：《中国花生种植户生产技术效率及影响因素分析——基于全国 19 个省份的农户微观数据》，载于《中国农村经济》2013 年第 3 期。

[461] 周炜：《多元化经营背景下家庭农场水稻生产效率——基于全国农村

固定观察点的实证研究》，载于《南京农业大学学报》（社会科学版）2017 年第 5 期。

［462］周一星、曹广忠：《改革开放 20 年来的中国城镇化进程》，载于《城市规划》1999 年第 12 期。

［463］周振、张琛、钟真：《"统分结合"的创新与农业适度规模经营——基于新田地种植专业合作社的案例分析》，载于《农业经济问题》2019 年第 8 期。

［464］朱冬亮：《农民与土地渐行渐远——土地流转与"三权分置"制度实践》，载于《中国社会科学》2020 年第 7 期。

［465］朱启臻、胡鹏辉、许汉泽：《论家庭农场：优势、条件与规模》，载于《农业经济问题》2014 年第 7 期。

［466］朱启臻、芦晓春：《论村落存在的价值》，载于《南京农业大学学报》（社会科学版）2011 年第 1 期。

［467］朱启臻：《新型职业农民与家庭农场》，载于《中国农业大学学报》（社会科学版）2013 第 2 期。

［468］朱秋博、白军飞、彭超、朱晨：《信息化提升了农业生产率吗》，载于《中国农村经济》2019 年第 4 期。

［469］朱妍、李煜：《"双重脱嵌"：农民工代际分化的政治经济学分析》，载于《社会科学》2013 年第 11 期。

［470］祝华军、田志宏、楼江：《粮食生产型家庭农场：临界经营规模与发展愿景分析》，载于《中国农业大学学报》（社会科学版）2016 年第 12 期。

［471］庄孔韶：《银翅——中国的地方社会与文化变迁》，生活·读书·新知三联书店 2000 年版。

［472］邹伟、崔益邻：《农地经营权稳定性对农业生产绩效的影响——基于中介效应模型的分析》，载于《中国土地科学》2019 年第 7 期。

［473］Agrawal, A. Common Property Institutions and Sustainable Governance of Resources. *World Development*, 2001, 29（10）: 1649 – 1672.

［474］Ahmad, M., G. M. Chaudhry, and M. Iqbal. Wheat Productivity, Efficiency and Sustainability: A Stochastic Production FrontierAnalysis. *The Pakistan Development Review*, 2002, 41（4）: 643 – 663.

［475］Aigner, D., C. A. K. Lovell, and P. Schmidt. Formulation and Estimation of Stochastic Frontier Production Function Models. *Journal of Econometrics*, 1977, 6（1）: 21 – 37.

［476］Albert Feuerwerker. The State and the Economy in Late Imperial China. *Theory and Society*, 1984, 13（3）: 297 – 326.

［477］ Alchian, A. A, Demsetz H. The property right paradigm. *The Journal of Economic History*, 1973, 33 (1): 16 – 27.

［478］ Alchian, A. A. Some Economics of Property Rights. *Il Politico*, 1965, 30 (4): 816 – 829.

［479］ Alvarez, A. and C. Arias. Technical Efficiency and Farm Size: A Conditional Analysis. *Agricultural Economics*, 2004, 30 (3): 241 – 250.

［480］ Armen A. Alchian and Harold Demsetz. Production, Information Costs, and Economic Organization. *The American Economic Review*, 1972, 3 (2): 21 – 41.

［481］ Bai, Y. and J. K. Kung. The Shaping of an Institutional Choice: Weather shocks, the Great Leap Famine, and Agricultural Decollectivization in China. *Explorations in Economic History*, 2014, 54: 1 – 26.

［482］ Banker, R. D. , A. Charnes and W. W. Cooper. Some Models for Estimating Technical and Scale Inefficiencies in Data Envelopment Analysis. *Management Science*, 1984, 30 (9): 1078 – 1092.

［483］ Barrows, R. and M. Roth. Land Tenure and Investment in African Agriculture: Theory and Evidence. LTC Paper 136, Madison: Land Tenure Center, University of Wisconsin – Madison, 1989.

［484］ Battese, G. E. and T. J. Coelli. A Model for Technical Inefficiency Effects in a Stochastic Frontier Production Function for Panel Data. *Empirical Economics*, 1995, 20 (2): 325 – 332.

［485］ Battese, G. E. and T. J. Coelli. Frontier Production Functions, Technical Efficiency and Panel Data: With Application to Paddy Farmersin India. *Journal of Productivity Analysis*, 1992, 3 (1/2): 153 – 169.

［486］ Berry, R. A. and W. R. Cline. *Agrarian Structure and Productivity in Developing Countries*. Baltimore: Johns Hopkins University Press, 1979.

［487］ Besley, T. Property Rights and Investment Incentives: Theory and Evidence from Ghana. *Journal of Political Economy*, 1995, 103 (5): 903 – 937.

［488］ Bojnec, Š. and L. Latruffe. Determinants of Technical Efficiency of Crop and Livestock Farms in Poland. *Post – Communist Economies*, 2009, 21 (1): 117 – 124.

［489］ Bolt, Jutta, Robert Inklaar, Herman de Jong and Jan Luiten van Zanden. Rebasing "Maddison": New Income Comparisons and the Shape of Long-run Economic Development. Maddison Project Working Paper 10 (Maddison Project Database, version 2018).

581

参考文献

［490］Boucher, S., Guirkinger, C., Trivelli, C. Direct Elicitation of Credit Constraints: Conceptual and Practical Issues with an Application to Peruvian Agriculture. *Economic Development and Cultural Change*, 2009, 57: 609 – 640.

［491］Bromley, Daniel. Property Rights: Locke, Kant, Peirce, and the Logic of Volitional Pragmatism, Property Rights in the 21st Century. ed. by Harvey M. Jacobs, Cheltenham, U. K.: Elgar, 2004.

［492］Bromley, Dan. Property regimes in economic development: lessons and policy implications. *Agriculture and the environment: perspectives on sustainable rural development*, 1998: 83 – 91.

［493］Bromley, D. W. and J. Chavas. On Risk, Transactions, and Economic Development in the Semiarid Tropics. *Economic Development and Cultural Change*, 1989, 37 (4): 719 – 736.

［494］Bromley, D. W. Land and Water Problems: An Institutional Perspective. *American Journal of Agricultural Economics*, 1982, 64 (5): 834 – 844.

［495］Bromley, D. W. Property Relations and Economic Development: The Other Land Reform. *World Development*, 1989, 17 (6): 867 – 877.

［496］Bruce, J. W., S. E. Migot – Adholla and J. Atherton. "The Findings and Their Policy Implications: Institutional Adaptation or Replacement", Bruce, J. W. and S. E. Migot – Adholla, Searching For Land Tenure Security in Africa, Washington: The World Bank, 1994.

［497］Byiringiro, F. and T. Reardon. Farm Productivity in Rwanda: Effects of Farm Size, Erosion and Soil Conservation Investments. *Agricultural Economics*, 1996, 15 (2): 127 – 136.

［498］Carter, M. R. and K. D. Wiebe. Access to Capital and its Impact on Agrarian Structure and Productivity in Kenya. *American Journal of Agricultural Economics*, 1990, 72 (5): 1146 – 1150.

［499］Carter, M. R. and Y. Yao. Local versus Global Separability in Agricultural Household Models: The Factor Price Equalization Effect of Land Transfer Rights. *American Journal of Agricultural Economics*, 2002, 84 (3): 702 – 715.

［500］Carter, M. R., Olinto, P. Getting Institutions "Right" for Whom? Credit Constraints and the Impact of Property Rights on the Quantity and Composition of Investment. *American Journal of Agricultural Economics*, 2003, 85 (1): 173 – 186.

［501］Charnes, A., W. W. Cooper and E. Rhodes. Measuring the Efficiency of Decision Making Units. *European Journal of Operational Research*, 1978, 6 (2): 429 –

农地三权分置的理论与实践研究

444.

[502] Chavas, J P. Structural change in agricultural production: Economics, technology and policy. *Handbook of Agricultural Economics*, 2001: 262 – 285.

[503] Cheung, S. N. S. The Structure of a Contract and the Theory of a Non – Exclusive Resource. *Journal of Law & Economics*, 1970, 13 (1): 49 – 70.

[504] Cheung, S. N. S. Transaction Costs, Risk Aversion, and the Choice of Contractual Arrangements. *The Journal of Law & Economics*, 1969, 12 (1): 23 – 42.

[505] Christensen, L. R. , Jorgenson, D. W. , Lau, L. J. Transcendental Logarithmic Production Frontiers. *Review of Economics and Statistics*, 1973, 55 (1): 28 – 45.

[506] Christiaensen, L. The Role of Agriculture in a Modernizing Society: Food, Farms and Discussion Papers 77367. Sustainable Development Department, East Asia and Pacific Region, The World Bank, Washington, D. C, 2012.

[507] Ciriacy – Wantrup, S. V. and R. C. Bishop. "Common Property" As a Concept in Natural Resource Policy. *Natural Resources Journal*, 1975, 15 (4): 713 – 727.

[508] Coase, R. H. The Nature of the Firm. *Economica*, 1937, 16 (4): 386 – 405.

[509] Coelli, T. J. , D. S. Prasada Rao, C. J. O'Donnell, and G. E. Battese. An Introduction to Efficiency and Productivity Analysis. New York: Springer Science Business Media, LLC, 2005.

[510] Cooper, W. W. , L. M. Seiford and K. Tone. Data Envelopment Analysis: A Comprehensive Text with Models, Applications, References and DEA – Solver Software. Kluwer Academic Publishers, 2007.

[511] Cornia, G. A. Farm Size, Land Yields and the Agricultural Production Function: An Analysis for Fifteen Developing Countries. *World Development*, 1985, 13 (4): 513 – 534 .

[512] Darnhofer, I. Strategies of family farms to strengthen their resilience. *Environmental Policy & Governance*, 2010, 20 (4): 212 – 222.

[513] Davis, L. Institutional Change and American Economic Growth: A First Step Towards a Theory of Institutional Innovation. *Journal of Economic History*, 1970, 30 (1): 131 – 149.

[514] Deininger, K. and S. Jin. The Potential of Land Rental Markets in the Process of Economic Development: Evidence from China. *Journal of Development Eco-*

nomics, 2005, 78 (1): 241 - 270.

[515] Deininger, K., D. A. Ali and T. Alemu. Impacts of Land Certification on Tenure Security, Investment, and Land Market Participation: Evidence from Ethiopia. *Land Economics*, 2011, 87 (2): 312 - 334.

[516] Deininger K, Jin S. The Impact of Property Rights on Households' Investment, Risk Coping, and Policy Preferences: Evidence from China. *Economic Development & Cultural Change*, 2003, 51 (4): 851 - 882.

[517] Deininger, K. Land Markets in Developing and Transition Economies: Impact of Liberalization and Implications for Future Reform. *American Journal of Agricultural Economics*, 2003, 85 (5): 1217 - 1222.

[518] Demsetz, H. Toward a Theory of Property Rights. *American Economic Review*, 1967, 57 (2): 347 - 359.

[519] D. H. Perkins. *Agricultural Development in China, 1368 ~ 1968*. Chicago: Aldine, 1969.

[520] D. H. Perkins and Yusuf, S. Rural Development in China, Baltimore: Published for the World Bank. Johns Hopkins University Press, 1985: 58.

[521] Dhungana, B. R., P. L. Nuthall and G. V. Nartea. Measuring the Economic Inefficiency of Nepalese Rice Farms Using Data Envelopment Analysis. *Australian Journal of Agricultural & Resource Economics*, 2004, 48 (2): 347 - 369.

[522] Dong, F., Lu, J., Featherstone, A. M. Effects of Credit Constraints on Household Productivity in Rural China. *Agricultural Finance Review*, 2012, 72: 402 - 415.

[523] Dong X Y, Dow G K. Does Free Exit Reduce Shirking in Production Teams? *Journal of Comparative Economics*, 2004 (17): 472 - 484.

[524] Feder G, Onchan T, Raparla T. Collateral, guaranties and rural credit in developing countries: evidence from Asia. *Agricultural Economics*, 1988, 2 (3): 231 - 245.

[525] Feder, G., T. Onchan, Y. Chalamwong and C. Hongladarom. *Land Policies and Farm Productivity in Thailand*. Baltimore: The Johns Hopkins University Press, 1988.

[526] Feng, S. and N. Heerink. Are Farm House Holds' Land Renting and Migration Decisions Inter - Related in Rural China? *Njas Wageningen Journal of Life Sciences*, 2008, 55 (4): 345 - 362.

[527] Feng, S. Land Rental Market and Off-farm Employment: Rural Household

in Jiangxi Province. Ph. D. Thesis, The Netherland: Wageningen University, 2006.

[528] Fletschner, D., Guirkinger, C., Boucher, S. Risk, Credit Constraints and Financial Efficiency in Peruvian Agriculture. *Journal of Development Studies*, 2010, 46 (6): 981 – 1002.

[529] Foster, A. D. and M. R. Rosenzweig. Are Indian Farms Too Small? Mechanization, Agency Cost and Farm Efficiency. Economic Growth Center, Yale University New Haven CT, 2011.

[530] Furubotn, E. G. Pejovich, S. Property Rights and Economic Theory: A Survey of Recent Literature. *Journal of Economic Literature*, 1972, 10 (4): 1137 – 1162.

[531] Gao, L., Huang, J. and Rozelle, S. Rental markets for cultivated land and agricultural investments in China. *Agricultural Economics*, 2012, 43 (4): 391 – 403.

[532] Gao, L., Sun, D. and Ma, C. The Impact of Farmland Transfers on Agricultural Investment in China: A Perspective of Transaction Cost Economics. *China & World Economy*, 2019, 27 (1): 93 – 109.

[533] Gautam M, Ahmed M. Too small to be beautiful? The farm size and productivity relationship in Bangladesh. *Food Policy*, 2019, 84: 165 – 175.

[534] Ghose, A. K. Farm Size and Land Productivity in Indian Agriculture: A Reappraisal. *The Journal of Development Studies*, 1979, 16 (1): 27 – 49.

[535] Granovetter, M. Economic Action and Social Structure: The Problem of Embeddedness. *American Journal of Sociology*, 1985, 91 (3): 481 – 510.

[536] Guirkinger, C., Boucher, S. R. Credit Constraints and Productivity in Peruvian Agriculture. *Agricultural Economics*, 2008, 39: 295 – 308.

[537] Helfand, S. M. and E. S. Levine. Farm Size and the Determinants of Productive Efficiency in the Brazilian Center – West. *Agricultural Economics*, 2004, 31 (2 – 3): 241 – 249.

[538] Helfand S M, Taylor M P H. The inverse relationship between farm size and productivity: refocusing the debate. *Food Policy*, 2021, 99: 1 – 12.

[539] Honoré, A. M. "Ownership", in Guest, A. G. (ed.), *Oxford Essays in Jurisprudence*. Oxford University Press, 1961: 107 – 147.

[540] Ho, Ping-ti. *Studies on the Population of China*, 1368 ~ 1953. Harvard University Press, 1959.

[541] Huang, J. K. and Rozelle, S. Technological Change: Rediscovering the

Engine of Productivity Growth in China's Rural Economy. *Journal of Development Economics*, 1996, 49 (2): 337 – 369.

［542］Huang, J. K., X. B. Wang, and H. G. Qiu. Small-scale Farmers in China in the Face of Modernisation and Globalisation. IIED/HIVOS, London/The Hague, 2012.

［543］Huang, J., Wu, Y., Zhi, H. and Rozelle, S. Small holder incomes, food safety and producing, and marketing China's fruit. *Review of Agricultural Economics*, 2008, 30 (3): 469 – 479.

［544］Huang, J., Y. Wu, H. Zhi and S. Rozelle. Small Holder Incomes, Food Safety and Producing, and Marketing China's Fruit. *Applied Economic Perspectives and Policy*, 2008, 30 (3): 469 – 479.

［545］Huang, Philip C. C. *The Peasant Economy and Social Change in North China*. Stanford University Press, 1985.

［546］Imori, D., J. J. M. Guilhoto and F. A. S. Postali. Production Efficiency of Family Farms and Business Farms in the Brazilian Regions. Mpra Paper, 2012.

［547］Jacobs, Harvey M., ed. *Who owns America: Social conflict over property rights*. University of Wisconsin Press, 1998.

［548］Jacoby, H. G., Li G. and Rozelle S. Hazards of Expropriation: Tenure Insecurity and Investment in Rural China. *American Economic Review*, 2002, 92 (5): 1420 – 1447.

［549］Jin, S. and K. Deininger. Land Rental Markets in the Process of Rural Structural Transformation: Productivity and Equity Impacts from China. *Journal of Comparative Economics*, 2009, 37 (4): 629 – 646.

［550］Ji X Q, Liu S Y, Yan J N et al. Does security of land operational rights matter for the improvement of agricultural production efficiency under the collective ownership in China. *China & World Economy*, 2021, 29 (1): 87 – 108.

［551］Ji, X., S. Rozelle, J. Huang, L. Zhang and T. Zhang. Are China's Farms Growing? *China & World Economy*, 2016, 24 (1): 41 – 62.

［552］John, K. Chang. Industrial Development in Pre-Communist China. Edinburgh: Edinburgh University Press, 1969.

［553］Jones, R. S. and S. Kimura. Reforming Agriculture and Promoting Japan's Integration in the World Economy. OECD Economics Department Working Paper, 2013.

［554］Kawasaki, K. The Costs and Benefits of Land Fragmentation of Rice Farms

in Japan. *Australian Journal of Agricultural and Resource Economics*, 2010, 54 (4):
509 - 526.

［555］ Khai, H. V. and M. Yabe. Technical Efficiency Analysis of Rice Production
in Vietnam. *Journal of ISSAAS〔International Society for Southeast Asian Agricultural
Sciences〕(Philippines)*, 2011, 17 (1): 135 - 146.

［556］ Khataza, R. R. B. , A. Hailu, G. J. Doole, M. E. Kragt, and A. D. Alene.
Examining the Relationship between Farm Size and Productive Efficiency: a Bayesian
Directional Distance Function Approach. *Agricultural Economics*, 2019, 50 (2): 237 -
246.

［557］ Klaus, D. , Jin, S. , Xia, F. and Huang, J. Moving off the Farm:
Land Institutions to Facilitate Structural Transformation and Agricultural Productivity
Growth in China. *World Development*, 2014, 59: 505 - 520.

［558］ Komicha, H. H. , Öhlmer, B. Effect of Credit Constraint on Production
Efficiency of Farm Households in Southeastern Ethiopia. *Ethiopian Journal of Econom-
ics*, 2008, 15 (1): 1 - 55.

［559］ Kung, J. K. Egalitarianism, Subsistence Provision, and Work Incentives
in China's Agricultural Collectives. *World Development*, 1994, 22: 176 - 182.

［560］ Kung, J. K. Off-farm Labor Markets and the Emergence of Land Rental
Markets in Rural China. *Journal of Comparative Economics*, 2002, 30 (2): 395 -
414.

［561］ Kung, J. K. Transaction Costs and Peasants' Choice of Institutions: Did
the Right to Exit Really Solve the Free Rider Problem in Chinese Collective Agriculture?
Journal of Comparative Economics, 1993, 17: 493 - 503.

［562］ Kung K S. Common Property Rights and Land Reallocations in Rural Chi-
na: Evidence from a Village Survey. *World Development*, 2000, 28 (4): 701 - 719.

［563］ Kung K S. Do Secure Land Use Rights Reduce Fertility? The Case of Meit-
an County in China. *Land Economics*, 2006, 82 (1): 36 - 55.

［564］ Kung K S, Liu S. Farmers' Preferences Regarding Ownership and Land
Tenure in Post - Mao China: Unexpected Evidence from Eight Counties. *China Journal*,
1997, 38: 33 - 63.

［565］ Larsén, K. Effects of Machinery-sharing Arrangements on Farm Efficiency:
Evidence from Sweden. *Agricultural Economics*, 2010, 41 (5): 497 - 506.

［566］ Latruffe L. , Davidovad S, Balcombe K. Productivity change in Polish ag-
riculture: an illustration of a bootstrapping procedure applied to Malmquist indices.

Post-communist Economies, 2008, 20 (4): 449 - 460.

[567] Latruffe, L., Desjeux Y. Common Agricultural Policy support, technical efficiency and productivity change in French agriculture. *Review of Agricultural*, *Food and Environmental Studies*, 2016, 97 (1): 15 - 28.

[568] Latruffe L., Fogarasi J, Desjeux Y. Efficiency, productivity and technology comparison for farms in Central and Western Europe: the case of field crop and dairy farming in Hungary and France. *Economic Systems*, 2012, 36 (2): 264 - 278.

[569] Latruffe, L., K. Balcombe, S. Davidova and K. Zawalinska. Technical and Scale Efficiency of Crop and Livestock Farms in Poland: Does Specialization Matter? *Agricultural Economics*, 2005, 32 (3): 281 - 296.

[570] L. Brant. *Commercialization and Agricultural Development: Central and Eastern China, 1870 ~ 1937*. New York: Cambridge University Press, 1986.

[571] Leibenstein, H. Allocative Efficiency vs. X - Efficiency. *The American Economic Review*, 1966, 56 (3): 392 - 415.

[572] L. Gao, J. Yan and Y. Du. Identifying the Turning Point of the Urban - Rural Relationship: Evidence from Macro Data. *China & World Economy*, 2018, 26 (1): 106 - 126.

[573] Libecap, G. D. Property Rights in Economic History: Implications for Research. *Explorations in Economic History*, 1986, 23 (3): 227 - 252.

[574] Lin. J. Y. Chinese Agriculture: Institutional Change and Performance. in T. N. Srinivasan (ed.), Agriculture and Trade in China and India, 1994: 38 - 47.

[575] Lin, J. Y. Collectivization and China's Agricultural Crisis in 1959 - 1961. *Journal of Political Economy*, 1990, 98 (6): 1228 - 1252.

[576] Lin J Y. Exit Rights, Exit Costs, and Shirking in Agricultural Cooperatives: A Reply. *Journal of Comparative Economics*, 1993, 17 (2): 504 - 520.

[577] Lin J. Y. Rural Reforms and Agricultural Growth in China. *American Economic Review*, 1992, 82: 34 - 51.

[578] Lin J. Y. The Household Responsibility System in China's Agricultural Reform: A Theoretical and Empirical Study. *Economic Development & Cultural Change*, 1988, 36 (4): 199 - 224.

[579] Liu M. Exit Right, Retaliatory Shirking, and the Agricultural Crisis in China. *Journal of Comparative Economics*, 1993, 17 (2): 540 - 559.

[580] Liu, S. Y., Carter, M. R., and Yao, Y. Dimensions and Diversity of Property Rights in Rural China: Dilemmas on the Road to Further Reform. *World Devel-*

农地三权分置的理论与实践研究

opment, 1998, 26 (10): 1789 – 1806.

［581］ Lohmar, B. T. The Effects of Land Tenure and Grain Quota Policies on Farm Household Labor Allocation in China. Ph. D. Thesis, University of California, Davis, 2000.

［582］ Madau, F. A. Technical and Scale Efficiency in the Italian Citrus Farming: Comparison between SFA and DEA Approaches. *Agricultural Economics Review*, 2015, 16 (2): 15 – 27.

［583］ Maëlys, D. L. R. , Q. Deng, L. Shi and T. Vendryes. Land Rights Insecurity and Temporary Migration in Rural China. Social Science Electronic Publishing, 2009.

［584］ Martinho V J P D. Efficiency, total factor productivity and returns to scale in a sustainable perspective: an analysis in the European Union at farm and regional level. *Land Use Policy*, 2017, 68: 232 – 245.

［585］ Masters, W. A. , A. A. Djurfeldt, C. D. Haan, P. Hazell, T. Jayne, M. Jirström and T. Reardon. Urbanization and Farm Size in Asia and Africa: Implications for Food Security and Agricultural Research. *Global Food Security*, 2013, 2 (3): 156 – 165.

［586］ Ma, X. , N. Heerink, E. V. Ierland and X. Shi. Land Tenure Insecurity and Rural – Urban Migration in Rural China. *Papers in Regional Science*, 2016, 95 (2): 383 – 406.

［587］ McCloud, N. and S. C. Kumbhakar. Do Subsidies Drive Productivity? A Cross – Country Analysis of Nordic Dairy Farms. *Advances in Econometrics*, 2008, 23: 245 – 274.

［588］ McMillan, J. , Whalley, J. and Zhu, L. The Impact of China's Economic Reforms on Agricultural Productivity Growth. *Journal of Political Economy*, 1989, 97 (4): 781 – 807.

［589］ Meeusen, W. and J. van den Broeck. Technical Efficiency and Dimension of the Firm: Some Results on the Use of Frontier Production Functions. *Empirical Economics*, 1977, 2 (2): 109 – 122.

［590］ M. Elvin. The Pattern of the Chinese Past, Methuen. London, 1973.

［591］ Mugera, A. W. and M. R. Langemeier. Does Farm Size and Specialization Matter for Productive Efficiency? Results from Kansas. *Journal of Agricultural & Applied Economics*, 2011, 43 (4): 515 – 528.

［592］ Mullan K. , Grosjean P. and Kontoleon A. Land Tenure Arrangements and

Rural – Urban Migration in China. *World Development*, 2011, 39（1）: 123 – 133.

［593］Newell, A., K. Pandya, and J. Symons. Farm Size and the Intensity of Land Use in Gujarat. *Oxford Economic Papers*, 1997, 49（2）: 307 – 315.

［594］North, D. C. Thomas, R. P. The First Economic Revolution. *Economic History Review*, 1977, 30（2）: 229 – 241.

［595］North, Douglas C. Structure and Change in Economic History, 1981.

［596］North, Douglass and Thomas, Robert. *The Rise of the Western World: A New Economic History*. Cambridge: Cambridge University Press, 1976.

［597］Ostrom, E. *Governing the Commons: The Evolution of Institutions for Collective Action*. Cambridge: Cambridge University Press, 1990.

［598］Pastor J T, Lovell C A K. A global Malmquist productivity index. *Economics Letters*, 2005, 88（2）: 266 – 271.

［599］Quiggin, J. Common Property, Equality, and Development. *World Development*, 1993, 21（7）: 1123 – 1138.

［600］Rada N E, Fuglie K O. New perspectives on farm size and productivity. *Food Policy*, 2019, 84: 147 – 152.

［601］Rahman, S. Determinants of Agricultural Land Rental Market Transactions in Bangladesh. *Land Use Policy*, 2010, 27（3）: 957 – 964.

［602］Randall, S. J. and Shingo, K. Reforming Agriculture and Promoting Japan's Integration in the World Economy. *OECD Economics Department Working Papers*, 2013: 67 – 85.

［603］Ranis, G. and Fei, J. C. A theory of economic development. *The American Economic Review*, 1961: 533 – 565.

［604］Ray S C, Desli E. Productivity growth, technical progress, and efficiency change in industrialized countries: comment. *The American Economic Review*, 1997, 87（5）: 1033 – 1039.

［605］R. H. Myers. How Did the Modern Chinese Economy Develop? A Review Article. *The Journal of Asian Studies*, 1991, 50（3）: 604 – 628.

［606］Rosenbaum, P. R., Rubin, D. B. The Central Role of the Propensity Score in Observational Studies for Causal Effects. *Biometrika*, 1983, 70（1）: 41 – 55.

［607］Sen, A. K. An Aspect of Indian Agriculture. *Economic Weekly*, 1962, 14（4）: 243 – 246.

［608］Sen, A. K. Peasants and Dualism with or without Surplus Labor. *Journal of Political Economy*, 1966, 74（5）: 425 – 450.

农地三权分置的理论与实践研究

［609］Sheng Y, Chancellor W. Exploring the relationship between farm size and productivity: evidence from the Australian grains industry. *Food Policy*, 2019, 84: 196 – 204.

［610］Shiferaw, B. , Kebede, T. , Kassie, M. , Fisher, M. Market Imperfections, Access to Information and Technology Adoption in Uganda: Challenges of Overcoming Multiple Constraints. *Agricultural Economics*, 2015, 46 (4): 475 – 488.

［611］Shue, V. *Peasant China in Transition*. Berkeley: University of California Press, 1980.

［612］S. Liu, R. Wang and G. Shi. Historical Transformation of China's Agriculture: Productivity Changes and Other Key Features. *China & World Economy*, 2018, 26 (1): 42 – 65.

［613］Stiglitz, J. E. , Weiss, A. Credit Rationing in Markets with Imperfect Information. *The American Economic Review*, 1981, 71 (3): 393 – 410.

［614］Tajfel. , H. *Differentiation Between Social Groups: Studies in the Social Psychology of Intergroup Relations*. London: Academic Press, 1978.

［615］Taylor, J. E. and I. Adelman. Agricultural Household Models: Genesis, Evolution, and Extensions. *Review of Economics of the Household*, 2003, 1 (1 – 2): 33 – 58.

［616］T. G. Rawski. *Economic Growth in Prewar China*. Berkeley: University of California Press, 1989: 329 – 337.

［617］Thapa, G. and R. Gaiha. Smallholder Farming in Asia and the Pacific: Challenges and Opportunities. *IFAD Conference on New Directions for Smallholder Agriculture*, 2011: 24 – 25.

［618］Tsai, Lily. *Accountability Without Democracy: Solidary Groups and Public Goods Provision in Rural China*. Cambridge: Cambridge University Press, 2007a.

［619］Tsai, Lily. Solidary Groups, Informal Accountability, and Local Public Goods Provision in Rural China. *The American Political Science Review*, 2007b, 101 (2).

［620］Villano, R. and E. Fleming. Technical Inefficiency and Production Risk in Rice Farming: Evidence from Central Luzon Philippines. *Asian Economic Journal*, 2006, 20 (1): 29 – 46.

［621］Wallis, J. J. Rules, Organizations, and Governments. *Atlantic Economic Journal*, 2015, 43: 69 – 86.

［622］Wan G. H. and E. Cheng. Effects of Land Fragmentation and Returns to

Scale in the Chinese Farming Sector. *Applied Economics*, 2001, 33 (2): 183 – 194.

［623］ Wang, H. J. and P. Schmidt. One-step and Two-step Estimation of the Effects of Exogenous Variables on Technical Efficiency Levels. *Journal of Productivity Analysis*, 2002, 18 (2): 129 – 144.

［624］ Wang, L. , X. Huo and M. S. Kabir. Technical and Cost Efficiency of Rural Technical and Cost Efficiency of Rural House- hold Apple Production. *China Agricultural Economic Review*, 2013, 5 (3): 391 – 411.

［625］ Wang, Q. , Zhang, X. Three Rights Separation: China's Proposed Rural Land Rights Reform and Four Types of Local Trials. *Land Use Policy*, 2017, 63: 111 – 121.

［626］ Wen, Guanzhong James. The Current Land Tenure System and Its Impact on Long Term Performance of Faming Sector: The Case of Modem China. Ph. D. dissertation, University of Chicago, 1989.

［627］ Wen, J. G. Total Factor Productivity Change in China's Farming Sector: 1952 ~ 1989. *Economic Development and Cultural Change*, 1993: 1 – 41.

［628］ Wilson, B. , L. H. Trieu, and B. Bowen. Energy Efficiency Trends in Australia. *Energy Policy*, 1994, 22 (4): 287 – 295.

［629］ Wilson, P. N. and G. D. Thompson. Common Property and Uncertainty: Compensating Coalitions by Mexico's Pastoral Ejidatarios. *Economic Development and Cultural Change*, 1993, 41 (2): 299 – 318.

［630］ Wooldridge, J. M. Econometric Analysis of Cross Section and Panel Data. MIT press, 2002.

［631］ Wouterse F. Migration and Technical Efficiency in Cereal Production: Evidence from Burkina Faso. *Agricultural Economics*, 2010, 41 (5): 385 – 395.

［632］ Yang D T. Education and allocative efficiency: household income growth during rural reforms in China. *Journal of Development Economics*, 2004, 74 (1): 137 – 162.

［633］ Yan, J. , C. Chen, and B. Hu. Farm Size and Production Efficiency in Chinese Agriculture: Output and Profit. *China Agricultural Economic Review*, 2019, 11 (1): 20 – 38.

［634］ Yao Y. Land Tenure Choice in Chinese Villages: The Rational versus the Political Model. *Land Economics*, 2004, 80 (4): 477 – 489.

［635］ Y. Zhang, T. Shao and Q. Dong. Reassessing the Lewis Turning Point in China: Evidence from 70000 Rural Households. *China & World Economy*, 2018, 26

(1): 4 - 17.

[636] Zhang W, Makeham J. Recent Developments in the Market for Rural Land Use in China. *Land Economics*, 1992, 68 (2): 139 - 162.

[637] Zhao L., Liu S. and Zhang W. New Trends in Internal Migration in China: Profiles of the New-generation Migrants. *China & World Economy*, 2018 (1): 18 - 41.

[638] Zhao, Y. Labor Migration and Earnings Differences: The Case of Rural China. *Economic Development and Cultural Change*, 1999, 47 (4): 767 - 782.

[639] Zhao, Y. Rural - to - Urban Labor Migration in China: The Past and the Present. in Rural Labor Flows in China, edited by L. West and Y. Zhao, 2000: 15 - 33.

[640] Zhong, M., Y. Zhu, Q. Chen, T. Liu, and Q. Cai. Does Household Engagement in Concurrent Business Affect the Farm Size - Technical Efficiency Relationship in Grain Production? Evidence from Northern China. *China Agricultural Economic Review*, 2019, 11 (1): 125 - 142.

[641] Zhou Qiren. *Rural Area Transform and Development of China: 1978 - 1989*. Oxford University Press, 1994.

[642] Zhu, X. and A. O. Lansink. Impact of CAP Subsidies on Technical Efficiency of Crop Farms in Germany, the Netherlands and Sweden. *Journal of Agricultural Economics*, 2010, 61 (3): 545 - 564.

教育部哲学社會科学研究重大課題攻關項目
成果出版列表

序号	书 名	首席专家
1	《马克思主义基础理论若干重大问题研究》	陈先达
2	《马克思主义理论学科体系建构与建设研究》	张雷声
3	《马克思主义整体性研究》	逄锦聚
4	《改革开放以来马克思主义在中国的发展》	顾钰民
5	《新时期 新探索 新征程 ——当代资本主义国家共产党的理论与实践研究》	聂运麟
6	《坚持马克思主义在意识形态领域指导地位研究》	陈先达
7	《当代资本主义新变化的批判性解读》	唐正东
8	《当代中国人精神生活研究》	童世骏
9	《弘扬与培育民族精神研究》	杨叔子
10	《当代科学哲学的发展趋势》	郭贵春
11	《服务型政府建设规律研究》	朱光磊
12	《地方政府改革与深化行政管理体制改革研究》	沈荣华
13	《面向知识表示与推理的自然语言逻辑》	鞠实儿
14	《当代宗教冲突与对话研究》	张志刚
15	《马克思主义文艺理论中国化研究》	朱立元
16	《历史题材文学创作重大问题研究》	童庆炳
17	《现代中西高校公共艺术教育比较研究》	曾繁仁
18	《西方文论中国化与中国文论建设》	王一川
19	《中华民族音乐文化的国际传播与推广》	王耀华
20	《楚地出土戰國簡册［十四種］》	陈 伟
21	《近代中国的知识与制度转型》	桑 兵
22	《中国抗战在世界反法西斯战争中的历史地位》	胡德坤
23	《近代以来日本对华认识及其行动选择研究》	杨栋梁
24	《京津冀都市圈的崛起与中国经济发展》	周立群
25	《金融市场全球化下的中国监管体系研究》	曹凤岐
26	《中国市场经济发展研究》	刘 伟
27	《全球经济调整中的中国经济增长与宏观调控体系研究》	黄 达
28	《中国特大都市圈与世界制造业中心研究》	李廉水

序号	书　名	首席专家
29	《中国产业竞争力研究》	赵彦云
30	《东北老工业基地资源型城市发展可持续产业问题研究》	宋冬林
31	《转型时期消费需求升级与产业发展研究》	臧旭恒
32	《中国金融国际化中的风险防范与金融安全研究》	刘锡良
33	《全球新型金融危机与中国的外汇储备战略》	陈雨露
34	《全球金融危机与新常态下的中国产业发展》	段文斌
35	《中国民营经济制度创新与发展》	李维安
36	《中国现代服务经济理论与发展战略研究》	陈　宪
37	《中国转型期的社会风险及公共危机管理研究》	丁烈云
38	《人文社会科学研究成果评价体系研究》	刘大椿
39	《中国工业化、城镇化进程中的农村土地问题研究》	曲福田
40	《中国农村社区建设研究》	项继权
41	《东北老工业基地改造与振兴研究》	程　伟
42	《全面建设小康社会进程中的我国就业发展战略研究》	曾湘泉
43	《自主创新战略与国际竞争力研究》	吴贵生
44	《转轨经济中的反行政性垄断与促进竞争政策研究》	于良春
45	《面向公共服务的电子政务管理体系研究》	孙宝文
46	《产权理论比较与中国产权制度变革》	黄少安
47	《中国企业集团成长与重组研究》	蓝海林
48	《我国资源、环境、人口与经济承载能力研究》	邱　东
49	《"病有所医"——目标、路径与战略选择》	高建民
50	《税收对国民收入分配调控作用研究》	郭庆旺
51	《多党合作与中国共产党执政能力建设研究》	周淑真
52	《规范收入分配秩序研究》	杨灿明
53	《中国社会转型中的政府治理模式研究》	娄成武
54	《中国加入区域经济一体化研究》	黄卫平
55	《金融体制改革和货币问题研究》	王广谦
56	《人民币均衡汇率问题研究》	姜波克
57	《我国土地制度与社会经济协调发展研究》	黄祖辉
58	《南水北调工程与中部地区经济社会可持续发展研究》	杨云彦
59	《产业集聚与区域经济协调发展研究》	王　珺

序号	书　名	首席专家
60	《我国货币政策体系与传导机制研究》	刘　伟
61	《我国民法典体系问题研究》	王利明
62	《中国司法制度的基础理论问题研究》	陈光中
63	《多元化纠纷解决机制与和谐社会的构建》	范　愉
64	《中国和平发展的重大前沿国际法律问题研究》	曾令良
65	《中国法制现代化的理论与实践》	徐显明
66	《农村土地问题立法研究》	陈小君
67	《知识产权制度变革与发展研究》	吴汉东
68	《中国能源安全若干法律与政策问题研究》	黄　进
69	《城乡统筹视角下我国城乡双向商贸流通体系研究》	任保平
70	《产权强度、土地流转与农民权益保护》	罗必良
71	《我国建设用地总量控制与差别化管理政策研究》	欧名豪
72	《矿产资源有偿使用制度与生态补偿机制》	李国平
73	《巨灾风险管理制度创新研究》	卓　志
74	《国有资产法律保护机制研究》	李曙光
75	《中国与全球油气资源重点区域合作研究》	王　震
76	《可持续发展的中国新型农村社会养老保险制度研究》	邓大松
77	《农民工权益保护理论与实践研究》	刘林平
78	《大学生就业创业教育研究》	杨晓慧
79	《新能源与可再生能源法律与政策研究》	李艳芳
80	《中国海外投资的风险防范与管控体系研究》	陈菲琼
81	《生活质量的指标构建与现状评价》	周长城
82	《中国公民人文素质研究》	石亚军
83	《城市化进程中的重大社会问题及其对策研究》	李　强
84	《中国农村与农民问题前沿研究》	徐　勇
85	《西部开发中的人口流动与族际交往研究》	马　戎
86	《现代农业发展战略研究》	周应恒
87	《综合交通运输体系研究——认知与建构》	荣朝和
88	《中国独生子女问题研究》	风笑天
89	《我国粮食安全保障体系研究》	胡小平
90	《我国食品安全风险防控研究》	王　硕

序号	书 名	首席专家
91	《城市新移民问题及其对策研究》	周大鸣
92	《新农村建设与城镇化推进中农村教育布局调整研究》	史宁中
93	《农村公共产品供给与农村和谐社会建设》	王国华
94	《中国大城市户籍制度改革研究》	彭希哲
95	《国家惠农政策的成效评价与完善研究》	邓大才
96	《以民主促进和谐——和谐社会构建中的基层民主政治建设研究》	徐 勇
97	《城市文化与国家治理——当代中国城市建设理论内涵与发展模式建构》	皇甫晓涛
98	《中国边疆治理研究》	周 平
99	《边疆多民族地区构建社会主义和谐社会研究》	张先亮
100	《新疆民族文化、民族心理与社会长治久安》	高静文
101	《中国大众媒介的传播效果与公信力研究》	喻国明
102	《媒介素养：理念、认知、参与》	陆 晔
103	《创新型国家的知识信息服务体系研究》	胡昌平
104	《数字信息资源规划、管理与利用研究》	马费成
105	《新闻传媒发展与建构和谐社会关系研究》	罗以澄
106	《数字传播技术与媒体产业发展研究》	黄升民
107	《互联网等新媒体对社会舆论影响与利用研究》	谢新洲
108	《网络舆论监测与安全研究》	黄永林
109	《中国文化产业发展战略论》	胡惠林
110	《20世纪中国古代文化经典在域外的传播与影响研究》	张西平
111	《国际传播的理论、现状和发展趋势研究》	吴 飞
112	《教育投入、资源配置与人力资本收益》	闵维方
113	《创新人才与教育创新研究》	林崇德
114	《中国农村教育发展指标体系研究》	袁桂林
115	《高校思想政治理论课程建设研究》	顾海良
116	《网络思想政治教育研究》	张再兴
117	《高校招生考试制度改革研究》	刘海峰
118	《基础教育改革与中国教育学理论重建研究》	叶 澜
119	《我国研究生教育结构调整问题研究》	袁本涛 王传毅
120	《公共财政框架下公共教育财政制度研究》	王善迈

序号	书　名	首席专家
121	《农民工子女问题研究》	袁振国
122	《当代大学生诚信制度建设及加强大学生思想政治工作研究》	黄蓉生
123	《从失衡走向平衡：素质教育课程评价体系研究》	钟启泉 崔允漷
124	《构建城乡一体化的教育体制机制研究》	李　玲
125	《高校思想政治理论课教育教学质量监测体系研究》	张耀灿
126	《处境不利儿童的心理发展现状与教育对策研究》	申继亮
127	《学习过程与机制研究》	莫　雷
128	《青少年心理健康素质调查研究》	沈德立
129	《灾后中小学生心理疏导研究》	林崇德
130	《民族地区教育优先发展研究》	张诗亚
131	《WTO 主要成员贸易政策体系与对策研究》	张汉林
132	《中国和平发展的国际环境分析》	叶自成
133	《冷战时期美国重大外交政策案例研究》	沈志华
134	《新时期中非合作关系研究》	刘鸿武
135	《我国的地缘政治及其战略研究》	倪世雄
136	《中国海洋发展战略研究》	徐祥民
137	《深化医药卫生体制改革研究》	孟庆跃
138	《华侨华人在中国软实力建设中的作用研究》	黄　平
139	《我国地方法制建设理论与实践研究》	葛洪义
140	《城市化理论重构与城市化战略研究》	张鸿雁
141	《境外宗教渗透论》	段德智
142	《中部崛起过程中的新型工业化研究》	陈晓红
143	《农村社会保障制度研究》	赵　曼
144	《中国艺术学学科体系建设研究》	黄会林
145	《人工耳蜗术后儿童康复教育的原理与方法》	黄昭鸣
146	《我国少数民族音乐资源的保护与开发研究》	樊祖荫
147	《中国道德文化的传统理念与现代践行研究》	李建华
148	《低碳经济转型下的中国碳排放权交易体系》	齐绍洲
149	《中国东北亚战略与政策研究》	刘清才
150	《促进经济发展方式转变的地方财税体制改革研究》	钟晓敏
151	《中国—东盟区域经济一体化》	范祚军

序号	书　名	首席专家
152	《非传统安全合作与中俄关系》	冯绍雷
153	《外资并购与我国产业安全研究》	李善民
154	《近代汉字术语的生成演变与中西日文化互动研究》	冯天瑜
155	《新时期加强社会组织建设研究》	李友梅
156	《民办学校分类管理政策研究》	周海涛
157	《我国城市住房制度改革研究》	高　波
158	《新媒体环境下的危机传播及舆论引导研究》	喻国明
159	《法治国家建设中的司法判例制度研究》	何家弘
160	《中国女性高层次人才发展规律及发展对策研究》	佟　新
161	《国际金融中心法制环境研究》	周仲飞
162	《居民收入占国民收入比重统计指标体系研究》	刘　扬
163	《中国历代边疆治理研究》	程妮娜
164	《性别视角下的中国文学与文化》	乔以钢
165	《我国公共财政风险评估及其防范对策研究》	吴俊培
166	《中国历代民歌史论》	陈书录
167	《大学生村官成长成才机制研究》	马抗美
168	《完善学校突发事件应急管理机制研究》	马怀德
169	《秦简牍整理与研究》	陈　伟
170	《出土简帛与古史再建》	李学勤
171	《民间借贷与非法集资风险防范的法律机制研究》	岳彩申
172	《新时期社会治安防控体系建设研究》	宫志刚
173	《加快发展我国生产服务业研究》	李江帆
174	《基本公共服务均等化研究》	张贤明
175	《职业教育质量评价体系研究》	周志刚
176	《中国大学校长管理专业化研究》	宣　勇
177	《"两型社会"建设标准及指标体系研究》	陈晓红
178	《中国与中亚地区国家关系研究》	潘志平
179	《保障我国海上通道安全研究》	吕　靖
180	《世界主要国家安全体制机制研究》	刘胜湘
181	《中国流动人口的城市逐梦》	杨菊华
182	《建设人口均衡型社会研究》	刘渝琳
183	《农产品流通体系建设的机制创新与政策体系研究》	夏春玉

序号	书　名	首席专家
184	《区域经济一体化中府际合作的法律问题研究》	石佑启
185	《城乡劳动力平等就业研究》	姚先国
186	《20世纪朱子学研究精华集成——从学术思想史的视角》	乐爱国
187	《拔尖创新人才成长规律与培养模式研究》	林崇德
188	《生态文明制度建设研究》	陈晓红
189	《我国城镇住房保障体系及运行机制研究》	虞晓芬
190	《中国战略性新兴产业国际化战略研究》	汪　涛
191	《证据科学论纲》	张保生
192	《要素成本上升背景下我国外贸中长期发展趋势研究》	黄建忠
193	《中国历代长城研究》	段清波
194	《当代技术哲学的发展趋势研究》	吴国林
195	《20世纪中国社会思潮研究》	高瑞泉
196	《中国社会保障制度整合与体系完善重大问题研究》	丁建定
197	《民族地区特殊类型贫困与反贫困研究》	李俊杰
198	《扩大消费需求的长效机制研究》	臧旭恒
199	《我国土地出让制度改革及收益共享机制研究》	石晓平
200	《高等学校分类体系及其设置标准研究》	史秋衡
201	《全面加强学校德育体系建设研究》	杜时忠
202	《生态环境公益诉讼机制研究》	颜运秋
203	《科学研究与高等教育深度融合的知识创新体系建设研究》	杜德斌
204	《女性高层次人才成长规律与发展对策研究》	罗瑾琏
205	《岳麓秦简与秦代法律制度研究》	陈松长
206	《民办教育分类管理政策实施跟踪与评估研究》	周海涛
207	《建立城乡统一的建设用地市场研究》	张安录
208	《迈向高质量发展的经济结构转变研究》	郭熙保
209	《中国社会福利理论与制度构建——以适度普惠社会福利制度为例》	彭华民
210	《提高教育系统廉政文化建设实效性和针对性研究》	罗国振
211	《毒品成瘾及其复吸行为——心理学的研究视角》	沈模卫
212	《英语世界的中国文学译介与研究》	曹顺庆
213	《建立公开规范的住房公积金制度研究》	王先柱

序号	书　名	首席专家
243	《中华文化的跨文化阐释与对外传播研究》	李庆本
244	《世界一流大学和一流学科评价体系与推进战略》	王战军
245	《新常态下中国经济运行机制的变革与中国宏观调控模式重构研究》	袁晓玲
246	《推进 21 世纪海上丝绸之路建设研究》	梁　颖
247	《现代大学治理结构中的纪律建设、德治礼序和权力配置协调机制研究》	周作宇
248	《渐进式延迟退休政策的社会经济效应研究》	席　恒
249	《经济发展新常态下我国货币政策体系建设研究》	潘　敏
250	《推动智库建设健康发展研究》	李　刚
251	《农业转移人口市民化转型：理论与中国经验》	潘泽泉
252	《电子商务发展趋势及对国内外贸易发展的影响机制研究》	孙宝文
253	《创新专业学位研究生培养模式研究》	贺克斌
254	《医患信任关系建设的社会心理机制研究》	汪新建
255	《司法管理体制改革基础理论研究》	徐汉明
256	《建构立体形式反腐败体系研究》	徐玉生
257	《重大突发事件社会舆情演化规律及应对策略研究》	傅昌波
258	《中国社会需求变化与学位授予体系发展前瞻研究》	姚　云
259	《非营利性民办学校办学模式创新研究》	周海涛
260	《基于"零废弃"的城市生活垃圾管理政策研究》	褚祝杰
261	《城镇化背景下我国义务教育改革和发展机制研究》	邬志辉
262	《中国满族语言文字保护抢救口述史》	刘厚生
263	《构建公平合理的国际气候治理体系研究》	薄　燕
264	《新时代治国理政方略研究》	刘焕明
265	《新时代高校党的领导体制机制研究》	黄建军
266	《东亚国家语言中汉字词汇使用现状研究》	施建军
267	《中国传统道德文化的现代阐释和实践路径研究》	吴根友
268	《创新社会治理体制与社会和谐稳定长效机制研究》	金太军
269	《文艺评论价值体系的理论建设与实践研究》	刘俐俐
270	《新形势下弘扬爱国主义重大理论和现实问题研究》	王泽应

序号	书　名	首席专家
271	《我国高校"双一流"建设推进机制与成效评估研究》	刘念才
272	《中国特色社会主义监督体系的理论与实践》	过　勇
273	《中国软实力建设与发展战略》	骆郁廷
274	《坚持和加强党的全面领导研究》	张世飞
275	《面向 2035 我国高校哲学社会科学整体发展战略研究》	任少波
276	《中国古代曲乐乐谱今译》	刘崇德
277	《民营企业参与"一带一路"国际产能合作战略研究》	陈衍泰
278	《网络空间全球治理体系的建构》	崔保国
279	《汉语国际教育视野下的中国文化教材与数据库建设研究》	于小植
280	《新型政商关系研究》	陈寿灿
281	《完善社会救助制度研究》	慈勤英
282	《太行山和吕梁山抗战文献整理与研究》	岳谦厚
283	《清代稀见科举文献研究》	陈维昭
284	《协同创新的理论、机制与政策研究》	朱桂龙
285	《数据驱动的公共安全风险治理》	沙勇忠
286	《黔西北濒危彝族钞本文献整理和研究》	张学立
287	《我国高素质幼儿园园长队伍建设研究》	缴润凯
288	《我国债券市场建立市场化法制化风险防范体系研究》	冯　果
289	《流动人口管理和服务对策研究》	关信平
290	《企业环境责任与政府环境责任协同机制研究》	胡宗义
291	《多重外部约束下我国融入国际价值链分工战略研究》	张为付
292	《政府债务预算管理与绩效评价》	金荣学
293	《推进以保障和改善民生为重点的社会体制改革研究》	范明林
294	《中国传统村落价值体系与异地扶贫搬迁中的传统村落保护研究》	郝　平
295	《大病保险创新发展的模式与路径》	田文华
296	《教育与经济发展：理论探索与实证分析》	杜育红
297	《宏观经济整体和微观产品服务质量"双提高"机制研究》	程　虹
298	《构建清洁低碳、安全高效的能源体系政策与机制研究》	牛东晓
299	《水生态补偿机制研究》	王清军
300	《系统观视阈的新时代中国式现代化》	汪青松
301	《资本市场的系统性风险测度与防范体系构建研究》	陈守东